आधुनिक भारतीय राजनीतिक चिन्तन

आधुनिक भारतीय राजनीतिक चिन्तन

विचार व संदर्भ

लेखक

विद्युत चक्रवर्ती • राजेन्द्र कुमार पाण्डेय

SAGE | bhasha

Los Angeles | London | New Delhi
Singapore | Washington DC | Melbourne

First published in 2012 by

SAGE | bhasha

SAGE Publications India Pvt Ltd
B1/I-1 Mohan Cooperative Industrial Area
Mathura Road, New Delhi 110 044, India
www.sagepub.in

SAGE Publications Inc
2455 Teller Road
Thousand Oaks, California 91320, USA

SAGE Publications Ltd
1 Oliver's Yard, 55 City Road
London EC1Y 1SP, United Kingdom

SAGE Publications Asia-Pacific Pte Ltd
3 Church Street
#10-04 Samsung Hub
Singapore 049483

Published by SAGE Publications India Pvt Ltd.

ISBN: 978-93-515-0582-2 (PB)

Name of translator: Geeta Chaturvedi

अपने माता–पिता को
जिन्होंने सीखना सिखाया

अनुक्रमणिका

प्राक्कथन

भारतीय राजनीतिक चिन्तन, भारत के लगभग सभी विश्वविद्यालयों के राजनीति विज्ञान तथा आधुनिक भारतीय इतिहास के स्नातक तथा स्नातकोत्तर पाठ्यक्रमों का महत्वपूर्ण अंग है। फिर भी, भारतीय लेखकों के इस विषय पर अधिकतर लेखन में एक मूल कमी यह देखी जाती है कि जिन सन्दर्भों में विचारकों के विचार अवधारित हुए, उन सन्दर्भों से यह लेखन कटा हुआ है। अतः वर्तमान रचना भारतीय राजनीतिक चिन्तन के मुख्य प्रवाह को अपारम्परिक तरीके से स्पष्ट करने का प्रयास करती है क्योंकि यह विचारकों के मूल विचारों को उन सामाजिक–आर्थिक व राजनीतिक–सांस्कृतिक संदर्भों में ढूँढती है जहाँ इन विचारों की अवधारणा की गई व उन्होंने आकार ग्रहण किया। इसके अतिरिक्त यह पुस्तक भारतीय समाज के विभिन्न हिस्सों से उठने वाली सामाजिक, राजनीतिक शिकायतों को दूर करने के लिए किये गये ब्रिटिश संवैधानिक सुधारों के इन विचारों पर पड़ने वाले प्रभावों पर विश्लेषणात्मक दृष्टि डालती है। इस प्रकार यह पुस्तक इस अर्थ में विशिष्ट है कि यह न केवल भारतीय राजनीतिक चिन्तन के मुख्य प्रवाह को नये आयाम में प्रस्तुत करती है, तथा उसका विश्लेषण सन्दर्भ जनित विवेचन के अधिक सक्षम तरीके से करती है, अपितु भारत के राजनीतिक चिन्तन को स्पष्ट करने के लिए नवीन शोध मार्ग को अपनाने के लिए प्रेरित करती है।

इस पुस्तक लेखन में कई व्यक्तियों ने प्रत्यक्ष व अप्रत्यक्ष रूप से अपना योगदान दिया है, हम उनके ऋणी हैं। यह वस्तुतः हमारे लिए गर्व की बात है कि हम सेज पाठ्यपुस्तक योजना के साथ जुड़े हैं, सेज प्रबन्धन के हम आभारी हैं कि उन्होंने हमें यह सम्मान दिया। वास्तव में डॉ. सुगत घोष, वाइस प्रेसीडेन्ट, कमिश्निंग, सेज के व्यक्तिगत प्रभाव व उनके सहयोगियों व दक्ष सम्पादकों के लगातार प्रोत्साहन का परिणाम है कि प्रारम्भिक बाधाओं के बावजूद हम यह कार्य कर पाये। उन सबके लिए कृतज्ञता ज्ञापित करना हमारा कर्तव्य है। हम उन

अज्ञात सुझावकर्त्ताओं के भी आभारी हैं जिनके सुझाव बहुत महत्त्वपूर्ण थे तथा जिनसे हमें अपनी पुस्तक को संशोधित करने में मदद मिली। हम अपने छात्रों के भी ऋणी हैं जिनके द्वारा कक्षा में उठाये गये आलोचनात्मक प्रश्नों ने हमें अपनी पुस्तक में विभिन्न विचारकों के मूल विचार व उनके सन्दर्भों को व्यवस्थित करने में मदद की। अगर उन्हें यह पुस्तक उपयोगी तथा बौद्धिक रूप से प्रेरक लगती है तो हम समझेंगे कि हम जो चाहते थे वह हमें प्राप्त हुआ।

अन्ततः अपने परिवार के योगदान को हम सस्नेह स्वीकार करते हैं जिनके बिना हम अपने इस बौद्धिक अभियान पर ध्यान केन्द्रित न कर पाते तथा यह पुस्तक इस रूप में न आ पाती।

अनुवाद के अनुभव

अपनी बात कहनी हो तो कथ्य सहज रूप से प्रवाहित होता है, भाव और भाषा लेखक के इंगित के अनुरूप कलम को सहयोग करते हैं पर जब अन्य किसी भी भाव–भूमि व चिन्तन क्षेत्र में प्रवेश करके उसकी बात को अपनी भाषा में कहना हो तो स्थितियां इतनी सहज नहीं होतीं। फिर भी, अनुवादक का प्रयास होता है कि लेखक की मूल भावना व सोच को समझकर तदन्रूप अनुवाद किया जाए। इस पुस्तक में भी लेखक–द्वय की शैली की मौलिकता को बनाए रखते हुए विषय वस्तु का अनुवाद किया गया है।

आधुनिक भारतीय राजनीतिक चिन्तन पर पर्याप्त–लेखन कार्य हुआ है, पर जो विद्यार्थी या प्रतियोगी परीक्षाओं में भाग लेने वाले युवा भारत के राजनीतिक चिन्तकों के न केवल विचार अपितु विचारों की सृजन प्रक्रिया से भी होकर गुजरना चाहते हैं उनके लिए यह पुस्तक उपयोगी होगी।

इस पुस्तक की अनुवाद प्रक्रिया में कुछ क्षण छकाने वाले भी रहे। 'वम्पसपर' तथा 'रैग' (पृ. 227) ने पर्याप्त मानसिक कसरत करने पर विवश किया। अन्ततः गूगल महोदय ने सहायता की और बताया कि ऑक्सफोर्ड तथा कैम्ब्रिज विश्वविद्यालयों के छात्रों के बीच स्नातक परीक्षा के उपरान्त नौका प्रतियोगिता आयोजित की जाती है। हल्की–फुल्की गतिविधियों व मौजमस्ती से भरी इस प्रतियोगिता में भाग लेने से विद्यार्थी स्वयं को रोक नहीं सकते। भारतीय स्वतंत्रता आन्दोलन में भाग लेने वाले युवाओं के उत्साह को प्रदर्शित करने के लिए एक तत्कालीन प्रतिवेदन में उपरोक्त उदाहरण का प्रयोग किया गया।

सम्पूर्ण अनुवाद प्रक्रिया में अनेक विषय तथा भाषा विशेषज्ञों से परामर्श किया गया। उनके नामों का उल्लेख करने से किसी के नाम के छूट जाने का भय है। अतः जिनसे बार–बार संवाद किया व उनकी राय ली, उन सभी को सादर

नमन। अपने पति डॉ. बी.के. चतुर्वेदी, सेवानिवृत चीफ मेडिकल सुपरिन्टेन्डेन्ट के सम्पूर्ण सहयोग व समर्थन के लिए सस्नेह आभार।

सेज व रावत प्रकाशन, अंग्रेजी भाषा में उच्चस्तरीय लेखन को हिन्दी भाषा के माध्यम से व्यापक फलक प्रदान करने के लिए, निश्चित ही बधाई के पात्र हैं। ऐसे प्रयास से हिन्दी भाषा–भाषी बड़े वर्ग को आवश्यक रूप से लाभ पहुंचेगा।

डॉ. गीता चतुर्वेदी

परिचय[1]

भारत में सामाजिक व राजनीतिक चिन्तन, मुख्य रूप से दो तरीकों से अवधारित किये जा सकते हैं। एक तरफ तुलनात्मक रूप से आसान तरीका है जो विचारों को क्रमबद्ध रूप में स्पष्ट करता है। इस पद्धति में विचारों को उस क्रम में व्याख्यायित किया जाता है, जिसमें उन सन्दर्भों को कम महत्त्व दिया जाता है जो विचारों को आकार देते हैं। जो इस प्रकार की परिकल्पना पद्धति का समर्थन करते हैं वे विचारों को अधिक महत्त्व देते हैं, न कि उसे, जो उसके पीछे है। यद्यपि यह महत्त्वपूर्ण तरीका है, लेकिन इसकी बौद्धिक उपयोगिता दो कारणों से सीमित है – (अ) शुद्ध वर्णनात्मक पद्धति के कारण इसमें हम वही देख पाते हैं जो सतह पर दिखाई पड़ता है, (ब) वर्णनात्मक पद्धति सैद्धान्तिक रूप से भी सीमित है, क्योंकि यह उन क्षणों की व्याख्या करने में असफल रहती है जब नये विचार प्रमुखता ग्रहण कर लेते हैं तथा उन विचारों की, जो अपनी व्याख्यात्मक क्षमता खो देते हैं, का स्थान ले लेते हैं।

इसके विपरीत दूसरी ओर, एक और पद्धति है जहाँ विचार जटिल सामाजिक, आर्थिक व राजनीतिक प्रक्रियाओं, जो विचारों के निर्माण व विकास के मूल में रहती हैं, में आकार ग्रहण करते हैं। अवधारणा की इस पद्धति में सामाजिक व राजनीतिक विचार मूलतः समाज, आर्थिक व्यवस्था व राजनीति की अन्तःक्रिया से जुड़े होते हैं। इस पद्धति में महत्त्वपूर्ण यह है कि वह वातावरण महत्त्वपूर्ण होता है जिसमें ये विचार बनते हैं। विशेषकर औपनिवेशिक व्यवस्था में सन्दर्भ महत्त्वपूर्ण हो जाते हैं क्योंकि यह व्यवस्था न केवल एक समाज के स्वाभाविक विकास को बाधित करती है बल्कि यह प्रचलित विरोधी विचारों को उनकी प्रकृति के कारण दबा देना चाहती है। इस प्रकार की व्याख्यात्मक पद्धति में सामाजिक व राजनीतिक विचारों के विकास की जटिलता स्पष्ट है। इस लम्बी भूमिका का उद्देश्य उन विचारकों के राजनीतिक विचारों को लिपिबद्ध करना ही नहीं है जिन्होंने स्वतंत्रता संग्राम की दिशा बदली अपितु उन सामाजिक और ऐतिहासिक

संदर्भों का विश्लेषण करना भी है जहाँ से ये विचार पनपे और जिन सामाजिक–राजनीतिक परिवर्तनों को लाना इनका उद्देश्य था।

विचारों और उनके संदर्भों की अन्तःक्रिया क सम्बन्ध में चर्चा करने से वह प्रभावित करने वाली सैद्धान्तिक संरचना उभरती है जो उन परिस्थितियों में प्रासंगिक है। सामाजिक–राजनीतिक विचारों के प्रति मूल दृष्टिकोण के विपरीत, यह पद्धति विचारों के अंकुरण की प्रकृति को भी स्पष्ट करती है। अस्थिर सामाजिक–आर्थिक व राजनीतिक प्रक्रियाओं के अवस्थित रहने के कारण विचार सदैव डाँवाडोल स्थिति में होते हैं अतः वे स्वभावतः अस्थिर होते हैं। इस तरह की सैद्धान्तिक कल्पना से हमें औपनिवेशिक सन्दर्भों या अन्य किसी मूल्य व्यवस्था, जो प्रचलित समाज की उपज नहीं है, में सामाजिक व राजनीतिक विचारों की संकल्पना करने व स्पष्ट करने का अवसर मिल जाता है।

चूँकि यह पुस्तक आधुनिक राजनीतिक विचारों से सम्बन्धित है अतः उन विचारों पर केन्द्रित है जिन्होंने भारत में राष्ट्रवाद को आकार दिलाने में प्रभावी भूमिका निभाई। राष्ट्रवाद के निर्णायक विचारधारा के रूप में उभरने के पूर्व भी राजनीतिक विचारों की लम्बी परम्परा रही है, जिसमें विभिन्न विचारकों ने अपने विचारों व दृष्टिकोणों को व्यवस्थित किया। यह प्राचीन भारतीय विचारों की चर्चा का उपयुक्त स्थान नहीं है, तथापि अतीत में जिन दृष्टिकोणों ने राजनीतिक विचारों को प्रभांवित किया, उन पर चर्चा उचित है। मुख्यतः कौटिल्य व बरनी, जो भारतीय सामाजिक–राजनीतिक जीवन के दो भिन्न कालखण्डों का प्रतिनिधित्व करते हैं, वे दो प्रमुख विचारक हैं, जिन्होंने अपने विचारों को न केवल सुव्यवस्थित रूप में रखा अपितु उस काल में व्याप्त विचारधारा को भी रखा, जहाँ से उन्होंने अनुभव प्राप्त किया। अतः हम कौटिल्य व बरनी पर अपना ध्यान केन्द्रित करेंगे, मुख्यतः उस दृष्टिकोण को समझने के लिए, जिसमें उन्होंने अपने समय के सामाजिक–राजनीतिक मुद्दों को तत्कालीन ऐतिहासिक संदर्भों से जुड़े होकर संकल्पित किया।

कौटिल्य

प्राचीन भारतीय राजनीतिक चिन्तन में कौटिल्य का योगदान दो कारणों से महत्त्वपूर्ण है। प्रथम, विविध विषयों पर अपने विचारों की व्याख्या व व्यापकता की स्पष्टता के कारण, यथाः राज्य की उत्पत्ति, प्रकृति, धर्म व दण्ड की संकल्पना, अन्तर्राज्य सम्बन्ध व कूटनीति, विकेन्द्रीकरण का विचार, कल्याणकारी राज्य व जनमत आदि तथा इनमें इतनी गहनता है कि वे प्राचीन भारत में राजनीतिक विचारों की व्याख्या करने में सैद्धान्तिक भूमिका निभाते हैं। द्वितीय, परिणामतः कौटिल्य व उनका अर्थशास्त्र सामान्यतः प्राचीन काल की राजनीतिक व

प्रशासनिक व्यवस्था के मुख्य सूत्रों के वर्णन के लिए प्रमुख विचारक व ग्रन्थ माने जाते हैं। 'अर्थशास्त्र' का क्षेत्र इतना व्यापक है कि इसमें विभिन्न विषयों पर विचार मिलते हैं यथा अर्थशास्त्र, नीतिशास्त्र, समाजशास्त्र, गुप्तचर व्यवस्था, जासूसी, युद्धकला, अपराधशास्त्र, शिक्षा आदि, तथापि लेखन में राजनीति व शासनकला का विज्ञान प्रमुखता लिए हुए है। राजतन्त्र को शासन की सर्वोत्तम विधा स्वीकार करते हुए कौटिल्य शासनकला के मूल मुद्दों, यथा राज्य का संगठन, आदर्श शासक के गुण, समाज के आचार व व्यवहार का आधार, व्यावहारिक राजनीति के नियम, युद्ध व कूटनीति की समस्याएँ तथा सक्षम तथा कुशल प्रशासन के विविध पक्षों का गहन विश्लेषण प्रस्तुत करते हैं।

कौटिल्य का राज्य का सिद्धान्त प्राचीन समय का प्रतिपादित स्वयंसिद्ध सिद्धान्त होते हुए भी आधुनिक काल में भी कुछ सीमा तक मान्यता रखता है। राज्य की उत्पत्ति को मानवजन्य मानते हुए उनका कहना था कि राज्य की मूल प्राकृतिक अवस्था 'मत्स्य न्याय' पर आधारित थी, जहाँ बड़ी मछली छोटी मछली को निगल जाती है। लोगों ने इस स्थिति का समाधान मनु, वैवास्वत के पुत्र का, राजा के रूप में राज्याभिषेक से किया। अतः इससे स्पष्ट है कि शासन के अन्य रूपों की तुलना में कौटिल्य ने राजतंत्र का समर्थन किया जैसे द्वैराज्य (सम्पूर्ण राज्य पर एक ही परिवार के दो पुरुषों का शासन), वैराज्य (अधिग्रहण द्वारा विदेशी शासक का शासन) आदि जिनका उल्लेख कौटिल्य ने अर्थशास्त्र में किया है। राजा को राज्य में सर्वोच्च स्थान प्रदान करते हुए भी कौटिल्य राजा के लिए कुछ सहज गुणों, जिसमें दर्शन, अर्थशास्त्र, दण्डनीति या राजनीति विज्ञान के प्रशिक्षण शामिल हैं, का होना आवश्यक मानता है। कौटिल्य के राज्य सम्बन्धी सिद्धान्त का प्रमुख पक्ष सप्तांग (सात अंग) सिद्धान्त है। राज्य के सात आवश्यक अंग हैं, स्वामी (शासक), अमात्य (मंत्री), जनपद (सीमा क्षेत्र जहाँ लोग निवास करते हैं), दुर्ग (किलाबंद राजधानी), कोष (ख़ज़ाना), दण्ड (सजा), सेना व मित्र (मित्र तथा सहयोगी)। सप्तांग सिद्धान्त के अनुसार राज्य का स्वरूप सावयवी है जिसमें सात तत्व समाहित हैं। सप्तांग सिद्धान्त के विश्लेषण से स्पष्ट है कि राज्य की प्रकृति एक सुदृढ़ राजतंत्र की विशेषताओं से युक्त है, जिसका स्थायित्वपूर्ण एवं व्यवस्थित प्रशासन हो। यद्यपि जनपद की संकल्पना से जनता व भूमि या क्षेत्र की चर्चा की गई है तथापि कौटिल्य दुर्ग, कोष व दण्ड पर विस्तृत चर्चा के माध्यम से राज्य के संरचनात्मक पक्ष पर अधिक जोर देता प्रतीत होता है। यह रोचक है कि मित्र को राज्य के आवश्यक तत्व के रूप में शामिल करके वह राज्य सिद्धान्त को परिपूर्णता प्रदान करता है, क्योंकि इसमें राज्य को न केवल एक सार्वभौमिक इकाई के रूप में चित्रित करता है अपितु वह ऐसे राज्य के समूह के सदस्य के रूप में मान्यता प्रदान करता है जहाँ वे आपस में अन्तःक्रिया करते हैं, इस प्रकार वह राज्य के लिए, बहुलवाद–प्रधान एकतंत्र के आवश्यक गुण निश्चित करता है (कृष्णा राव, 1958: 64)।

राज्य सिद्धान्त के उचित क्रियान्वयन के लिए धर्म व दण्ड की दो संकल्पनाओं पर कौटिल्य अत्यधिक निर्भर करता है। धर्म को सामाजिक कर्त्तव्य, जिसमें पारम्परिक धार्मिक कानून की पालना शामिल है, के रूप में व्याख्यायित करते हुए कौटिल्य धर्म की दोहरी भूमिका देखता हुआ लगता है। पहला, राजतंत्र का प्रबल समर्थन करते हुए वह राजा को निरंकुश होने की आज्ञा नहीं देता तथा धर्म नियंत्रणकारी तत्व प्रतीत होता है। अन्य शब्दों में, यद्यपि राजा अपने राज्य में सर्वोच्च है तथापि वह धर्म से ऊपर नहीं है। दूसरे, राज्य के नागरिकों व सामाजिक व्यवहार को भी धर्म से मर्यादित एवं नियंत्रित किया गया है। इस प्रकार प्राचीन काल में धर्म राज्य का एक प्रकार का अदृश्य तथा सर्वोच्च कानून है जिसके मापदण्डों के अन्तर्गत राजा सहित सभी को अपना जीवनयापन करना होता था तथा अपने निर्धारित उत्तरदायित्व निभाने होते थे। कौटिल्य का मानना है कि समाज में धर्म के उपयुक्त क्रियान्वयन के लिए दण्ड की आवश्यक भूमिका की उपेक्षा नहीं होनी चाहिए। संकल्पना के रूप में प्राचीन भारत में दण्ड को सजा या बाध्यकारी शक्ति के रूप में देखा जाता है। समाज में अनुशासन के प्रमुख यंत्र के रूप में स्थापित होने के कारण दण्ड को राजा के व्यक्तित्व में समाहित होना चाहिए, यानी नागरिक यदि राज्य के निर्धारित मानदण्डों को, जो मूल रूप से धर्म व पारम्परिक कानून द्वारा निर्दिष्ट किये गये हैं, का घोर उल्लंघन करता पाया जाये तो राजा को उसे दण्ड देने का अधिकार होना चाहिए। इस प्रकार कौटिल्य के विचार में, एक पथ–भ्रष्ट नागरिक को अनुशासित करना राजा का महत्त्वपूर्ण दायित्व है क्योंकि ऐसा करने में असफल होने से राज्य के नागरिकों के शान्तिपूर्ण सुखी जीवन में अनावश्यक बाधा होगी व कष्टकारी परिणाम होंगे। राज्य में अनुशासन व व्यवस्था लाने के लिए दण्ड उचित साधन माना जाता था।

अर्थशास्त्र में एक अन्य विषय, जिसे प्रमुखता प्रदान की गई है, वह अन्तर्राज्य सम्बन्ध व कूटनीति का विचार है। प्राचीन भारतीय साहित्य में अन्तर्राज्य सम्बन्धों के सम्पूर्ण विचार को मण्डल के रूप में अवधारित किया गया है। अतः कौटिल्य ने भी प्राचीन काल में अन्तर्राज्य सम्बन्धों को मण्डल सिद्धान्त के रूप में व्याख्यायित करने का प्रयास किया है। सिद्धान्त की विशेषता इसमें निहित है कि इसमें राज्य की स्थिति को मित्र और शत्रु के रूप में वर्णित किया गया है। जैसे मण्डल में सर्वोच्च स्थान पर विजय की इच्छा रखने वाले को रखा गया है। विजिगीषु (विजेता या महत्त्वाकांक्षी राजा) को मण्डल सिद्धान्त के केन्द्र में रखते हुए कौटिल्य चार मूल चक्रों के सिद्धान्त की व्याख्या करता है। उदाहरण के लिए प्रथम चक्र में विजिगीषु, उसका मित्र तथा मित्र का मित्र होते हैं। ये तीन राजा जो पाँच प्रकृतियों से युक्त होते हैं जैसे अमात्य, जनपद, दुर्ग, कोष तथा दण्ड एक चक्र का निर्माण करते हैं। परिणामतः राज्यों के एक चक्र में 18 तत्व शामिल होते हैं। इसी प्रकार का उदाहरण अन्य तीन राज्यों को मिलकर बनता है,

जिसमें अरि (विजिगीषु का दुश्मन), मध्यम (मध्यम) तथा उदासीन (तटस्थ) शामिल हैं। अन्ततः मण्डल सिद्धान्त के राज्यों के चार मूल चक्र होते हैं, 12 राजा, 60 द्रव्य प्रकृतियाँ तथा 72 प्रकृतियाँ होती हैं जो मिल कर चार चक्रों का निर्माण करती हैं।

अन्तर्राज्य सम्बन्धों में मण्डल सिद्धान्त के अतिरिक्त कौटिल्य उपाय (शान्ति की राजनीति) व षड्गुण (युद्ध के सिद्धान्त) की भी व्याख्या करता है। युद्ध व शान्ति के समय विजयी राजा को अन्तर्राज्य सम्बन्धों के संचालन के लिए कुछ सुझाव दिये गये हैं। इसके अतिरिक्त कौटिल्य राज्यों के मध्य कूटनीतिक सम्बन्धों की विस्तृत व्यवस्था करता है तथा एक सुदृढ़ गुप्तचर व्यवस्था पर जोर देता है ताकि राजा अपने व राज्यों के ऊपर बाह्य व आन्तरिक धमकियों से अप्रभावित रहे।

अन्ततः कौटिल्य को मौर्यकालीन राज्य व समाज की व्यवस्था की संरचना व प्रकृति के वर्णन व व्याख्या के लिए विभिन्न विद्वानों व टीकाकारों द्वारा मान्यता प्रदान किया जाना उचित है। अतः प्राचीनकाल में वस्तुस्थिति की जानकारी के लिए अर्थशास्त्र न केवल प्रामाणिक स्रोत है, बल्कि जीवन के विविध पक्षों के विश्लेषण की गहनता व व्यापकता उसमें इतनी महत्वपूर्ण है कि प्राचीन काल के सामाजिक–आर्थिक तथा राजनीतिक–प्रशासनिक व्यवस्था के अधिकतर, यदि सब नहीं, पक्ष अर्थशास्त्र में देखे जा सकते हैं। इसके अतिरिक्त कौटिल्य द्वारा अर्थशास्त्र में प्रस्तुत व विश्लेषित कई विचार उन सभी क्षेत्रों में आज भी लागू होते हैं जो आधुनिक जीवन के आधार हैं।

बरनी

भारत के राजनीतिक चिन्तन के इतिहास में मध्य युग एक विशिष्ट चरण का प्रतिनिधित्व करता है क्योंकि देश में मुगल शासन के आगमन से लोगों के सामाजिक–आर्थिक तथा राजनीतिक–प्रशासनिक जीवन में एक नया पक्ष आरम्भ हुआ। स्पष्टतः मध्य युग में प्रचलित इस्लामिक जीवन शैली की विशिष्टता कुरान के नियम, जिन्हें पैगम्बर मुहम्मद की शिक्षाओं से ग्रहण किया गया है, की सर्वमान्यता में विश्वास थी। परिणामतः कुरान के उपदेशों पर आधारित *शरीयत* जीवन के अस्तित्व मात्र पर अन्तिम निर्णय थी तथा राज्य व सरकार का अस्तित्व में होने का कारण *शरीयत* के उद्देश्यों को पूरा करना था। अतः उस समय के इतिहासकारों तथा वृत्तान्त लेखकों के लेखन में राजनीतिक विचारों के सम्बन्ध में ऐसे एकांगी दृष्टिकोण से उपजे राजनीतिक विचारों की विशिष्टता पाया जाना आवश्यक था। इस दृष्टि से मध्य युग के प्रतिनिधि विचारकों में जियाउद्दीन बरनी का अत्यधिक योगदान है, क्योंकि अपने लेखन में सुल्तान की संस्था के

कार्यात्मक पक्ष पर ध्यान केन्द्रित करके वह मध्य युग के राजनीतिक परिदृश्य को स्पष्ट कर पाया है जिसमें एक ओर इस्लामी विश्वास है तो दूसरी ओर सामान्य लोगों के सामाजिक जीवन, के संचालन पर ध्यान केन्द्रित किया गया है।

दिल्ली सल्तनत के प्रमुख बुद्धिजीवियों में से एक बरनी ने अनेक पुस्तकें व लेख लिखे हैं जिनमें मध्य युग के सामाजिक, राजनीतिक जीवन के विषय का विस्तार से वर्णन किया गया है। सल्तनत काल के एकतंत्रात्मक शासन की कार्य प्रणाली के व्यक्तिगत अनुभव से समृद्ध व प्रभावित होने के कारण बरनी की दो विशिष्ट रचनाएँ, *तारीके फिरोजशाही* तथा *फतवा–ए–फिरोजशाही*, फिरोजशाह की प्रशंसा में लिखी गई हैं, लेकिन संरक्षण हटा लिये जाने के कारण *तारीके–ए–तुगलगी*, फिरोजशाह तुगलक की तिरस्कारपूर्ण आलोचना में समाप्त होती है।

यद्यपि *तारीके–ए–फिरोजशाही* में मध्य युग के एकतंत्रात्मक शासन के कार्य संचालन पर कुछ गम्भीर टिप्पणियाँ की गई हैं, लेकिन सल्तनत काल के राजनीतिक दर्शन का पर्याप्त सैद्धान्तीकरण *फतवा–ए–जहाँदारी* में मिलता है। दिल्ली सल्तनत, जिसमें राज्य व शासन के शीर्ष पर बादशाह है, में व्याप्त राजनीतिक व प्रशासनिक व्यवस्था का गम्भीर व आलोचनात्मक दृष्टिकोण बरनी की इस रचना में मिलता है।

बरनी के राज्य व आदर्श सुल्तान की अवधारणा का सैद्धान्तीकरण मध्ययुग में राजनीतिक विचारों की विशिष्टता के कारण स्मरणीय है। पैगम्बर मोहम्मद से प्रारम्भ करते हुए बरनी का मानना है कि पैगम्बर पृथ्वी पर राज्य के रूप में सशरीर उपस्थित है, उसे सर्वशक्तिमान का आशीर्वाद प्राप्त है। सुल्तान ने खुदा के प्रतिनिधि के रूप में उसका स्थान लोगों पर शासन करने के लिए ग्रहण किया। इस प्रकार बरनी के अनुसार मध्य युग में राज्य का स्वरूप दैवीय था जिसे पैगम्बर मोहम्मद के रूप में खुदा ने स्वयं दायित्व प्रदान किया। परिणामतः मोहम्मद की शिक्षाओं पर आधारित दो नियमावलियों में कुरान जीवन के मूल सिद्धान्तों की प्रदर्शक है तथा *शरीयत* कुरान के आधार पर राज्य व शासन के क्रियात्मक स्वरूप को स्पष्ट करती है। ये सर्वोच्च कानून माने जाते थे और सुल्तान से यह उम्मीद की गयी थी वह इन दो पाक पुस्तकों के आधार पर शासन की जिम्मेदारी निभाये।

फ़तवा–ए–जहाँदारी का प्रमुख जोर सुल्तान को कुछ ऐसी नसीहतें देना लगता है जो उसके व्यक्तिगत जीवन व शासकीय स्वरूप को मार्गदर्शन दे। इन नसीहतों के माध्यम से बरनी ने आदर्श सुल्तान के सिद्धान्त का प्रतिपादन किया साथ ही मध्य युग में प्रचलित राज्य व शासन के अन्य पक्षों पर भी विचार व्यक्त किये। विभिन्न मुस्लिम शासकों के साथ कार्य करने के अपने पूर्वजों के अनुभव से जन्मे गहन ज्ञान तथा तुगलक के समय शासन के कार्यकलाप व व्यवहार से जुड़े अपने व्यक्तिगत अनुभव के कारण बरनी की सलाह एक ऐसा सम्मिश्रण प्रतीत

होती है जिसमें एक ओर तो सुल्तान के समय में हुई विशिष्ट घटनाओं से जुड़े अनुभव का आधार है तो दूसरी ओर अवांछित व भयपूर्ण स्थिति से निपटने या उनसे बच निकलने की विभिन्न सम्भावनाओं के सम्बन्ध में सुल्तान को उचित तरीके सुझाये गये हैं। इस प्रकार बरनी के परामर्श में एक ओर तत्कालीन परिस्थितियों का समालोचनात्मक विश्लेषण है तो दूसरी ओर बरनी का उन परिस्थितियों पर अपना विचार भी स्पष्ट होता है।

बरनी द्वारा किये गये मध्यकालीन शासन विधि के सैद्धान्तीकरण की एक विशेषता यह है कि इसमें एक खास वर्ग का प्रभुत्व था जो कुलीन था और जिसे निर्धारित क्षेत्रों से भूमिकर संग्रह का अधिकार था (हबीब, 1995: 82)। इसके अतिरिक्त दो आवश्यक स्तम्भों – प्रशासन व विजय को राज्य का आधारभूत सहयोग होने के कारण यह स्वाभाविक था कि नौकरशाही व सेना मध्यकाल के शासक अभिजन के आवश्यक हिस्से होते। कुछ भी हो, सुल्तान के प्रशासन में सर्वोच्च श्रेणी के अधिकारी आवश्यक रूप से कुलीन वर्ग के थे, क्योंकि उच्च वंश परम्परा में उत्पन्न मुसलमान पुरुषों को ही उसमें शामिल किया जाता था तथा नौकरशाही में निम्न कुल में उत्पन्न लोगों को पदोन्नति के अवसर से लगभग वंचित रखा जाता था। इसी प्रकार सुल्तान की सेना में कुलीन वर्ग के लोगों को ही प्रधानता थी जो शासकों के प्रति निष्ठावान होते थे, उन्हें ही सुल्तान के दरबार में महत्त्व प्राप्त होता था। इस प्रकार मध्यकालीन राज्य व शासन में यथार्थतः पारम्परिक उच्च कुलोत्पन्न अमीरों द्वारा राज्य के विभिन्न भागों में सर्वोच्च पद धारण किया जाता था तथा समाज के सामान्य वर्ग के लोग शासक वर्ग से बिल्कुल असम्पृक्त होते थे।

ऐसे समय में जब कुरान व *शरीयत* जैसी धार्मिक पुस्तकों में ही शासन व उसकी प्रक्रियाओं की जड़ें थीं, राज्य के शासन में बरनी का *ज़वाबित* (राज्य का कानून) के पक्ष में अपने विचार रखना एक महत्त्वपूर्ण योगदान लगता है। बरनी द्वारा *ज़वाबित* के स्वीकार किये जाने के पीछे मूल तर्क उसकी यह सोच लगती थी कि हो सकता है कि समाज की बदलती संरचना, विविधतापूर्ण जनता तथा बढ़ते साम्राज्य पर शासन करने की जटिलता से *शरीयत* द्वारा निर्धारित व्यवस्था के अनुसार पूर्णरूपेण कार्य करना सम्भव न हो पाये। अतः बरनी ने *ज़वाबित* के पक्ष में अपने विचार व्यक्त किये जिसका आधार गैर–धार्मिक व धर्म निरपेक्ष था। यद्यपि उसका मानना था कि *ज़वाबित* को *शरीयत* के उपदेशों से स्पष्ट रूप से विरुद्ध नहीं होना चाहिए, पर उसे राज्य में उचित महत्व दिया जाना चाहिए क्योंकि इसका उद्देश्य एक ओर शासन के विभिन्न विभागों के कार्यों में लोचशीलता लाना है, दूसरी ओर शासक व राज्य के प्रति निष्ठा को प्रोत्साहित करना है।

अन्त में बरनी मध्यकाल में प्रचलित स्थितियों की जानकारी व उनके सैद्धान्तीकरण का यथार्थ व प्रामाणिक स्रोत सिद्ध होता है। भारतीय राजनीतिक

विचारों को बरनी की विशिष्ट देन है। कुरान व *शरीयत* के उपदेशों पर आधारित इस्लामी राज्य के आधार तथा कार्य की व्याख्या मात्र ही नहीं अपितु वह भारत के मध्यकाल में काफी समय से इस्लामी राज्य व शासन में आ रहे परिवर्तनों का भी कुशलता से वर्णन करता है। इस प्रकार अपने दृष्टिकोण में रूढ़िवादी अभिजात्यवर्गीय होने के बावजूद बरनी राज्य के कार्यों में लोचशीलता व स्थायित्व की आवश्यकता के सम्बन्ध में जाग्रत प्रतीत होता है। इसके लिए वह पारम्परिक इस्लामी कानून (हबीब, 1980: 113–15) के कुछ मापदण्डों से समझौता करने के लिए भी राज़ी होता लगता है।

जैसा कि उपरोक्त दो विपरीत दृष्टिकोणों के विवेचन से स्पष्ट है कि भारतीय सामाजिक व राजनीतिक चिन्तन एक ऐसी लाभदायक स्थिति में आ गये, जहाँ वे विभिन्न स्रोतों से निकले विरोधी व पूरक विचारों के विशिष्ट मिश्रण को ग्रहण कर सकते थे।

यह स्वीकार करना गलत होगा कि इस प्रक्रिया में सशक्त 'भारतीय' मूल्यों की कोई भूमिका नहीं थी, यथार्थतः यह विचारों की रचनात्मकता दर्शाता है, जिस पर विदेशी व स्थानीय दोनों प्रकार के प्रभाव थे। अतः इसे 'नव उत्पन्न' विवेचन नहीं कहा जा सकता; भारतीय संदर्भ में ग्राह्यता से स्पष्ट है कि इन विचारों के स्थानीयकरण का परिणाम यह हुआ कि जिन्होंने तत्कालीन प्रचलित सामाजिक, आर्थिक व राजनीतिक संदर्भों से जुड़ाव के कारण अपने विचारों को आकार दिया, उन्होंने ऐसे नये प्रतिमानों की संरचना की जो न तो अतीत की नकल थी न रूढ़िवादी अर्थों में विशुद्ध पारम्परिक थे।

आधुनिक भारतीय राजनीतिक विचारों का अवधारणीकरण

भारतीय राजनीतिक विचार में तीन परस्पर सम्बद्ध तत्व शामिल हैं: 'राष्ट्र', 'राष्ट्रवाद' तथा 'राष्ट्रीय पहचान'। स्पष्ट है कि ये तीन विचार–बिन्दु किसी भी राष्ट्रीय विवेचन के आधार हैं। विशिष्ट अनुभवों पर आधारित इस कार्य से जुड़े विचारकों के स्वर न तो पूर्णरूपेण नवीन विचारों की उपज हैं, न वे संदर्भों से पूरी तरह कटे हुए हैं। अन्य शब्दों में विचार ऐसे सामाजिक–आर्थिक व राजनीतिक वातावरण में उपजे, पोषित व विकसित हुए जिन्हें सामाजिक, राजनीतिक विचारों की अवधारणा से कभी दूर नहीं रखा जा सका। सम्पूर्ण प्रक्रिया में सर्वाधिक निर्धारक तत्व एक विशिष्ट यथार्थ से चेतन जुड़ाव था जो कि विचारों के निर्माण पर सदैव प्रभाव छोड़ता है। इस भूमिका का उद्देश्य विचार व यथार्थ की परस्पर निर्भरता को उपनिवेशवाद के बाह्य, पर आवश्यक प्रभावों के सम्बन्ध में समझना है। स्पष्टतः इस प्रक्रिया में सामाजिक व राजनीतिक परिवर्तनों के द्वन्द्व की प्रक्रिया, जिसने एक समय विशेष में विचारों को आकार दिया, में एक साथ ही

अतीत से प्रस्थान व जुड़ाव दोनों ही शामिल थे। सम्भवतः इसलिए कि नई सोच के मुख्य विचार ऐसी प्रक्रिया से निकलते हैं जिसमें वर्तमान व अतीत दोनों ही महत्त्वपूर्ण होते हैं, वे दोनों के प्रभाव से ही रचनात्मक आकार ग्रहण करते हैं।

राष्ट्रवाद की अवधारणा करना समस्याजन्य है। एक राष्ट्र की पहचान करना भी उतना ही कठिन है। इस विषय की प्रकृति के सम्बन्ध में विद्वानों में उग्र मतान्तर हैं। इसका एक कारण यह है कि राष्ट्रवाद के निर्माण में, एक विचारधारा के रूप में, विशिष्ट सामाजिक–आर्थिक परिस्थितियों का योगदान होता है। इसीलिए विश्व के भिन्न–भिन्न भागों में संचालित हुए अलग स्थानों में अवस्थित होने के बावजूद, उपनिवेशवाद के विरुद्ध राजनीतिक गतिशीलता लाने में राष्ट्रवाद शायद सबसे महत्वपूर्ण राजनीतिक हथियार है। असमान जन समूह को एकजुट करने में एक भावना, जो राष्ट्रवादी विचारधारा के रूप में दिखती है, विशिष्ट संदर्भ में एक उद्देश्य के लिए सभी अवरोधों को दूर कर देती है। राष्ट्रवाद, एक समुदाय की सामाजिक–आर्थिक विशिष्टताओं को राजनीतिक व प्रादेशिक परिस्थितियों से मिश्रित करके उसे एक पहचान देता है तथा उसे बनाये रखता है। शायद, सांस्कृतिक प्रतीकों, जो एक समूह विशेष के भ्रातृत्व को रेखांकित करते हैं, के माध्यम से यह सामाजिक–राजनीतिक एकता का सर्वाधिक विश्वसनीय आधार है। एक विशिष्ट मान्यता के पोषण और उसकी लोकप्रिय छवियों के माध्यम से प्रदर्शन से ऐसी विचारधारा, जो राष्ट्र की आकांक्षाओं को परिलक्षित करती है, सारे अवरोधों के बावजूद जीवित रहती है। राष्ट्रवाद की शक्ति शायद इस तथ्य में निहित है कि सामूहिक व्यक्तित्व व विशिष्ट संस्कृति के माध्यम से विश्व में स्व की पहचान का यह महत्वपूर्ण साधन है।

पिछले कुछ वर्षों में एक अवधारणा की श्रेणी में राष्ट्रवाद में विद्वानों ने कई आयाम जोड़े हैं। बेनेडिक्ट एन्डरसन की *इमेजिन्ड कम्यूनिटीज* (1983) इस विषय पर बहस का एक नया आयाम प्रस्तुत करती है। उनका तर्क है कि राष्ट्र, विशिष्ट सामाजिक परिस्थितियों यथा भाषा, जाति, धर्म आदि की उपज नहीं है अपितु इसका काल्पनिक अस्तित्व है। औपनिवेशिक शासन के विरुद्ध संघर्ष में 'काल्पनिक समुदाय' के रूप में राष्ट्र, समाज के विभिन्न समूहों के हितों को समानता प्रदान करता है। एन्डरसन की मूल प्रस्तावना का समर्थन करने के साथ पार्थ चटर्जी (1986, 1994) भारत में उपनिवेश विरोधी गतिविधियों के संदर्भ में राष्ट्रवाद की रचनात्मक व्याख्या प्रस्तुत करते हैं। चटर्जी राष्ट्रीय पहचान का स्वरूप आवश्यक रूप से 'खोजा हुआ' होना तथा उसके निर्माण व प्रसार में 'प्रिण्ट कैपिटलिज्म' की भूमिका को स्वीकार करते हैं, लेकिन वे राष्ट्रवादी हस्तक्षेप के 'प्रतिमानिक स्वरूप' की एन्डरसन की कल्पना को चुनौती देते हैं, क्योंकि इससे इस तर्क की उपेक्षा होती है कि यदि प्रतिमानिक स्वरूप उपलब्ध करा दिये जायें तो कल्पना के लिए कुछ शेष नहीं रहता।

चटर्जी के अनुसार अफ्रीकी–एशियाई राष्ट्रवाद का आधार भिन्न था। अतः यह निष्कर्ष गलत होगा कि राष्ट्रीय संवाद, जिसने जनसमूह को क्रियाशील होने के लिए प्रेरित किया, व्युत्पन्न तथा विजातीय था। यह सत्य है कि गैर–पश्चिमी नेता, जो स्वतंत्रता संघर्ष से जुड़े थे, वे यूरोपीय राष्ट्रवादी विचारों से गहराई तक प्रभावित थे। विदेशी उत्पत्ति के कारण वे अफ्रीका व एशिया के विशिष्ट सामाजिक–राजनीतिक संदर्भ में, उनकी सीमाओं से परिचित थे। अतः काल्पनिक समुदाय को राजनीतिक उद्देश्य के लिए प्रेरित करते समय वे 'स्वदेशी' भाषा में बोले। यद्यपि उन्होंने यूरोपीय राष्ट्रवाद के विचार को ग्रहण किया तथापि उन्होंने उसका स्थानीय समकक्ष खोजकर उसका स्थानीयकरण किया और अतिरिक्त अर्थ व भावों के साथ प्रयोग किया। शायद यही कारण था कि गाँधी व उनके सहयोगियों ने ब्रिटिश विरोधी अभियान में राष्ट्रवाद के स्थान पर स्वदेशी का प्रयोग किया। गाँधी ने राष्ट्रवाद की भाषा की उपेक्षा की क्योंकि उन्हें विश्वास था कि बीसवीं सदी की पहली तिमाही में कांग्रेस द्वारा राष्ट्रवाद के दुष्प्रयोग ने न केवल मुसलमानों को अपितु अन्य अल्पसंख्यकों तथा हिन्दू निम्न जातियों को भी भयभीत किया। भारत जैसा देश, जहाँ धर्म, जाति, संस्कृति तथा संघर्ष की व अत्याचार की साझी ऐतिहासिक विरासत नहीं थी, के लिए यही विचार सर्वाधिक व्यावहारिक लगता है। यही वह कारण है जिससे गाँधी व उनके सहयोगियों ने यूरोपीय राष्ट्र–राज्य की व्यवस्था व समरूपता के स्थान पर भारतीय जीवन के पारम्परिक शिथिल व अव्यवस्थित बहुलवाद को अधिक पसंद किया, क्योंकि उन्होंने यह अनुभव किया कि भारतीयों को खुली बहुलवादी व वैविध्यपूर्ण पारम्परिक भारतीय सभ्यता अधिक उपयुक्त लगेगी। सुरक्षित बहुपरतीय पहचान से सज्जित, भारतीयों के रूप में पहचाने जाने वालों की दृष्टि से, भारतीय संस्कृति को पुनर्जीवित करने का अभियान नैतिक रूप से अधिक स्वीकार्य तथा राजनीतिक रूप से अधिक प्रभावी था।

ब्रिटिश शासन से स्वतंत्रता पारम्परिक राष्ट्रवादी तर्क के कारण आवश्यक नहीं थी अपितु इसने भारतीय संस्कृति के विकास को अवरुद्ध व विकृत किया था। इस तर्क से स्पष्ट होता है कि गाँधी द्वारा चलाये जा रहे राष्ट्रवादी आन्दोलन में भारतीय विशेषताएँ आवश्यक रूप से थीं। भारतीय जनमानस के लिए महत्त्वपूर्ण मूल्यों पर आधारित होने के कारण भारतीय राष्ट्रवादी आन्दोलन ने अपना स्वरूप विकसित किया जो अपनी विशेषताओं के कारण पश्चिम से भिन्न था। यद्यपि 1947 के भारतीय उपमहाद्वीप के बड़े विभाजन का आधार धर्म था, लेकिन पूर्णरूपेण इस्लाम पर आधारित राष्ट्रवादी भाषा पाकिस्तान को स्थायित्व प्रदान करने में पूरी तरह से असमर्थ रही, जिसके परिणाम स्वरूप 1971 में बांग्लादेश का जन्म हुआ।

राष्ट्र का निर्माण

अपने पारम्परिक अर्थ में भारत एक राष्ट्र नहीं था क्योंकि इसमें राष्ट्रीयता के आवश्यक तत्वों का अभाव था। तथापि औपनिवेशिक शासन के दौरान राष्ट्रीय आकांक्षाओं को आधार देने वाले नेतृत्व द्वारा राष्ट्रीयता प्राप्त करने का लगातार प्रयास किया जाता रहा। राष्ट्र के निर्माण में जिस प्रक्रिया ने योगदान दिया वह विविध सांस्कृतिक संघर्षों के प्रारम्भिक चरण में सामाजिक और राजनीतिक सुधार आन्दोलनों से प्रारम्भ हो गयी थी। तीन प्रमुख तरीकों से यह प्रक्रिया स्पष्ट हुई। पहला, लोकप्रिय का उपयोग, राष्ट्रीय संस्कृति के विकास के लिए जिसका संघर्षों के प्रारम्भिक चरण में प्रयोग किया गया। इसके लिए राष्ट्र, जो कि यूरोप की भाँति एकीकृत नहीं था, को एक रूप नहीं किया गया क्योंकि यह माना गया कि जो लोकप्रिय है उसे व्यापकता मिल सकती है। अतः राष्ट्रवादी विचारकों ने अपने तर्कों को जनप्रिय शैली में ही अभिव्यक्त किया। पारम्परिक राष्ट्रवादी तर्क विभाजनकारी लगता था जबकि स्वदेशी सर्वाधिक आदर्श अभिव्यक्ति थी जिससे व्यापक राजनीतिक लाभ मिला। दूसरा मार्ग परम्पराओं का 'वर्गीकरण' का था जिसके अन्तर्गत राष्ट्र के इतिहास के सृजन का प्रयास किया गया। इतिहास की स्मृतियों के आधार पर राष्ट्र के अतीत को इतिहास का रूप दिया गया। अतीत के वर्गीकरण में तथाकथित 'भारतीय परम्परा' का उपयोग शामिल किया गया जिसमें प्रत्यक्षतः ब्राह्मण विरोधी आन्दोलन यथा बुद्धवाद, जैनवाद तथा अन्य विपरीत जनप्रिय पंथ शामिल थे। इस्लाम को इसमें शामिल नहीं किया जा सका क्योंकि यह विदेशी धर्म था और जिसकी अपनी एक वैकल्पिक परम्परा थी। इतिहास में इस्लाम के योगदान को एक विदेशी तत्व, जिसे राष्ट्र के तथाकथित प्राचीन अतीत के रूप में अपना लिया गया था, के रूप में मान्यता मिली। तीसरा मार्ग राष्ट्रवाद के प्रभावी क्षेत्र के निर्माण का था, जहाँ उपनिवेशवाद को हस्तक्षेप नहीं करने दिया गया। उपनिवेशक व उपनिवेशी के परस्पर विरोध ने दोनों के सीमा क्षेत्र अलग कर दिये थे। इस आधार पर उपनिवेश विरोधी राष्ट्रवादी संघर्ष ने अपना एक सार्वभौमिक क्षेत्र बना लिया था, जो साम्राज्यवाद का विरोधी था। सैद्धान्तिक स्वरूप में इसकी व्याख्या सामान्यतः 'भौतिक' व 'आध्यात्मिक' या 'आन्तरिक' तथा 'बाह्य' के रूप में की गई। भौतिक सीमा क्षेत्र में अर्थव्यवस्था, विज्ञान, तकनीक व शासन कला आते हैं, जिसमें पश्चिम ने अपनी उत्कृष्टता सिद्ध की थी तथा पूर्व पिछड़ा हुआ था। पर पूर्व का आध्यात्मिक व सांस्कृतिक परम्परा का विशिष्ट सीमा क्षेत्र था। यद्यपि राजनीतिक दृष्टि से पश्चिम प्रभुत्वशाली था, पर इसकी भूमिका आन्तरिक क्षेत्र में सीमित थी, शायद इसलिए क्योंकि वह पूर्व जगत के आध्यात्मिक व सांस्कृतिक जगत की जटिलता को समझने में असफल था। इसका महत्वपूर्ण परिणाम हुआ। सार्वजनिक क्षेत्र में बढ़ते प्रभाव के कारण राष्ट्रीय

योजना को सशक्त करने के लिए आन्तरिक क्षेत्र में अधिक से अधिक देखना आवश्यक था। काल्पनिक राष्ट्र की आध्यात्मिक व सांस्कृतिक शक्ति पर उन्होंने, जो पश्चिम की तरह राष्ट्र की 'विशिष्ट पहचान' चाहते थे, एक प्रक्रिया प्रारम्भ की। यह विशेष रूप से बीसवीं शताब्दी में व्यापक हुई, जब गाँधी ने भारत की 'प्राचीन सभ्यता' के महत्व को कम करने में औपनिवेशिक शासन की भूमिका को रेखांकित करके जन अभियान आयोजित किया। इसी प्रकार तिलक की 1890 के *एज ऑफ कन्सेन्ट बिल* पर मीमांसा एक व्यापक राष्ट्रीय अभियान का हिस्सा थी जिसका उद्देश्य हिन्दुओं की विशिष्ट पहचान की रक्षा करना था, जिसमें जाति से समझौता नहीं किया जा सकता था। उनके अनुसार विधेयक जाति व्यवस्था की जड़ पर आघात करता है तथा सुधारकों ने औपनिवेशिक शासक को हिन्दू समाज के विशिष्ट क्षेत्र में हस्तक्षेप करने की सहमति देकर 'जाति पंचायत की शक्ति' का अवमूल्यन किया, अतः इसका विरोध होना चाहिए (चटर्जी, 1994: 4-7)।

संदर्भ, एक प्रेरक शक्ति के रूप में

भारतीय सामाजिक व राजनीतिक चिन्तन संदर्भजनित है। अतः इसके विकास की एक मार्गीय व्याख्या स्वीकार नहीं की जा सकती। विचार, उस परिवेश जिसमें वे उपजते हैं, के अनुरूप परिवर्तित होते हैं। उपनिवेशवाद के अन्तर्गत उन विचारों के आकार ग्रहण करने में, जो या तो 'विरोध' या 'समर्थन' में थे, विदेशी शासन महत्त्वपूर्ण रूप से निर्णायक रहा। अतः विचारों की परिवर्तनकारी प्रकृति औपनिवेशिक शासन के प्रति उभरते नये राष्ट्र व उनकी नापसन्दगी की प्रक्रिया का परिणाम थी। यह हमारा ध्यान उस पारस्परिक अन्तःक्रिया की ओर आकर्षित करती है जिसमें समाज, अर्थव्यवस्था व शासन जटिल रूप में एक–दूसरे के साथ कार्य करते हैं; स्पष्टतः ऐसा उपनिवेशवाद के उदाहरण के अन्तर्गत होता है। विश्लेषण के उद्देश्य से, भारतीय राष्ट्रवादी आन्दोलन को सैद्धान्तिक रूप से दो चरणों में विभाजित किया जा सकता है। पहले को सामान्यतः गाँधी पूर्व का और दूसरे को गाँधी के समय का कहा जा सकता है, जब गाँधी ने स्वतंत्रता आन्दोलन की अवधारणा व उसे स्पष्ट करने में सर्वाधिक भूमिका निभाई। गाँधी के प्रभाव से राष्ट्रवादी प्रतिरोध की प्रकृति में नाटकीय परिवर्तन आया। इस चरण में राष्ट्रीय विशिष्टता के न तो उग्रवादियों के 'अभिजन कार्य' थे न उदारवादियों के 'संवैधानिक विरोध' थे, अपितु गतिशील जन समूह का बढ़ता महत्व था जहाँ गाँधी का स्वर सबसे अधिक निर्णायक था।

इस व्यापक वर्गीकरण के अन्तर्गत भारतीय राष्ट्रवादी चिन्तन का, भिन्न वैचारिक काल के रूप में भी वर्गीकरण किया जा सकता है। पार्थ चटर्जी (1986) के अनुसार भारत के राष्ट्रवादी चिन्तन के तीन सुपरिभाषित काल थे जिन्हें

'प्रस्थान', 'रणनीति' व 'आगमन' के रूप में व्याख्यायित किया जा सकता है। प्रस्थान का समय वह है जब ज्ञान के ढाँचे में राष्ट्रीय चेतना, जो कि जागरण पश्चात् बौद्धिक विचारों से निर्मित थी, उभर रही थी। इसने पूर्व और पश्चिम के बीच मौलिक, सांस्कृतिक भेद की समझ पैदा करने व उसकी स्वीकृति करने में योगदान दिया। पारम्परिक पूर्व से पश्चिम की संस्कृति के बेहतर मानने से बंकिम, दयानन्द तथा फुले जैसे विचारक पश्चिम के आधुनिक लक्षणों को ग्रहण करने के पक्ष में थे ताकि अस्पष्ट रूप से परिभाषित 'राष्ट्र' की असमान सामूहिकता को दृढ़ किया जा सके। राष्ट्रवादी चिन्तन का दूसरा चरण 'रणनीति' का था क्योंकि तब तक राष्ट्रीय नेतृत्व में, अपनी प्राथमिकताओं के आधार पर राष्ट्रवादी चिन्तन की व्याख्या व संचालन करने की क्षमता आ गई थी। इस समय का विशेष लक्षण विभिन्न विचारधाराओं की सम्भावना का होना था। न केवल गाँधी की अहिंसा प्रमुखता पा चुकी थी, बल्कि अनेक ऐसे वैचारिक सूत्र थे जो गाँधी व उनके विचारों के विपरीत थे। विभिन्न विचारधाराओं की निर्मिति के कारण यह एक रोचक चरण था जब राष्ट्रीय राजनीतिक विचार स्पष्टतः बहुत जटिल थे। विशिष्ट क्षेत्र को पोषित करने वाली अनेक प्रतियोगी विचारधाराओं के अतिरिक्त गाँधी के स्वदेशी की विचारधारा का मंच था, जहाँ विभिन्न तरह के राष्ट्रवादी एकत्र हुए। यही कारण है कि गाँधी इस समय बहुत महत्वपूर्ण थे। 'आगमन' का क्षण वह था जब राष्ट्रवादी चिन्तन ने अपने विकास की पूर्णता प्राप्त की। एक ऐसे युवा राष्ट्र के, जिसने विदेशी सत्ता के विरुद्ध संघर्ष में अपनी राजनीतिक विशिष्टता स्थापित की, सामाजिक–आर्थिक विकास में यह मार्गदर्शक बन गया। राष्ट्र स्वयं को स्पष्ट भाषा में अभिव्यक्त करने लगा। विचारधाराई भिन्नता से ऊपर उठकर राष्ट्र अब एकीकृत जीवन इतिहास के विकास में जुट गया, जिसे चुनौती नहीं दी जा सकती थी, ऐसा शायद 'सामूहिक चिन्ता' के बढ़ते प्रभाव के कारण था। इस चरण में जवाहर लाल नेहरू सबसे अधिक शक्तिशाली विचारक थे, जब राष्ट्र–राज्य का विचार निर्मित तथा स्पष्ट हुआ। राष्ट्रवाद, इस प्रकार एक राष्ट्रीय विचारधारा बन गई जो नवजात राज्य की विचारधारा के लक्ष्य को मार्गदर्शन दे रही थी, जो अभी तक के दोनों चरणों में उपेक्षित थी।

राष्ट्रवादी चिन्तन के विकास को उन्नीसवीं व बीसवीं सदी की व्यापक सामाजिक प्रक्रियाओं के संदर्भ में देखे जाने की आवश्यकता है। दो सर्वाधिक महत्वपूर्ण बिन्दु हैं, राष्ट्रवाद व प्रजातंत्रीकरण। प्रथम बिन्दु के सन्दर्भ में यह प्रश्न आवश्यक है कि समुदायों को राष्ट्र के रूप में पुनः परिभाषित करने की क्या आवश्यकता थी। एक राष्ट्र होने से क्या विशेषता आ जाती, परिणामतः एक राष्ट्र का दावा न करने से समुदाय व उसके सदस्य किस चीज से वंचित रह जाते। सब होते हुए भी समुदायों की राष्ट्र का स्तर प्राप्त करने की, या भारत की एक राष्ट्र के रूप में परिभाषित करने की चिन्तायुक्त इच्छा, ऐतिहासिक परिस्थितियों

में घटित व निर्मित हुई। सहज भाषा में उन्नीसवीं सदी के उत्तरार्द्ध के बाद, स्वशासन का कोई भी दावा तब तक खारिज कर दिया जाता था, जब तक कि राष्ट्र के रूप में पहचान स्पष्ट न हो। औपनिवेशिक प्रभुता, आंशिक रूप में भारत को एक राष्ट्र के रूप में मान्यता न देने पर टिकी थी। नेताओं के स्वप्न में राष्ट्र का लक्ष्य न केवल दूसरों को अपनी कल्पना में परिभाषित करना था, अपितु यह एक जनसमूह की विशेष लक्षणों की पहचान और उसे प्रगट करने का भी प्रयास था, ताकि उनके राष्ट्र होने के दावे को न्यायोचित ठहराया जा सके।

भारतीय राष्ट्रवाद में विश्वास, ऐतिहासिक तथ्य के रूप में, पश्चिमी प्रतिमानों पर आधारित था लेकिन यह "शासकों के आरोप कि भारत कभी भी राष्ट्र नहीं था, न हो सकता है, का भावनापूर्ण प्रत्युत्तर था", (राय चौधरी, 1999: 18)। भारतीय राष्ट्रीयता की एक अस्पष्ट परिभाषा करना भी एक निराश करने वाला काम था, क्योंकि भारत में राष्ट्र की संकल्पना के मूलभूत तत्व भी नहीं थे। अतः इतिहास में उन तत्वों को खोज निकाला गया जो लोगों में आन्तरिक भेद–भाव बढ़ाने वाले थे तथा औपनिवेशवाद के कारण हाशिये पर कर दिये गये थे। अतः भारतीय धार्मिक परम्पराओं के एकीकरण के तत्व, मध्ययुगीन सम्मिश्रणवाद तथा मुस्लिम शासकों की सहनशक्ति तथा पक्षपात रहित नीति को महत्त्व देने का प्रयास किया गया (पूर्वोक्त)। अतः औपनिवेशिक परिवेश उस प्रक्रिया का महत्वपूर्ण पक्ष था जिसमें भारत, जो पश्चिमी अनुभव पर आधारित दृष्टिकोण से बिल्कुल भिन्न था, को बहुजातीय सन्दर्भ में एक विशिष्ट तरीके से राष्ट्र की कल्पना करने के लिए प्रेरित किया। भारतीय राष्ट्रवाद की राजनीतिक संवेदनशीलताएँ 'कल्पना की इस अति विशिष्ट क्रिया से गहरी प्रभावित थीं (पूर्वोक्त)।

स्वतंत्रता संघर्ष व राजनीतिक चिन्तन

उपनिवेशवाद के अतिरिक्त भारत की राजनीतिक इकाई के रूप में निर्माण के लिए राष्ट्रीय आन्दोलन एक बड़ा कारक था। यह कहना अब अतिशयोक्तिपूर्ण नहीं है कि भारतीय चेतना, जैसा कि आज हम समझते हैं, 'भारतीय स्वतंत्रता आन्दोलन के दौरान स्पष्ट हुई' (ओमन, 1990: 39)। इससे शायद राष्ट्रीय नेताओं ने यह माना कि बहुस्तरीय भारतीय समाज को यूरोपीय अर्थ में एकीकृत राष्ट्र–राज्य के रूप में गढ़ना कठिन है।

प्रारम्भिक राष्ट्रवादी चिन्तन, नाटकीय रूप से, अत्यधिक विपरीत रूप से विभाजित थे। जहाँ उदारवादियों का ब्रिटिश शासन के प्रति विरोध का दृष्टिकोण दृढ़ता से संवैधानिक पद्धति का था, वहीं उग्रवादियों ने इस पर बिल्कुल ध्यान नहीं दिया तथा बिल्कुल भिन्न ब्रिटिश विरोधी अभियान का प्रयोग किया जिसमें हिंसा भी उचित थी। स्वाधीनता का विचार उन पर छाया हुआ था, यद्यपि उनकी राष्ट्र की परिभाषा अति वैविध्यपूर्ण भारतीय समाज को प्रतिबिम्बित नहीं कर पा

रही थी। उदाहरण के लिए मुसलमानों के प्रति ढुलमुल दृष्टिकोण के कारण इस्लामी शासन को उन्होंने बर्बरतापूर्ण व्याख्यायित किया। फिर भी इतिहास के भारतीय–इस्लामी चरण के चित्रण में एक प्रकार का समायोजन था। परवर्ती अवधारण के समय, उग्रवाद को, मुसलमानों को शामिल करने के लिए परिभाषित किया गया, इसका कारण गाँधी की लोक राजनीति का प्रभाव था। 1906 में मुस्लिम लीग के विकास के साथ तथा राष्ट्रीय क्रियाकलापों में बढ़ती धार्मिक भूमिका के कारण न केवल अंग्रेजों द्वारा शुरू की गई संवैधानिक व्यवस्था में मुसलमानों का वर्चस्व बढ़ा, अपितु राष्ट्रीय राजनीति में भी ऐसा हुआ। अन्य एक पक्ष जो राजनीतिक दृष्टि से महत्त्वपूर्ण है, वह समाज के अभी तक वंचित वर्ग जैसे किसान व श्रमिक, को शामिल करने की राष्ट्रीय इच्छा थी। राष्ट्रीय प्रजातंत्र में अपने विश्वास के कारण, गाँधी कालीन उग्रवादियों ने किसानों व श्रमिकों को सक्रिय किया। निश्चित रूप से यह ब्रिटिश विरोधी संघर्ष के व्यापक राष्ट्रीय उद्देश्य की सीमा में था। इसका तात्पर्य है कि सामाजिक–राजनीतिक लक्ष्य, साथ ही विचारधारा जन्य अंश के रूप में उग्रवाद की बढ़ती जटिलता थी, जिसमें अपने वातावरण, जहाँ उसने स्वरूप ग्रहण किया, के लिए अनिश्चितता थी।

राष्ट्रवाद, अतः न केवल राजनीतिक पद्धति है अपितु यह अपने प्रतिनिधित्व का भी तरीका है। उग्रवादी राजनीति के प्रारम्भिक चरण में राजनीतिक संवाद को हिन्दू पहचान द्वारा संचालित किया गया, बाद की उग्रवादी अवधारणा के निर्माण में जटिल राष्ट्रीय पहचान – धार्मिक व अन्य सीधे विभाजन – ने महत्वपूर्ण भूमिका निभाई। न केवल वंचित वर्ग गतिशील बनाया गया, अपितु ऐसी राष्ट्रीय भाषा जो धार्मिक समुदाय की सामाजिक–सांस्कृतिक विशिष्टता की उपेक्षा करके राष्ट्र को समरूप कर रही हो, से भी बचने का प्रयास किया गया। राष्ट्रवाद व साम्प्रदायिकता के विरोधाभास के मध्य प्रारम्भिक राष्ट्रीय सोच ने ऐसी विचारधारा दी जो ऐसे विकल्प, जो न तो कहीं बाहर से आई थी न विशुद्ध देशी थी, की तलाश का परिणाम थी।

अखिल भारतीय राष्ट्रवाद का निर्माण

भारत जैसे विभाजित समाज में राजनीतिक संचालन के लिए राष्ट्र की वैचारिक अवधारणा की सीमा को देखते हुए, मौलिक चिन्तकों ने राष्ट्रीय क्षेत्र को विस्तार देने के लिए एक नये तरीके का प्रयोग किया, वह था अखिल भारतीय मुद्दों के साथ क्षेत्रीय मुद्दों को जोड़ देना। इससे दो प्रकार की परस्पर पूरक प्रतिक्रियाएँ हुईं; एक तरफ तो इसने देश के विभिन्न भागों में जागरूकता उत्पन्न की, यद्यपि ब्रिटेन की भारत विरोधी व शोषक प्रकृति के कारण इसका प्रभाव सदैव एक जैसा नहीं रहा। दूसरी ओर राजनीतिक स्वतंत्रता के राष्ट्रीय अभियान को क्षेत्रीय

महत्वाकांक्षाओं से भी जोड़ा। ऐसी प्रक्रिया में, जब क्षेत्रीय मुद्दे राष्ट्रीय बन गये, एकीकरण की ब्रिटिश भूमिका निःसंदेह महत्त्वपूर्ण थी। फिर भी प्रक्रिया बिना मतभेद की नहीं थी, लेकिन आन्तरिक वैचारिक संघर्ष ने राष्ट्रवाद की सम्भवतः सर्वाधिक जटिल व गैर–पश्चिमी संरचना प्रस्तुत की। जैसा कि स्पष्ट है कि वैकल्पिक मौलिक विचारधारा की खोज में एक ओर तर्क और मानववाद के आदर्श से सहमति नहीं थी तो दूसरी ओर उनकी प्रशंसा भी थी। अतीत को अत्यन्त विवरणात्मक प्रमुखता दी जाती, जब तक वह वर्तमान के उद्देश्य को पूरा करता। यह आश्चर्य नहीं था कि प्रारम्भिक विचारकों, जैसे राममोहन, बंकिम व दयानन्द द्वारा विचारधारा की संरचना के अनुकूल इस्लामी अतीत के स्थान पर हिन्दू अतीत को अधिक प्रमुखता दी गई क्योंकि बहुसंख्यक हिन्दू समाज के लिए उसकी स्वीकार्यता स्वाभाविक थी।

प्रथम पीढ़ी के भिक्षा के राष्ट्रवाद से स्वयं को विलग करके उग्रवादी विचारकों ने राष्ट्रीय संवाद को सशक्त बना दिया। चाहे वह ज्योतिबा फुले या राममोहन की सामाजिक क्रान्ति हो या बंकिम, अरविन्द, विपिनचन्द्र पाल व तिलक की राजनीतिक क्रान्ति हो, उनके लेखन में सामाजिक व राजनीतिक – दोनों मुद्दों पर आक्रामक मुद्रा रही। विरोध पर आधारित, क्रान्तिकारी राजनीतिक संवाद दो विशिष्ट तथापि पूरक तरीके से अभिव्यक्त हुआः सामाजिक उग्रवाद के विचारकों ने विकृत 'हिन्दूवाद' के विरुद्ध अपना खेद स्पष्ट रूप से व्यक्त किया जबकि राजनीतिक उग्र विचारधारा के लोगों ने उत्साहवर्धक कार्य योजना, जो राष्ट्र के लिए शक्ति प्रदर्शित करती हो, का सुझाव दिया। अतः यह आश्चर्यजनक नहीं था कि राममोहन व फुले दोनों ने, पुरातन हिन्दू सामाजिक रीति–रिवाजों, जिनके अनुसार कृत्रिम सामाजिक पद सोपान में तथाकथित धार्मिक शुद्धता के नाम पर उच्च वर्ग को निम्न वर्ग की तुलना में अधिक सुविधा प्राप्त थी, के विरुद्ध अपने तर्क प्रस्तुत किये। इसी प्रकार विधवा पुनर्विवाह या कन्या शिक्षा के मुद्दे, जो फुले ने उठाये, से स्पष्ट है कि वे यथास्थिति बनाये रखने वालों के विरोध के बावजूद प्रचलित सामाजिक मान्यताओं व मूल्यों को पूरी तरह से बदल देने के लिए किस सीमा तक इच्छुक थे। यहाँ तक कि रमाबाई के ईसाई होने के पक्ष में फुले ने जो तर्क प्रस्तुत किये, वे हिन्दुत्व के प्रति कड़ी आलोचना के थे, हिन्दुत्व, जिसने ब्राह्मणों द्वारा अपनी सर्वोच्चता बनाए रखने के लिए विकृत किये जाने से, अपनी जीवन–शक्ति खो दी थी। दूसरे, उन्नीसवीं सदी के अन्त व बीसवीं सदी के प्रारम्भ के उग्र राष्ट्रवाद ने शासकों के प्रति हिंसा को प्रोत्साहित करके इसके पौरूषीय गुणों को स्पष्ट किया था। उपनिवेशवाद के अत्यन्त रूमानी प्रतिरोध से यह नई प्रवृत्ति स्पष्ट होती है, जैसे बंगाल, महाराष्ट्र व पंजाब का अत्यन्त साहसी पर अप्रभावी आतंकवाद, जिसे अर्द्ध पश्चिमी मध्यवर्गीय शहरी युवाओं ने संचालित किया। यद्यपि इसने अपने लक्ष्य को प्राप्त नहीं किया तथापि हिंसा का प्रयोग

करके भी ब्रिटिश शासन को परास्त करने की भारतीय शक्ति को पुनः प्राप्त करने का प्रयत्न किया।

अतः उग्र राष्ट्रवाद ने अपने विभिन्न रूपों में न केवल राष्ट्रीय संघर्ष को प्रभावित किया अपितु इसके अवधारणीकरण में भी योगदान दिया। ऐसे विचार की मुख्य चिन्ता, परिवर्तन की थी चाहे वह सामाजिक, सांस्कृतिक या राजनीतिक क्षेत्र में हो। उग्रवादी विचारकों ने देश को इसकी सामाजिक–राजनीतिक विशिष्टता से परिचित करा कर प्रोत्साहित किया जबकि उनकी राजनीतिक कार्य योजना में किसी भी प्रकार के अत्याचार से मुक्ति पाने का लक्ष्य था। पहले के राष्ट्रवादियों के लिए शासक, चाहे वे मुगल हों या उनके उत्तराधिकारी अंग्रेज, मुख्य लक्ष्य थे, बाद के उग्र राष्ट्रवादियों के लिए, विशेषकर गाँधीवादी चरण में, विदेशी शासन के अतिरिक्त उनका आक्रमण जमींदारों व उद्योगपतियों पर भी था। इससे न केवल उग्रवाद की बदलती प्रकृति स्पष्ट होती है अपितु इसका विस्तार भी जिसने राष्ट्रीय राजनीति को अपने प्रभाव क्षेत्र में ले लिया। अतः उग्रवाद को एक विचारधाराजन्य कमजोरी मानना गलत होगा, क्योंकि यह वास्तव में स्थिर अवधारणा नहीं थी। अपितु, अपनी गतिशीलता के कारण, उग्रवाद जैसा कि ऊपर वर्णित है, एक सृजनात्मक संरचना थी, एक संघर्ष के विरुद्ध प्रयोग होने वाली पद्धति के रूप में भी तथा राष्ट्रीय राजनीति की प्रचलित अवधारणीकरण के विरुद्ध एक विचारधारा के रूप में, चाहे वह हिंसक या अहिंसक रूप में हो।

राष्ट्र के स्वरूप की पुनर्परिभाषा

दूसरा व्यापक संदर्भ, जिसने राष्ट्रवादी विचार को आकार दिया, वह है प्रजातंत्रीकरण। प्रजातंत्र को किस प्रकार की एकता चाहिए? अन्ततः यह उदारवादी विचार की विशेषता थी (जॉन स्टुअर्ट मिल; उदाहरण के लिए) कि प्रजातंत्र बहुजातीय समाज में फल–फूल नहीं सकता। जिन्ना व सावरकर के सम्बन्ध में महत्वपूर्ण बात यह है कि वे उदारवादी तर्क का प्रयोग कर रहे थे कि आधुनिक राज्य के लिए क्यों एकात्मक राष्ट्र की आवश्यकता है और फिर इसके लिए वे अपनी व्याख्या प्रस्तुत कर रहे थे कि ऐसा कर पाना कैसे सम्भव है। दूसरा प्रजातंत्र प्रतिनिधित्व की समस्या को जटिल बनाता है। किसका प्रतिनिधित्व होना है और किन शर्तों पर? अन्ततः कांग्रेस व मुस्लिम लीग में मतभेद प्रतिनिधित्व के मुद्दे पर ही हो रहा था। इसका तात्पर्य यह नहीं है कि राज्य ने दो एक–स्वरूपीय समुदायों को बनाया और ये समुदाय प्रतिनिधित्व की राजनीति के कारण अस्तित्व में आये क्योंकि पहचान व प्रजातंत्र में उससे ज्यादा गहरा व जटिल सम्बन्ध है जैसा कि वर्तमान में दक्षिण एशिया के सम्बन्ध में बताया गया है। पहचान की राजनीति का तात्पर्य अपनी कार्य करने की क्षमता प्रदर्शित करना और सामूहिक

कार्य करने की क्षमता के नये तरीके बनाना है। इस अर्थ में वे उस प्रजातांत्रिक उत्साह के हिस्से हैं जहाँ लोग अपने लिए पहचान बनाते हैं। स्तरों के मध्य जटिल सम्बन्ध के साथ यह प्रक्रिया सभी स्तरों पर होगी।

इसके अतिरिक्त, प्रजातंत्रीकरण में समावेश व निष्कासन दोनों शामिल हैं। समावेश इसलिए कि यह लोगों को शामिल करने की प्रक्रिया को खोलता है, कम से कम सिद्धान्त रूप में वर्ग, वंश, या धर्म व विश्वास के भेदभाव के बिना यह आवश्यक रूप से सहभागी है जिसमें सामाजिक, राजनीतिक व आर्थिक जीवन की विभिन्न परतों को जोड़ा जाता है। एक आन्दोलन के रूप में प्रजातंत्र, जैसा कि चार्ल्स टेलर (1998: 144) लिखते हैं, "बीते वर्षों की पदसोपानीय तथा प्रभुत्व परक समाजों की माँग से प्रजातन्त्र हमें अपने सामूहिक राजनीतिक कार्य में एक–दूसरे के प्रति अधिक एकता व प्रतिबद्धता दिखाने का अवसर देती है।" यह भी एक कारण है कि जिससे प्रजातन्त्र निष्कासन की ओर उन्मुख है क्योंकि यह एक उच्चस्तरीय एकता की आवश्यकता की उपज है। वे, जो कई तरह से भिन्न हैं, निष्कासित किये जाते हैं। हम उस स्थिति में आ गये हैं जहाँ साम्प्रदायिक पहचान महत्त्वपूर्ण 'अन्यों', जिनकी अभी तक हीन या अपमानजनक छवि थी, के सम्पर्क में बनाई या विकृत की जा सकती है।

1919–1921 का असहयोग व खिलाफ़त आन्दोलन यहाँ उद्धरणीय है। एक ही प्रहार से अपनी विशिष्ट पहचान को समाप्त करते हुए एक स्तर पर हिन्दू व मुसलमान, एक ही राजनीतिक मंच पर ले आये गये। दूसरे स्तर पर यह आन्दोलन निरर्थक रहा, इस अर्थ में कि दोनों समुदाय बिल्कुल अलग रहे क्योंकि वे एक आवश्यक राजनीतिक लक्ष्य के लिए एक पृथक समुदाय के रूप में सहयोगी बने। अतः समावेश की राजनीति समुदायों, जिन्होंने लोगों को संचालित करने के लिए भिन्न राजनीतिक कार्यक्रम बनाया, को निष्कासन की ओर भी ले गई।

राष्ट्र व राष्ट्रीय पहचान

राष्ट्रीय पहचान की कल्पना में, ऐसा लगता है कि राष्ट्रवाद व प्रजातंत्रीकरण – दोनों ने निर्णायक भूमिका अदा की। राष्ट्रवाद ने एक समन्वित प्रयास के रूप में न केवल जोड़ने का काम किया अपितु इसने असमान सामाजिक–राजनीतिक समूह को साम्राज्यवादी शासन के विरुद्ध एकजुट होने में भी सहायता की। ब्रिटिश विरोधी अभियान धीरे–धीरे विभिन्न स्तर, क्षेत्र व भाषाई समूह के लोगों को शामिल करके क्रान्तिकारी परिवर्तन से गुजर रहा था। राष्ट्र की परिभाषा भी बदली। राष्ट्र अब बड़े शहरों व छोटे कस्बों तक सीमित नहीं रह गया था, अपितु इसमें वे असंख्य गाँव शामिल हो गये थे, जो राष्ट्रवादी आन्दोलन से उपजी राजनीतिक

गतिविधियों की दृष्टि से अभी तक हाशिये पर ही थे। जो भी हो, मूल बिन्दु यह है कि राष्ट्र निर्माण में लोगों की जागरूकता बढ़ रही थी – साम्राज्यवाद विरोधी संघर्ष के दौरान व उसके बाद भी।

अतः राष्ट्रीय पहचान के निर्माण को उन लोगों की राष्ट्रीयता की खोज के रूप में देखा जाना चाहिए, जो प्रचलित सामाजिक–आर्थिक स्वरूप में शंका अनुभव कर रहे थे। उदाहरण के लिए, भारतीय मुसलमानों को पृथक राष्ट्रीय समुदाय के रूप में स्थापित करने का प्रयास रहमत अली ने किया। यद्यपि रहमत अली ने मुसलमानों के लिए पृथक राष्ट्र की माँग को उठाया तथापि 1916 का लखनऊ समझौता इस दिशा में पहला स्पष्ट प्रयास था। कांग्रेस के सदस्य के रूप में अपने प्रारम्भिक स्वरूप में जिन्ना, मुस्लिम समुदाय की विशिष्टताओं को रेखांकित करते हुए, ने उनके लिए पृथक निर्वाचन व्यवस्था को अन्तर सामुदायिक तनाव को कम करने का एकमात्र तरीका बताया। हिन्दुओं की तुलना में ऐसे मुसलमान नेता अपनी पहचान के लिए पृथक निर्वाचन के पक्ष में थे। अतः ब्रिटिश शासन के लिए 1932 के साम्प्रदायिक पंचाट जैसी नीति को बनाना सरल हो गया। साम्प्रदायिक पंचाट धार्मिक आधार पर न केवल भारतीय समुदायों को तोड़ने का माध्यम बना, अपितु यह ब्रिटिश सरकार के लिए भी स्पष्ट रूप से इस तथ्य के आधार पर रुचिकर था कि भारतीय समाज आवश्यक रूप से व्यापक रूप में पृथक समुदायों का समूह है जिनके भिन्न–भिन्न हित तथा आनुवांशिक भावनाएँ हैं जिसकी वज़ह से सामूहिक कार्य से वे दूर रहे या स्थानीय रूप में अनजाने रहे। 1932 का साम्प्रदायिक पंचाट कई प्रकार के प्रयासों का सम्मिश्रित परिणाम था, जो मुसलमान नेतृत्व ने समुदाय की विशिष्टता तथा हिन्दुओं से भिन्नता सुनिश्चित करने के लिए किये। भारत सरकार अधिनियम 1935 के अन्तर्गत नई राजनीतिक व्यवस्था में साम्प्रदायिक एकीकरण ने भारतीय स्वतंत्रता संग्राम को महत्त्वपूर्ण रूप से प्रभावित किया। ए.के. गजनवी, प्रसिद्ध मुसलमान नेता ने 1927 को साइमन कमीशन को दिये स्मृति पत्र में इस बात पर जोर दिया कि मुस्लिम समुदाय हिन्दुओं से शैक्षणिक, आर्थिक व राजनीतिक दृष्टि से पिछड़ा हुआ है अतः 'पर्याप्त सुरक्षा उपायों को उठाये बिना संसदीय संस्थाओं के विकास में मुस्लिम समुदाय स्थायी रूप से हिन्दुओं के अधीनस्थ स्थिति में हो जायेंगे।[2] जिन्ना के 14 सूत्री कार्यक्रम इन्हीं बातों की ठोस रूप में प्रस्तुति थे। इन सूत्रों की मांग थी कि किसी भी प्रान्त में बहुसंख्यकों को अल्पसंख्यकों के रूप में लाये बिना देश की सभी विधायी संस्थाओं व चुनी हुई निकायों को अल्पसंख्यक के उचित व प्रभावी प्रतिनिधित्व के सुनिश्चित सिद्धान्त के आधार पर पुनर्गठित किया जाये। साम्प्रदायिक समूहों का प्रतिनिधित्व पृथक निर्वाचन द्वारा संचालित हो। अतः 1932 में साम्प्रदायिक पंचाट द्वारा जो कदम उठाये गये, वे और कुछ नहीं अपितु इस तर्क को पुष्ट करने की सुनिश्चित योजना थी कि चूँकि मुसलमान अपनी

विशिष्ट पहचान के कारण पृथक समुदाय हैं, अतः ब्रिटिश भारत में पृथक स्थिति का उनका दावा तार्किक है।

यह पुस्तक किसके बारे में (नहीं) है

यह पुस्तक विशिष्ट इस अर्थ में है कि यह भारतीय राजनीतिक चिन्तन, जो कि पश्चिमी स्रोतों की यथार्थतः उपज नहीं है, का सन्दर्भीय अध्ययन है। पश्चिमी ज्ञान की ओर उन्मुख होने के बावजूद भारतीय राष्ट्रीय नेताओं ने उसे इस प्रकार प्रतिपादित किया जो भारतीय संदर्भों में सार्थक हो। जो बात इस पुस्तक को प्रचलित साहित्य से भिन्नता प्रदान करती है, वह बहुआयामी भारतीय राजनीतिक चिन्तन की तार्किक व आलोचनात्मक व्याख्या है, क्योंकि इसे उस सतत् परिवर्तनशील सामाजिक–राजनीतिक वातावरण से जोड़ा गया है, जहाँ इन्होंने स्वरूप ग्रहण किया। यह पुस्तक तीन प्रमुख तर्कों के इर्द–गिर्द रची गई है — पहला, भारतीय राजनीतिक चिन्तन किसी भी और स्थान की तुलना में अधिक जटिल है सम्भवतः गतिशील सामाजिक–आर्थिक परिस्थितियों, जिनमें वे विकसित हुए, के कारण ऐसा है। उसी के अनुसार, विवेचन में विचारों को संदर्भ से जोड़ा गया है। राष्ट्रीय प्रतिक्रिया के उजागर होने में उपनिवेशवाद ने शक्तिशाली भूमिका निभाई। अन्य शब्दों में, राष्ट्रवादी चरण में भारतीय राजनीतिक चिन्तन औपनिवेशिक शासन के तत्कालीन प्रत्युत्तर थे। द्वितीय, अपने प्रत्युत्तर को स्पष्ट करने में प्रत्येक विचारक ने भारतीय सामाजिक व राजनीतिक जीवन की, पश्चिमी व स्थानीय, दोनों स्रोतों के आधार पर पुनर्व्याख्या की। विभिन्न कारणों से पश्चिमी, विशेषकर ब्रिटेन से राष्ट्रीय विचारकों के भावात्मक लगाव को नकारा नहीं जा सकता। इस अर्थ में भारतीय चिन्तन पश्चिमी व भारतीय देन का रचनात्मक सम्मिश्रण है। अतः भारतीय राजनीतिक विचार को विशुद्ध रूप से पश्चिम की उपज बताना गलत होगा क्योंकि इन विचारों को आकार देने में रामायण, महाभारत या अन्य किसी महाकाव्य तथा अन्य स्थानीय स्रोतों ने स्पष्ट रूप से प्रभावित किया। विदेशी प्रभुत्व को चुनौती देते समय राष्ट्रीय विचारकों ने स्थानीय लोगों को उपनिवेशवाद के विरुद्ध संचालित करने तथा अपने विचार को स्पष्ट करने के लिए स्थानीय स्रोतों का सार्थक प्रयोग किया। तीसरे, भारतीय राजनीतिक विचारों का अनोखापन इसकी परिवर्तनशील प्रकृति थी। गाँधी के असंदिग्ध राष्ट्रीय नेता के रूप में उभरने के पहले व बाद के भारतीय राजनीतिक विचारों में स्पष्ट अन्तर है। राष्ट्रीय आन्दोलन में गाँधी, नेहरू व सुभाष चन्द्र बोस के सशक्त नेतृत्व के पहले औपनिवेशिक स्तर न कि पूर्ण स्वतंत्रता ही अधिकतर विचारकों का राजनीतिक लक्ष्य रहा। यह सम्भव है कि

जब तक कांग्रेसी उग्र राष्ट्रवादी परिदृश्य पर उभरे, उस समय तक राष्ट्रीय राजनीति का सीमा क्षेत्र महानगरों तक सीमित नहीं रह गया था अपितु समाज के बाह्य क्षेत्र तक फैल चुका था जिसकी उपेक्षा करना कांग्रेस के लिए सम्भव नहीं था। अतः कांग्रेस की कार्य सूची में परिवर्तित सामाजिक आधार परिलक्षित होता है जब वे उग्रवादियों की पूर्ण स्वतंत्रता की मांग को शामिल करते हैं, इससे ब्रिटिश शासन के विरुद्ध अभियान में विभिन्न स्तर के लोग, जो अभी तक परिधि पर थे, की बढ़ी हुई आकांक्षा स्पष्ट होती है।

इस पुस्तक की पद्धति विश्लेषणात्मक ही नहीं वर्णनात्मक भी है। इस अर्थ में कि इसमें विषय को विस्तार से प्रस्तुत किया गया है। व्यापक क्रम के अनुसार यह पुस्तक प्रतिनिधि विचारकों तथा उनके विशिष्ट दृष्टिकोण को भारत में ब्रिटिश शासन के सन्दर्भ में स्पष्ट करती है। क्रमिक विकास के रूप में रचित यह पुस्तक सामाजिक व राजनीतिक विचारों के विभिन्न सूत्रों को उनके सन्दर्भ में विवेचित करती है। ये विभिन्न सूत्र बिना जुड़े नहीं हैं, शायद इसलिए कि जिन सन्दर्भों में उन्होंने प्रमुखता पाई वे लगातार एक जैसे रहे।

यह पुस्तक दो रूपों में नवीनता लिये है — प्रथम, भारतीय राजनीतिक चिन्तन से सम्बद्ध होने के कारण यह उन सन्दर्भों से भी पाठक को परिचित कराती है, जिनमें ये विचार विकसित हुए। पारम्परिक पुस्तकों से भिन्न यह पुस्तक विभिन्न काल खण्डों में भारतीय राजनीतिक चिन्तन के बदलते स्वरूप की प्रक्रियाओं को स्पष्ट करती है। द्वितीय, राजनीतिक चिन्तन के विशिष्ट गुणों को समझने के लिए पुस्तक विभिन्न ब्रिटिश संवैधानिक उपायों पर ध्यान केन्द्रित करती है, जो भारतीय समाज के विभिन्न हिस्सों की वास्तविक कठिनाइयों को दूर करने के राज के प्रयास थे। औपनिवेशिक सरकार द्वारा किये गये संवैधानिक सुधार की संदर्भजनित व्याख्या जो सदैव अलिपिबद्ध रही, इस पुस्तक को भारतीय राजनीतिक चिन्तन पर उपलब्ध साहित्य से भिन्न करती है।

टिप्पणियां

1. यहाँ प्रस्तुत कुछ विचार हमारी पूर्ववर्ती रचनाओं से लिए गये हैं, जिनमें शामिल हैं — चक्रवर्ती, 2004।
2. इण्डिया ऑफिस रिकॉर्ड, सी.एन.डी. 3360, वॉल्यूम XVI, पृष्ठ 188।

सन्दर्भ

एन्डरसन, बेनडिक्ट, 1983, *इमेजिन्ड कम्यूनिटीज*, लन्दन, वर्सो।

चक्रवर्ती, विद्युत, (सम्पादित), 2004, *सोशल एण्ड पॉलिटिकल थॉट इन मॉडर्न इण्डिया*, नई दिल्ली, इन्दिरा गाँधी राष्ट्रीय खुला विश्वविद्यालय, (आई.जी.एन.ओ.यू.)।

चटर्जी, पार्थ, 1986, *नेशनलिस्ट थॉट एण्ड द कॉलोनियल वर्ल्डः ए डेरिवेटिव डिसकोर्स*, नई दिल्ली, ऑक्सफोर्ड यूनिवर्सिटी प्रेस।

चटर्जी, पार्थ, 1994, *द नेशन एण्ड इट्स फ्रेगमेन्ट्सः कॉलोनियल एण्ड पोस्ट कॉलोनियल हिस्ट्रीज*, नई दिल्ली, ऑक्सफोर्ड यूनिवर्सिटी प्रेस।

हबीब इरफान, 1980, 'बरनीज थ्योरी ऑफ द हिस्ट्री ऑफ द दिल्ली सल्तनत', *इण्डियन हिस्टोरिकल रिव्यू*, VII, (1–2) 113–5।

हबीब इरफान, 1995, *एसेज़ इन इण्डियन हिस्ट्री*, नई दिल्ली, तूलिका।

कांग्ले, आर.पी., 1972, *द कौटिल्य अर्थशास्त्र*, नई दिल्ली, मोतीलाल बनारसीदास।

कृष्णा राव, एम.वी., 1958, *स्टडीज इन कौटिल्य*, नई दिल्ली, मुन्शीराम मनोहरलाल।

ओमन, टी.के., 1990, *स्टेट एण्ड सोसायटी इन इण्डियाः स्टडीज इन नेशन बिल्डिंग*, नई दिल्ली, सेज पब्लिकेशन्स।

राय चौधरी, तपन, 1999, *परसेप्शन्स, इमोशन्स, सेन्सिबिलिटीज़ः एसेज़ ऑन इण्डियाज़ कॉलोनियल पास्ट एण्ड पोस्ट–कॉलोनियल* एक्सपीरियेन्स, नई दिल्ली, ऑक्सफोर्ड यूनिवर्सिटी प्रेस।

टेलर, चार्ल्स, 1998, 'द डायनेमिक्स ऑफ डेमोक्रेटिक एक्सक्लूशन', द *जनरल ऑफ डेमोक्रेसी*, 9 (4) (अक्टूबर): 144।

भाग–I

विचारों का पुनरावलोकन

भारत में ब्रिटिश उपनिवेशवाद के विरूद्ध राष्ट्रवादी आन्दोलन स्वतंत्रता प्राप्त करने के लिए लम्बा संघर्ष मात्र ही नहीं था, अपितु इसने उन सामाजिक–राजनीतिक चिन्तन के निर्माण में भी योगदान दिया जिन्होंने भावी राष्ट्र के लिए आधार प्रदान किया। राष्ट्रवादी चिन्तन ब्रिटिश शासन के साथ अंतरंग अन्तःक्रिया से उभरे थे। भारत के स्वतंत्रता संघर्ष के विभिन्न चरणों में विभिन्न विचार उभरे, जिन्होंने राष्ट्रवादी प्रतिक्रिया व्यक्त करने में महत्वपूर्ण भूमिका निभाई। राष्ट्रवादी विचारों में जो विविधता है वह वस्तुतः इसलिए है क्योंकि स्वतंत्रता संघर्ष के भागीदारों ने विशिष्ट सामाजिक स्थिति के अनुकूल अपनी भूमिका का सृजन किया। यद्यपि उपनिवेश विरोधी सूत्र सदैव वर्तमान रहा, तथापि विचारक राष्ट्रीय मुद्दों के सम्बन्ध में एक–दूसरे से भिन्न थे, शायद इसका कारण उनकी स्पष्ट सामाजिक आर्थिक भिन्नता थी। भिन्नता होते हुए भी भारत का राष्ट्रवादी विवेचन अपनी प्रकृति में सदैव उपनिवेश विरोधी रहा। जो बात विलक्षण थी, वह थी राष्ट्रवादी प्रतिक्रियाओं की बदलती प्रकृति। प्रारम्भ में उपनिवेशवाद, जो अनुदार था इसलिए उदारवादियों द्वारा नापसंद किया जाता था, में सुधार लाना था। उग्रवादी विचारकों ने स्वतंत्रता पर जोर दिया, लेकिन विदेशी शासन से लड़ने के लिए क्रांतिकारी तथा आतंकवादी तरीकों का अनुसरण किया। राष्ट्रवादी अभियान में गाँधी के निर्विवाद रूप से नेता के रूप में उभरने के बाद राष्ट्रवादी आन्दोलन में क्रान्तिकारी परिवर्तन आया। वस्तुतः गाँधीय चरण में, भारत में स्वतंत्रता संघर्ष के लिए राष्ट्रीय प्रतिक्रिया में विविध दृष्टिकोण उभरे। भारतीय राष्ट्रवाद के इस अव्यवस्थित चरण का प्रतिनिधित्व कर रहे विचारक अपनी सोच में गाँधीवादी थे, कट्टर राष्ट्रवादी या अन्तर्राष्ट्रवादी थे। इस चरण ने उन सामाजिक मुद्दों, जो ब्रिटिश सरकार पर भारतीय राष्ट्रवादी प्रहार का कारण बने, के सम्बन्ध में नई विचारधारा जन्य सोच को पुष्ट व उजागर किया। उदाहरण के लिए उन्नीसवीं सदी में दलितों के प्रति चिन्ता जिसे ज्योतिबा फुले ने सार्थक

रूप से अभिव्यक्त किया, बीसवीं सदी की राष्ट्रवादी प्रतिक्रिया में अत्यन्त महत्वपूर्ण हो गई। इसी प्रकार, मुस्लिम राज्य के सम्बन्ध में अनिश्चित होने थे बावजूद जिन्ना सहित अनेक राष्ट्रवादी विचारक पाकिस्तान के विचार को स्वीकार करने के लिए प्रोत्साहित किए गए। ये कुछ प्रतिनिध्यात्मक उदाहरण हैं जो हमारा ध्यान राष्ट्रवादी चिन्तन के उन विशिष्ट लक्षणों की ओर आकर्षित करते है, जो मूल रूप से सन्दर्भ जनित है। सन्दर्भ का विशिष्ट महत्व होने के कारण भारतीय राष्ट्रवाद को व्युत्पत्तिजनक मानना अवधारणा की दृष्टि से अनुचित होगा।

स्पष्ट है, प्रारम्भिक राष्ट्रवादियों द्वारा अपनाई गई समझौता परक पद्धति का उद्देश्य एक ओर तो भारत में व्याप्त समस्याओं की जड़ों तक पहुंचना था ताकि भारत में ब्रिटिश शासन की व्यापक मीमांसा हो सके तो दूसरी ओर कुछ अन्य अतिसामान्य सुविधाओं को पाना था, जैसे शासन की संस्थाओं तथा प्रक्रियाओं में देशी लोगों की भागीदारी, बड़ी सेना के रखरखाव में होने वाले खर्च को कम करना आदि। इस प्रकार आरम्भिक राष्ट्रवादियों द्वारा स्थापित तरीका, स्वतंत्रता संघर्ष के प्रारम्भिक चरण के दौरान राष्ट्रवादी आन्दोलन को सदैव प्रभावित करता रहा। निश्चित ही, राष्ट्रवादी आन्दोलन स्वतंत्रता का युद्ध नहीं था। यह ब्रिटिश सरकार से कुछ राजनीतिक सुविधाएं सुधार प्राप्त करने से प्रारम्भ हुआ तथा प्रारम्भ में इसने ब्रिटिश शासन के प्रति समझौता–परक दृष्टिकोण बनाए रखा। व्यापक जन आन्दोलन व गाँधी युग में भी इसका उद्देश्य ब्रिटिश सम्बन्धों को तोड़ना कभी भी नहीं था (रघुवंशी, 1956: 6)। फिर भी, भारत में ब्रिटिश शासन की सार्थक आलोचना करने के प्रयास साथ ही भारतीय शासन की वर्तमान परिस्थितियों या भावी दृष्टिकोण के सम्बन्ध में अपनी सोचपूर्ण राय बनाने में राष्ट्रवादी नेताओं के बौद्धिक प्रयास भारत में राजनीतिक चिन्तन के इतिहास तथा राष्ट्रवादी आन्दोलन के सर्वाधिक महत्त्वपूर्ण पक्ष रहे।

पुस्तक के इस भाग का उद्देश्य राष्ट्रवादी चिन्तन की सन्दर्भ जनित व्याख्या करना है। अतः भारतीय स्वतंत्रता संघर्ष के प्रमुख नेताओं के सामाजिक–राजनीतिक विचारों के आधार पर राष्ट्रवादी प्रतिक्रियाओं की प्रमुख धाराओं के इर्द–गिर्द ही ध्यान केन्द्रित किया गया है। राष्ट्रवादी विचारों की क्रमबद्ध श्रृंखला का अनुसरण करने के स्थान पर यह हिस्सा विचारक–विशेष है, उनके सामाजिक–आर्थिक व राजनीतिक सन्दर्भ तथा विचार जो उन्होंने विचारधारा जन्य उद्देश्य को पूरा करने के लिए प्रयोग किये, के बारे में सृजित किया गया है। इस प्रयास का सबसे विलक्षण पक्ष यह है कि भारत के राष्ट्रवादी विचार के सूत्र का विश्लेषण करने का प्रयास न केवल एक विचारक विशेष के सन्दर्भ में किया गया है, अपितु उस सामाजिक परिवेश जहां से विचार विकसित हुए, उन सन्दर्भों में भी किया गया है। राष्ट्रवादी चिन्तन, जो एक रूप नहीं थे, की जटिलता को समझने में यह

विश्लेषणात्मक पद्धति उपयोगी है। निःसन्देह गाँधी प्रमुख सूत्र रहे; राष्ट्रवादी आन्दोलन में उनके सहयोगी जैसे, एम.एन. रॉय, सुभाष चन्द्र बोस, बी.आर. अम्बेडकर, वी.डी. सावरकर उन अन्य लोगों में से थे, जिन्होंने राष्ट्रीय चिन्तन के आकार ग्रहण करने में महत्वपूर्ण योगदान दिया, यद्यपि वे गाँधी के मत से बहुत कम सहमत थे। यह, अतः तर्क प्रस्तुत करना उचित होगा कि राष्ट्रवादी चिन्तन के बहुआयामी कोण थे जिन्हें इसकी सामाजिक–आर्थिक तथा राजनीतिक जड़ों तक पहुंचे बिना नहीं समझा जा सकता। गाँधी एक निश्चित सूत्र का प्रतिनिधित्व करते हैं, जिसे उनके सहयोगियों ने, विशेषकर उनके विरोधियों ने कभी पसन्द नहीं किया, यद्यपि राजनीतिक लक्ष्य के लिए विराट जनसमूह को गतिशील करने में उनकी भूमिका अतुलनीय थी। अतः यह प्रयास, दो कारणों से उपयोगी है – (अ) यह भाग न केवल पाठक के समक्ष जटिल राष्ट्रीय प्रतिक्रियाओं को स्पष्ट करेगा, अपितु विचार–सन्दर्भ के द्वन्द्व पर केन्द्रित भावी शोध के लिए भी प्रेरित करेगा, तथा (ब) भारतीय राष्ट्रवाद के प्रति विचारक विशेष के विचारों को जानकर यह भाग औपनिवेशिक आधुनिकता के अन्तर्गत भारतीय राष्ट्रवादी कल्पनाओं तथा संघर्षों के रचनात्मक वैलक्षण्य को भी प्रमाणित करता है।

सन्दर्भ

रघुवंशी, वी.पी.एस., 1959, *इण्डियन नेशनल मूवमेण्ट एण्ड थॉट*, नई दिल्ली, आत्माराम एण्ड सन्स।

1

प्रारम्भिक राष्ट्रवादी चिन्तन – राममोहन राय, बंकिमचन्द्र चट्टोपाध्याय, दयानन्द सरस्वती तथा ज्योतिबा फुले

अध्ययन का उद्देश्य

- प्रारम्भिक राष्ट्रवादी विचारों के मूल स्त्रोतों को रेखांकित करना।
- राजा राममोहन राय, बंकिमचन्द्र चट्टोपाध्याय, दयानन्द सरस्वती तथा ज्योतिबा फुले जैसे विचारकों के सामाजिक–राजनीतिक विचारों का विश्लेषण।
- प्रारम्भिक राष्ट्रवादी विचारों का मूल्यांकन।

भारतीय राष्ट्रवाद के दो भिन्न चरण हैं। पहला भारतीय राष्ट्रीय कांग्रेस की 1885 में स्थापना तक चलता है तो राष्ट्रवाद ने, अपने दूसरे चरण में विभिन्न प्रकार की साम्राज्यवाद विरोधी विचारधाराओं के चारों ओर लोकप्रिय गतिशीलता के माध्यम से आकार लिया। भारत में साम्राज्यवाद विरोधी आन्दोलन के संचालन के लिए सभी प्रतियोगी विचारधाराओं में गाँधी की अहिंसा की विचारधारा शायद सबसे अधिक लोकप्रिय थी। दूसरे चरण से भिन्न, जब राष्ट्रीय प्रतिरोध मूलतः राजनीतिक था, अर्थात् राज्य शक्ति पर अधिकार करना उद्देश्य था, प्रथम चरण व्यापक रूप से सुधार के उत्साह से परिपूर्ण था जो कमोबेश समान राजनीतिक विचारधारा के लक्ष्य के लोगों को एक साथ ले आया। इस प्रकार की गतिविधियों में, व्यक्तियों ने अपने चारों ओर एकत्र हुए लोगों के उत्साह को बनाए रखने में निर्णायक भूमिका अदा की। शायद यूरोपीय जागृति, जो उपनिवेशवाद के साथ भारत आ गई थी, ने उन्हें प्रेरित किया। जागृति के दर्शन पर आधारित, न तो ब्रिटिश उपनिवेशवाद की निन्दा हुई, न ही दीर्घ काल में भारत के

सामाजिक–राजनीतिक मानचित्र पर इसके खतरनाक प्रभाव को जाहिर करने का प्रयास किया गया। दूसरे शब्दों में सामंती व्यवस्था को बनाए रखने में प्राचीन सामाजिक–राजनीतिक संरचना को क्रान्तिकारी रूप से परिवर्तित करने में उपनिवेशवाद की काल्पनिक भूमिका की प्रशंसा की गई। यह तर्क दिया जा सकता है कि इस चरण में उपनिवेशवाद उतना क्रूर नहीं था – जितना बाद में बन गया तथा अतीत के शासकों के विपरीत, ईस्ट इण्डिया कम्पनी की आड़ में ब्रिटिश शासन सामाजिक सुधारों की प्रशंसा करता हुआ लगता है, चाहे वह जागृति के दर्शन में विश्वास के कारण हो या फिर भारतीय सामाजिक यथार्थ में, उन मूल्यों सहित जिन पर उनका अस्तित्व टिका था, शामिल होने की रणनीति के रूप में हो। इस पृष्ठभूमि के परिप्रेक्ष्य में, यह अध्याय मुख्य रूप से ब्रिटिश शासन, जिसे अपने पूर्ववर्ती शासकों की तुलना में सामाजिक–राजनीतिक प्रकृति के कारण पसन्द किया गया था, के प्रति प्रारम्भिक भारतीय विचारों पर ध्यान केन्द्रित करेगा। न केवल क्रान्तिकारी सामाजिक विचारकों के ब्रिटिश शासन के साथ सम्पूर्ण सहयोग के कारणों की व्याख्या की जाएगी, अपितु उपनिवेशवाद, जिसने कि भारत में ब्रिटिश शासन के प्रति उनके अवधारणीकरण को प्रभावित किया तथा शीघ्र ही जिसने शोषक स्वरूप धारण कर लिया, की बदलती प्रकृति पर भी ध्यान केन्द्रित किया जाएगा।

प्रारम्भिक राष्ट्रवादी चिन्तन के स्त्रोत

विचारक विशेष का विस्तृत विश्लेषण प्रारम्भ करने से पूर्व यह अच्छा होगा कि उन स्रोतों की पहचान करें जिनसे, प्रारम्भिक औपनिवेशिक शासन के सन्दर्भ में, उन्होंने अपने विचारों को ग्रहण किया लगता है। जैसा कि पूर्व में उल्लेख किया गया, पहला आवश्यक प्रभाव निःसन्देह जागृति के दर्शन का था जिसने मैकाले के 1832 के प्रसिद्ध कार्यवाही–लेखन पर महत्वपूर्ण प्रभाव डाला। भारतीय समाज को विशिष्ट पश्चिमी पद्धति में ढालने के लिए मैकाले ने अंग्रेजी शिक्षा तथा ब्रिटिश न्याय व्यवस्था के आरम्भ करने के पक्ष में तर्क दिया ताकि वे भारतीय समाज के सामन्ती आधार को क्रान्तिकारी रूप से परिवर्तित करने में भूमिका निभाएं। उनके इस विचार में यह स्पष्ट था कि ब्रिटिश पद्धति के उदारवादी मूल्य भारत में सामाजिक परिवर्तन में निश्चित रूप से योगदान देंगे। अतः भारत में ब्रिटिश शासन का आगमन एक तरह का वरदान था। उपनिवेशवाद ने न केवल पश्चिमी उदारवादी मूल्यों से भारतीयों का परिचय कराया, अपितु बेन्थम, मिल, कार्लाइल, तथा कोलरिज के प्रगतिशील सामाजिक–राजनीतिक विचारों को जानने का अवसर भी दिया, जिससे समसामायिक महत्व के मुद्दों पर उनके सोचने के तरीके में गुणात्मक परिवर्तन आया। दूसरा समान रूप से महत्वपूर्ण प्रभाव जर्मन

दार्शनिकों, यथा शेलिंग, फिक्टे, काण्ट तथा हर्डर के विचारों का पड़ा। जैसे–जैसे ब्रिटिश शासन के विरुद्ध बौद्धिक चुनौती ने गति पकड़ी, वैसे–वैसे ही इन विचारों ने भी जड़ें जमाईं। वास्तव में बंकिम के लेखन पर जर्मन विचारों के स्पष्ट प्रभाव के चिन्ह हैं। राममोहन राय, जिनका ऐतिहासिक लक्ष्य सती जैसी अमानवीय सामाजिक कुरीतियों के विरुद्ध संघर्ष था, से भिन्न बंकिम जर्मन दर्शन व भारतीय अतीत के आधार पर स्वतंत्रता का लक्ष्य रखना चाहते थे। अवधारणा के रूप में *फोल्क* (जनता), समुदाय तथा राष्ट्र के विचार ने प्रारम्भिक राष्ट्रवादियों को प्रभावित किया लगता है क्योंकि उन्होंने विदेशी शासन के सन्दर्भ में मतभेद होते हुए भी समरूपता के लिए योगदान दिया। अतः प्रारम्भिक नेताओं की मुख्य चिन्ता एक जैसी नहीं थी। कुछ के लिए यूरोपीय जागृति का विचार अनावश्यक था, बिल्कुल इसलिए कि यह भारतीय संस्कृति जो काफी हद तक हिन्दू अतीत पर आधारित थी, के मूल आधार को नष्ट कर सकता था, जबकि अन्य ऐसे भी थे जिन्होंने अंग्रेजी शासन तथा उसके स्पष्ट सामाजिक परिणामों के कारण, उसके प्रति सहयोगी रुख अपनाया। भारत के प्रारम्भिक राष्ट्रवाद पर तीसरा महत्वपूर्ण प्रभाव फ्रांस की क्रांति तथा उसके संदेश, स्वतंत्रता, समानता तथा भ्रातृत्व का था। फ्रान्स की क्रांति को प्रोत्साहित करने वाले विचारों से रामगोहन राय अत्यन्त प्रभावित थे। अपने लेखन व कार्यों में राममोहन राय ने जाति तथा धार्मिक भेदभाव के आधार पर भारत को विभाजित करने वाली प्राचीन सामाजिक परम्पराओं पर कड़ा प्रहार किया। जर्जर होते सामंती मूल्य, जो स्वतंत्रता, समानता तथा भ्रातृत्व के लक्ष्यों को प्राप्त करने में बाधक हो रहे थे, से मुक्त समाज की स्थापना उनकी प्राथमिकता थी। अंतिम स्रोत, निश्चित रूप से प्राचीन भारतीय चिन्तन का था जिसकी औपनिवेशिक शासन के सन्दर्भ में व्याख्या की गई। भारत की समृद्ध सांस्कृतिक परम्पराओं पर विलियम जोन्स तथा मैक्स मूलर का लेखन तो था ही साथ ही विवेकानन्द जैसे पुनर्जागरण के विचारकों का भी योगदान था जिसने भारत के उज्जवल अतीत, विशेषकर भारत में मुसलमान शासन के चरण, की पुनर्व्याख्या के लिए आधार प्रदान किया। *भागवतगीता* के संदेश से प्रोत्साहित, जागरण काल के विचारकों ने मातृभूमि की सेवा के लिए कर्म के दर्शन का समर्थन किया। वे जो तर्क देना चाह रहे थे वह यह विचार था कि सफलता या असफलता इतनी महत्वपूर्ण नहीं है जितना कि 'विशुद्ध उद्देश्य' से कर्तव्य का पालन। बौद्ध और हिन्दू भाग्यवाद पर उनका आक्रमण स्पष्ट रूप से यह दर्शाता है कि मानव कर्म के परिणाम की अवधारणा करने में वे कितने यथार्थवादी थे। उनके लिए, कर्म के दर्शन में विश्वास करने वाले लोगों से विश्व में जीवन में परिवर्तन लाया जा सकता है। इसलिए आश्चर्य नहीं कि विवेकानन्द व दयानन्द सरस्वती

ने कर्म या मानवता की सेवा पर जोर दिया, जो मनुष्य के रूप में अपने अस्तित्व को न्यायोचित ठहराने का सर्वश्रेष्ठ तरीका है।

स्रोत के सम्बन्ध में यह विवेचन प्रारम्भिक राष्ट्रवादी विचारकों, जैसे राममोहन राय, बंकिमचन्द्र चट्टोपाध्याय, दयानन्द सरस्वती तथा ज्योतिबा फुले के विचारों को आकार देने के महत्वपूर्ण स्त्रोतो को समझने में उपयोगी है। यहां यह भी उल्लेख किया जाना चाहिए कि वैकल्पिक राष्ट्रवादी दृष्टि का निर्माण करते समय प्रारम्भिक राष्ट्रवादी ब्रिटिश उपनिवेशवाद के विशिष्ट चरण के सामाजिक–आर्थिक व राजनीतिक मंथन की प्रक्रिया से प्रभावित थे जबकि गाँधी युग का राजनीतिक स्वतंत्रता का विचार एक दूर का लक्ष्य था।

राजा राममोहन राय के सामाजिक-राजनीतिक विचार

राजा राममोहन राय एक श्रेष्ठ सामाजिक विचारक थे। रूढ़िवादी ब्राह्मणों के मध्य *सती* का विरोध करने में उनकी भूमिका ऐतिहासिक थी। ब्रह्म समाज की स्थापना से राय ने 'एक अच्छाई' के इस्लामिक विचार के प्रति अपने विश्वास को बनाया। अपने अवधारणीकरण में, उनके अनुसार, राजनीतिक सुधार के पूर्व सामाजिक सुधार होने चाहिए क्योंकि इसी से राजनीतिक अर्थ में स्वतंत्रता की नींव रखी जाती है। अपनी प्राथमिकताओं के कारण राय ने अपने राजनीतिक विचारों को अधिक महत्व नहीं दिया लगता है। यद्यपि वे उपनिवेशवाद से घृणा करते थे तथापि वे ब्रिटिश शासन का समर्थन करते प्रतीत होते हैं। शायद व्याप्त सामंती शक्तियों के विरुद्ध संघर्ष में इसकी ऐतिहासिक भूमिका के कारण, ब्रिटिश शासन, अभी तक के सामन्ती शासन से कम से कम सांस्कृतिक रूप में न केवल बेहतर था अपितु अपने प्रतिनिधि मूल्यों के प्रवेश के माध्यम से एक भिन्न भारत बनाने में योगदान देगा। ब्रिटिश शासन के प्रति उनके आदर का आधार हिन्दुओं की पारम्परिक मानसिकता को क्रान्तिकारी रूप से परिवर्तित करने में उसकी भूमिका में विश्वास के कारण था। उनका मानना था कि ब्रिटिश शासन के बने रहने से, ग्रेट ब्रिटेन जैसी प्रजातांत्रिक संस्थाओं की अन्ततः स्थापना का मार्ग बनेगा। किसी अन्य उदारवादी की भांति राय भी यह अनुभव करते थे कि ब्रिटिश मूल्यों की निर्विवाद स्वीकृति शायद भारत में प्रजातांत्रिक संस्थाओं की स्थापना का सर्वश्रेष्ठ साधन है। अन्य शब्दों में, वे ब्रिटिश शासन को अप्रत्यक्ष रूप से वरदान मानते थे क्योंकि इससे भारत में अन्ततः प्रजातांत्रिक शासन स्थापित हो पाएगा। प्रेस की स्वतंत्रता की मांग का विचार अन्य क्षेत्र था, जहां राममोहन राय का योगदान निर्णायक था। अपने सहयोगी द्वारकानाथ टैगोर के साथ उन्होंने प्रेस की स्वतंत्रता के लिए एक प्रार्थना पत्र प्रिवी काउन्सिल में भेजा जो उनके अनुसार शासन के प्रजातांत्रिक क्रिया–कलापों के लिए उचित था। प्रेस की स्वतंत्रता न

केवल शिकायतों को दूर करने का साधन होगी अपितु यह सरकार को उनके निराकरण के लिए कदम उठाने में सक्षम करेगी, इसके पहले कि वे प्रशासन को क्षति पहुंचाएं। उदारवादी पद्धति की दृष्टि से इस सन्दर्भ में दो कारणों से यह एक विशिष्ट कदम था–

(अ) भारत के देशी अभिजनों के मध्य सीमित किन्तु बढ़ते प्रजातंत्रीकरण के लिए प्रेस की स्वतंत्रता एक महत्वपूर्ण स्थिति थी तथा

(ब) प्रेस की स्वतंत्रता का विचार, यदि दिया जाता है तो सार्वजनिक जीवन में बढ़ते असंतोष के लिए यह शासकों को एक सुरक्षा नली प्रदान करेगा (पेन्थम, 1986)।

विशिष्ट ऐतिहासिक परिप्रेक्ष्य में राममोहन राय ने एक प्रगतिशील भूमिका निभाई। अपनी ऐतिहासिक भूमिका की अवधारणा करते हुए, राय निकट सामंती अतीत से ब्रिटिश उपनिवेशवाद के अपने अनुभव को विशेषाधिकार मानते हुए प्रतीत होते हैं। भारतीय समाज, राजनीति तथा आर्थिक व्यवस्था पर विदेशी शासन के स्पष्ट खतरनाक प्रभाव को कम करके आंकते हुए, उन्होंने एक प्रशासनिक व्यवस्था की तुलना में दूसरे का सचेतन समर्थन सिर्फ इसलिए किया क्योंकि वे प्रचलित भारतीय मानसिकता को ब्रिटिश जागृति द्वारा महत्वपूर्ण रूप से परिवर्तित करने में विश्वास करते थे। यदि अलग से विवेचन किया जाए तो किसी के लिए भी यह स्वीकार करना कठिन होगा कि उन्होंने ब्रिटेन के बागवानों (प्लांटर्स) को, उनकी भारतीय किसानों के प्रति क्रूरता व निर्दयता के बावजूद, भारत आने का आमंत्रण दिया, लेकिन आर्थिक सक्षमता के आधार पर साम्राज्य के बने रहने को उचित मानने के तर्क को यदि देखा जाए तो उनके विचारों को तर्क संगत माना जा सकता है। राय का तर्क था कि बागवान जितना अधिक 'धन' अर्जित करेंगे उतना ही भारत में बने रहने का उनका हक बढ़ जाएगा। अपनी ऐतिहासिक भूमिका में, यह कहना गलत नहीं होगा कि भारत के विशिष्ट सामाजिक–राजनीतिक इकाई बनने की ओर बढ़ने के सन्दर्भ में राजा राममोहन राय ने अपने उत्तरदायित्व का वहन ऐतिहासिक आवश्यताओं के अनुकूल किया। अतः ऐतिहासिक रूप से उन्हें साम्राज्यवाद समर्थक चिन्तक कहना गलत होगा सिर्फ इसलिए क्योंकि राष्ट्रवाद में अपने भावी स्वरूप के गुण नहीं आए थे। चूंकि उनके विचार – चाहे वे ब्रिटिश समर्थन के हों या पूर्व शासकों की आलोचना के ऐतिहासिक परिस्थितियों से उपजे व निर्मित थे, उन्होंने अपनी ऐतिहासिक भूमिका का श्रेष्ठ सम्भव सृजन किया जिसने अपने समय की द्विविधा तथा उन लोगों की उम्मीदों को, जो नव–उपनिवेश के सामाजिक–राजनीतिक ठहराव में विकल्प टटोल रहे थे, प्रतिबिम्बित किया।

राष्ट्रवादी चिन्तक के रूप में बंकिम

बंकिमचन्द्र चट्टोपाध्याय (1838-94) भारत में राष्ट्रवादी विचारों के सम्भवतः प्रथम व्यवस्थित व्याख्याता थे। उनका विशिष्ट योगदान राष्ट्रवाद के विचार को देशी रूप में प्रस्तुत करना था। मुस्लिम शासन के विपरीत बंकिम ने भगवद्गीता, जिसका उन्नीसवीं शताब्दी में बंगाली में व्यापक रूप से अनुवाद हुआ, के आधार पर विचारों की व्याख्या की। *भगवद्गीता* के अनुवाद में बंकिम ने, पश्चिमी ज्ञान के परिप्रेक्ष्य में, *गीता* की पुनर्व्याख्या की ताकि ब्रिटिश शासन के राष्ट्रीय विरोध की नई उभरती स्थिति में यह पश्चिम के बुद्धिजीवी वर्ग के लिए अधिक पठनीय हो। एक बिल्कुल नई *गीता*, सामने आई जो ब्रिटिश शासन का राष्ट्रीय विकल्प ढूंढने वालों की चिंता को प्रतिबिम्बित कर रही थी (चटर्जी, 1983: अध्याय 3)।

बंकिम के चिन्तन में प्रमुख चिन्ता राष्ट्रीय एकता की थी क्योंकि इसी पर हिन्दू समाज का विकास निर्भर करता था। राष्ट्रीय एकीकरण तभी सम्भव है, जैसा कि बंकिम का तर्क था, जब लोगों के दृष्टिकोण में निम्नलिखित दो तरीके के परिवर्तन आए। पहला, यह विश्वास कि जो सभी हिन्दुओं के लिए अच्छा है वह मेरे लिए भी अच्छा है, तथा मेरे विचार, विश्वास तथा कर्म हिन्दू समाज के अन्य सदस्यों के अनुरूप हों तथा, दूसरा, लोगों में राष्ट्र तथा उसके हित के प्रति एकचित्त भक्ति हो। यह वह विचार था जिसका प्रतिपादन बंकिम ने अपने प्रत्येक उपन्यास व अन्य लेखन में किया क्योंकि उनका विश्वास था कि राष्ट्र (स्पष्ट रूप से देश के लिए) के प्रति चिन्ता तथा प्यार के बिना कोई एक एकीकृत समग्र जिसे राष्ट्र कहते हैं, की इकाई के रूप में अपने अस्तित्व को न्यायोचित नहीं ठहरा सकता। यह एक महत्वपूर्ण सैद्धान्तिक बिन्दु है। आदर्श उदारवादियों के विपरीत बंकिम समुदाय के पक्षधर थे तथा व्यक्ति की भूमिका उन्होंने समुदाय की भलाई के रूप में व्याख्यायित की। बंकिम का मानना था कि ब्रिटिश सम्पर्क ने हिन्दू समाज को अपनी कमजोरियां जानने योग्य बनाया जिसका तात्पर्य शारीरिक शक्ति नहीं अपितु जिसे वे संस्कृति के रूप में परिभाषित करते हैं, से है। हिन्दुओं में संस्कृति की कमी है, क्योंकि वे भाषा, जाति, धर्म आदि के आधार पर इतने बंटे हुए व भिन्न हैं कि राष्ट्रीय एकता की परिस्थितियाँ बनाना उनके लिए तब तक असम्भव है जब तक कि हिन्दुओं के विभाजनकारी तत्व बिल्कुल समाप्त न हो जाएं।

राष्ट्रीय एकता के विचार से बंकिम *अनुशीलन* या कर्म के विचार की खोज करते हैं। 1888 के लिखे 'धर्म का सिद्धान्त' शीर्षक निबन्ध में इस विचार को स्पष्ट करते हुए बंकिम ने इसकी व्याख्या 'संस्कृति की एक व्यवस्था' के रूप में की जो काम्टे तथा मैथ्यू अरनॉल्ड जैसे पश्चिमी विचारकों की अवधारणा से अधिक पूर्ण तथा अधिक दोष शून्य थी। व्यवहार की पश्चिम की प्रत्यक्षवादी दृष्टि

की आलोचना करते हुए, *अनुशीलन* भक्ति पर आधारित है, जिसमें ज्ञान तथा कर्तव्य समाहित हैं। व्यावहारिक रूप में *अनुशीलन* का तात्पर्य है कि यह एक साथ ही यह ज्ञान देती है कि समुदाय के लिए क्या अच्छा है तथा विशिष्ट परिस्थितियों में समुदाय को क्या करना चाहिए? *अनुशीलन* का तात्पर्य कर्तव्य से है जिसका अर्थ काम करना पर प्रतिफल की कामना न करना है। अन्य शब्दों में, कुछ कार्य करना समुदाय का कर्तव्य है जिसमें पसन्द नहीं अपितु उद्देश्य या हित के प्रति भक्ति महत्वपूर्ण है। इसी से उन्होंने राष्ट्र के प्रति कर्तव्य का विचार निकाला। राष्ट्र, जो कि विशिष्ट ऐतिहासिक परिस्थितियों के कारण पूर्ण रूप से पंगु हो गया था, की सुरक्षा के लिए समुदाय को कठिन प्रयास करना चाहिए, इसका कोई विकल्प नहीं है। बंकिम के लिए इस भक्ति के स्वार्थ रहित तथा अपरिग्राही विचार ने धर्म को आधार बनाया (त्रिपाठी, 1967)।

राष्ट्रीय एकीकरण में धर्म के महत्व को रेखांकित करते हुए बंकिम हिन्दू समुदाय के लिए अलग पहचान की परिस्थितियां बनाना चाहते थे। एक गुलाम राष्ट्र के लिए यह मात्र आवश्यक ही नहीं था अपितु पश्चिम की नकल न करके अपनी अन्तर्निहित सांस्कृतिक शक्तियों के आधार पर दृढ़ समुदाय की रचना करना उपयुक्त भी था। विज्ञान तथा तकनीक के क्षेत्र में बेहतर होने के कारण पश्चिम ने ऐसी संस्कृति विकसित की जो पूर्व पर विजय प्राप्त करने में सफल रही। अतः उन्होंने भौतिक संस्कृति में पश्चिम से प्रतिस्पर्धा करने के पक्ष में तर्क दिया, लेकिन आध्यात्मिक संस्कृति के क्षेत्र में पूर्व निश्चित रूप से बेहतर है अतः उसकी उपेक्षा नहीं होनी चाहिए। इन दोनों विचारों के मिश्रण से, बंकिम का सुझाव था कि जहां पश्चिम बेहतर है वहां उसका अनुसरण किया जाना चाहिए, जबकि पूर्व की आध्यात्मिक विशिष्टता को अपनाया जाना चाहिए। अतः राष्ट्रीय पहचान के निर्माण में बंकिम विदेशियों के प्रति सम्पूर्ण रूप से भयग्रस्त नहीं हैं अपितु पूर्व व पश्चिम की शक्तियों व कमजोरियों दोनों की एक साथ प्रशंसा करते हुए प्रारम्भिक राट्रीय आन्दोलन के रचनात्मक चिन्तक लगते हैं। अन्य शब्दों में, बंकिम की भिन्नता खोजने की योजना वस्तुतः हमारे राष्ट्रीय विचारों में, जैसा कि पार्थ चटर्जी परिभाषित करते हैं, प्रस्थान का समय है (चटर्जी, 1986: अध्याय 3; कविराज 1995)।

दयानन्द सरस्वती के सामाजिक-राजनीतिक विचार

बंकिम का एकता रहित राष्ट्र के लिए स्पष्ट राजनीतिक संदेश था, जबकि दयानन्द सरस्वती (1825-83), जिन्होंने आर्य समाज की स्थापना की, की चिन्ताएं राममोहन राय के समान थीं। वे मूल रूप से समाज सुधारक थे, उनका मानना था कि हिन्दू समाज को अपने अधीन करने में ब्रिटिश सफलता का कारण इसकी

विभाजनकारी प्रकृति तथा अपनी शक्तियों को न पहचानना था। यदि राममोहन राय ने *उपनिषद* तथा बंकिम ने *गीता* से अपने विचार ग्रहण किए तो दयानन्द सरस्वती ने अपने राष्ट्रीय विचारों के सृजन में वेदों से प्रभाव ग्रहण किया। एक अन्य विपरीत लक्षण, जो दयानन्द को अन्य लोगों से भिन्न करता है, वह यूरोपीय विचार और संस्कृति के उन पर प्रभाव की अनुपस्थिति थी। राममोहन राय यूरोपीय जागृति से प्रभावित थे और उनके विचार उसी के अनुकूल बने। राष्ट्रीय एकता की अवधारणा करने में बंकिम पर सकारात्मकवाद तथा उपयोगितावाद का प्रभाव स्पष्ट दिखता है। उनसे भिन्न दयानन्द को मृतप्रायः राष्ट्र, जो कई प्रकार की कुरीतियों से आछन्न था तथा जिन्हें आसानी से ठीक किया जा सकता था, को प्रोत्साहित करने के लिए वेद का संदेश सर्वाधिक उपयुक्त लगा। एक दृढ़ हिन्दू समाज के गठन के उद्देश्य में दयानन्द प्रारम्भिक राष्ट्रवादियों से विशिष्ट तरीके से भिन्न थे। उनके विचार ज़िन अवधारणाओं पर आवश्यक रूप से आधारित थे, वे पूर्णरूपेण देशी प्रकृति की थीं, सम्भवतः इसलिए कि उन्हें पश्चिमी विचारों का ज्ञान नहीं था। अतः अपनी विशिष्ट पद्धति में दयानन्द ने इतिहास की प्रक्रिया को इस रूप में जानना चाहा जिसने राष्ट्रीय विचारों में एक नया आयाम जोड़ा। द्वितीय, उनके विचार पारम्परिक ग्रन्थों, विशेषकर वेदों के अध्ययन से निःसृत थे जिसने सम्भवतः आगे उग्रवादी नेतृत्व को, भारत की विशिष्ट सभ्यता के गुणों के कारण, प्रभावित किया। उनसे, जो पश्चिमी उदारवादी विचारों से प्रभावित थे, भिन्न दयानन्द अपनी पीढ़ी के सम्भवतः अकेले विचारक थे जिन्होंने असंख्य रूपों में विभाजित देश को प्रोत्साहित करने के लिए प्राचीन ग्रन्थों के तुलनात्मक महत्व पर बहस प्रारम्भ की।

दयानन्द की 1875 में प्रकाशित *सत्यार्थ प्रकाश* (सत्य का प्रकाश) में दो विचार महत्वपूर्ण हैं। पहला, सृष्टि के सक्रिय अभिकर्ता के रूप में ईश्वर के विचार ने उन्हें सर्वाधिक प्रभावित किया। उनका मानना था कि अनुभव आधारित विश्व भ्रम नहीं है बल्कि उसका स्वतंत्र तथा साउद्देश्य अस्तित्व है। निर्गुण ब्रह्म तथा अद्वैत की अस्वीकृति उन्हें राममोहन राय तथा विवेकानन्द से भिन्न करती है जैसे उनकी साकार तथा अवतार की अस्वीकृति बंकिम तथा रामकृष्ण से भिन्न करती है। इस आधार पर वे और तर्क देते हैं कि मानव के कर्म ईश्वर के दण्ड व पुरस्कार के सूचक हैं। यहां दयानन्द द्वारा व्यक्ति के कार्यों का ईश्वर के नाम पर व्यवहार के सुपरिभाषित मानकों के अनुकूल मूल्यांकन करने का सैद्धान्तिक प्रयास किया गया। इसी ने अरविन्द को प्रेरित किया जिन्हें इस बात में न केवल इतिहास के कठिन मोड़ पर मनुष्य के व्यवहार का विश्लेषण करने के लिए अपितु लुप्त होते राष्ट्र जिसे ईश्वर द्वारा पुरस्कृत किया जाना था, को एक लक्ष्य के लिए गतिशील करने का एक स्पष्ट तार्किक वक्तव्य मिला। अन्य शब्दों में, ईश्वर को रचनात्मक पद्धति से पुनर्परिभाषित करके दयानन्द ने वस्तुतः ओल्ड टेस्टामेन्ट के

गॉड ऑफ जस्टिस को स्पष्ट किया न कि न्यू टेस्टामेन्ट के गॉड ऑफ लव को। मानव व्यवहार को संचालित करने में ईश्वरीय महत्व को स्वीकार करके आर्य समाज के संस्थापक सार्थक सामाजिक गतिविधियों के लिए सम्भवतः धार्मिक भावनाओं के प्रयोग का प्रयास कर रहे थे। यह उनकी दृष्टि में, एक राष्ट्र के विकास व समृद्धि के लिए मूल आवश्यकता थी।

दूसरा महत्वपूर्ण विचार, जो *सत्यार्थ प्रकाश* से निकला, वह हिन्दू समाज की विभाजक प्रकृति पर वस्तुतः एक टिप्पणी है। उनके अनुसार, भारत में अंग्रेजों की विजय हमारी अपनी असफलताओं के कारण हुई। जैसा कि उन्होंने उल्लेख किया–'जब भाई आपस में लड़ते हैं तभी बाहरी आदमी घुसपैठ कर सकता है' (*सत्यार्थ प्रकाश*, पुरोहित में उद्धृत, 1986: 64)। इसके अतिरिक्त हिन्दू समाज बाल विवाह तथा सांसारिक भोग विलास की संतुष्टि जैसी रीतियों के कारण आंतरिक रूप से पंगु हो गया, जो यह वेद और उसके बताए सिद्धान्तों के विपरीत था। अन्य शब्दों में, वेदों के प्रति उपेक्षा व अविश्वास ने हमारे समाज की अपूरणीय क्षति की है। अतः पहला कार्य वेदों के तत्व को समझना है जिसमें हिन्दुओं की जाति के रूप में विशिष्टता निहित है (जोन्स, 1994)। जब तक हम सन्तोषजनक रूप से ऐसा नहीं कर पाते, तब तक अंग्रेजों पर कोई आक्रमण सफल नहीं होगा। सम्भवतः यही कारण है कि अंग्रेजों के विरुद्ध राजनीतिक अभियान में आर्य समाज को सीधे नहीं जुड़ने दिया गया।

हिन्दू ग्रन्थों में अपनी जड़ों के कारण ये विचार विशिष्ट थे। इसी में दयानन्द की ऐतिहासिक भूमिका निहित है जिन्होंने वेदों से हिन्दुओ के लिए मूलतः एक पहचान की खोज की, हिन्दू जो अभी तक अत्यधिक विभाजित थे तथा विदेशी शासन का विरोध करने में असमर्थ थे। अन्य शब्दों में वे वेदों की ओर शुद्ध हिन्दुत्व, जिससे वे वर्तमान हिन्दुत्व की बुराइयों से लड़ सकें, की खोज के लिए मुड़े। उन्होंने अनुभव किया कि वेदों में हिन्दू–विश्वास अपने प्राचीनतम तथा शुद्ध रूप में हैं जिनमें ईश्वर के न्यायपूर्ण व अनन्त रचनाकार के रूप को दर्शाया गया है। उन्होंने वर्तमान में हिन्दुओं की जर्जर होती प्रथाओं को उखाड़ फेंकने का आग्रह किया। दयानन्द वर्तमान विभाजनकारी जाति व्यवस्था के आलोचक थे जिसने वैदिक प्रथाओं को विकृत किया था क्योंकि वैदिक समाज में पदसोपान व्यक्ति की योग्यता, क्षमता तथा स्वभाव पर आधारित थी न कि उसके जन्म पर।

इसी प्रकार ईश्वर को एक रचनात्मक अभिकर्ता न कि आध्यात्मिक रूप मानने की अवधारणा में उन्होंने सोद्देश्य वेदों द्वारा दिए गए ईश्वर के विचार को पुनर्व्याख्यायित किया ताकि मृतप्रायः राष्ट्र, जिसने अपनी शक्ति व उत्साह को खो दिया हो, को पुनःऊर्जस्वित किया जा सके। अच्छे और बुरे कार्य के लिए क्रमशः पुरस्कार व दण्ड की अनिवार्यता के पक्षधर होते हुए दयानन्द सम्भवतः उन बुराइयों, जो हिन्दू समाज के विकास में बाधक हैं, को समाप्त करना चाहते थे।

अन्य शब्दों में, दयानन्द का मुख्य कार्य हिन्दू समाज के नैतिक आधार को दृढ़ करना था, जो अपनी अन्तर्निहित कमजोरियों के कारण अत्यधिक विभाजित था। राममोहन की भांति दयानन्द समाज सुधारक थे, जिन्हें राजनीति में रुचि न के बराबर थी। तथा, तदनुकल उन्होंनें आर्य समाज की भूमिका गैर–राजनीतिक तरीके से निर्धारित की। कारण स्पष्ट हैं। सशक्त औपनिवेशिक शासन के सन्दर्भ में समाज की प्रत्यक्ष राजनीतिक भूमिका निश्चित रूप से सरकार का ध्यान आकर्षित करती जो अवांछनीय थी। विशेषकर तब जब कि संगठन अपनी शैशवावस्था में था। राजनीति से दूर रहने का निर्णय लेकर दयानन्द ने न केवल अपनी ऐतिहासिक भूमिका निभाई अपितु अपने पीछे वे हिन्दू परम्पराओं, खासकर वेदों पर आधारित स्पष्ट राष्ट्रीय विचार छोड़ गए (पुरोहित, 1986)।

ज्योतिबा फुले – विशिष्ट सामाजिक-राजनीतिक विचार

1827 में जन्मे ज्योतिबा फुले (1827-90) की इच्छा, दयानन्द की भांति एक ऐसे संगठन के निर्माण की थी जो व्यक्ति के गुण व रुचि को दर्शाता हो न कि जन्म को व्यवसायिक व धार्मिक स्थिति का आधार मानता हो। 1855 में प्रकाशित *तृतीय नेत्र* उनके विचार की सशक्त व्याख्या है। यह नाटक एक धूर्त ब्राह्मण द्वारा एक अनभिज्ञ तथा अंधविश्वासी दंपति के शोषण के बारे में हैं जिन्हें अन्ततः ईसाई मिशनरी द्वारा जाग्रत किया जाता है। नाटक में तीन महत्वपूर्ण बिन्दु उभरते हैं। प्रथम, ब्राह्मणों के प्रभुत्व की आलोचना करते हुए उन्होंने हिन्दू धर्म की दमनात्मक प्रकृति के व्यापक मुद्दे को उठाया, जिसने वर्तमान स्वरूप में, शूद्रों पर विचारधारात्मक प्रभुता लादी तथा विभिन्न शुद्धिकरण की पद्धतियां सुझाकर शूद्रों पर भौतिक निर्धनता बढ़ाने में भी योगदान दिया। द्वितीय, ईसाई मिशनरी, जिन्होंने दंपति को लालची ब्राह्मण के चंगुल से छुड़ाया, की भूमिका को रेखांकित करते हुए फुले ने सम्भवतः धर्मान्तरण की सम्भावनाओं को शोषणकारी हिन्दू धर्म से मुक्ति पाने की एक मात्र व्यावहारिक पद्धति के रूप में तलाशा। यद्यपि अपने नाटक में फुले धर्मान्तरण के सम्बन्ध में सीधे बात नहीं करते, लेकिन चित्तपावन ब्राह्मण विद्वान पण्डित रमाबाई के धर्मान्तरण का समर्थन करके उन्होंने इसके पक्ष में तर्क दिए। उनके अनुसार ईसाइयत ब्राह्मणवादी शोषण से न केवल बचाती है, अपितु मुक्तिप्रदाता धर्म भी है। तीसरे, इस कथा के अन्तर्गत हिन्दू समाज में ब्राह्मणों की प्रभुता बने रहने में शिक्षा के महत्व के सम्बन्ध में महत्वपूर्ण विचारधारा जन्य बिन्दु भी शामिल हैं। उन्हें यह विश्वास करने के लिए प्रेरित किया गया कि शिक्षा की उपलब्धता, विशेष करके अंग्रेजी साक्षरता के कारण – ब्राह्मणों को एक सामाजिक समूह के रूप में महत्वपूर्ण सामाजिक सुविधाएँ प्राप्त हुईं। परिणामस्वरूप ब्राह्मण समकालीन सामाजिक, राजनीतिक तथा प्रशासनिक क्षेत्र में

प्रभावशाली बने रहे। अतः ब्रिटिश शासन की बदली हुई परिस्थितियों के अनुकूल नई प्रवीणताएं हासिल करके, ब्राह्मणों ने वक्त की आवश्यकता के अनुसार अपनी भूमिका को पुनर्परिभाषित करके अपने प्रभाव को बनाए रखा। अन्य शब्दों में, अंग्रेजी ज्ञान के कारण ब्राह्मण ऐसे सर्वाधिक उपयोगी सामाजिक समूह के रूप में उभरे जिनकी प्रशासन के संचालन में स्पष्ट भूमिका के कारण ब्रिटिश शासन द्वारा उपेक्षा कठिन थी।

फुले ने क्या ऐतिहासिक भूमिका निभाई? प्रारम्भिक राष्ट्रवादियों की भांति उनका मुख्य सिद्धान्त ब्राह्मणों के शोषण से मुक्त समाज के स्वरूप से सम्बन्धित था। उनके अनुसार ब्रिटिश शासन अप्रत्यक्ष रूप से एक वरदान था क्योंकि इसने ब्राह्मणों की जाति प्रभुता की जड़ पर आघात किया। विदेशी शासन के इस पक्ष के कारण सम्भवतः फुले ने औपनिवेशिक शासन के शोषक स्वरूप को कम करके आंका। यह भी सम्भव है कि ब्राह्मणों की प्रभुता के समाज में फुले ने शूद्रातिशूद्रों के सम्मानजनक स्थान प्राप्त करने के अपने लक्ष्य को सर्वोच्च प्राथमिकता दी। सामान्यतया फुले हिन्दू ग्रन्थों के इतने अधिक विरोधी नहीं थे जितने वे हिन्दू समाज में प्रचलित मूल्यों व विचारों के विरुद्ध थे। अन्य शब्दों में, ब्राह्मणवादी विचारों न कि हिन्दूवाद के विरुद्ध जान बूझकर अपने विचार स्पष्ट करके फुले, सम्भवतः स्वयं को हिदुत्व विरोधी समूह से दूर रखना चाह रहे थे। उनके विचारों में हिन्दुत्व श्रुतियों (वेदों) तथा स्मृतियों में निहित है तथा ब्राह्मणों ने अपनी प्रभुता बनाए रखने को उचित ठहराने के लिए उसको विकृत किया। इसी प्रकार यह व्याख्या कि वर्ण व्यवस्था (समाज का चार भिन्न समूहों में विभाजन) ईश्वर प्रदत्त है अतः उसका विरोध नहीं किया जा सकता, भी ब्राह्मणों की समाज के अन्य वर्ग पर अपनी प्रभुता बनाए रखने के स्वार्थी हितों की उपज है। अतः न केवल उन्होंने हिन्दू व्यवस्था तथा उसके सैद्धान्तिक साहित्य को अस्वीकार किया, अपितु उन्होंने आग्रहपूर्वक हिन्दू समाज के शूद्रों पर ब्राह्मणों की प्रभुता की पोषक व विभाजनकारी प्रकृति के विरुद्ध भी तर्क प्रस्तुत किए। उनका मानना था कि यह वह व्यवस्था थी, जिसमें समाज का विशेषाधिकार प्राप्त वर्ग, यानी ब्राह्मण धार्मिक ग्रन्थों और उनकी विकृत व्यवहारों के संदर्भ देकर अपनी श्रेष्ठता को बनाए रखते थे। हिन्दू आध्यात्मिकता की आलोचना के आधार पर उन्होंने समाज के मनोबलहीन परपरिवर्तनकर्ता के रूप में *अवतार* के विचार को भी चुनौती दी। *अवतार* की हिन्दू अवधारणा में फुले ने हिन्दू समाज में संघर्ष से बचने के लिए धार्मिक आवरण द्वारा न्यायोचित ठहराए जाने के 'अच्छे' और 'बुरे' रूप की एक और मंशा देखी। विभाजक हिन्दू समाज की जड़ों पर प्रहार करके समतामूलक व्यवस्था बनाने के अपने लक्ष्य के कारण उन्होंने ब्राह्मण भगवानों तथा उनको समर्थन देने वाले विश्वासों के साथ कभी भी समझौता नहीं किया। अन्य शब्दों में, शूद्र की दृष्टि से हिन्दुत्व के ब्राह्मणवादी विचारों को चुनौती देकर फुले ने

सफलतापूर्वक इतिहास की वैकल्पिक व्याख्या व स्पष्टीकरण प्रस्तुत किया (ओ'हेनलन, 1985)।

फुले के अनुसार, साक्षरता, विशेषकर अंग्रेजी शिक्षा ब्राह्मणों के प्रभुत्व को दूर करने में काफी उपयोगी थी। विद्यमान सामाजिक व्यवस्था में क्रान्तिकारी परिवर्तन में साक्षरता न केवल सशक्त साधन हो सकती थी अपितु यह लैंगिक समानता भी ला सकती थी। फुले सम्भवतः पहले राष्ट्रवादी थे जिन्होंने महिला साक्षरता को गम्भीरता से लिया तथा उनके द्वारा 1842 में पूर्ण रूप से लड़कियों के लिए स्कूल की स्थापना की गई। इस दृष्टि से उन्होंने राममोहन राय की भांति समातामूलक आधुनिक समाज की संस्थागत नींव रखने तथा संसाधन प्रदान करने के लिए ब्रिटिश शासन की प्रशंसा की। यद्यपि वे पश्चिमी तरीके के उदारवाद से प्रभावित थे, तब भी फुले लोगों की मांगों और आवश्यकताओं के प्रति ब्रिटिश प्रतिक्रिया से प्रसन्न नहीं थे। इसमें संदेह नहीं कि प्रारम्भिक राष्ट्रवादियों की भांति फुले ने बिल्कुल नवीन सामाजिक–राजनीतिक व्यवस्था के निर्माण, जिसमें शूद्रों पर ब्राह्मणों के प्रचलित प्रभुत्व में कमी लाने की भूमिका, के कारण विदेशी शासन का समर्थन किया।

फुले के विचारों का एक अन्य विशिष्ट पक्ष जो उन प्रारम्भिक राष्ट्रवादियों की श्रेणी में उन्हें रखता है जिन्होंने, जहां तक सम्भव है, अपने विचारों को व्यवहार में प्रस्तुत किया। सत्यशोधक समाज (सत्य चाहने वालों का समाज) जो 1873 में इसी उद्देश्य को ध्यान में रखकर अस्तित्व में आया (गोरे, 1989)। समाज न केवल लड़कियों की औपचारिक शिक्षा, विधवा विवाह तथा मद्यपान निषेध अभियान में शामिल था, अपितु इसमें हिन्दू समाज व इसके ग्रन्थों, विशेषकर वेदों जिन पर यह आधारित था, की प्रकृति पर सशक्त बहस प्रारम्भ की। अतः फुले गाँधी के इस अर्थ में अग्रगामी थे कि अधिकतर सामाजिक–राजनीतिक मुद्दे जो गाँधी ने उठाए उन पर उनके द्वारा तब तर्क प्रस्तुत कर लिया गया था जब ब्रिटिश शासन इतना दमनकारी नहीं था जितना बाद में हो गया। रूढ़िवादी हिन्दुत्व, जिसने अधिकतर लोगों को न्यायोचित अधिकार से वंचित रखा, की लगातार आलोचना करके उन्होंने धर्म और धार्मिक ग्रन्थों के नाम पर प्रचलित ब्राह्मणवादी व्यवहार व मूल्यों की सशक्त सामाजिक मीमांसा प्रयुक्त की।

प्रारम्भिक राष्ट्रवादी चिन्तन का मूल्यांकन

प्रारम्भिक राष्ट्रवादी विचारों, चाहे वे राममोहन, बंकिम, दयानन्द या फुले के हों, में जो बात लगातार देखी गई वह हिन्दू समाज, जिसने अपनी ऊर्जा खो दी थी, के व्यापक सुधार के प्रति चिन्ता की थी। उनका तर्क था कि हिन्दू समाज की विभाजित प्रकृति के कारण राष्ट्र के लिए यह असम्भव नहीं तो कठिन था कि वह जड़ पर आघात करे, समृद्ध होना तो दूर की बात थी। ब्रिटिश पद्धति पर आधारित

अपने उदारवादी मूल्यों के कारण राममोहन ने विदेशी शासन का, जागृति के मूल विचारों के प्रवेश के द्वारा हिन्दू समाज में क्रान्तिकारी परिवर्तन लाने हेतु महत्वपूर्ण कदम उठाने के लिए स्वागत किया। *गीता* में निर्विवाद विश्वास के कारण बंकिम ने *अनुशीलन* धर्म को मृतप्रायः देश में स्फूर्ति लाने के लिए उपयुक्त पाया। जबकि वेदों पर पूर्णतः निर्भर होने के कारण दयानन्द ने स्वयं को अन्य से भिन्न किया, फुले सुधारों पर अपने विचार में पश्चिमी जागृति से प्रभावित लगते हैं। हिन्दू समाज की विभाजनकारी प्रकृति पर ब्रिटिश विजय के सम्बन्ध में लिखते समय उनके स्पष्ट अनुमान थे। भौतिक क्षेत्र में पश्चिमी श्रेष्ठता को स्वीकार करते हुए बंकिम ने अपनी पहचान स्थापित करने के लिए हिन्दुओं की आध्यात्मिक शक्ति पर बल दिया। यह रोचक है कि राममोहन, दयानन्द तथा फुले के लेखन में यह एक सूत्र लगातार चल रहा था। ब्रिटिश शासन के प्रारम्भ में जो सम्प्रेषित हुआ उस पर 'अपनी' विशिष्ट आधुनिकता के खास पक्ष को रखते हुए प्रारम्भिक राष्ट्रवादियों ने एक काल्पनिक स्थान की रचना की जहां पूर्व पश्चिम से श्रेष्ठतर था। यह, यथार्थतः अतीत से भिन्न स्थिति थी जहां ब्रिटिश उदारवाद ही एकमात्र बौद्धिक माध्यम था जिसके माध्यम से समाज, अर्थव्यवस्था तथा शासन पर विचार प्रस्तुत किए जाते थे। अब, नये अवधारणीकरण में, एक भिन्नता लिए कार्यक्रम ने महत्व प्राप्त किया तथा 'अपने' और 'उनके' मध्य अंतर को वैकल्पिक राष्ट्रीय संवाद स्थापित करने के लिए प्रयोग किया गया।

प्रारम्भिक राष्ट्रवादी विचारों की एक और विशिष्टता राष्ट्र के अवधारणीकरण की पद्धति थी। मुसलमानों के उल्लेख की उपेक्षा करके इन राष्ट्रवादी विचारकों ने प्रस्तावित राष्ट्र के भागों की स्पष्ट पहचान कर ली लगती है। उपनिषद और वेदों जैसे हिन्दू परम्परागत ग्रन्थों पर पूर्णतः आधारित होकर प्रारम्भिक राष्ट्रवादियों ने राष्ट्र के आरम्भिक रचना काल में प्रोत्साहन के स्रोत की पहचान की जिसका, इस्लाम व उसकी समर्थक पुस्तकों से विरोधी स्वर था। अतः राष्ट्र के विचार का आधार संकुचित हो गया क्योंकि अवधारणीकरण में मुसलमानों के लिए स्थान नहीं था। इसका स्पष्टीकरण सम्भवतः ऐतिहासिक सन्दर्भ में है जिसमें एक ओर सामन्ती मूल्यों पर आधारित मुस्लिम शासन का पतन तथा दूसरी ओर यूरोपीय आधुनिकता की बढ़ती स्वीकृति थी। बंकिम, जिनके मुस्लिम शासन के सम्बन्ध में दृढ़ विचार थे, के अलावा अन्य किसी भी राष्ट्रवादी विचारक ने इस मुद्दे पर स्पष्ट विचार व्यक्त नहीं किए। अन्तर्निहित विभाजक प्रकृति के कारण दृढ़ इकाई के रूप में उभरने में असमर्थ हिन्दुओं के पुनर्निमाण व पुनर्जीवित करने के लक्ष्य ने उन्हें राष्ट्रीय अभियान के लिए प्रेरित किया। ऐसा लगता है कि चाहे दयानंद हों या बंकिम, उनकी हिन्दुओं को एक संगठित प्रजाति के रूप में देखने की इच्छा ने उन्हें विचार निर्माण के लिए प्रेरित करने में निर्णायक भूमिका अदा की। पारसी साहित्य तथा इस्लामी संस्कृति में रुचि होने के कारण राममोहन राय

के विचार बंकिम से भिन्न थे। चूंकि फुले विभाजक हिन्दू समाज के आलोचक थे, अतः उन्होंने सुधारवादी भाषा में अपने तर्क प्रस्तुत किए तथा उन्हें मुसलमानों का उल्लेख प्रासंगिक नहीं लगा। उनके दृष्टिकोण में, ब्रिटिश शासन सौभाग्यपूर्ण था क्योंकि इसने हिन्दुत्व के प्राचीन व्यवहार से लड़ने के लिए बौद्धिक स्रोत उपलब्ध कराए।

स्पष्ट है कि एक राष्ट्र के निर्माण में इन विचारकों ने जो भूमिका निभाई, वह इतिहास संगत थी। उन्हें, अतः मुसलमानों तथा उनके शासन के प्रति उदासीन या आलोचक होने के कारण पक्षपाती कहना गलत होगा। ब्रिटिश शासन को राष्ट्र के लिए श्रेष्ठ मानने के लिए वे दो प्रकार से प्रेरित हुए। प्रथम, जागृति के दर्शन ने हिन्दू धर्म तथा परम्परागत ग्रंथों, जिन पर वह आधारित था, के आलोचनात्मक मूल्यांकन की वैकल्पिक व्यवस्था प्रदान थी। दूसरे, राष्ट्र के सांस्कृतिक स्रोतों को आधार मानने के कारण इन विचारकों ने एक ऐसे प्रतिमान की खोज की जो सामाजिक–सांस्कृतिक रूप से उस क्षेत्र, जिसके लिए अवधारणा की गई, के लिए सार्थक हो। इस अर्थ में राष्ट्र का विचार, यद्यपि संकुचित रूप में निर्मित, उन ऐतिहासिक परिस्थितियों की उपज थे जहां वे उपस्थित थे।

एक अंतिम बिन्दु है। उनके विचार राजनीतिक नहीं थे। दयानन्द ने आर्य समाज के लिए राजनीति का त्याग किया तो राममोहन हिन्दू समाज की कुप्रथाओं को दूर करने के लिए चिन्तित थे। बंकिम का ऐतिहासिक उपन्यास *आनन्दमठ* शासकों के प्रति संन्यासी विद्रोह के समर्थन के कारण राजनीतिक संदेश देता है। यद्यपि उनके राज्य व राज्यशक्ति के विचार इतने विकसित नहीं थे, उनके पूर्व की आध्यात्मिक श्रेष्ठता के तर्क ने उन्हें अन्य प्रारम्भिक राष्ट्रवादियों पर बौद्धिक श्रेष्ठता प्रदान की। फुले भी सत्यशोधक समाज की राजनीतिक भूमिका के लिए अनिच्छुक थे। उनके लिए शूद्रों, जो बहुसंख्यक थे, पर ब्राह्मणों की प्रभुता को चुनौती देना प्रमुख था। अपनी सुपरिभाषित प्राथमिकताओं के कारण फुले ने समाज की भूमिका तदनुकूल निर्धारित की। इसके अतिरिक्त स्पष्ट राजनीतिक भूमिका शायद एक रणनीति के अन्तर्गत भी निर्धारित हुई, खास कर उस सन्दर्भ में, जब ब्रिटिश विरोधी रुख से सरकार का ध्यान आकर्षित हो सकता था। अन्य शब्दों में, जो लक्ष्य उन्होंने निर्धारित किया था उसके नुकसान की आशंका से ये विचारक ऐसा कार्यक्रम बनाने को प्रेरित हुए जिसमें वे अपना विचारधाराजन्य लक्ष्य बिना सरकारी हस्तक्षेप के प्राप्त कर सकें। ऐसा होने के बाद भी उनके विचारों ने जनसमूह को तब स्फूर्ति प्रदान की जब राष्ट्रवादी ब्रिटिश सरकार से अंतिम संघर्ष के लिए तत्पर हुए। न केवल उन्होंने उग्रवादियों को प्रेरित किया, उन्होंने गाँधी व उनके अनुयायियों को भी बौद्धिक स्रोत प्रदान किए। अतः प्रारम्भिक राष्ट्रवादी विचार उस राष्ट्रवादी चिन्तन का अभिन्न अंग थे जो भिन्न

ऐतिहासिक परिस्थितियों में भिन्न रूप से, इस बात पर निर्भर करते हुए कि उस समय राष्ट्रीय दृष्टि में क्या आवश्यक था, निर्मित हुए।

सन्दर्भ

चटर्जी, पार्थ, 1986, नेशनलिस्ट थॉट एण्ड कॉलोनियल वर्ल्ड – ए डेरिवेटिव डिसकोर्स?, नई दिल्ली, ऑक्सफोर्ड यूनिवर्सिटी प्रेस।

गोरे, एम.एस., 1989, *नॉन ब्राह्मण मूवमेन्ट इन महाराष्ट्र*, नई दिल्ली, सेगमेन्ट।

जोन्स, केनेथ, 1994, *सोशियो–रिलीजियस मूवमेन्ट इन ब्रिटिश इण्डिया*, कैम्ब्रिज, कैम्ब्रिज यूनिवर्सिटी प्रेस।

कविराज, सुदीप्त, 1995, *द अनहैपी कॉन्शसनेसः बंकिम चन्द्र चट्टोपाध्याय एण्ड द फॉरमोशन ऑफ नेशनलिस्ट डिसकोर्स इन इण्डिया*, नई दिल्ली, ऑक्सफोर्ड यूनिवर्सिटी प्रेस।

ओ' हेनलन, रोजालिन्ड, 1985, *कास्ट एण्ड आइडियोलॉजीः महात्मा ज्योतिराव फुले एण्ड लो कास्ट प्रोटेस्ट इन नाइनटीन्थ सेन्चुरी वैस्टर्न इण्डिया*, कैम्ब्रिज, कैम्ब्रिज यूनिवर्सिटी प्रेस।

पेन्थम, थॉमस, 1986, "द सोशियो–रिलीजियस एण्ड पॉलिटिकल थॉट ऑफ राममोहन रॉय", थॉमस पेन्थम एण्ड कैनेथ एल, डायश (सम्पादक), *पॉलिटिकल थॉट इन मॉडर्न इण्डिया* से नई दिल्ली, सेज पब्लिकेशन्स।

पुरोहित, बी.आर., 1986, "द सोशल एण्ड पॉलिटिकल आइडियाज, ऑफ दयानन्द सरस्वती", थॉमस पेन्थम एण्ड कैनेथ एल डायश (सम्पादक), *पॉलिटिकल थॉट इन मॉडर्न इण्डिया*, से नई दिल्ली, सेज पब्लिकेशन्स।

त्रिपाठी, अ., 1967, द *एक्सट्रीमिस्ट चैलेन्ज, इण्डिया बिटवीन* 1890 *एण्ड 1910*, कलकत्ता, ओरियेन्ट लोंगमेन।

2

उदारवादी तथा उग्रवादी – दादाभाई नौरोजी, एम.जी. रानाडे तथा बी.जी. तिलक

अध्ययन का उद्देश्य

- उदारवादियों व उग्रवादियों की मूल विचारधारा, रणनीति तथा नीतियों का वर्णन।
- 1907 के सूरत विभाजन के सन्दर्भ में उदारवादियों व उग्रवादियों के विचारों को संदर्भीकृत करना।
- उदारवादियों तथा उग्रवादियों के तुलनात्मक योगदान का मूल्यांकन।

भारत के स्वतंत्रता संग्राम के विभिन्न चरणों में राष्ट्रवादी आन्दोलन भिन्न रूप से विचारित हुआ। विचारधाराजन्य परिवर्तन के अतिरिक्त, अंग्रेजों के विरुद्ध संघर्ष में भाग लेने वालों की सामाजिक पृष्ठभूमि में उल्लेखनीय भिन्नता थी। उदाहरण के लिए, भारतीय राष्ट्रवाद के गाँधीवादी चरण, जिसे जनराष्ट्रवाद का चरण भी माना जाता है, ने भारतीय समाज के अभी तक के उपेक्षित वर्ग को शामिल करके राष्ट्रवाद के क्षेत्र को क्रान्तिकारी रूप से बदल दिया। यह कहना अतिशयोक्ति नहीं होगी कि धर्म, जाति तथा वर्ग से परे भारतीय जनसमूह गाँधी के ब्रिटिश विरोधी अभियान में सक्रिय हो गए। अपने प्रारम्भिक चरण, यानी उदारवाद व उग्रवाद के विपरीत गाँधी ने भारतीय स्वतंत्रता आन्दोलन में एक नये चरण को आरम्भ किया। समकालीन इतिहास लेखन के उदारवादी चरण का उदय भारतीय राष्ट्रीय कांग्रेस की 1885 में स्थापना से प्रारम्भ हुआ और 1907 के सूरत कांग्रेस तक रहा, जब उग्रवादी राजनीतिक दृश्य पटल पर उभरे। इन दो समूहों में मूल भेद उनके ब्रिटिश विरोधी संघर्ष के प्रति दृष्टिकोण तथा उसके ठोस क्रियान्वयन में निहित था। जबकि उदारवादियों ने अंग्रेजों का विरोध दृढ़ता से संवैधानिक पद्धति से किया, उग्रवादियों ने भारत में अंग्रेजों के आर्थिक व राजनीतिक हितों

पर सीधे नुकसान के कार्यक्रम को बेहतर समझा। राष्ट्र के कल्याण के लिए समर्पित लोगों में मतभेद के कारणों पर विचार करते हुए इस अध्याय का उद्देश्य उन खास व्यक्तित्वों पर भी ध्यान केन्द्रित करना है जिन्होंने अपने वैचारिक दृष्टिकोणों को यथासम्भव समरूप किया।

उदारवादियों व उग्रवादियों की परिभाषा[1]

उदारवादियों व उग्रवादियों के परस्पर विरोधी दृष्टिकोण का उनके स्वतंत्रता आन्दोलन के आरम्भिक चरण में योगदान महत्वपूर्ण था। उदारवादियों जैसे दादाभाई नौरोजी, सुरेन्द्रनाथ बनर्जी, फिरोजशाह मेहता, गोपाल कृष्ण गोखले तथा एम.जी. रानाडे पश्चिमी राजनीतिक मूल्यों के निर्विवाद प्रशंसक थे। अपनी पारम्परिक हिन्दू शासन व्यवस्था जिसे उन्होंने 'एशिया की निरंकुशता' कहकर परिभाषित किया, से कानून के समक्ष समानता, भाषण तथा प्रेस की स्वतंत्रता तथा प्रतिनिधित्यात्मक सरकार की अवधारणा को वे स्वाभाविक रूप से बेहतर मानते थे। ब्रिटिश शासन में उनका विश्वास इतना दृढ़ था कि भारत में इसका आना प्राचीन दुशासन से मुक्ति का सौभाग्यशाली लक्ष्य लगता था। भारत में क्राउन द्वारा प्रतिनिधि संस्थाओं के शुरू करने में आनाकानी करने पर दादाभाई नौरोजी ने दुख प्रकट करते हुए कहा था, भारत में ब्रिटिश शासन 'राज अधिक था ब्रिटिश कम' (नन्दा द्वारा उद्धृत, 1998: 48-49)। उनका तात्पर्य था कि यद्यपि ब्रिटिश शासन हिन्दू राजतंत्र का कानून व व्यवस्था बनाए रखने का मूल कार्य तो कर रहा था लेकिन प्रतिनिधि शासन के प्रारम्भ करने में हिचकिचाहट अत्यन्त निराशाजनक थी। अतः ब्रिटिश उदारवाद के प्रति उनकी प्रशंसा के बावजूद, उनकी प्रशंसा भारत में ब्रिटिश शासन की मूल प्रकृति को नहीं बदल पाई।

सुरेन्द्रनाथ बनर्जी (1848-1925) द्वारा 1895 के कांग्रेस में दिए गए अपने अध्यक्षीय उदबोधन में उदारवादी दर्शन बहुत अच्छी तरह स्पष्ट हुआ। ब्रिटिश शासन की प्रशंसा में बनर्जी ने कहा कि—

> ... हम इंग्लैण्ड से प्रार्थना करते हैं कि वह भारत में अपने शासन के स्वरूप को क्रमिक रूप से परिवर्तित करे, इसको उदारवादी बनाए, देश तथा जनता के लिए नए विकसित वातावरण के अनुकूल बनाए, ताकि आने वाले समय में भारत स्वयं को स्वतंत्र राज्य के महान परिसंघ के रूप में स्थापित कर सके, अपने मूल में अंग्रेज, अपने चरित्र में अंग्रेज तथा अपनी संस्थाओं में अंग्रेज के रूप में वे इंग्लैण्ड के साथ स्थायी तथा अभेद्य सम्बन्ध का आनन्द उठाएं (नन्दा द्वारा उद्धृत, 1995: 48-49)।

ऐसा प्रतीत होता है कि उदारवादी ब्रिटिश उदारवाद से इतने प्रभावित थे कि वे यह विश्वास करने के लिए उत्साहित थे कि लम्बे समय में क्राउन अपने

सौभाग्यशाली उद्देश्य को पूरा करेगा। बनर्जी, दादाभाई नौरोजी (1825-1917) जिन्होंने अपने 1893 के पूना के भाषण में भारत के भविष्य की सुरक्षा के लिए अंग्रेजों के प्रति स्वामीभक्ति को महत्वपूर्ण माना, के विचारों की प्रतिध्वनि करते लगते हैं। जैसा कि उन्होंने कहा, "जब तक हम अंग्रेजों को सन्तुष्ट नहीं कर पाते, तब तक हम जो चाहते हैं वह चाहे विचार संगत हो या जो मांग रहे हो वह सच्चा हो, हमें वह नहीं मिल सकता क्योंकि अंग्रेज न्याय प्रिय लोग हैं। ... (तथा) उनसे हम सब प्राप्त कर सकते हैं जो हमें ब्रिटिश नागरिक बनाने के लिए आवश्यक है" (नन्दा, 1998: 40-67)। अपने 'स्वामीभक्त' दृष्टिकोण के बावजूद नौरोजी सम्भवतः पहले कांग्रेसी थे जिन्होंने कांग्रेस, जिसे अभी तक गैर–राजनीतिक मंच माना जाता था, की राजनीतिक भूमिका के पक्ष में सशक्त तर्क प्रयुक्त किए। ब्रिटिश शासित भारत में कांग्रेस की भूमिका की संकल्पना करते हुए नौरोजी को कांग्रेस को 'राजनीतिक इकाई, जो शासक के समक्ष हमारी राजनीतिक आकांक्षाओं का प्रतिनिधित्व करे', ठहराने में कोई हिचकिचाहिट नहीं थी (पूर्वोक्त : 51)।

यहां चार बिन्दुओं पर ध्यान देना आवश्यक है। प्रथम, जैसा कि स्पष्ट है उदारवादियों ने कांग्रेस की, लोगों को गतिशील करने के लिए उस सन्दर्भ को देखते हुए सर्वाधिक उपयुक्त लक्ष्य के लिए विशिष्ट भूमिका का निर्माण किया। मुख्य सिद्धान्त शासकों से संघर्ष से बचना था। वस्तुतः गोखले ने भारतीय राष्ट्रीय कांग्रेस के जन्म को इसी रूप में व्याख्यायित् किया था। उनके अनुसार "कोई भारतीय, भारतीय राट्रीय कांग्रेस प्रारम्भ नहीं कर सकता था ... अगर कोई भारतीय ऐसा अखिल भारतीय आन्दोलन प्रारम्भ करने के लिए आगे आता तो भारत के अधिकारी ऐसे आन्दोलन को अस्तित्व में आने की आज्ञा नहीं देते।" (त्रिपाठी, 1990: 47)। दूसरे, यह दर्शन प्रारम्भिक राष्ट्रवादियों के अंग्रेजों को सौभाग्यपरक माननें के निर्विवाद विश्वास से निकला था तथा इसलिए, भारत पर अंग्रेजों की विजय 'दुर्घटना' नहीं थी जिस पर 'शोक' किया जाए अपितु 'एक सुअवसर' था जिसे अपने लाभ के लिए ग्रहण कर लेना चाहिए। इसलिए रानाडे के लिए ब्रिटिश शासन जो सदियों के संघर्ष तथा आत्मानुशासन से अस्तित्व में आया, तथा अन्य समकालीन शक्तियों की तुलना में जिसके कानून के शासन की श्रेष्ठता प्रदर्शित होती है, की निर्विवाद प्रशंसा करना आश्चर्यजनक नहीं था। यही बात है जो ब्रिटिश सरकार को अन्य औपनिवेशिक शक्तियों से, जिन्होंने उपनिवेशों के लिए अलग कानून निर्धारित किए थे, से भिन्न ... करती थी। अतः ब्रिटिश राष्ट्र, "ग्रेट ब्रिटेन के उपनिवेशों तथा निर्भरकर्ताओं में आशा और आत्मविश्वास का संचार करता है तथा प्रारम्भ की अल्पकालिक शंकाएं भले ही निर्णय को आच्छादित करें, अन्ततः कानून का शासन अपने को स्थापित करेगा"

(पूर्वोक्त)। तृतीय, उदारवादियों को विश्वास था कि भारत की एक सुसभ्य देश के रूप में उन्नति के लिए ब्रिटिश शासन का बने रहना आवश्यक था। अन्य शब्दों में, ब्रिटिश शासन का आना अप्रत्यक्ष रूप से वरदान था, सिर्फ इसलिए, क्योंकि रानाडे के अनुसार, "भारत में हिन्दू व मुसलमान में व्यवस्था के प्रति आस्था तथा नियंत्रित सत्ता से संचालित होने के गुणों की कमी" थी (पूर्वोक्त)। ब्रिटिश शासन को 'दैवीय वरदान' (पूर्वोक्त : 5) मानते हुए, उन्होंने भारत के समक्ष विश्व में सर्वाधिक प्रतिभा सम्पन्न व स्वतंत्र देश की शिक्षा तथा उदाहरण' रखने के लिए ब्रिटिश सरकार की प्रशंसा की (त्रिपाठी, 1990: 51)। अन्त में, रानाडे ने सभी को सम्पत्ति तथा अवसर की समानता के लिए भारत में सशक्त ब्रिटिश राज्य का समर्थन किया। भारत की सामाजिक–राजनीतिक व्यवस्था में राज्य के हस्तक्षेप को उचित ठहराते हुए उन्होंने उदारवाद, जो राज्य की भूमिका सुपरिभाषित क्षेत्र तक सीमित करता है, के मूल विचारों से भी असहमति प्रकट की। यहां, उदारवादियों ने जागृति के सिद्धान्त पर आधारित क्षय होते सामंती शासन की तुलना में राज्य की श्रेष्ठता को रेखांकित करके ऐतिहासिक भूमिका अदा की। उनके लिए, साम्राज्यवादी राज्य जिसने भारत की अर्थव्यवस्था, समाज तथा शासन पर धीरे–धीरे विध्वंसकारी प्रभाव डाला, दूर का उद्देश्य था अतः उसका ध्यान उनके दृष्टिकोण तथा विचार पर जा नहीं पाया।

अठारहवीं शताब्दी के विभाजन व अव्यवस्था की तुलना में अनुशासित कार्यप्रणाली के कारण उदारवादियों द्वारा भारत में अंग्रेजी शासन के पक्ष में विचार प्रस्तुत किये गये। साम्राज्यवादी शासन का शोषणकारी स्वरूप तथा इसकी उपनिवेशों के लिए विध्वंसकारी भूमिका उस समय इतनी प्रासंगिक नहीं लगी जितनी बाद में हो गई। अतः अगर उन संदर्भों में देखें, तो उदारवादियों का ब्रिटिश शासन का मूल्यांकन अतीत से स्पष्ट भिन्नता लिए नवीन यथार्थ पर आधारित होने के कारण उपयुक्त लगता है। अन्ततः, दो कारणों से अंग्रेजों के प्रति वफादारी के दृष्टिकोण के कारण उदारवादियों की भारत के स्वतंत्रता संग्राम में भूमिका को खारिज कर देना अनुचित होगा – (अ) यह कहना कि उदारवादियों ने विदेशी शासन के विरुद्ध कभी भी जनआन्दोलन नहीं शुरू किया, गलत नहीं है, लेकिन उच्च आदर्शों पर आधारित ब्रिटिश संस्कृति को दृष्टि में रखकर भारत में ब्रिटिश शासन की विचारधाराजन्य आलोचना प्रस्तुत करके उन्होंने यथार्थतः राजनीतिक संवाद प्रारम्भ किया, जो आगे चलकर व्यापक हुआ; (ब) राजनीतिक गतिशीलता के लिए उदारवादियों की संवैधानिक तथा शांतिपूर्ण पद्धति, को यदि उन सन्दर्भों में देखें, तो भारत के स्वतंत्रता संग्राम में मील का पत्थर प्रतीत होती हैं क्योंकि एक बार प्रभावी होने के बाद इसने अन्य प्रकार के साम्राज्यवाद विरोधी प्रतिरोधों के लिए मार्ग प्रशस्त किया।

उदारवादियों, जिन्होंने साम्राज्यवाद से समाधानपरक तथा समझौतों की नीति अपनाई, के विपरीत उग्रवादियों ने भारत में ब्रिटिश हितों को नुकसान पहुंचाने वाली समयबद्ध कार्यक्रम व नीतियाँ प्रारम्भ कीं। इस नए विचार वर्ग ने साम्राज्यवाद के साथ उदारवादियों की समाधान के लिए समझौते की नीति को चुनौती देकर एक वैकल्पिक स्वर का प्रतिनिधित्व किया। उदारवादियों से मोहभंग होने के कारण उग्रवादियों ने आत्मनिर्भरता में विश्वास किया और सीधी कार्यवाही द्वारा *स्वराज* प्राप्त करना चाहा। अतः उग्रवादी आलोचकों ने दो स्तरों पर कार्य किया। एक स्तर पर, उन्होंने उदारवादियों की भिक्षावृत्ति की पद्धति पर प्रश्न उठाया, जो स्पष्ट कारणों से, राज्य के साम्राज्यवादी हितों को अन्य सभी बातों से ऊपर रखने के कारण, खोखली सिद्ध हुई। अन्य शब्दों में, भारतीयों के लिए सुविधाएं पाने में उदारवादियों की असफलता ने औपनिवेश राज्य का वास्तविक स्वरूप प्रकट किया जो उसने भारत पर पूर्ण नियंत्रण होते ही दिखाना प्रारम्भ कर दिया। अतः इस स्तर पर उग्रवादियों ने उदारवादियों तथा ब्रिटिश सरकार दोनों के प्रति विरोध प्रकट किया। दूसरे स्तर पर ब्रिटिश शासन, जिसने भारत के आर्थिक संसाधनों का शोषण करके शक्ति अर्जित की थी, के विरुद्ध संघर्ष करने के लिए उग्रवादियों ने आर्थिक आत्मनिर्भरता की आवश्यकता भी अनुभव की। *स्वदेशी* एक आर्थिक पक्ष ही नहीं, अपितु एक राजनीतिक नारा था, जिसका उद्देश्य आत्मनिर्भरता के द्वारा भारत को सशक्त करने का था। यह वह क्षेत्र था जहां बी.जी. तिलक, विपिन चन्द्र पाल, अरविन्द, आदि जैसे उग्रवाद के प्रवर्तकों ने गम्भीर बौद्धिक योगदान दिया (देखें सरकार, 1989: 96-100)। उदारवादियों, जो ब्रिटिश राज्य को संवैधानिक साधनों से सुधारने पर जोर दे रहे थे, से भिन्न–उग्रवादियों ने न केवल इस तर्क को दुर्भाग्यपूर्ण कहकर खारिज कर दिया, उन्होंने शासन में मौखिक सुविधा के लिए समझौते के लिए बात करने की सम्भावना को भी नकार दिया।

उग्रवादियों के उदारवादियों के प्रति मोहभंग होने के लिए कई कारण थे। प्रथम, सरकार के बढ़ते अत्याचार, विशेषकर 1905 के बंगाल विभाजन आन्दोलन के समय, ने संवैधानिक तथा शान्तिपूर्ण साधनों की असमर्थता को स्पष्ट कर दिया था। वस्तुतः कांग्रेस की अनुनय की रणनीति को ब्रिटिश सरकार व उनके समर्थकों द्वारा एक कमजोरी के रूप में व्याख्यायित किया गया। अतः भारतीयों की मांग मानने के लिए सत्ता पर जोर डालने की रणनीति में परिवर्तन के लिए दबाव बढ़ रहा था। कांग्रेस के उग्रवादी वर्ग की भावनाओं को व्यक्त करते हुए, तिलक ने उद्घोषणा कि की "राजनीतिक अधिकारों के लिए लड़ना होगा। उदारवादी सोचते हैं कि वे अनुनय से उन्हें प्राप्त कर सकते हैं। हम सोचते हैं कि उन्हें सिर्फ सशक्त दबाव से ही प्राप्त किया जा सकता है" (त्रिपाठी, 1967: 88)। जैसा कि स्पष्ट है कांग्रेस के दोनों वर्गों के मतभेद ऐसे चरम पर पहुंच गए कि

औपचारिक विभाजन अवश्यम्भावी हो गया। दूसरे, उदारवादियों द्वारा पश्चिमी जागरण को निर्विवाद रूप से स्वीकार कर लिये जाने को भावात्मक दिवालिएपन के प्रतीक के रूप में अस्वीकृत कर दिया गया, विशेषकर भारत की समृद्ध सांस्कृतिक परम्परा होने के कारण। उन्नीसवीं सदी के उत्तरार्ध में राष्ट्रवादी प्रतिरोध के लिए वैकल्पिक सैद्धान्तिक स्वरूप के लिए चलाए जा रहे सामाजिक–राजनीतिक आन्दोलनों में इन युवाओं ने भारतीय मूल्यों व आचार–विचार के प्रति गौरव का भाव भरने में योगदान दिया। *भगवद्गीता* के आदर्शों ने उन्हें विदेशी शासन के भारत व उसकी सांस्कृतिक विशिष्टता के अवमूल्यन करने के लिए, विरोध की कार्यपद्धति के अनुसरण के लिए प्रोत्साहित किया। इस प्रकार के राष्ट्रवादी अवधारणीकरण में विवेकानन्द प्रमुख व्यक्तित्व थे जिनके उपदेश, उनके लिए जो पश्चिमी आदर्शों के अन्धभक्तों के आलोचक थे, महत्वपूर्ण प्रेरणा के स्रोत रहे। तृतीय, दुर्भिक्ष की आवृत्ति तथा ब्रिटिश सरकार के सहानुभूतिरहित दृष्टिकोण ने औपनिवेशिक शक्ति की शोषणकारी प्रकृति को बिल्कुल स्पष्ट कर दिया। भयंकर मानवीय दुखः की स्थिति में भी सरकार ने पीड़ितों की स्थिति सुधारने के लिए कदम नहीं उठाए। वस्तुतः ऐसे संकेत थे कि जिन क्षेत्रों में तकलीफ ज्यादा थी वहां से सरकार ने जानबूझ कर सहायता हटा ली। उपनिवेशवाद का वास्तविक स्वरूप तब उभर कर आया, जब यह आरोप लगा कि विदेशी शासन ने मानवीय दुखों की कीमत पर भी अधिकतम लाभ कमाने में कोई कसर नहीं छोड़ी। पहले से ही पंगु हो रही भारतीय अर्थव्यवस्था का सर्वाधिक नुकसान उस आर्थिक नीति से हुआ, जिसके अनुसार ब्रिटिश सरकार ने प्रभावित क्षेत्र से खाद्यान्न की आपूर्ति यह कह कर हटा ली कि इससे जिन क्षेत्रों में ऊपरी तौर पर खाने की कोई कमी नहीं वहां दुर्भिक्ष को टाला जा सके। इस तर्क से कोई सहमत नहीं हुआ। यहां तक कि नौरोजी तथा रानाडे जैसे उदारवादियों ने भी भयंकर मानवीय पीड़ा, जिसे टाला जा सकता था यदि सरकार भारत के कुछ भागों में अकाल पड़ने के बाद भी मानवता की नीति अपनाती, के सन्दर्भ में सरकारी दृष्टिकोण की आलोचना की। वातावरण ब्रिटिश विरोधी भावनाओं से उत्तेजित हो गया था तथा उदारवादी कांग्रेस द्वारा अंग्रेजों को लोगों के हित में नीति अपनाने के लिए प्रोत्साहित करने में असफल होने के कारण उग्रवादी मुख्य भूमिका में आ गए। अन्ततः वाइसराय के रूप में कर्जन (1899-1905) के शासनकाल में भारत विरोधी शोषक पद्धतियों ने उदारवादियों की समझौता की पद्धति के असफल होने की सीमा भी प्रदर्शित कर दी। भारतीय शासन नहीं कर सकते, इस बात में अपने विश्वास के कारण वाइसराय ने कई कानून बनाए – 1904 का भारतीय विश्वविद्यालय अधिनियम, कलकत्ता कार्पोरेशन अधिनियम 1899, कुछ उदाहरण हैं जिनमें भारतीयों का प्रतिनिधित्व अत्यधिक कम कर दिया गया तथा अपनी इच्छा के अनुरूप उपेक्षित कर दिया गया। उनके शासनकाल में

सबसे महत्वपूर्ण 1905 में बंगाल का विभाजन था जिसने जनता को, भारतीयों के मध्य धार्मिक आधार पर विभाजन की साम्राज्यवादी पद्धति के कारण, सक्रिय होने के लिए उद्धृत किया। यद्यपि कर्जन ने ऊपरी तौर पर यह कदम प्रशासनिक दक्षता के लिए उठाया था, लेकिन विभाजित करो व शासन करो की नीति ने उन्हें प्रेरणा दी। चूंकि बंगाल में राजनीतिक आन्दोलन की सफलता का कारण कर्जन हिन्दू–मुसलमानों की एकता को मानते थे, अतः उन्होंने हिन्दुओं और मुसलमानों को सदैव के लिए अलग करने के लिए जानबूझ कर यह उपाय किया। इस कार्य ने धर्म व विचारधारा से परे राष्ट्रवादियों, का ध्यान अपनी ओर आकर्षित किया तथा सुरेन्द्रनाथ बनर्जी जैसे उदारवादी ने कर्जन की बंगाल विभाजन के लिए आलोचना करते हुए उन्हें 'सर्वाधिक प्रतिक्रियावादी वाइसराय' कहा जो 'भविष्य के भारतीय राष्ट्रीय जीवन के निर्माता के रूप में जाना जाएगा' (त्रिपाठी, 1990: 52)। बनर्जी का मानना था, कि विभाजन आन्दोलन के समय उन ताकतों, जो राष्ट्र के निर्माण में सहायक होती हैं, को मुक्त करके, कर्जन ने हमें एक राष्ट्र बना दिया (पूर्वोक्त)।

जैसा कि स्पष्ट है कि बीसवीं शताब्दी के प्रारम्भ, विशेषकर 1905 के बंगाल विभाजन के सन्दर्भ में, उदारवादियों ने, ब्रिटिश विरोधी रणनीति द्वारा जो पाना चाह रहे थे उसमें असमर्थ रहने के कारण, अपनी विश्वसनीयता खो दी। इसके अतिरिक्त उनका ब्रिटिश उदारवाद में विश्वास अपने लाभ प्राप्त करने में सफल नहीं हुआ जिसने बाद के राष्ट्रवादियों को विशेषकर उग्रवादियों को यह स्पष्ट कर दिया कि भारत में औपनिवेशिक शासन उदारवाद के मूल सिद्धान्तों पर कम शोषण पर अधिक आधारित है। अतः उग्रवाद का एक राजनीतिक विचार के रूप में उभरना और स्वरूप ग्रहण करना उदारवादी दर्शन के विपरीत अतीत से स्पष्ट भिन्नता लिए हुए था, क्योंकि उन्नीसवीं शताब्दी के उत्तरार्ध में राष्ट्रवादियों को प्रोत्साहित करने वाले सिद्धान्त अपना महत्वपूर्ण रूप खो चुके थे।

उदारवादियों व उग्रवादियों के बीच भेद का आधार उनके ब्रिटिश साम्राज्य के सम्बन्ध में अपने–अपने दृष्टिकोण में गम्भीर भिन्नता है। अपने दृष्टिकोण के आधार पर उदारवादियों ने उन परिस्थितियों के विपरीत जो अंग्रेजों के भारत आने के पहले थी, ब्रिटिश शासन को सर्वाधिक लाभदायक माना। 1905 के पहले उदारवादियों का दर्शन साम्राज्य के प्रति स्वामीभक्ति का था जिसमें कर्जन के रूढ़िवादी शासन, जिसने भारतीयों के धार्मिक भेदों को उभार कर उनमें फूट डाली तथा विरोध करने पर अत्याचार किया, के दुष्प्रभाव के कारण दरारें दिखने लगीं। विपिन चन्द्र पाल जैसे उग्रवादी के लिए यह अत्यधिक आश्चर्यजनक था क्योंकि 'रोज होने वाले अन्याय तथा कुशासन के सामने स्वामीभक्ति कैसे बनी रह सकती है' (पूर्वोक्त : 58)। उदारवादियों के दृष्टिकोण के विपरीत, उग्रवादियों ने ब्रिटिश शासन को सदैव अभिशाप समझा जो भारत में

शासितों को कभी भी न्याय नहीं दे सकता। उन्होंने ब्रिटिश शासन को भारतीयों के विरुद्ध अपनी खराब योजनाओं के कारण न केवल चुनौती दी, उन्होंने उदारवादियों की भी, राष्ट्रवादी आकांक्षाओं को गुमराह करने के लिए, आलोचना की। इसके स्थान पर उग्रवादियों द्वारा सृजित नया राष्ट्रवादी दृष्टिकोण गैर समझौतापरक ब्रिटिश विरोधी आधार पर निर्मित था, जिसने उन्नीसवीं शताब्दी के उत्तरार्ध तथा बीसवीं सदी के प्रारम्भ के क्रान्तिकारी आतंकवादी आन्दोलन के लिए भी पोषण प्रदान किया। दूसरे, उदारवादियों तथा उग्रवादियों में मूल अंतर उनके राष्ट्रवादी प्रतिरोध के परिणाम के सम्बन्ध में दृष्टिकोण में भी था जबकि उदारवादी क्रमिक सुधार द्वारा स्वशासन पाना चाहते थे, उग्रवादियों ने पूर्ण स्वराज पर जोर दिया। अन्य शब्दों में, स्वशासन का कनाडा तथा ऑस्ट्रेलिया जैसा उपनिवेश का प्रतिमान भारत के लिए आदर्श प्रकार का शासन प्रतीत होता था। उग्रवादियों के तर्क गुणात्मक रूप से भिन्न थे। पूर्ण स्वराज की मांग करके तिलक, उग्रवादियों में जो सर्वाधिक महत्वपूर्ण थे, ने उद्घोष किया कि 'स्वराज मेरा जन्मसिद्ध अधिकार है' और "बिना स्वराज के कोई समाज सुधार, कोई औद्योगिक विकास, कोई उपयोगी शिक्षा, कोई सन्तोषप्रद राष्ट्रीय जीवन नहीं हो सकता। यही हम चाहते हैं, और इसीलिए ईश्वर ने हमें पृथ्वी पर उसे सन्तुष्ट करने के लिए भेजा है" (त्रिपाठी, 1967: 88)। इस दृष्टिकोण की प्रशंसा करते हुए विपिन चन्द्र पाल, लाल–बाल–पाल (लाला लाजपतराय, बाल गंगाधर तिलक तथा विपिन चन्द्र पाल) समूह के एक सदस्य ने विशेष रूप से कहा कि "उग्रवादी संघर्ष का मुख्य लक्ष्य इंग्लैण्ड द्वारा भारतीय सरकार की नीति निर्धारित करने के अधिकार को समाप्त करना, वर्तमान निरंकुशवाद के तहत इस देश के नागरिकों पर शासन करने के लिए किसी भी प्रकार के कानून बनाने के अधिकार को समाप्त करना था" (विपिन चन्द्र पाल, पोद्दार द्वारा उद्धृत, 1977: 131)। तृतीय, उग्रवादी हिंसा के प्रयोग, यदि देश के हित में आवश्यक हो, में हिचकिचाते नहीं थे जबकि उदारवादी शासकों से सीधे संघर्ष से बचने के लिए संवैधानिक तथा शांतिपूर्ण साधनों का समर्थन करते थे। इन पद्धतियों के विपरीत उग्रवादी बहिष्कार व *स्वदेशी* के पक्षधर थे जिसका समर्थन उदारवादियों ने कभी नहीं किया। बहिष्कार का समर्थन करते हुए तिलक ने तर्क दिया कि "अपने अधिकारों के लिए बहिष्कार व हड़ताल तथा दृढ़ता व शक्ति के साथ संघर्ष करके ब्रिटिश नौकरशाही के लिए कठिन परिस्थितियाँ उत्पन्न करना तथा प्रशासन को गम्भीर रूप से निष्क्रिय करना सम्भव है" (त्रिपाठी, 1967: 86)। ब्रिटिश नौकरशाही से जुड़े हुए लोगों को प्रोत्साहित करते हुए तिलक ने कहा कि भारतीयों द्वारा ब्रिटिश प्रशासन से पीछे हटने से 'पूरा तंत्र धराशायी हो जाएगा' (पूर्वोक्त : 88)। उसी समय सरकारी दफ्तरों के बहिष्कार के साथ, उग्रवादियों ने विदेशी वस्तुओं का बहिष्कार तथा हाथ के बुने हुए या *स्वदेशी* के जिए प्रचार किया। यह रणनीति

पहले 1905 के बंगाल विभाजन के सन्दर्भ में प्रयोग की गई जिसे आगे राष्ट्रीय अभियान में पूर्ण रूप से, सम्भवतः इसके द्वारा राष्ट्रीय उत्साह के निर्माण व बनाए रखने की प्रभावशीलता के कारण, व्यापक बना दिया गया। आर्थिक बहिष्कार जैसा कि समकालीन भाषा में जाना जाता था ने, अन्य बहिष्कारों की तुलना में ब्रिटिश उद्योगपतियों को अधिक निराश किया। चौथे, उदारवादी अंग्रेजों के अधीन प्रसन्न प्रतीत होते थे, सम्भवतः उनके इस विश्वास के कारण कि भारतीय स्वशासन के लिए सक्षम नहीं है। इसी वजह से उन्होंने ब्रिटिश शासन का निर्विवाद समर्थन किया। उग्रवादियों का दृष्टिकोण, स्पष्ट कारणों से, इसके ठीक विपरीत था। इस विचार के विरोध में अपना मत व्यक्त करते हुए तिलक ने तर्क दिया, कि "हम स्वशासन की कला के लिए स्वशासन के अतिरिक्त किसी शिक्षक को मान्यता नहीं देते। यह स्वतंत्रता को इसके स्वयं के कारण महत्व देता है तथा लोगों के इसके योग्य या अयोग्य होने के विचार के बिना तुरन्त और बिना शर्त स्वायत्तता चाहता है" (त्रिपाठी, 1967: 68)। यहां भी उदारवादियों व उग्रवादियों में गम्भीर विचारधाराजन्य भेद के कारण फर्क है; जबकि पूर्ववर्तियों ने स्वामीभक्ति पूर्ण विमर्श का समर्थन किया, परवर्तियों ने अपने साम्राज्यवाद विरोधी विचार में इस दृष्टिकोण को बिल्कुल अस्वीकार कर दिया। पांचवें, साम्राज्यवाद के विरुद्ध संघर्ष के अवधारणीकरण में आत्मोत्सर्ग का आदर्श, जिसमें सर्वस्व त्याग शामिल हैं, महत्वपूर्ण था, जबकि राजनीतिक संघर्ष की उदारवादी योजना में इस विचार ने कोई ध्यान आकर्षित नहीं किया। यह सम्भवतः उग्रवादियों के दो भिन्न स्वरूप दर्शाता है। एक ओर तो राष्ट्रवादी प्रतिरोध दर्शाने के लिए लोगों के सामने बहिष्कार, स्वदेशी व हड़ताल की रणनीति थी; दूसरी ओर, ब्रिटिश प्रशासन को आतंकित करने के लिए अचानक हिंसक आक्रमण को भी प्रोत्साहित किया गया तथा भूमिगत सशस्त्र अभियानों के द्वारा ब्रिटिश शासन वास्तव में हिल गया। क्रूर ब्रिटिश शासकों की हत्या उनकी पसंदीदा कार्यपद्धति थी। ऐसे कार्य से शासकों के मन में आतंक की भावना पैदा होती तथा लोगों के मन से सत्ता के प्रति भय दूर होता, उनमें देशभक्ति की भावना जाग्रत होती। इसका महत्व प्रचार की दृष्टि से भी था क्योंकि ब्रिटिश अधिकारियों पर आतंकी आक्रमण में शामिल लोगों के मुकदमों की सुनवाई से, क्रान्तिकारियों और उनके उद्देश्य को पर्याप्त प्रचार, न केवल सरकार समर्थित अखबारों में अपितु राष्ट्रवादी मीडिया में भी मिलता। अन्त में, उदारवादी जबकि ब्रिटिश पद्धति के उदारवाद में विश्वास करते थे, उग्रवादी बंकिमचन्द्र चट्टोपाध्याय के लेखन तथा विवेकानन्द की शिक्षाओं से प्रभावित थे। ब्रिटिश शासन का विरोध करने के लिए संवैधानिक साधनों में विश्वास के कारण, उदारवादियों ने संघर्ष के स्थान पर समझौते का मार्ग पसन्द किया, जबकि *स्वराज* की मांग की वकालत करके उग्रवादी बहिष्कार तथा हड़ताल के माध्यम से सरकार के विरुद्ध सीधी कार्यवाही के लिए कूद पड़े। उदारवादियों, जिन्होंने

अपनी रणनीति ग्लैडस्टोन, डिजरैली तथा वर्क के विचारों से प्रभावित होकर परिष्कृत की, से भिन्न उग्रवादियों ने *आनन्दमठ*, एक ऐतिहासिक उपन्यास जो हिन्दू संन्यासियों के उत्थान तथा समाप्त होते मुसलमान शासन की कहानी प्रस्तुत करता है, तथा विवेकानन्द की वेदान्त दर्शन की व्याख्या से प्रभाव ग्रहण किया। *आनन्दमठ* की एक कविता 'वन्दे मातरम' ने उग्रवादियों के दर्शन के स्वर को स्पष्ट किया, जिसमें 'मां' का विचार प्रमुख था। मां, जो दिव्य मातृभूमि तथा देवी मां दुर्गा दोनों का प्रतिनिधित्व करती है, ने देशभक्ति तथा धार्मिक भक्ति दोनों भावनाओं को अभिव्यक्त किया। यह ऐसा विचार था जिसे व्यापक भावात्मक जन–समर्थन प्राप्त हुआ, उदारवादियों का संवैधानिक आन्दोलन जिसे पाने में असफल रहा। बंकिम तथा विवेकानन्द सम्भवतः सर्वाधिक प्रभावी विचारक थे जिन्होंने ऐसी हिन्दू कल्पना को जाग्रत किया जो समकालीन दृश्य के अनुकूल थी। लेकिन गैर–हिन्दू परम्पराओं की पूर्ण उपेक्षा करके, तथा हिन्दू परम्परा को भारतीय परम्परा मान कर उन्होंने इतिहास के एक संकुचित दृष्टिकोण को पोषित किया जो भारतीय सभ्यता की बहुआयामी परम्परा के प्रस्फुटन की दृष्टि से गुमराह करता है।

उग्रवादी विचारधारा ने लाल–बाल तथा पाल की त्रिमण्डली का सृजन किया, जिन्होंने उदारवादियों की आलोचना करते हुए विदेशी, बहिष्कार तथा राष्ट्रीय शिक्षा को शामिल करके राष्ट्रवादी भाषा को बदल दिया। पंजाब, महाराष्ट्र तथा बंगाल में क्रमशः लाल–बाल–पाल इतने लोकप्रिय थे कि इन क्षेत्रों में ऐसा लगता था कि उदारवादियों ने अपनी विश्वसनीयता खो दी थी। इन तीनों में बाल गंगाधर तिलक, जिनकी जड़ें महाराष्ट्र में थीं, इस चरण के स्वतंत्रता संघर्ष के सम्भवतः सर्वाधिक उग्रवादी नेता थे। कांग्रेस में सक्रिय रूप से शामिल होने के काफी पहले तिलक ने अपने राष्ट्रवादी विचारों को *केसरी* (मराठी में) तथा *मराठा* (अंग्रेजी में) में प्रगट किया। 1893 में देशभक्तिपूर्ण गीतों व भाषणों से उन्होंने पारम्परिक धार्मिक गणपति उत्सव को राष्ट्रवादी अभियान में परिवर्तित कर दिया। इसी प्रकार 1896 में उन्होंने मुगल शासक औरंगजेब के विरुद्ध शिवाजी की देशभक्ति के आधार पर शिवाजी उत्सव का प्रयोग युवाओं को प्रोत्साहित करने के लिए किया। फिर भी उन्हें इसलिए पुनरुत्थानवादी कहना गलत होगा क्योंकि उन्होंने गणपति, शिवाजी उत्सव का अत्यधिक उत्साह से समर्थन किया। वस्तुतः, इस आरोप का उतर तिलक ने स्वयं यह कह कर दिया कि इन उत्सवों का उद्देश्य लोगों में 'अपने अतीत के लिए गर्व होने तथा उसका हिस्सा होने की भावना उत्पन्न करना था' (त्रिपाठी, 1967: 90)। उन्होंने इस विचार का भी तब खण्डन किया कि वे 'शिवाजी या पेशवाओं का राज्य' वापस लाना चाहते थे जब उन्होंने पुनरुत्थानवाद के प्राच्य विचार के विरुद्ध 'लोकप्रिय व प्रतिनिधि सरकार' के पक्ष में सशक्त तर्क दिए।[2] महाराष्ट्र में 1846 में रूई पर कर लगाने के प्रतिरोध में

विदेशी वस्त्रों के बहिष्कार अभियान के सफल आयोजन से वे प्रसिद्ध हुए। महाराष्ट्र में 1896-97 के अकाल प्रभावित क्षेत्रों में कर न देने के अभियान से स्वयं को जोड़कर तथा किसानों को शामिल करके उन्होंने स्पष्ट रूप से कांग्रेस के आधार को विस्तार देने का लक्ष्य स्पष्ट किया, जो उदारवादियों की सोच से बिल्कुल बाहर था। 1897 में पूना के प्लेग पीड़ितों की सेवा का निर्णय करके तिलक जनता, जो मानवीय आधार पर स्वयं उनकी ओर आकर्षित हुई, के नेता बन गए। पीड़ितों की सेवा के अतिरिक्त उन्होंने *केसरी* में कई लेख लिखे जिसमें मारक बीमारी से लड़ने के लिए उन्होंने सरकारी उपायों व व्यवस्थाओं की आलोचना की। वस्तुतः रैण्ड, पूना के प्लेग कमिश्नर की 1898 में हत्या, सरकारी अभिलेखों में भी सरकारी उपायों के प्रति लोगों का असन्तोष दर्शाती थी। हत्या के पश्चात् तिलक को गिरफ्तार कर लिया गया पर उनके शामिल होने के सबूतों के अभाव के कारण उन्हें जल्दी ही छोड़ दिया गया।

तिलक के राजनीतिक दर्शन की दो महत्वपूर्ण विशेषताएं उन्हें उदारवादी विचारकों से भिन्न करती हैं। प्रथम, उदारवादियों, जो भारत में क्रमिक रूप से प्रजातांत्रिक संस्थाओं को प्रारम्भ करने के पक्ष में थे, से भिन्न तिलक ने तुरन्त *स्वराज* या स्वशासन पर जोर दिया। उनकी *स्वराज* की संकल्पना पूर्ण स्वतंत्रता की नहीं थी अपितु भारतीयों द्वारा संगठित सरकार जो 'लोगों या उनके प्रतिनिधियों की इच्छाओं के अनुकूल शासन की थी'।[3] ब्रिटिश कार्यकारिणी की भांति जो 'नीति निर्धारित करती है, कर लागू करती है व हटाती है तथा सार्वजनिक धन के वितरण का निर्णय करती है,'[4] भारतीयों को भी 'अपनी सरकार का संचालन करने, कानून बनाने, प्रशासकों की नियुक्ति करने तथा कर आय को खर्च करने' का अधिकार होना चाहिए। यह उनके विचारों का एक पक्ष था। दूसरा पक्ष *प्रजाद्रोह* यानी वैधता खो चुकी सत्ता का जनता द्वारा विरोध के अधिकार से सम्बन्धित है। तिलक की अवधारणा में यदि शासक शासितों के प्रति अपने दायित्वों को पूरा करने में असफल होते हैं तथा अत्याचारी हो जाते हैं तो वह शासन करने का औचित्य खो देते हैं। यह जानना रोचक है कि तिलक के *प्रजाद्रोह* में लोगों द्वारा अवैध गतिविधियों को रोकने के लिए कानून के निर्माण को भी उचित ठहराया गया है। यदि सन्दर्भों में देखें तो यह विचार उचित प्रतीत होता है क्योंकि उन्हें मालूम था कि सरकार की सम्पूर्ण उपेक्षा से राष्ट्रवादियों, जिनकी न तो संगठनात्मक पृष्ठभूमि थी, न लोगों के समर्थन का सशक्त आधार था, पर सरकारी अत्याचार को आमंत्रण मिलता। अतः उनकी सरकारी प्रतिरक्षात्मक पद्धति रणनीति के अनुकूल प्रभावित व सृजित थी।

तिलक श्रेष्ठ राष्ट्रवादी थे। वेदान्त दर्शन तथा रूढ़िवादी हिन्दू रीति–रिवाजों की निर्विवाद स्वीकृति के कारण तिलक पर बहुधर्मीय भारत में, अलगाववादी होने का आरोप लगा। वे हिन्दू रूढ़िवादिता के सर्वाधिक

प्रतिक्रियावादी स्वरूप का समर्थन करते थे, यह तब स्पष्ट हो गया जब 1890 का *एज ऑफ कन्सेन्ट* बिल, जो भारत में लड़कियों के विवाह की उम्र 10 से 12 वर्ष करने से सम्बन्धित था, का उन्होंने विरोध किया जबकि रानाडे, उदारवादी प्रवक्ता ने इसकी प्रगतिवादी भूमिका के कारण विधेयक का समर्थन किया, तिलक को इस कानून में हिन्दू सामाजिक जीवन में अवांछित हस्तक्षेप लगा। इसी प्रकार उनके गौ रक्षा समिति के साथ शामिल होने से उग्रवादी अभियान में मुसलमान काफी सीमा तक दूर हुए। गौ रक्षा के पक्ष में तिलक द्वारा दिए तर्कों ने हिन्दू धर्म में गाय की पवित्रता के विश्वास को स्पष्ट किया तथा मुसलमानों के भोजन में गौ मांस के महत्व का पूरी तरह से अनादर किया। इसके अतिरिक्त शिवाजी, महाराष्ट्र के हिन्दू नायक, के सम्मान में राष्ट्रीय उत्सव का आयोजन तथा हिन्दू धार्मिक उत्सव – गणपति उत्सव की राष्ट्रीय दृष्टि में पुनर्व्याख्या से तिलक के राजनीतिक दर्शन का विचारधाराजन्य झुकाव स्पष्ट था, जिसमें मुसलमान यदि पूर्णरूपेण उपेक्षित नहीं, तो परिधि पर दिखते हैं।

यहां एक क्षण के लिए विराम देना तथा तिलक के विचारों का सन्दर्भ सहित आलोचनात्मक मूल्यांकन करना आवश्यक है। इसमें कोई शक नहीं कि इन सारे धार्मिक उत्सवों का उद्देश्य राष्ट्रीय देशभक्ति का था। धार्मिक उत्सवों की आड़ में, तिलक अंग्रेजों के विरुद्ध प्रभावशाली गतिशीलता के लिए एक राष्ट्रीय मंच बनाना चाहते थे, जो स्पष्ट कारणों से साम्राज्यवादी हितों पर दुष्प्रभाव डालने वाले अभियान के लिए आज्ञा नहीं देते। राष्ट्रवादी आन्दोलन के जनता तक जड़ जमाने से पूर्व सभी राजनीतिक आन्दोलनों तथा संगठनों के सरकार द्वारा दमन की स्थिति में, धार्मिक तथा रूढ़िवादी लगती हुई राष्ट्रवादी गतिविधियों का प्रयोग एक रणनीति के तहत किया गया लगता है तथा भारतीय स्वतंत्रता आन्दोलन के गाँधीपूर्व चरण में तिलक, ऐसा करके मास्टर प्लानर के रूप में उभरे (चन्द्रा आदि, 1988: 108)। अतः न केवल उन्होंने विशिष्ट भाषा में विरोध को स्वर दिया अपितु पश्चिमी जगत की तुलना में हिन्दू सभ्यता की आध्यात्मिक श्रेष्ठता का दावा करके राष्ट्रवादी राजनीति के क्षेत्र का विस्तार किया। अन्य शब्दों में, 'गैर राष्ट्रीय व पश्चिमीकृत' उदारवादी नेताओं, जिन्होंने ब्रिटिश शासन का विरोध करते समय पश्चिमी उदारवादी मूल्यों का अंधानुकरण किया तथा उसके स्थानीय पक्ष की उपेक्षा की, की आलोचना करके तथा राजनीति की नई भाषा का सृजन करके तिलक ने ऐतिहासिक भूमिका निभाई। यह कहा जा सकता है कि भारतीय सभ्यता व संस्कृति पर आधारित भाषा में रचे अभियान के कारण, उदारवादियों के विपरीत तिलक का प्रभाव व्यापक था क्योंकि उदारवादियों ने जो मार्ग अपनाया, वह सर्वथा अपरिचित था। अतः तिलक तीक्ष्ण राजनीतिक समझ रखने वाले राष्ट्रीय नेता ही नहीं थे, अपितु उन्होंने राष्ट्रीय आन्दोलन की एक नई लहर प्रारम्भ की जिसे, (अ) उदारवादी दर्शन की सशक्त व प्रभावशाली आलोचना के कारण तथा

(ब) एक राष्ट्रवादी विचारधारा को उन लोगों, जिनके लिए बनाई गई थी, की भाषा में रचने के कारण स्वयं ही महत्व प्राप्त हुआ। इस प्रकार तिलक अतुलनीय हैं तथा उनके स्वदेशी, बहिष्कार तथा हड़ताल का गाँधी पर महत्वपूर्ण प्रभाव पड़ा। गाँधी ने विशिष्ट उग्रवादी पद्धतियों को पूर्णरूपेण परिवर्तित कर सामाजिक–आर्थिक व राजनीतिक सन्दर्भ में परिष्कृत व व्यवस्थित किया, उस समय जब राष्ट्रवादी संघर्ष ने अपने प्रभाव को जिले के कस्बे तक ही नहीं अपितु, गांवों तक पहुंचा दिया, वे गांव जो गाँधी के पहले स्वतंत्रता संघर्ष में उपेक्षित रहे।

1907 का सूरत विभाजन

1905 से 1907 तक, स्वतंत्रता संघर्ष के राष्ट्रवादी विचारों की विभिन्न पद्धतियों के मध्य द्वन्द्व कांग्रेस के वार्षिक अधिवेशन में भी प्रकट होने लगा जिसका अन्त दिसम्बर 1907 के सूरत विभाजन के साथ हुआ (विस्तार के लिए देखिए चक्रवर्ती, 1990: 2)। 1905 का बंगाल का विभाजन चरम था, जिसने उग्रवादियों को उदारवादियों की रणनीति की भयंकर असफलता की कड़ी आलोचना का अवसर दिया। उदारवादियों की संवैधानिक आन्दोलन पद्धति जो तीन 'प', प्रार्थनापत्र, प्रार्थना, प्रतिरोध में परिलक्षित होती थी, अब बौद्धिक प्रक्रिया का विषय रह गई थी, क्योंकि अंग्रेजों के विरुद्ध विभिन्न समूहों के उठ खड़े होने के कारण उसने अब अपनी क्षमताएं खो दी थीं। बंगाल विभाजन तथा दमनात्मक पद्धतियों की आलोचना करते हुए गोखले ने 1905 के बनारस के अध्यक्षीय उद्बोधन में आर्थिक बहिष्कार की चर्चा बड़े दबे–छिपे तरीके से की ताकि सरकार के दमन से बचा जा सके। 1906 के कलकत्ता अधिवेशन ने उग्रवादियों के लक्ष्य को आंशिक रूप से पूरा इस अर्थ में किया कि कांग्रेस अध्यक्ष दादाभाई नौरोजी ने अध्यक्षीय सम्बोधन में बहिष्कार, *स्वदेशी*, राष्ट्रीय शिक्षा तथा स्वशासन के प्रस्ताव को समर्थन दिया। उग्रवादियों के द्वारा बहिष्कार प्रस्ताव के विस्तार के अंतर्गत बंगाल के अतिरिक्त अन्य प्रान्तों को भी शामिल करने का प्रस्ताव भी, विदेशी वस्तुओं तथा अनैतिक सरकारी पदों के बहिष्कार के प्रस्ताव के साथ विफल हो गया। इंग्लैण्ड में उदारवादी दल की विजय से उत्साहित उदारवादी नेतृत्व बंगभंग के समाप्त होने के साथ अन्य प्रकार के सुधारों के प्रति भी आशान्वित था। 1907 में जॉन मार्ले का, भारत सचिव के रूप में नियुक्ति व उनके उदारवादी विचारों के कारण स्वागत हुआ तथा अपेक्षा की गई कि वे कर्जन युग की कड़वी परंपराओं के विपरीत ब्रिटिश साम्राज्यवाद के नए स्वरूप को प्रारम्भ करेंगे। ब्रिटिश राजनीतिक मौसम में बदलाव के बावजूद उदारवादियों तथा उग्रवादियों के मध्य विरोधों में कोई कमी नहीं आई और वे रासबिहारी बोस, जिनका विरोध तिलक तथा बंगाल व महाराष्ट्र से उनके सहयोगी कर रहे थे, की अध्यक्षता में सूरत अधिवेशन में

सीधे टकराव के लिए तैयार हो रहे थे। यह सम्भवतः कांग्रेस की इकलौती वार्षिक बैठक थी जो बिना संवाद के समाप्त हो गई।

ऊपरी तौर पर यह लग सकता है कि सूरत अधिवेशन एक दुखद घटना के रूप में समाप्त हो गया क्योंकि यह उग्रवादी–उदारवादी मतभेद को सौहार्दपूर्ण रूप से दूर नहीं कर पाया। अन्य शब्दों में, साम्राज्यवाद विरोधी राजनीतिक कार्यक्रम के सम्बन्ध में कांग्रेस अधिवेशन की असफलता का कारण उग्रवादियों व उदारवादियों के मध्य समझौताहीन विरोध था, लेकिन थोड़ा गहरे जाने पर इसका एक अन्य पक्ष भी दिखता है। वह विरोध जो सूरत में कांग्रेस के विभाजन का कारण बना, वह 'पूना के तिलकवादियों' तथा फिरोजशाह मेहता के नेतृत्व में उदारवादियों के बीच संघर्ष की उपज था। वस्तुतः अरविन्द सहित बंगाल के उग्रवादी कांग्रेस के विभाजन को टालना चाहते थे ताकि बंगाल में स्वदेशी आन्दोलन कमजोर न पड़े। पटना के बंगाल प्रान्तीय सम्मेलन, जिसकी अध्यक्षता रवीन्द्र नाथ टैगोर कर रहे थे, में कांग्रेस के एक सत्र को तुरन्त बुलाए जाने के प्रस्ताव को निर्विरोध स्वीकार कर लिया गया। तिलक के प्रयत्नों का भी कुछ परिणाम नहीं हुआ। बम्बई के उदारवादी भी जिद पर अड़े थे तथा 1908 के इलाहाबाद अधिवेशन में, संवैधानिक साधनों का विरोध कर रहे लोगों को कांग्रेस की सभा में संवाद व भाग लेने की अनुमति न देकर इस विभाजन को औपचारिकता प्रदान कर दी गई। इस विभाजन का स्पष्टतः शिकार राष्ट्रवादी आन्दोलन था जो उदारवादियों व उग्रवादियों के मध्य विध्वंसक विवाद के कारण पिछड़ गया। रोचक है कि उग्रवादियों व उदारवादियों के मध्य अन्तर को उनकी वर्गीय पृष्ठभूमि में करना असम्भव नहीं तो कठिन होगा। हिन्दू निहित स्वार्थों का समर्थन करने के कारण, दोनों ही विचारधाराजन्य भिन्नता के बावजूद, ऐसे समय की उपज थे, जब राष्ट्रवादी राजनीति मुख्यतः शहरी क्षेत्रों तक सीमित थी। उग्रवादी जबकि, व्यक्तिगत नायकत्व तथा क्रान्तिकारी आतंकवाद को प्रोत्साहित करते हुए राष्ट्रवादी आन्दोलन के नए चरण का प्रारम्भ कर रहे थे, तब महाराष्ट्र के अकाल पीड़ित किसानों द्वारा 1896-97 का कर न देने का अभियान एक ठोस कदम था जिसने राष्ट्रवादी राजनीति के क्षेत्र का विस्तार उन मुद्दों, जो अभी तक कांग्रेस की कार्यसूची में उपेक्षित रहे, को उठा कर किया।

समापन अवलोकन

भारतीय राष्ट्रवाद के विभिन्न चरणों में, उदारवादी तथा उग्रवादी चरण ने नव अंकुरित राष्ट्रवादी आन्दोलन, जो अभी तक स्पष्ट नहीं था तथा जिसे जनसमर्थन प्राप्त नहीं था, के स्वर का प्रतिनिधित्व किया। ब्रिटिश उदारवाद में विश्वास के कारण उदारवादी समझौतापरक नीति का उचित ही अनुसरण कर रहे थे। उन

परिस्थितियों में उदारवादी जो पा सकते थे, 1909 में मार्ले–मिण्टो सुधार उसकी आखिरी सीमा थी। बंगाल विभाजन का रद्द किया जाना ब्रिटेन की उदारवादी सरकार की सुधार की भावना का प्रतीक था। अतः उदारवादी प्रयत्न, कम से कम कागज पर ही, व्यर्थ नहीं गए। जो महत्वपूर्ण है वह यह तथ्य है कि उदारवादी अभियान ने एक प्रक्रिया प्रारम्भ की, जिसकी उपज थी उग्रवाद जहां नए विचार सक्रिय हुए। राष्ट्रवादी भावना, जो कांग्रेस के वार्षिक अधिवेशनों में संवैधानिक तथा शान्तिपूर्ण रूप से प्रकट होती थी, अब कई प्रकार के कार्यक्रमों के रूप में क्रियान्वित हो रही थी जिसमें बहिष्कार, *स्वदेशी* तथा हड़ताल शामिल थे। इससे राष्ट्रवादी राजनीति, जिसका उदारवादियों के नेतृत्व में भारतीय समाज का अधिकतर उच्च वर्ग प्रतिनिधित्व कर रहा था, के क्षेत्र का तुरन्त विस्तार हुआ। उदारवादियों के लगभग समान सामाजिक पृष्ठभूमि के होने के बावजूद उग्रवादियों ने किसानों तथा मजदूरों के मुद्दों को स्पष्टतः, अपनी शर्तों पर उठाया, ताकि अपने पूर्ववर्तियों से उनके विचारधाराजन्य अन्तर को रेखांकित किया जा सके।

1907 के अल्पकालिक सूरत अधिवेशन में उदारवादियों व उग्रवादियों के मध्य कड़वे वाद–विवाद की जड़ में दोनों के बीच समझौताहीन मतभेद थे। अपने मतभेदों को शालीनतारहित तरीके से अभिव्यक्त करते समय सम्भवतः इन दोनों समूहों ने साम्राज्यवाद विरोधी भावना के अतिरिक्त अन्य कारणों को महत्व दिया। इसीलिए रवीन्द्रनाथ टैगोर ने शोक व्यन्क्त किया कि कांग्रेस पर येन–केन–प्रकारेण कब्जा करने की प्रक्रिया में उदारवादी तथा उग्रवादी समझने की बात तो दूर, यह अवधारित करने में असफल रहे कि उनका मूल राष्ट्रवादी उद्देश्य जनता की सेवा करना है, इस प्रकार उन्होंने स्वयं को मजाक बना दिया और ये भूल गए कि उनका उद्देश्य क्या है। सूरत की दुखद घटना के बाद टैगोर के इन दो समूहों को साथ लाने के स्वयं के प्रयास के बावजूद उदारवादियों द्वारा 1908 के इलाहाबाद सम्मेलन में कांग्रेस के उग्रवादी समूह को स्थायी रूप से अयोग्य ठहराने के प्रस्ताव से ब्रिटिश साम्राज्यवाद के विरोध में राष्ट्रवाद को एक साथ जोड़ने वाली विचारधारा के रूप में, कम होता महत्व स्पष्ट हो गया। साथ ही उग्रवादी विकल्प भी गुणात्मक रूप से भिन्न नहीं था, यद्यपि उग्रवादी अधिक आक्रामक थे तथा ब्रिटिश शासन की आलोचना अधिक कड़े रूप में करते थे। वे न तो ब्रिटिश विरोधी आन्दोलन के संचालन के लिए कोई व्यावहारिक संगठन बना पाए न आन्दोलन की उदारवादियों से भिन्नता को परिभाषित कर पाए।

फिर भी संगठित रूप से राष्ट्रवादी संघर्ष की अवधारणा करने में असफल होने के कारण उदारवादियों व उग्रवादियों के प्रयास को खारिज कर देना ऐतिहासिक रूप से अनुचित होगा। सुपरिभाषित राजनीतिक कार्यक्रम के साथ दोनों प्रकार के कांग्रेस नेतृत्व ने उपनिवेश में शासक व शासित के मध्य मुख्य

राजनीतिक विरोधाभासों की वास्तविक प्रकृति की पहचान की। कई अवसरों पर प्रयास न तो आवश्यकताओं के अनुकूल थे न धर्म, जाति तथा कबीले से परे लोगों को शामिल करने के लिए सुनिर्देशित थे। वास्तव में, अपने प्रारम्भिक काल में कांग्रेस द्वारा हिन्दू–मुसलमानों की सामाजिक भिन्नता को न समझ पाने के कारण 1906 में मुस्लिम लीग विकसित हुई जो ब्रिटिश भारत में मुसलमानों के सामाजिक–राजनीतिक हितों की एकमात्र संरक्षक बनी। अब इसके बाद मुसलमानों के एक महत्वपूर्ण समूह ने कांग्रेस व सरकार के समक्ष स्वतंत्र पहचान की मांग की। हिन्दुओं में वर्गीय पूर्वाग्रह होने के कारण, आने वाले समय में दो प्रमुख समुदायों में खाई चौड़ी होती गई। अगर यह सिक्के का एक पहलू है, तो दूसरा यह है कि इससे संगठित राजनीति में विभिन्न गुणात्मक प्रयोगों को आधार मिला, जिसे गाँधी द्वारा युद्ध के बाद के समय में अहिंसा द्वारा व्यावहारिक बनाया गया। जब साम्राज्यवादी शक्ति पहले की तुलना में अधिक क्रूर हो गई थी तब *स्वदेशी,* बहिष्कार व हड़ताल की उग्रवादियों की पद्धति को पुनर्परिभाषित करके, गाँधी के लिए ब्रिटिश विरोधी अभियान में जनसमूह को गतिशील करना सहज हो गया था। राष्ट्रवादी संघर्ष के गाँधीवादी चरण में कांग्रेस एक ऐसे आन्दोलन में परिवर्तित हो गई थी जिसकी पहुंच सुदूर गांवों तक थी। अतः सम्भवतः एक सर्वाधिक संगठित साम्राज्यवादी शक्ति के विरुद्ध गाँधी के विशाल जन आन्दोलन को नेतृत्व देने की सफलता के पीछे मुख्यतः कांग्रेस की संगठनात्मक पृष्ठभूमि थी जो गाँधी पूर्व काल में अंग्रेजों के विरुद्ध सालाना शिकायतें व्यक्त करने के साथ आपसी कांग्रेसियों के मध्य संघर्ष निबटाने का मंच मात्र था।

टिप्पणियां

1. इस भिन्नता का सर्वश्रेष्ठ वर्णन उपलब्ध है एग्रोव (1967) तथा रे (1988) में।
2. मराठा, 21 सितंम्बर, 1884, पृष्ठ 2।
3. पूर्वोक्त, पृष्ठ 4।
4. पूर्वोक्त, पृष्ठ 4।

सन्दर्भ

एग्रोव, डेनियल, 1967, *मॉडरेट्स एण्ड एक्सट्रीमिस्ट इन इण्डियन नेशनलिस्ट मूवमेन्ट, 1883-1920*, बम्बई, एशिया पब्लिशिंग हाउस।

चक्रवर्ती, विद्युत, 1990, *सुभाष चन्द्र बोस एण्ड मिडिल क्लास रेडिकलिडम इन बंगाल, 1928-40* नई दिल्ली, ऑक्सफोर्ड यूनिवर्सिटी प्रेस।

चन्द्र, विपिन, मृदुला मुखर्जी, आदित्य मुखर्जी, के.एन. पन्निकर तथा सुचेता महाजन, 1988, *इण्डियाज स्ट्रगल फॉर इण्डिपेन्डेन्स, 1885-1947*, नई दिल्ली, वाइकिंग।

नन्दा, बी.आर., 1998, द *मेकिंग ऑफ ए नेशनः इण्डियाज रोड टू इण्डिपेन्डेन्स*, नई दिल्ली, हार्पर कोलिंस पब्लिशर्स इन इण्डिया।

पोद्दार, अरविन्द, 1977, *रेनेंसा इन बंगालः सर्च फॉर आइडेंटिटी*, शिमला, इण्डियन इन्सटीट्यूट ऑफ एडवान्स स्टडीज (आई.आई.ए.एस.)।

रे, रजतकान्त, 1988, 'मॉडरेट्स, एक्सट्रीमिस्ट्स एण्ड रेवोल्यूशनरीजः बंगाल, 1900-1908', रिचार्ड सिसिन तथा स्टेनले वॉलपर्ट (सम्पादक) में, *कांग्रेस एण्ड इण्डियन नेशनलिस्म द प्री–इन्डिपेन्डेन्स फेज*, पृष्ठ 62-69, नई दिल्ली, ऑक्सफोर्ड यूनिवर्सिटी प्रेस।

सरकार, सुमित, 1989, *मॉडर्न इण्डिया 1885-1947*, नई दिल्ली, मैकमिलन।

त्रिपाठी, अ., 1967, द *एक्सट्रीमिस्ट चैलेन्ज*, कलकत्ता, ओरियेन्ट लोंगमेन।

त्रिपाठी, अ., 1990, द *रोल ऑफ इण्डियन नेशनल कांग्रेस इन इण्डियाज फ्रीडम स्ट्रगल, 1885-1947* कलकत्ता, आनन्द।

3

महात्मा गाँधी

अध्ययन का उद्देश्य

- गाँधी को समझने में सहायक मूल सिद्धान्तों का वर्णन।
- गाँधी के विचारों में *स्वराज* की संकल्पना की व्याख्या।
- एक सिद्धान्तवादी तथा व्यवहारवादी के रूप में गाँधी का मूल्यांकन।

मोहनदास करमचन्द गाँधी (1868-1948), जो महात्मा गाँधी के रूप में लोकप्रिय थे, अपनी हत्या की आधी शताब्दी के बाद भी रुचि का विषय हैं। 1930 में गाँधी द्वारा किए गए *नमक सत्याग्रह* के भाग के रूप में दाण्डी यात्रा का 2005 में बहुचर्चित पुनः क्रियान्वयन सम्भवतः समकालीन भारत में राजनीतिक गतिशीलता के लिए गाँधी की अपनाई तकनीकों की प्रासंगिकता को सुझाता है। यह सत्य है कि रिचर्ड एटनबोरो की फिल्म गाँधी ने सम्पूर्ण विश्व में गाँधी को लोकप्रिय बनाया, यद्यपि गाँधी उन सबके लिए, जो एक वैकल्पिक विचारधाराजन्य परम्परा को खोजने में रुचि रखते हैं, के लिए शोध व चर्चा का महत्वपूर्ण विषय हैं। यह काम इसलिए सहज हो जाता है क्योंकि विभिन्न विषयों पर गाँधी का स्वयं का लेखन पर्याप्त है तथा वह कम अस्पष्ट है। उनके विचार न केवल स्पष्ट व सहज हैं अपितु समरूप सन्दर्भों में सार्थक हैं, जिसमें उन्होंने बीसवीं शताब्दी के सर्वाधिक महत्वपूर्ण राष्ट्रीय आन्दोलन का नेतृत्व किया। गाँधी ने अपने समय के महत्वपूर्ण अखबारों, *इण्डियन ओपिनियन, यंग इण्डिया,* तथा *हरिजन* में लेख लिखे, जिनके माध्यम से उन्होंने समकालीन महत्व के विषयों पर टिप्पणी की। अगर ऊपरी तौर पर देखा जाए तो बीसवीं शताब्दी के प्रारम्भिक और मध्य भाग के दैनिक महत्व के विषयों पर अभिव्यक्त विचार अब प्रासंगिक न लगें। जनसामान्य के लिए लिखते समय उन्होंने, भारतीयों को उनकी सशक्त परम्पराओं व उनकी योग्यताओं की शिक्षा देने के लिए उनके धार्मिक उपदेशों का प्रयोग किया। यह

उनका एक तरीका था, जिसके माध्यम से उन्होंने ब्रिटिश साम्राज्यवाद, अस्पृश्यता और साम्प्रदायिक झगड़ों के विरुद्ध भारतीयों को शामिल किया।

गाँधी अपने अब तक के राष्ट्रवादी साथियों से भिन्न थे, यह तब स्पष्ट हो गया जब उन्होंने प्रेसीडेन्सी शहरों, जो अब तक राष्ट्रवादी गतिविधियों के केन्द्र रहे, के स्थान पर सुदूर क्षेत्रों जैसे चम्पारन (बिहार), खेड़ा और अहमदाबाद (गुजरात) में अपना सत्याग्रह आन्दोलन प्रारम्भ किया। उनकी राजनीतिक रणनीति ने कांग्रेस में क्रान्तिकारी परिवर्तन किया और उसके प्रभाव क्षेत्र को गांवों तक पहुँचा दिया। इन तीन आन्दोलनों ने गाँधी को ऐसे उभरते नेता के रूप में प्रस्तुत किया जिसकी लोगों को सक्रिय करने की भिन्न पद्धति की। इन तीनों आन्दोलनों में जो बात समान थी, वह यह तथ्य था – (अ) उन्हें स्थानीय मुद्दों के लिए प्रारम्भ किया गया, (ब) लोगों को सक्रिय करने में स्थानीय नेताओं की भूमिका महत्वपूर्ण थी। चम्पारन, खेड़ा और अहमदाबाद में जन आन्दोलन में शामिल होकर गाँधी ने "प्रतिरोध की प्राचीन पद्धति के साथ ही सभी प्रकार के हिंसक विरोध के लिए औपनिवेशिक सेन्सर, को स्वीकार करके भारत में विरोध करने के लिए एक नई भाषा गढ़ी" (हार्डीमैन, 2003: 51)। दो परस्पर पूरक प्रतिक्रियाएं काम करती दिखीं – एक स्तर पर स्थानीय बस्तियों के लोगों को प्रतिरोध आन्दोलन में सक्रिय करने के लिए स्थानीय मुद्दों की महत्वपूर्ण भूमिका थी; दूसरी ओर, महत्वपूर्ण क्षणों में गाँधी की उपस्थिति से आन्दोलन, सम्भवतः जो स्थानीय आयोजकों में बढ़ती निराशा के कारण अपनी गति खो बैठे थे, को चलाते रहने में सहायता मिली। गाँधी के उभरने के सबन्ध में व्याख्या करते हुए जवाहरलाल नेहरू (1941: 254-55) ने कहा, "गाँधी जी भारत को हमसे बेहतर जानते थे, तथा एक व्यक्ति, जो लोगों की इतनी अधिक प्रतिबद्धता व भक्ति प्राप्त करता है, में ऐसा अवश्य कुछ होगा जो लोगों की आवश्यकताओं व आकांक्षाओं से मेल खाता हो।"

इन तीन स्थानीय आन्दोलनों के अतिरिक्त गाँधी ने तीन अखिल भारतीय आन्दोलनों का संचालन किया। 1919 का असहयोग आन्दोलन पहला था, जो टर्की में खलीफा को हटाए जाने के विरुद्ध मुसलमानों द्वारा किए गए खिलाफत आन्दोलन के साथ मिलाने के कारण महत्वपूर्ण हो गया। सविनय अवज्ञा आन्दोलन भी अखिल भारतीय आन्दोलन था जिसमें गाँधी सर्वोपरि रहे। सविनय अवज्ञा आन्दोलन, जो मूल रूप से नमक सत्याग्रह था, भारत के भिन्न भागों में भिन्न रूप से संचालित हुआ। 1942 का भारत छोड़ो आन्दोलन, जिसे खुले विद्रोह के रूप में जाना जाता है, उन तीन अखिल भारतीय अभियानों, जिनका गाँधी ने नेतृत्व किया, में अन्तिम था। यद्यपि ये आन्दोलन भारत के राष्ट्रीय आन्दोलन के विभिन्न चरणों में संचालित हुए तथापि इन जन आन्दोलनों में दो लक्षण हर बार उभरे; पहला, गाँधी निर्विवाद नेता रहे, जिन्होंने जनता को अपने करिश्मा व 'जादुई शक्ति' से प्रभावित किया, और द्वितीय, अखिल भारतीय गुणों के बावजूद

ये आन्दोलन ग्रामीण निहित स्वार्थों तथा सरकार द्वारा उनके समर्थन की स्थानीय शिकायतों को आधार बनाकर प्रतिभागियों द्वारा स्वतंत्र रूप से आयोजित किए गए।

गाँधी के सामाजिक और राजनीतिक विचार बहुआयामी हैं। यदि इसका बीज तत्व भारत के सांस्कृतिक स्रोतों से उपजा तो इसका वास्तविक विकास दक्षिण अफ्रीका और भारत में उनके अनुभवों से गढ़ा गया। उनकी विचारधारा इस अर्थ में अतीत से क्रान्तिकारी रूप से भिन्न थी कि उसमें न तो उदारवादियों की संवैधानिक स्वामीभक्ति थी और न क्रान्तिकारी आतंकवादियों का उग्रवाद था। भारतीय राष्ट्रवाद के अपने विचार में उन्होंने पिछले समय में उपेक्षित राष्ट्रवादी राजनीति के नए उभरते क्षेत्रों को शामिल किया। गाँधी जन राजनीति का युग लाए। अतः भारत के स्वतंत्रता संघर्ष में गाँधी की भूमिका का विश्लेषण स्पष्ट रूप से भारत के बहुसंस्कृतीय समाज के विविध हिस्सों की भागीदारी से आन्दोलन की बदलती प्रकृति की ओर संकेत करती है। यह इसलिए सम्भव हुआ, क्योंकि गाँधी सम्भवतः अकेले प्रभावशाली राष्ट्रीय नेता थे "जिन्होंने एक पद्धति ईज़ाद करके वर्ग संघर्ष से ऊपर उठने का प्रयास किया जो पहली बार अखिल भारतीय विशेषताओं से युक्त राष्ट्रीय एकीकरण लाया" (मेहता, 1992: 211)। उनके सामाजिक और राजनीतिक विचार भारत की विशिष्ट सामाजिक व आर्थिक परिस्थितियों से उनके जुड़ाव का प्रतिफल थे। गाँधी ने न केवल ब्रिटिश शासन के विरुद्ध आन्दोलन प्रारम्भ किया अपितु भारत की प्राचीन परम्पराओं के नाम पर शोषक सामाजिक संरचनाओं, रीति–रिवाजों, मानकों और मूल्यों के विरुद्ध भी संघर्ष किया। इसलिए गाँधी के विचार न शुद्ध रूप से राजनीतिक हैं, न पूर्ण रूप से सामाजिक, बल्कि इन दोनों का जटिल मिश्रण है जो गाँधी के उद्देश्य की अवधारणाजन्य विशेषताओं को स्पष्ट करते हैं।

मूल सिद्धान्त

गाँधी के सामाजिक और राजनीतिक विचारों को समझने के लिए आवश्यक है कि गाँधीवाद के दो मूल विचारों को समझा जाए, जैसे सत्याग्रह व अहिंसा। तुलनात्मक रूप से जो बात कम ज्ञात है वह यह तथ्य है कि दक्षिण अफ्रीका के प्रयोग और रौलट अधिनियम के विरुद्ध संघर्ष के बीच के काल में सम्पूर्ण अभियान में *सत्याग्रह* का स्वरूप बिना कड़ुवाहट के विरोध का रहा। 1919 के रौलट विरोधी *सत्याग्रह* के बाद ही *अहिंसा* को गाँधी ने सत्याग्रह के आवश्यक अंग के रूप में जोड़ा। इसमें कोई शक नहीं कि सत्याग्रह की अवधारणा में अहिंसा का महत्वपूर्ण प्रभाव सदैव रहा; लेकिन इसे कभी भी इतना महत्व प्राप्त नहीं था जितना कि यह आने वाले समय में हो गया। अन्य शब्दों में, अपने स्पष्ट महत्व के बावजूद गाँधी के राजनीतिक कार्यों के विमर्श में अहिंसा को कभी इतनी

विशिष्टता प्राप्त नहीं थी। एक पद्धति के रूप में सत्याग्रह सदैव अहिंसा से समर्थित था, यद्यपि रौलट अधिनियम के विरुद्ध 1919 के अभियान के पूर्व इसकी भूमिका इतनी स्पष्ट नहीं थी। उसके पश्चात् महात्मा ने राजनीतिक गतिशीलता के लिए अहिंसा के अवधारणीकरण व न्यायोचित ठहराने के अपने विचार के पक्ष में प्राचीन ग्रन्थों से उदाहरण देने पर बहुत ध्यान दिया। रौलट सत्याग्रह के बाद अहिंसा को बहुत महत्व प्राप्त हुआ जिसमें गाँधी द्वारा आगे चलाए जाने वाले आन्दोलनों की प्रकृति स्पष्ट होती है। गाँधी, सत्याग्रह के रूप में एक सर्वभारतीय असहयोग आन्दोलन की तैयारी कर रहे थे जिसमें अहिंसा को राजनीतिक गतिशीलता लाने में, निर्णायक भूमिका निभानी थी। अतः गाँधी द्वारा चलाए गए चम्पारन, खेड़ा और अहमदाबाद में सत्याग्रह के छोटे–छोटे अनुभव जिसमें साम्राज्य विरोधी गाँधीवादी प्रतिमान में अहिंसा आवश्यक रूप से शामिल थी, गाँधी के सामाजिक–राजनीतिक विचारों में निर्णायक हो गयी।

गाँधी के लिए अहिंसा से तात्पर्य "निष्क्रिय व सक्रिय प्रेम दोनों से था जिसमें प्राणी मात्र के नुकसान या विध्वंस से दूर रहना साथ ही उनके सकारात्मक कल्याण को आगे बढ़ाना" (पारीख, 1999: 130) शामिल था।[1] इसका मतलब है कि अहिंसा से गाँधी का तात्पर्य दूसरे को 'नुकसान न पहुंचाने' का ही नहीं है क्योंकि यह एक नकारात्मक और निष्क्रिय विचार है; अपितु अहिंसा का एक सकारात्मक और सक्रिय अर्थ प्रेम व दान है। जैसा गाँधी यह कह कर स्पष्ट करते हैं;

> ... अपने नकारात्मक अर्थ में अहिंसा का तात्पर्य किसी भी प्राणी को शारीरिक या मानसिक पीड़ा न पहुंचाना है। मैं, अतः किसी कष्ट देने वाले को पीड़ा न पहुंचाऊँ तथा उसके प्रति द्वेष न रखूँ जिससे उसे मानसिक कष्ट हो। अपने सकारात्मक अर्थ में अहिंसा का तात्पर्य है अत्यधिक प्रेम व सर्वाधिक दान। अगर मैं अहिंसा का अनुसरणकर्ता हूँ तो मैं अपने शत्रु या अपरिचित से वैसा ही प्रेम करुं जैसा मैं अपने कष्ट देने वाले पिता और पुत्र से करता। इस सक्रिय अहिंसा में सत्य व निर्भयता दोनों शामिल हैं।[2]

जैसा कि स्पष्ट है गाँधी ने अहिंसा को दो विपरीत अर्थों में परिभाषित किया। एक तरफ संकुचित अर्थ में, इसका तात्पर्य दूसरों को नुकसान न पहुंचाना था; जबकि सकारात्मक अर्थ में यह 'अनन्त प्रेम' के आधार पर उनके कल्याण को आगे बढ़ाने की ओर इंगित करता था।[3] अतः गाँधी ने इसे जिस अर्थ में समझा व अभिव्यक्त किया, उस अर्थ में अहिंसा को मात्र दूसरों को 'आहत न' करने के अर्थ में समझना उचित नहीं था। अहिंसा निश्चित रूप से एक नकारात्मक विचार नहीं था; यह प्रतिरोध–रहित नहीं था, अपितु अहिंसक प्रतिरोध था जो, जवाहरलाल नेहरू के अनुसार "अहिंसा ही कार्य की सकारात्मक व गतिशील पद्धति है तथा यह उनके लिए नहीं है जो यथास्थिति को स्वीकार कर लेते हैं;" (नेहरू,

1941: 540)। इस विचार के सृजन का उद्देश्य 'समाज में उत्साह' बनाना था ताकि प्रचलित सामाजिक परिस्थितियों को बदला जा सके। "इस परिवर्तन के उद्देश्य के पीछे कुछ भी हो, व्यवहार में यह", नेहरू (पूर्वोक्त) ने तर्क दिया, "दबाव डालने का महत्वपूर्ण शस्त्र था, यद्यपि इस दबाव का प्रयोग बहुत सुसभ्य व कम विरोध के तरीके से किया जाता है"।

अहिंसा, अपने सकारात्मक निहितार्थ में, उच्च नैतिक मूल्यों, जो 'निस्वार्थ स्व' में प्रकट होती है पर आधारित थी। इस प्रकार गाँधी (1922: 7 पेन्थम द्वारा उद्धृत, 1987: 302-03) ने लिखा है

> ... हमारी इच्छाओं व उद्देश्यों को दो श्रेणी में बांटा जा सकता है — स्वार्थ व निस्वार्थ। सभी स्वार्थी कामनाएं अनैतिक हैं, जबकि दूसरों के हित के लिए स्वयं को सुधारने की इच्छा वास्तव में नैतिक है... सर्वोच्च नैतिक कानून यह है कि हम निरन्तर मानवता के कल्याण के लिए कार्य करें।

गाँधी के सत्याग्रह के प्रयोग में अहिंसा महत्वपूर्ण तत्व है। इसने गाँधी को न केवल साम्राज्य विरोधी राजनीति को एक नई धारा देने में सक्षम किया अपितु इसने उन्हें, अपने विरोधी के प्रति द्वेष भाव न रखने के कारण, अभी तक उपेक्षित वर्ग को राजनीतिक रूप से अपने साथ लेने का अवसर दिया, लेकिन उनके तरीके में अत्यन्त सतर्कता की आवश्यकता थी, जैसा कि उन्होंने कहा,

> ... अहिंसा मेरे लिए एक धार्मिक धारणा है, प्राणवायु है। इसे, फिर भी एक धार्मिक धारणा की भांति मैं भारत के समक्ष या किसी और के समक्ष नहीं रखता ... मैं इसे कांग्रेस के समक्ष राजनीतिक हथियार के रूप में रखता हूं जिसका प्रयोग व्यावहारिक समस्याओं के समाधान के लिए हो (गाँधी, पेन्थम द्वारा उद्धृत 1987: 302-03)।

अतः अहिंसा गाँधी के संघर्ष समाधान प्रतिमान की पूरक थी जो निश्चित रूप से सर्वाधिक विषम परिस्थितियों में भी सामाजिक परिवर्तन व राजनीतिक गतिविधि के लिए मौलिक तथा रचनात्मक पद्धति थी। यह राजनीति का वह सिद्धान्त थी जो राष्ट्रीय राजनीतिक आन्दोलन में प्रमुख विचारधारा बन गई जिसमें गाँधी सर्वोत्कृष्ट रहे। राजनीति के इस सिद्धान्त की जड़ में अहिंसा थी जो "राजनीति के विज्ञान का संगठनात्मक सिद्धान्त था जो हिंसा का विज्ञान उत्पन्न कर रहे सभी समकालीन राजनीति के विचारों से भिन्न था" (चटर्जी, 1984a: 186)। यह सिद्धान्त लोगों को, उनकी सामाजिक–आर्थिक पृष्ठभूमि से परे न केवल, गतिशील करने के लिए प्रभावी था अपितु इसने 'संगठित राजनीतिक आन्दोलन की प्रत्येक व्यावहारिक समस्या के समाधान' (पूर्वोक्त) के लिए नैतिक आधार प्रदान किया।

सत्याग्रह का अर्थ प्रतिरोध है। न केवल निष्क्रिय प्रतिरोध, अपितु 'लोगों द्वारा की जाने वाली गहन क्रिया'। यह बर्बरतापूर्ण राज्य शक्ति के विरुद्ध लोगों के वैधानिक, नैतिक व सत्य–आधारित क्रियाकलाप का प्रतीक था। राज्य द्वारा किए जाने वाले विभिन्न प्रकार के अन्याय के विरुद्ध यह एक आन्दोलन था। जैसा कि गाँधी (1971, ए: 523) ने कहा, "हम प्रशासकों पर हथियार द्वारा आक्रमण नहीं करना चाहते, न उन्हें सत्ता से विस्थापित करना चाहते हैं, बल्कि सिर्फ अन्याय से मुक्ति चाहते हैं।"[4] राज्य व निहित सामाजिक–आर्थिक स्वार्थों को लक्ष्य करने के लिए यह वस्तुतः व्यापक जनभागीदारी की कार्य योजना थी। सत्याग्रह के लिए लोगों को संगठित करने के लिए लोगों में, अपनी निर्धनता के लिए शोषक विदेशी शासन को उत्तरदायी मानने के लिए, चेतना जागृति की आवश्यकता थी। गाँधी को विश्वास था कि परिस्थितियां उपयुक्त थीं तथा लोगों को अभियान के लिए आह्वान करने की आवश्यकता थी। अतः, रौलट सत्याग्रह की पूर्व संध्या पर उन्होंने कहा,

> ... यह कहा जाता है कि लोगों को सत्याग्रह के लिए शिक्षित करना, यदि असम्भव नहीं, तो बहुत कठिन काम है तथा यह भय से परिपूर्ण है, क्योंकि अशिक्षित अज्ञानी लोगों को एक परिस्थिति से दूसरी में परिवर्तित करना अत्यन्त कष्टसाध्य कार्य है। दोनों तर्क मूर्खतापूर्ण हैं। भारत के लोग सत्याग्रह का प्रशिक्षण प्राप्त करने के लिए सर्वथा योग्य हैं। भारत में धर्म का ज्ञान है और जहां धर्म का ज्ञान है वहां सत्याग्रह अत्यन्त सरल है। ... कुछ लोगों को भय है कि यदि लोगों को एक बार सत्याग्रह में शामिल कर लिया गया तो आगे आने वाले समय में वे हथियार उठा सकते हैं। यह भय काल्पनिक है। सत्याग्रह के मार्ग का असत्याग्रह की ओर परिवर्तन होना असम्भव है। यह सम्भव है कि जो लोग सशस्त्र गतिविधियों में विश्वास करते हैं, वे अपने साथियों को सत्याग्रह में घुसपैठ करा दें और बाद में उन्हें हथियार के लिए प्रेरित करें, लेकिन अन्य गतिविधियों की तुलना में, सत्याग्रह में ऐसा होने की कम सम्भावना है, क्योंकि उनके मंसूबे जल्दी ही उजागर हो जाएंगे और जब लोग हथियार उठाने के लिए तैयार न हों तो उन्हें उस भयंकर मार्ग की ओर ले जाना लगभग असम्भव है (पूर्वोक्त : 524)।

रौलट सत्याग्रह के द्वारा गाँधी के सिद्धान्त व्यवहार में परिवर्तित हुए। जनता के अन्याय के विरुद्ध सहज प्रतिरोध पर विश्वास करने के कारण गाँधी रौलट अधिनियम के विरुद्ध अभियान की सफलता के प्रति आश्वस्त थे। इसमें कोई सन्देह नहीं कि 1919 का यह सत्याग्रह गाँधी के राजनीतिक सिद्धान्तों की दृष्टि से दो विशिष्ट रूप से महत्वपूर्ण था – (अ) ब्रिटिश विरोधी संघर्ष में लोगों के बढ़ते असन्तोष की सम्भावना को गाँधी ने अब अनुभव किया; तथा (ब) सत्याग्रह महात्मा के लिए एक निर्णायक परीक्षा भी थी जो अब राजनीतिक गतिशीलता के लिए सत्याग्रह की तकनीक की सफलता के प्रति आश्वस्त थे। गाँधी के अनुसार

रौलट अधिनियम अन्यायपूर्ण आदेश था जिसकी अवज्ञा होनी चाहिए। जैसा कि उन्होंने तर्क दिया,

> ... चाहे आप सत्याग्रही हैं या नहीं, लेकिन जब तक आप रौलट अधिनियम को नकारते हैं, तब तक आप इसमें शामिल हो सकते हैं तथा (उन्हें विश्वास था) कि भारत के चारों ओर से इसके लिए जो प्रतिक्रिया होगी, वह सरकार को विश्वास दिलाएगी कि जो कुछ हमारे बीच हो रहा है उसके प्रति हम चैतन्य हैं (गाँधी, 1971 बी: 155)।

इस सत्याग्रह में सफलता के बाद गाँधी शासकों के विरुद्ध अब एक अखिल भारतीय आन्दोलन चलाने के लिए तैयार थे तथा रौलट सत्याग्रह ने इसे गति प्रदान की। यद्यपि गाँधी ने सत्याग्रह में अहिंसा के महत्व को रेखांकित किया लेकिन वे इसके महत्व पर इतना जोर देते प्रतीत नहीं होते जितना बाद में दिया। उनके लिए ब्रिटिश हितों पर सत्याग्रह के माध्यम से संगठित आघात करना अधिक महत्वपूर्ण था। जैसाकि उन्होंने कहा,

> ... सत्याग्रह के सम्बन्ध में सार्वजनिक धारणा शुद्ध और सीधे रूप में सविनय अवज्ञा की है, यदि सब मामलों में नहीं, तो आपराधिक अवज्ञा की ... सत्याग्रह का राजनीतिक क्षेत्र में पहली बार व्यापक रूप से प्रयोग किया जा रहा है, यह प्रयोग के चरण में है। अतः मैं, नई खोज कर रहा हूँ। अतः लोगों को सविनय अवज्ञा के प्रति अति उत्साहित करना मुझे अपनी बहुत बड़ी गलती लगती हैं, जब मैंने समझा कि मेरा यह मानना कि जो व्यक्ति राज्य, जिसमें कि वह रह रहा है, के कानून का स्वेच्छा व समझ बूझ से पालन करता है, उसे ही सविनय अवज्ञा का अधिकार प्राप्त जाता है (गाँधी, 1971सी: 436)।

अतः गाँधी ने उभरते हुए जन असन्तोष का उपयोग किया तथा उसे सत्याग्रह में परिवर्तित किया। अब, सांगठनिक सिद्धान्त क्या हैं? उनकी योजना में एक सत्याग्रही को अभियान के लिए तैयार होने के पहले इन सिद्धान्तों को जानना चाहिए। जैसा कि उन्होंने कहा, शासक सत्ता के विरुद्ध किसी अभियान में शामिल होने के पूर्व उन्हें इसके गहन परिणाम को पूरी तरह से समझ लेना चाहिए। ऐसा होने के लिए, सविनय अवज्ञा को व्यापक स्तर पर पुनः प्रारम्भ करने के पूर्व अच्छी तरह जांचे–परखे, शुद्ध हृदय वाले स्वयंसेवकों के एक दल को तैयार करना आवश्यक होगा, जो सत्याग्रह की कड़ी शर्तों को अच्छी तरह से समझते हों' (गाँधी 19714डी: 374)। इस प्रकार सत्याग्रह के विचार को सक्रिय करने के सिद्धान्त, जो गाँधी के नेतृत्व में चलाए जाने वाले राष्ट्रवादी अभियान में शामिल लोगों के व्यवहार को संचालित करता, के रूप में अवधारित किया गया तथा गाँधी जितना अधिक सांगठनिक मानकों, जिनसे राष्ट्रीय आन्दोलन को संचालित होना था, के लिए चिन्तित हुए उतना ही अधिक उन्होंने अहिंसा के विचार को व्याख्यायित

करना प्रारम्भ किया' (चटर्जी, 1948 बी: 27)। एक नेता व्यापक जन असन्तोष को कार्य रूप में परिणत करने के लिए निर्देश देने के लिए उत्तरदायी था। जनता प्रशिक्षित नहीं थी तथा प्रतिरोध में भी उनका व्यवहार एक भीड़ की भांति ही था। एक सार्थक कार्य के लिए भीड़ को एक संगठित समूह में परिवर्तित करने के लिए नेतृत्व का महत्व था। जैसा कि गाँधी (पूर्वोक्त) ने स्वयं स्वीकार किया, "भीड़ को प्रशिक्षित करना इतना आसान नहीं है, एक सहज कारण से कि उनके विचार नहीं हैं, पूर्व चिन्तन नहीं है। वे आवेश में कार्य करते हैं। वे शीघ्र ही पश्चात्ताप करते हैं।" असहयोग आन्दोलन के प्रथम चरण के दौरान प्रदर्शनों को 'विचार रहित भीड़' (गाँधी, 1920, 1971 ई: 240-44) कहने में उन्हें हिचक नहीं हुई। अतः वे इस निष्कर्ष पर पहुंचे कि ऐसे प्रदर्शन—

> ... भारत को स्वराज नहीं दिला सकते, जब तक वे राष्ट्रीय उद्देश्य के लिए अनुशासित व सुसज्जित न हों। देश के समक्ष सबसे बड़ा कार्य (गाँधी ने कहा) प्रदर्शनकारियों को अनुशासित करना है यदि वे एक सार्थक उद्देश्य को प्राप्त करना चाहते हैं ... राष्ट्र को जन आन्दोलन को सौम्य तथा पद्धतिबद्ध तरीके से चलाने के लिए अनुशासित होना चाहिए। ... हम तब तक प्रभावशाली काम नहीं कर सकते (उन्होंने आगे कहा) जब तक भीड़ को निर्देश दें और स्पष्ट आज्ञाकारिता की अपेक्षा करें (पूर्वोक्त)।

अतः सार्थक राष्ट्रीय अभियान में जनता को शामिल करने के लिए विशेषकर प्रतिरोध की पद्धति के लिए सत्याग्रह को विशिष्ट कार्यक्रम के अनुसार संचालित करना था, यहीं पर अहिंसा अत्यधिक महत्वपूर्ण हो जाती है। अहिंसा विशिष्ट सांगठनिक सिद्धान्त था जो सत्याग्रहियों के व्यवहार को संचालित करता था। दूसरे शब्दों में, सत्याग्रह के सम्पूर्ण कार्यक्रम में अहिंसा महत्वपूर्ण थी, जिसके बिना प्रतिरोध की क्रिया निरर्थक प्रतीत होती थी। अहिंसा आधारभूत सिद्धान्त भी था। इसने न केवल अभियान की प्रकृति को स्पष्ट किया, अपितु प्रतिरोध के तरीके को भी उन लोगों के लिए निर्देशित किया, जो इसमें शामिल हो रहे थे। यह वास्तव में इस अर्थ में 'अहिंसा का विज्ञान' था कि इसने गाँधी की राजनीतिक सक्रियता को भाषा दी जिसमें सविनय "प्रतिरोधी राष्ट्र की अहिंसक सेना का प्रतिनिधित्व करता है। तथा जैसे कि हर नागरिक सक्रिय सैनिक नहीं हो सकता, उसी प्रकार हर नागरिक सक्रिय सविनय अवज्ञाकारी नहीं हो सकता" (गाँधी, 1933 ए; 1975 एः 299)। यह रोचक है कि अहिंसा के सिद्धान्त के कड़े पालन का दायित्व नेतृत्व पर था न कि जनता पर। बिल्कुल सेना के एक सिपाही की भांति—

> ... जो सैनिक विज्ञान को पूरी तरह से नहीं जानता; उसी प्रकार एक सत्याग्रही सत्याग्रह के सम्बन्ध में पूरी जानकारी नहीं रखता। इतना पर्याप्त है यदि वह अपने

> कमान्डर पर विश्वास करता है और उनके आदेश का ईमानदारी से पालन करता है तथा तथाकथित दुश्मन के प्रति द्वेष भाव न रखते हुए मृत्यु तक सहन करने को तैयार है ... (सत्याग्रही) कमाण्डर के लिए हृदय से अनुशासित होने के लिए तैयार रहना चाहिए। कोई मानसिक शंका नहीं होनी चाहिए (गाँधी, 1975 बी: 436-37)।

यहां गाँधी व्यापक सविनय अवज्ञा के सन्दर्भ में बात कर रहे थे, जहां जनता को दिशा निर्देश देने में नेता की भूमिका अत्यन्त महत्वपूर्ण थी जबकि व्यक्तिगत प्रतिरोध में 'प्रत्येक व्यक्ति एक स्वतंत्र इकाई था (तथा) प्रत्येक प्रतिरोधी अपना स्वयं नेता था' (गाँधी, 1933 बी; 1975 सी: 428)।

सत्याग्रह, अतः, निष्क्रिय प्रतिरोध के समरूप नहीं था। *हिन्द स्वराज* में सत्याग्रह की विशेषताएं चित्रित करते समय गाँधी का मत था कि 'निष्क्रिय प्रतिरोध' प्रेषित करने में असफल है (जो वह कहना चाहते हैं)। यह एक पद्धति का वर्णन करता है, लेकिन जिस व्यवस्था का वह हिस्सा है उसका संकेत नहीं करता। वास्तविकता, जो कि मेरा उद्देश्य है, बुराई के विरुद्ध अच्छाई करना है' (डोक, 1909: 135)। दूसरे शब्दों में, सत्याग्रह तथा निष्क्रिय प्रतिरोध में समानता ऊपरी है क्योंकि दोनों राजनीतिक प्रतिरोध की सुपरिभाषित पद्धतियां हैं तथा जो हिंसा के विरुद्ध हैं। गाँधी ने सिद्धान्त रूप से निष्क्रिय प्रतिरोध को निश्चित रूप से आधार बनाया होगा, लेकिन जब उन्होंने सत्याग्रह को परिभाषित किया तो उन्होंने इसकी विशिष्ट प्रकृति और गुणों को रेखांकित किया। जैसा कि उन्होंने *हिंद स्वराज* में कहा,

> "...सत्याग्रह व्यक्तिगत कष्ट द्वारा अधिकार प्राप्त करने की पद्धति है; यह शस्त्र द्वारा प्रतिरोध के विपरीत है। जब मुझे कोई काम पसन्द न आए और वह काम मैं न करूं, तो मैं आत्मबल का प्रयोग करता हूं। उदाहरण के लिए मुझ पर लागू होने वाला कोई कानून सरकार ने पारित किया। वह मुझे पसन्द नहीं है। यदि, हिंसा का प्रयोग करके मैं यह कानून रद्द करवाता हूं तो माना जाएगा कि मैंने शारीरिक बल का प्रयोग किया। यदि मैं उस कानून की पालना न करूं, तथा इस कारण होने वाली सजा भुगत लूं तो मैं आत्मबल का प्रयोग कर रहा हूं। इसमें आत्मबलिदान निहित है (परेल, 1997: 90)।

स्पष्ट है, सहज कारण से निष्क्रिय प्रतिरोध को सत्याग्रह के समान नहीं समझा जा सकता, जैसा कि गाँधी ने स्वयं कहा कि इसमें शक्ति भी शामिल है, जबकि सत्याग्रह में किसी भी प्रकार का बल प्रयोग वर्जित है। अतः वे विशेष रूप से कहते हैं कि—

> ... सत्याग्रह एक दुधारी तलवार है; उसे किसी प्रकार से काम में लिया जा सकता है। यह, जो उसे चलाता है तथा जिस पर चलाई जाती है, दोनों को सुख देता है।

बिना खून निकाले यह दूरगामी परिणाम देता है। इसे जंग नहीं लगती, इसे चुराया नहीं जा सकता। सत्याग्रही यदि होड़ में उतरते हैं तो उसमें थकान नहीं होती। सत्याग्रही की तलवार को म्यान की आवश्यकता नहीं। फिर भी यदि इसे कमजोरों का अस्त्र कहा जाए तो यह आश्चर्यजनक बात है (परेल, 1977: 94)।

सत्याग्रह 'शारीरिक बल' नहीं बल्कि 'आत्मबल' था, जो प्रयोगकर्ताओं के स्वभाविक रूप से आत्मबलिदान पर आधारित था, और गाँधी के अनुसार यही अभियान की विशिष्टता थी। गाँधी ने सत्याग्रह को आंतरिक हिंसा से जोड़ा। इसने 'दया व समावेशन के स्थान पर पूर्वाग्रह व अलगाववाद की शक्तियों को मुक्त किया' (डाल्टन, 2000: 74)। इस पक्ष पर जोर देते हुए उन्होंने यह भी कहा,

> ... हर कोई स्वीकार करता है कि दूसरों के बलिदान से आत्मबलिदान निश्चित रूप से श्रेष्ठ है। इसके अतिरिक्त अन्याय के लिए यदि इस प्रकार की शक्ति का प्रयोग किया जाए तो प्रयोगकर्ता दुख सहन करता है। अपनी गलतियों के लिए वह दूसरों को दुख नहीं देता। आदमी ने अब से पहले कई ऐसे काम किए हैं जो बाद में गलत पाए गए। कोई व्यक्ति इसलिए पूरी तरह सही होने या किसी चीज के गलत होने का दावा नहीं कर सकता क्योंकि वह ऐसा सोचता है, लेकिन यदि वह जानबूझ कर निर्णय करता है तो उसके लिए गलत है। अतः उसे जो गलत लगता है वह नहीं करना चाहिए तथा जो कुछ भी परिणाम हो उसे भुगतना चाहिए। आत्मबल प्रयोग की यही कुंजी है (परेल, 1997: 91)।

मताधिकार आन्दोलन से भिन्न 'एक सत्याग्रही शत्रु को दुख नहीं पहुंचाता; वह उसका विनाश नहीं करना चाहता।' एक सत्याग्रही कभी भी 'हथियार का सहारा' नहीं लेता। सत्याग्रह के प्रयोग में, 'किसी भी प्रकार की दुर्भावना नहीं होती'। सत्य का आग्रह 'साधक को अनुपम शक्ति से सुसज्जित करता है तथा यह शक्ति' जो सत्याग्रह के मूल में निहित है। यह शक्ति/बल 'कभी भी शारीरिक नहीं हो सकता'। 'हिंसा के लिए' कोई स्थान नहीं। सार्वभौमिक प्रयोग की एकमात्र शक्ति 'अहिंसा या प्रेम ही हो सकती है', जिसे गाँधी ने 'आत्मबल' के रूप में परिभाषित किया (1930, मुखर्जी द्वारा पुनःउद्धृत, 1993: 157-60)। प्रेम की परीक्षा तपस्या या त्याग थी। आत्म पीड़ा 'अहिंसा का मूल है तथा दूसरों के प्रति हिंसा के स्थान पर चुना हुआ, विकल्प है' (बोन्डुरेन्ट, 1958: 27)। सत्य के लिए आत्मपीड़ा 'एक कमजोर का शस्त्र' नहीं है बल्कि हिंसा को अपनाने के स्थान पर उच्चतर साहस पर आधारित शक्तिशाली पद्धति है।' तथा, यह 'विरोधी या अत्याचारी के नैतिक–प्रोत्साहन' में सहायक है (पेन्थम, 1987: 303)।

गाँधी का सत्याग्रह राज्य के विरुद्ध निर्देशित राजनीतिक सिद्धान्त मात्र नहीं है, इसका मानव प्रकृति के अनुरूप सामाजिक–आर्थिक पक्ष भी है। राजनीतिक सक्रियता के लिए उदारवादी तथा उग्रवादी पद्धतियों के विपरीत सत्याग्रह

सामाजिक परिवर्तन व राजनीतिक सक्रियता के लिए परम मौलिक और रचनात्मक अवधारणीकरण है। हिंसा के विपरीत, गाँधी ने अनुनय की शक्ति पर आधारित अहिंसा को अधिक पसन्द किया। जब अनुनय असफल हो जाए तो गाँधी को उपवास, जो विरोधी को नैतिक रूप से भयभीत करने की शक्ति के कारण अधिक प्रभावी था, की पद्धति को अपनाने में हिचक नहीं थी। सत्याग्रह तथा इसके प्रयोगकर्त्ता को संचालित करने वाले सिद्धान्त एक विशिष्ट पद्धति के अन्तर्गत उनके द्वारा जन आन्दोलन को आयोजित करने के प्रयास को स्पष्ट करते हैं, जो हर सत्याग्रही के कर्तव्य व दायित्व को निर्दिष्ट करते हैं। अतः उन्होंने न केवल स्वतंत्रता के लिए संघर्ष की प्रकृति को स्पष्ट रूप से परिभाषित किया, अपितु राजनीतिक सक्रियता के लिए सुनिर्मित पद्धति भी प्रस्तुत की। संकुचित अर्थ में, सत्याग्रह नैतिक विवेक पर आधारित राजनीतिक संघर्ष की पद्धति थी; व्यापक अर्थ में, यह शासक व शासित साथ ही सामाजिक–आर्थिक रूप से वंचित व उपेक्षित वर्ग के मध्य असहमति तथा विवाद से निपटने का अत्यन्त मानवीय तथा रचनात्मक तरीका था। गाँधी की अवधारणा में सबसे महत्वपूर्ण विवेकशील संवाद तथा प्रोत्साहन था, साथ ही वे भिन्न सामाजिक–आर्थिक परिस्थितियों में स्थित लोगों के मध्य प्रचलित नैतिक सम्बन्धों को क्रान्तिकारी रूप से परिवर्तित करने की सीमा जानते थे। अतः सत्याग्रह मानवीय मूल्यों को महत्व देते हुए व्यक्ति को परिवर्तित करने की सतत चलने वाली प्रक्रिया होनी थी, ये मानवीय मूल्य उपनिवेशवाद तथा विभिन्न सामाजिक पूर्वाग्रहों के कारण बाधित थे तथा जिसे धर्म के नाम पर न्यायोचित ठहराया जाता था।

स्वराज की अवधारणा

एक विचार तथा रणनीति के रूप में, स्वराज ने स्वतंत्रता संग्राम व राष्ट्रवादी विचार के संदर्भ में पर्याप्त महत्व प्राप्त किया साथ ही राजनीतिक प्रक्रिया में बढ़ते जनतांत्रीकरण में भी अभी तक सामाजिक–आर्थिक रूप में हाशिए पर रहे समाज में प्रवेश पा लिया था। अतः स्वराज, इस अर्थ में सामाजिक विषमता दूर करने वाला था कि इसने सामाजिक–आर्थिक तथा सांस्कृतिक भिन्नता से परे लोगों को गतिशील करने में सहायता की। राजनीतिक रणनीति के रूप में यही स्वराज की सफलता थी। भारत जैसे अत्यन्त विभाजित समाज में, स्वराज को निम्नवत परिभाषित किया गया – (अ) राष्ट्रीय स्वतंत्रता; (ब) व्यक्ति की राजनीतिक स्वतंत्रता; (स) व्यक्ति की आर्थिक स्वतंत्रता; तथा (द) व्यक्ति की आध्यात्मिक स्वतंत्रता या स्वशासन। यद्यपि ये चार परिभाषाएं स्वराज की चार भिन्न विशेषताओं से सम्बन्धित हैं, लेकिन वे परस्पर पूरक हैं। इनमें से पहली तीन की प्रकृति नकारात्मक है जबकि चौथी अपने विचार में सकारात्मक है। 'राष्ट्रीय स्वतंत्रता', व्यक्तिगत 'राजनीतिक' तथा 'आर्थिक' स्वतंत्रता के रूप में स्वराज में

विदेशी शासन की समाप्ति तथा लोगों और गरीबी द्वारा किए जा रहे शोषण का अन्त शामिल है। आध्यात्मिक स्वतंत्रता इस अर्थ में सकारात्मक गुण है क्योंकि यह वह स्थिति है जिसे, पहले तीनों शर्तें पूरी होने के पश्चात, सभी प्राप्त करना चाहते हैं। दूसरे शब्दों में, यह अन्तर्निहित अनुमान है कि स्वशासन, स्पष्ट रूप से परिभाषित नकारात्मक तत्वों, जो स्वराज को अपने नैतिक अर्थ में प्राप्त करने के मार्ग में बाधक है, की अनुपस्थिति में ही सम्भव है। अपने अवधारणीकरण में गाँधी ने अंग्रेजी अनुवाद के स्थान पर स्वराज शब्द का ही प्रयोग शायद इसका समुचित समनार्थी दूसरी भाषा में न मिलने के कारण उचित समझा।[5] स्वराज की व्याख्या करते हुए महात्मा ने इसे स्वदेशी, जिसमें स्वराज का विचार पुष्ट हुआ, के साथ जोड़ा। अन्य शब्दों में, यदि गाँधी के सामाजिक व राजनीतिक विचारों का आधारभूत सिद्धान्त स्वराज था तो स्वदेशी, अब तक अस्तित्व में रहे समाज से भिन्न समाज के लिए उपयुक्त सामाजिक, आर्थिक व राजनीतिक उपायों का व्यावहारिक प्रदर्शन था।

जैसा कि स्पष्ट है स्वराज राजनीतिक मुक्ति मात्र ही नहीं था; व्यापक रूप से इसका अर्थ मानव की मुक्ति भी था। उदारवादी सम्भवतः इस विचार की अवधारणा करने में, यद्यपि अत्यन्त सीमित अर्थ में, अग्रगामी थे, स्वराज की सर्वाधिक रचनात्मक व्याख्या महात्मा गाँधी द्वारा की गई, जिसके अनुसार इसका उद्देश्य विदेशी शासन से राजनीतिक स्वतंत्रता प्राप्त करना मात्र नहीं था। उनके शब्दों में "अंग्रेजों का चले जाना मात्र स्वतंत्रता नहीं है। इसका अर्थ एक सामान्य ग्रामीण की यह चेतना है कि वह अपना स्वयं भाग्यविधाता है, (कि) वह अपने प्रतिनिधि के माध्यम से अपना खुद कानून निर्माता है" (गाँधी, 1975 दः 469)।

स्वराज की दूसरी महत्वपूर्ण विशेषता राजनीतिक स्वतंत्रता है। उदारवादियों के लिए राजनीतिक स्वतंत्रता का अर्थ ब्रिटिश प्रशासन के नियंत्रण में स्वायत्तता प्राप्त करना था। उदारवादियों में भी सर्वाधिक उग्र सुरेन्द्रनाथ बनर्जी भी ब्रिटिश भारत में भारतीयों के राजनीतिक अधिकारों को संवैधानिक उपायों की सीमा में ही प्राप्त करने के समर्थक थे। उदारवादियों से भिन्न उग्रवादी, पद्धति की अधिक परवाह नहीं करते थे तथा पूर्ण स्वतंत्रता पर जोर देते थे, जिसका तात्पर्य ब्रिटिश सरकार का भारत से सम्पूर्ण रूप से चले जाना था। यद्यपि ये दोनों ही स्थितियाँ गुणात्मक रूप से भिन्न थीं, तथापि स्वराज को इसलिए मान्यता मिली क्योंकि इसने राजनीतिक स्वतंत्रता के संकुचित विचार के स्थान पर व्यापक पक्ष, जिसे गाँधी ने सदैव प्रमुखता दी, पर अधिक जोर दिया। गाँधी के पूर्ववर्ती राष्ट्रवादियों ने राजनीतिक स्वतंत्रता, जो ब्रिटिश शासन के वापस चले जाने पर ही सम्भव थी, पर जोर दिया, गाँधी के लिए विभिन्न प्रकार के अत्याचार, जिन्हें आदिम सामाजिक मूल्यों के नाम पर उचित ठहराया जाता था, से मुक्ति उतनी ही महत्वपूर्ण थी जितनी उपनिवेशवाद से स्वतंत्रता महत्वपूर्ण थी।

व्यक्ति की आर्थिक स्वतंत्रता स्वराज का तीसरा पक्ष था। उपनिवेशवाद की अन्तर्निहित शोषक प्रकृति के कारण, उपनिवेशी राष्ट्र में गरीबी अवश्यम्भावी थी। गोखले तथा नौरोजी सहित अन्य उदारवादियों के लिए भारत में संवैधानिक स्वायत्तता की आश्वस्ति से गरीबी दूर हो सकती थी क्योंकि ब्रिटेन, जो कि उभरती हुई औद्योगिक शक्ति थी, से अपेक्षा थी कि वह पूंजीवादी आर्थिक संगठनों तथा आधुनिक विज्ञान व प्रौद्योगिकी को आरम्भ करके भारत की उत्पादक शक्ति को विकसित करेगा। शीर्घ ही उनका भ्रम टूट गया क्योंकि भारत का आर्थिक विकास ब्रिटिश शासन से उनकी अपेक्षाओं के अनुरूप नहीं था। उसके स्थान पर भारत 'विदेशी पूंजी के स्वतंत्र प्रवाह' के बावजूद गरीबी की स्थिति में पड़ा हुआ था। अतः उदारवादी नेताओं ने कहा कि उन्नीसवीं शताब्दी के उपनिवेशवाद ने "भारत को अन्नादि तथा कच्चे माल के महानगरों में आपूर्तिकर्ता, महानगरों के उत्पाद के लिए बाजार तथा ब्रिटिश पूंजी के निवेश के क्षेत्र के रूप में परिवर्तित कर दिया है" (चन्द्र इत्यादि, 1988: 92)।

गाँधी के लिए, भारत का आर्थिक भविष्य चरखा तथा खादी (हाथ के बुने वस्त्र) में निहित है। 'यदि भारत के गांवों को जीवित रहना तथा समृद्ध होना है तो चरखा को सर्वव्यापी होना आवश्यक है।'[6] ग्रामीण सभ्यता, गाँधी ने कहा, 'चरखा तथा उससे सम्बन्धित अन्य चीजों, जैसे ग्रामीण हस्तकला की पुनर्स्थापना के बिना असम्भव है।'[7] इसी प्रकार,

> जब तक ऐसा समय, यदि कभी, आए जब भारत के प्रत्येक गांव के सोलह वर्ष के ऊपर के प्रत्येक सक्षम स्त्री–पुरुष को खेतों, कुटीर उद्योगों यहां तक कि कारखानों में कार्य करने तथा उचित वेतन पाने की बेहतर व्यवस्था हो, तब तक भारत के करोड़ों लोगों के लिए (खादी) ही एक मात्र सच्चा आर्थिक उपाय है, (गाँधी, 1936 ए; 1975 एफः 77-78)।

चूंकि मशीनीकरण "एक बुराई थी उस स्थिति में जब काम के लिए आवश्यकता से अधिक हाथ उपलब्ध हों, जैसा कि भारत में है (उन्होंने अनुशंसा की) तब ग्रामीणों को कार्य की उपलब्धता मशीनीकरण से नहीं अपितु अभी तक प्रयोग में लाए जा रहे उद्योगों के पुनर्जीवित करने में निहित है" (गाँधी 1934 में 1975 जी: 356)। उन्होंने, अतः सुझाव दिया–

> ... लघु उद्योग की पद्धति हमारे देश की योजना के लिए बुद्धिमानी की योजना होगी। हमारे देश के लिए कोई भी योजना जो, श्रमधन की उपेक्षा करती हो उचित नहीं है... उत्पादन की केन्द्रीय पद्धति, जिसमें उत्पादन की कितनी भी क्षमता हो, बहुसंख्यक लोगों, जिन्हें काम चाहिए, के लिए रोजगार प्रदान करने में असमर्थ है। इसलिए इस देश में नकारने योग्य है (गाँधी 1939 में 1975 ईः 74)।

गाँधी को पूरा विश्वास था कि पश्चिम की तरह का औद्योगीकरण भारत के लिए विनाशकारी होगा। उनका विकल्प हर सक्षम व्यक्ति को लाभदायक रोजगार उपलब्ध कराने की चिन्ता से जुड़ा था। उद्योगवाद भारत की ग्रामीण अर्थव्यवस्था की नींव को ही कमजोर नहीं करता अपितु, 'जैसे ही प्रतियोगिता व बाजारवाद आएगा, ग्रामीणों का प्रत्यक्ष या परोक्ष शोषण का कारण बनेगा' (गाँधी, 1936 बी; 1975 एफ: 241)[8]। भारत की आर्थिक व्यवस्था के त्वरित सुधार के लिए नेहरू के औद्योगीकरण के प्रति मोह की आलोचना करते हुए उन्होंने अपनी स्थिति को दृढ़ता से यह कहते हुए दोहराया, 'किसी भी प्रकार का समाजीकरण उद्योगवाद में अन्तर्निहित बुराइयों को दूर नहीं कर सकता' (गाँधी, 1940 बी; 1975 : 29-30)। उनका लक्ष्य उद्योगवाद की चमक से भ्रमित विशिष्ट प्रकार की सोच थी जो हर कीमत पर देश में व्यापक स्तर पर औद्योगीकरण के पक्ष में थी। उनका पारम्परिक हस्तशिल्प के प्रति समर्थन रूढ़िवादी कारणों से नहीं था, अपितु इस अर्थ में ठोस आर्थिक आधार पर था कि पश्चिमी सभ्यता की आलोचना करके उन्होंने भारत की यथार्थ स्थितियों के अनुकूल आर्थिक विकास के वैकल्पिक प्रतिमान का विचार प्रस्तुत किया।

चौथा, स्वशासन स्वराज का सम्भवतः विशिष्ट पक्ष है जो राजनीतिक स्वतंत्रता से गुणात्मक भिन्नता प्रकट करता है। एक अवधारणा के रूप में, यह स्वतंत्रता के मार्ग की आंतरिक बाधाओं को दूर करने की प्रक्रिया का सूचक है। पहली तीन विशेषताओं से भिन्न जहां स्वराज को नकारात्मक रूप से अवधारित किया गया है, स्वशासन एक महत्वपूर्ण तत्व के रूप में समाज के लिए प्रासंगिक नैतिक मूल्यों की महत्ता की ओर इंगित करता है। यह कहा जा सकता है कि औपनिवेशिक शासन की समाप्ति से आर्थिक व राजनीतिक स्वतंत्रता स्वतः ही प्राप्त हो जाएगी, लेकिन यही बात स्वराज यानी स्वशासन के लिए नहीं कही जा सकती, सम्भवतः इसीलिए, क्योंकि 'इसे स्वयं प्राप्त करना है' न कि दूसरों द्वारा 'दिया जाना' है।

गाँधी का स्वराज का विचार अद्वैत के दार्शनिक विचार पर आधारित प्रतीत होता है जो "व्युत्पत्ति के रूप में 'स्व' का राज या आदेश या व्यवस्था है, इस सत्य पर आधारित कि तुम और मैं भिन्न नहीं अपितु एक हैं" (रामचन्द्र गाँधी, 1984: 461)। अतः गाँधी का स्वराज के लिए संघर्ष, तथा वास्तव में तिलक तथा अरविन्द जैसे चिन्तकों और क्रान्तिकारियों के नेतृत्व में स्वराज के लिए भारतीय संघर्ष भारतीय दर्शन और अध्यात्म पर आधारित था, तथा "स्पष्ट रूप से सदैव अद्वैतवादी संघर्ष था, विभ्रम, अराजकता, विजातीयता तथा विभाजकता के विपरीत अपने 'स्व' के साम्राज्य अथवा स्वायत्तता तथा पहचान के लिए संघर्ष था" (पूर्वोक्त)। ब्रिटिश शासन या आधुनिक औद्योगिक सभ्यता अस्वीकार्य थी क्योंकि यह अपने न होने के भ्रम या अन्यता की शक्ति का प्रतीक थी, स्पष्टतः यह माया

का प्रतीक थी, जो आत्मानुभूति के सत्य द्वारा ईश्वर से 'साक्षात्कार' के प्रयास में बाधक थी (पूर्वोक्त : 462)।

स्वराज को राजनीति के आत्मनिर्णय तक सीमित न रखकर सर्वाधिक व्यापक आशय के रूप में प्रस्तुत करके गाँधी ने स्वराज को विचारों में भी स्पष्ट किया। व्यक्ति के ऊपर व्यक्ति के राजनीतिक आधिपत्य को राजनीति के क्षेत्र में बहुत स्पष्टता से महसूस किया जा सकता है और इसे आसानी से बदला जा सकता है। राजनीतिक पराधीनता मुख्यतः लोगों के बाह्य जीवन को सीमित करती है लेकिन एक सूक्ष्म प्रभुत्व है जिसका एक संस्कृति द्वारा दूसरी संस्कृति पर विचारों के क्षेत्र में प्रयोग किया जाता है, पर इसका प्रभुत्व परिणाम की दृष्टि से अधिक गम्भीर है क्योंकि यह राजनीतिक सत्ता के हटा दिए जाने के बाद भी प्रासंगिक बना रहता हैं। अतः स्वशासन को शुद्ध रूप में पाने के लिए सांस्कृतिक पराधीनता, जिसके लिए उपनिवेशी भी दोषी हैं, को चुनौती आवश्यक है। गाँधी की स्वराज की आत्मपरिवर्तन के साधन के रूप में परिभाषा सुनियोजित सांस्कृतिक पराधीनता के औपनिवेशिक प्रयास को रोकने की चेष्टा भी है क्योंकि विदेशी शासन की समाप्ति के बाद भी विदेशी आधुनिकता को निर्विवाद रूप में स्वीकार कर लेने के कारण इसके बने रहने की सम्भावना है। सांस्कृतिक पराधीनता समाहित करने से इस अर्थ में भिन्न है कि यह "भिन्न संस्कृतियों में अन्तरसंवाद की अपने परम्परागत विचारों और भावनाओं की अन्धी उपेक्षा किये बिना सृजनात्मक प्रक्रिया है" (भट्टाचार्य, 1984: 385-86)। अतः स्वराज को यदि संकुचित अवधारणा में समझा जाए तो यह राजनीतिक कार्यक्रम तक सीमित रह जाएगा, जिसमें इसके व्यापक पक्ष, जहां सांस्कृतिक पराधीनता की नींव को ही चुनौती दी गई है, की उपेक्षा होगी।

गाँधी यह भी जानते थे कि उचित सामाजिक–राजनीतिक वातावरण के बिना आन्तरिक स्वतंत्रता प्राप्त नहीं की जा सकती। अतः ब्रिटिश शासन को समाप्त करने की आवश्यकता थी जिससे राजनीतिक व आर्थिक स्वतंत्रता भी सुनिश्चित हो सके। दूसरे शब्दों में, चूंकि स्वतंत्रता के लिए उपयुक्त वातावरण की आवश्यकता थी, अतः इसे उचित राजनीतिक व आर्थिक गतिविधियों द्वारा प्राप्त करने व बनाये रखने की आवश्यकता थी। सामाजिक–आर्थिक व राजनीतिक क्षेत्र में उचित प्रकार से व्यवहार करने की योग्यता 'स्वशासन, जो व्यक्ति को सक्रिय नागरिक का जीवन व्यतीत करने के लिए तैयार करती है, के नए अर्थ की परीक्षा है। अतः गाँधी के विचारों में आध्यात्मिक स्वतंत्रता गैर–सामाजिक, गैर–राजनीतिक तथा तारतम्य विहीन स्थितियों में नहीं प्राप्त हो सकती" (परेल, 2000: 17)। फ्रेड डालमायर (2000: 11) के अनुसार गाँधी की अवधारणा में स्वराज का स्पष्ट अर्थ व्यापक समुदाय के स्वशासन, जो कि राष्ट्रीय प्रजातांत्रिक स्वशासन या गृह शासन की समानार्थी है, से है। राजनीतिक समुदाय

के व्यावहारिक पक्ष के रूप में स्वराज, स्वदेशी के विचार से तथा स्थानीय (भौतिक व आध्यात्मिक) संसाधनों के विकास के साथ अभिन्न रूप से जुड़ा है। स्वराज आधारित शासन व्यवस्था में, छोटे, सुसंस्कृत, सुगठित, सम्पूर्ण रूप से पुनर्निर्मित तथा स्वशासित ग्राम समुदाय शामिल हैं। वे न्याय करेंगे, व्यवस्था बनाये रखेंगे, महत्वपूर्ण निर्णय लेंगे और सिर्फ प्रशासनिक ही नहीं अपितु सशक्त आर्थिक व राजनीतिक इकाई भी होंगे। भीखू पारीख (1997: 81) ने गाँधी के स्वराज आधारित शासन व्यवस्था की व्याख्या करते हुए कहा कि अपनी संरचना के कारण ऐसे गांवों ने "एकता की दृढ़ भावना प्रदान की होती, एक समुदाय की भावना दी होती और नागरिक मूल्यों की पौधशाला के रूप में व्यवहार किया होता।"

समापन अवलोकन

गाँधी सिद्धान्त निर्माता नहीं थे पर उनके सिद्धान्त थे। उनके समकालीन सामाजिक, आर्थिक व राजनीतिक मुद्दों पर विचार सहजता से अभिव्यक्त हुए जहां व्यक्तियों को सामुदायिकता से अधिक महत्व था। राज्य व समाज के सामूहिकता के सिद्धान्त को नकारते हुए गाँधी का तर्क था कि एक व्यक्ति ही चेतना का, अतः नैतिकता का भी प्रयोग कर सकता है। आधुनिकता की उनकी आलोचना का यही आधार था। आधुनिकता की 'अवश्यम्भाविता', तथा 'अन्तः क्रियात्मकता' को चुनौती देते हुए उन्होंने विचार व्यक्त किया कि 'विचारहीन आधुनिकता का अहिंसक रूप से विरोध' किया जा सकता है। उन्होंने आधुनिकता के अवधारणीकरण को 'व्यक्तिगत स्वायत्तता की रक्षक वैश्विक संरचना के अनुकूल' कह कर अपनी आलोचना को दिशा दी। गाँधीवादी विचार ने इस प्रकार आवश्यक विशिष्ट स्वभाव तथा भिन्न पद्धतियों, जिनमें मनुष्य ने अच्छे जीवन को परिभाषित किया और जीवन जिया, को रेखांकित किया। प्रत्येक व्यक्ति की विशिष्ट पहचान होती है जो सांस्कृतिक परम्पराओं पर आधारित होती है। अतः उनके विचार में अतीत न केवल महत्वपूर्ण है अपितु उन्होंने स्थानीय परम्पराओं, जहां लोगों ने काम किया व सोद्देश्य गरिमापूर्ण जीवन जिया, का भी पक्ष लिया। जागरण के व्यक्तिवाद के विचार से भिन्न, जहां व्यक्ति अपनी परम्पराओं से कट जाता है, गाँधी ने व्यक्तिगत स्वायत्ता का ऐसा सिद्धान्त दिया जहां व्यक्ति अपनी परम्पराओं और समुदाय के अन्तर्गत सशक्त होता है। व्यक्तियों को सारूप करके और उनकी भिन्नता की उपेक्षा करके, आधुनिकता के अन्तर्गत परिभाषित पश्चिमी तर्कवाद ने सामाजिक–आर्थिक व सांस्कृतिक जड़ों के कारण मानव के विविधतापूर्ण स्वभाव की उपेक्षा की है। तर्कवाद में पदक्रम तथा उपदेश अन्तर्निहित है तथा उसमें 'गहरा साम्राज्यवादी प्रभाव' है, (पारीख, 1997: 68) जो दक्षिण अफ्रीका तथा भारत में स्पष्ट हुआ जहां शासकों ने अत्याचार पूर्ण शासन

को तर्कवाद के आधार पर न्यायोचित ठहराया। उनके विचारों में रचनात्मक यह विचार था कि यद्यपि औपनिवेशिक सन्दर्भों में पश्चिमी आधुनिकता की उपेक्षा नहीं की जा सकती, लेकिन भारतीय यथार्थ के तात्कालिक सन्दर्भ की विशिष्टताओं का ध्यान रखते हुए इसके पुनर्अन्वेषण की आवश्यकता थी। इस अर्थ में गाँधी ने आधुनिकता के हमारे अवधारणीकरण की कुछ कमियों को पूरा किया है। ऐसा उन्होंने समकालीन प्रचलनों तथा संस्थाओं में सतत रूप से नैतिकता लागू करके किया। उनके लिए मानव को आर्थिक आधार पर परिभाषित व मूल्यांकित करने की आधुनिक प्रकृति उन्हें 'साधन मात्र बना देती है, तथा इस दृष्टिकोण के साथ उनकी गरिमा की बात करना निरर्थक है' (टारचेक, 2000)। गाँधीवाद की सबसे बड़ी विशिष्टता उनकी आधुनिकता, जिसने कि समझा जाता है कि प्रगति, तर्क तथा मुक्ति की प्रक्रियाओं को प्रारम्भ किया, के विरुद्ध गम्भीर तर्क थे। गुणात्मकता रहित आधुनिकता की प्रशंसा की आलोचना करते हुए गाँधी ने वैकल्पिक तरीकों को स्थान दिया जो विशिष्ट रूप से स्थानीय थे या स्थानीय सन्दर्भ में प्रासंगिक थे और गम्भीर दुष्परिणामों के बिना उनकी उपेक्षा नहीं की जा सकती थी। उदाहरण के लिए उनका पंचायती राज का विचार कुछ समय पहले तक स्वप्न ही रहा, लेकिन उनके शासन में लोगों की भागीदारी के तर्क ने प्रोत्साहित किया, साथ ही आन्दोलन भी आयोजित हुए जिन्हें अति उत्साह से भारत में 'प्रजातंत्र के मजबूत होने' के रूप में व्याख्यायित किया गया। अतः, उनके विचारों ने, विशाल शासन व्यवस्था में प्रजातंत्र के सिद्धान्त रूप से सार्थक विचार को आधार दिया, साथ ही उन्होंने सत्ता के केन्द्रीकरण के खतरों को तथा जनभागीदारी की प्रक्रिया द्वारा इनके प्रभाव को कम करने की आवश्यकता को भी दर्शाया।

टिप्पणियां

1. पारीख के अनुसार सक्रिय तथा स्फूर्तिदायक प्रेम जो लोगों की सेवा के लिए समर्पित हो, के रूप में गाँधी की अहिंसा की परिभाषा भारतीय परम्परा से बिल्कुल भिन्न है।
2. अय्यर (1973: 179-80) द्वारा पुनउर्द्धत गाँधी का पत्र, *मॉडर्न रिव्यू*, अक्टूबर 1916।
3. गाँधी (1940ए) ने राष्ट्रवाद में महिलाओं की भूमिका को व्याख्यायित करते हुए अहिंसा को 'अनन्त प्रेम' के रूप में परिभाषित किया।
4. गाँधी (1971एः 523) ने आगे कहा 'अनुचित कानूनों को न मानकर तथा उसके लिए दी जाने वाली सजा को स्वीकार करके हम सरकार के अनुचित शासन से स्वयं को मुक्त कर सकते हैं। हमारा सरकार से कोई द्वेष नहीं है। जब हम इसके भय से मुक्त हो जाते हैं... तो वे तुरन्त हमारी इच्छाओं के आगे झुक जाएंगें।'

5. गाँधी ने स्वराज को 'स्वतंत्रता' तथा 'स्वाधीनता' से भिन्न रूप में परिभाषित किया। उनके अनुसार ये 'अंग्रेजी शब्द है जिसमें वह अर्थ नहीं है तथा इनसे व्यक्ति को जो चाहे सो करने की स्वीकृति मिल जाती है'। उनका स्वराज "ऐसी किसी उत्तरदायित्व विहीन स्वतंत्रता की आज्ञा नहीं देता अपितु स्व के कठिन परिवर्तन तथा भारी उत्तरदायित्व की भावना की मांग करता है" (हार्डीमेन, 2003: 26)।
6. *हरिजन*, 4 नवम्बर, 1939, गाँधी में (1975 ई: 316)।
7. पूर्वोक्त।
8. मॉरिस फ्राइडमेन, पौलेंड के एक इन्जीनियर, जो ग्रामीण पुनर्निर्माण आन्दोलन में रुचि रखते थे तथा गाँधी से पहले मिले थे, के साथ संवाद में उन्होंने अपना विचार व्यक्त किये। उन्हें गाँधी द्वारा भारतानन्द नाम दिया गया।

सन्दर्भ

भट्टाचार्य, कृष्ण चन्द्र, 1948, 'स्वराज इन आइडियाज' *इण्डियन फिलॉसोफिकल क्वार्टरली*, XI(4 अक्टूबर): 385: 86।

बोन्डुरेन्ट, जोन वी., 1958, *कन्क्वेस्ट ऑफ बायोलेन्सः द गान्धीयन फिलॉसफी ऑफ कनफ्लिक्ट*, प्रिंसटन, प्रिंसटन यूनिवर्सिटी प्रेस।

चन्द्र, विपिन, मृदुला मुखर्जी, आदित्य मुखर्जी, के.एन. पन्निकर तथा सुचेता महाजन, 1988, *इण्डियाज स्ट्रगल फॉर इन्डिपेन्डेन्स*, नई दिल्ली, वाइकिंग।

चटर्जी, पार्थ 1984 ए, 'गाँधी एण्ड क्रिटिक ऑफ सिविल सोसायटी' रणजीत गुहा (सम्पा.) *सबआल्टर्न स्टडीज 111: राइटिंग ऑन साउथ एशियन हिस्ट्री एण्ड सोसायटी*, नई दिल्ली, ऑक्सफोर्ड यूनिवर्सिटी प्रेस।

चटर्जी, पार्थ, 1984 बी, 'गाँधी प्लीज स्टैण्ड अप?' *इलस्ट्रेटेड वीकली ऑफ इण्डिया*, 15-21 जनवरी, 27।

डालमायर, फ्रेड, 2000, 'व्हाट इज़ स्वराज? टू कनफ्लिक्टिंग विजन', एन्थोनी जे. पटेल (सम्पादक) में, *गाँधी फ्रीडम एण्ड सेल्फ रूल*, नई दिल्ली, विस्तार।

डोक, जे.जे., 1909, *एम.के. गाँधी – एन इण्डियन पेट्रियट इन साउथ अफ्रीका*, लन्दन।

गाँधी, एम.के., 1920, 'डेमोक्रेसी वर्सेज मोबोक्रेसी', *यंग इण्डिया*, 8 सितम्बर।

गाँधी, एम.के., 1930, 'सम रुल्स ऑफ सत्याग्रह', *यंग इण्डिया*, 27 फरवरी।

गाँधी, एम.के., 1933 ए, प्रेस स्टेटमेन्ट, 26 जुलाई।

गाँधी, एम.के., 1933 बी, 'गाँधी टू जवाहर लाल नेहरू', 14 सितम्बर।

गाँधी, एम.के., 1934, 'विलेज इण्डस्ट्रीज', *हरिजन*, 16 नवम्बर।

गाँधी, एम.के., 1936 ए, 'इज खादी इकोनोमिकली साउन्ड', *हरिजन*, 20 जून।

गाँधी, एम.के., 1936 बी, 25 अगस्त को मॉरिस फ्राइडमेन के साथ संवाद, *हरिजन*, 29 अगस्त।

गाँधी, एम.के., 1939, 'मिल वर्सेज चरखा', *हरिजन*, 12 अगस्त।

गाँधी, एम.के., 1940 ए, 'व्हाट इज वूमन्स रोल', *हरिजन,* 12 फरवरी।

गाँधी, एम.के., 1940 बी, 17 सितम्बर, 1940 को फ्रान्सिस जी. हिकमेन को साक्षात्कार, *हरिजन,* 29 सितम्बर।

गाँधी, एम.के., 1971 ए, 'सत्याग्रह – नॉट पैसिव रेजिज़टेन्स', *कलेक्टेड वर्क्स ऑफ महात्मा गाँधी* में (अब से *सी.डब्ल्यू.एम.जी.*), वॉल्यूम 13 नई दिल्ली, द पब्लिकेशन्स डिवीजन, मिनिस्ट्री ऑफ इन्फॉर्मेशन एण्ड ब्राडकास्टिंग, गवर्नमेन्ट ऑफ इण्डिया।

गाँधी, एम.के., 1971 बी, सत्याग्रह आन्दोलन पर भाषण, त्रिचिनोपोली, 25 मार्च, 1919, *सी.डब्ल्यू.एम.जी.* में, वॉल्यूम 15 नई दिल्ली, द पब्लिकेशन्स डिवीजन, मिनिस्ट्री ऑफ इन्फॉर्मेशन एण्ड ब्रॉडकास्टिंग, गवर्नमेण्ट ऑफ इण्डिया।

गाँधी, एम.के., 1971 सी, 'द ड्यूटीज ऑफ सत्याग्रहीज', *सी.डब्ल्यू.एम.जी.* में, वॉल्यूम 15, नई दिल्ली, द पब्लिकेशन्स डिवीजन, मिनिस्ट्री ऑफ इनफॉर्मेशन एण्ड ब्राडकास्टिंग, गवर्नमेण्ट ऑफ इण्डिया।

गाँधी, एम.के., 1971 डी, ऑटोबायोग्राफी, *सी.डब्ल्यू.एम.जी.* में, वॉल्यूम 39, नई दिल्ली, द पब्लिकेशन्स डिवीजन, मिनिस्ट्री ऑफ इनफॉर्मेशन एण्ड ब्राडकास्टिंग, गवर्नमेण्ट ऑफ इण्डिया।

गाँधी, एम.के., 1971, ई, 'डेमोक्रेसी वर्सेज मोबोक्रेसी', *सी.डब्ल्यू.एम.जी.* में, वॉल्यूम 18, नई दिल्ली, द पब्लिकेशन्स डिवीजन, मिनिस्ट्री ऑफ इनफॉर्मेशन एण्ड ब्राडकास्टिंग, गवर्नमेण्ट ऑफ इण्डिया।

गाँधी, एम.के., 1975 ए, प्रेस स्टेटमेन्ट, 26 जुलाई, सी.डब्ल्यू.एम.जी. में वॉल्यूम 55, नई दिल्ली: द पब्लिकेशन्स डिवीजन, मिनिस्ट्री ऑफ इनफॉर्मेशन एण्ड बॉडकास्टिंग, गवर्नमेण्ट ऑफ इण्डिया।

गाँधी, एम.के., 1975 बी, 'व्हाट आर बेसिक एसम्पशन्स', *सी.डब्ल्यू.एम.जी.* में वॉल्यूम 67, नई दिल्ली, द पब्लिकेशन्स डिवीजिन, मिनिस्ट्री ऑफ इनफॉर्मेशन एण्ड बॉडकास्टिंग, गवर्नमेण्ट ऑफ इण्डिया।

गाँधी, एम.के., 1975 सी, गाँधी टू जवाहरलाल नेहरू, 14 सितम्बर, *सी.डब्ल्यू.एम.जी.* में वॉल्यूम 55 नई दिल्ली, द पब्लिकेशन्स डिवीजन, मिनिस्ट्री ऑफ इनफॉर्मेशन एण्ड ब्राडकास्टिंग, गवर्नमेण्ट ऑफ इण्डिया।

गाँधी, एम.के., 1975 डी, *सी.डब्ल्यू.एम.जी.* वॉल्यूम पर नई दिल्ली, द पब्लिकेशन्स डिवीजन, मिनिस्ट्री ऑफ इनफॉर्मेशन एण्ड ब्राडकास्टिंग, गवर्नमेण्ट ऑफ इण्डिया।

गाँधी, एम.के., 1975 ई, *सी.डब्ल्यू.एम.जी.* वॉल्यूम 70 नई दिल्ली, द पब्लिकेशन्स डिवीजन, मिनिस्ट्री ऑफ इनफॉर्मेशन एण्ड ब्राडकास्टिंग, गवर्नमेण्ट ऑफ इण्डिया।

गाँधी, एम.के., 1975 एफ, *सी.डब्ल्यू.एम.जी.* वॉल्यूम 63, नई दिल्ली, द पब्लिकेशन्स डिवीजन, मिनिस्ट्री ऑफ इनफॉर्मेशन एण्ड ब्राडकास्टिंग, गवर्नमेण्ट ऑफ इण्डिया।

गाँधी, एम.के., 1975 जी, *सी.डब्ल्यू.एम.जी.* वॉल्यूम 59, नई दिल्ली, द पब्लिकेशन्स डिवीजन, मिनिस्ट्री ऑफ इनफॉर्मेशन एण्ड ब्राडकास्टिंग, गवर्नमेण्ट ऑफ इण्डिया।

गाँधी, एम.के., 1975 एच, सी.डब्ल्यू.एम.जी. वॉल्यूम 73, नई दिल्ली, द पब्लिकेशन्स डिवीजन, मिनिस्ट्री ऑफ इनफॉर्मेशन एण्ड ब्राडकास्टिंग, गवर्नमेण्ट ऑफ इण्डिया।

गाँधी, रामचन्द्र, 1984, 'द स्वराज ऑफ इण्डिया', *इण्डियन फिलॉसोफिकल क्वार्टरली*, XI(4): 461।

हार्डीमेन, डेविड, 2003, *गाँधी इन हिस टाइम्स एण्ड अवर्स*, नई दिल्ली, परमानेन्ट ब्लैक।

अय्यर, राघवन, 1973, *द मोरल एण्ड पॉलिटिकल थॉट ऑफ महात्मा गाँधी*, नई दिल्ली, ऑक्सफोर्ड यूनिवर्सिटी प्रेस।

मेहता, बी.आर. 1992, *फाउन्डेशन्स ऑफ इण्डियन पॉलिटिकल थॉट*, नई दिल्ली, मनोहर।

मुखर्जी, रुद्रांग्शु (सम्पादक), 1993, *गाँधी रीडर*, नई दिल्ली, पेंग्विन।

नेहरू, जवाहरलाल, 1941, *एन ऑटोबायोग्राफी*, लन्दन, जॉन लेन, द बोडले हेड।

पेन्थम, थॉमस, 1987, 'हैबरमास' प्रेक्टिकल डिसकोर्स एण्ड गाँधीज सत्याग्रह', भीखू पारिख तथा थॉमस पेन्थम (सम्पादक) में, *पॉलिटिकल डिसकोर्सः एक्सप्लोरेशन्स इन इण्डियन एण्ड वेस्टर्न पॉलिटिकल थॉट*, नई दिल्ली, सेज पब्लिकेशन्स।

पारीख, भीखू, 1997, *गाँधी*, ऑक्सफोर्डः ऑक्सफोर्ड यूनिवर्सिटी प्रेस।

पारीख, भीखू, 1999, *कोलोनियलिज्म, ट्रेडीशन एण्ड ट्रुथः एन एनालिसिस ऑफ गाँधीज पॉलिटिकल डिसकोर्स*, नई दिल्ली, सेज पब्लिकेशन्स।

पटेल, एन्थोनी (सम्पादक), 1997 *गाँधी, हिन्द स्वराज एण्ड अदर राइटिंग्स*, कैम्ब्रिजः कैम्ब्रिज यूनिवर्सिटी प्रेस।

पटेल, एन्थोनी (सम्पादक), 2000 *गाँधी, फ्रीडम एण्ड सेल्फ रूल*, नई दिल्ली, विस्तार।

टारचेक, रोनाल्ड, 2000, *गाँधीः स्ट्रग्लिंग फॉर ऑटोनोमी*, नई दिल्ली, विस्तार।

4

रवीन्द्रनाथ टैगोर

अध्ययन का उद्देश्य

- टैगोर के राजनीतिक विचारों के प्रमुख सूत्रों का परीक्षण।
- टैगोर के राष्ट्रवाद के विचार की विशिष्ट समझ का विवेचन।
- टैगोर और गाँधी के मध्य बहस के महत्वपूर्ण तत्वों की प्रस्तुति।

रवीन्द्र नाथ टैगोर वास्तविक अर्थों में एक राजनीतिक विचारक नहीं थे। संगीत, चित्रकला, कविता तथा साहित्य सृजन की सम्बद्ध विधाओं में रुचि रखने वाले वे मूल रूप से एक साहित्यकार थे, उनके सामाजिक व राजनीतिक विचार सम्भवतः अपने समय के मुद्दों के प्रति सजग ग्राह्यता के परिणाम थे। दूसरी तरह से कहें तो, टैगोर के सामाजिक व राजनीतिक विचार सुविचारित दीर्घसूत्री दृष्टिकोण या उनके द्वारा सैद्धान्तीकरण की वजह से निकले प्रतीत नहीं होते हैं। पूरे जीवन उनका लगाव शास्त्रीय कला के क्षेत्र तक सीमित रहा, फिर भी भारतीय समाज के एक सजग तथा वैश्विक व्यक्तित्व होने के कारण, उनका अनेक घटनाओं, परिस्थितियों तथा विचारों से साक्षात्कार हुआ, स्वाभाविक रूप से उन विषयों पर उनके विचार बने और उन पर वे अपने दृष्टिकोण को अभिव्यक्त करने के लिए बाध्य हुए। अतः, टैगोर अपारम्परिक विचारक के रूप में उभरे। पर भारतीय राजनीतिक विचारों की मुख्यधारा के किनारे पर रहते हुए भी उन्होंने देश की सामाजिक–राजनीतिक भावी दृष्टि के कुछ पक्षों को इतना अधिक प्रभावित किया कि उन विषयों पर टैगोर के विचारों को आवश्यक रूप से शामिल करने तथा उनका सूक्ष्म विश्लेषण किए बिना विषय का सार्थक विवेचन सम्भवतः अधूरा रहेगा। यह अध्याय, अतः, महान कवि के सामाजिक व राजनीतिक विचारों के मुख्य सूत्रों का आलोचनात्मक सर्वेक्षण प्रस्तुत करता है।

रचनात्मक एकता का एक जीवन[1]

रवीन्द्रनाथ टैगोर का जन्म 7 मई 1861 को कलकत्ता के एक सम्पन्न परिवार में हुआ, जिसने सम्भवतः उनकी रचनात्मक क्षमताओं के विकास के लिए अनुकूल वातावरण प्रदान किया।[2] पिता के सारे प्रयासों के बावजूद वे शैक्षणिक क्षेत्र में उच्च डिग्री प्राप्त नहीं कर सके, जिससे उनका जीवन के प्रति गैर–पारम्परिक दृष्टिकोण स्पष्ट होता है। उनका साहित्य सृजन काफी जल्दी, देश के लिए राष्ट्रगान 'जन गण मन' के लेखन के द्वारा तथा *गीतांजलि*, जिसके लिए उन्हें 1913 में नोबल पुरस्कार प्राप्त हुआ, के काव्यसंग्रह के प्रकाशन के साथ प्रारम्भ हो गया था।

> रवीन्द्रनाथ की रचनात्मक प्रतिभा अभिव्यक्ति तथा स्वभाव में सर्वव्यापी थी। साहित्य, संगीत, कला, विचार, गतिविधियां, शिक्षा या सहकारिता आदि सभी का उन्होंने स्पर्श किया और उन्हें स्वर्णिम बना दिया। वहीं प्रतिभा अपनी जमीन से भी जुड़ी थी। युगों–युगों का भारत उनके माध्यम से अभिव्यक्त हुआ, हिन्दुओं की वैदिक ज्ञान आधारित समन्वित संस्कृति, कबीर, नानक जैसे मध्यकालीन संतों के विश्वव्यापी संदेश तथा राममोहन राय तक के वे श्रेष्ठ व्याख्याकार थे। हमारी परम्पराओं में जो कुछ भी सत्य था, उसे रवीन्द्रनाथ ने स्वर दिया (शर्मा, 2003)।

1905 के बंगाल के विभाजन से टैगोर के जीवन में एक महत्वपूर्ण निर्णायक मोड़ आया। प्रचण्ड विरोध के समवेत स्वर को टैगोर ने अत्यधिक सशक्त किया। टैगोर जो–

> ... बंगाल के महत्वपूर्ण साहित्यकार के रूप में स्थापित हो चुके थे, जिन्होंने देशभक्ति में बंगाल के ग्रामों के सौन्दर्य तथा वहां के लोगों के जीवन का वर्णन करती शानदार कविताओं और लघु कथाओं के माध्यम से ही योगदान नहीं दिया अपितु कांग्रेस की भिक्षावृत्ति पर आक्रमण करके, राष्ट्रीय शिक्षा तथा स्वदेशी उद्योगों के माध्यम से आत्मशक्ति के लिए सतत आह्वान करके तथा मेला, यात्रा के माध्यम से व्यापक जनसम्पर्क तथा शिक्षा व राजनीतिक क्रियाकलाप में मातृभाषा के प्रयोग के विचारपूर्ण सुझाव देकर सीधे रूप से योगदान दिया (सरकार, 1989: 98)।

रचनात्मक असहयोग नीति की उनकी इच्छा 1918 में विश्वभारती के उदघाटन का कारण बनी। कला व संस्कृति की समृद्ध विरासत छोड़ कर 7 अगस्त 1941 को वे मृत्यु को प्राप्त हुए।

यह रोचक है, कि समय–समय पर सामाजिक–राजनीतिक समस्याओं पर उनकी स्वाभाविक रूप से प्रतिक्रिया व्यक्त करने की इच्छा के कारण साहित्य और संगीत के उनके जन्मजात लगाव में कभी–कभी बाधा पड़ती थी। अतः किसी

भी प्रकार के विचारधाराजन्य झुकाव तथा सैद्धान्तिक दावेदारी न होने के कारण उस समय की महत्वपूर्ण सामाजिक–राजनीतिक समस्याओं पर टैगोर की प्रतिक्रिया सम्भवतः धरती के एक जिम्मेदार प्राणी होने के कर्तव्य के आह्वान का प्रत्युत्तर थी।

> इसीलिए अपने समय के कई महत्वपूर्ण वाद–विवादों में उन्होंने सदैव स्वयं को शामिल किया — चाहे वह विदेशी वस्त्रों तथा शिक्षा के बहिष्कार से सम्बन्धित हो, भारतीय संस्कृति के प्राचीन मूल्य हों, ब्रिटिश शासन से सुधारों की मांग करने की गलती हो, युवा भारतीय क्रान्तिकारियों का काल्पनिक उग्रवाद हो, पश्चिमी भौतिकवाद का खोखलापन हो या आक्रामक राष्ट्रवाद की अभिव्यक्ति का अभिशाप हो। इन सभी वाद–विवादों में कवि का शामिल होना यह सुझाता है, कि सायास सृजित व्यापक वैश्विक दृष्टिकोण के कारण वे समकालीन गतिविधियों की प्रवृत्तियों से सहमत नहीं थे (चक्रवर्ती, 1986: 176-77)।

टैगोर के राजनीतिक विचारों के मुख्य सूत्र

जीवन भर, टैगोर शाश्वत सत्य के शोधक रहे, जो, वे सोचते थे, सम्पूर्ण विश्व में प्रत्येक विचार, कार्य तथा लोगों के प्रयासों में अन्तर्निहित है। विचार और कर्म की रचनात्मक एकता के प्रशंसक, टैगोर को विश्व में व्याप्त विविधता में कोई अन्तर्निहित विरोध नहीं अनुभव हुआ। इस विविधता का अस्तित्व उन्हें विचलित नहीं करता था अपितु कुछ लोगों द्वारा इस विविधता की प्रकृति को स्वीकार न कर पाना उनके लिए कष्टकारी था, क्योंकि यह लोगों को प्रादेशिकता व संकीर्ण राष्ट्रवाद के प्रसार व निर्माण के लिए प्रेरित करता है। स्वाभाविक है, क्रान्तिकारी सुधारों तथा सम्पूर्ण विश्व में व्याप्त वर्ग विभाजन के विचार से सम्पूर्ण रूप से असहमति व्यक्त करते हुए उन्होंने स्पष्ट रूप से ऐसे विदेशी विचारों की भारतीय परिस्थितियों में उपयोगिता को अस्वीकार कर दिया (सेन, 1947: 26)। अतः उन्होंने कहा कि बातों और कार्यों के ऐसे छद्म बहाव में बहने के स्थान पर मानवता को ऐसी विविधता में रचनात्मक एकता खोजने व प्राप्त करने का प्रयास करना चाहिए।

सच्ची स्वतंत्रता

टैगोर, जिसे वे 'सच्ची स्वतंत्रता' कहते हैं, के प्रवर्तक थे। उस समय जब स्वतंत्रता का विचार राजनीतिक स्वतंत्रता तक सीमित रह गया था, उनका सुप्रसिद्ध उद्घोष था, "हमें आज के दिन यह नहीं भूलना चाहिए कि वे लोग, जिन्हें राजनीतिक स्वतंत्रता प्राप्त हो गई, आवश्यक रूप से स्वतंत्र नहीं हैं, वे सिर्फ शक्तिशाली हैं" (ब्राउन द्वारा उद्धृत, 1953: 105)। अतः, टैगोर का स्वतंत्रता का अवधारणीकरण, एक देश की राजनीतिक स्वतंत्रता से ऊपर उठ गया तथा

उसमें यह विचार शामिल था कि समाज में ऐसी अनुकूल परिस्थितियां हों जिनमें प्रत्येक व्यक्ति स्वयं को उस सर्वोच्च सत्ता तक ले जा सके। स्वतंत्रता की ऐसी अवधारणा उन देशों, जिसमें स्वतंत्रता सुरक्षित है या जिन्होंने इसे पुनः प्राप्त किया है, के लिए सर्वथा उपयुक्त है, लेकिन उन देशों का राजनीतिक वातावरण सम्भवतः इस प्रकार शासित था कि लोग विभिन्न मार्गों का अनुसरण नहीं कर पा रहे थे ताकि वे अपने व्यक्तित्व को सम्पूर्णता के स्तर तक ले जा सकें। उदाहरण के लिए विश्व के अनेक देशों में यद्यपि विदेशी शासन से राजनीतिक स्वतंत्रता ने मुक्ति की भावना दी, लेकिन इन देशों की सरकार के शासन की प्रकृति सर्वाधिकारवादी होने के कारण वे वास्तव में स्वतंत्र नहीं लगते। अतः ये देश राजनीतिक रूप से स्वतंत्र हो सकते हैं तथा अपनी राजनीतिक चतुराई के कारण ऊपर से बहुत शक्तिशाली प्रतीत होते हों, लेकिन राजनीतिक रूप से जनतांत्रिक, नैतिक रूप से मुक्त तथा सामाजिक रूप से समता आधारित समाज न होने के कारण ऐसे देश के लोग सच्ची स्वतंत्रता प्राप्त नहीं कर सकते।

टैगोर ने, मानव में परिपूर्णता लाने के लिए, सच्ची स्वतंत्रता के विचार को राजनीकि स्वतंत्रता से कहीं आगे ले जाकर अवधारित किया। उन्होंने स्वतंत्रता को 'पूर्ण जागरण, पूर्ण स्व–अभिव्यक्ति' के रूप में समझा (प्रभु तथा केलकर, 1961: 64)। माण्डूक्य उपनिषद के 'सत्यम, शिवम, अद्वैतम' के विचार के आधार पर अपने सिद्धान्त का निर्माण करते हुए टैगोर ने निरपेक्ष को सर्वोच्च सत्ता माना तथा वे सर्वोच्च सत्ता के विचार में गहरा विश्वास रखते थे (वर्मा, 1964: 83)। उनका मानना था कि सर्वोच्च सत्ता के साथ एकाकार होने के प्रयास में व्यक्ति की सच्ची स्वतंत्रता निहित है। व्यक्ति, बदले में, शेष विश्व के साथ समरस सम्बन्ध प्राप्त करता है। अतः टैगोर के लिए, सच्ची स्वतंत्रता के संदर्भ में व्यक्ति के अन्य व्यक्तियों के साथ किसी प्रकार के अलगाववादी सम्बन्ध नहीं हो सकते। इसके अतिरिक्त टैगोर इस बात पर जोर देते हैं कि सच्ची स्वतंत्रता, जरूरी नहीं कि राजनीतिक स्वतंत्रता प्राप्त करने या बाहरी तत्वों से प्राप्त हो। इसके लिए आवश्यक है, जीवन के प्रति दृष्टिकोण, सामान्यतया एक ऐसे अनुकूल वातावरण का जीवन जिसमें व्यक्ति सर्वोच्च सत्ता तक पहुंचने की सुनिश्चितता करने के लिए अपने स्वयं के सम्पूर्ण प्रस्फुटन की कामना करे। इसके अतिरिक्त ऐसी सच्ची स्वतंत्रता की प्राप्ति एक ही बार में या थोड़े समय में प्राप्त नहीं हो सकती। व्यक्ति को नैतिक मुक्ति का आनन्द उठाने के लिए धीरे–धीरे क्रमबद्ध तथा सन्तोषजनक अनुभव की आवश्यकता है।

अतः, उन्होंने सच्ची स्वतंत्रता प्राप्त करने के लिए चार चरणों की कल्पना की। व्यक्तिगत स्तर पर स्वतंत्रता की प्राप्ति तथा उसके पश्चात् व्यक्ति से समुदाय, समुदाय से ब्रह्माण्ड तथा ब्रह्माण्ड से अनन्त तक की स्वतंत्रता की प्रगतिशील यात्रा (टैगोर, 1968: 99)। यहीं जीवन का भारतीय दृष्टिकोण

महत्वपूर्ण हो उठता है, जहां व्यक्ति धीरे–धीरे स्वयं सर्वोच्च सत्ता के अनन्त व्यक्तित्व के साथ स्वयं को समाहित कर देता है। प्रक्रिया शुरू होती है, और जैसे ही प्रारम्भ त्रुटिहीन होता है, वैसे ही व्यक्ति के जीवन की भौतिक वस्तुओं तथा 'स्व' के सांसारिक दृष्टिकोण से स्वयं दूर करने व पृथक करने के सचेतन प्रयास से सर्वोच्च सत्ता के साथ अन्तिम संवाद फलित होना लगभग सुनिश्चित हो जाता है। टैगोर का दावा है कि सच्ची स्वतंत्रता के आनन्द का यह विचार भारत में सामान्य बात रही है। वे उदाहरण देते हैं कि देश के एक साधारण किसान में इस सच्ची स्वतंत्रता के विचार को अनायास ही देखा जा सकता है क्योंकि वह जानता है कि सच्ची स्वतंत्रता अपने स्व से पृथक होने, वस्तुओं से पृथक होने में निहित है (पूर्वोक्त : 186)। एक बार जब वह स्वयं को स्व से पृथक कर लेता है, तो उसकी गतिविधियों का क्षेत्र समुदाय तक विस्तृत हो जाता है क्योंकि तब वह जिसे 'अधिकार बोधक व्यक्तिवाद' कहते हैं, में रुचि नहीं रखता तथा वस्तुओं को इतने व्यापक दृष्टिकोण से देखता है कि सम्पूर्ण समुदाय उसके चिन्तन का लक्ष्य बन जाता है। परिणामतः वह अपने समुदाय के बन्धनों से भी स्वयं को मुक्त कर लेता है तथा अपनी दृष्टि तथा गतिविधियों के क्षितिज, बिना भेदभाव के, सम्पूर्ण विश्व तक विस्तृत कर लेता है। अन्ततः वह अनन्त में समाहित होकर अमरत्व प्राप्त करता है, जहां से उसका व्यक्तित्व सच्ची स्वतंत्रता, जिसमें व्यक्ति के विचार और कर्म पर किसी प्रकार की बेड़ियां नहीं रहतीं, के गुणों का अनुभव करता है। अतः, टैगोर के लिए, सच्ची स्वतंत्रता की प्राप्ति व्यक्ति के स्वयं को सांसारिक प्रलोभनों के संकुचित बन्धनों से मुक्त करने की तथा अपने व्यक्तित्व की अनन्त के अंतिम पड़ाव की ओर प्रगतिशील यात्रा की योग्यता पर निर्भर करती है।

इस तरह टैगोर, हर व्यक्ति की सच्ची स्वतंत्रता को इस रूप में लेते हैं जिसमें मानव सभ्यता जन्म लेती है और समृद्ध होती है। वे दावा करते हैं कि सच्ची स्वतंत्रता के आनन्द के प्रभाव को व्यक्ति द्वारा समाज के लिए की गई हर प्रकार की मौलिकता के योगदान में अनुभव किया जा सकता है। अस्तित्व में रहने वाली अन्य वस्तुओं तथा विचारों के साथ सामंजस्य से, समाज में नवोन्मेषी व्याख्याएं नए विचारों, संस्थाओं, व्यवहारों तथा उद्देश्यों का जन्म होता है, जो लोगों के लिए मानव सभ्यता की व्यापक स्वतंत्रता, सुख तथा सन्तोष की ओर यात्रा में सहयोग करते हैं। यह रोचक है एक व्यक्ति की प्रगतिशील तथा स्वाभाविक रचनात्मकता तथा समाज की अन्य वस्तुओं के साथ उसके स्वतः सहअस्तित्व के सम्बन्ध में तर्क प्रस्तुत करते हुए भी टैगोर अस्तित्व में रहने वाली हर वस्तु तथा विचार के साथ असंदिग्ध सहमति के विरुद्ध थे। उनका तर्क था कि सच्ची स्वतंत्रता के लिए समाज के प्रचलित विचारों तथा उद्देश्यों पर व्यक्ति के प्रश्न करने के अंतर्निहित अधिकार तथा उन विचारों और उद्देश्य के सम्बन्ध में

अपनी समझ के अनुसार अपने सृजन को विकसित करने की आवश्यकता है। इस प्रकार टैगोर की सच्ची स्वतंत्रता की अवधारणा, प्राचीन व नवीन विचारों और वस्तुओं को समझने, चयनित करने व सामंजस्य पूर्ण व्यवस्थिति करने की जटिलता को सहज करना चाहती है। यह मानव सभ्यता के प्रगतिशील विकास में सहायक है।

व्यक्ति की रचनात्मकता पर बल को समाज में लोगों की अभिव्यक्ति की स्वतंत्रता के अधिकार की वकालत के रूप में समझे जाने की आवश्यकता नहीं है। वस्तुतः, टैगोर का सच्ची स्वतंत्रता का विचार एक जटिल और व्यापक विचार है जो राजनीतिक स्वतंत्रता मात्र के क्षेत्र से परे है। यह, महत्वपूर्ण रूप से, व्यक्ति के जीवन के सभी पक्षों को प्रभावित करती है तथा समाज में स्वतंत्रता के सर्वव्यापी दृष्टिकोण को प्रस्तुत करती है। उदाहरण के लिए जाति, वर्ग, नस्ल, सांस्कृतिक, लैंगिक विभेद में बंटे समाज में लोगों द्वारा सच्ची स्वतंत्रता का आनन्द उठाए जाने का विचार ही नहीं उठता। इसी प्रकार, पारम्परिक समाज में जहां मानव जीवन के व्यक्तिगत और सार्वजनिक क्षेत्रों के लिए व्यवहार का अत्यधिक शुद्ध विभाजन है, ऐसे में सच्ची स्वतंत्रता की प्राप्ति, व्यक्तियों की सार्वजनिक उपस्थिति में नैतिक तथा ईमानदार होने की जबकि व्यक्तिगत जीवन में सभी प्रकार के अनैतिक तथा झूठे कार्य करने की प्रवृत्ति के कारण, असम्भव है। अतः, टैगोर के दृष्टिकोण में, किसी भी प्रकार की द्वैधता सच्ची स्वतंत्रता के मूल विचार को कम करके आंकेगी तथा इसकी प्राप्ति का उद्देश्य वास्तविक नहीं होगा।

अतः टैगोर ने, भारत के लिए राजनीतिक रूप से स्वतंत्र तथा नैतिक रूप से दृढ़ सामाजिक–राजनीतिक व्यवस्था की कल्पना की जिसमें उनकी सच्ची स्वतंत्रता के विचार के मूल तत्व सम्पूर्णता से अभिव्यक्त होते हैं तथा जिसमें व्यक्ति के स्व से सर्वोच्च तक के विकास के लिए अनुकूल वातावरण हो। जैसा कि उन्होंने लिखा

मन जहां निर्भय हो
मस्तक हो उन्नत;
जहां ज्ञान मुक्त हो;
जहां संसार–विभाजित न हो
घरों की संकीर्ण दीवारों से;
जहां शब्द निःसृत होते हों
सत्य की गहराई से;
जहां अथक प्रयास
परिपूर्णता के लिए बाँहें फैलाए हों;
जहां विवेक की स्वच्छ जल धारा
खो न गई हो

क्षुद्र आचार के रेगिस्तान में;
जहां मन को ले जाया जाए तुम्हारे द्वारा
कई विचार और कर्म के सतत विकास में...
स्वतंत्रता के उस स्वर्ग में हे पिता
मेरे देश को जाग्रत करो। (टैगोर, 1979 : 13)

राष्ट्रवाद

स्वतंत्रता के विचार के समान, टैगोर को पूरे विश्व में सच्ची स्वतंत्रता की प्राप्ति के लिए लोगों के प्रयास समान रूप से छद्म भरे तथा विपरीत परिणाम देने वाले लगे। बीसवीं शताब्दी के प्रथम अर्धांश में यूरोप के कुछ देशों की लड़ाकू और आक्रामक राष्ट्रवादी आकांक्षाओं की पृष्ठभूमि में राष्ट्रवाद का विश्लेषण करते हुए, टैगोर ने राष्ट्रवाद के विचार के जन्म को महाद्वीप में आधुनिक विज्ञान और तकनीकी विकास की उपज के रूप में व्याख्यायित किया। उन्होंने तर्क दिया कि भारत, जहाँ अपने व्यक्तित्व के स्वाभाविक सांस्कृतिक दृष्टिकोण के कारण लोगों के संगठन सामाजिक व नैतिक लक्ष्यों को लिए होते हैं, से भिन्न, यूरोप में, कहानी बिल्कुल अलग दिखती है। विज्ञान और तकनीक के क्षेत्र में त्वरित विकास के कारण हुए औद्योगिक विकास ने लोगों को आविष्कारों से अधिक से अधिक लाभ उठाने के लिए हाथ मिला लेने के लिए प्रेरित किया। लेकिन उन्होंने जोर दिया कि बिना नैतिक अथवा सामाजिक लक्ष्य के लोगों की ऐसी यांत्रिक सहयोगिता उनमें अमानवीय प्रवृत्तियों को जन्म देती है. जिसके परिणामस्वरूप उनका राष्ट्रवाद अपनी प्रकृति में धमकाने वाला तथा आक्रामक हो गया (टैगोर, 1950 बी: 17)। इसके अतिरिक्त, टैगोर ने कहा कि यूरोप में राजनीतिक तथा आर्थिक उद्देश्य के लिए राष्ट्रवाद के विकास की प्रक्रिया में नैतिक रूप से अस्वीकार करने योग्य, राजनीतिक रूप से आक्रामक तथा आर्थिक रूप से राष्ट्रवाद के असंतोषजनक रूप होने के गुण अन्तर्निहित हैं जो मानवता के व्यापक हितों के लिए हानिकारक हैं।

टैगोर ने यूरोप में घरेलू और अन्तर्राष्ट्रीय दोनों ही क्षेत्रों में आक्रामक राष्ट्रवाद के विकास के अनेक नकारात्मक परिणाम बताए। देश के भीतर, उन्होंने आगे कहा, राष्ट्रवाद लोगों में सत्ता तथा धन के लिए प्रचण्ड व अन्तहीन लालच को प्रोत्साहित करता है जिसके परिणामस्वरूप मानव श्रम का अधिक से अधिक अवमूल्यन होता है तथा अधिक धन कमाने के लिए यांत्रिक शक्ति पर भरोसा बढ़ता जाता है। धीरे–धीरे सामाजिक अन्तःक्रिया में लोग नैतिक और मानवीय तत्वों से वंचित होने लगते हैं तथा उनकी गतिविधियां दुष्टतापूर्ण होने के बावजूद उनकी राजनीतिक–आर्थिक शक्ति से सामाजिक स्थान निर्धारित होता है।

अन्तिम विश्लेषण में, जब सत्ता और धन का लालच अत्यन्त बढ़ जाता है, तो यह उन्हें लोगों के ऐसे अस्वाभाविक संगठन बनाने के लिए प्रेरित करता जो अपने स्थान में बाहर के क्षेत्र के भौतिक संसाधनों को खोजने तथा उसके शोषण करने के लिए धावा बोलते हैं। इस प्रकार राष्ट्रवाद उपनिवेशवाद को बढ़ावा देता है तथा लाभदायक उपनिवेशों में दृढ़ स्थान प्राप्त करने के लिए दो या दो से अधिक देशों में भीषण युद्ध होता है। उपनिवेशों की गतिविधियों से राष्ट्रवाद का यथार्थ चरित्र उजागर हो उठता है। ब्रिटिश साम्राज्यवाद से उदाहरण लेते हुए, टैगोर ने भारत में उपनिवेशवाद के अनेक अमानवीय तथा शोषणकारी तत्वों का उल्लेख किया, जिसका सबसे अधिक घृणास्पद पक्ष व्यक्तित्व का अपने स्वयं के स्थान पर उपनिवेश के अनुकूल परिवर्तित होना है। टैगोर के अनुसार जो सर्वाधिक भयावह है, वह उपनिवेश के अच्छे व्यक्तियों के भी नैतिक तथा मानवीय गुणों को नष्ट करने का अन्तहीन सा प्रयास लगता है। उन्होंने दुख प्रकट किया, "नैतिक भ्रष्टाचार का यह चक्र लगातार चलता रहेगा, लोहे को लोहे से जोड़ना तथा मशीन को मशीन से, जिसके कदमों तले व्यक्ति के सहज विश्वास तथा आदर्श जीवन के सुन्दर फूल कुचल जाएंगे" (टैगोर, 1950 बी: 41)।

राष्ट्रवाद के साम्राज्यवाद तथा उपनिवेशवाद के रूप में विकसित होने तथा परिवर्तित होने के अत्यधिक आलोचनात्मक दृष्टिकोण होने के बावजूद टैगोर, जिसे वे 'पश्चिमी जीवन्तता की भावना' कहते हैं, की प्रशंसा करते थे। टैगोर के अनुसार, पश्चिम की जीवन्तता को पश्चिम के राष्ट्रवादियों ने केवल यूरोपीय महाद्वीप के न तो भीतर और न बाहर के लोगों के लिए स्थापित किया। वस्तुतः पश्चिम की जीवन्तता की भावना ने, बाकी विश्व को स्वतंत्रता, समानता, भ्रातृत्व के मूल्यों तथा कला और साहित्य के क्षेत्र में विलक्षण रचनात्मकता प्रदान की है। राष्ट्रवाद का विकास, दूसरी ओर 'पश्चिम के राष्ट्रों से' निर्धारित हुआ, जिससे टैगोर का तात्पर्य उस तत्व से है जो मानवताहीन तथा आध्यात्मिकता विहीन है, क्योंकि यह युद्ध, शस्त्र तथा हिंसा के चाबुक से राष्ट्रवाद की पकड़ के विस्तार पर केन्द्रित रहता है। इस प्रकार टैगोर पश्चिमी जीवन्तता की भावना तथा पश्चिम के राष्ट्र के रूप में दो विपरीत लगते हुए विचार के अस्तित्व की बात पर जोर देते हैं। लेकिन उत्साह की भावनाओं के मूल्य और गुण का कमजोर हो जाना तथा राष्ट्र की आसुरी प्रवृत्ति का बढ़ते जाना, जिसके कारण यूरोपीय राष्ट्रवाद द्वारा शेष विश्व को उपनिवेश बना लिया गया, गलत हुआ।

टैगोर और गाँधी में जो समानता थी वह यह विचार था कि राष्ट्र का विचार भारत के लोगों पर लागू नहीं हो सकता। दोनों के अनुसार, राष्ट्रवाद पश्चिमी राष्ट्र–राज्य व्यवस्था की उपरचना है, तथा पश्चिमी वैश्विक दृष्टि द्वारा समानीकरण की शक्ति का विस्तार करना है। उनके अनुसार 'सजातीय वैश्विकता' (नन्दी, 1994: X-XI), स्वयं ही भारत में लाए गए विस्थापन तथा

विसंस्कृतीकरण के लिए उत्तरदायी है जिसने भारतीय सभ्यता की जड़ पर आघात किया। राष्ट्रवाद की आयातित श्रेणी के विपरीत "विश्ववाद का विशिष्ट सभ्यता मूलक विचार सहनशीलता में निहित है जिसे बहुलवादी समाज की विभिन्न वैविध्यपूर्ण पारम्परिक जीवन शैली में देखा जा सकता है" (पूर्वोक्त)। इस निपट गैर–राष्ट्रवादी दार्शनिक संरचना के अन्तर्गत की गई अवधारणा ने भारत के राष्ट्रीय आन्दोलन के सन्दर्भ में हिन्दू–राष्ट्रवाद के विचार को नकार दिया। अतः राष्ट्र और राष्ट्रवाद की आलोचना न केवल नैतिक रूप से स्वीकार्य तथा राजनीतिक रूप से प्रभावशाली थी, अपितु इसने सभ्यता, जिसका वे हिस्सा थे, के संसाधनों पर निर्भर समुदाय आधारित समाज की नींव भी रखी।

यह मधुर सम्बन्ध अल्पकालिक था। आने वाले समय में कवि और महात्मा के मतभेद स्पष्ट होने लगे। गाँधी की ब्रिटिश साम्राज्य द्वारा भारत छोड़ने के लिए बहिष्कार, असहयोग तथा सविनय अवज्ञा की रणनीति को नकारते हुए टैगोर ने गाँधी सहित भारतीय नेताओं को राष्ट्रवाद के प्रलोभन का शिकार होते हुए देश की स्वाधीनता के संघर्ष में अस्वाभाविक विरोध पूर्ण कदम उठाने की कड़ी आलोचना की। टैगोर का नुस्खा, दूसरी ओर, राष्ट्रवादी नेताओं के लिए अंग्रेजों के विरुद्ध नैतिक व आध्यात्मिक संघर्ष का था, जिसके द्वारा वे अंग्रेजों को भारत में अपने शासन के अमानवीय, अपमानजनक तथा नैतिक रूप से अस्वीकार करने योग्य प्रकृति के विरुद्ध समझाने का प्रयास करना चाहते थे। उन्होंने जोर दिया कि भारत की स्वतंत्रता के लिए लड़ाई में विश्वव्यापी भ्रातृत्व तथा विभिन्न लोगों में आध्यात्मिक समरसता के स्वाभाविक मूल्य को त्याग नहीं देना चाहिए। भारत की सभ्यता जनित एकता में दृढ़ विश्वास रखने वाले टैगोर ने इस प्रकार भारतीय राष्ट्रीय आन्दोलन, जो एक राष्ट्र के निर्माण के लिए भारत में रची–बसी विविधता को त्याग देना चाहता था, की कड़ी आलोचना की।

भारतीय राष्ट्रीय आन्दोलन के कुछ पक्षों की कड़ी आलोचना ने टैगोर को देश के कई राष्ट्रवादी नेताओं, जो उसकी स्वतंत्रता के लिए संघर्ष कर रहे थे, के विरुद्ध विवाद की स्थिति में ला खड़ा किया। उन्होंने भारत के सन्दर्भ में टैगोर द्वारा प्रस्तुत राष्ट्रवाद की निरर्थकता को इस तर्क के आधार पर इंगित किया कि भारतीय राष्ट्रवाद लोगों की ब्रिटिश उपनिवेशवाद के दासत्व से मुक्त होने की विशिष्ट आकांक्षा की चेतना में निहित है। इसका यूरोपीय राष्ट्रवाद, जिसका मूल प्रयास यूरोप के भीतर और बाहर कुछ लोगों द्वारा अधिक लोगों की कीमत पर राजनीतिक व आर्थिक शक्ति का विस्तार करना है, से कोई साम्य नहीं है। अतः देश में राष्ट्रवाद का उद्देश्य भारतीय जीवन्तता, जो एक स्वतंत्र देश में ही अपनी सम्पूर्णता में प्रकट हो सकती है, के पुनर्जीवित होने को सुनिश्चित करना भी है। भारतीय राष्ट्रवादियों ने अपने तर्क को उचित ठहराते हुए यहां तक कहा कि भारतीय राष्ट्रवाद का अन्तिम उद्देश्य आवश्यक विश्व नागरिकता, जिसके पक्ष में

टैगोर ने मत व्यक्त किया, को सुनिश्चित करना भी है। यह भी तर्क दिया गया कि यह विश्व नागरिकता तब तक प्राप्त नहीं की जा सकती, जब तक कि 'अमूर्त प्राणी, (ब्रिटिश) राष्ट्र, भारत पर शासन कर रहा है' (टैगोर, 1950 बीः 13)। विभिन्न लोगों में सामन्जस्यपूर्ण सह अस्तित्व लाने को सुनिश्चित करने के लिए भारतीय जीवन्तता की भावना के पुनरुत्थान तथा भारतीय स्वतंत्रता के माध्यम से उसका उजागर होना एक आवश्यकता हो गया है। अतः टैगोर द्वारा की गई देश में राष्ट्रवाद की यात्रा की आलोचना को इसलिए स्वीकार नहीं किया जा सकता था क्योंकि वह राष्ट्रवादी आन्दोलन में उनके अधिकतर सहयोगियों द्वारा प्रस्तुत राष्ट्रवाद के अवधारणीकरण के अनुरूप नहीं थी। ब्रिटिश राष्ट्रवाद के विरुद्ध संघर्ष से अधिक भारतीय राष्ट्रीय आन्दोलन भारतीय राष्ट्र के खोए हुए आध्यात्मिक व्यक्तित्व को पुनः पाना चाहता था। चूंकि ऐसे व्यक्तित्व का सम्पूर्ण प्रकटीकरण देश की पराधीनता की स्थिति में नहीं हो सकता, अतः राष्ट्रीय आन्दोलन का उद्देश्य ब्रिटिश शासन से देश को आजाद कराना भी था। इसका अन्तिम उद्देश्य टैगोर की विश्व नागरिकतावाद में योगदान देना था।

गाँधी की आलोचना

टैगोर और गाँधी बीसवीं सदी के दो महान भारतीयों में से थे। राष्ट्रीय आन्दोलन की प्रकृति तथा दिशा के सम्बन्ध में थोड़ा भिन्न दृष्टिकोण होते हुए भी दोनों ही एक–दूसरे के व्यक्तित्व तथा दृष्टिकोणों का अत्यन्त आदर तथा प्रशंसा करते थे। एक–दूसरे के द्वारा अपने जीवन पर प्रभाव को स्पष्ट करते हुए टैगोर ने गाँधी को 'महात्मा' कहा, जबकि गाँधी ने टैगोर को 'गुरुदेव' कहा, इस सूक्ष्म माधुर्यपूर्ण प्रशंसा ने दो महान दूरदृष्टाओं के असली नामों को मिटाया तो नहीं पर उन्हें परिवर्तित अवश्य कर दिया। फिर भी दृढ़ 'हठयोगियों' (कठिन मुद्राओं को अपनाने वाले संत) की भांति, लोगों को कैसा लगेगा की परवाह किए बगैर अपने मत को व्यक्त करने के विश्वास के साहस के कारण दोनों ने भारतीय राष्ट्रीय आन्दोलन की प्रकृति तथा सन्दर्भ के प्रति उल्लेखनीय विपरीत विचार प्रकट किए जिसके कारण दोनों के मध्य सार्थक बहस प्रारम्भ हुई (देखें प्रभु तथा केलकर, 1961)। इस बहस को सामने लाने का महत्व टैगोर और गाँधी के विचार, उनके दृष्टिकोण तथा दोनों दार्शनिकों की स्थिति समझने में सहायक होने में है।

आध्यात्मिक सिद्धान्तवादी तथा विश्व नागरिकतावाद की वकालत करने वाला होने के कारण 1920 में गाँधी के नेतृत्व में भारतीय राष्ट्रीय आन्दोलन की दिशा से टैगोर दुखी थे क्योंकि इससे उन्हें ऊपरी तौर पर संकुचित राष्ट्रवाद, परम्परागत अहंकार तथा अराजकतावाद का सहायक होने की अधिकता दिखाई दे रही थी। राष्ट्रीय आन्दोलन की रणनीति तथा पद्धति में अन्तर्निहित अध्यात्मवाद

व नैतिक शक्ति की कमी देख पाने के कारण उन्होंने इसे स्वराज तक सीमित रखने की आलोचना की जो टैगोर के अनुसार, राजनीतिक स्वतंत्रता से अधिक कुछ नहीं थी। टैगोर का तर्क था कि, यह, भारत के आध्यात्मिक व नैतिक व्यक्तित्व से रहित आक्रामक राष्ट्रवाद का प्रतीक था। फिर भी शीघ्र ही गाँधी ने कवि के दिमाग में बैठे ऐसे विचार का खण्डन यह कहकर किया कि राष्ट्रीय आन्दोलन निश्चित रूप से अहिंसक तथा नैतिक इस अर्थ में था कि यह भारतीय जनता की ब्रिटिश दासता में बने न रहने की इच्छा का उद्घोषक था। उन्होंने दृढ़ता से कहा कि 'बुराई के साथ असहयोग उतना ही आवश्यक कर्तव्य है जितना ईश्वर का सहयोग' (प्रभु तथा केलकर, 1961: 39)। गाँधी के अनुसार भारत के व्यक्तित्व ने कभी भी राजनीतिक तथा आर्थिक शक्ति को सम्मान नहीं दिया, अतः स्वराज का विचार देश के लिए उतना ही आध्यात्मिक तथा नैतिक जागृतिपूर्ण होगा जितना यह ब्रिटिश उपनिवेशवाद से मुक्ति की प्राप्ति का होगा।

गाँधी के कार्यक्रम के विरुद्ध टैगोर के तर्क की मूल शक्ति भारत की समस्याओं की सामाजिक तथा नैतिक जागृति ढूंढने में निहित थी जिसके परिणामस्वरूप आने वाले समय में राजनीतिक स्वतंत्रता भी प्राप्त होगी। विभिन्न लोगों के सामन्जस्यपूर्ण सह अस्तित्व में दृढ़ विश्वास होने के कारण टैगोर ने भारतीय राष्ट्रीय आन्दोलन के दीर्घकालिक दृष्टिकोण पर जोर दिया जो भारतीय समाज के नैतिक मूल्यों में निहित भारतीय आचार–विचार तथा संस्कृति के आधारभूत गुणों को पुनर्जीवित करने से होगा। उदाहरण के लिए 1905 के बंगाल के विभाजन विरोधी आन्दोलन ने उन्हें विचलित कर दिया क्योंकि वे कपड़े जलाने तथा विदेशी वस्तुओं के बहिष्कार के पीछे का तर्क नहीं समझ पाए। उनका कहना था कि ऐसे कार्य अंग्रेजों पर भारतीयों की नैतिक श्रेष्ठता स्पष्ट करने की पूरी उपेक्षा करके शहरी मध्यवर्ग की राजनीतिक व आर्थिक शक्ति प्राप्त करने के प्रयास को परिलक्षित करते हैं। अतः टैगोर ने दूसरों के साथ सामन्जस्यपूर्ण अन्तःक्रिया तथा नैतिक ईमानदारी से अंग्रेजों की क्रूर शक्ति को परास्त करने में भारत की विवेकशीलता को पुनः प्राप्त करने को कहा, जो भारतीय सांस्कृतिक परम्परा में सदैव विद्यमान थी और जो अन्ततः अंग्रेजों को भारत छोड़ने पर विवश कर देगी। लेकिन गाँधी के टैगोर के दृष्टिकोण के प्रत्युत्तर में देश की तात्कालिक आवश्यकताओं के समाधान की तीव्र इच्छा समाहित थी। उन्होंने दृढ़ता से कहा कि,

> ...एक डूबता हुआ आदमी दूसरे को नहीं बचा सकता। हमें अपने को बचाने का प्रयास करना चाहिए। भारतीय राष्ट्रवाद सीमित नहीं है न आक्रामक है न विध्वंसात्मक। यह स्वास्थ्यवर्धक, धार्मिक अतः मानवीय है। भारत को मानवता के लिए मरने की इच्छा करने के पहले जीना सीखना आवश्यक है। चूहे, जो बिल्ली

के दांतों के बीच स्वयं को विवश पाते हैं, अपने आरोपित त्याग के लिए कोई प्रशंसा नहीं पाते (प्रभु तथा केलकर, 1961: 43)।

देश के आर्थिक और सामाजिक परिवर्तन के लिए गाँधीवादी पद्धति से भी टैगोर खुश नहीं थे। उन्हें इसमें गाँधी की देश में व्याप्त आर्थिक व सामाजिक समस्याओं के मूल मुद्दों को पकड़ पाने और समाधान करने में अक्षमता दिखाई पड़ी। टैगोर, उदाहरण के लिए, लोगों की आर्थिक दशा सुधारने के लिए चरखे को मूल साधन के रूप में लोकप्रिय करने के गाँधी के प्रयासों के प्रति शंकित थे। उसके स्थान पर उन्होंने रचनात्मक कार्यक्रम जैसे सहकारी खेती, जिसमें लोगों को घोर गरीबी व भूख से बचाने की क्षमता है, को प्रारम्भ करने का सुझाव दिया। इसी प्रकार समाज में कार्यात्मक विभेद लाने के लिए गाँधी द्वारा पारम्परिक वर्णाश्रम व्यवस्था को आदर्श पद्धति मानने के भी टैगोर आलोचक थे। टैगोर का तर्क था कि जाति व्यवस्था के रूप में विकृत हो जाने के कारण, वर्णाश्रम व्यवस्था समाज के कार्यात्मक विभेदीकरण के लिए वैज्ञानिक पद्धति नहीं रह गई थी बल्कि यह समाज में बहिष्करण तथा जाति आधारित भेदभाव का साधन बन गई। गाँधी, फिर भी, अपने विचार पर दृढ़ रहे कि सन्दर्भ तथा दृष्टिकोण में भिन्नता के कारण मतभेद थे जिस कारण दोनों के विपरीत मत अभिव्यक्त हुए, यद्यपि, अपने अन्तिम विश्लेषण में दोनों एक–दूसरे के साथ भिन्नता के स्थान पर एक होकर खड़े हुए। जैसा कि गाँधी ने लिखा

> ... कवि अपनी रचना के शानदार संसार में रहते हैं अपने विचारों के जगत में। मैं किसी दूसरे की रचना–चरखा का दास हूं। कवि अपनी बांसुरी की धुन पर गोपियों को नृत्य कराते हैं। मैं अपनी प्रिया सीता, चरखा, के पीछे घूमता हूं और उसे जापान, मैनचेस्टर, पेरिस आदि के दस सिर वाले राक्षस से बचाना चाहता हूं। कवि अन्वेषक हैं, वे रचते हैं विध्वंस करते हैं तथा पुनः रचते हैं। मैं शोधक हूं और एक वस्तु ढूंढ लेता हूं तो उसे पकड़ कर रखता हूं। कवि प्रतिदिन विश्व को नई और आकर्षक वस्तुएं प्रदान करते हैं। मैं पुरानी और टूटी–फूटी चीजों में छिपी सम्भावनाएं ही दिखा सकता हूं। एक जादूगर, जो नई और चमकदार चीजें दिखाता है, को विश्व में सम्मानजनक स्थान आसानी से मिल जाता है। मुझे अपनी टूटी–फूटी चीजों के लिए एक कोना प्राप्त करने के लिए श्रमपूर्वक संघर्ष करना पड़ता है ... मैं पूर्ण विनम्रता के साथ कहता हूं कि हम एक–दूसरे की गतिविधियों के पूरक हैं (प्रभु तथा केलकर, 1961: 109)।

टैगोर द्वारा की गई गाँधी की नीतियों, कार्यक्रमों, विचारों तथा तकनीकों की आलोचना भारत की अल्पकालिक व दीर्घकालीन आवश्यकताओं के सन्दर्भ और दृष्टिकोण की भिन्नता में निहित है। दूसरे शब्दों में, कुछ समझौता न करने योग्य मतभेदों, उदाहरण के लिए चरखे का मुद्दा तथा वर्णाश्रम व्यवस्था, को छोड़कर

दोनों विचारक सम्भवतः उन बातों के लिए तर्क प्रस्तुत कर रहे थे जो एक–दूसरे की सदा के लिए विरोधी नहीं लगतीं और अन्तिम विश्लेषण में एक–दूसरे को समर्थन देती हैं। उदाहरण के लिए, गाँधी के द्वारा आवश्यक राजनीतिक आन्दोलन प्रारम्भ करने के विचार के स्थान पर टैगोर के भारत के नैतिक और आध्यात्मिक जागरण के लिए आग्रह में इतना ही अंतर था कि गाँधी ने राजनीतिक स्वतंत्रता को देश की नैतिक और आध्यात्मिक जागृति की पूर्व शर्त माना। इस प्रकार टैगोर गाँधी वाद–विवाद एक ओर तो देश के राष्ट्रीय आदोलन की मूल आवश्यकता तथा अल्पकालिक दृष्किोण के प्रति दोनों महान विचारकों के मतभेद को उजागर करता है तो दूसरी ओर देश के वास्तविक सम्पूर्ण विकास के सम्बन्ध में अन्तर्निहित पारस्परिक पूरकता को स्पष्ट करता है।

समापन अवलोकन

टैगोर देश के कवि–चिन्तक थे जिनके बीसवीं शताब्दी के प्रारम्भिक दशक में देश के समक्ष समस्याओं और मुद्दों के सम्बन्ध में अपने विचार और विश्वास थे। टैगोर के राजनीतिक विचारों की विशिष्टता उनके चिन्तन का आध्यात्मिक आधार होना लगता है, जिसके कारण देश की राजनीतिक स्वतंत्रता, जिसके बारे में अधिकांश राष्ट्रवादी नेता सोच रहे थे, के स्थान पर उन्होंने देश के नैतिक और आध्यात्मिक जागरण के सन्दर्भ में अधिक सोचा। इसके अतिरिक्त, उनके अवधारणीकरण, जो भारत के नैतिक और आध्यात्मिक दर्शन से जन्मा था, के व्यापक अर्थ थे, क्योंकि उन्होंने भारत में जीवन के वैश्विक दृष्टिकोण के विचार को विकसित किया। उदाहरण के लिए, उनके स्वतंत्रता तथा राष्ट्रवाद पर विचार अन्तर्राष्ट्रीयता के हिस्से थे क्योंकि उन्होंने विश्व के विभिन्न क्षेत्रों में इन मूल्यों के व्यवहार का मूल्यांकन किया और उन विचारों के विषय में संकुचित, आक्रामक और सतही समझ की आलोचना की। इस प्रकार टैगार संसारं में वैश्विक दृष्टिकोण के पक्ष में भारतीय प्रवक्ता के रूप में दिखते हैं।

टिप्पणियां

1. टैगोर के जीवन और कार्यों का मर्म, तथ्यों की विविधता दर्शाती अन्तर्निहित एकता के प्रति अथक प्रयास में दिखता है। उनके लिए, सत्य, जीवन की आधारभूत शक्ति, तथ्यों में नहीं अपितु तथ्यों के सामन्जस्य में निहित है (देखें टैगोर, 1950 ए: 32)।
2. टैगोर के साहित्यिक मस्तिष्क का प्रस्फुटन पारिवारिक पत्रिका, *भारती* में उनकी कविताओं के प्रकाश से सुगम हो गया लगता है।

सन्दर्भ

ब्राउन, डी. मैकेंजी, 1953, *द व्हाइट अम्ब्रेला: इण्डियन पॉलिटिकल थॉट फ्रॉम मनु टू गाँधी*, बर्कले, यूनिवर्सिटी ऑफ कैलिफोर्निया प्रेस।

चक्रवर्ती, राधारमण, 1986, 'टैगोर: पॉलिटिक्स एण्ड बियोण्ड', थॉमस पेन्थम तथा कैनेथ एल. डायश (सम्पादक) में, *पॉलिटिकल थॉट इन मॉडर्न इण्डिया*, नई दिल्ली, सेज पब्लिकेशन्स।

नन्दी, आशीष, 1994, *द इल्लैजिटिमेसी ऑफ नेशनलिज्म: रवीन्द्रनाथ एण्ड पॉलिटिक्स ऑफ सेल्फ*, नई दिल्ली, ऑक्सफोर्ड यूनिवर्सिटी प्रेस।

प्रभु, आर.के. तथा रवीन्द्र केलकर (सम्पादक तथा संयोजक), 1961, *ट्रुथ काल्ड देम डिफरेन्टली (टैगोर–गाँधी कंट्रोवर्सी)* अहमदाबाद, नवजीवन ट्रस्ट।

सरकार, सुमित, 1989, *मॉडर्न इण्डिया*, 1885-1947, मद्रास, मैकमिलन।

सेन सचिन, 1947, *द पॉलिटिकल थॉट ऑफ टैगोर*, जयपुर, एण्ड बुक एन्क्लेव।

टैगोर, रवीन्द्रनाथ, 1950 ए, *क्रिएटिव यूनिटी*, लन्दन, मैकमिलन।

टैगोर, रवीन्द्रनाथ, 1950 बी, *नेशनलिज्म*, लन्दन, मैकमिलन।

टैगोर, रवीन्द्रनाथ, 1968, द *रिलीजियन ऑफ मैन*, लन्दन, जार्ज एलेन एण्ड उनविन।

टैगोर, रवीन्द्रनाथ, 1979, *गीतांजलि*, लन्दन, ब्रैन्डन बुक्स।

वर्मा, वी.पी., 1964, *मॉडर्न इण्डियन पॉलिटिकल थॉट*, आगरा, लक्ष्मी नारायण अग्रवाल।

5

बी.आर. अम्बेडकर

अध्ययन का उद्देश्य

- 'जाति प्रथा उन्मूलन' के विशेष सन्दर्भ में अम्बेडकर के जाति और अस्पृश्यता पर विचारों का विवेचन।
- अम्बेडकर और गाँधी के मध्य बहस में अन्तर्निहित तर्कों का परीक्षण।
- अम्बेडकर के राजनीतिक विचारों के मुख्य सूत्रों को समझना।

आधुनिक भारत के विचारकों के नक्षत्र मण्डल में डॉ. भीमराव अम्बेडकर (1891-1956) कई कारणों से अलग पायदान पर स्थित हैं। सर्वप्रथम, बहुत ईमानदारी से, उनका व्यक्तित्व एक अस्पृश्य की एक बहुत बड़ी सामाजिक बुराई के साथ अदम्य साहस तथा हार न मानने के दृष्टिकोण से संघर्ष की तथा 'प्रख्यात संविधानविद्, प्रसिद्ध सांसद, न्यायविद् तथा सर्वोपरि वंचित वर्ग के नेता' (अप्पादोराई, 2002: 281) बनने की विशिष्ट गाथा है, वह भी उस समय जब एक अस्पृश्य के लिए, समाज के उच्च वर्ग के ऐसे लोगों के प्रति आक्रामक तथा हीन दृष्टिकोण होने के कारण, सम्भवतः सामान्य गरिमामय जीवन जीना असम्भव नहीं तो अत्यन्त कठिन अवश्य था। परिणामतः, जैसा कि देश के विभिन्न हिस्सों में देखा गया, विशेषकर उत्तर भारत में, उनकी प्रशंसा अत्यन्त निराशाजनक तथा वंचना की स्थितियों में एक व्यक्ति की दृढ़ इच्छा शक्ति तथा, हार न मानने के दृष्टिकोण से क्या उपलब्ध कर सकता है (कीर, 1954: IX-X) के प्रेरणास्पद उदाहरण के रूप में की गई।

दूसरे, एक तरह से, उन्होंने महाराष्ट्र ही नहीं अपितु पूरे भारत में अस्पृश्यता निवारण तथा समाज सुधार आन्दोलन के तर्क और संघर्ष की नमनीय, सुविचारित तथा बहुआयामी रणनीति की खोज की। यह उन सबके विरुद्ध थी जो इस स्थिति के लिए उत्तरदायी थे पर अस्पृश्यों, जो भारत में गरिमामय तथा सम्मानजनक स्थान पाने के लिए संघर्ष कर रहे थे, का विरोध कर रहे थे। उदाहरण के लिए,

अस्पृश्यता निवारण आन्दोलन के इतिहास में अपने पूर्ववर्त्तियों, जिन्होंने आन्दोलन को एक घटना तक सीमित रखा, के विपरीत अम्बेडकर में अपने आन्दोलन को निरन्तरता प्रदान करने तथा दीर्घकालीन आधार पर चलाने का साहस था। यद्यपि आन्दोलन की रणनीति में समय की आवश्यकता के अनुरूप नमनीयता, सुविचारिता तथा अनुकूल परिवर्तन के लिए वे तैयार थे। अतः भारतीय समाज में अस्पृश्यों के लिए सम्मानजनक तथा अधिकारपूर्ण स्थान पाने के उद्देश्य से चलाए जाने वाले अपने आन्दोलन में स्थान तथा केन्द्र को न भूलते हुए, उन्होंने समय की आवश्यकता के अनुकूल विभिन्न रणनीतियां अपनाईं। जैसा कि एलीनर जेलियट ने (1986: 162-63), उनके जीवन के विशिष्ट चरण की चर्चा करते हुए संक्षेप में कहा,

> ... 1935 तक अम्बेडकर के कार्य की तीन दिशाएं थीं — जिसमें सर्वाधिक सफल दिखने वाली दिशा अस्पृश्यों को जाग्रत व संगठित करने की थी जो — अपने अखबारों, सामाजिक तथा सांस्कृतिक संस्थाओं, तथा व्यापक रूप से सहभागिता वाले सम्मेलनों से, जिन्हे उस समय 'वंचित वर्ग' के सम्मेलन कहा जाता था, के माध्यम की गई। उन्होंने ब्रिटिश सरकार के समक्ष प्रस्तुत प्रत्येक निवेदन में अस्पृश्यों के राजनीतिक प्रतिनिधित्व हेतु भागीदारी की और ऐसे अवसर अनेक थे — मताधिकार पर साउथबॉरो आयोग, सुधारों के मूल्यांकन हेतु साइमन आयोग तथा लंदन में प्रसिद्ध गोलमेज सम्मेलन। अम्बेडकर ने बम्बई विधायिका में भी कार्य किया और उनके प्रयासों से अस्पृश्यों को प्रतीक रूप में प्रतिनिधित्व प्राप्त हुआ। उनके कार्य की तीसरी दिशा, निम्न वर्ग को शिक्षा के लिए प्रोत्साहित करने की थी, प्रथम हॉस्टल के लिए प्रोत्साहन व स्थापना करने की थी ताकि स्कूल जाते समय उनके रहने के लिए स्थान हो और अन्ततः जन शिक्षा समाज के द्वारा लगातार चलने वाला महाविद्यालयों की श्रृंखला की स्थापना का कार्य था।

तीसरे, एक अन्वेषक के रूप में पहचाने जाने वाले अम्बेडकर ने अस्पृश्यों की मुक्ति के विचार को विस्तृत करके इसकी परिधि में सशक्तीकरण के अन्य महत्वपूर्ण पक्ष भी शामिल किए जो अभी तक, पूरी तरह नहीं, तो काफी हद तक इसकी सीमा के बाहर थे। उदाहरण के लिए, अम्बेडकर के दृश्य पटल पर उभरने के पूर्व, अस्पृश्यों की मुक्ति का विचार विभिन्न सुधार संगठनों द्वारा सामाजिक तथा धार्मिक सुधार तक सीमित रहा। जैसा कि देसाई (1976: 265) ने कहा, वास्तव में, "ब्रिटिश शासन के समय भारत में उभरे सामाजिक सुधार तथा धार्मिक सुधार आन्दोलन का, अस्पृश्यता निवारण तथा अन्य सभी बुराइयों जिनसे वंचित वर्ग कष्ट में थे, को दूर करने महत्वपूर्ण हिस्सा बन गए" लेकिन इसमें जो ध्यान देने योग्य बात है वह अस्पृश्यों की मुक्ति की अवधारणा को संकुचित अर्थ में, हिन्दू सामाजिक–धार्मिक व्यवस्था की सामाजिक–धार्मिक रूढ़ियों के सुधारने, के

अर्थ में अवधारित कर दिया गया, लेकिन जब अम्बेडकर ने अस्पृश्यों की मुक्ति की सुखद घटना को कल्पना में देखना शुरू किया, तो उन्होंने तुरन्त सरकारी सेवाओं तथा राजनीतिक संस्थाओं में अस्पृश्यों के प्रतिनिधित्व के विचार को शामिल किया ताकि देश की सामाजिक–राजनीतिक व्यवस्था में अस्पृश्यों की महत्वपूर्ण स्थिति को परिवर्तित न किया जा सके। इस प्रकार अम्बेडकर द्वारा देश में अस्पृश्यों के नेतृत्व का झण्डा उठा लेने के साथ अस्पृश्यों की मुक्ति के विचार में सूक्ष्म परिवर्तन आया, जिसमें इन लोगों की सभी सामाजिक–धार्मिक बुराइयों को दूर करने के साथ राजनीतिक–वैधानिक संस्थाओं तथा सरकारी सेवाओं में वंचित वर्ग का पर्याप्त प्रतिनिधित्व शामिल था (विस्तार के लिए देखें, रोड्रिग्स, 2004: 368-81)।

अतः इन तथ्यों को ध्यान में रखते हुए, अम्बेडकर के सामाजिक–राजनीतिक विचारों के प्रमुख सूत्रों का विश्लेषण एक रोचक कार्य होगा। फिर भी, अम्बेडकर के सामाजिक–राजनीतिक विचारों के आलोचनात्मक विश्लेषण में सर्वाधिक महत्वपूर्ण उनके विचारों का संदर्भीकृत अवधारणीकरण है। स्पष्ट रूप से, विभिन्न विचारकों के विचारों को, विशिष्ट सन्दर्भ, जिनमें वे अंकुरित, स्पष्ट व परिष्कृत हुए, में विश्लेषित करना इस पुस्तक की खास बात है लेकिन सन्दर्भों और विचारों का द्वन्द्व अम्बेडकर में, अन्य विचारकों की तुलना में, अधिक महत्वपूर्ण लगता है। यह बिल्कुल स्पष्ट इस कारण से है कि अम्बेडकर की विचार प्रक्रिया अस्पृश्यता के अभिशाप के शिकार होने के व्यक्तिगत अनुभव की उपज थी, उसी के परिणामस्वरूप उन्होंने अस्पृश्यों के सामाजिक तथा राजनीतिक अधिकार पाने के लिए कठिन संघर्ष प्रारम्भ किया, जो यदि कहा जाए तो गाँधी के मामले में नहीं था। इसी कारण, उदाहरण के लिए, गाँधी ने अपनी मूल सैद्धान्तिक रचना *हिन्द स्वराज* जिसे अपनी राजनीतिक सक्रियता के महत्वपूर्ण होने के बहुत पहले 1908 में लिख दी थी, यद्यपि यह कहा जा सकता है कि अपने जीवन के क्रूर आघात उन्हें दक्षिण अफ्रीका में ही लग गए थे। फिर भी, यह महत्वपूर्ण है कि भारतीय राष्ट्रीय आन्दोलन के दौरान अनेक अनुभवों के बाद भी बीसवीं शताब्दी के प्रथम दशक में उन्होंने जो वस्तुओं की योजना *हिन्द स्वराज* में प्रस्तुत की, वह गाँधी के लिए सदैव अपरिवर्तनीय रही। अतः यह अध्याय अम्बेडकर के सामाजिक–राजनीतिक विचारों, जो उनके द्वारा समय–समय पर लिखी पुस्तकों में परिलक्षित हुए तथा अनेक गतिविधियों जैसे कुछ आन्दोलनों का संचालन, अनेक संगठनों की स्थापना तथा व्यक्तिगत रूप से प्रतीकात्मक संदेश देने वाले कार्य जैसे बौद्ध धर्म अपनाना, अपने अनुयायियों को बेहतर जीवन जीने का मार्ग दिखाना, का संदर्भीकृत विवेचन प्रस्तुत करने का प्रयास करता है।

अस्पृश्यों के हितों के लिए समर्पित एक जीवन

अम्बेडकर का जीवन एक सतत् संघर्ष प्रतीत होता है जिसमें पुस्तक लिखने, लम्बे लेख लिखने या स्वतंत्र भारत के लिए संविधान की रूपरेखा तैयार करने जैसे रचनात्मक अंतराल हैं। उनके पूरे जीवन के लगभग सभी पक्षों में जो एक चीज लगातर निहित रही, वह स्व–अनुभूत दर्द था तथा बचपन से ही अस्पृश्यता के बोझ तथा अभिशाप से अपने तथा वंचित वर्ग के लोगों को मुक्ति दिलाने की अदम्य इच्छा थी। इसका अर्थ यह नहीं कि अम्बेडकर के पूर्व किसी भी व्यक्ति ने यह दर्द अनुभव नहीं किया या ऐसी अमानवीय स्थिति से मुक्ति की इच्छा नहीं की। बात यह है कि 'अम्बेडकर का, अपनी स्थिति के सम्बन्ध में अनुभव अधिक गहन था क्योंकि वे तीक्ष्ण बुद्धि का वरदान प्राप्त बच्चे थे' (जैफ्रेलॉट, 2005: 3) तथा ऐसे अनुभव के लिए उनकी प्रतिक्रिया अधिक स्पष्ट, सतत् तथा जीवन्त थी।

14 अप्रैल, 1891 को इन्दौर के निकट महू में एक अस्पृश्य महार परिवार में जन्मे अम्बेडकर के लिए, बचपन से ही स्कूल जैसे सार्वजनिक स्थानों में जाने के कारण, अपमान तथा भेदभाव का सामना करना स्पष्ट रूप से सुनिशिचित था। अपने परिवार के लाड़ले बच्चे होने के कारण, वे कुछ समय तक सामाजिक बुराई से अछूते रहे क्योंकि उनके पिता ने उन्हें एक स्थानीय मराठी स्कूल में भेजा, जहां जाति आधारित भेदभाव इतना अधिक नहीं था। लेकिन अम्बेडकर ने अस्पृश्यता के अभिशाप को तब झेला, जब वे कैन्टोनमेण्ट क्षेत्र के तुलनात्मक रूप से सीमित तथा विशिष्ट परिस्थितियों से बाहर निकले। बम्बई आने पर वे एलफिन्सटन विद्यालय में दाखिल हुए और छात्रवृत्ति प्राप्त करते हुए उन्होंने एलफिन्सटन कॉलेज से डिग्री प्राप्त की। परिणामस्वरूप, एक अन्य छात्रवृत्ति पर वे अमेरिका गए, तथा न्यूयॉर्क के कोलम्बिया विश्वविद्यालय में स्नातकोत्तर डिग्री प्राप्त की, अस्पृश्यों में वे पहले थे, उसके बाद वे लन्दन ग्रेज़ इन में कानून की पढ़ाई करने आ गए और आगे के अध्ययन के लिए वे लन्दन स्कूल ऑफ इकोनोमिक्स में चले गए। अपनी छात्रवृत्ति के समाप्त होने के कारण 1917 में उन्हें लन्दन से भारत वापस आना पड़ा तथा भारत में उन्होंने अपना सार्वजनिक जीवन प्रारम्भ किया, जिसमें एक ओर तो उन्होंने अपने को आवश्यक रूप में एक व्यावसायिक के रूप में स्थापित करने पर ध्यान केन्द्रित किया तो दूसरी ओर वे अस्पृश्यों के हितों की सुरक्षा चाहते थे। उदाहरण के लिए 1919 में मताधिकार की योग्यता के मापदण्डों में संशोधन सुझाने के लिए नियुक्त साउथबॉरो समिति के समक्ष गवाही देने के लिए उन्हें बुलाया गया। उस समय अम्बेडकर ने अस्पृश्यों के लिए पृथक निर्वाचक मण्डल तथा आरक्षित स्थान पर अत्यधिक जोर दिया। बड़ौदा के महाराज के यहाँ सेवा का संक्षिप्त कार्यकाल उन्हें निराशाजनक लगा और वे बम्बई आ गए जहां सिडेनहैम कॉलेज में राजनीतिक अर्थशास्त्र के प्रोफेसर

नियुक्त हुए। लेकिन अस्पृश्य होने के कारण अपमानित होने से वे यहां भी नहीं बचे और 1920 में उन्होंने पद छोड़ दिया तथा वंचित वर्ग, जो सदैव मौन रहा, के हितों के लिए साप्ताहिक पत्र *मूकनायक* का प्रकाशन प्रारम्भ किया। शीघ्र ही अर्थशास्त्र में स्नातकोत्तर अध्ययन के लिए वे लंदन चले गए। 1923 में भारत आने के बाद उन्होंने स्वयं को एक सफल वकील के रूप में स्थापित करने का प्रयास किया पर अछूत होने के कारण आंशिक रूप से वे ऐसा नहीं कर सके। परिणामस्वरूप प्राचीन सामाजिक रूढ़ियों के शोषण से अस्पृश्यों को मुक्त कराने, भारतीय सामाजिक व्यवस्था में उन्हें समतामूलक सम्मानजनक स्थान दिलाने तथा सरकारी सेवाओं और राजनीतिक संस्थाओं में वंचित वर्ग के लिए उपयुक्त हिस्सेदारी सुनिश्चित करने के लिए उन्होंने पूरे समय कार्य करना प्रारम्भ कर दिया। अतः उन्होंने अस्पृश्यों की शिक्षा तथा आर्थिक बेहतरी के प्रयास करने के लिए 1924 में *बहिष्कृत हितकारिणी सभा* की स्थापना की तथा इन लोगों की पीड़ा को स्वर देने के लिए 1927 में *बहिष्कृत भारत* पत्र का प्रकाशन प्रारम्भ किया।

अस्पृश्यों के कष्टों को दूर करने की दिशा में पहल करते हुए अम्बेडकर ने 1927 में कुओं, तालाबों आदि के प्रयोग करने के अस्पृश्यों के अधिकार पर जोर देने के लिए महद सत्याग्रह प्रारम्भ किया। सवर्ण हिन्दुओं के साथ होने वाले संघर्ष ने उन्हें अस्पृश्यों के आक्रोश को अभिव्यक्त करने के लिए सार्वजनिक रूप से मनुस्मृति को जलाने के लिए प्रेरित किया क्योंकि इसी ने उनके प्रति भेदभाव की स्वीकृति प्रदान की थी। अस्पृश्यों की मुक्ति के संघर्ष के लिए उन्होंने 1927 में *समाज समता संघ* तथा *समता सैनिक दल* जैसे संगठनों की स्थापना की। वंचित वर्ग के नेता के रूप में उनकी बढ़ती मान्यता के कारण उसी वर्ष उन्हें बम्बई विधान सभा का सदस्य नियुक्त किया गया। बाद में 1928 में साइमन आयोग के समक्ष प्रस्तुत होते समय उन्होंने औपनिवेशिक सरकार द्वारा विकसित किए जा रहे भावी संविधान की संरचना से वंचित वर्ग की अपेक्षाओं के सम्बन्ध में क्रान्तिकारी दृष्टिकोण स्पष्ट किया।

1930 के दशक में अम्बेडकर की अस्पृश्यों की मुक्ति के लिए अपनाई जा रही रणपद्धति सत्याग्रह आयोजित करने की क्रान्तिकारी पद्धति की तुलना में कानूनी वैधानिक पद्धति की ओर होने लगी। 1930 में बलराम मन्दिर में प्रवेश आन्दोलन को छोड़कर अम्बेडकर का ध्यान ब्रिटिश सरकार द्वारा विकसित की जा रही संवैधानिक संरचना में अस्पृश्यों के लिए पृथक स्थान तथा स्थिति पर केन्द्रित होने लगा। विभिन्न गोलमेज सम्मेलनों में भागीदारी ने उनके अस्पृश्यों के लिए पृथक–निर्वाचक मण्डल प्राप्त करने के विचार को और अधिक पुष्ट किया। इसीलिए 1932 में जब साम्प्रदायिक पंचाट घोषित किया गया, तो यह अम्बेडकर के अस्पृश्यों की मुक्ति के लिए किए जा रहे प्रयासों का कुछ सीमा तक प्रतिफलन

था। लेकिन गाँधी के अस्पृश्यों के पृथक निर्वाचक मण्डल के विरुद्ध आमरण महाउपवास के कारण पूना समझौते पर हस्ताक्षर हुए जिसका मुख्य बिन्दु संयुक्त निर्वाचक मण्डल, जिसमें वंचित वर्ग के लिए स्थान आरक्षित किए गए, की व्यवस्था थी। यह दबावकारी दिखता हुआ पूना समझौता अम्बेडकर को सन्तुष्ट नहीं कर पाया, क्योंकि उनको विश्वास था कि "साम्प्रदायिक पंचाट का उद्देश्य अस्पृश्यों को हिन्दुओं से मुक्ति दिलाने का था। पूना समझौते का निर्माण उन्हें हिन्दुओं की अधीनता में रखने के लिए किया गया है" (मून, 1989: 355)।

पूना समझौते के पश्चात अम्बेडकर की स्थिति इस अर्थ में द्विविधापूर्ण हो गई कि संवैधानिक साधनों द्वारा अस्पृश्यों के जीवन में पर्याप्त परिवर्तन की क्षमता की अपेक्षा रखते हुए भी उन्हें हिन्दू धर्म में सुधार की क्षमता, जिसके अन्तर्गत अस्पृश्यों को सम्मानजनक स्थान प्राप्त होता, की निश्चितता नहीं रही। इस दुविधा के कारण, आगे आने वाले वर्षों में, अम्बेडकर हिन्दू धर्म को छोड़ने के लिए विचार करते दिखे, यद्यपि संवैधानिक साधनों द्वारा अस्पृश्यों के हितों को सुरक्षित करने के उनके प्रयास पूरी शक्ति के साथ जारी रहे। इस समय की महत्वपूर्ण घटना उनके द्वारा 1936 में तैयार किया गया 'जाति प्रथा का उन्मूलन' भाषण था जिसे लाहौर के *जात–पाँत तोड़क मण्डल* के वार्षिक अधिवेशन में प्रस्तुत किया जाना था। उनके भाषण, जिसे पहले ही प्रकाशित कर दिया गया था, में हिन्दू धर्म पर कड़े प्रहार किए जाने के कारण सम्मेलन रद्द कर दिया गया तथा भाषण यद्यपि नहीं दिया जा सका, लेकिन अम्बेडकर द्वारा लिखी गई रचनाओं में यह एक अत्यन्त सशक्त रचना सिद्ध हुई।

देश में बढ़ती संवैधानिक गतिविधियों, तथा 1940 के दशक में भारतीयों की सरकारी तंत्र में बढ़ती भागीदारी के कारण, अम्बेडकर का समय व शक्ति उसमें लगने लगी। औपनिवेशिक प्रशासन में उन्होंने कई पदों पर काम किया तथा स्वतंत्र भारत की संवैधानिक संरचना के तैयार करने हेतु नियुक्त अनेक वैधानिक आयोगों में भाग लिया। बंगाल से संविधान सभा के लिए चुने जाने के बाद अन्ततः वे प्रारूप समिति, जिसने स्वतंत्र भारत के संविधान का प्रारूप बनाया, के अध्यक्ष बने। फिर भी, इस समय में उनकी बौद्धिक क्षमता महत्वपूर्ण रूप से सृजनात्मक होती दिखती है क्योंकि इस काल में अम्बेडकर की अनेक श्रेष्ठ बौद्धिक रचनाएं प्रकाशित हुईं। स्वतंत्रता के पश्चात के काल में जवाहरलाल नेहरू के मंत्रिमण्डल में वे कानून मंत्री बने, लेकिन नेहरू के साथ मतभेद होने के कारण ज्यादा समय नहीं रह सके। स्पष्ट रूप से सक्रिय राजनीति के भ्रमजाल से अपने ध्यान को हटाकर, उन्होंने अस्पृश्यों की शैक्षणिक स्थिति सुधारने के लिए महाराष्ट्र में अनेक महाविद्यालय स्थापित किए। अपने जीवन के अन्तिम काल में यद्यपि वे राज्यसभा के सदस्य रहे तथापि उनकी गतिविधियाँ अस्पृश्यों के लिए वैकल्पिक सामाजिक–धार्मिक व्यवस्था, जिनमें अस्पृश्य अपने लिए गरिमामय तथा

सम्मानजनक जीवन प्राप्त कर सकें, की खोज पर केन्द्रित रहीं। हिन्दू धर्म में अस्पृश्यों के लिए स्थान होने की असफलता से उत्पन्न निराशा व्यक्त करते हुए उन्होंने 1956 में बौद्ध धर्म अपना लिया। अन्ततः गिरते स्वास्थ्य के कारण 6 दिसम्बर, 1956 को उनकी मृत्यु हो गई, वे अपने पीछे सामाजिक–आर्थिक व राजनीतिक विचारों का जटिल पुंज छोड़ गए जिनका आधार उनकी बौद्धिक प्रतिभा तो थी ही, साथ ही भारतीय समाज से अस्पृश्यता के अभिशाप को मिटा देने के लिए की गई उनकी गतिविधियाँ तथा अनुभव भी थे।

हिन्दू समाज में जाति व अस्पृश्यता

अम्बेडकर के सामाजिक विचार मूल रूप से भारत में जाति व्यवस्था को समझने तथा अस्पृश्यता के अभिशाप के विरुद्ध अथक संघर्ष के चारों ओर घूमते हैं। अपने जीवन के विभिन्न चरणों तथा क्षेत्रों में स्वयं के सामाजिक अपमान व भेदभाव के अनेक अनुभव होने के कारण, उन्हें अपने जीवन के उद्देश्य के सम्बन्ध में निश्चितता थी और उसके लिए वे दृढ़ता से प्रतिबद्ध रहे। फिर भी अम्बेडकर के सामाजिक विचार, सवर्ण हिन्दुओं के प्रभुत्व वाली सामाजिक व्यवस्था में पहले अनुमान के प्रति उनके व्यवहार के कारण एक अनुमान के स्तर से दूसरे की ओर, बढ़ते दिखते हैं।

> अम्बेडकर, अतः हिन्दू समाज में अथवा सम्पूर्ण राष्ट्र में अस्पृश्यों की स्थिति सुधारने के बीच घूमते रहे; प्रारम्भ की रणनीति पृथक निर्वाचक मण्डल की, या पृथक दलित दल तथा अथवा हिन्दूवाद के बाहर धर्म परिवर्तन की हो सकती थी। उन्होंने समाधान खोजे, रणनीतियां ढूंढीं और ऐसा करने में उन्होंने दलितों को मुक्ति के श्रम साध्य मार्ग की ओर प्रेरित किया (जैफ्रेलॉट, 2005: 7)।

अम्बेडकर ने भारत में जाति व्यवस्था के कष्ट साध्य विश्लेषण के प्रयास को अपने पहले निबन्ध 'कास्ट इन इण्डिया, देयर मैकेनिज्म, जेनेसिस एण्ड डेवेलपमेन्ट' के द्वारा किया। उन्होंने ध्यान दिया कि प्रारम्भ में हिन्दू समाज वर्गों में संगठित था जो प्राचीन समय में *ब्राह्मण* (पुजारी वर्ग), *क्षत्रिय* (योद्धा वर्ग), *वैश्य* (व्यापारी वर्ग) तथा *शूद्र* (कारीगर या श्रमिक वर्ग) के रूप में उपस्थित था। इस व्यवस्था का मूल गुण यह था कि एक व्यक्ति के एक विशिष्ट वर्ग से दूसरे वर्ग, यदि वह उस वर्ग के आवश्यक गुण हासिल कर ले तो, में परिवर्तन की सम्भावना थी। विभिन्न लोगों के समूहों द्वारा सहज रूप से उत्तरदायित्वों के वहन करने की विविधता के कारण समाज का ऐसा उपविभाजन स्वाभाविक था। धीरे–धीरे, लेकिन, इन उपविभाजनों में वर्ग व्यवस्था के खुलेपन के गुणों की कमी आने लगी और जाति कहलाने वाली बन्द इकाई बन गए। इतिहास के किसी मोड़ पर पुजारी वर्ग द्वारा, अन्य लोगों से स्वयं को काटने का तथा बन्द व्यवस्था की नीति जो बाद

में जाति व्यवस्था में परिवर्तित हो गई, से इसकी शुरुआत हुई होगी। 'प्रश्न यह है – क्या वे दरवाजा बन्द करने के लिए विवश किए गए तथा अपनी ही जाति में विवाह सम्बन्ध करने लगे या उन्होंने दरवाजे अपने आप बन्द किए? मैं कहता हूँ कि इसका उत्तर दो पंक्तियों में है: *कुछ ने दरवाजे बन्द किए, कुछ ने अपने सामने दरवाजे बन्द पाए'* (रोड्रिग्ज़, 2004: 257)। जाति के अन्दर विवाह जाति व्यवस्था का मूल हो गया जो और कुछ नहीं 'बन्द वर्ग' का उदय था (अम्बेडकर, 1917; महाराष्ट्र सरकार, 1979: 22)।

'हू वर द शूद्राज' में जाति व्यवस्था के सम्बन्ध में वैदिक स्पष्टीकरण को समझने के लिए अम्बेडकर ने खास करके ऋग्वेद का विश्लेषण किया तथा पुरुष सूक्त में जाति व्यवस्था के जन्म के सम्बन्ध में व्याख्या देखी। ग्रन्थ के अनुसार दिव्य पुरुष, विराट पुरुष के विभाजन के बलिदान से जाति व्यवस्था का जन्म हुआ। विराट पुरुष के भिन्न–भिन्न अंगों ने निम्नवत् भिन्न जातियों को जन्म दिया। 'उनका मुख ब्राह्मण बना। योद्धा (क्षत्रिय) बांहों से उपजे। उनकी आंखें व्यापारी (वैश्य) थीं। उनके पैरों से सेवक (शूद्र) जन्मे' (जैफ्रेलॉट में उद्धृत, 2005: 34)। अम्बेडकर ने पुरुष सूक्त के असमान स्तर को न्यायोचित ठहराने को इस तर्क के आधार पर अस्वीकार कर दिया कि "किसी भी समाज में आधिकारिक स्तरीकरण की निश्चित, निर्वाचित तथा स्थायी व्यवस्था नहीं हो सकती जिसमें बढ़ते पैमाने का आदरभाव तथा घटते पैमाने का अपमान निहित हो" (अम्बेडकर, 1990ए: 26)।

हिन्दू समाज के धार्मिक ग्रन्थों, जो जाति प्रथा के औचित्य की स्वीकृति प्रदान करते हैं, की नवीन आलोचना प्रस्तुत करने के साथ अम्बेडकर ने 1948 में प्रकाशित अपने लम्बे लेख 'अनटचेबल्सः हू वर दे एण्ड व्हाइ दे बिकेम अनटचेबल्स?' में अस्पृश्यों के विचार की व्याख्या की। इस सन्दर्भ में उन्होंने उन्हें चिहित करने के लिए जो कबीलों के युद्ध में हार गए थे, तथा विभाजित व निराश होकर देश के भिन्न हिस्से में घूमते रहे, 'ब्रोकन मैन,' के विचार को, विकसित किया। भारत के ऐसे निराश लोगों ने वर्षों बाद बौद्ध धर्म को, इसमें निहित समानता तथा समाज में प्रत्येक व्यक्ति की गरिमा के भाव के कारण, अपना लिया। लेकिन जब ब्राह्मणों के दबाव में अधिकांश 'ब्रोकन मैन', ने हिन्दू धर्म वापस स्वीकार कर लिया, तो वे जो बुद्ध धर्म को अपनाये रहे, ब्राह्मणों से सीधे टकराव की स्थिति में आ गए। दोनों की परिणामतः शत्रुता हो जाने के आधार पर जोर देते डॉ. अम्बेडकर (1990 बी: 317) ने इस प्रकार यह कहा,

> ... इससे स्पष्ट है कि अस्पृश्य ब्राह्मणों को क्यों अशुभ मानते हैं तथा उन्हें अपना पुजारी नहीं नियुक्त करते तथा उन्हें अपने घरों में प्रवेश की अनुमति नहीं देते। इससे यह भी स्पष्ट है कि 'ब्रोकन मैन' क्यों अस्पृश्य माने गए। 'ब्रोकन मैन'

ब्राह्मणों से घृणा करते थे क्योंकि ब्राह्मण बौद्धधर्म के शत्रु थे तथा ब्राह्मणों ने 'ब्रोकन मैन' पर अस्पृश्यता इसलिए लादी क्योंकि उन्होंने बौद्धधर्म नहीं छोड़ा।

अम्बेडकर के अनुसार दोनों की विपरीत खानपान की आदतों से यह शत्रुता अत्यधिक बढ़ गई, क्योंकि ब्राह्मण गाय को पवित्र जीव मानते थे, जबकि 'ब्रोकन मैन' ने गाय का मांस खाना जारी रखा जिससे दो व्यक्ति समूहों के बीच खाई बढ़ती चली गई।

जाति प्रथा का उन्मूलन

एनिहिलेशन ऑफ कास्ट, अम्बेडकर द्वारा प्रकाशित सर्वप्रथम लम्बा आलेख था जिसका उद्देश्य जाति प्रथा के शोषक स्वभाव की व्याख्या करना तथा समतामूलक व सबके लिए गरिमामय जीवन आधारित समाज के लिए इसके उन्मूलन का आह्वान करना था। जैसे कि पहले स्पष्ट किया जा चुका है अम्बेडकर द्वारा यह विचारात्तेजक प्रबुद्ध आलेख 1936 में लाहौर के *जात–पाँत तोड़क मण्डल* के वार्षिक अधिवेशन में अध्यक्षीय उद्बोधन के लिए लिखा गया था। लेकिन आलेख के समय से पूर्व छप जाने के कारण आयोजन कर्त्ताओं की गैर–सहानुभूति पूर्ण निगाहों में आ गंया तथा भाषण में जाति व्यवस्था पर कड़े प्रहार होने के कारण वे इसे सहन नहीं कर सके। परिणामस्वरूप सम्मेलन रद्द कर दिया गया तथा भाषण बिना दिए रह गया। इसके पश्चात् इसे पुस्तक के रूप में उसी वर्ष प्रकाशित किया गया और यह अम्बेडकर की सभी पुस्तकों और आलेखों में 'निस्सन्देह सर्वश्रेष्ठ' है (जैफ्रेलॉट, 2005: 32)।

एनिहिलेशन ऑफ कास्ट का मूल तर्क था कि जाति व्यवस्था भारतीय समाज को नीचा दिखाने वाली प्रथा है जिसने अस्पृश्यों का कुछ भी भला करने के स्थान पर उनकी अपूरणीय क्षति की है, अतः बिना पछतावे के उसे तुरन्त समाप्त कर देना चाहिए। वे जाति व्यवस्था, जो श्रम विभाजन तथा श्रम स्तरीकरण के गलत विचारों पर आधारित है, की अन्तर्निहित प्रकृति को उजागर करने से प्रारम्भ करते हैं। जैविक शुद्धता जैसे स्पष्ट रूप से हास्यास्पद विचार पर आधारित होने के कारण यह अस्वीकार्य है तथा आर्थिक कुशलता की दृष्टि से भी जाति अप्रासंगिक है। असामाजिक भावना से रंगी हुई जाति व्यवस्था ने अपने सीमा क्षेत्र से न केवल आदिवासी कबीलों को निष्कासित किया है अपितु विभिन्न उपजातियों को भी अपने चंगुल में जकड़ रखा है। परिणामस्वरूप, हिन्दू धर्म ने अपने मिशनरी उत्साह को कम करने का खतरा उठाया है और इसके नाम पर लोगों को संगठित करने का किसी भी प्रकार का प्रयास निश्चित रूप से असफल होगा। इस प्रकार अम्बेडकर के अनुसार जाति व्यवस्था हिन्दू धर्म का कलंक है तथा सर्वोच्च भावना तथा निर्दोष आचारशास्त्र का आधार होने के स्थान पर इसका हिन्दू समाज पर

गुणात्मक प्रभाव उस जिन्न की भांति है जो अपने सृष्टिकर्ता का ही संहार कर देता है।

परिणामस्वरूप, अम्बेडकर ने कहा

> ... हिन्दू आचारशास्त्र पर जाति का प्रभाव शोचनीय है। जाति ने सार्वजनिक भावना की हत्या कर दी है। जाति ने सार्वजनिक दान करने की भावना को नष्ट कर दिया है। जाति ने जनमत को असम्भव बना दिया है। एक हिन्दू का सार्वजनिक जीवन उसकी जाति है। उसका उत्तरदायित्व उसकी जाति के लिए ही है। उनकी प्रतिबद्धता भी जाति तक ही सीमित है। गुणों को जाति आधारित बना दिया गया है। नैतिकता भी जाति से बंधी है। जो योग्य है उसके प्रति कोई सहानुभूति नहीं है। प्रतिभाशाली व्यक्ति के लिए कोई प्रशंसा नहीं है। जरूरतमन्द के लिए दया नहीं है। कष्ट सहने वाले के प्रति कोई प्रतिक्रिया नहीं है। परोपकार है पर यह जाति से प्रारम्भ होता है और जाति पर समाप्त होता है। सहानुभूति है, पर दूसरी जाति के व्यक्तियों के लिए नहीं है (रोड्रिग्ज, 2004: 275)।

सार रूप में, यह स्वतंत्रता, समानता तथा भ्रातृत्व पर आधारित आदर्श समाज के विचार को पूरी तरह से नकारती है। अतः जाति द्वारा निर्धारित व्यवस्था के यथार्थ को समझने के लिए, जाति व्यवस्था को निरपेक्ष तथा अनासक्त भाव से समझने की आवश्यकता है।

समस्या की जड़ तक पहुंचने के लिए अम्बेडकर चातुर्वर्ण्य, जो जाति व्यवस्था का आधार है, के पीछे छिपे घातक उद्देश्य को अनावृत्त करना चाहते हैं। उनका तर्क है कि सामाजिक संगठन की व्यवस्था के रूप में चातुर्वर्ण्य अव्यावहारिक तथा हानिकारक प्रतीत होता है तथा बुरी तरह से असफल सिद्ध हुआ है। व्यावहारिक दृष्टि से भी चातुर्वर्ण्य के सामने कई कठिनाइयां हैं, जैसे जाति तथा वर्ण के सिद्धान्त तथा दोनों के मध्य मूल अंतर की व्याख्या तथा स्थापना; प्रत्येक व्यक्ति की विशिष्टता की उपेक्षा तथा सभी व्यक्तियों को सीधे चार वर्गों में विभाजित करना प्रत्येक व्यक्ति की प्रतिभा को नष्ट करने जैसा होगा; सभी व्यक्तियों के साथ एक जैसा व्यवहार करके दण्ड व्यवस्था को नकारना और अन्ततः इस व्यवस्था में महिलाओं की स्थिति की उपेक्षा। अतः, अम्बेडकर, मानते हैं कि यदि चातुर्वर्ण्य व्यावहारिक व्यवस्था बन भी जाती है तो इसका हानिकारक होना अवश्यम्भावी है।

जाति व्यवस्था तथा चातुर्वर्ण्य की संकल्पना के विचार की अन्तर्निहित कमियों को उजागर करने के पश्चात् अम्बेडकर हिन्दू व्यवस्था को परिवर्तित करने के लिए लोगों को प्रोत्साहित करते हैं। उनका मानना है कि इसके लिए कई पद्धतियां सुझाई गई हैं पर वे सभी अपने आप में अपर्याप्त अनुभव की गईं।

उदाहरण के लिए सामाजिक व्यवस्था में परिवर्तन लाने के लिए उपजाति व्यवस्था की समाप्ति पर्याप्त नहीं होगी क्योंकि आवश्यक नहीं है कि इससे जाति प्रथा समाप्त हो जाए। इसी प्रकार अन्तर्जातीय भोजन से भी सीमित उद्देश्य की प्राप्ति होगी क्योंकि यह जाति व्यवस्था की भावना तथा चेतना को नष्ट करने में सफल नहीं होगी। अम्बेडकर का मानना है, जाति प्रथा का उन्मूलन, सिर्फ अन्तर्जातीय विवाह से सम्भव है।

> रक्त के सम्मिश्रण में ही सगे सम्बन्धी होने की भावना आएगी तथा जब तक यह वंश सम्बंधी या कुटुम्ब का हिस्सा होने की भावना महत्वपूर्ण नहीं हो जाती, तब तक जाति द्वारा बनाई गई पृथकतावादी भावना या पराएपन की भावना समाप्त नहीं होगी। हिन्दुओं में, गैर हिन्दुओं की तुलना में विजातीय विवाह आवश्यक रूप से सामाजिक जीवन की एक बड़ी शक्ति हो सकती है ... जाति प्रथा को समाप्त करने का वास्तविक उपाय विजातीय विवाह है, और कुछ भी जाति प्रथा का समाधान नहीं है (रोड्रिग्ज़, 2004: 288-89)।

सच्चे यथार्थवादी होने के कारण अम्बेडकर जाति प्रथा के उन्मूलन के लिए सुधारों की सफलता की सम्भावना पर प्रश्न उठाते हैं। बहुत दूरदर्शिता से निर्णय पर पहुंचते हैं कि समाज सुधार के अनेक उपायों में से जाति प्रथा को समाप्त करने के लिए उपयोगी वही होगा जो रूढ़िवादी धार्मिक विचारों के त्याग का मार्ग अपनायेगा। जैसा कि उन्होंने कहा, "जाति का आधार दैवीय है। अतः आपके लिए जाति से जुड़ी दिव्यता व पवित्रता को नष्ट करना आवश्यक है। अन्तिम विश्लेषण में इसका तात्पर्य है कि आप शास्त्रों और वेदों की सत्ता को नष्ट कर दें" (पूर्वोक्त : 291)। लेकिन यह अम्बेडकर की आदर्श भावना मात्र ही प्रतीत हुई क्योंकि अम्बेडकर को शीघ्र ही पता लग गया कि यह कार्य कई स्पष्ट कारणों से लगभग असम्भव है। उदाहरण के लिए, वर्तमान सामाजिक व्यवस्था में अपने निहित स्वार्थों के सन्दर्भ में तथा जाति व्यवस्था की विशेषताओं के कारण आवश्यक रूप से ब्राह्मण इसमें सबसे अधिक बाधक होंगे तथा अन्य जातियाँ भी इसे स्वीकार नहीं करेंगी।

> इसका एक पक्ष है, कि यह लोगों को भिन्न समुदायों में विभाजित करती है। दूसरा पक्ष, यह समुदायों को सामाजिक स्तर पर स्तरीकरण की व्यवस्था में रखती है। प्रत्येक जाति को इसका गर्व और सन्तोष होता है कि वह कुछ अन्य जातियों से ऊपर है (पूर्वोक्त : 294)।

अतः जाति प्रथा के विनाश का कार्य अत्यन्त सतर्कता व सक्रियता से किया जाना चाहिए।

धर्म को नष्ट करके जाति प्रथा को समाप्त करने के पक्ष में तर्क देते हुए अम्बेडकर अपनी स्थिति को स्पष्ट करना आवश्यक महसूस करते हैं कि धर्म के विनाश से उनका क्या तात्पर्य है। धर्म के नियम और सिद्धान्तों के मध्य सूक्ष्म अन्तर स्थापित करते हुए उनका मानना है कि नियम, (व्यावहारिक पद्धति) जो जाति प्रथा के शोषक तत्वों को उचित ठहराते हैं, उन्हें नष्ट कर दिया जाना चाहिए जबकि धर्म के सिद्धान्त को (बौद्धिक मानक), समाज में समतामूलक धार्मिक व्यवस्था के लिए, बनाये रखा जा सकता है। तथापि, हर स्थिति में, हिन्दू धर्म का सैद्धान्तिक आधार स्वतंत्रता, समानता तथा भ्रातृत्व या प्रजातंत्र के विचार के अनुरूप होना चाहिए ताकि देश में एक नई समतामूलक सामाजिक व्यवस्था निर्मित हो सके।

अन्ततः अपने भाषण का समापन करते हुए अम्बेडकर हिन्दुओं के समक्ष कुछ विचारोत्तेजक प्रश्न रखने का लोभ संवरण नहीं कर सके। प्रथम, उन्होंने हिन्दुओं को, अपने धर्म व नैतिकता को अपने अस्तित्व में बने रहने के मूल्यों के दृष्टि से परीक्षण करने के लिए सचेत किया, क्योंकि उनसे चिपके रहने से सम्पूर्ण समाज का अहित हो सकता है। दूसरे, हिन्दुओं को सोचना चाहिए कि क्या उन्हें अपनी सामाजिक विरासत को सम्पूर्ण रूप से सुरक्षित रखना आवश्यक है या जो उपयोगी है उसे चुनें और भावी पीढ़ी को स्थानांतरित करें और बाकी को छोड़ दें। तीसरे, उन्हें यह सोचने की आवश्यकता है, कि क्या उन्हें अतीत से ही प्रेरित व प्रोत्साहित होते रहना चाहिए ताकि वर्तमान खोखला तथा भविष्य दूरवर्ती हो जाए, जो लोगों के कल्याण और प्रगति के मार्ग में बाधक सिद्ध हो। चौथे, हिन्दुओं को क्या यह विचार नहीं करना चाहिए कि अब समय यह सोचने का आ गया है कि कुछ भी शाश्वत तथा सनातन नहीं है? इसके अतिरिक्त उन्हें मानना चाहिए;

> ... कि परिवर्तन समाज तथा व्यक्तियों के लिए जीवन का कानून है। परिवर्तनशील समाज में पुराने मूल्यों में लगातार उलटफेर होते रहना चाहिए और हिन्दुओं को यह अनुभव करना चाहिए कि यदि व्यक्तियों के कार्यों के लिए मानक मापदण्ड है तो उन मानकों के संशोधन के लिए तैयार रहना चाहिए (रोड्रिग्स, 2004: 304)।

निष्कर्षतः यह कहा जा सकता है कि अम्बेडकर द्वारा *एनिहिलेशन ऑफ कास्ट* की संकल्पना एक ओर तो हिन्दू समाज की शोषक तथा भेदभावपूर्ण तत्वों की विस्तृत आलोचना करने के लिए तो दूसरी ओर सामाजिक, धार्मिक सुधारों के आवश्यक स्तर को उचित दिशा देने के उपाय सुझाने के लिए की गई थी। ऐसा करने में, सम्भवतः अम्बेडकर ने हिन्दू समाज तथा हिन्दू धर्म जो जाति व्यवस्था का मूल था, में सुधार हो सकने के विश्वास को पुनर्स्थापित किया। अतः यह, समाज की बुराइयों को समाप्त करने के अम्बेडकर की मान्य रणनीति की कसौटी

प्रस्तुत करता है, साथ ही हिन्दू समाज के स्वगं को सुधारने की क्षमता, ताकि प्रजातांत्रिक जीवन के आदर्श सबको उपलब्ध हों, में आस्था तथा विश्वास को प्रकट करता है।

गाँधी-अम्बेडकर के बीच बहस

गाँधी–अम्बेडकर के मध्य बौद्धिक कडुवाहट के पीछे अस्पृश्यता तथा जाति प्रथा की अन्य बुराइयों के सम्बन्ध में दोनों नेताओं का समस्या समाधान के प्रति दृष्टिकोण में मूल अंतर निहित है।[1] प्रारम्भ में गाँधी और अम्बेडकर सहित अधिकतर लोगों ने अस्पृश्यता को सामाजिक सुधारों की सीमा में समझा जिसके लिए सतत प्रयास किए जाने की आवश्यकता थी। लेकिन गाँधी ने जबकि अस्पृश्यता को सामाजिक मुद्दे के रूप में देखा, अम्बेडकर को धीरे–धीरे दृढ़ विश्वास हो गया कि वंचित वर्ग की मुक्ति के लिए बहुआयामी रणनीति की आवश्यकता थी जिसमें राजनीतिक अधिकार प्राप्त करना मुख्य उद्देश्य प्रतीत होता था (गोरे, 1993: 85)। इसके अतिरिक्त अम्बेडकर द्वारा धीरे–धीरे अस्पृश्यता की पूरी व्यवस्था, जिसे जीवन की हिन्दू दृष्टि कहा जा सकता है[2] और जो गाँधी के हृदय के अत्यन्त निकट थी, से जोड़कर देखने से वे गाँधी के साथ सीधे संघर्ष की स्थिति में आ गए, जिसका चरम पूना समझौते के रूप में सामने आया।

अम्बेडकर की वंचित वर्ग के राजनीतिक अधिकारों की इच्छा, 1919 में संवैधानिक सुधारों के अन्तर्गत निर्वाचन अधिकार के पुनर्निर्माण के लिए गठित साउथवॉरो समिति द्वारा सलाह लिए जाने में ढूंढी जा सकती है। फिर भी, किसी एक विशिष्ट फार्मूला तक न पहुंच पाने के कारण वे किसी खास समाधान की मांग नहीं कर सके तथा उन्होंने कई विकल्प प्रस्तुत किए जैसे आरक्षित स्थान तथा पृथक निर्वाचक मण्डल जो समान रूप से व्यावहारिक थे (कीर 1954: 40)। फिर भी 1928 में साइमन आयोग के समय तक वे पृथक निर्वाचक मण्डल की तुलना में आरक्षित स्थान की उपयोगिता की ओर अधिक झुके लगते थे। तथापि, विभिन्न गोलमेज सम्मेलनों तथा अल्पसंख्यक समितियों की कार्यवाहियों में अम्बेडकर को पृथक निर्वाचक मण्डल फार्मूला के समर्थकों ने अस्पृश्यों को अधिक सुरक्षा प्रदान किए जाने के नाम पर अकेला छोड़ दिया। आशा के अनुरूप इस योजना का गाँधी द्वारा विरोध पूरी शक्ति के साथ किया गया।

महत्वपूर्ण रूप से 1920 तथा प्रारम्भिक 1930 के समय में जब अस्पृश्यता की समस्या अस्पृश्यों के राजनीतिक सशक्तीकरण पर केन्द्रित थी, गाँधी ने सामाजिक–मानवीय तरीके से समस्या के समाधान के लिए विचार प्रस्तुत किए व उस पर जोर दिया। *यंग इण्डिया में* अपने लेख के द्वारा उन्होंने अस्पृश्यता के व्यवहार की पुरजोर आलोचना की और कहा कि कोई भी व्यवसाय लोगों के

सामाजिक स्तर का निर्धारक नहीं हो सकता। इस मुद्दे पर गाँधी की पद्धति हिन्दू धर्म के मूल तत्वों से समझौता किए बिना तथा हिन्दू धर्म को बिखराव से बचाने के लिए जाति व्यवस्था की प्रशंसा करते हुए अस्पृश्यता को दूर करने के लिए कठिन प्रयास करने की थी (गाँधी, 1920; 1966: 83)। इस प्रकार उनकी अस्पृश्यता की समस्या का समाधान लोगों की आत्मचेतना के जाग्रत करने में निहित थी जो अम्बेडकर के द्वारा इसके लिए संघर्ष करने की पद्धति के ठीक विपरीत थी। यह रोचक है कि 1940 के दशक में जब गाँधी विजातीय विवाह को जाति व्यवस्था की कमियों को दूर करने के लिए स्वीकार करते दिखते हैं, तब भी उन्होंने सामाजिक इकाई के रूप में जाति व्यवस्था को समाप्त करने का समर्थन नहीं किया, जिससे उनके अम्बेडकर के साथ मतभेद हुए, क्योंकि अम्बेडकर के लिए जाति व्यवस्था के उन्मूलन का ऐतिहासिक आह्वान उनके जीवन का लक्ष्य बन गया था।

गाँधी व अम्बेडकर के मध्य जाति और अस्पृश्यता के मुद्दे पर ऐसी परस्पर विरोधी स्थिति के मध्य जब 1932 में अस्पृश्यों के लिए पृथक निर्वाचक मण्डल की स्वीकृति प्रदान करने वाला साम्प्रदायिक पंचाट आया तो उसके कारण अनेक गतिविधियां प्रारम्भ हुईं। गाँधी ने अपना महा आमरण अनशन[3] प्रारम्भ किया जिसके कारण देश भर में उनके लिए सहानुभूति की लहर उठी। यद्यपि जनमत के बढ़ते दबाव के कारण गाँधी से समझौते के लिए अम्बेडकर कुछ ही दिन तक स्वयं को रोक पाए, पर उन्हें एक सच्चे सत्याग्रही (कुमार, 1987: 98) की भांति गाँधी से मिलने के लिए प्रेरित किया गया क्योंकि महात्मा पृथक निर्वाचक मण्डल के विचार को त्यागने के बदले, अस्पृश्यों के लिए अधिक आरक्षित स्थान देने के इच्छुक थे। अतः पूना समझौते पर हस्ताक्षर के परिणामस्वरूप गाँधी ने 26 सितम्बर 1932 को अपना उपवास तोड़ा जिससे ऐसा लगा कि अस्पृश्यों की मुक्ति की दिशा में अधिक सशक्त प्रयास होंगे।

पूना समझौते के बाद के घटनाक्रम में अम्बेडकर द्वारा किए गए अब तक के अस्पृश्यता विरोधी आन्दोलनों में रुकावट आती दिखी। पूना समझौते के कुछ दिन बाद अस्पृश्यता निवारण के लिए गाँधी ने अपने विश्वस्त शिष्य जी.डी. बिड़ला को एक बड़ी धनराशि के साथ अखिल भारतीय अस्पृश्यता विरोधी संघ की स्थापना, के लिए प्रेरित किया। अस्पृश्यता मानवता तथा ईश्वर के प्रति अपराध है ऐसा कहते हुए गाँधी ने कई कार्यक्रम प्रारम्भ किए जैसे, अस्पृश्यता निवारण सप्ताह का आयोजन तथा एक नई पत्रिका *हरिजन* का प्रकाशन जिसका उद्देश्य इस बात पर जोर देना था कि अस्पृश्यों के हितों की सुरक्षा और विकास के वे समान रूप से पक्षधर हैं। अस्पृश्यता विरोधी विचारों के प्रसार के लिए देश की यात्रा करते समय उन्हें रुढ़िवादी उच्चवर्गीय सनातनी हिन्दुओं के हिंसक विरोध का सामना करना पड़ा। फिर भी गाँधी की अस्पृश्यों के हितों के लिए गतिविधियाँ, स्पष्ट रूप से

लोगों, विशेषकर अस्पृश्यों को उनके प्रति चिन्ता की वास्तविकता दर्शाने के लिए, चलती रहीं।

अस्पृश्यों की मुक्ति के लिए गाँधी की बढ़ती गतिविधियों ने अम्बेडकर की, अस्पृश्यों के व्यापक राजनीतिकरण करने की स्थिति को कमजोर किया। यह आश्चर्य है कि अस्पृश्यों की मुक्ति के लिए गाँधी के दृष्टिकोण से असहमत होते हुए भी, गाँधी के अस्पृश्यता विरोधी अभियान के उत्साह तथा परिणामस्वरूप रुढ़िवादी उच्चवर्गीय हिन्दुओं द्वारा उसके प्रतिरोध ने, कम से कम अस्थाई तौर पर, अम्बेडकर को ऐसे कार्यक्रमों के लिए उनकी ईमानदारी के प्रति आश्वस्त किया। फिर भी, समन्वित रूप से इन गतिविधियों ने अम्बेडकर के अस्पृश्यों के राजनीतिकरण तथा देश के राजनीतिक फलक पर उन्हें एक आवश्यक शक्ति के रूप में विकसित करने के दीर्घकालीन उद्देश्य में बाधा डाली। उदाहरण के लिए, पूना समझौते के अन्तर्गत

> ... आरक्षित स्थान के विचार ने अम्बेडकर की अस्पृश्यों को एक राजनीतिक शक्ति के रूप में परिवर्तित करने की इच्छा को आघात पहुंचाया। एक निर्वाचन क्षेत्र में कभी भी बहुमत की स्थिति में न होने से उच्च तथा मध्यवर्गीय जातियों का गठबंधन (स्पष्ट या मूक) अपनी पसन्द के ऐसे अस्पृश्य को चुन सकता था जिसे स्वयं अस्पृश्य भी मत नहीं देते (जैफ्रेलॉट, 2005: 71)।

ऐसा घटनाक्रम निश्चित रूप से अम्बेडकर के चिन्तन में कमी नहीं लाया होगा क्योंकि उन्होंने आने वाले समय में एक शक्ति के रूप में काम करने की अस्पृश्यों के राजनीतिक प्रजातंत्रीकरण की रणनीति बनाई।

बाद के वर्षों में एक ओर गाँधी के अस्पृश्यता विरोधी अनथक प्रयास तथा अम्बेडकर की अस्पृश्यों के प्रति चिन्ता की कभी–कभी प्रशंसा ने अम्बेडकर को दुविधाजनक स्थिति में डाल दिया कि वे गाँधी के प्रयासों की प्रशंसा करें या उनका विरोध करें तथा इस दिशा में वे अपनी गतिविधियों पर ध्यान केन्द्रित करें। उदाहरण के लिए अखिल भारतीय अस्पृश्यता विरोधी मंच (बाद में *हरिजन सेवक संघ*) में अपने विश्वास को प्रकट करते हुए अम्बेडकर गाँधी से जेल में मिले जिसका उद्देश्य संघ की संरचना में अधिक संख्या में हरिजनों का प्रतिनिधित्व था। हालांकि उनकी प्रार्थना स्वीकार नहीं की गई तथा *हरिजन सेवक संघ* में सवर्ण हिन्दुओं का वर्चस्व बना रहा जिसके कारण अन्ततः अम्बेडकर ने संघ की सदस्यता से त्यागपत्र दे दिया। उसके पश्चात् गाँधी व अम्बेडकर के सुखद सम्बन्ध अस्पृश्यता विरोधी संघ की भूमिका, अस्पृश्यता का कानूनी निवारण, अस्पृश्यों के मन्दिर प्रवेश आदि के मुद्दों के कारण मुर्झाने लगे, जिसने दोनों को समझौताहीन स्थिति में ला दिया। इसके अतिरिक्त जाति प्रथा व अस्पृश्यता को मिटाने के प्रश्न पर गाँधी की अम्बेडकर के साथ मूल विचारों से असहमति जैसे

चातुर्वर्ण्य व्यवस्था को समाप्त करना, विजातीय विवाह को प्रोत्साहन, हिन्दू धर्म के आधारभूत उपदेशों को समाप्त करना आदि ने उनका यह विश्वास दृढ़ किया कि अस्पृश्यता विरोधी आन्दोलन की दिशा और उद्देश्य के सम्बन्ध में महात्मा के साथ उनकी सहमति नहीं हो सकती। इसके साथ ही अस्पृश्यता विरोधी अभियान में गाँधी की दुविधापूर्ण स्थिति थी जिसमें रुढ़िवादी हिन्दुओं ने उन्हें आन्दोलन की तीव्र गति के प्रति चेतावनी दी, तथा अम्बेडकर इस दिशा में अत्यधिक धीमी गति से निराश थे। अतः अस्पृश्यों के राजनीतिकरण की रणनीति में असफल होने के कारण अम्बेडकर इतने दुखी थे कि उन्होंने घोषणा की, "मैं राजनीति से स्वयं को वापस ले रहा हूं तथा जैसे ही तृतीय गोलमेज सम्मेलन का काम समाप्त होगा, मैं अपना सम्पूर्ण समय अपने व्यवसाय को दूंगा" (जैफ्रेलॉट, 2005: 73)। फिर भी एक अनुभवसमृद्ध राजनीतिज्ञ की भांति, जैसे ही भारत शासन अधिनियम के अन्तर्गत चुनावों की घोषणा हुई, वे राजनीति में वापस आ गए।

अम्बेडकर के राजनीतिक विचार

एक विद्वान कार्यकर्ता होने के नाते, अपने समय के घटनाक्रम पर सजग दृष्टि रखने तथा उनके प्रति सैद्धान्तिक तथा व्यावहारिक प्रतिक्रिया व्यक्त करने के कारण अम्बेडकर के लिए देश के राजनीतिक परिदृश्य से सम्बन्धित विभिन्न मुद्दों पर लिखना व टिप्पणी करना स्वाभाविक है। अतः अम्बेडकर के राजनीतिक विचार, व्यवस्थित तथा सुसंगठित सैद्धान्तीकरण के रूप में प्रस्तुत नहीं हुए। इसके विपरीत, अम्बेडकर के राजनीतिक विचार अनेक वक्तव्यों, भाषणों, पुस्तकों तथा लम्बे आलेखों, जो किसी विशिष्ट समय में खास मुद्दे पर अभिव्यक्त हुए, में निहित हैं। उदाहरण के लिए, 1950 के दशक में जब देश के मुख्यतः दक्षिणी भाग में भाषाई आधार पर राज्य के पुनर्गठन का मुद्दा आन्दोलनों तथा उपवासों के कारण ज्वलन्त हो उठा था तो अम्बेडकर ने *थॉट्स ऑन लिंग्विस्टिक स्टेट* किताब समस्या के प्रति अपनी बौद्धिक समझ तथा सम्भावित समाधान को स्पष्ट करने के लिए लिखी। फिर भी, एक राजनीतिक विचारक के रूप में अम्बेडकर हृदय से उदारवादी हैं न कि कट्टरपंथी क्योंकि उनका उदारवादी मूल्यों में सन्दर्भजनित महत्वपूर्ण विश्वास समस्त राजनीतिक विचारों में समाहित है और यह समय–समय पर विभिन्न सन्दर्भों में अम्बेडकर द्वारा अभिव्यक्त राजनीतिक चिन्तन के मुख्य सूत्रों में परिलक्षित होता है।

जनता के अधिकार

जाति व्यवस्था के उन्मूलन पर विचार स्पष्ट करते हुए अम्बेडकर बारम्बार स्वतंत्रता, समानता तथा भ्रातृत्व (विस्तार के लिए देखें, अम्बेडकर, 1990 सी) पर

आधारित समाज के पक्ष में अपना मत व्यक्त करते रहे, सम्भवतः भारतीय समाज में इसकी अनुपस्थिति तथा आवश्यकता, विशेषकर अस्पृश्यों के मामले में, को देखते हुए वे ऐसा चाहते थे। इस सन्दर्भजनित संरचना के आधार पर उन्होंने अधिकारों की आवश्यकता, प्रकृति तथा सीमाओं की व्याख्या की। अम्बेडकर के अनुसार, व्यक्तिगत अधिकारों की आवश्यकता, समाज पर इसके प्रजातांत्रिक प्रभाव के कारण अवश्यम्भावी हो गई। एक समतामूलक सामाजिक–राजनीतिक व्यवस्था में दृढ़ विश्वास के कारण अम्बेडकर मानते थे कि ऐसी व्यवस्था स्वतंत्रता, समानता तथा भ्रातृत्व के आदर्शों को देश की भूमि के कानून में स्थाई रूप से समाहित करने से प्राप्त की जा सकती है। उनके अनुसार, व्यक्ति के अधिकार, सुधार के एजेन्ट के रूप में समाज में उसकी सामाजिक व राजनीतिक स्थिति में मूलभूत परिवर्तन लाएंगे।

सम्भवतः अधिकारों को स्थायित्व प्रदान करने के लिए अम्बेडकर ने कानूनी अधिकार, जो कि उनके कानून में अपने व्यापक प्रशिक्षण के कारण स्वाभाविक हो सकता था, के स्थान पर अधिकारों के प्राकृतिक सिद्धान्त पर बल दिया। अतः अधिकारों को मानव व्यक्तित्व में स्वाभाविक व अन्तर्निहित मानते हुए उन्होंने लोगों के वास्तविक अधिकार प्राप्त करने के लिए कानूनी समर्थन के स्थान पर सामाजिक स्वीकृति पर जोर दिया। जैसे कि अम्बेडकर (1964: 34-35) ने कहा,

> ... अधिकार कानूनों द्वारा नहीं अपितु समाज की नैतिक चेतना द्वारा सुरक्षित होते हैं। यदि सामाजिक चेतना ऐसी है कि वह उन अधिकारों को, जिन्हें कानून बनाता है, को मान्यता प्रदान करे तो अधिकार सुरक्षित रहेंगे। पर यदि मूलभूत अधिकारों का समुदाय के द्वारा विरोध हो तो कोई कानून, कोई संसद, कोई न्यायपालिका वास्तविक अर्थ में उन्हें प्रदान नहीं कर सकते।

फिर भी अस्पृश्यों के प्रति व्याप्त सामाजिक असमानता, अपमान तथा भेदभाव की पूर्ण अपरिवर्तनशीलता अम्बेडकर के मस्तिष्क पर इतनी हावी हुई कि लोगों के मूलभूत अधिकारों की संवैधानिक सुरक्षा के प्रति उन्होंने अत्यन्त दृढ़ तर्क प्रस्तुत किए। अतः अम्बेडकर की अधिकारों के विचार की सैद्धान्तिक प्रकृति तथा व्यावहारिक आयाम की समझ, समय की सन्दर्भजनित आवश्यकताओं के अनुरूप बदलती रही।

संविधान सभा में वाद–विवाद के समय अधिकारों के सम्बन्ध में अम्बेडकर के विचारों में सन्दर्भजनित अस्थिरता पुनः दृष्टिगत हुई। अतः, आश्चर्यजनक रूप से प्राकृतिक व अन्तर्निहित अधिकारों के समर्थक, जीवन तथा स्वतंत्रता के कुछ अधिकारों की अपृथकनीयता में विश्वास रखने वाले को नकारात्मक प्रावधानों जैसे निवारक निरोध तथा असामान्य परिस्थितियों में कुछ मूल अधिकारों के स्थगन के पक्ष में विचार प्रस्तुत करते देखा गया। जैसा कि उन्होंने स्पष्ट किया,

> ... इसमें कोई शक नहीं कि कुछ मूल अधिकार हैं जिन्हें व्यक्ति को राज्य द्वारा आवश्यक रूप में दिया जाना चाहिए ताकि व्यक्तियों को अपने व्यक्तित्व के विकास के लिए कुछ सुरक्षा तथा स्वतंत्रता हो, कुछ मामलों में यह भी समान रूप से स्पष्ट है कि जहां, उदाहरण के लिए, राज्य का जीवन खतरे में है, वहां उन अधिकारों पर कुछ प्रतिबन्ध लगाया जाना चाहिए (संविधान सभा वाद–विवाद, 1947: 950)।

संक्षेप में, कभी–कभी विरोधाभासी प्रतीत होते हुए भी, अम्बेडकर के अधिकार सम्बन्धी विचार एक दूरदर्शी यथार्थवादी के दृष्टिकोण को परिलक्षित करते हैं जो विभिन्न समय की आवश्यकता के अनुकूल रहे।

संवैधानिक प्रजातंत्र

एक उदारवादी विचारक अम्बेडकर संवैधानिक प्रजातंत्र, जिसमें राजनीतिक प्रजातंत्र के साथ–साथ अपरिवर्तनीय सामाजिक तथा आर्थिक प्रजातंत्र निहित हो, में दृढ़ विश्वास रखते थे। निश्चित ही, संवैधानिक प्रजातंत्र, के अन्तर्गत सामाजिक प्रजातंत्र उन्हें राजनीतिक प्रजातंत्र से अधिक प्रिय था, सम्भवतः इसलिए क्योंकि इसके लिए उन्होंने सारा जीवन संघर्ष किया। स्पष्टतः, उनके लिए,

> सामाजिक प्रजातंत्र का तात्पर्य जीवन की पद्धति से है जिसमें स्वतंत्रता, समानता तथा भ्रातृत्व की, जिन्हें इस त्रयी में भिन्न नहीं समझा जाना चाहिए, मान्यता प्राप्त हो। ये एक त्रयी को इकाई इस अर्थ में बनाते हैं कि एक का दूसरे से अलगाव प्रजातंत्र के उद्देश्य को असफल करता है। स्वतंत्रता को समानता से विलग नहीं किया जा सकता; समानता को स्वतंत्रता से दूर नहीं किया जा सकता। न ही स्वतंत्रता तथा समानता को भ्रातृत्व से अलग किया जा सकता है। (चक्रवर्ती तथा पाण्डे में उद्धृत, 2008: 10)

अतः अम्बेडकर के अनुसार प्रजातंत्र के जटिल जाल में केवल निष्फल राजनीतिक प्रकृति के तत्व ही शामिल नहीं होने चाहिए अपितु सामाजिक तथा आर्थिक प्रजातंत्र के गतिशील तत्व, जिसमें अधिक झुकाव सामाजिक प्रजातंत्र की ओर हो, भी शामिल होने चाहिए।

यद्यपि जीवन संरचना की दृष्टि से अम्बेडकर ने प्रजातंत्र के सामाजिक पक्ष पर बल दिया, लेकिन एक शासन व्यवस्था के लिए उन्होंने स्पष्ट रूप से प्रजातंत्र के ब्रिटिश संसदीय प्रारूप के पक्ष में अभिमत व्यक्त किया। इस व्यवस्था में व्यक्तिगत हित तथा सामाजिक हित में समन्वय की पर्याप्त गुंजाइश मानते हुए वे संसदीय व्यवस्था के कार्यकरण में आवश्यक उदारवादी मूल्यों को समाहित करना चाहते थे। उदाहरण के लिए, प्रजातंत्र की मूल विशिष्टता के रूप में कानून के शासन के गुणों के प्रति वे अति उत्साहित थे क्योंकि यह शासन में विभिन्न अंगों

की मूल कार्य सीमा के क्षेत्र को निर्धारित करता है। कानून के शासन में, (1947: 9) अम्बेडकर के अनुसार,

> ... कानून के समक्ष प्रत्येक नागरिक समान है तथा सभी को समान नागरिक अधिकार प्राप्त हैं। किसी भी राज्य को ऐसा कानून या रीति–रिवाज लागू नहीं करना चाहिए जो नागरिकों को उनके अधिकार और विमुक्तियों से वंचित करे, न कोई राज्य किसी व्यक्ति को जीवन, स्वतंत्रता तथा सम्पत्ति से–कानून की प्रक्रिया के बिना वंचित करे – न किसी व्यक्ति को, अपने अधिकार क्षेत्र में कानून के समान संरक्षा से वंचित करे।

एक यथार्थवादी चिन्तक की बुद्धिमत्ता दर्शाते हुए अम्बेडकर ने भारत की विशिष्ट सन्दर्भ जनित संरचना में प्रजातंत्र के विचार की शीघ्र ही अवधारणा कर ली। उदाहरण के लिए, वे किसी भी स्थिति में संसदीय शासन के शास्त्रीय विचार के अनुकूल बहुमतवाद के शासन को स्थायित्व, सुशासन या शासन की दक्षता के नाम पर स्वीकारने को तैयार नहीं थे, क्योंकि उनका विश्वास था कि "दक्षता, स्वार्थी व वर्गीय हितों से जुड़कर एक अच्छी शासन व्यवस्था प्रस्तुत करने के स्थान पर वंचित वर्ग के शोषण का इंजन बन जाएगा" (अम्बेडकर, 1945: 245)। इसी प्रकार ब्रिटिश सन्दर्भ से स्पष्ट भिन्नता लिए हुए, भारतीय परिस्थितियों की आवश्यकता को ध्यान में रखते हुए अम्बेडकर ने भारत के लिए संघीय व्यवस्था की संरचना में संसदीय प्रजातंत्र को उचित समझा। इसके अतिरिक्त, भारतीय संविधान को भारत के लिए सर्वाधिक अनुकूल बनाने के लिए उन्हें अन्य संविधानों से ग्रहण करने में हिचक नहीं थी, अतः अम्बेडकर ने भारत की संसदीय संवैधानिक प्रजातांत्रिक व्यवस्था में कई उचित लगने वाले तथा स्पष्ट रूप से अनुकूल लगने वाले प्रावधानों जिन्हें अमेरिका की अध्यक्षीय व्यवस्था से लिया गया जैसे संविधान की सर्वोच्चता तथा स्वतंत्र न्यायपालिका का प्रावधान को समाहित किया। संक्षेप में, अम्बेडकर के प्रजातंत्र पर विचार दूरदर्शी तथा सैद्धान्तिक कट्टरता, जो ऐसे अवधारणीकरण के साथ जुड़ी होती हैं, से मुक्त दिखते हैं।

सामाजिक न्याय

भारत की संवैधानिक प्रजातांत्रिक संरचना में सामाजिक न्याय के विचार को अपृथकनीय मानने में अम्बेडकर अग्रणी थे। अवधारणा के रूप में, सामाजिक न्याय का तात्पर्य देश की सामाजिक–आर्थिक तथा प्रजातांत्रिक व्यवस्था के स्पष्टतः विशिष्ट पक्ष से है जिसके द्वारा समाज के वंचित वर्ग की दीन अवस्था में सुधार के उद्देश्य से ठोस तथा समन्वयकारी उपाय किए जा सकें। अम्बेडकर का दृढ़ विश्वास था कि देश में अस्पृश्यों के सामाजिक समता के जीवन का आनन्द

उठाने योग्य सामाजिक उत्थान के वांछित स्तर पाने के लिए, राजनीतिक न्याय प्राप्त करना ही पर्याप्त नहीं है। अतः समाज के वंचित वर्ग के उत्थान के लिए सामाजिक न्याय की जटिल तथा व्यापक सामाजिक–आर्थिक तथा राजनीतिक दृष्टि से सहयोगी व समर्थन नीति के पक्ष में उन्होंने दृढ़ता से अपना मत प्रस्तुत किया। अम्बेडकर द्वारा प्रचारित सामाजिक न्याय के विचार की विशिष्टता ऐसे उपायों को वैधानिक आधार प्रदान करने के प्रति आग्रह की थी ताकि वे सरकारी नीति का आवश्यक हिस्सा बनें तथा वंचित वर्ग को दी जाने वाली सुविधाओं की परोपकारी प्रकृति के न रह जाएं। अम्बेडकर की सामाजिक न्याय के पक्ष में विचार व्यक्त करने के पीछे मूल चिन्ता उनकी भारत में सामाजिक असमानता की प्रकृति की स्पष्ट समझ के कारण है जिसके अन्तर्गत प्रभावशाली सामाजिक सम्बन्ध इसे प्राकृतिक तथा कानूनी असमानता मानकर इसको स्थायी बनाते हैं तथा जिसे दूर करने के लिए व्यापक सामाजिक स्तर पर सुधार की कोई आवश्यकता नहीं है।

अम्बेडकर के अनुसार, सामाजिक न्याय के विचार को क्रियात्मक रूप देना सुरक्षात्मक तथा विकासात्मक संवैधानिक प्रावधानों की व्यवस्था से सम्भव है। निर्णय निर्माण की राजनीतिक संस्थाओं में वंचित वर्ग के लिए स्वायत्त प्रतिनिधित्व की उनकी काफी पुरानी मांग सामाजिक न्याय प्राप्त करने के लिए एक बड़ा कदम हो सकता था। इसके लिए, भारत के संविधान में वंचित वर्ग की सुनिश्चित राजनीतिक सुरक्षा के लिए उन्होंने विस्तृत योजना प्रस्तुत करने के प्रयास किए (रोड्रिग्स, 2004: 369-81)। उन्हें विश्वास था कि ऐसे प्रावधान वंचित वर्ग को बहुआयामी विकास के लिए अपनी साझी समस्याओं और मुद्दों को व्यापक दृष्टिकोण से अवधारित करने योग्य बनायेंगे तथा उनके लिए आवश्यक रूप से उपयुक्त समाधान देंगे।

भारतीय शासन की संस्थाओं में वंचित वर्ग को विशिष्ट तथा स्वायत्त प्रतिनिधित्व देने के साथ अम्बेडकर ने समाज के वंचित वर्ग के लिए, यदि एक विशिष्ट काम के लिए उनमें आवश्यक योग्यता हो तो, सार्वजनिक सेवाओं में आरक्षण की भी पैरवी की। सार्वजनिक सेवाओं में आरक्षण की वकालत करते हुए अम्बेडकर ने सम्भवतः पूर्वानुमान लगा लिया था कि ऐसा कदम वंचित वर्ग की स्थिति को सुधारने के दो महत्वपूर्ण उद्देश्य को प्राप्त करने में सहायक होगा। पहला, सार्वजनिक सेवाओं के क्षेत्र में उनकी संख्या बढ़ने से, भारतीयों के बड़े वर्ग की सामन्ती मानसिकता में सार्वजनिक सेवा से जुड़े स्तर, प्रतिष्ठा तथा अधिकारों के होने कारण वंचित वर्ग के अधिकतम लोगों को सामाजिक मान्यता तथा सामाजिक सम्बन्धों में कुछ सीमा तक महत्व प्राप्त होगा। दूसरे, ऐसा सुनिश्चित रोजगार वंचित वर्ग के आर्थिक उत्थान में भी सहायक होगा, क्योंकि एक निरन्तर और पर्याप्त आय का साधन होने से परिवार की अभी तक की दयनीय आर्थिक

स्थिति में भी सुधार होगा। इस प्रकार, दोनों को मिलाकर भारतीय समाज में वंचित वर्ग को सामाजिक न्याय देने की योजना में अम्बेडकर के पूर्वानुमान में सार्वजनिक सेवाओं में आरक्षण का विचार महत्वपूर्ण कारक माना गया।

देश के सामाजिक, आर्थिक तथा राजनीतिक जीवन के विविध क्षेत्रों में वंचित वर्ग के प्रति वरीयता के व्यवहार की आवश्यकता पर पुनः बल देते हुए अम्बेडकर ने अधिकारों के समावेशी विचार की रूपरेखा के अन्तर्गत वरीय कदम उठाने की अवधारणा प्रस्तुत करने में अपार उत्साह प्रदर्शित किया। ऐसा अवधारणीकरण, स्पष्ट रूप से बहुत महत्वपूर्ण उस स्थिति में हो जाता है जब वंचित वर्ग के प्रति वरीय व्यवहार को बहुसंख्यक की दया का परिणाम नहीं समझा जाना चाहिए, जिसकी काफी सम्भावना इसलिए है कि ऐसे लोगों को नीति की तार्किक आवश्यकता को स्वीकार करना कठिन होता है। इसके अतिरिक्त यदि सरकार लोगों को इन अधिकारों को देने में कोई ढीलापन दिखाए तो वरीय व्यवहार की अवधारणा के आधार पर वंचित वर्ग उन सुविधाओं को प्राप्त करने के लिए संघर्ष करने के लिए प्रेरित होंगे। अतः यह कहा जा सकता है, सामाजिक न्याय की संकल्पना को वंचित वर्ग की मुक्ति के लिए महत्वपूर्ण मानना इस दृष्टि से सहायक रहा क्योंकि इससे सुरक्षात्मक तथा विकासात्मक संवैधानिक उपाय मूल संरचना का हिस्सा बने जिसके माध्यम से वंचित वर्ग के लोग स्वातंत्र्योत्तर भारत में सशक्त और मुक्त हो पाए।

समापन अवलोकन

अम्बेडकर के कार्यों और विचारों का सर्वेक्षण उनके जीवन के एकमात्र लक्ष्य को प्रतिबिम्बित करता है – भारतीय समाज में अस्पृश्यों की मुक्ति। अपने स्वयं के जीवन से प्रेरणा व शिक्षा लेते हुए अम्बेडकर छह दशक के लम्बे समय तक अस्पृश्यों के हितों के अथक मसीहा बने रहे। जैसा कि जेलियट (1992: 53) इतने स्पष्ट रूप में कहते हैं,

> ... अपने जीवनकाल में अम्बेडकर ने तीन भूमिकाएं निभाईं – जाति नेता की, अस्पृश्यों के प्रवक्ता की तथा राष्ट्रीय राजनीतिज्ञ की। अपने पहले नेतृत्व में वे अपनी जाति, महाराष्ट्र के महारों के इस शताब्दी के दूसरे दशक के मध्य से अपनी मृत्यु तक, पथ प्रदर्शक, गुरू तथा निर्णयकर्त्ता थे। तीस के दशक के प्रारम्भ के पश्चात् वे भारत सरकार के समक्ष अस्पृश्यों के प्रमुख प्रवक्ता रहे, ऐसे अस्पृश्य नेता जिनके साथ भारतीय राष्ट्रीय कांग्रेस के दृष्टिकोण के अनुरूप व्यवहार किया जाना था तथा ऐसे व्यक्ति जो भारत की अनुसूचित जाति के लिए क्षतिपूर्तिपरक पृथक नीति के लिए सर्वाधिक उत्तरदायी थे। अपनी तीसरी भूमिका में, वे भारत के विकास के प्रत्येक चरण के सम्बन्ध में बोले, श्रमिक और कानूनी समस्याओं पर

काम किया, सरकार के सदस्य के रूप में तथा अन्यथा भी एक व्यावहारिक तथा सामान्य रूप से मान्य संविधान की रचना में सहायक रहे।

ऐसी बहुआयामी भूमिका निभाने की सम्भावित समस्या उचित मात्रा में, स्पष्टता, निरन्तरता तथा विभिन्न विचारों की स्पष्ट अभिव्यक्ति को बनाये रखने की है, जिससे अम्बेडकर भी नहीं बच सके। अतः जैसा कि अम्बेडकर के सम्बन्ध में एक विशेषज्ञ इंगित करते हैं कि वे कई बार महान सिद्धान्तविद् तथा व्यवहारवादी होने के गुणों के मध्य संतुलन नहीं बना पाए जिसका स्पष्ट परिणाम यह हुआ कि उनके राजनीतिक तथा आर्थिक विचार तथा उनकी राजनीति विरोधाभासी होती थी जिसमें स्पष्टता तथा यथार्थता की कमी थी। अस्पृश्यों के हितों की पैरवी करने के अतिरिक्त उनके विचारों में निरन्तरता नहीं थी (कुबेर, 1986: 309)।

लेकिन अम्बेडकर की ऐसी कड़ी आलोचना, सन्दर्भ व परिस्थितियां जिनमें उन्हें चिन्तन तथा कार्य करना पड़ा, को भूल जाने की ओर इंगित करती है। इसके अतिरिक्त यह, अपने शब्दों व कार्यों में निरंतरता व अस्थिरता होने के बावजूद अस्पृश्यों की मुक्ति की सेवा के उनके गहन और समझौताहीन उद्देश्य की भी उपेक्षा है। वस्तुतः, उन्हें अपना उद्देश्य प्रिय था जिसके लिए वे प्रतिबद्ध थे तथा यदि कोई रणनीति उद्देश्य को पाने में असफल होती तो उन्हें अपनी कार्यपद्धति को परिवर्तित करने में हिचक नहीं होती थी अगर इससे उनका उद्देश्य पूरा होता हो। जैसा कि जैफ्रेलॉट ने अम्बेडकर के इस गुण को विस्तार से प्रस्तुत किया, आने वाले समय में अम्बेडकर

> ...के जाति व्यवस्था पर विचार गहन होते गए, और उन्होंने पाया कि 'स्तरीकृत असमानता', इसके संरचनात्मक सिद्धान्त ने निम्न जातियों की एकता को साथ ही उनकी गतिशीलता को भयंकर आघात पहुंचाया है। लेकिन इस बाधा को पार करने के लिए कौन सी रणनीति अपनाई जानी चाहिए ? अम्बेडकर अस्पृश्यों के हितों की सुरक्षा के लिए संस्थात्मक आश्वस्ति चाहते थे और इसके लिए उन्होंने कई रणनीतियां अपनाईं। पहला विकल्प, पृथक निर्वाचक मण्डल प्राप्त करना था, जो गाँधी द्वारा 1932 में तथा बाद में संविधान सभा में वाद–विवाद के द्वारा समाप्त कर दिया गया। इसने अम्बेडकर को स्थानों के आरक्षण की व्यवस्था हेतु संघर्ष के लिए तथा सत्ता के साथ सहयोग, चाहे वह औपनिवेशिक हो या कांग्रेस राज की, के लिए प्रेरित किया (जैफ्रेलॉट, 2005: 161)।

इस प्रकार परिस्थितिजन्य आवश्यकताओं ने सदैव अम्बेडकर के विश्वास के साहस की परीक्षा ली तथा ऐसी विषम परिस्थितियों में उनकी प्रतिक्रिया, उनकी दुविधा तथा बदलती हुई भंगिमा को परिलक्षित करती है। उदाहरण के लिए, हिन्दू

समाज की क्रियात्मक गति तथा संरचना की गहरी समझ होने के कारण अम्बेडकर को सदैव यह दुविधा होती थी कि क्या हिन्दू समाज से बाहर निकल जाया जाए या हिन्दू समाज के अन्तर्गत अस्पृश्यों के गरिमामय तथा सम्मानजनक जीवन के लिए सम्भावना शेष है। अम्बेडकर की भंगिमा में यह दुविधा बार–बार उपजती थी और उनकी ठोस प्रतिक्रिया इस दिशा में विशिष्ट समय में एक विशिष्ट कार्य पद्धति की अनुसार झुकती–मुड़ती रहती थी। अस्पृश्यों के संस्कृतीकरण का विरोध करते हुए भी वे सुरक्षात्मक तथा विकासात्मक प्रावधानों से सदैव यह उम्मीद लगाए रहे कि संवैधानिक आश्वस्ति में अस्पृश्य हिन्दू समाज के अंतर्गत ही सम्मानजनक व गरिमामय स्थिति प्राप्त कर पायेंगे। फिर भी अपने जीवन के अंतिम चरण में, जब अस्पृश्यों के गरिमामय जीवन के लिए किए सारे विकल्प व प्रयास उन्हें निरर्थक लगने लगे, तो उन्होंने पहली बार हिन्दू धर्म को छोड़ने का अतिवादी कदम उठाया और बौद्ध धर्म स्वीकार कर लिया, यह एक ऐसा निर्णय था जिसे अम्बेडकर दर्द और घुटन महसूस किये बिना नहीं ले सकते थे।

अम्बेडकर, संक्षेप में, एक दृष्टा तथा प्रयोगकर्त्ता के जीवन के प्रतीक थे जिनके समस्त प्रयासों का एक ही उद्देश्य था – अस्पृश्यों की मुक्ति, लेकिन उनके सारे प्रयास का कुल परिणाम किसी भी कोण से आधा रास्ता तय कर पाना ही था। जैसा कि जैफ्रेलॉट (2005: 162) ने स्पष्ट रूप से कहा,

> ... निश्चित रूप से अंग्रेजों के साथ सहयोग करके उन्होंने सर्वाधिक रियायतें प्राप्त कीं – जिनमें अस्पृश्यों के हित में सकारात्मक पक्षधरता शामिल है – और उनकी राजनीति संवैधानिक वाद–विवाद के दौरान और अधिक प्रभावशाली हो गई, जब उन्होंने दलितों के लिए और अधिक रियायतें प्राप्त कीं तथा गाँधी के कुछ प्रस्तावों को हाशिए पर रखने में सफल हुए। लेकिन वे पृथक निर्वाचक मण्डल नहीं प्राप्त कर पाए जो कि वे अनुसूचित जाति के लिए चाहते थे, वे ठोस सामाजिक सुधार करने में असफल रहे, जैसे हिन्दू कोड बिल, तथा वे सम्पूर्ण भारत के अस्पृश्यों का प्रतिनिधित्व करने वाले दल की स्थापना नहीं कर पाए।

राजनीतिक जीवन की ऐसी मिश्रित उपलब्धियों के बावजूद अस्पृश्यों के जीवन में सकारात्मक परिवर्तन लाने की उनकी अदम्य लगन निर्विवाद थी। यद्यपि वे एक असन्तुष्ट व्यक्ति के रूप में मृत्यु को प्राप्त हुए, तथापि उनके द्वारा छोड़ी गई शानदार विरासत अभी भी प्रेरित करती है, मार्गदर्शन देती है तथा ऐसे अनेक व्यक्तियों व संगठनों से परिचित कराती है जो उस उद्देश्य के लिए समर्पित हैं, जिसके लिए अम्बेडकर ने जीवन भर संघर्ष किया।

टिप्पणियां

1. गाँधी व अम्बेडकर के मध्य बहस पर विस्तृत विवेचन के लिए देखें, चक्रवर्ती (2006: 102-12)।
2. विषय पर सर्वोत्कृष्ट व्याख्या के लिए देखें, राधाकृष्णन (1963)।
3. इस उपवास पर सूक्ष्म विचार के लिए देखें, प्यारेलाल (1932)।

सन्दर्भ

अम्बेडकर, बी.आर., 1917, 'कास्ट इन इण्डिया, देयर मैकेनिज्म, जेनेसिस एण्ड डेडलपमेण्ट', *इण्डियन एण्टिक्वेरी*, 61 (मई)।

अम्बेडकर बी.आर., 1945, *व्हाट द कांग्रेस एण्ड गाँधी हैव डन टू अनटचेबल्स*, बम्बई, ठार एण्ड कं.।

अम्बेडकर, बी.आर., 1947, *स्टेट्स एण्ड माइनोरिटीजः व्हाट आर देयर राइट्स एण्ड हाउ टू सिक्योर दैम इन कन्सटीट्यूशन* ऑफ इण्डिया, बम्बई, ठाकर एण्ड कं.।

अम्बेडकर, बी.आर., 1964, *रानाडे, गाँधी एण्ड जिन्ना*, जालन्धर, भीम पत्रिका पब्लिकेशन्स।

अम्बेडकर, बी.आर., 1990 ए, "हू वर द शूद्राज? हाउ दे केम टू बी फोर्थ वर्ण ऑफ इण्डियन सोसायटी?" *बाबा साहेब अम्बेडकरः राइटिंग्स एण्ड स्पीचेस* में, वॉल्यूम 7, बम्बई, महाराष्ट्र सरकार।

अम्बेडकर, बी.आर., 1990 बी, 'दी अनटचेबल्सः हू वर दे एण्ड व्हाई दे बिकेम अनटचेबल्स?', *बाबा साहेब अम्बेडकरः राइटिंग्स एण्ड स्पीचेस* में, वॉल्यूम 7, बम्बई, महाराष्ट्र सरकार।

अम्बेडकर, बी.आर., 1990 सी, *एनिहिलेशन ऑफ कास्ट*, नई दिल्ली, अरनॉल्ड पब्लिशर्स।

अप्पादोराई, ए., 2002, *पॉलिटिकल थॉट इन इण्डिया*, (400 बी.सी.–1980), नई दिल्ली, खमा पब्लिशर्स।

चक्रवर्ती, विद्युत, 2006, *सोशल एण्ड पॉलिटिकल थॉट ऑफ महात्मा गाँधी*, लंदन, रूटलेज।

चक्रवर्ती, विद्युत तथा राजेन्द्र कुमार पाण्डे, 2008, *इण्डियन गवर्नमेण्ट एण्ड पॉलिटिक्स*, नई दिल्ली, सेज पब्लिकेशन्स।

कन्सटीट्यूएन्ट एसेम्बली डिबेट, वॉल्यूम VIII, नई दिल्ली, गवर्नमेण्ट ऑफ इण्डिया।

देसाई, ए.आर., 1976, *सोशल बैकग्राउन्ड ऑफ इण्डियन नैशनलिज्म*, फिफ्थ एडीशन, बम्बई, ऑक्सफोर्ड यूनिवर्सिटी प्रेस।

गाँधी एम.के., 1920, 'द कास्ट सिस्टम', *यंग इण्डिया*, 8 दिसम्बर।

गाँधी एम.के., 1966, 'द कास्ट सिस्टम', *क्लेक्टेड बर्क्स ऑफ महात्मा गाँधी* में, वॉल्यूम XIX, अहमदाबाद, नवजीवन ट्रस्ट।

गोरे, एम.एस., 1993, *द सोशल कन्टेक्स्ट ऑफ एन आइडियॉलोजीः अम्बेडकर्स पॉलिटिकल एण्ड सोशल थॉट*, नई दिल्ली, सेज पब्लिकेशन्स।

गवर्नमेंट ऑफ महाराष्ट्र, 1979, *डॉ. बाबा साहेब अम्बेडकर, राइटिंग्स एण्ड स्पीचेज*, वॉल्यूम 1, बम्बई, गवर्नमेंट ऑफ महाराष्ट्र।

जैफ्रेलॉट, क्रिस्टोफर, 2005, *डॉ. अम्बेडकर एण्ड अनटचेबिलिटी*, नई दिल्ली, परमानेन्ट ब्लैक।

कीर, धनन्जय, 1954, *डॉ. अम्बेडकरः लाइफ एण्ड मिशन*, बम्बई, पोपुलर प्रकाशन।

कुबेर, डब्ल्यू.एन., 1986, *अम्बेडकरःए क्रिटिकल स्टडी*, नई दिल्ली, पीपुल्स पब्लिशिंग हाउस।

कुमार, रवीन्द्र, 1987, 'गाँधी, अम्बेडकर एण्ड पूना पैक्ट, 1932' मैसेलोज (सम्पादक) में, *स्ट्रग्लिंग एण्ड रूलिंगः द इण्डियन नेशनल कांग्रेस*, 1885-1985, लन्दन, ओरियेन्टल यूनिवर्सिटी प्रेस।

मून, बसन्त (कम्पायलर), 1989, *डॉ. बाबा साहेब अम्बेडकरः राइटिंग्स एण्ड स्पीचेज*, वॉल्यूम 5, बम्बई, गवर्नमेण्ट ऑफ महाराष्ट्र।

प्यारेलाल, 1932, *द एपिक फास्ट*, अहमदाबाद, मोहनलाल मगनलाल भट्ट।

राधाकृष्णन, एस., 1963, *हिन्दू व्यू ऑफ लाइफ*, लन्दन, जार्ज एलेन एण्ड अनविन।

रोड्रिग्ज, वेलेरियन (सम्पादक), 2004, *द एसेन्शियल राइटिंग्स ऑफ बी.आर. अम्बेडकर*, नई दिल्ली, ऑक्सफोर्ड यूनिवर्सिटी प्रेस।

जेलियट, एलीनर, 1986, 'द सोशल एण्ड पॉलिटिकल थॉट ऑफ बी.आर. अम्बेडकर', थॉमस पेन्थम एण्ड कैनेथ एल. डायश (सम्पादक) में, *पॉलिटिकल थॉट इन मॉडर्न इण्डिया, नई दिल्ली, सेज पब्लिकेशन्स।*

जेलियट, एलीनर, 1992, *फ्रॉम अनटचेबल्स टू दलितः ऐसेज़ ऑन अम्बेडकर मूवमेण्ट*, नई दिल्ली, मनोहर।

6

जयप्रकाश नारायण

अध्ययन का उद्देश्य

- जयप्रकाश नारायण के मार्क्सवाद से सर्वोदय तक परिवर्तन के कारण को प्रस्तुत करना।
- राज्य पद्धति के पुनर्निर्माण के जयप्रकाश नारायण के विचार की व्याख्या करना।
- जयप्रकाश नारायण के सर्वोदय के विचार की व्यावहारिकता का मूल्यांकन करना।
- जयप्रकाश नारायण के सम्पूर्ण क्रान्ति के विचार की व्याख्या करना।

एक राजनीतिक विचारक के रूप में जयप्रकाश नारायण (1902-79), जो जे.पी. के नाम से लोकप्रिय थे, भारत में राजनीतिक चिन्तन की दो निरन्तर चलने व दृष्टिगत होने वाली परम्पराओं में से एक का प्रतिनिधित्व करते दिखते हैं। देश के राजनीतिक विचारकों की एक परम्परा उनकी है जिनकी विशिष्टता अपने जीवन के विविध चरणों में लगभग स्पष्ट विचारधाराजन्य निरन्तरता रखने की रही है, जिसे यदि दूसरी तरह देखें, तो उन्हें रुढ़िवादी विचारक कहा जा सकता है। फिर भी, इस परम्परा की विशेषता विचारक की विचारधाराजन्य विश्वासों की निरन्तरता इस सीमा तक है कि विचारक के जीवन के अनुभव भी उन्हें अपनी विचारधारा में किसी भी प्रकार के सुधार या परिवर्तन के लिए प्रेरित नहीं कर सके। भारतीय राजनीतिक चिन्तन की इस परम्परा के सर्वोत्कृष्ट उदाहरण अन्य कोई नहीं अपितु गाँधी हैं जिन्हें अपनी 1908 में *हिन्द स्वराज* की विचारधाराजन्य स्थिति अपरिवर्तित रूप से प्रिय रही। अपने प्रारम्भिक दिनों की प्राचीन सोच की विचारधारा के पक्षानुराग में परिवर्तन के लिए जब पूछा गया तो गाँधी ने अपने विश्वासों के प्रति उदाहरण देने लायक साहस दिखाया और कहा– अपने इतने

समय के अनुभव भी *हिन्द स्वराज* के रचनाकाल के एक भी शब्द में परिवर्तन के लिए प्रेरित नहीं करते।

इसके विपरीत, भारतीय राजनीतिक चिन्तन की दूसरी परम्परा में वे लोग हैं जिनके बौद्धिक रूप से अति उर्वर मस्तिष्क में असाधारण गतिशीलता रही और जो अनुभव की दृष्टि से अति वैविध्यपूर्ण व्यक्तित्व के विचारक रहे। परिणामस्वरूप, ऐसे विचारकों के प्रारम्भिक विचारधाराजन्य विश्वास पूरी तरह से वैसे ही नहीं रहे, और कुछ समय बाद उनके बौद्धिक विवेचन तथा सैद्धान्तीकरण में उनकी विचार प्रक्रिया पर, समकालीन विचारधाराजन्य प्रभाव के निशान दिखते हैं। ऐसे चिन्तक, जबकि, अपने सैद्धान्तीकरण में बहुप्रतिभा सम्पन्न तथा विविधता लिए हुए दिखते हैं, लेकिन उनकी सैद्धान्तीकरण की इस बहुआयामी प्रतिभा तथा वैविध्य का सबसे बड़ा नुकसान निरन्तरता के गुण का न होना है। सम्भवतः ऐसे दक्ष तथा वैविध्यपूर्ण लेकिन निरन्तरतारहित सैद्धान्तीकरण का महत्वपूर्ण उदाहरण एम.एन. राय दिखते हैं जिनके जीवन के समृद्ध और कभी–कभी कष्टकारी जीवन्त अनुभवों ने उन्हें इतने बौद्धिक अवतार लेने के लिए प्रेरित किया कि उनके बौद्धिक विवेचन और सैद्धान्तीकरण की विविधता तथा गहनता देखकर अचम्भा होता है। जे.पी. भारत के राजनीतिक चिन्तन की दूसरी परम्परा के प्रतिरूप दिखते हैं।

विचारधाराजन्य उद्विग्नता का जीवन

जे.पी. का जीवन, भारत के मेहनतकश बहुसंख्यकों के सामाजिक–आर्थिक व राजनीतिक जीवन को सुधारने के लिए उचित मार्ग की अन्तहीन तलाश का जीवन रहा। 11 अक्टूबर 1902 को बिहार के छपरा जिले के एक गांव में जन्मे, वे अपने बाल्यकाल से ही गैर–पारम्परिक बालक रहे क्योंकि उन्हें अपने जीवन के उद्देश्य के लिए कभी भी बंधी–बंधाई लकीर पर चलते नहीं देखा गया। उदाहरण के लिए अपने अध्ययन के लिए उन्होंने असामान्य विषयों को चुना, अपने समय के प्रचलित सामाजिक मानकों के विपरीत, राष्ट्रवादी नेताओं के प्रभाव में उन्होंने बिना दहेज लिए सादा विवाह किया।[1] लेकिन, 1920 के दशक में उनके जीवन में उद्विग्नतापूर्ण परिवर्तन आए, और नई परिस्थितियों और सन्दर्भों से उनके परिचय के कारण उनका जीवन निर्धारित मार्ग पर नहीं चल सका। उदाहरण के लिए 1921 में उनके अध्ययन में बाधा आई, जब मौलाना आजाद के आह्वान पर उन्होंने पढ़ाई छोड़ने का मानस बना लिया और गाँधी द्वारा संचालित राष्ट्रवादी आन्दोलन में शामिल हो गए।

राष्ट्रवादी आन्दोलन में जे.पी. के बढ़ते झुकाव को देखते हुए उनके माता–पिता ने उन्हें उच्च अध्ययन के लिए विदेश जाने के लिए प्रेरित किया।

परिणामस्वरूप वे कैमिकल इन्जीनियरिंग की डिग्री के लिए अमेरिका पहुंच गए। लेकिन देश और विदेश में लोगों की समस्याओं की गहन समझ के प्रति उनके मन में जिज्ञासा तथा इन समस्याओं के समाधान का हिस्सा बनने की उनकी इच्छा ने उन्हें इन्जीनियरिंग का अध्ययन छोड़ने तथा विसकोनसिन विश्वविद्यालय में समाजशास्त्र का अध्ययन करने के लिए बाध्य किया। यह सम्भवतः उनके जीवन का निर्णायक मोड़ था क्योंकि समाजशास्त्र में उनके गहन ज्ञान ने उनके दिमाग को मार्क्स तथा एम.एन. राय जैसे मार्क्सवादी विचारकों के क्रान्तिकारी विचारों में गहरे तक डुबो दिया, परिणामस्वरूप वे भारत के सर्वाधिक रुढ़िवादी मार्क्सवादी बन गए (घोष, 1984: 393)। भारत में व्याप्त सामाजिक–आर्थिक समस्याओं की मार्क्सवादी–लेनिनवादी विचारधाराजन्य संरचना में समाधान के विश्वास के कारण देश में समाजवादी सामाजिक–आर्थिक व्यवस्था लाने के लिए जे.पी. ने क्रान्तिकारी परिवर्तन की व्यापक रूपरेखा बनाई।

मार्क्सवाद से सर्वोदय तक परिवर्तन

1929 में भारत वापस आने पर जे.पी. भारत में समाजवाद को व्यावहारिक बनाने की तीव्र इच्छा के कारण शीघ्र ही राष्ट्रवादी आन्दोलन में शामिल हो गए। सविनय अवज्ञा आन्दोलन के समय नासिक जेल में रहते हुए अपने जैसे विचारों के कई राष्ट्रवादियों के सम्पर्क में आए जिसके परिणामस्वरूप अप्रैल 1934 में कांग्रेस सोशलिस्ट पार्टी का गठन हुआ। देश में समाजवादी आन्दोलन को सशक्त करने के उद्देश्य से 1934 में पटना में उन्होंने अखिल भारतीय समाजवादी सम्मेलन का आयोजन भी किया, लेकिन मार्क्सवाद के प्रति उनका लगाव इतना दृढ़ था कि 1936 में जे.पी. ने एक छोटी विचारोत्तेजक पुस्तिका 'व्हाइ सोशलिज्म', सी.एस.पी. के तत्वावधान में प्रकाशित की जिसमें कहा कि 'पहले से कहीं ज्यादा आज यह कहना सम्भव है कि समाजवाद–मार्क्सवाद सिर्फ एक ही तरह का, एक ही सिद्धान्त है' (नारायण, 1936: 1)। इस पुस्तिका का उद्देश्य मूलतः साम्यवाद व समाजवाद में विश्वास रखने वालों के समक्ष विचारधाराजन्य साम्य प्रस्तुत करना था तथा सी.एस.पी. के विचारों और कार्यों की रूपरेखा का वर्णन करना था।

1930 के दशक में जे.पी. का मार्क्सवादी चरण जारी रहा, जिसके बाद वे प्रजातांत्रिक समाजवाद के दर्शन की ओर बढ़े तथा अन्ततः स्वतंत्रता के पश्चात् वे *सर्वोदयी* हो गए। जे.पी. के जीवन में इस विचारधाराजन्य परिवर्तन की व्याख्या आवश्यक है क्योंकि एक ऐसी विचारधारा, जिसे वे जीवन के एक समय में देश के सामाजिक–आर्थिक परिवर्तन के लिए एकमात्र संरचना मानते थे, से मोहभंग के कारण क्या थे? यथार्थतः मार्क्सवाद की विचारधारा से जे.पी. का मोहभंग, बोल्शेविक क्रान्ति के बाद के समय के घटनाक्रम के आलोचनात्मक मूल्यांकन के कारण हुआ। सर्वहारा के अधिनायकत्व के स्थान पर स्टालिन के नेतृत्व में सेना

तथा नौकरशाही की एक तरह की तानाशाही की स्थापना ने जे.पी. को दुखी होकर अपने मार्क्सवाद के सैद्धान्तीकरण पर दार्शनिक तथा व्यावहारिक दोनों ही धरातल पर पुनर्विचार करने के लिए बाध्य किया।

स्पष्ट रूप से जे.पी. द्वारा मार्क्सवाद की दार्शनिक आलोचना सम्भवतः उनके गाँधी की तकनीकों जैसे सत्याग्रह, अहिंसा तथा साध्य–साधन के द्वन्द्व पर स्वस्थ विचारों में बढ़ती पसन्द के कारण निर्धारित हुई। उदाहरण के लिए, एक समय, जे.पी. गाँधी के संघर्ष के शान्तिप्रिय साधनों के धीमेपन के आलोचक थे तथा उन्होंने समाज के शीघ्र सामाजिक–आर्थिक परिवर्तन के लिए समाजवादी साधनों के प्रयोग पर जोर दिया। लेकिन सोवियत यूनियन में, कम्युनिस्ट पार्टी के प्रति लोगों की आज्ञाकारिता के लिए हिंसक तथा बल आधारित साधनों के प्रयोग तथा स्टालिन के समय में देश के औद्योगीकरण की गति तीव्र करने के लिए श्रमिकों से अत्यन्त दबावकारी तथा बलपूर्वक काम लेने के अनुभवजन्य सच्चे प्रमाण मिले तो जे.पी. ने आत्मावलोकन किया। वे अन्ततः गाँधी के इस विचार से सहमत हुए कि पवित्र उद्देश्यों को पाने के लिए साधनों की पवित्रता भी आवश्यक है। उन्हें इस बात पर आश्चर्य हुआ कि 'क्या अच्छे लक्ष्य बुरे साधनों से प्राप्त किए जा सकते हैं' (नारायण, 1959एः 22) तथा इस निष्कर्ष पर पहुंचे कि मार्क्सवाद के अन्तर्गत साधनों की सम्पूर्ण सच्चाई पर केन्द्रीकरण से, भारत जैसे पिछड़े देश में वांछित परिवर्तन के लिए सम्भावित विचारधाराजन्य आधार प्राप्त नहीं होता।

स्पष्टतः राजनीतिक चिन्तन के नैतिक आधार के प्रभाव के साथ ही भारत में गाँधी के नेतृत्व में आन्दोलन के कारण जे.पी. द्वन्द्वत्मक भौतिकवाद, जो मार्क्सवाद का आधार था, के कड़े आलोचक हो गए। उनका कहना था कि मानव के व्यक्तित्व में भौतिक और आध्यात्मिक दोनों ही तत्व होते हैं अतः दोनों का संतुलित विकास मानव तथा समस्त समाज के सम्पूर्ण विकास के लिए आवश्यक है। लेकिन उन्होंने पाया कि द्वन्द्वात्मक भौतिकवाद की पद्धति समस्त सामाजिक प्रक्रियाओं का विश्लेषण भौतिकवाद के अन्तर्गत ही करती है। परिणामतः समाज तथा मानव का आध्यात्मिक विकास अवरुद्ध हो जाता है और दोनों का असंतुलित विकास होने लगता है। अतः, उन्होंने निष्कर्ष दिया कि "एक दार्शनिक दृष्टिकोण के रूप में भौतिकवाद नैतिक व्यवहार तथा अच्छाई के लिए प्रोत्साहन का कोई आधार प्रदान नहीं करता" (पूर्वोक्त : 27)।

जे.पी. ने मार्क्सवाद की अन्य कई आधारभूत अवधारणों पर भी अपनी शंका प्रकट की। उदाहरण के लिए, वे समाजवादी राज्य के लिए सर्वहारा वर्ग के अधिनायकवाद की सुनिश्चित आवश्यकता के विचार से सहमत नहीं थे। उन्होंने माना कि सर्वहारा के अधिनायकवाद का विचार पूंजीवाद से समाजवाद की ओर परिवर्तित हो रहे समाज में ही प्रासंगिक है। इसके अतिरिक्त, ऐसे विचार उसी समाज के लिए व्यावहारिक हैं जहां शान्तिपूर्ण साधनों से इस प्रकार का परिवर्तन

लाना सम्भव न हो। अतः उन्होंने इसे मार्क्सवादी सिद्धान्तवादियों की गलती माना जिन्होंने सर्वहारा के अधिनायकवाद को, पूंजीवादी से समाजवादी राजनीतिक व्यवस्था में परिवर्तन के लिए एक मात्र आवश्यक तरीका माना। इसके विपरीत, उल्टी स्थिति ग्रहण करते हुए उन्होंने माना कि समाजवादी राज्य की प्रकृति ऐसी होनी चाहिए कि समाज में किसी भी प्रकार के अधिकनायकवाद की आवश्यकता न हो। अतः, उन्होंने कहा कि समाजवादी राज्य में सर्वहारा के अधिनायकत्व के लागू होने को आवश्यक मानना मार्क्सवादी सिद्धान्त की कमी है।

व्यावहारिक धरातल पर, जे.पी. क्रान्ति की प्रकृति तथा उसके भविष्य के अन्तःसम्बन्ध, जैसा कि रुस की सोवियत क्रान्ति से स्पष्ट हुई, को लेकर अत्यन्त निराश थे। जैसा कि नारायण (पाण्डा द्वारा उद्धृत 2004: 202) ने कहा,

> ... सोवियत क्रान्ति के दो भाग हैं — पुरानी सामाजिक व्यवस्था का विनाश तथा नए का निर्माण। सफल हिंसक क्रान्ति में, प्राचीन व्यवस्था को जड़ से उखाड़ फेंकने में सफलता निहित है। यह वास्तव में एक बड़ी उपलब्धि है। लेकिन एक बिन्दु पर, कुछ महत्वपूर्ण घटता है जो सफलता की प्रक्रिया को दबा देता है। क्रान्ति के समय पुनर्गठित क्रान्तिकारी हिंसा फैल जाती है। जब हिंसा के साथ अन्य तत्व, जिनके विस्तार में जाने की यहां आवश्यकता नहीं है, जुड़ जाते हैं जो पुरानी शक्ति संरचना को नष्ट करने में सफल हो जाते हैं तो असंगठित जन हिंसा को रोकना और इसके लिए क्रान्ति की रक्षा तथा उचित ठहराने के लिए, हिंसा के संगठित साधन सृजित किये जाते हैं। इस प्रकार शक्ति के एक नए यंत्र की रचना होती है और क्रान्तिकारियों में जो भी इस नए यंत्र को हासिल करने में सफल होते हैं वे और उनके दल या विरोधी नए शासक बन जाते हैं। वे नए राज्य के स्वामी हो जाते हैं और शक्ति लोगों के हाथों से निकलकर उनके हाथों में पहुंच जाती है। उच्च शिखर पर सदैव सत्ता के लिए संघर्ष होता है, सिर फूटते हैं और रक्त बहता है, अंत में विजय उनकी होती है जो सर्वाधिक दृढ़, सर्वाधिक निर्दय तथा सर्वाधिक संगठित होते हैं। ऐसा नहीं है कि हिंसक क्रान्तिकारी छल या धोखा करते हैं; अपितु हिंसा का तर्क इसी तरह का परिणाम देता है। यह अन्यथा नहीं हो सकता।

जे.पी. के मार्क्स से *सर्वोदय* तक के परिवर्तन में स्टालिन के शासनकाल में सोवियत यूनियन में मैकियावेली की राजनीतिक प्रक्रियाओं ने महत्वपूर्ण भूमिका अदा की। स्टालिन के सोवियत राजनीतिक व्यवस्था की दो महत्वपूर्ण विशेषताओं ने उन्हें सम्भवतः सर्वाधिक व्यथित किया। प्रथम, सर्वहारा के अधिनायकवाद की निहित स्थापना से सोवियत यूनियन का विश्व का सर्वाधिक बंद देश बन जाना सुनिश्चित हो गया। न केवल शेष विश्व से किसी प्रकार की अन्तःक्रिया की आज्ञा नहीं थी अपितु देश के भीतर भी लोगों के निजी और नागरिक जीवन में प्रजातांत्रिक मूल्यों और मानकों की घोर अनुपस्थिति उस व्यवस्था की विशिष्टता हो गई। पश्चिमी समाज में प्रजातांत्रिक जीवन शैली के अपने अनुभव तथा भारत

के राष्ट्रवादी आन्दोलन में प्रजातांत्रिक मूल्यों की महत्ता के कारण यह स्थिति जे.पी. को अत्यन्त व्याकुल करने वाली थी। दूसरे, सोवियत संघ द्वारा साम्यवादी देश के राजनीतिक विरोधियों के साथ क्रूर तथा गुप्त तरीकों को भी जे.पी. ने पसन्द नहीं किया। लाल सेना, गुप्तचर पुलिस तथा नौकरशाही की संस्थाओं को साम्यवाद में विश्वास न करने वालों को पीड़ा देने, समाप्त करने, कष्ट देने यहां तक कि हत्या करने की खुली छूट देने ने जे.पी. का सोवियत व्यवस्था की सरकार से मोहभंग कर दिया। यह उनके लिए इतना अधिक आंख खोलने वाला था कि उन्होंने स्वयं को इतिहास के इस चरण से शिक्षा लेने के लिए तथा इससे दूर जाने के लिए सचेत किया।

अंतिम विश्लेषण में जे.पी. के अनुसार, सोवियत संघ में साम्यवाद के संचालन की मूल कमी, 'लेनिन का साम्यवाद को हिंसा के द्वारा व्यावहारिक रूप देने का प्रयास तथा स्टालिन की पिछड़ी अर्थव्यवस्था में औद्योगीकरण की अति दबावकारी तथा जोर जबरदस्ती की प्रक्रिया के प्रयोग के प्रयास की थी। अपनी प्रकृति के कारण "बिना कठोर तरीके से नियमों के लागू करने, दबाव तथा स्वतंत्रता के हनन के बिना ऐसा कर पाना सम्भव नहीं था" (घोष में उद्धृत, 1984: 396)। सामाजिक–आर्थिक परिवर्तन के लिए इस प्रकार की सत्तापरक शैली ने जे.पी. को एक ऐसे प्रतिमान के लिए प्रेरित किया जिससे सामाजिक–आर्थिक परिवर्तन शांतिपूर्ण तथा प्रजातांत्रिक पद्धति से लाया जा सके। अतः, उन्होंने भारतीय समाज में सामाजिक–आर्थिक परिवर्तन के लिए गाँधीवादी पद्धति की सच्चाई पर विश्वास करने का विचार यह कहकर किया – "(अ) जिस समाज में लोगों के लिए शांतिपूर्ण और प्रजातांत्रिक साधनों से सामाजिक–आर्थिक परिवर्तन लाना सम्भव हो, वहां हिंसा को अपनाना क्रान्ति विरोधी होगा, तथा (ब) समाजवाद, प्रजातांत्रिक स्वतंत्रता की अनुपस्थिति में अस्तित्व में नहीं रह सकता, न सृजित किया जा सकता है" (नारायण, 1959 ए: 18)।

भारतीय राज-व्यवस्था के पुनर्निर्माण की योजना

सामाजिक–आर्थिक तथा राजनीतिक व्यवस्था के मार्क्सवादी उदाहरण तथा उसके व्यावहारिक प्रदर्शन के प्रति जे.पी. की बढ़ती निराशा ने देश की आवश्यकता के अनुरूप वैकल्पिक व्यवस्था विकसित करने के लिए उन्हें प्रेरित किया। स्वातंत्र्योत्तर काल में संविधान की स्वीकृति को अधिकतर लोगों ने सकारात्मक रूप में ग्रहण किया था क्योंकि उन्हें उम्मीद थी कि यह राष्ट्रीय आन्दोलन की अपेक्षाओं को पूरा करेगा फिर भी, जे.पी. जैसे लोगों का शीघ्र ही देश की प्रजातांत्रिक शासन व्यवस्था की कार्यप्रणाली से मोहभंग हो गया। बाद में जे.पी. बहुत से यूरोपीय देशों की यात्रा पर निकल पड़े ताकि साक्षात रूप से इन देशों की सरकारों की संरचना तथा कार्यप्रणाली का अनुभव कर सकें। अधिकतर

सरकारों की व्यवस्था की संरचना में जो एक मूल कमी जे.पी. ने पाई, जो भारत में भी 1950 में संविधान के क्रियान्वित होने के बाद व्याप्त थी, वह सरकार के उच्च स्तर पर शक्ति के केन्द्रीकरण की थी। इससे जे.पी. को बहुत कष्ट हुआ, क्योंकि एक सच्चे प्रजातांत्रिक होने के नाते वे सत्ता को लोगों के हाथों में निहित देखना चाहते थे तथा उतनी ही सत्ता को उच्च स्तर पर हस्तान्तरित करना चाहते थे जितनी कि अति आवश्यक हो। अतः भारतीय राजनीतिक व्यवस्था की प्रकृति तथा संरचना के व्यापक पुनर्संकल्पीकरण के विचार को ठोस रूप देने के लिए उन्होंने 1959 में एक पुस्तक *ए प्ली फॉर द रिकन्सट्रक्शन ऑफ इण्डियन पॉलिटी* प्रकाशित की।

भारतीय शासन पद्धति के पुनर्निर्माण के तर्क को प्रस्तुत करते हुए जे.पी. अरविन्द के विचारों से अत्यधिक प्रभावित दिखते हैं क्योंकि उनमें उन्हें "असाधारण अन्तः ज्ञान स्फूर्त दृष्टि दिखी जिसने भारतीय राज्य पद्धति के आधार की सच्ची प्रकृति को बिल्कुल स्पष्ट कर दिया" (नारायण, 1959बी: 22)। अरविन्द के द्वारा प्रस्तुत तर्कों का अनुसरण करते हुए, जे.पी. को प्राचीन भारतीय राजनीतिक व्यवस्था, जो आत्मशासित ग्रामीण समुदाय की विशिष्टता पर आधारित थी, की सच्चाई पर विश्वास था। जे.पी. की प्राचीन भारतीय राजनीतिक व्यवस्था की निर्विवाद प्रशंसा इतनी स्पष्ट थी कि उन्होंने माना कि स्वातंत्र्योत्तर भारत की राजनीतिक व्यवस्था का अवधारणीकरण और कुछ नहीं अपितु 'एक प्राचीन वंश द्वारा अपनी खोई हुई आत्मा की पुनः खोज' का प्रश्न है' (पूर्वोक्त : 26)। इस प्रकार जे.पी. का भारतीय शासन व्यवस्था के निर्माण का आह्वान ग्राम आधारित राजनीतिक व्यवस्था की पुनः खोज तथा स्थापना थी, जिस व्यवस्था के कार्यकरण के अन्तर्गत विकेन्द्रीकरण सहज रूप से प्रवाहित हो।

अभिप्राय यह है कि जे.पी. ने भारत की वर्तमान राजनीतिक व आर्थिक व्यवस्था, जो संसदीय प्रजातंत्र तथा केन्द्रीकृत योजना पर आधारित है, के स्थान पर सामुदायिक प्रजातंत्र तथा विकेन्द्रीकृत राजनीतिक अर्थव्यवस्था से स्थापित करने को कहा (नारायण, 1959 बी: 66-68)। वस्तुतः जे.पी. प्रजातंत्र की संसदीय व्यवस्था के कड़े आलोचक थे, अतः हर सम्भव दृष्टि से इसे अस्वीकार करते थे। पर जे.पी. के अनुसार इस प्रकार की व्यवस्था के प्रजातंत्र की सबसे असहनीय कमी इसमें अनतर्निहित केन्द्रीकरण की प्रवृत्ति थी जो स्वयं अपनी ही विरोधी प्रतीत होती थी। दूसरे शब्दों में, प्रजातंत्र के विचार की इस तरह से अवधारणा नहीं की जा सकती कि यह केन्द्रीकरण की ओर ले जाए या उसका समर्थन करे। चूंकि संसदीय व्यवस्था निश्चित रूप से केन्द्रीकरण की ओर बढ़ती है, अतः यह भारत के लिए सरकार का सर्वोत्तम स्वरूप नहीं हो सकती।

'सामुदायिक प्रजातंत्र' के विचार की, जैसा कि जे.पी. ने प्रस्तुत किया, राजनीतिक प्रक्रिया बिल्कुल भिन्न है जो संसदीय प्रजातंत्र की राजनीतिक

प्रक्रियाओं की प्रकृति को दर्शाते गुणों के ठीक विपरीत है। उदाहरण के लिए, संसदीय प्रजातंत्र का आवश्यक तत्व राजनीतिक दलों में सत्ता प्राप्ति तथा राजनीतिक व्यवस्था में अपने महत्व के लिए गहरी प्रतिस्पर्धा है। इसके विपरीत, जे.पी. का सुझाव है कि सामुदायिक प्रजातंत्र का आवश्यक तत्व सहयोग व साथ बांटने में है, क्योंकि एक व्यवस्था को समाज के सभी हितों को आवश्यक महत्त्व प्रदान करना चाहिए जो देश के राजनीतिक निर्णय निर्माण में समन्वयात्मक रूप से परिलक्षित हों। स्वाभाविक रूप से प्रजातंत्र की ऐसी अवधारणा में जे.पी. का जोर, संसदीय व्यवस्था की भौतिकवादी तथा सत्ता केन्द्रित प्रकृति के विपरीत, प्रजातंत्र के नैतिक और आचार सम्बन्धी आधार पर था। अतः जे.पी. के अनुसार सामुदायिक प्रजातंत्र का प्रमुख कार्य नैतिक पुनर्जीवन को उदाहरण, सेवा, त्याग तथा स्वयंसेवी कार्यकर्त्ताओं के ढेर सारे स्नेह से प्राप्त करना है (पूर्वोक्त : 107)।

भारतीय राज व्यवस्था के पुनर्निर्माण के अवधारणात्मकता के तर्क में जे.पी. की मुख्य चिन्ता देश में प्रतिनिध्यात्मक प्रजातंत्र की पहेली को सुलझाने की थी (सामदार, 2008: 49)। ठोस रूप में, जे.पी. का भारतीय राज–व्यवस्था के पुनर्निर्माणवाद का तर्क सिद्धांततः विकेन्द्रीकृत, सहभागी तथा जड़ जमीन से जुड़ी राजनीतिक व्यवस्था पर आधारित है जो प्राचीनकाल में देश में *पंचायती राज* के विचार में व्यावहारिक रूप में परिलक्षित हुई। यह आवश्यक रूप से पिरामिड की तरह का प्रजातंत्र होगा जिसमें सत्ता जड़ जमीन तक फैली हुई होगी जो जनता के इच्छा की अनुरूप वास्तविक सरकार होगी। इस प्रकार जे.पी. का मॉडल अधिक विकेन्द्रीकृत 'सरकार के चार खम्भे के प्रतिमान', जैसा कि राममनोहर लोहिया ने सुझाया था, पर आधारित होगा। (विस्तार के लिए देखें, अध्याय 10)। भिन्न रूप से कहें तो लोहिया ने जबकि सरकार के चार स्तर ग्राम, जिला, राज्य तथा केन्द्र सुझाए थे, जे.पी. ने स्थानीय स्तर पर सरकार के आधार को ग्राम तथा जिले के बीच मध्यवर्ती स्तर को जोड़कर इसका विस्तार कर दिया ताकि स्थानीय सरकार की कार्यात्मक आवश्यकताओं को सशक्त बनाया जा सके। इस प्रकार जे.पी. ने, पांच स्तरीय विकेन्द्रीकृत राज–व्यवस्था, जिसमें गांव, खण्ड, जिला, प्रान्त तथा केन्द्र शामिल हैं, का सुझाव दिया।

भारतीय राज–व्यवस्था के पुनर्निर्माण की जे.पी. की योजना में *पंचायती राज व्यवस्था* को पुनर्जीवित तथा सशक्त करने, जिसे वे नीचे से *स्वराज* कहते हैं, पर जोर था (नारायण [तिथि नहीं]: अध्याय 2)। इस संरचना में राजनीतिक संगठन की सबसे नीचे की इकाई *ग्राम सभा* होगी जिसमें गांव के सभी वयस्क शामिल होंगे। सरकार और उसकी कार्यवाही में गांव के सभी वयस्क निवासियों की भागीदारी को सुनिश्चित करने के लिए मुख्यतः संवाद की संस्था होने के कारण, *ग्राम सभा* अपने में पांच या ज्यादा सदस्य सामान्यतया सहमति से चुनेगी, जिससे कार्यकारिणी गठित होगी जिसे *ग्राम पंचायत* कहा जाएगा। इस प्रकार इन

पंचों, जो व्यवस्था के रोजमर्रा के काम की देखभाल करेंगे, के माध्यम से *ग्राम सभा* जे.पी. द्वारा अवधारित जमीनी प्रजातंत्र की प्रहरी के रूप में काम करेगी।

पंचायती राज की विभिन्न इकाइयों में जैविक सम्बन्ध स्थापित करते हुए जे.पी. ने दो और अन्तर्गुम्फित संस्थाओं के सृजन का सुझाव दिया। *पंचायती राज* का मध्यम स्तर खण्ड की प्रशासनिक इकाई में स्थित होगा जिसे *पंचायत समिति* के नाम से जाना जाएगा। *ग्राम सभा* बनाने वालों के प्रतिनिधियों से निर्मित *पंचायत समिति* के कार्य का क्षेत्र *ग्राम सभा* के समान ही होगा। क्रियात्मक रूप से *पंचायत समिति* का उत्तरदायित्व सभाओं की गतिविधियों को नेतृत्व प्रदान करना व उनमें समन्वय करना होगा जिसमें विशेष ध्यान विकास परियोजनाओं के निर्माण तथा क्रियान्वयन पर होगा। *पंचायती राज* के शीर्ष को जिला पंचायत या *जिला परिषद* के रूप में संकल्पीकृत किया गया जो *पंचायत समिति* के सदस्यों द्वारा गठित होगी। *जिला परिषद* का कार्य क्षेत्र सामान्यतया *पंचायत समिति* द्वारा प्रारम्भ व स्वीकृत की गई विकास परियोजनाओं को समायोजित व सुव्यवस्थित करना होगा ताकि उनकी तकनीकी और आर्थिक व्यावहारिकता को सुनिश्चित किया जा सके। *पंचायती राज* के तीनों स्तरों में जो एक बात समान होगी, वह यह प्रयास होगा कि वह लोगों को अपने कार्यों के प्रबन्ध में भागीदारी तथा प्रजातंत्र की सच्ची भावना का आनन्द उठाने के अवसर प्रदान करें।

यद्यपि जे.पी. द्वारा समर्थित सामुदायिक प्रजातंत्र में *पंचायती राज* निकायों की प्रमुखता होगी, पर वे प्रान्त तथा केन्द्र स्तरीय सरकारों की आवश्यकता को भूले नहीं थे। उनके द्वारा अवधारित सरकार के तीन स्तरों की विशिष्टता यह थी कि वे उन्हें अपने कार्य क्षेत्र तक सीमित रखना तथा नीचे के स्तर के प्रजातांत्रिक संस्थानों को दबा देने के प्रलोभन से बचे रहने देना चाहते थे। इस प्रकार जे.पी. ने भारत में राज–व्यवस्था की प्रजातांत्रिक तथा संघात्मक संरचना के पक्ष में अपने विचार व्यक्त किये ताकि प्रजातांत्रिक सरकार की सच्ची भावना प्रवाहित हो और यह लोगों को उपलब्ध हो। इसके अतिरिक्त, इसके लिए राजनीतिक व्यवस्था को, अनेक आदिम और विभाजक उद्देश्यों पर आधारित दलगत राजनीति से वे मुक्त करना चाहते थे क्योंकि ये समाज के प्रभुता सम्पन्न भ्रष्ट तत्वों के स्वार्थी हितों को पूरा करने का काम करती हैं।

भारतीय राज व्यवस्था के पुनर्निर्माण की योजना का महत्वपूर्ण तत्व, जैसा कि जे.पी. द्वारा सुझाया गया, आर्थिक व्यवस्था का पुनर्निर्माण भी था (देखें नारायण [तिथि नही]: अध्याय 3)। पूंजीवादी समाज में प्रचलित शोषक तथा प्रतियोगी आर्थिक व्यवस्था के घोर विरोधी होने के कारण उन्होंने भारतीय आर्थिक व्यवस्था के सहयोग, सहअस्तित्व तथा सहभागिता के सिद्धान्त के आधार पर पुनर्निर्माण पर जोर दिया। उन्होंने भारतीय योजना व्यवस्था में केन्द्रीकरण को

अनुचित माना और योजना व्यवस्था को विकेन्द्रीकृत तथा गैर राजनीतिक बनाने के लिए उसकी पुनर्रचना पर बल दिया। देश की राजनीतिक व्यवस्था के जड़–जमीन तक संप्रेषित होने के नमूने पर जे.पी. ने देश की योजना व्यवस्था को भी ग्रामीण स्तर तक ले जाने की बात कही। उनका मानना था कि विकास योजनाओं का निर्माण ग्राम स्तर से प्रारम्भ होना चाहिए, जिनका क्रमिक रूप से खण्ड व जिला स्तर तक समायोजन व सुव्यवस्थीकरण भी हो। राज्य तथा राष्ट्रीय स्तर पर योजना व्यवस्था को, स्थानीय स्तर की योजनाओं के निर्माण तथा क्रियान्वयन में तकनीकी तथा तार्किक समर्थन प्रदान करने तक ही सीमित रखना चाहिए। देश के द्रुत आर्थिक विकास में क्षेत्रीय संतुलन व समन्वय के लिए भी जे.पी. ने विचार व्यक्त किये। अतः जे.पी. के विचारों में देश की पुनर्निमित अर्थव्यवस्था, देश के सामान्य लोगों के लिए सच्चे *स्वराज्य* को क्रियान्वित करेगी।

भारतीय राज व्यवस्था के पुनर्निर्माण लिए जे.पी. के विचारों में भावनात्मक तथा ऊपरी तौर पर तार्किक निरन्तरता दिखने के बावजूद, विद्वानों द्वारा उनकी योजनाओं की काल्पनिक कहकर आलोचना की गई, जो जे.पी. की कल्पना के आश्चर्यलोक के अनुकूल हो सकती है।[2] जे.पी. की योजना की एक सामान्य आलोचना, उनके द्वारा वर्तमान समय में अनुपयोगी हो चुके प्राचीन भारत के विचार को पुनर्जीवित करना और उसके क्रियान्वयन पर जोर देने को लेकर रही है। इसके अतिरिक्त *पंचायती राज* पर स्वातंत्र्योत्तर भारतीय राज व्यवस्था में मुख्य कारक के रूप में, असंतुलित रूप से ध्यान देना उसकी व्यावहारिक आदर्शवादिता की दृष्टि से विवेकहीन लगता है। अतः, कुछ वर्षों में जे.पी. भारतीय राज व्यवस्था के पुनर्निर्माण के अपने तर्कों की व्यावहारिक उपयोगिता के प्रति स्वयं शंकित हो गए थे तथा अपने ध्यान को उन्होंने सर्वोदय की ओर मोड़ दिया।

सर्वोदय

देश की विकेन्द्रित सहभागी तथा समतामूलक सामाजिक–आर्थिक तथा राजनीतिक व्यवस्था के लिए जे.पी. की सर्वोदय की अवधारणा उनकी दृष्टि को समन्वित रूप से स्पष्ट करने के लिए गाँधी से ली गई थी। सर्वोदय की मूल भावना का वर्णन करते हुए विनोबा भावे (1464 ए: 3) ने लिखा, "सर्वोदय का अर्थ अच्छी सरकार या बहुमत का शासन नहीं है, बल्कि सरकार से स्वतंत्रता है, इसका तात्पर्य सत्ता के विकेन्द्रीकरण से है।" इस प्रकार से अवधारित सर्वोदय का तात्पर्य, राज्य की ऐसी व्यवस्था से है जहां विदेशी या बाहरी शासक द्वारा शासित होने की भावना पूरी तरह से अनुपस्थित होती है तथा लोग अपने जीवन के व्यवसाय का बिना बाहरी दबाव के, आनन्द उठाते हैं। अतः सर्वोदय के विचार के पूर्ण क्रियान्वयन के लिए सरकार की अनुपस्थिति सर्वप्रथम आवश्यक है। फिर भी,

यदि सरकार अस्तित्व में रहती भी है तो सत्ता सम्बन्ध इतने विकेन्द्रीकृत होने चाहिए कि कोई भी किसी दूसरे के दासत्व में स्वयं को न पाए। इस सैद्धान्तिक संरचना के अन्तर्गत जे.पी. ने अपने सर्वोदय की सामाजिक व्यवस्था की दृष्टि की रूपरेखा प्रस्तुत की।

सर्वोदय सामाजिक व्यवस्था की कल्पना करते हुए जे.पी. मानव स्वभाव के अन्तर्निहित गुणों की खोज से प्रारंभ करते हैं। यद्यपि समाज व व्यक्ति में बुरी भावनाओं तथा प्रोत्साहनों के अस्तित्व को वे स्वीकार करते हैं, पर वे मानते हैं कि उन्हें दया तथा अहिंसा के गुणों से जीता जा सकता है। इसके अतिरिक्त जीवन में सहयोग, दया, सृजनात्मकता तथा शाश्वत आनन्द को शामिल करके, लोगों की अच्छी भावनाओं और प्रोत्साहनों को उजागर किया जा सकता है तथा उन्हें सुखी तथा शांतिपूर्ण जीवन प्राप्त करने में ऐसे गुणों के महत्व को समझाया जा सकता है। सर्वोपरि, अगर ऐसे जीवन दृष्टिकोण के उदाहरण प्रमुखता पाएं तथा लोगों को इस दिशा में यथोचित शिक्षा दी जाए तो वे निश्चित रूप से अच्छे कार्यों को करेंगे तथा अच्छे व्यक्तियों का अनुसरण करेंगे (नारायण, 1961: 6)। इस प्रकार जे.पी. के प्रस्तावित सर्वोदय व्यवस्था की जड़ में सामान्य लोगों में अंतनिर्हित अच्छी तथा सकारात्मक प्रकृति में दृढ़ विश्वास परिलक्षित होता है जिसे भारत की न्यायोचित, समतामूलक तथा प्रजातांत्रिक रूप से विकेन्द्रित व्यवस्था प्राप्त करने के लिए प्रयोग में लाया जा सकता है।

सर्वोदय व्यवस्था का सामाजिक पक्ष सबके लिए समावेशी समतामूलक सामाजिक संरचना में निहित है (नारायण, 1959ए: 39-41)। सामाजिक सम्बन्ध विभिन्न प्रकार के लोगों की समानता, न्याय तथा समावेशी होने के सिद्धान्त पर आधारित होंगे। चूंकि समाज प्रत्येक व्यक्ति का कल्याण चाहेगा। अतः अन्य व्यक्तियों के प्राचीन तथा विभाजक उद्देश्यों में निहित सामाजिक रूप से अपमानजनक तथा भेदभावपूर्ण व्यवहार के लिए कोई स्थान नहीं होगा। जे.पी. समाज के विभिन्न वर्गों की भूमिका के सम्बन्ध में निश्चित थे तथा युवाओं में दूरदृष्टि की मानसिकता तथा मिशनरी उत्साह चाहते थे जिनके निस्वार्थ तथा अथक प्रयास द्वारा समाज की पुनर्रचना को यथार्थ रूप दिया जा सकेगा। सामाजिक अन्तःक्रिया के प्रत्येक क्षेत्र में प्रजातांत्रिक मूल्य व भावना काम करेगी तथा किसी को उसकी इच्छा के विरुद्ध, चाहे उसके कार्य की उपयोगिता कुछ भी हो, कुछ भी करने के लिए बाध्य नहीं किया जाएगा। स्वैच्छिकतावाद वह मंच होगा जो लोगों को समाज के कल्याण के लिए प्रेरित करेगा।

सर्वोदय का राजनीतिक पक्ष, जैसा कि पहले व्याख्यायित किया जा चुका है, *पंचायती राज* व्यवस्था के रूप में सुदृढ़ विकेन्द्रीकृत तथा सहभागी प्रजातंत्र की व्यापक तथा प्रभावशाली व्यवस्था पर निर्भर करेगा। जे.पी. के सर्वोदय राजनीतिक

व्यवस्था में जो स्फूर्तिदायक था, वह राजनीतिक शक्ति तथा राज्य शक्ति के स्थान पर *लोकनीति* (जनता की राजनीति) तथा *लोक शक्ति* (लोगों की शक्ति) के चारों ओर घटनाओं का घटना है। गैर–पारम्परिक दिखते हुए भी भारतीय राजनीति के जनकेन्द्रित व समाज केन्द्रित विचार का दृष्टिकोण, जे.पी. के सर्वोदय राजनीतिक व्यवस्था की विकेन्द्रीकृत तथा सहभागी प्रकृति के सतत समर्थन को देखते हुए बहुत स्वाभाविक लगता है। यथार्थतः बाद के वर्षों में जब भारत सरकार पर भ्रष्टाचार तथा राजनीतिक विरोधियों के साथ व्यवहार में अहंकार के आरोप लगे, तब जे.पी. ने उन शक्तियों पर भरोसा किया जिनकी जड़ें सामाजिक तथा गैर–सरकारी संरचनाओं में निहित थीं। अतः जे.पी. की सर्वोदय सामाजिक व्यवस्था की अवधारणा में उचित नैतिकता के व्यक्ति शामिल होंगे जिनमें 'स्वशासन, स्वप्रबंधन, पारस्परिक सहयोग तथा सहभागिता, समानता, स्वतंत्रता तथा भ्रातृत्व' (नारायण, 1959 ए : 40) के लिए उठ खड़े होने का साहस हो।

आर्थिक रूप से, सर्वोदय व्यवस्था देश में संतुलित तथा समता आधारित आर्थिक व्यवस्था की स्थापना करना चाहेगी। भारत के कृषि प्रधान देश होने के कारण जे.पी. लोगों के आर्थिक जीवन में कृषि सम्बन्धी गतिविधियों को निश्चित रूप से सर्वोपरि रखना चाहते थे। अतः उन्होंने पूरे गांव के सामूहिक स्वामित्व तथा प्रबन्धन के अन्तर्गत सामूहिक खेती के संचालन के पक्ष में अनेक मत व्यक्त किया। इसके अतिरिक्त, गाँधीवादी आर्थिक दृष्टिकोण में जे.पी. के गहरे विश्वास के कारण स्थानीय तथा क्षेत्रीय स्तर पर ग्रामीण तथा कुटीर उद्योगों को महत्व देने के लिए उन्हें प्रेरित किया। फिर भी, पूरे विश्व के विभिन्न भागों में भारी उद्योगों की लहर के कारण, अर्थव्यवस्था की औद्योगिक दृष्टि से भारी तथा बड़े उद्योगों को भी स्थान दिया। इस प्रकार सर्वोदय की अर्थव्यवस्था में अर्थव्यवस्था के विभिन्न क्षेत्रों को उचित महत्व देते हुए संतुलित पद्धति का अनुसरण किया जाएगा। समाज की आर्थिक गतिविधियों की कुल प्राप्तियों को इस तरह वितरित किया जाएगा जिससे विकेन्द्रीकृत, समृद्ध, वितरणात्मक तथा सहभागी आर्थिक व्यवस्था बनेगी।

सर्वोदय व्यवस्था को क्रियान्वित करने की पद्धति

सर्वोदय सामाजिक व्यवस्था का गहन और उचित तरीके से अवधारणीकरण करने के बाद, जे.पी. भारत में सर्वोदय व्यवस्था के सृजन की योजना को क्रियान्वित करने की उचित पद्धति का सटीक सुझाव देते हैं। स्पष्ट रूप से, समाज में सशक्त बदलाव की विभिन्न पद्धतियों तथा सांस्थानिक व्यवस्थाओं के गहन ज्ञान

तथा व्यक्तिगत अनुभव ने उन्हें वांछित सामाजिक परिवर्तन लाने की पारम्परिक पद्धतियों के प्रति विद्रोही बना दिया। उदाहरण के लिए, क्रान्तिकारी हिंसा के द्वारा सामाजिक परिवर्तन के शास्त्रीय मार्क्सवादी नुस्खे के प्रति अपना पुराना लगाव अब उन्हें प्रिय नहीं लगता था। सामाजिक परिवर्तन की हिंसक पद्धति को नकारते हुए उन्होंने कहा कि ऐसी पद्धति दृष्टिगत होते उद्देश्य की सच्चाई का ध्यान नहीं रखती तथा 'उन लोगों की विजय सुनिश्चित करती है जो इसके प्रयोग में दक्ष हों' (नारायण, 1961: 4-5)। रुसी अनुभव से मुख्य रूप से यह स्पष्ट होता है कि ऐसी पद्धति से मिली विजय आवश्यक रूप से सर्वसत्तावादी होगी तथा 'प्रजातंत्र तथा सामाजिक न्याय व समानता की प्राप्ति के सभी प्रयासों' (पूर्वोक्त : 4-5) को क्षति पहुंचाएगी।

महत्वपूर्ण रूप से जे.पी. का सामाजिक परिवर्तन की उदारवादी पद्धति से भी समान रूप से मोह भंग हो चुका था जिसे कानूनी प्रावधानों तथा उनके लागू करने की सांस्थानिक व्यवस्थाओं के माध्यम से प्राप्त किया जाना है। सामाजिक परिवर्तन लाने के लिए संसदीय व्यवस्था के मार्ग के प्रति जे.पी. की आलोचना मुख्य रूप से यह थी कि इसमें तब तक वांछित परिणाम प्राप्त नहीं होंगे, जब तक लोगों को ऐसे परिवर्तनों को अपने जीवन में स्वीकार करने व उनके अनुकूल होने के लिए मानसिक रूप से तैयार न किया जाए। जैसा कि उन्होंने स्पष्ट रूप से कहा,

> न संस्थाएं, न कानून, न राजनीतिक व्यवस्था व संविधान अच्छे लोगों की रचना कर सकते हैं। वास्तविक अर्थ में, इसके लिए शिक्षा की व्यापक प्रक्रिया की आवश्यकता होगी। शिक्षा का अर्थ किताबी शिक्षा नहीं है; अपितु स्नेह, उदाहरण, उपदेश, विवेक तथा तर्क के द्वारा मानव को बेहतर बनाना है (पूर्वोक्त : 151)।

जे.पी. ने देश के नेताओं और जाग्रत नागरिकों से ठोस उदाहरण प्रस्तुत करने के लिए भी कहा, ताकि जनसाधारण ऐसे उदाहरणों का अनुसरण कर सके तथा देश में नई सर्वोदय व्यवस्था लाने में प्रमुख भूमिका निभाने के लिए स्वयं को शिक्षित कर सके।

शिक्षा तथा ठोस उदाहरण के दो गुणों का सम्मिलित परिणाम, जे.पी. के अनुसार, लोगों के मानसिक तथा नैतिक मूल्यों में जागरण की अमिट छाप के रूप में होगा जिसके फलस्वरूप समाज में व्याप्त समस्याओं तथा उनके सम्भावित समाधानों के प्रति उनमें स्वेच्छा से कुछ करने की इच्छा जाग्रत होगी। ऐसे नैतिक सैद्धान्तिक विचारों के ठोस उदाहरण को विनोबा भावे द्वारा प्रारम्भ किए गए *भूदान* तथा *ग्रामदान* आन्दोलनों के रूप में देखा जा सकता है। लोगों द्वारा स्वेच्छा से अपना हिस्सा बांटने के विचार और व्यवहार से जे.पी. अत्यन्त प्रभावित थे तथा *सम्पत्ति दान* (सम्पत्ति को आपस में बांटना) तथा अन्ततः *जीवनदान*

(व्यक्ति द्वारा अपने पूरे जीवन को बांटने और उसे दूसरों के कल्याण के लिए समर्पित करना) द्वारा उन्होंने ऐसे आन्दोलनों को सशक्त करने तथा बढ़ाने के लिए कहा। जे.पी. का अनुमान था कि अपने जीवन की ऐसी महत्वपूर्ण प्राप्तियों को आपस में स्वेच्छा से बांटने से सर्वोदय व्यवस्था के आधार पर भारतीय समाज का अहिंसक, स्वैच्छिक तथा प्रजातांत्रिक परिवर्तन होगा।

सम्पूर्ण क्रान्ति

भारत को प्रजातांत्रिक, संघीय, सहभागी, समताधारित तथा समृद्ध राष्ट्र में परिवर्तित करने के लिए देश में ऐसी अनुकूल सामाजिक, आर्थिक और राजनीतिक व्यवस्था बनाने की उत्कट इच्छा के कारण सम्पूर्ण क्रान्ति जे.पी. का अंतिम बौद्धिक प्रयास था। सम्पूर्ण क्रान्ति का विचार विनोबा भावे के दिमाग में प्रथम बार 1960 में आया जिसका उद्देश्य देश में व्यापक आन्दोलन की आवश्यकता की इच्छा को प्रकट करना था जो "एक नए इन्सान को आकार देने के लिए, मानव जीवन को परिवर्तित करने के लिए तथा नए विश्व की रचना करने के लिए जीवन के सभी पक्षों को परिवर्तित करेगा" (भावे, 1964 बीः 1)। जे.पी. ने 1975 में इस विचार का प्रयोग सम्पूर्ण क्रांति के लिए लोगों को प्रेरित करने के लिए किया ताकि सार्वजनिक जीवन के हर क्षेत्र में फैली गन्दगी को साफ किया जा सके तथा नई विश्व व्यवस्था स्थापित की जा सके जिसमें सामाजिक–आर्थिक तथा राजनीतिक व्यवस्था के वे सभी तत्व हों जिनकी सर्वोदय के नाम पर वे वकालत करते रहे थे।

श्रीमती इन्दिरा गाँधी के नेतृत्व में सरकारी तंत्र के कार्यकरण में बढ़ते सर्वसत्तावाद ने जे.पी. को सम्पूर्ण क्रान्ति (देखें नारायण, 1975) का आह्वान करने के लिए प्रेरित किया। वस्तुतः उनकी सम्पूर्ण क्रान्ति का आह्वान इन्दिरा गाँधी सरकार के विरुद्ध आन्दोलन के लिए उत्प्रेरक नारा बन गया (बैतई, 2008: 35)। ऐसे शासन का दुष्परिणाम भारत के राजनीतिक जीवन के सभी पक्षों में फैलता भ्रष्टाचार था। अतः 1975 में आपातकाल की घोषणा के बाद जे.पी. लोगों के सम्पूर्ण सामाजिक, आर्थिक, राजनीतिक, आध्यात्मिक, शैक्षणिक तथा सांस्कृतिक परिवर्तन हेतु देश में सम्पूर्ण क्रान्ति का आह्वान करने के लिए बाध्य हुए। जे.पी. का विश्वास था कि छोटे–मोटे या टुकड़ों में बदलाव भारत में वांछित स्तर का सम्पूर्ण परिवर्तन लाने के लिए पर्याप्त नहीं है। अतः सम्पूर्ण क्रान्ति के अपने आह्वान के द्वारा जे.पी. न केवल सत्ता के सतही सामाजिक, आर्थिक व राजनीतिक परिवर्तन के प्रति असंतुष्ट दिखे, अपितु उन्होंने सम्पूर्ण व्यवस्था के व्यापक परिवर्तन के लिए जनता में जागरुक चेतना के प्रभावी होने और गहराई तक जाने के लिए भी

कहा। इस प्रकार का परितर्वन देश में मानवीय जीवन के सभी पक्षों के मूल आध्यात्मिक आधार की पुनर्स्थापना से ही सम्भव होगा।

जे.पी. के सम्पूर्ण क्रान्ति के विचार का उद्देश्य स्पष्टतः राजनीतिक व आर्थिक शक्तियों के कुछ लोगों के हाथों में सीमित होने से देश के सामाजिक, आर्थिक व राजनीतिक जीवन में फैली गन्दगी की लहर को मिटा देना तथा जनता के हाथों में शक्ति का विकेन्द्रीकरण करके इन क्षेत्रों में संस्थाओं और प्रक्रियाओं की पवित्रता की पुनर्स्थापना करना था। राजनीतिक व्यवस्था के क्षेत्र में जे.पी. ने प्रचलित संसदीय व्यवस्था की अन्तर्निहित कमियों पर ध्यान दिया क्योंकि इसके प्रमुख गुणों, जैसे निर्वाचन व्यवस्था, दल आधारित राजनीतिक प्रक्रिया तथा एक व्यक्ति – प्रधानमंत्री, के हाथों में बढ़ते सत्ता के केन्द्रीकरण के कारण व्यवस्था के भ्रष्ट, अत्याचारी के रूप में परिवर्तित होना अनिवार्य है। अतः अपनी सम्पूर्ण क्रान्ति की परिकल्पना में, जे.पी. निर्वाचन प्रणाली को इस प्रकार सुधारना चाहते थे, जिससे लोग भ्रष्टाचारहीन तरीके से अपनी स्वतंत्र चेतना के अनुकूल मतदान कर सकें। इसके अतिरिक्त, ऐसी व्यवस्था में राजनीतिक दलों के लिए कोई स्थान नहीं होगा तथा विभिन्न स्तरों की सरकार में शक्तियों के विस्तार से सत्ता के कुछ व्यक्तियों के हाथ में केन्द्रित होने की सम्भावना सीमित हो जाएगी।

राजनीतिक शक्ति की भांति, समाज में कुछ व्यक्तियों के हाथ में आर्थिक शक्तियों के केन्द्रीकरण के विपरीत असर का भी जे.पी. को विश्वास था। अतः, उन्होंने, देश की आर्थिक व्यवस्था के पुनर्निर्माण का भी आह्वान किया। भारत के लिए मिश्रित अर्थव्यवस्था की संरचना के पक्ष में बोलते हुए जे.पी. ने इच्छा व्यक्त की कि देश की आर्थिक व्यवस्था में वितरण व्यवस्था लोगों की मूलभूत आवश्यकताएं जैसे भोजन, कपड़ा तथा आवास को पूरा करने योग्य होनी चाहिए। उनका *सम्पत्तिदान* का विचार और कुछ नहीं अपितु सम्पत्ति तथा आर्थिक संसाधनों का इस तरह बंटवारा करना था जिससे कि इसके उपयोग का लाभ समाज में बड़ी संख्या में लोगों को हो, न कि समृद्धि कुछ ही हाथों में सिमट कर रह जाए। जे.पी. ने देश में ऐसी आर्थिक व्यवस्था की कल्पना की जहां संसाधनों के माध्यमों का प्रगतिमूलक समाजीकरण होगा, यह सहकारी समितियों तथा स्वैच्छिक संस्थाओं की स्थापना से होगा, जो इसका प्रबन्धन इस तरह करेंगी जिससे समृद्धि का लाभ सबको हो। इस प्रकार, आर्थिक गतिविधियों के क्षेत्र में भी जे.पी. द्वारा रोग की पहचान और निदान सत्ता के क्रमशः केन्द्रीकरण व विकेन्द्रीकरण में निहित थी। अतः, उनका सुझाव था कि सर्वोदय कार्यकर्त्ता का पहला तथा सबसे महत्वपूर्ण कार्य 'राजनीतिक तथा आर्थिक शक्तियों का वितरण तथा राजनीतिक तथा आर्थिक संस्थाओं का विकेन्द्रीकरण' (नारायण, 1978: 79) होगा। जे.पी. के अनुसार, वस्तुतः, लोगों की सहभागिता के साथ विकेन्द्रीकरण में,

सभी बुराइयों, जिन्होंने देश की राजनीतिक, आर्थिक व्यवस्था में गहरे तक पैठ की है, का समाधान निहित है।

1975 में सम्पूर्ण क्रान्ति के क्रियान्वयन के लिए जे.पी. के आह्वान में, भारतीय समाज में सम्पूर्ण परिवर्तन की योजना के क्रियान्वयन को संचालित करने के लिए स्वैच्छिक कार्यकर्त्ताओं की रूपरेखा शामिल थी। उन्होंने लोगों को तत्कालीन सरकार की सर्वसत्तावादी और गलत नीतियों तथा कार्यक्रमों के विरुद्ध उठ खड़े होने तथा इसे इसकी औचित्यपूर्ण सीमा तक सीमित रखने के लिए धैर्यपूर्वक प्रयत्न करने के लिए ललकारा। उन्होंने देश की विधायी संस्थाओं को भंग करने का भी आह्वान किया, क्योंकि वे राजनीतिक तथा आर्थिक भ्रष्टाचार में आकंठ डूबे होने के कारण जनता के मत को प्रतिबिम्बित नहीं कर पा रही थीं। जे.पी. ने बढ़ती कीमतों को भी सम्पूर्ण क्रान्ति का लक्ष्य माना, क्योंकि आवश्यक वस्तुओं की अत्यन्त महंगी कीमत चुका पाने की अक्षमता के कारण लोगों के जीवन को गरीबी और भूख में बदल देने की क्षमता इसमें थी। साथ ही, धर्म और जाति के आधार पर लोगों में भेदभाव को रोकने के लिए देश में व्याप्त सामाजिक असमानता को भी वे दूर करना चाहते थे। संक्षेप में, इस प्रकार देश में सर्वोदय सामाजिक व्यवस्था की स्थापना के लिए दीर्घ सूत्री क्रान्तिकारी परिवर्तन के मार्ग पर चलना प्रारम्भ करने से पूर्व 1975 की सम्पूर्ण क्रान्ति के विचार के क्रियान्वयन में लोगों द्वारा झेली जा रही लगभग सभी बड़ी समस्याएं शामिल थीं।

जे.पी. द्वारा सुझाये गये सम्पूर्ण क्रान्ति के विचार ने कभी–कभी इसके क्रियान्वयन में व्यवहारकर्त्ताओं के मस्तिष्क में गलत धारणा उत्पन्न की। उदाहरण के लिए, निस्सन्देह इसने लोगों में बिजली–सी शक्ति फूंक दी और देश के विभिन्न भागों में, विशेषकर 1974 में, बिहार में विशाल छात्र आन्दोलन को जन्म दिया। लेकिन सम्पूर्ण क्रान्ति के सम्बन्ध में लोगों का दृष्टिकोण दुविधापूर्ण था, क्योंकि बहुत से लोगों ने इसके द्वारा राज्य शक्ति को जनता के अधीन करना समझ लिया। फिर भी, जे.पी. बहुत स्पष्ट थे कि वे राजनीतिक शक्ति की समाप्ति की वकालत नहीं कर रहे थे अपितु इसको यथास्थान प्रस्तुत करना चाहते थे यानी जनता के हाथों में रहने देना चाहते थे (डॉल्टन, 1986: 292)। इसी प्रकार, कुछ लोगों ने सम्पूर्ण क्रान्ति के आन्दोलन के संचालन में कुछ हिंसक साधनों के प्रयोग का मार्ग भी अपनाया, लेकिन जे.पी. अपने विश्वास में दृढ़ थे कि लोगों के शांतिपूर्ण तथा अहिंसक कार्यों द्वारा ही सम्पूर्ण क्रान्ति क्रियान्वित की जा सकती थी।

समापन अवलोकन

जे.पी. का जीवन तथा विचार सदैव परिवर्तित होते रहे, जिसका कारण यह था कि उन्होंने अपने व्यक्तित्व तथा मस्तिष्क को नए प्रभावों व अनुभवों के लिए कभी बंद

नहीं किया। इसके अतिरिक्त, वे देश की वांछित तथा यथार्थ स्थिति के प्रति जे.पी. के दृष्टिकोण का प्रतिनिधित्व करते हैं। प्रारम्भ से ही, जे.पी. के ग्रहणशील मस्तिष्क ने सभी प्रकार के विचारों का इतना स्वागत किया कि जब वे मार्क्सवाद के प्रति आसक्त थे, तब उन्होंने समाजवादी रुस की पद्धति पर भारतीय समाज के क्रान्तिकारी परिवर्तन के लिए विचार व्यक्त किए। तथापि, भारत लौटने तथा गाँधी के विचारों को धीरे–धीरे समझने पर, साथ ही मार्क्सवादी सिद्धान्त व व्यवहार के प्रति बढ़ते मोहभंग ने उनके विचारों को नया विचाराधाराजन्य आयाम दिया जिसे सर्वोदय के नाम से जाना गया। फिर भी जे.पी. द्वारा सुझाए गए मार्ग पर देश के चलने में असफल रहने से तथा श्रीमती इंदिरा गाँधी की बढ़ती सर्वसत्तावादी कार्यशैली ने उन्हें सम्पूर्ण क्रान्ति के आह्वान के लिए प्रेरित किया, लेकिन उनका सम्पूर्ण क्रान्ति का विचार भी क्षणिक सिद्ध हुआ, क्योंकि 1980 में देश में श्रीमती इंदिरा गाँधी का शासन फिर से हो गया। अतः जे.पी. द्वारा भारतीय राजनीति के यथार्थ में वैचारिक प्रतिरोध व्यावहारिक के स्थान पर सैद्धान्तिक महत्व के अधिक रहे, क्योंकि 'जे.पी. स्वप्नदृष्टा तथा अति आदर्शवादी थे' (देवसहायम, 2008: 7)।

टिप्पणियां

1. जे.पी. की जीवनी की स्पष्ट जानकारी के लिए देखें, लाल (1975)।
2. जे.पी. के भारतीय राज व्यवस्था के पुनर्निर्माण, की योजना के अधिक स्पष्ट प्रतिनिध्यात्मक विचार के लिए देखें, मोरिस–जोन्स (1978: 97-106)।

सन्दर्भ

बैतई, आन्द्रे, 2008, 'कॉन्सटीट्यूशनल मोरेलिटी', *इकोनोमिक एण्ड पॉलिटिकल वीकली*, XLIII (40): 35।

भावे, विनोबा, 1964 ए, *डेमोक्रेटिक वेल्यूज*, वाराणसी, अखिल भारत सर्व सेवा संघ प्रकाशन।

भावे, विनोबा, 1964 बी, *रिवोल्यूशनरी सर्वोदय*, बम्बई, भारतीय विद्या भवन।

डाल्टन, डेनिस, 1986, 'द आइडियोलोजी ऑफ सर्वोदयः कन्सेप्ट्स ऑफ पॉलिटिक्स एण्ड पावर इन इण्डियन पॉलिटिकल थॉट', थॉमस पेन्थम तथा केनेथ एल.डायश (सम्पादक) *पॉलिटिकल थॉट इन मॉडर्न इण्डिया*, नई दिल्ली, सेज पब्लिकेशन्स।

देवसहायम, एम.जी., 2008, 'वी मस्ट रिटर्न टू जे.पी. आइडियल्स', *द स्टेट्समैन*, 11 अक्टूबर, नई दिल्ली।

घोष शंकर, 1984, *मॉडर्न इण्डियन पॉलिटिकल थॉट*, नई दिल्ली, एलाइड पब्लिशर्स।

लाल, लक्ष्मी नारायण, 1975, *जे.पी.: रेबेल एक्सट्राआर्डिनरी*, नई दिल्ली, इण्टर–इण्डिया।

मोरिस, जोन्स, डब्ल्यू.एच., 1978, *पॉलिटिक्स मेनली इण्डियन*, बम्बई, ओरिएण्ट लोंगमेन।

नारायण, जय प्रकाश, (तिथि नहीं), *स्वराज फॉर द पीपल*, वाराणसी, अखिल भारतीय सर्व सेवा संघ प्रकाशन।

नारायण, जय प्रकाश, 1936, *व्हाइ सोशलिज्म*, वाराणसी।

नारायण, जय प्रकाश, 1959ए, *फ्रॉम सोशलिज्म टू सर्वोदय*, वाराणसी।

नारायण, जय प्रकाश, 1959बी, *ए प्ली फॉर रिकन्सट्रक्शन ऑफ इण्डियन पॉलिटी*, वाराणसी।

नारायण, जय प्रकाश, 1961, *ए पिक्चर ऑफ सर्वोदय ऑर्डर*, तन्जौर, सर्वोदय प्रचारालय।

नारायण, जय प्रकाश, 1964, *सोशलिज्म, सर्वोदय एण्ड डेमोक्रेसी*, विमला प्रसाद द्वारा सम्पादित बम्बई, एशिया पब्लिशिंग हाउस।

नारायण, जय प्रकाश, 1975, *टोटल रेवोल्यूशन*, वाराणसी, अखिल भारतीय सर्व सेवा संघ प्रकाशन।

नारायण, जय प्रकाश, 1978, *टुवर्ड्स टोटल रिवोल्यूशन*, वाल्यूम 3, सरे, रिचमण्ड पब्लिशिंग कम्पनी।

पाण्डा, के.के., 2004, 'सोशलिस्ट थॉटः राममनोहर लोहिया एण्ड जय प्रकाश नारायण', विद्युत चक्रवर्ती में (सम्पादित), *सोशल एण्ड पॉलिटिकल थॉट इन मॉडर्न इण्डिया*, नई दिल्ली, इन्दिरा गाँधी नेशनल ओपन यूनिवर्सिटी।

समद्दर, रणवीर, 2008, 'जय प्रकाश नारायण एण्ड द प्रॉब्लम ऑफ रिप्रसेन्टेटिव डेमोक्रेसी', *इकोनोमिक एण्ड पॉलिटिकल वीकली*, XLIII (31): 49।

सरकार, सुमित, 1989, *मॉडर्न इण्डिया, 1885-1947*, नई दिल्ली, मैकमिलन।

7

जवाहरलाल नेहरू

अध्ययन का उद्देश्य

- नेहरू की एक व्यावहारिक चिंतक के रूप में स्थिति का परीक्षण।
- भारत में शासन की संरचना समझने में नेहरू के योगदान की व्याख्या।
- नियोजन पर नेहरू के विचारों का अन्वेषण।
- अन्तर्राष्ट्रीयतावादी नेहरू का वर्णन।

जवाहरलाल नेहरू (1889-1964) उन कुछ राष्ट्रवादी नेताओं में से एक हैं जो स्वतंत्रता संघर्ष तथा उसके बाद भी महत्वपूर्ण रहे। महात्मा गाँधी द्वारा राजनीतिक रूप से संस्कारित नेहरू ने अपने नेता का अंधानुकरण नहीं किया, अपितु जब और जैसी आवश्यकता हुई, उन्होंने राष्ट्रवादी विचारधारा को पुनर्परिभाषित किया। उदाहरण के लिए, 1928 के कलकत्ता अधिवेशन तक कांग्रेस नेतृत्व औपनिवेशिक स्थिति से संतुष्ट था, जबकि नेहरू और उनके उग्रवादी साथी इससे असहमत थे। अपने दृढ़ तर्क और लोगों से समर्थन प्राप्त करने के कारण 1919 के लाहौर अधिवेशन में उनकी पूर्ण स्वतंत्रता न कि औपनिवेशिक स्थिति की मांग स्वीकार कर ली गई। वे एक वैज्ञानिक तर्कवादी थे और गाँधी सहित कांग्रेस नेतृत्व की निराशा के बावजूद अधिकतम लोगों के मत के विपरीत विचार रखते थे। भारत की स्वतंत्रता के पश्चात उन्होंने अपने सहयोगियों, जिन्होंने राष्ट्रीय संघर्ष का नेतृत्व किया था, के साथ भारत को समाजवादी पद्धति के समाज की ओर ले जाने का कार्य किया जो शास्त्रीय मार्क्सवाद तथा औपनिवेशिक छत्र–छाया के अन्तर्गत भारत में विकसित पूंजीवाद का मिला–जुला रूप था। इसी प्रकार, उनकी विदेश नीति विचारधारा और यथार्थवाद का विशिष्ट मिश्रण थी, सम्भवतः ऐसा उनके महाशक्तियों के प्रति अविश्वास तथा शीतयुद्ध की परिस्थितियों से उपजे दूषित वातावरण के कारण था। कुल मिलाकर जवाहरलाल नेहरू, न केवल राष्ट्रीय संघर्ष के दौरान अपितु

बाद में भी, जब उन्होंने भारत के भविष्य का संचालन किया, अतिमहत्वपूर्ण बने रहे। चूंकि यह नेहरू के सामाजिक–राजनीतिक विचारों का संदर्भीय अध्ययन है अतः यह अध्याय उन महत्वपूर्ण विषयों, जो नेहरू के हृदय के निकट थे, पर सृजित किया गया है। द्वंद्वात्मक रूप से विकसित नेहरू के विचार उन परिस्थितियों की प्रतिक्रिया थे जिनसे एक स्वतंत्रता सेनानी और बाद में भारत के प्रधानमंत्री के रूप में नेहरू का सामना हुआ। पुस्तक के मूल तर्क पर पुनः जोर देते हुए यह अध्याय नेहरू के विचारों के द्वन्द्व को रेखांकित करते हुए उनके विचारों के विकास और प्रगटीकरण का विश्लेषण लिखित रूप में प्रस्तुत करता है। नेहरू स्वतंत्रता संघर्ष में स्वच्छ हवा का झोंका लाए जो उनकी विचारधारा में, जिसमें युवा उत्साह तथा लेनिन के नेतृत्व में सफल सोवियत प्रयोग की प्रेरणा सम्मिलित थी, परिलक्षित हुए। वे जानते थे कि ब्रिटिश औपनिवेशिक स्थिति में विशिष्ट पूंजीवादी विकास के कारण भारत में सोवियत मॉडल का अन्धानुकरण सम्भव नहीं था। फिर भी, स्वतंत्रता संघर्ष के दौरान और बाद में, जब भारत राजनीतिक रूप से स्वतंत्र हो गया, उनके विचार एक कार्य योजना बनाने के लिए पर्याप्त रचनात्मक थे जो स्फूर्तिदायक तथा प्रासंगिक थे।

पृष्ठभूमि

नेहरू का जब जन्म हुआ तब ब्रिटिश उपनिवेशवाद अपने चरम पर था। उनका 'बचपन सुरक्षित और घटनारहित' था (नेहरू, 1941: 6)। अन्य राजनीतिक रूप से चैतन्य भारतीयों की भांति वे 'विदेशी शासकों के प्रति घृणा के भाव से भरे थे, जिन्होंने भारतीयों के साथ दुर्व्यवहार किया' (पूर्वोक्त)। यद्यपि व्यक्तिगत रूप से किसी अंग्रेज के प्रति उनके मन में कड़वाहट नहीं थी। वास्तव में, उन्होंने स्वीकार किया कि 'मैं अंग्रेजों का प्रशंसक हूं' (पूर्वोक्त)। वे अपने पिता मोतीलाल नेहरू, जो गाँधी के भारतीय राजनीतिक पटल पर उभरने से पहले महत्वपूर्ण कांग्रेसी थे, के प्रति अचम्भित थे जो उनके अनुसार "अन्य व्यक्तियों की तुलना में जिन्हें मैंने देखा शक्ति, साहस तथा चतुराई में काफी आगे थे" समन्वित रूप थे (पूर्वोक्त : 418)। उन्होंने यह उम्मीद की कि जब वे बड़े हो जाएंगे तो अपने पिता की तरह बनेंगे। नेहरू का शीघ्र ही मोहभंग हो गया। मोतीलाल नेहरू ने जब 'बंगाल और महाराष्ट्र के उग्रवादियों के विरुद्ध कड़ा रुख अपनाया' तो नेहरू विचलित हुए। यद्यपि नेहरू ने इस स्थिति को पिता के 'कानून और संविधानवाद में विशेषज्ञता' के कारण ठीक माना (पूर्वोक्त : 7)। 'राजनीति की एक संवैधानिक दृष्टि' रखने के कारण (पूर्वोक्त) मोतीलाल ने कभी भी स्वदेशी और बहिष्कार आन्दोलन का समर्थन नहीं किया, क्योंकि 'भाषा के अनुकूल कार्यवाही के अभाव में कड़े व अतिवादी शब्दों से किसी परिणाम तक नहीं पहुँचा जा सकता' (पूर्वोक्त : 24)। नेहरू के अनुसार एक पक्के उदारवादी होने के कारण मोतीलाल ने सदैव पश्चिम

की ओर देखा और यह सोचा कि 'इंग्लैण्ड के साथ सहयोग से प्रगति आ सकती है' (पूर्वोक्त : 23, 24)। इसमें कोई शक नहीं कि नेहरू, जिन्होंने अपने जीवन को दिशा देने के लिए पिता की ओर देखा, का शीघ्र ही उनके प्रति मोहभंग हो गया क्योंकि मोतीलाल के राजनीतिक विचार उनके अपने विचारों से विपरीत थे। आलोचक नेहरू, जो मार्क्स के ऐतिहासिक भौतिकवाद में विश्वास करते थे, ने भारत की राजनीतिक स्थिति को (अन्तर्राष्ट्रीय भी) समझने में मदद की। उन्होंने कभी इसमें परिवर्तन नहीं किया। उन्होंने जो कुछ भी निर्णय किया वह तर्क आधारित था। यह वह पद्धति थी जो उनके राजनीतिक जीवन में दृष्टिगत होती थी। वे गाँधी के प्रति आकर्षित थे और महात्मा की प्रशंसा यह कह कर करते थे कि "अपनी समस्त महत्ता और विरोधाभास तथा लोगों को गतिशील करने की शक्ति के साथ वे सामान्य स्तर से ऊँचे थे। उन्हें अन्य लोगों की भांति आंका और मूल्यांकित नहीं किया जा सकता" (पूर्वोक्त : 548)। गाँधी के उद्योगवाद को 'भारत जैसे गरीब देश के लिए एक बुराई' कहकर खारिज करने के कारण उन्हीं नेहरू ने उनके विपरीत विचार प्रस्तुत किए, लेकिन नेहरू ने महसूस किया कि "बिना औद्योगीकरण के कोई देश राजनीतिक और आर्थिक स्वतंत्रता प्राप्त नहीं कर सकता तथा कुटीर उद्योग भी बड़ी सीमा तक विकसित नहीं हो सकते यदि आर्थिक स्वतंत्रता अनुपस्थित हो"।[1] गाँधी के घोर विरोध के बावजूद नेहरू ने औद्योगीकरण का समर्थन किया क्योंकि उन्हें विश्वास था कि विकास के लिए औद्योगीकरण परम आवश्यक है। फिर भी नेहरू अपने उग्रवादी सहयोगी (सुभाषचन्द्र बोस) से भिन्न गाँधी से अपने मतभेदों को इस सीमा तक नहीं ले गए जिससे कांग्रेस में विभाजन हो। गाँधी के साथ सहयोग करने से विपरीत विचारधाराजन्य परिणाम होने की सम्भावना के बावजूद व्यावहारिक नेहरू ने गाँधी के नेतृत्व में स्वतंत्रता संघर्ष में सम्पूर्ण हृदय से भाग लिया, क्योंकि वे जानते थे कि स्वतंत्रता प्राप्ति का स्थान विचारधारा से पहले था। ये उदाहरण नेहरू के विवेक आधारित तर्क और प्रयास की प्रशंसा की अन्तर्निहित प्रकृति के सूचक हैं, चाहे इसके लिए उन लोगों का विरोध करना पड़े जिन्हें वे बहुत सम्मान की दृष्टि से देखते थे जैसे अपने पिता और गाँधी। उनके पूरे राजनीतिक जीवन में यही तरीका दिखता है जिसे नेहरू के राजनीतिक विचारों का विवेचन करते समय भूलना नहीं चाहिए।

व्यावहारिक विचारक

एक व्यावहारिक विचारक होने के कारण नेहरू ने अनुभव किया कि देश ने औपनिवेशिक काल से जो समस्याएं विरासत में पायी हैं, उनका 'जादू से समाधान नहीं हो सकता' (नेहरू, 1950; पार्थसारथी, 1986: 11)। उन्हें निरंकुश शासन तंत्र

से प्रजातंत्र में अचानक परिवर्तन में आने वाली तार्किक कठिनाइयों का भी निश्चित ज्ञान था। अतः उन्होंने 'एक नवीन भारत' के लिए क्रमिक परिवर्तन, न कि अतीत से अचानक प्रस्थान, के पक्ष में प्रस्ताव सुझाया। उदाहरण के लिए, प्रशासन की प्राचीन व्यवस्था को पूरे तरीके से अस्वीकृत करने के स्थान पर उन्होंने, एक मध्य मार्ग सुझाया जिसे उन्होंने अपने 1955 के सार्वजनिक भाषण में व्याख्यायित किया–

> ... अत्यधिक निरन्तरता स्थिरता बन जायेगी, कमजोर हो जायेगी और प्रगति नहीं हो पाएगी। इसी प्रकार अत्यधिक परिवर्तन संरचना को पूरी तरह से हिला–डुलाकर तोड़ देगा फिर आपको निरन्तरता के सूत्र फिर से चुनने होंगे ... परिवर्तन और निरन्तरता में संतुलन आवश्यक है (नेहरू, 1975 [1955]: 53)।

वे अपनी सफलता के प्रति आश्वस्त थे चूंकि उनका मानना था कि अपनी वैविध्यपूर्ण सामाजिक, आर्थिक और राजनीतिक परिस्थितियों के बावजूद "भारत एक भौगोलिक और आर्थिक इकाई है, विविधता में सांस्कृतिक एकता है, दृढ़ तथा अदृश्य धागों से बंधे विरोधाभासों का बण्डल है" (नेहरू, 1989: 562)। यह उनकी स्वतंत्रता के बाद राष्ट्र निर्माण की पद्धति का मूल आधार था जो यथार्थ तथा आदर्शात्मक अपेक्षाओं का सुन्दर सम्मिश्रण था और नेहरू के व्यवहारिकतावाद में परिलक्षित होता था।

ऐतिहासिक प्रक्रियाओं की स्पष्ट समझ के कारण नेहरू जानते थे कि उपनिवेशवाद के अंतर्गत विशिष्ट सामाजिक, आर्थिक और राजनीतिक परिस्थितियों के उभरने के कारण भारत के लिए 'विकास के ऐतिहासिक मानकों' के अनुकूल चलना सम्भव नहीं होगा। उपनिवेशवाद ने बहुत स्पष्ट कारणों से आधुनिकता की शक्तियों को बढ़ने नहीं दिया। जैसा कि नेहरू (1989: 507) ने कहा,

> ... भारत का सहज विकास ब्रिटिश सत्ता के कारण अवरुद्ध हुआ। समाज के सामान्य सम्बन्ध आपस में संतुलन नहीं बना पाए क्योंकि सारी शक्तियां विदेशी सत्ता में केन्द्रित थीं, जो स्वयं बल पर आधारित थीं तथा समूहों और वर्गों को प्रोत्साहित कर रही थीं, जिन्होंने इतिहास में बहुत पहले अपनी भूमिका समाप्त कर दी थी, जिन्हें यदि विदेशी संरक्षण प्राप्त नहीं होता तो नई शक्तियों द्वारा एक ओर धकेल दिया जाता है।

दो महत्वपूर्ण बिन्दु उभरते हैं – (अ) नेहरू को स्पष्ट रूप से मालूम था कि भारत की आर्थिक अवनति की जड़ में उपनिवेशवाद रहा है तथा (ब) वैज्ञानिक समाजवाद में पूर्ण रूप से विश्वास करने के कारण उन्होंने इस पतन के लिए सामंती मानसिकता की विरोधी और आधुनिकता की पक्षधर सामाजिक शक्तियों

के विकास की कमी को उत्तरदायी ठहराया। यह स्पष्टीकरण, ऐतिहासिक सन्दर्भ में ऐतिहासिक प्रक्रियाओं की स्पष्ट समझ के आधार पर निकाला गया है जो भारत में उपनिवेशवाद के कारण हो रहा था। नेहरू के अनुसार (1989: 557) आधुनिक मस्तिष्क समाज, राज व्यवस्था और सर्वोपरि मानवता के सम्बन्ध में प्राचीन विचार को चुनौती देता हुआ 'समय की भावना' को समझने में अत्यधिक निर्णायक था। उनका प्रयास समय की भावना को इस प्रकार संयोजित करना था जिससे, "आधुनिक मस्तिष्क (जो) व्यावहारिक तथा यथार्थवादी हो, नैतिक तथा सामाजिक हो, परोपकारितापूर्ण तथा मानवतावादी हो तथा सामाजिक बेहतरी के लिए व्यावहारिक आदर्श से संचालित हो" (नेहरू, 1989: 557) का समर्थन करें। उनके 'वैज्ञानिक पद्धति' के मूल में यही है जो—

> ... विज्ञान की साहसपूर्ण फिर भी आलोचनात्मक सोच है, नए ज्ञान और सत्य की खोज है, बिना परीक्षण और प्रयोग के किसी भी बात को स्वीकार करने की अस्वीकृति है, नये प्रमाणों को देखते हुए पूर्व निष्कर्षों को बदलने की क्षमता है, पूर्व विचारित सिद्धान्त के स्थान पर नव पर्यवेक्षित तथ्यों पर विश्वास है, मस्तिष्क का कठोर अनुशासन है, यह न केवल विज्ञान के प्रयोग के लिए अपितु स्वयं जीवन और उनकी अनेक समस्याओं के समाधान के लिए आवश्यक है (पूर्वोक्त : 512)।

नेहरू ने 'वैज्ञानिक पद्धति' तथा 'वैज्ञानिक मार्ग' में भेद किया है, जबकि पहला तर्क आधारित प्रयास है, परवर्ती का तात्पर्य 'एक जीवन का तरीका, सोचने की प्रक्रिया, कार्य करने की पद्धति तथा अपने साथी लोगों के साथ जुड़ना है' (पूर्वोक्त)। यह भेद, यद्यपि सूक्ष्म है, पर नेहरू का राष्ट्रवादी कथन था, नेहरू जो पश्चिम के प्रशंसक होने के बावजूद भारत में ब्रिटिश शासन का कभी समर्थन नहीं कर पाए क्योंकि इसमें वैज्ञानिक प्रकृति का अभाव था जिसे उन्होंने इस तरह परिभाषित किया, "जो सत्य के प्रति निर्भय खोज, मनुष्य की एकता और यहां तक कि हर जीव के देवत्व तथा व्यक्तियों और प्रजातियों के स्वतंत्र और सहकारी विकास, यहां तक कि वृहत्तर स्वतंत्रता तथा विकास की उच्च स्थिति" (पूर्वोक्त : 515) पर आधारित था। अतः उनके लिए मानव समस्याओं के वैज्ञानिक मार्ग पर आधारित राष्ट्रवाद खोखला आदर्श है, जब तक यह उपनिवेशवाद से राजनीतिक रूप से स्वतंत्र न हो। एक व्यावहारिकवादी विचारक के रूप में वे भारत की गुलामी के लिए राजनीतिक सत्ता को दोष देने के पक्ष में नहीं थे। यद्यपि ब्रिटिश सरकार समुदायों में विभाजन करके अस्तित्व में बनी रही, लेकिन 'नीति की सफलता' नेहरू ने कहा (1941: 136) का कारण जिनका उन्होंने शोषण किया उससे श्रेष्ठता की मात्रा अधिक होने के कारण है अतः हमें इसका आश्चर्य नहीं होना चाहिए। नेहरू का यह आत्मावलोकन था जिसे उन्होंने गाँधी से साझा

किया। गाँधी ने भी माना कि अंग्रेज भारत में एक समुदाय को दूसरे के विरुद्ध प्रयोग करके सफल हुए। फिर भी इस समस्या के समाधान को नेहरू राजनीतिक स्वतंत्रता में देखते थे। वे भारत के लिए औपनिवेशिक स्थिति के विरोधी थे क्योंकि

> ... वर्तमान राजनीतिक और आर्थिक संरचना के साथ बने रहना और उसमें थोड़ा इधर–उधर परितर्वन करने की इच्छा करने का मतलब उसकी भ्रष्टता में शामिल होना है और तीसरा तथा नियंत्रित करने वाला दल आवश्यक रूप से प्रभुत्वशील भूमिका निभाता है और अपनी पसन्द के लोगों को उपहार देता है (नेहरू, 1941: 137)।

अतः उन्होंने पूर्ण स्वतंत्रता के पक्ष में दृढ़ता से मत व्यक्त किया, जिसका उद्देश्य "लोगों को यह अनुभव कराना था कि हम एक बिल्कुल भिन्न राजनीतिक संरचना के लिए संघर्ष कर रहे हैं, न केवल वर्तमान व्यवस्था के भारतीय संस्करण जिसकी पृष्ठभूमि में ब्रिटिश नियन्त्रण हो जो औपनिवेशिक स्थिति में झलकता है" (पूर्वोक्त)।

उनके राजनीतिक विचारों के आधारभूत स्तम्भों में एक मार्क्सवाद था। 'रूस के साम्यवाद के आधिकारिक सिद्धान्त' की आलोचना करते हुए नेहरू मार्क्सवाद के सिद्धान्त और दर्शन की ओर आकर्षित हुए जिसने यह सिखाया कि "समाज के सामाजिक, राजनीतिक और बौद्धिक जीवन के सामान्य गुण उत्पादन के संसाधनों से शोषित होते हैं" (नेहरू, 1972-82: 121)।

उनके मार्क्सवाद से परिचय ने उनके मस्तिष्क के कई 'अंधेरे कोनों को प्रकाशित किया' तथा 'नये उत्साह से भर दिया' (नेहरू, 1941: 362-63)। उन्हें यह भी विश्वास था कि मार्क्सवाद "जमीन और उद्योग की दो सम्बन्धित समस्याओं का समाधान प्रस्तुत कर सकता था, साथ ही देश के समक्ष लगभग सभी बड़ी समस्याओं का भी" (पूर्वोक्त)। उन्होंने मार्क्सवाद से यह भी सीखा कि उद्योगवाद न केवल तीव्र आर्थिक विकास को सुनिश्चित करेगा अपितु ऐसी सामाजिक और आर्थिक शक्तियों की रचना करेगा जो एक नए वातावरण के लिए सहायक होंगी और क्षय होते हुए हितों, जो प्राचीन और आदिम मूल्यों में विश्वास रखते हैं, के प्रति आलोचक होंगे। अतः उन्होंने कहा–

> ... आधुनिक विश्व के सन्दर्भ में इस बात से इन्कार नहीं किया जा सकता कि कोई भी देश अन्तर्राष्ट्रीय परस्पर निर्भरता की दृष्टि से तब तक राजीनतिक और आर्थिक रूप से स्वतंत्र नहीं होता जब तक उसमें औद्योगीकरण अच्छी तरह से न हुआ हो और उसने अपने शक्ति संसाधनों को सर्वोत्तम तरीके से विकसित न किया हो। आधुनिक तकनीक की सहायता के बिना जीवन के लगभग हर क्षेत्र में यह न उच्च जीवन स्तर प्राप्त कर सकता या बनाये रख सकता है तथा न गरीबी को

> समाप्त कर सकता है। औद्योगिक रूप से पिछड़ा हुआ देश विश्व संतुलन को बिगाड़ेगा और विकसित देशों की आक्रामक प्रवृत्तियों को बढ़ावा देगा। यह अगर राजनीतिक स्वतंत्रता प्राप्त भी कर ले तो वह नाममात्र की होगी, और आर्थिक नियंत्रण दूसरों का होगा (नेहरू, 1989: 407-08)।

अति यथार्थवाद की भावना से भरे एक विचारक के रूप में नेहरू जानते थे कि उनका औद्योगीकरण का समर्थन गाँधी और उनके कुछ सहयोगी, जो यह मानते थे कि इससे कुटीर उद्योग नष्ट हो जायेंगे और बहुसंख्यक लोगों के लिए अत्यधिक आर्थिक संकट उत्पन्न करेगा, को परेशान कर सकता है। अतः उन्होंने अपने तर्क में थोड़ा परिवर्तन यह कहकर किया कि आर्थिक शक्ति में कमी औद्योगिक रूप से विकसित देशों को भारत पर नियन्त्रण के लिए प्रोत्साहित करेगी जो "हमारे अपने लघु उद्योग जिन्हें हमने अपनी जीवन दृष्टि के तहत सुरक्षित रखना चाहा, की अर्थव्यवस्था को नुकसान पहुंचायेगा" (नेहरू, 1989: 408)। उन्होंने यह भी चेतावनी दी कि "कुटीर उद्योग और लघु उद्योगों पर मुख्य रूप से आधारित देश की अर्थव्यवस्था के निर्माण का प्रयास का असफल होना निश्चित है"। उन्होंने आगे कहा, "देश की स्वतंत्रता को बनाए रखने की मूल समस्या का यह समाधान नहीं करेगा तथा एक औपनिवेशिक संलग्न किए हुए देश के अतिरिक्त यह विश्व की संरचना के अनुकूल नहीं होगा" (पूर्वोक्त)। 'समय की भावना' के प्रशंसक होने के आधार पर नेहरू ने देश में द्रुत औद्योगीकरण का स्वागत किया जो राष्ट्रवादियों के समक्ष सम्भवतः एक मात्र उपलब्ध उपयुक्त विकल्प था। कुटीर उद्योगों का समर्थन लोगों की भावनाओं को संतुष्ट कर सकता है, लेकिन न तो इससे भारत के आर्थिक कल्याण में योगदान होगा, न यह देश को राजनीतिक रूप से पूरी तरह से मुक्त होने के योग्य बनायेगा। अतः यह, "नैतिक या सौन्दर्यशास्त्र की रुचि का विषय नहीं था अपितु उत्पादन की वैश्विक परिस्थितियों से निर्धारित आधुनिक जीवन का सीधा–सादा तथ्य था" (चटर्जी, 1986: 143-44)। इस भाग के मूलभूत बिन्दु जो उभरकर आते हैं, वे द्विपक्षीय हैं – (अ) गाँधी और राष्ट्रवादी आन्दोलन के अन्य सहयोगियों की नापसन्दगी के बावजूद 'वैज्ञानिक प्रकृति' से निर्देशित होने के कारण भारत के लिए अनुसरण का वांछित मार्ग निर्धारित करते हुए नेहरू कभी भी अस्थिर चित्त नहीं हुए तथा (ब) उद्योगवाद और आधुनिकता के पक्ष में दृढ़ विश्वास ने इन विचारों को भारत में जड़ों तक पहुंचने के लिए वातावरण बनाया जो स्वातन्त्र्योत्तर भारत में, जब नेहरू इसके भाग्य का संचालन कर रहे थे, तब फला–फूला।

शासन की संरचना – नेहरू का योगदान

स्वतंत्र भारत में भारतीय प्रशासनिक सेवा (आई.ए.एस.) ने भारतीय लोक सेवा (आई.सी.एस.)[2] का स्थान ग्रहण किया। साम्राज्यवाद में इसकी जड़ होने के

बावजूद, भारतीय राजनीतिक नेताओं ने आई.सी.एस. की संरचना को बनाए रखना चाहा, सम्भवतः इसलिए कि इसने एक विशिष्ट शासन का समर्थन करते हुए निर्धारित नियम और कानून के अनुसार भारतीय प्रशासन के संचालन में प्रभावी भूमिका निभाई। स्वतंत्रता से पूर्व के कष्टदायी अनुभव ने भी इसकी निरन्तरता का समर्थन किया, यद्यपि संविधान सभा में बहस के समय सदन इस मुद्दे पर एकमत नहीं था। संविधान सभा में एक सशक्त समूह ऐसे लोगों का था जो 'साम्राज्यवादी लोकसेवा' को बनाए रखने के विचार से सहमत नहीं था, क्योंकि इससे इसकी प्रकृति और कार्यशैली की पहचान होती थी। अतः, यह कहा गया "लोकसेवा, स्टील फ्रेम के रूप में, ने हमें दास बनाया तथा स्वतंत्रता संघर्ष के दौरान देश को आहत करने के वे दोषी हैं। अतः, हमें, जिसकी हम आलोचना करते रहे हैं" उसे बनाये नहीं रखना है, (सक्सैना, 1999 [1949]: 46)। इसके बनाए रखने के विरोध में तर्क यह था कि यह साम्राज्यवाद का सहयोगी था तथा प्रारम्भ में, जवाहरलाल नेहरू निर्विवाद रूप से, इसके सर्वाधिक विरोधी थे। उनका मानना था कि,

> ... जब तक आई.सी.एस. की भावना हमारी प्रशासनिक और सार्वजनिक सेवाओं में व्याप्त है, तब तक भारत में कोई व्यवस्था निर्मित नहीं हो सकती। सर्वसत्तावाद की भावना साम्राज्यवाद की सहयोगी है, अतः स्वतंत्रता के साथ इसका सहअस्तित्व नहीं हो सकता। अतः मुझे यह अत्यन्त आवश्यक लगता है कि इसके पहले कि हम नई व्यवस्था के अनुसार वास्तविक कार्य प्रारम्भ करें, आई.सी.एस. तथा इसके समान सेवाएं पूर्ण रूप से समाप्त हो जानी चाहिए (नेहरू, 1941: 445)।

स्टील फ्रेम की आलोचना करते समय वे अपने शब्दों से पीछे नहीं हटे। एक अवसर पर उन्होंने यहां तक सुझाव दिया कि 'इस सेवा को व्यक्तिगत और सम्पूर्ण रूप से पुरानी और कुछ–कुछ नई शक्कीपन की बीमारी विशेष रूप से लग सकती है" (पूर्वोक्त : 144)। क्योंकि "भारतीय जनता के ट्रस्टी और संरक्षक होने के झूठे भ्रम के बावजूद वे उनके बारे में बहुत कम जानते थे और भारतीयों के बारे में, चाटुकारों तथा अधिकारियों, जो उन्हें घेरे रहते थे तथा अन्य लोगों को आन्दोलनकर्त्ता या दुष्ट कह कर नकार देते थे, के माध्यम से निर्णय करते थे" (पूर्वोक्त)। कुल मिलाकर उनका मानना था, ब्रिटिश सरकार, जो ध्वस्त संरचना को जकड़े हुए है, के स्टील फ्रेम को भंग करे बिना भारत की समस्याओं का समाधान उपलब्ध नहीं हो सकता।

जैसा कि स्पष्ट है नेहरू औपनिवेशिक शासन के अन्तर्गत स्टील फ्रेम और उसकी कार्यप्रणाली से सन्तुष्ट नहीं थे। इसने नेहरू तथा 'भारत के लौहपुरूष' वल्लभ भाई पटेल जो नेहरू के समान आलोचक नहीं थे, के बीच दरार उत्पन्न कर दी। भावनाओं में बहे बिना पटेल ने सेवाओं को बनाए रखने का पक्ष लिया

क्योंकि भयानक समस्याओं से जूझते हुए परा–औपनिवेशिक भारत की संरचना के लिए यह सर्वाधिक उचित थी। उन्हें मालूम था कि बिना आई.सी.एस. के ब्रिटिश साम्राज्यवाद के शांतिपूर्ण रूप से बने रहने के बारे में सोचा नहीं जा सकता। उन्होंने यह भी अनुभव किया कि स्वतंत्र भारत को एक प्रतिबद्ध नौकरशाही की आवश्यकता है, क्योंकि राज्य को बहुआयामी उत्तरदायित्वों का वहन करना है। चूंकि वे 'देशभक्त, स्वामीभक्त, ईमानदार और सक्षम' (पटेल, 1999: 48-52) थे, अतः पटेल ब्रिटिश नौकरशाही को बनाए रखना चाहते थे, विशेषकर तब जब औपनिवेशिक शासन के समापन के समय देश अराजक परिस्थितियों से घिरा हुआ था। उन्होंने संविधान की सफलता के लिए अखिल भारतीय सेवा के अस्तित्व को यह कहते हुए आवश्यक माना, "अगर आप यह मार्ग नहीं अपना सकते, तो इस संविधान को मत स्वीकार करिए ... यह संविधान सेवाओं, की श्रृंखला द्वारा ही संचालित हो सकता है तथा देश को एकजुट रख सकता है। अगर आप उन्हें हटा देते हैं', पटेल (पूर्वोक्त) ने शंका व्यक्त की, तो मैं पूरे देश में अराजकता के चित्र के अतिरिक्त और कुछ नहीं देखता।' अतः पटेल ने निष्कर्ष दिया कि 'मुझे इस बात पर जोर देने की आवश्यकता नहीं है कि एक सक्षम, अनुशासित और संतुष्ट सेवा जिससे ईमानदार और एकाग्रचित्त कार्य के द्वारा अच्छे भविष्य की सुनिश्चितता हो, की एक सर्वाधिकारवादी शासन से अधिक प्रजातांत्रिक शासन के अच्छे प्रशासन के लिए आवश्यकता है।'

यहां तक कि जवाहरलाल नेहरू, जो भारत में साम्राज्यवादी शासन को बनाए रखने के लिए आई.सी.एस. के बड़े आलोचक थे,[3] ने भी भारत की "सुरक्षा और स्थायित्व, पंजाब में हत्या और उसके बाद की स्थितियों से निपटने के लिए, हैदराबाद में विरोध को दबाने के लिए और कश्मीर को बनाए रखने के लिए" (नेहरू, 1947: 793-95) इसका समर्थन किया। पटेल के विचारों को भारतीय संविधान के अनुच्छेद 311 में प्रस्तुत किया गया जिसमें कहा गया कि किसी भी लोक सेवक को तब तक बर्खास्त या हटाया या पदावनत नहीं किया जाएगा, जब तक उसकी जांच–पड़ताल जिसमें उसे उसके अभियोग के बारे में सूचना दी जाए और उसके आरोपों के सम्बन्ध में अपनी बात रखने का पर्याप्त अवसर न दिया जाए।[4] अतः भारत में साम्राज्यवादी शासन के संयोजन का यंत्र इतनी कम शक्ति के साथ (मैसन, 1997: 345-46) एक बिल्कुल भिन्न राजनीतिक परिस्थितियों में मुख्यतः इसलिए बना रहा क्योंकि पहले ब्रिटिश सरकार का और बाद में कांग्रेस सरकार का इसे लगातार समर्थन मिलता रहा। इसके अतिरिक्त भारत में 1947 के सत्ता हस्तान्तरण के बाद प्रभुत्व में रहे वर्ग को इसके बने रहने से कोई खतरा नहीं लगा। एक पूर्व नौकरशाह ने टिप्पणी की, नई लोकसेवा, व्यावहारिक उद्देश्य

से "प्राचीन व्यवस्था की निरन्तरता थी जिसमें अंतर यह था कि इसे शासन की संसदीय व्यवस्था के अंतर्गत काम करना था जिसमें राजनीतिक कार्यकारिणी, जो विधायिका में चुने हुए प्रतिनिधियों के माध्यम से जनता के प्रति उत्तरदायी थे, की प्रधानता को निर्विवाद रूप से स्वीकार करना था" (एलेक्जेण्डर, 1998: 62)। अपनी संरचना जो बहुत कुछ स्टील फ्रेम का लगभग विस्तार था, के अतिरिक्त इसकी निरन्तरता गहरे स्तर पर भी थी। जबकि औपनिवेशिक लोकसेवकों का दृष्टिकोण जनता के प्रति पितृसत्तात्मक था और जिन्होंने अधिकतर नकारात्मक स्वविवेकीय अधिकारों के आधार पर शासन किया, "उनके उत्तराधिकारियों ने लोगों की अधूरे विकास की ढेर आवश्यकताओं को देखते हुए संरक्षण और आर्थिक सहायता के सकारात्मक विवेकाधिकार के द्वारा माई–बाप राज्य' पर निर्भरता के औपनिवेशिक लक्षण की पुनर्स्थापना की" (सुदर्शन, 1989: 111)। स्वतंत्रता के पश्चात् क्षेत्र और मात्रा में सरकार के कार्य, बढ़ गए। संसदीय शासन व्यवस्था के लागू होने और ग्रामीण स्तर तक जन संस्थाओं की स्थापना से अपेक्षाओं का स्तर आवश्यक रूप से बढ़ गया और कार्य निष्पादन का विस्तार हो गया। ग्रामीण स्तर पर स्वशासन की स्थापना के उद्देश्य से जन संस्थाओं की स्थापना हुई।

विकास के लिए नियोजन

ऐतिहासिक रूप से कांग्रेस दल विकास के लिए नियोजन का समर्थन कर रहा था। गाँधी के नियोजित विकास से ठीक विपरीत कांग्रेस दल ने 1929 से समाजवादी साधनों जिसमें नियोजन और भारी औद्योगीकरण, "समाज की वर्तमान आर्थिक और सामाजिक संरचना में क्रांतिकारी परिवर्तन लाने और अत्यधिक असमानता को दूर करने की आवश्यकता" के कारण शामिल हैं, (पट्टाभि, 1969: 43) में काफी रूचि दिखाई। दो वर्ष के भीतर 1931 में कराची कांग्रेस अधिवेशन में एक प्रस्ताव जिसमें, 'प्रमुख उद्योगों और सेवाओं, खनिज संसाधनों, रेल सेवाओं, जल सेवाओं, जहाजरानी और सार्वजनिक यातायात के अन्य साधनों' पर राज्य के स्वामित्व को स्वीकार किया गया (पूर्वोक्त)। नेहरू ने, अपने 1936 के फिरोजपुर के अध्यक्षीय सम्बोधन में भारी उद्योगों और नियोजन के माध्यम से मानव संसाधन के समन्वय के पक्ष में नियोजन पर बहुत दृढ़ता से विचार व्यक्त किए।

नियोजन ने कांग्रेस के नेताओं को विभिन्न विचारधाराजन्य स्थितियों को प्रकट करने का एक मंच प्रदान किया लगता है। अपने विचारधाराजन्य झुकाव के अनुकूल जवाहरलाल नेहरू ने उद्योगवाद का समर्थन किया, जबकि गाँधी ने इसका विरोध किया, क्योंकि उन्हें लगता था कि सबके कल्याण के स्थान पर

यांत्रिक सभ्यता भारतीयों का न केवल और अधिक शोषण करेगी अपितु मानव जीवन के लिए भी अपमानजनक होगी। यद्यपि नेहरू और गाँधी कई अवसरों पर विपरीत ध्रुवों पर थे, पर नेहरू ने अपने उग्रवादी सहयोगी सुभाषचद्र बोस से भिन्न गाँधी से मतभेद को बहुत ज्यादा नहीं बढ़ाया, क्योंकि भारत के स्वतंत्रता संघर्ष में महात्मा गाँधी की महत्वपूर्ण भूमिका के बारे में वे अच्छी तरह से जानते थे। अतः गाँधी और नेहरू या नियोजन और औद्योगीकरण का विवाद तनाव को प्रकट करने का सूचक मात्र था जो कांग्रेस के अनुसार विरोधाभासी विचारों को भी शामिल करके ब्रिटिश विरोधी मंच बनाने का प्रयास था। इसमें संदेह नहीं है कि नियोजन और औद्योगीकरण के पक्ष में वातावरण बनाकर नेहरू ने भारत के स्वतंत्रता संघर्ष में एक नये युग का सूत्रपात किया।[5]

नियोजन के विकास का विस्तृत वर्णन नेहरू के नियोजन में निर्विवाद विश्वास को स्पष्ट करता है, यद्यपि उन्होंने यह स्वीकार किया कि नियोजन 'एकीकृत नियोजन' से निर्देशित होना चाहिए। अतः उन्होंने कहा,

> ... योजना आयोग ने एक आवश्यक कार्य किया है, जिसके बिना यह प्रगति नहीं कर सकता था ... हम एक संघात्मक संरचना हैं और इसने विभिन्न राज्यों को एकजुट रखने का कार्य किया है और एकीकृत नियोजन किया है। अगर यह नहीं होता तो केन्द्रीय सरकार अपना कार्य नहीं कर पाती, क्योंकि तुरन्त यह कठिनाई आती कि केन्द्रीय सरकार राज्यों के अधिकारों का अतिक्रमण कर रही है (नेहरू, 1963)।

आर्थिक नियोजन को संचालित करने वाला सिद्धान्त यह है कि "राज्य को अर्थव्यवस्था में एक सक्रिय, वास्तव में निर्णायक भूमिका निभानी चाहिए; अपने कई प्रकार के नियन्त्रणों द्वारा निजी क्षेत्र को प्रोत्साहन और नियन्त्रण द्वारा, राज्य को आर्थिक विकास के लिए पहल, प्रोत्साहन और गति देने का काम करना चाहिए" (मिर्डाल, 1968: 714)। नियोजन एक दृष्टिकोण का प्रतिनिधित्व करता है। यह, जैसा कि मिर्डाल कहते हैं, 'हस्तक्षेपवादी व्यवहार को विवेकशील बनाने का काम करता है' (पूर्वोक्त)। आर्थिक व्यवस्था को इस प्रकार उद्देश्यपूर्ण नियोजन तथा विवेकशील समन्वित राज्य नीतियों (पूर्वोक्त) के द्वारा वांछित दिशा दी जा सकती है। नेहरू ने जो तर्क प्रस्तुत किए, वे भारत के यथार्थ से भिन्न थे, क्योंकि देश इतना विभाजित और बंटा हुआ था कि नियोजन की भूमिका पर एकमत होना 'असम्भव नहीं तो' कठिन था। उन्हें मालूम था कि संसद और राज्य विधानसभाओं से योजना आयोग के विचार को स्वीकृत कराना अत्यन्त कठिन काम है। अतः 1950 में एक कार्यपालिका के आदेश के द्वारा योजना आयोग को गठित करने के लिए वे बाध्य हुए। जून, 1950 में उन्हें पहला झटका तब लगा, जब उनके वित्त मंत्री जॉन मथाई ने यह कहकर त्याग पत्र दे दिया कि नेहरू की अध्यक्षता में

योजना आयोग 'समानान्तर मंत्रिमण्डल' (जकारिया, 2004: 190) के रूप में उभरा है। फिर भी योजना आयोग को देश के सम्पूर्ण विकास का यंत्र समझा गया, यद्यपि आलोचकों को इसकी सफलता के संदर्भ में शंका थी, क्योंकि विकास 'एक तकनीकी कार्य' (मिर्डाल, 1968: 714) मात्र नहीं था अपितु सामाजिक–आर्थिक समस्याओं के प्रति राजनीतिक रूप से प्रस्तुत प्रतिक्रिया भी थी। नेहरू शायद यह जानते थे। अतः, योजना आयोग, लेनिन की तरह नहीं अपितु फेबियन समाजवाद के रूप में अवधारित किया गया जिसका तात्पर्य था कि यह ऐसी व्यवस्था होगी जो "क्रमिकता से धीरे–धीरे स्थान बना कर विचारकों, शिक्षाविदों और तकनीकी विशेषज्ञों की सलाह तथा समझौतों के आधार पर काम करेगी" (जकारिया, 2004: 190)। इस प्रकार योजना आयोग बना रहा और जो निश्चित रूप से अपने उद्देश्य को पाने में असफल रहा, यद्यपि यह अभी भी बना हुआ है। नेहरू का नियोजन के प्रति आग्रह उनकी वैज्ञानिक सोच में दृढ़ विश्वास का सूचक है। योजना आयोग ने सबको संतुष्ट नहीं किया होगा, विशेषकर गाँधीवादियों को, लेकिन इसमें कोई शक नहीं कि इसने योजनाओं और कार्यक्रमों को तर्कसंगत औचित्य के आधार पर बनाया और क्रियान्वित किया। विज्ञान और विकास द्वन्द्वात्मक रूप से जुड़े हुए थे। विज्ञान, जैसा कि नेहरू ने समझा, एक साधन मात्र नहीं था अपितु यह 'तार्किक' और 'प्रगतिशील' गतिविधियों का समर्थन करने की मानसिकता भी थी। अतः, यह, आश्चर्य नहीं कि "बहुत से लोग जो औद्योगीकरण के नियोजन से नजदीकी रूप से जुड़े, वे विज्ञान की गतिविधियों में शामिल थे" (जकारिया, 2005: 236)। "विकास की वास्तविक दर के सम्बन्ध में योजना आयोग का योगदान हो सकता है अत्यधिक न हो। इसने जो योगदान दिया उसका अर्थ यह था कि ... राष्ट्रीय सरकार दूरदृष्टि और उत्साह, जिसकी साम्राज्यवादी शासन में कमी थी, के साथ समस्याओं को सुलझा रही थी" (ब्राउन, 2004: 242)। इसने नेहरू और उसके साथियों को योजना आयोग में 'सामाजिक और आर्थिक सन्दर्भ में राष्ट्र के पुनर्निर्माण के लिए अधिक महत्वाकांक्षा के साथ आगे बढ़ने के लिए' (पूर्वोक्त) प्रेरित किया।

एक जनतांत्रिक की दुविधा

नेहरू 'लोकप्रिय गूढ़ पहेली' (जकारिया, 2004: 259) बने रहे हैं। राष्ट्रवादी नेहरू जब भारत के प्रधानमंत्री बने तो वे बिल्कुल भिन्न दिखे। पद के उत्तरदायित्व के कारण उनके उग्रवाद में काफी परिवर्तन आया। एक राष्ट्र का प्रधान होने के नाते उन्होंने ऐसी 'प्रवृत्तियों' को बर्दाश्त किया, जिन्हें वे राष्ट्रवादी चरण में प्रतिक्रियावादी कहकर गम्भीर चुनौती देते। कांग्रेस दल, जिसका उन्होंने नेतृत्व किया, वह विरोधी प्रवृत्तियों का गठबंधन था और नेहरू अपने "सहयोगियों के

स्थान पर अपने विरोधियों के साथ रहने के लिए स्वयं को अनुकूल बनाते प्रतीत होते हैं" (जकारिया, 2004: 259)। तर्क सीधा था। नेहरू के लिए, जब तक ये प्रतिक्रियावादी तत्व उनके साथ थे, वे उनको नियंत्रित कर सकते थे। जैसा कि वे स्वयं यह कहते हुए बताए गए कि–

> ... अधिकतर मंत्री प्रतिक्रियावादी और धूर्त हैं, लेकिन जब तक वे मेरे मंत्री हैं, मैं उन पर कुछ नियंत्रण रख सकता हूं। अगर मुझे त्यागपत्र देना हो तो वे सरकार बन जायेंगे और उन शक्तियों को स्वतंत्र कर देंगे जिन्हें, जब से मैं सत्ता में आया हूं, नियंत्रित कर रहा हूं[6] (नेहरू, जकारिया द्वारा उद्धृत, 2004: 260)।

राष्ट्रवादी आन्दोलन में अपनी महत्वपूर्ण भूमिका के कारण नेहरू ऐसी प्रवृत्तियों, जिन्हें वे परा–उपनिवेशी भारत के लिए काफी खतरनाक मानते थे, का सामना कर सकते थे और उनसे संघर्ष कर सकते थे। तथा, नेहरू अपने विचारधाराजन्य लगाव से परे राष्ट्र के हित में गतिविधियों के शीर्ष पर अपनी समायोजित रणनीति के कारण बने रहे।

एक जनतांत्रिक के रूप में नेहरू की छवि को तब धब्बा लगा, जब नई सरकार ने उपनिवेश के पश्चात् राज्य के पुनर्निर्माण का कार्य किया। भारत ने ऐसे राज्य को विरासत में पाया जो ब्रिटिश भारतीय प्रान्तों तथा बड़ी संख्या में अर्द्ध–स्वायत्त रियासतों में बंटा हुआ था। कठिनाई 565 रियासतों के सन्दर्भ में आई। यद्यपि उनमें से अधिकतर ने (तीन को छोड़कर) संघीय भारत में सम्मिलित होना स्वीकार कर लिया। ये तीन राज्य जूनागढ़, हैदराबाद तथा कश्मीर थे। हिन्दू बहुल जूनागढ़, काठियावाड़ क्षेत्र का एक छोटा सा राज्य था जहां मुस्लिम शासक जिसने पाकिस्तान में शामिल होना स्वीकार कर लिया था, का शासन था। केन्द्रीय मंत्रिमंडल ने राज्य पर अधिकार करने के लिए सेना भेजी। भारतीय सेना के साथ छोटे से संघर्ष के बाद शासक पाकिस्तान भाग गए और जूनागढ़ को लोकनिर्णय से भारत में शामिल कर लिया गया। हैदराबाद का शासक निजाम था और वह भी पाकिस्तान में शामिल होने के पक्ष में था। जूनागढ़ की भांति हैदराबाद के उन क्षेत्रों को भी घेर लिया गया, जहां हिन्दू बहुसंख्यक थे। निजाम के स्पष्ट विचारों के बावजूद भौगोलिक स्थिति उसके विपक्ष में थी। सितम्बर, 1948 में भारतीय सेना ने एक ऑपरेशन चलाकर हैदराबाद को भारतीय संघ में मिलवा दिया, लेकिन कश्मीर को संभालना आसान नहीं था। स्वतंत्रता के पश्चात् कश्मीर के शासक हरिसिंह स्वतंत्र रहना चाहते थे, जिससे नेहरू मंत्रिमण्डल में कोई भी सहमत नहीं था। उत्तरी–पश्चिमी सीमा प्रान्त के पठान कबीलों के आक्रमण के कारण कश्मीरी शासक को सुरक्षा के लिए भारतीय सेना की मदद लेनी पड़ी। इससे ऐसी परिस्थितियां उत्पन्न हुईं जिससे हरिसिंह के पास भारत के साथ अधिग्रहण समझौते पर हस्ताक्षर के अलावा कोई विकल्प नहीं बचा। नेहरू के

लिए कश्मीर का भारतीय संघ में शामिल होना दो तरीकों से विचारधाराजन्य विजय थी — (अ) मुस्लिम बहुसंख्यक राज्य के अधिग्रहण से पाकिस्तान, जो कि जिन्ना के इस विचार कि हिन्दू और मुसलमान दो भिन्न राष्ट्र हैं, के आधार पर गठित किया गया था, की वैधता और तार्किकता को नष्ट कर देगा; तथा (ब) और यह नेहरू के भारत को गैर–विभाजक समाज न कि हिन्दू राष्ट्र के रूप में देखने के विचार को भी सशक्त करेगा। (जकारिया, 2004-178)। अतः कश्मीर धर्मनिरपेक्ष भारत के लिए 'भौगोलिक सीमा ही नहीं था यह विचारधाराजन्य सीमा भी बन गया' (अकबर, 2008)।

एक स्थायी कश्मीर को प्राप्त करने के लिए नेहरू ने शेख अब्दुल्ला और उनके नेशनल कांफ्रेंस, जिसका व्यापक जनाधार था, के साथ गठबंधन करने में विश्वास व्यक्त किया। तनाव बढ़ने लगा और अब्दुल्ला ने नेहरू का विश्वास खो दिया। एक खुफिया रिपोर्ट, जिसमें अब्दुल्ला पर पाकिस्तान के साथ षड्यन्त्र करने का आरोप लगाया गया था, के कारण उन्हें जेल में भेज दिया गया। इससे कश्मीर के भारत में विलय होने के मामले में रूकावट पैदा हुई। नेहरू की एक जनतांत्रिक के रूप में छवि भी धुंधली प्रतीत हुई, जब उन्होंने लोकप्रिय अब्दुल्ला सरकार के स्थान पर बख्शी गुलाम मोहम्मद की कठपुतली सरकार बना दी, क्योंकि वे भारत में शामिल होने के लिए बिना शर्त तैयार हो गए। इसके बाद यद्यपि उन्होंने इस मुद्दे का अन्तर्राष्ट्रीयकरण किया, लेकिन वे संयुक्त राष्ट्र, जिसने घाटी में जनमत संग्रह का सुझाव दिया था, के निर्देशों का पालन करने के इच्छुक नहीं थे, क्योंकि उन्हें भय था कि परिणाम अनुकूल नहीं होगा। यहां पर भी प्रजातंत्र के प्रति विचारधाराजन्य प्रतिबद्धता के ऊपर वास्तविक राजनीति हावी होती प्रतीत हुई। नेहरू की राष्ट्रवादी एकता की बाध्यताओं के कारण जनमत संग्रह के विरोध को आसानी से उचित ठहराय। जा सकता है, जिसका उन्होंने अपने विचारधाराजन्य विश्वासों से समझौता करने की कीमत पर भी प्रयोग किया। फिर भी, भारत में कश्मीर का अधिग्रहण जूनागढ़ तथा हैदराबाद की अन्य दो देशी रियासतों की भांति नेहरू की एक जनतांत्रिक के रूप में दुविधा को प्रकट करता है, जब वे उन विश्वासों, जिनके लिए वे दृढ़ता से लड़े, को चुनौती देती हुई प्रवृत्तियों के साथ खड़े हुए दिखते हैं।

राष्ट्रनिर्माण की परियोजना का संचालन करते हुए नेहरू अपने जनतांत्रिक मूल्यों का त्याग एक बड़े उद्देश्य के लिए करते हुए दिखते हैं — जब उन्होंने कश्मीर समस्या को सम्भाला। प्रजातंत्र के लिए उनकी वास्तविक प्रतिबद्धता को 1959 में फिर धक्का लगा, जब उन्होंने प्रजातांत्रिक रूप से चुनी हुई ई.एम.एस. नम्बूद्रीपाद के नेतृत्व में साम्यवादी सरकार को बर्खास्त करने में प्रमुख भूमिका निभाई। 1959 की इस बर्खास्तगी की घटना का प्रयोग यह दिखाने के लिए किया

जाता रहा है कि नेहरू का प्रजातंत्र में विश्वास यथार्थ से ज्यादा दिखावा था। 1957 के राज्य विधानसभा चुनावों के बाद साम्यवादी दल ने जब सरकार बनायी तो नेहरू ने उसे उपयुक्त रूप से हुए चुनाव का यथार्थ प्रजातांत्रिक परिणाम कहकर स्वीकार किया, जबकि स्वतंत्रता के प्रारम्भिक वर्षों में वे भारतीय साम्यवादियों के प्रति आक्रामक थे, क्योंकि उन्हें लगता था कि वे कोरे सिद्धांतवादी हैं जो भारतीय स्थितियों से अपरिचित हैं तथा जब एक नए राष्ट्र को स्थायित्व प्राप्त करने के लिए सभी भारतीयों को एकजुट होना चाहिए था, तब वे विध्वंसात्मक गतिविधियों में लगे हुए थे। केरल सरकार के विरुद्ध नेहरू की मुख्य शिकायत यह थी, जैसा कि एस. गोपाल बताते हैं, कि उसने ऐसा वातावरण बनाया जिसमें साम्यवाद के आलोचकों में सुरक्षा की भावना नहीं रही और बहुतों की यह भावना थी कि सरकार सभी दलों और समूहों के साथ पक्षपात रहित व्यवहार नहीं करती (गोपाल, 1989: 350)। केरल में 1959 में शिक्षा विधेयक के पारित होने से पुलिस गोलीबारी के कारण त्रिवेन्द्रम में हुई एक मृत्यु से गम्भीर विवाद उत्पन्न हुआ। यह वह अवसर था जब नेहरू को विभाजित स्थानीय कांग्रेस दल को शांत करने के लिए हस्तक्षेप करना पड़ा। उन्होंने अपने कार्यकर्त्ताओं को फिर से चुनाव कराने या नम्बूद्रीपाद सरकार से त्यागपत्र की मांग करने का सुझाव दिया। इनमें से कोई भी मांग साम्यवादी दल द्वारा स्वीकार नहीं की गई, जिसके कारण नेहरू मंत्रिमण्डल ने चुनी हुई राज्य सरकार को बर्खास्त कर दिया। नेहरू का दावा था कि यह निर्णय 'हम पर परिस्थितियों द्वारा थोपा गया था' (पूर्वोक्त में उद्धृतः 355)। लेकिन यह, उन्होंने बाद में स्वीकार किया, "एक बुरा उदाहरण था जो प्रजातांत्रिक परम्पराओं, जिनकी वे किसी अन्य की तुलना में भारत में स्थापना की अधिक कोशिश कर रहे थे, के विरुद्ध था।"[7] फिर भी इस निर्णय, जिसे 'अनिवार्य कदम' बताया गया, ने नेहरू की छवि खराब की। इसकी उपेक्षा की जा सकती थी अगर नेहरू, जैसा कि समकालीन मीडिया रिपोर्टों ने सुझाव दिया, संकुचित राजनीतिक दल की रक्षा के लिए काम नहीं करते। 1960 के विधानसभा चुनावों में यह आरोप सही सिद्ध हुए, जब 108 सदस्यों की विधानसभा में कांग्रेस को 63 स्थान प्राप्त हुए। केरल की घटना ने यह भी स्पष्ट किया कि प्रजातंत्र के उच्च पुजारी के लिए क्षुद्र उद्देश्यों के लिए अपने ही विचारधाराजन्य मूल्यों का त्याग करने में हिचक नहीं थी। यहां पर नेहरू ने अपने विचारधाराजन्य विश्वासों की उपेक्षा करके एक दल के कार्यकर्त्ता के रूप में कार्य किया। अतः, वे 'ऐसे निर्णय पर पहुंचे जो उन्हें मालूम था कि यह गलत है' (पूर्वोक्त : 356), फिर भी स्वयं को रोक नहीं पाए। सम्भवतः इसलिए कांग्रेस दल के नेता के रूप में उन्होंने एक लक्ष्य, चाहे वह कितना भी संकुचित क्यों न हो, के

लिए काम किया चाहे इससे उनकी जनतांत्रिक के रूप में छवि पर धब्बा ही क्यों न लगता हो।

देशी रियासतों के आरामतलब शासकों को शामिल करने तथा केरल के साम्यवादियों को अनुशासित करने के नेहरू के प्रयासों में एक महत्वपूर्ण साम्य दिखता है कि वे प्रजातांत्रिक मूल्यों, जो उन्हें अत्यन्त प्रिय थे, का त्याग करने में बिल्कुल हिचकते नहीं थे। निश्चित रूप से पहली घटना में 'राष्ट्र निर्माण' के हित में और दूसरी में 'परिस्थितियों की बाध्यता' ने विचारधारा को पीछे धकेल दिया। इससे नेहरू का एक नया रूप स्पष्ट होता है। जब तक वे राष्ट्रवादी हितों के लिए संघर्ष करते रहे उन्होंने अपनी विचारधाराजन्य प्रतिबद्धताओं से समझौता नहीं किया क्योंकि इससे उन्हें आवश्यक राजनीतिक लाभ मिलता था। जैसे ही वे सत्ता के सिंहासन पर आसीन हुए, उन्होंने शायद यह अनुभव किया कि विचारधारा के साथ चिपके रहना कितना कठिन है, जो दृढ़ बंधन के स्थान पर सत्तासीन दल के लिए विध्वंसात्मक हो सकता है। नेहरू की विचारधाराजन्य स्थिति में दिखने वाला परिवर्तन यह भी स्पष्ट करता है कि स्वातंत्र्योत्तर भारत में अपने साथियों के बीच वे कितने अकेले थे। अपने साथियों को उन मूल्यों, जिनके लिए वे लड़े थे, के लिए प्रेरित न कर पाने वाले नेहरू ने दल के एक अनुशासित कार्यकर्त्ता के रूप में अपनी स्थिति को एक बड़े उद्देश्य के लिए काफी हद तक परिवर्तित किया। वे व्यावहारिक भी थे। उन्होंने कहा कि विभिन्न विरोधी परिस्थितियों के बीच भारत जब एक स्वतंत्र राष्ट्र के रूप में अपने को स्थापित कर रहा था, तब मूल्य आधारित राजनीति के अत्यन्त विपरीत परिणाम हो सकते थे। अतः, कुल मिलाकर, ये घटनाएं नेहरू की प्रजातंत्र के लिए विचारधाराजन्य प्रतिबद्धता में कुछ विकृतियों को स्पष्ट करती हैं; वे, फिर भी, यथार्थ राजनीति और विचारधारा के मध्य जटिल अन्तः सम्बन्धों की पहचान करती हैं, विशेषकर तब जब एक विचारधारा के रचनाकार, जो यथार्थ राजनीति में शामिल हैं, से विचारधारा को कार्यरूप में परिणत करने की अपेक्षा की जाती है।

अंतर्राष्ट्रीयतावादी जवाहरलाल नेहरू

नेहरू के राजनीतिक विचार में अन्तर्राष्ट्रीय मुद्दों पर उनकी दृष्टि अत्यन्त महत्वपूर्ण थी। राष्ट्रवादी चरण में भारत की स्वतंत्रता के विचार के समर्थन के लिए उन्होंने बहुत सारे अन्तर्राष्ट्रीय सम्मेलनों में भाग लिया। उन्होंने यह भी महसूस किया कि स्वतंत्रता के लिए भारत के संघर्ष के पक्ष में ब्रिटिश सरकार पर दबाव बनाने के लिए अन्तर्राष्ट्रीय राय की आवश्यकता है। युद्ध के समय क्रिप्स मिशन की नियुक्ति निस्संदेह भारत की समस्याओं के संवैधानिक समाधान के लिए अन्तर्राष्ट्रीय दबाव का परिणाम थी। यह अपेक्षा थी कि अन्तर्राष्ट्रीय सम्बन्धों

में अत्यधिक रुचि के कारण नेहरू, विदेशी मामलों में जैसे ही अवसर प्राप्त होगा, वैसे ही, अपने विचारों को कार्यरूप में परिणत करेंगे। अतः, यह, आकस्मिक नहीं था कि स्वतंत्र भारत के प्रथम प्रधानमंत्री के साथ वे विदेश मंत्री भी बने। एक सिद्धांतवादी विचारक के रूप में विदेश नीति पर अपने मूल विचारों को उन्होंने *भारत एक खोज* में इस प्रकार रखा—

> पहला, विश्व विजय और विश्व संगठन के मध्य कोई विकल्प नहीं लगता है ... प्राचीन विभाजन और सत्ता की राजनीति की इच्छा का अब बहुत कम अर्थ रह गया है और वे आज के वातावरण के अनुकूल नहीं हैं, फिर भी वे बनी हुई हैं (नेहरू, 1989: 540)।
>
> दूसरे, पिछड़े हुए राष्ट्रों और लोगों के कल्याण और सांस्कृतिक विकास को सामान्य स्तर तक लाने, नस्लवाद और प्रभुत्व को समाप्त करने तथा परस्पर कल्याण तथा समानता के आधार पर ही सहयोग हो सकता है (पूर्वोक्त)।
>
> तीसरा, कोई भी राष्ट्र और लोग दूसरों की प्रभुता और शोषण को स्वीकार नहीं कर सकते, चाहे इन्हें कोई भी अच्छे नाम दे दिए जाएं। जब विश्व के अन्य हिस्से समृद्ध हो रहे हों, तब वे अपनी गरीबी और कष्ट से असम्पृक्त नहीं रह सकते। यह तभी सम्भव था जब अन्य स्थानों की घटनाओं के सम्बन्ध में अज्ञान था (पूर्वोक्त)।

जैसा कि स्पष्ट है कि यह सिद्धान्त नेहरू के अन्तर्राष्ट्रीय असंतुलन, जो कि कुछ शक्तिशाली राष्ट्रों के अन्य पर 'प्रभुत्व और शोषण' से होता है, के विरुद्ध संघर्ष को दर्शाता है। वैश्विक राजनीति के प्रति अपने दृष्टिकोण की दिशा स्पष्ट करने के अतिरिक्त ये सिद्धान्त भारत की विदेश नीति को निश्चित करते हुए तथा अन्तर्राष्ट्रीय मुद्दों पर ध्यान देते हुए नेहरू द्वारा पोषित एक वैकल्पिक दृष्टि को ईमानदारी से स्पष्ट करने का प्रयास भी थे। उपनिवेशवाद के कारण अफ्रीकी–एशियाई देशों के विकास को जान–बूझकर पंगु करने के कारण यहां के लोगों की दयनीय जीवन की स्थितियां उन्हें चिंतित करती थीं। ये सिद्धान्त इन राष्ट्रों को स्वतंत्र और शक्तिशाली स्वर देने और उसे बनाए रखने के नेहरू के प्रयास थे। जैसा कि उन्होंने कहा,

> ... करोड़ों एशियाई और अफ्रीका के लोग ... अपने और अपनी नियति के बारे में लगातार चैतन्य होते जा रहे हैं, साथ ही वे विश्व के बारे में भी जागरुक हैं ... वे राष्ट्रवादी हैं लेकिन यह राष्ट्रवाद दूसरे पर प्रभुत्व या उसमें हस्तक्षेप की कामना नहीं करता। वे विश्व सहयोग और अन्तर्राष्ट्रीय व्यवस्था की स्थापना के सारे प्रयासों का स्वागत करते हैं ... एशिया और अफ्रीका के बड़े हिस्सों में जागरुक, असंतुष्ट, उत्तेजित लोग हैं जो वर्तमान परिस्थितियों को सहने के लिए तैयार नहीं हैं (पूर्वोक्त : 546-47)।

विश्व राजनीति में अफ्रीका और एशिया के देशों का एक स्वतंत्र इकाई के रूप में उदय नेहरू की असंलग्नता नीति में प्रकट हुआ जिसका तात्पर्य दोनों महाशक्तियों, संयुक्त राज्य अमेरिका तथा सोवियत समाजवादी गणतंत्र संघ के साथ किसी प्रकार के गठबंधन की उपेक्षा था। पंचशील अथवा शांतिपूर्ण सह–अस्तित्व के पांच सिद्धान्त मार्ग–निर्देशक सिद्धान्त थे जो 1954 में भारत और चीन के मध्य एक समझौते का परिणाम थे। पांच सिद्धान्त ये थे–

1. एक–दूसरे की भौगोलिक अखंडता तथा संप्रभुत्ता का परस्पर सम्मान।
2. परस्पर अनाक्रमण।
3. एक–दूसरे के आंतरिक मामलों में परस्पर अहस्तक्षेप।
4. परस्पर समानता तथा लाभ।
5. शांतिपूर्ण सहअस्तित्व।

असंलग्नतावादी समूह ने 1955 के बाडुंग (इण्डोनेशिया) सम्मेलन में अपनी पहली सार्वजनिक उपस्थिति दर्ज कराई। सम्मेलन का उद्देश्य अफ्रीका और एशिया में आर्थिक और सांस्कृतिक सहयोग को बढ़ावा देना तथा अमेरिका या सोवियत संघ या अन्य साम्राज्यवादी देश के उपनिवेशवाद या नव उपनिवेशवाद का विरोध करना था। संयुक्त राष्ट्र के घोषणापत्र के सिद्धान्तों को शामिल करते हुए निम्नलिखित दस सूत्री घोषणापत्र, जिसमें नेहरू के वे सिद्धान्त, जो उनके लम्बे राजनीतिक जीवन में अत्यन्त प्रिय थे, की पुनर्स्थापना है–

1. मूलभूत मानव–अधिकारों तथा संयुक्त राष्ट्र के घोषणापत्र के सिद्धान्तों और उद्देश्यों का सम्मान।
2. सभी देशों की सार्वभौमिकता तथा भौगोलिक अखंडता का सम्मान।
3. छोटे–बड़े सभी देशों की समानता तथा सभी नस्लों की समानता को मान्यता।
4. दूसरे देश के आंतरिक मामलों में हस्तक्षेप न करना और बाधा न डालना।
5. संयुक्त राष्ट्र के घोषणापत्र की सहमति के अनुकूल प्रत्येक राष्ट्र के, अकेले या सामूहिक रूप से, अपनी रक्षा करने के अधिकार के प्रति सम्मान।
6. (i) बड़ी शक्तियों के विशिष्ट उद्देश्यों के हितों के लिए सामूहिक सुरक्षा की व्यवस्था के प्रयोग से बचाव।
   (ii) किसी भी देश द्वारा दूसरे देश पर दबाव बनाने से बचाव।
7. किसी भी देश की राजनीतिक स्वतंत्रता और भौगोलिक अखण्डता के विरुद्ध आक्रमण की घटना या धमकी या शक्ति के प्रयोग से बचना।
8. सभी अन्तर्राष्ट्रीय विवादों का शांतिपूर्ण साधनों से समाधान जैसे – समझौता, समझाना, मध्यस्थता या न्यायिक समाधान साथ ही संयुक्त राष्ट्र

के घोषणा पत्र की सहमति के अनुकूल किसी भी पक्ष द्वारा प्रस्तुत अन्य शांतिपूर्ण साधन।

9. पारस्परिक हितों और सहयोग को बढ़ावा देना।
10. न्याय और अन्तर्राष्ट्रीय कर्त्तव्यों के प्रति सम्मान।

शीतयुद्ध के समय में पंचशील के पांच सिद्धान्तों पर आधारित असंलग्नतावाद भारत के हितों की सुरक्षा का सम्भवतः यथार्थवादी और व्यावहारिक मार्ग भी था। अवधारणा के रूप में यह महत्वपूर्ण रणनीति थी, जिसने अफ्रीका और एशिया में पूर्व उपनिवेशों को स्वतंत्र स्वर दिया, यद्यपि विकास के लिए विकसित राष्ट्रों की सहायता के महत्व के कारण यह बहुत उपयुक्त नहीं थी। दोनों महाशक्तियां असंलग्न देशों से, कम से कम प्रारम्भ में, भयभीत थीं। किसी भी महाशक्ति के औपचारिक सैनिक गठबंधन का हिस्सा न होने के बावजूद असंलग्न देशों को व्यावहारिक कारणों, जब उन्हें सहायता नहीं प्राप्त होती थी, से अपने दृष्टिकोण में परिवर्तन करना पड़ता था। अतः ये उपनिवेश जिन्होंने असंलग्नतावाद के आन्दोलन का संयोजन किया, अपनी कमजोरियों के कारण उतने प्रभावी नहीं बन पाए, जितनी नेहरू ने अपेक्षा की थी। फिर भी शीत युद्ध के सन्दर्भ में देशों के मध्य सम्बन्धों की पुनर्परिभाषा हेतु अंतर्राष्ट्रीय सम्बन्धों के लिए यह एक नवस्फूर्तिदायक पद्धति थी। इसके अतिरिक्त, शक्तिशाली विकसित पश्चिमी राष्ट्रों के सशक्त विरोध के समक्ष इसने मानवता के बड़े वर्ग के 'घुटे हुए स्वर' को आवाज़ दी। भावनात्मक संतुष्टि के अतिरिक्त असंलग्नता अफ्रीका और एशिया के देशों को एक मंच पर लाई जहां न केवल सार्थक संवाद प्रारम्भ हुआ अपितु विभिन्न प्रकार के सामाजिक–आर्थिक आदान–प्रदान भी प्रारम्भ हुए। इस अर्थ में ये देश एक–दूसरे के साथ संलग्न लेकिन बाहर वालों के साथ असंलग्न रहे।

नेहरू की असंलग्नता या तटस्थता का तात्पर्य यह भी था कि 'जब संघर्ष प्रारम्भ हो तो वे मध्यस्थता करने के लिए अच्छी स्थिति में थे' (जकारिया, 2004: 201)। 1956 के स्वेज और बाद में हंगरी संकट के समय उनके हस्तक्षेप द्वारा विरोध को विश्व मान्यता प्राप्त हुई। इजिप्ट में अंग्रेजी–फ्रांसीसी हमले से नेहरू को धक्का लगा और उन्होंने आक्रमण की भर्त्सना यह कहकर की "यह खुला आक्रमण है, उपनिवेशवाद की वापसी है, संयुक्त राष्ट्र घोषणा पत्र का उल्लंघन है, अतः सहन नहीं किया जा सकता" (ब्राउन द्वारा उद्धृत, 2004: 263)। अमेरिकी हस्तक्षेप से अन्ततः युद्ध बंद हुआ और संकट समाप्त हुआ, तथापि इजिप्ट पर संयुक्त प्रभुता के लिए अंग्रेजी और फ्रांसीसी क्रूर आक्रमण के विरुद्ध अंतर्राष्ट्रीय जनमत बनाने में नेहरू की भूमिका महत्वपूर्ण थी। इसी प्रकार हंगरी पर रूस द्वारा आक्रमण ने नेहरू को रुसी साम्राज्यवाद के विरुद्ध बोलने के लिए यह कहते हुए

प्रेरित किया, कि हंगरी का उपद्रव राष्ट्रवादी जन–विद्रोह के कारण था। नेहरू की कड़ी आलोचना के बावजूद हंगरी की स्थिति उसी प्रकार बनी रही। स्वेज तथा हंगरी दोनों के संकट में नेहरू को वह नहीं मिला दिखा है, जिसका उन्होंने प्रयास किया, लेकिन फिर भी उनकी भूमिका की प्रशंसा न केवल 'शांतिपूर्ण सह–अस्तित्व' के प्रति उनकी ईमानदारी के लिए अपितु शक्तिशाली देशों द्वारा बल प्रयोग द्वारा हस्तक्षेप के विरुद्ध उनके स्पष्ट दृष्टिकोण के कारण हुई। एक विचारक, जिसका अन्तर्राष्ट्रीय सम्बन्धों में महत्वपूर्ण योगदान था, के रूप में नेहरू को जो सही और उचित लगा उस पर वे दृढ़ रहे। अतः, सोवियत संघ के साथ विचारधाराजन्य नजदीकी के बावजूद उनके लिए उसकी भर्त्सना करना कठिन नहीं था, लेकिन शीघ्र ही 1962 में भारत पर चीनी आक्रमण से उनका मोहभंग हुआ क्योंकि इससे भारत के प्रधानमंत्री काफी आहत हुए, उन्होंने समझा कि बिना सैनिक तैयारी के शांतिपूर्ण सह–अस्तित्व की प्रतिबद्धता सम्भवतः सर्वाधिक खोखली है।

विदेशी मामलों पर नेहरू के विचारों के मूल्यांकन से स्पष्ट है कि वे एक 'काल्पनिक विचारक' थे जो आदर्श विचारों के निर्माण के समय सर्वोत्तम होते थे लेकिन विउपनिवेशीकरण के तुरंत बाद अन्तर्राष्ट्रीय राजनीति के क्रूर यथार्थ का सम्भवतः अनादर कर रहे थे। नव स्वतंत्र देश इतने सशक्त नहीं थे और पूर्व औपनिवेशिक शक्तियां परिवर्तित अन्तर्राष्ट्रीय यथार्थ को स्वीकार नहीं कर रही थीं। फिर भी पंचशील के आधार पर नेहरू असंलग्न देशों का एक सशक्त समूह बनाने में सफल हुए जिसने आने वाले समय में एक नयी कार्यप्रणाली को सक्रिय किया। जो महत्वपूर्ण था, वह नेहरू का उन पांच सिद्धान्तों में दृढ़ विश्वास था, जो ऐसा विश्व बनाना चाहते थे, सम्भवतः आदर्श विश्व, जिसमें देशों के मध्य शत्रुता बिल्कुल नहीं होगी। इस अर्थ में नेहरू ऐसे दूरदृष्टा थे जिसने नए विश्व की रचना के लिए समय से आगे सोचा, ऐसा विश्व जो तनाव, युद्ध व मानवीय वंचना से मुक्त हो। ऐसा लगता है कि वे ऐसे नेता थे जो समय के पहले हो गए, समकालीन विश्व में वे अधिक सफल होते जहां अन्तर्राष्ट्रीय राजनीति की रूपरेखा क्रांतिकारी रूप से पुनःपरिभाषित हुई है तथा जिसने अपने ध्यान को राष्ट्रीय सीमाओं और गैर–राष्ट्रीय कारकों से दूर हटाया है और जहां, उदाहरण के लिए, वैश्विक नागरिक सामाजिक कार्यकर्त्ता शांति और धैर्य के साथ अंतर्राष्ट्रीय संघर्षों के संवाद और वार्ता द्वारा शांतिपूर्ण समाधान पर जोर डालते हैं। अतः नेहरू के विचार नेहरूवियन लक्ष्यों को पाने में उस समय सफल न हुए हों, जब वे निर्मित हुए थे फिर भी उन्होंने अन्तर्राष्ट्रीय राजनीति में नई सक्रियता उत्पन्न की जो बाद में बीसवीं शताब्दी के अंत और 21वीं शताब्दी के प्रारम्भ में पूरी तरह से प्रस्फुटित हुई।

समापन अवलोकन

नेहरू के राजनीतिक विचारों के विकास के दो भिन्न लेकिन परस्पर जुड़े हुए चरण हैं। पहला राष्ट्रवादी चरण है जिसमें नेहरू, गाँधी तथा कांग्रेस में उनके अनुयायियों के विपरीत, समाजवादी विचार प्रारम्भ करना चाहते थे। यद्यपि व्यावहारिक उद्देश्यों के लिए महात्मा का अनुसरण करते रहे। नेहरू की महत्वपूर्ण बात यह थी कि कांग्रेस में अपने उग्रवादी साथियों से भिन्न उन्होंने अपनी सोच को बड़ी चतुराई से आगे बढ़ाया, जिससे न तो गाँधी और न गाँधी की विचारधारा से दृढ़ रूप से जुड़े हुए लोगों को उन्होंने नाराज किया। दूसरा चरण तब प्रारम्भ हुआ, जब अंग्रेजों के जाने के बाद स्वतंत्र भारत में उन्होंने सत्ता ग्रहण की। उन्होंने "एक राष्ट्र का निर्माण किया, प्रजातंत्र के लिए उसको प्रशिक्षित किया, आर्थिक विकास के लिए एक प्रतिमान की रचना की तथा देश को विकास के मार्ग पर प्रस्तुत किया" (गोपाल, 1989: 473)। 1947 के बाद उनका राजनीतिक व्यवहार 'बौद्धिक तर्कों' पर आधारित था जिनका उन्होंने उपनिवेशवाद के संघर्ष के समय विकास किया। ये दो चरण, यद्यपि द्वन्द्वात्मक रूप से जुड़े हुए थे, जो गुणात्मक रूप से भारतीय इतिहास के दो अलग कालों को प्रस्तुत करते हैं। पहले चरण में वे अंग्रेजों के विरुद्ध संघर्ष में शामिल थे, दूसरे चरण में उन्होंने ऐसे समाज, जहां गरीबी और निरक्षरता हो, में सामाजिक–आर्थिक पुनर्रचना के सर्वाधिक उपयुक्त साधनों के मुद्दों पर संघर्ष किया, तथा उन देशों का अध्ययन किया जिनके ऐसे ही अनुभव हों, उन्होंने भारत को 'राज्य द्वारा प्रायोजित और संचालित परिवर्तन के मार्ग' पर अग्रसर किया (ब्राउन, 2004: 344)। नेहरूवियन योजना का मुख्य उद्देश्य यही था जिसने भारत के विकास के लिए राज्य को अकेले उत्तरदायी ठहराया जिसे नेहरू ने 'समाज की समाजवादी पद्धति' कहकर परिभाषित किया। यह कहा जा सकता है कि नेहरू के शासन की वास्तविक ऐतिहासिक सफलता इस प्रकार–

> ... प्रजातांत्रिक आदर्शवाद के प्रसार में निहित नहीं है अपितु भारतीय समाज के मूल में राज्य की स्थापना में निहित है जो इतनी विस्तृत हो ... जो भारतीयों के रोजमर्रा के जीवन में प्रवेश करे – नौकरियां, राशनकार्ड, शैक्षणिक स्थान, सुरक्षा, सांस्कृतिक मान्यता और जो कुछ वे चाहते हैं, के लिए स्वयं को उत्तरदायी ठहराये (खिलानी, 2004: 41)।

इससे विरोधाभास उत्पन्न हुआ क्योंकि प्रभावशाली राज्य में प्रजातांत्रिक आधारों, जिन्हें नेहरू ने बड़े परिश्रम से पोषित किया था, के कमजोर होने की सम्भावना रहती है। इसके अतिरिक्त इतना सशक्त होने के बावजूद राज्य को व्यापक ग्रामीण क्षेत्र के मजबूती से बने हुए निहित स्वार्थ के साथ समझौता करना

पड़ा। उदाहरण के लिए, जब क्रांतिकारी भूमि सुधार कार्यक्रमों को लागू किया गया तो उसने कांग्रेस के बड़े महारथियों, जो नेहरू के विकास की समाजवादी योजनाओं से कुपित थे, को भी नाराज किया। यह विरोधाभास था जिसे नेहरू ने विशिष्ट सामाजिक–आर्थिक परिस्थितियों, जिसमें भारत स्वतंत्रता के पश्चात् अवस्थित था, को पहले ही समझ लिया था। एक व्यावहारिक विचारक होने के नाते उन्होंने विकास योजनाओं को उतनी दृढ़ता से आगे नहीं बढ़ाया जैसी कि उम्मीद थी, सम्भवतः विभिन्न सामाजिक–आर्थिक समुदायों के मध्य 'एकता के सूत्र' को बनाने और उसको दृढ़ करने की अपनी चिन्ता के कारण उन्होंने ऐसा किया।

नेहरू के राजनीतिक विचार भारत द्वारा उपनिवेशवाद के विरुद्ध लम्बे संघर्ष के बाद स्वतंत्र राष्ट्र–राज्य के विकास पर सशक्त वक्तव्य हैं। राष्ट्रवादी चरण और उसके बाद के दोनों ही अनुभव के आधार पर उन्होंने बहुत विचारपूर्ण लेख लिखे जिसने भारत की प्रगति और विकास के लिए स्वतंत्र मार्ग निर्धारित किया। आधुनिक भारत के निर्माण में महत्वपूर्ण ये विचार, अपनी शक्तियों और कमजोरियों के बावजूद, नेहरू के भारत, जो लम्बे उपनिवेशवाद का शिकार रहा साथ ही यह घटते हुए सामंती सम्बन्धों के आधार पर क्षय होते समाज का समान रूप से समर्थन कर रहा था, के लिए उपयुक्त रणनीति की खोज के आवश्यक अंग रहे। भारत के स्वतंत्र राष्ट्र के रूप में उभारने के साथ नेहरू राजनीति में उदारवादी विचारों को लाने के लिए भी जाने जाते हैं जिसका तात्पर्य संघर्ष नहीं बल्कि मित्रवत् भावना के साथ संवाद और समझौता है। आज के सन्दर्भ में जब राजनीति सिर्फ विवाद तक सीमित रह गयी है तो नेहरू की पद्धति ऐसे विकल्प की खोज करती है जो विचारों और दृष्टि को इस प्रकार विकसित करना चाहती है जो आज के विभाजित विश्व में न केवल सार्थक है अपितु प्रासंगिक भी है। अतः नेहरू, जो राष्ट्रवादी आन्दोलन में नये स्फूर्तिदायक विचार लाए और बाद में प्रधानमंत्री के रूप में भारत को समाजवादी मूल्यों और सिद्धान्तों की रचनात्मक व्याख्या के आधार पर प्रगति के मार्ग पर प्रस्तुत किया, आज के नव–उदारवादी विश्व में महत्वपूर्ण हैं क्योंकि उनके श्रेष्ठ राजनीतिक विचार वैकल्पिक संवाद की प्रेरणा देना जारी रखे हुए हैं।

टिप्पणियां

1. *नेशनल हेराल्ड*, 21 जून, 1939, गोपाल द्वारा उद्धृत (1972-82: 386-87)।
2. भारत में ब्रिटिश शासन और उसके बाद लोकसेवा के विकास पर लघु विवरण के लिए देखें, राव [2004 (1968): 708-23]।

3. 1934 में नेहरू ने भारतीय लोकसेवा को "न भारतीय, न लोक, न सेवा कहा (तथा) अतः आई.सी.एस. तथा समान सेवाओं को पूरी तरह से समाप्त हो जाना आवश्यक है" (नेहरू 1941: 445)।
4. अनुच्छेद 311 की तैयारी और अन्ततः स्वीकृति के लिए संविधान सभा में विस्तृत वाद–विवाद के लिए देखें, राव [2004 (1968: 713-23)]।
5. स्वतंत्रता संग्राम के इस पक्ष पर लेखक ने चक्रवर्ती में विचार प्रस्तुत किए (1992: 275-87)।
6. जे.डी. बरनाल, वैज्ञानिक जो नेहरू से बीजिंग में 1954 में मिले और यह वक्तव्य दिया जिसे जकारिया द्वारा उद्धृत किया गया (2004: 260)।
7. 30 जुलाई, 1959 को नेहरू ने बी.आर. राव से कहा, गोपाल द्वारा उद्धृत (1989: 355)।

सन्दर्भ

अकबर, एम.जे., 2008, '1953 ए लेसन इन क्राइसिस मैनेजमेंट', द *टाइम्स ऑफ इण्डिया*, 17 अगस्त।

एलेक्जेण्डर, पी.सी., 1998, 'सिविल सर्विसः कन्टीयूनिटी एण्ड चेंज', हिरण्यमय कारलेकर में (सम्पादक), *इण्डिपेण्डेंट इण्डिया – द फर्स्ट फिफ्टी ईयर्स*, नई दिल्ली, ऑक्सफोर्ड यूनिवर्सिटी प्रेस।

ब्राउन, जूडिथ, 2004, *नेहरूः ए पॉलिटिकल लाइफ*, नई दिल्ली, ऑक्सफोर्ड यूनिवर्सिटी प्रेस।

चक्रवर्ती, विद्युत, 1992, *'जवाहरलाल नेहरू एण्ड प्लानिंग*, 1938-41: इण्डिया एट द क्रोसलैण्ड्स' *मॉडर्न एशियन स्टडीज*, 26(2): 275-87।

चटर्जी, पार्थ, 1986, *नेशनलिस्ट थॉट एण्ड द कोलोनियल वर्ल्ड*, नई दिल्ली, ऑक्सफोर्ड यूनिवर्सिटी प्रेस।

गोपाल, एस., 1972-82, *सलेक्टेड वर्क्स ऑफ जवाहरलाल नेहरू*, वॉल्यूम IX, नई दिल्ली, ओरियन्ट लॉगमैन।

गोपाल, एस., 1989, *जवाहरलाल नेहरूः ए बायोग्राफी*, नई दिल्ली, ऑक्सफोर्ड यूनिवर्सिटी प्रेस।

खिलानी, सुनील, 2004, *द आइडिया ऑफ इण्डिया*, नई दिल्ली, पेंग्विन।

मेसन, फिलिप, 1997, *द मैन हू रूल्ड इण्डिया*, रीप्रिन्ट, कलकत्ता, रूपा एण्ड कम्पनी।

मिर्डाल, गुन्नार, 1968, *एशियन ड्रामाः एन इनक्वायरी इनटू द पोवरटी ऑफ नेशन्स*, वॉल्यूम II, न्यूयॉर्क, पेंटाहन।

नेहरू, जवाहर लाल, 1941, *एन ऑटोबायोग्राफीः विद म्यूजिंग ऑन रीसेन्ट ईवेन्ट्स इन इण्डिया*, लन्दन, जॉन लेन, द बोडली हैड।

नेहरू, जवाहर लाल, 1947, जवाहर लाल नेहरू'ज स्पीच इन द कॉन्सटीयून्ट असेम्बली, *कॉनस्टीयून्ट एसेम्बली डिबेट्स में,* वॉल्यूम I, नई दिल्ली, लोक सभा सचिवालय।

नेहरू, जवाहर लाल, 1950, लैटर टू द चीफ मिनिस्टर्स, 2 फरवरी, 1950

नेहरू, जवाहर लाल, 1963, प्रैस रीलिज ऑन प्लानिंग, *हिन्दुस्तान टाइम्स,* 17 अगस्त।

नेहरू, जवाहरलाल, 1972-82, 'द बेसिक एप्रोच', *जवाहर लाल नेहरू'ज सलेक्टेड स्पीचेस,* वॉल्यूम 4, नई दिल्ली, पब्लिकेशन्स डिवीजन।

नेहरू, जवाहर लाल, 1975, (9 दिसम्बर, 1955), 'ए वर्ड टू द सर्विसेज', *जवाहर लाल नेहरू एण्ड पब्लिक एडमिनिस्ट्रेशन,* में नई दिल्ली, आई.आई.पी.ए.।

नेहरू, जवाहर लाल, 1989, द *डिस्कवरी ऑफ इण्डिया,* नई दिल्ली, ऑक्सफोर्ड यूनिवर्सिटी प्रेस।

पार्थसारथी, जी. (सम्पादक), 1986, *जवाहरलाल नेहरू'ज लैटर्स टू द चीफ मिनिस्टर्स, 1947-1964,* वॉल्यूम 2 (1950-52), नई दिल्ली, जवाहर लाल नेहरू फंड।

राय बी., शिवा (सम्पादक), 2004 [1968], *द फ्रेमिंग ऑफ इण्डियाज कॉन्सटीयूशनः सलेक्ट डॉक्यूमेण्ट्स,* रीप्रिन्ट, वॉल्यूम 4, नई दिल्ली, यूनिवर्सल लॉ पब्लिशिंग कम्पनी प्रा.लि.।

पटेल, वल्लभभाई, 1999, स्पीच इन द *कन्सटीटुएन्ट एसेम्बली डिबेट ऑन* 10 अक्टूबर, 1949] इन द *कॉन्सटीयून्ट एसेम्बली डिबेट्स* में, वॉल्यूम X, थर्ड रीप्रिन्ट, नई दिल्ली, लोक सभा सचिवालय।

पट्टाभि, सीतारमैया बी, 1969, *हिस्ट्री ऑफ द इण्डियन नेशनल कांग्रेस,* वॉल्यूम I, रीप्रिन्ट, नई दिल्ली, एस. चन्द्र एण्ड कम्पनी।

सक्सेना, शिब्बन लाल, 1999 (1949), स्टेटमेन्ट इन द कन्सटीटुएन्ट एसेम्बली डिबेट ऑन 10 अक्टूबर 1949, *कन्सटीटुएन्ट एसेम्बली डिबेट्स* में, वॉल्यूम X थर्ड रिप्रिन्ट नई दिल्ली, लोकसभा सचिवालय।

सुदर्शन, आर, 1999, 'गवर्नेन्स ऑफ मल्टीकल्चरल पॉलिटिक्सजः लिमिट्स ऑफ द रूल ऑफ लॉ', राजीव भार्गव, अमिय कुमार बख्शी तथा आर. सुदर्शन (सम्पा.) *मल्टीकल्चरिज्म, लिबरालिज्म एण्ड डेमोक्रेसी,* में नई दिल्ली, ऑक्सफोर्ड यूनिवर्सिटी प्रेस।

जकारिया, बेंजामिन, 2004, *नेहरू,* लन्दन, रूटलेज।

जकारिया, बेंजामिन, 2005, *डवलपिंग इण्डियाः एन इन्टलैक्चुअल एण्ड सोशियल हिस्ट्री,* नई दिल्ली, ऑक्सफोर्ड यूनिवर्सिटी प्रेस।

8

मोहम्मद इकबाल

अध्ययन का उद्देश्य

- इकबाल के जीवन के विरोधाभास का वर्णन करना।
- इकबाल के राजनीतिक विचारों का मूल्यांकन करना।
- इकबाल के सर्व–इस्लामवाद के विचार की व्याख्या करना।
- इकबाल के पाकिस्तान के विचार का विश्लेषण करना।

मोहम्मद इकबाल (1873-1938), रवीन्द्रनाथ टैगोर की भांति मूल रूप से कवि थे जिनका सामाजिक–राजनीतिक सैद्धान्तीकरण के क्षेत्र में सहसा प्रवेश देश और विदेश में हो रही सामाजिक–राजनीतिक घटनाओं और आन्दोलनों में उनकी गहरी रुचि तथा प्रतिक्रिया के कारण था। फिर भी दो कवि–दार्शनिक व्यक्तित्वों के मध्य इस आकस्मिक समानता को छोड़कर, उनके सामाजिक–राजनीतिक विचारों का मूल बिल्कुल विपरीत प्रतीत होता है। उदाहरण के लिए, जबकि दोनों ने अपनी दार्शनिक यात्रा भारत माता के सम्मान में विजय गीत गाने से प्रारम्भ की, लेकिन शीघ्र ही राष्ट्रवाद पर उनके विचारों ने एक से दूसरी ओर ऐसा आश्चर्यजनक परिवर्तन किया कि टैगोर अन्तर्राष्ट्रीयतावाद या विश्व नागरिकता के महान प्रतीक बन गए, जबकि इकबाल संकुचित मुस्लिम राष्ट्रीयतावाद के कट्टर प्रवक्ता दिखते हैं। परिणामस्वरूप, टैगोर के मामले में, "उनकी आवाज भारत के हित में उठी फिर भी इसमें इतनी जीवनीशक्ति थी कि यह एक किसी विशिष्ट देश या परम्परा तक सीमित नहीं रह सकती थी, तथा इससे विश्व नागरिकता प्रतिध्वनित होती है" (मेहता, 1996: 261)। इसके विपरीत, इकबाल के बारे में, भारतीय राजनीतिक विचार के प्रसिद्ध विश्लेषक ने लिखा,

> प्रारम्भ में इकबाल ने देशभक्तिपूर्ण और मातृभूमि के प्रेम से परिपूर्ण रचनाएं लिखीं, लेकिन बाद में, प्रचण्ड राष्ट्रवादी धार्मिक कट्टरपंथी में परिवर्तित हो गए जिसका

सम्पूर्ण उद्देश्य भारत की एकता की कीमत पर भी अपने धर्म के साथियों के हितों की सुरक्षा करना था। अतः इकबाल मुस्लिम राष्ट्रवाद तथा धर्म और राजनीति पर अपने विचारों के कारण प्रसिद्ध हुए। उन्होंने बारम्बार मुसलमानों को धार्मिक आधार पर एकजुट होने की सलाह दी। उन्होंने मुसलमानों के लिए पृथक राज्य के सिद्धान्त का प्रचार किया। धर्म निरपेक्ष भारतीय राष्ट्रवाद को अस्वीकृत करते हुए तथा इसे हिन्दूवादी मानते हुए इकबाल ने संकुचित मुस्लिम राष्ट्रवाद या जिसे साम्प्रदायिकतावाद कहा जा सकता है, के पक्ष में मुसलमानों के बीच पृथकतावादी आन्दोलन प्रारम्भ किया (अप्पादोराई, 2002 : 246)।

अतः बौद्धिक रूप से प्रशिक्षित एक विद्वान की अवधारणा में पूरा परिवर्तन एक गूढ़ पहेली प्रतीत होती है तथा कवि के जीवन और विचार के सन्दर्भजनित अध्ययन की आवश्यकता की ओर इंगित करती है। अतः, यह अध्याय, इकबाल के सामाजिक–राजनीतिक विचारों के मुख्य तत्वों के विकास और प्रकृति की आलोचनात्मक समीक्षा प्रस्तुत करने का प्रयास करता है। विचारों का ऐसा सर्वेक्षण सन्दर्भजनित अनिवार्यताओं, जिसने उनकी बौद्धिक यात्रा के प्रारम्भ में जो अपेक्षित था उससे बिल्कुल भिन्न गन्तव्य तक पहुंचने के लिए प्रेरित किया, को ध्यान में रखकर किया जाना चाहिए।

सम्पूर्ण परिवर्तन का जीवन

मोहम्मद इकबाल का जीवन सम्पूर्ण परिवर्तन का जीवन प्रतीत होता है, स्पष्टतः इस तथ्य के कारण को बीसवीं सदी के प्रारम्भ में भारत में औपनिवेशिक शासकों की 'फूट डालो शासन करो' की नीति की जड़ में देखा जा सकता है। 22 फरवरी, 1873 को पंजाब के सियालकोट (पाकिस्तान) में इकबाल का जन्म ऐसे परिवार में हुआ, जिनके पूर्वज 300 वर्ष पूर्व कश्मीरी ब्राह्मण थे। इकबाल अपनी वंश परम्परा के प्रति गर्वित थे जिसकी प्रतिच्छाया उनकी काव्यात्मक रचनाओं में देखी जा सकती है। अपनी प्रारम्भिक शिक्षा मुस्लिम धार्मिक स्कूल में लेने के पश्चात् अपना मैट्रिकुलेशन पूरा करने के लिए उन्होंने सियालकोट पब्लिक स्कूल में दाखिला लिया। उच्च अध्ययन की उनकी प्रबल इच्छा उन्हें लाहौर ले गयी, जहां वे गवर्नमेन्ट कॉलेज में भर्ती हुए और वहां से स्नातक की डिग्री प्राप्त की। बाद में, स्नातकोत्तर पूरा करने के बाद, वे ओरियन्टल कॉलेज, लाहौर में प्रवक्ता के रूप में अंग्रेजी के साथ इतिहास और दर्शन शास्त्र पढ़ाने के लिए चयनित हुए, लेकिन कुछ वर्ष एक प्रवक्ता के रूप में काम करने के पश्चात् 1905 में शोध करने के लिए वे म्यूनिख चले गए।

यूरोप में इकबाल के निवास से उनके जीवन में एक महत्वपूर्ण मोड़ आया जिसने स्थानीय तथा वैश्विक घटनाओं के विविध पक्षों के प्रति उनके बौद्धिक दृष्टिकोण में परिवर्तन किया। 1908 में भारत लौटने के बाद, इकबाल,

> ... एक नई वैश्विक दृष्टि के व्यक्ति थे। मुस्लिम देशों जिसमें, टर्की और एशिया शामिल हैं, के विरुद्ध यूरोपीय आक्रमण के समय उन्होंने धार्मिक मुद्दों पर अपने विचार व्यक्त करना प्रारम्भ किया। पश्चिमी चुनौतियों का सामना करने के लिए, उन्होंने अपने समकालीनों मौलाना आजाद, अली बंधु – मोहम्मद और शौकत तथा हसरत मोहानी की भांति इस्लामिक दुनिया के राजनीतिक लक्ष्य के रूप में सर्व इस्लामवाद के पक्ष में अपना मत प्रकट किया। उन्होंने स्वयं को इस्लाम का दूत अथवा शायर–ए–इस्लाम समझना शुरू कर दिया और उनकी शायरी इस्लामिक विचारों की वाहक बन गयी (दत्ता, 2002: 5034)।

इस प्रकार, यूरोप के अल्प प्रवास ने इकबाल को दृढ़ राष्ट्रवादी से शायर–ए–इस्लाम में परिवर्तित कर दिया जिसका अब एक ही लक्ष्य था और वह था इस्लाम और उसके अनुयायियों का मसीहा बनना।

यूरोप से वापसी के बाद, इकबाल के जीवन का घटनाक्रम उनके स्वयं के विवेक के अनुसार निर्देशित होता प्रतीत नहीं हुआ। उदाहरण के लिए, भारत लौटने पर, ओरियन्टल कॉलेज, जहां उन्होंने पहले भी पढ़ाया था, में उन्हें प्राचार्य पद का आमंत्रण मिला, पर अपने मित्रों की सलाह पर उन्होंने उसे अस्वीकार कर दिया और कानून की प्रैक्टिस प्रारम्भ की, लेकिन उनकी कानूनी प्रैक्टिस को सफलता नहीं मिली और परिणामस्वरूप उनका अधिकतर समय काव्य सृजन में बीतता था। यह आश्चर्यजनक तथ्य था कि इस समय तक इकबाल राजनीति के यथार्थ से प्रलोभित नहीं हुए। उदाहरण के लिए, "1920 में लाहौर में जब अखिल भारतीय मुस्लिम लीग का सत्र हुआ तो इकबाल ने उसमें भाग लेने की कोशिश नहीं की जबकि, गुलाब थियेटर, जहां मीटिंग हुई, वह उनके घर के ठीक सामने था" (दत्ता, 2002: 5035)। उनका 1925 में राजनीति में आकस्मिक प्रवेश तब हुआ, जब अपने प्रशंसकों की सलाह पर उन्होंने पंजाब लेजिस्लेटिव काउन्सिल का चुनाव लड़ा और जीत गए तथा 1928 तक काउंसिल के सदस्य रहे। उसके बाद, 1930 में अखिल भारतीय मुस्लिम लीग के सत्र की उन्होंने अध्यक्षता की। अपने अध्यक्षीय उद्बोधन में, दोनों समुदायों के बीच में उपस्थित भिन्नताओं के समाधान के लिए, उन्होंने भारत में दो पृथक प्रशासनिक क्षेत्रों – एक मुसलमानों और एक हिन्दुओं के लिए, के पक्ष में अपने विचार व्यक्त किए। भारत में प्रस्तावित संवैधानिक सुधारों पर विचार करने के लिए लंदन में आयोजित द्वितीय और तृतीय गोलमेज सम्मेलनों में एक सदस्य के रूप में नामांकन उनका अंतिम

राजनीतिक दायित्व था। अपनी लम्बी बीमारी और पत्नी की मृत्यु के कारण उनके जीवन के अंतिम वर्ष गहरे दुःख की छाया में व्यतीत हुए।

21 अप्रैल, 1938 में लाहौर में उनकी मृत्यु हो गई, लेकिन उनके जीवन के प्रमुख पक्षों के सर्वेक्षण में तथा इकबाल के सामाजिक–राजनीतिक विचारों के समझने योग्य अध्ययन में, सर्वाधिक महत्वपूर्ण पर कठिन साथ ही प्रासंगिक मुद्दा उन घटनाओं और परिस्थितियों का विश्लेषण करना है, जिसने उनकी मानसिक सोच को कट्टर राष्ट्रवादी, जिसे भारत की धर्मनिरपेक्ष और समन्वित सांस्कृतिक परम्परा में विश्वास था, से संकीर्ण दृष्टा, जो मुसलमानों के लिए पृथक देश बनाने के लिए देश का विभाजन करने को उत्सुक था, में परिवर्तित कर दिया।

इकबाल के राजनीतिक विचार

हृदय की गहराई से शायर होने के नाते इकबाल ऐसे राजनीतिक सिद्धान्तवादी नहीं प्रतीत होते जिसने अपने राजनीतिक विचारों को व्यवस्थित एवं संयोजित तरीके से प्रस्तुत किया। अतः इकबाल के काफी राजनीतिक विचार विभिन्न समय में विभिन्न परिस्थितियों में उनके द्वारा दिए गए अनेक भाषणों के साथ उनकी शायरी में स्पष्ट हुए। इसके अतिरिक्त अपने भाषणों और शायरी में वे कोई विचारधारा या गहन सिद्धान्त प्रतिपादित करते हुए प्रतीत नहीं होते। उन्होंने एक ओर तो कुछ वस्तुओं, व्यक्तियों या विचारों की अमूर्त प्रशंसा में अपनी भावनाओं को अभिव्यक्त किया, दूसरी ओर उस समय के प्रबुद्ध भारतीयों के मस्तिष्क को विचलित करने वाले मुद्दों और समस्याओं पर अपनी प्रतिक्रियाएं व्यक्त कीं। अतः, कभी–कभी, इकबाल के विचारों में कुछ हद तक निरन्तरता की कमी और विरोधाभास प्रतीत होता है क्योंकि वे किसी समस्या के विशेष सन्दर्भ में प्रस्तुत किए गए थे। फिर भी, उनके राजनीतिक विचारों में मुख्य रूप से समाहित रहने वाला भाव, इस्लामी विचार और कार्य में अतीत के गौरव की गूंज को सूक्ष्म रूप में पुनर्जीवित करने की अदम्य लगन का था। यह वह लगाव था जिसने पाकिस्तान, जो 'इकबाल द्वारा कल्पित इस्लाम की पुनर्व्याख्या और पुनर्निर्माण की प्रयोगशाला' (पुरी, 2003: 492) बन सकता था, के पृथक राज्य की रचना के लिए अन्ततः प्रेरित किया।

राष्ट्रवाद पर विचार

इकबाल के राजनीतिक विचारों में सन्दर्भजनित उतार–चढ़ाव पर विचार करते समय राष्ट्रवाद ऐसा विचार है जिसमें समय के साथ उनके विचारों में बहुत बदलाव प्रतीत होता है। भारत माता के व्यक्तित्व में विश्वास रखने वाले शायर के रूप में प्रारम्भ करने के बाद इकबाल 1905 में यूरोप प्रस्थान तक भारतीय

राष्ट्रवाद के प्रशंसक बने रहे, लेकिन यूरोपियन विचारों, भावों और घटनाओं के विविध प्रभावों के कारण उनमें इस्लामी धर्म और लोगों के प्रति एक नये प्रकार के प्रेम का विकास हुआ जिसमें सर्व–इस्लामवाद के विचार को आकार देने का मार्ग प्रशस्त किया और उन्हें क्षेत्रीय राष्ट्रवाद के विचार का शत्रु बना दिया।

इकबाल की प्रारम्भिक रचनाओं को पढ़ने वाला यह विश्वास नहीं कर पाएगा कि यह वही इकबाल थे जिन्होंने धर्म के आधार पर भारत के बंटवारे और पाकिस्तान के निर्माण का आह्वान किया। प्रारम्भ में, इकबाल भारतीय राष्ट्रवाद के शायर प्रतीत होते थे जो लोगों के सामाजिक–राजनीतिक जीवन की समन्वित प्रकृति और स्वाभाविक सांस्कृतिक गुणों के प्रशंसक और उपदेशक थे तथा धर्म से परे सभी लोगों, जो भारतीय हैं, के लिए हिन्दू देवताओं और उनके अवतार को आदर्श मानते थे। उदाहरण के लिए, 1904 में भारत के विचार को श्रेष्ठ रूप में, *सारे जहां से अच्छा हिन्दोस्तां हमारा* (सम्पूर्ण विश्व में भारत श्रेष्ठ है), कहकर प्रशंसा करते हुए इकबाल ने भारतीय राष्ट्रवादियों के स्वर का प्रतिनिधित्व किया, जो देश की अन्तर्निहित रचनात्मक सम्पदा पर प्रकाश डालते हुए भारत में ब्रिटिश शासन पर आरोप लगाने पर आमादा थे। एक अन्य कविता, *नया शिवाला* में इकबाल ने आदिम सम्बन्धों के आधार पर संकुचित दृष्टिकोणों को समाप्त करके अपने देश में भारतीयता के लिए स्नेह को संयोजित करके भारत के विचार के व्यापक दृष्टिकोण का विकास करने के लिए, लोगों का आह्वान किया।

इकबाल का राष्ट्रवाद के प्रति प्रेम जो कि उनकी प्रारम्भिक रचनाओं में परिलक्षित होता है, धीरे–धीरे परिवर्तित होने लगा, जब उन्होंने एक ओर तो राष्ट्रवादी, तर्कवादी और धर्मनिरपेक्षवादी जीवन दृष्टि, और दूसरी ओर यूरोपीय देशों द्वारा विश्व के कुछ हिस्सों में मुसलमानों के प्रति शत्रुतापूर्ण नीतियों का अनुभव करना प्रारम्भ किया। स्पष्ट रूप से विश्व के कई हिस्सों में इस्लाम और उसके अनुयायियों पर खतरा अनुभव करते हुए इकबाल सर्व–इस्लामवाद के भक्त बन गए और यह दावा किया कि चीन, अरब और भारत हमारे हैं, 'हम मुसलमान हैं, और सारी दुनिया हमारी है'। उन्होंने क्षेत्रीय राष्ट्रवाद, नास्तिक समाजवाद तथा धर्म निरपेक्षतावाद जैसे यूरोपीय मूल्यों को अस्वीकार करना प्रारम्भ किया और इन विचारों के प्रतिपादकों की भर्त्सना की। उदाहरण के लिए, उन्होंने राजनीति को धर्म से अलग करने के तर्क देने के लिए, मैकियावली की आलोचना की और उसे शैतान का दूत कहा (दर, 1944: 254)। इस प्रकार, यूरोप में राजनीतिक विचार–विवेचन के प्रति असहानुभूति के स्थान पर सशक्त राष्ट्र विरोधी भावना की प्रेरणा सर्व इस्लामवाद के प्रति धमकी से उनके भय में निहित प्रतीत होती थी, क्योंकि इससे सर्व इस्लामवाद का पूरा विचार समाप्त हो सकता था। परिणामतः

इकबाल की राष्ट्रवाद की आलोचना कड़ी हो गई। उनके अनुसार राष्ट्रवाद मूर्तिपूजा का एक सूक्ष्म रूप था (इकबाल, 1961: 26)। उनका तर्क था कि क्षेत्रीय राष्ट्रवाद का विचार मानव की स्वाभाविक एकता को आघात पहुंचाता है तथा समाज में जाति, धार्मिक विश्वास, वर्ण तथा आर्थिक स्थिति के घातक भेदभाव से मुक्त होता है, अतः इस्लाम के वैश्विक विचार का महत्व कम करता है। उन्होंने, यथार्थतः, लिखा कि जब उन्होंने यह अनुभव किया कि नस्ल और देश की भिन्नता के आधार पर राष्ट्रवाद के विचार ने इस्लामवाद के महत्व को कम करना प्रारम्भ कर दिया और संकुचित राष्ट्रभक्ति और झूठे राष्ट्रवाद के पक्ष में अपने सार्वभौमिकता के आदर्श को छोड़ने के कारण मुसलमान खतरे में थे तो उन्होंने यह अपना कर्त्तव्य समझा कि वे उन्हें राष्ट्रवाद के खतरे के प्रति आगाह करें और अपनी हारी हुई स्थिति को पुनः प्राप्त करने के लिए अपनी जड़ों की ओर लौटने का प्रयास करें। राष्ट्रवाद के विचार के प्रति इकबाल को इस काल्पनिक खतरे से भी भय उपजा कि यह विश्व के विभिन्न हिस्सों के मुसलमानों को अनेक जमीनी आधार, जैसे संस्कृति, नस्ल, क्षेत्रीय लगाव, कुटुम्ब, कबीले तथा अपनी मातृभूमि के प्रति राजनीतिक लगाव आदि, पर बांट देगा। जैसे ही इकबाल ने सर्व–इस्लामवाद की वैश्विक दृष्टि के सम्बन्ध में विचार प्रकट करना शुरू किया, उनकी यह दृढ़ धारणा बनी कि यूरोपीय पद्धति के राष्ट्रवाद का उदय और गठन लोगों पर इस्लाम धर्म की पकड़ को ढीला करेगा और विश्व के सभी हिस्सों में मुसलमानों की आध्यात्मिक और धार्मिक एकता को प्राप्त करने में बाधक होगा। अतः, उन्होंने यह विचार व्यक्त किया कि राष्ट्रवाद का विचार साम्राज्यवादी देशों द्वारा राष्ट्रवाद के जहर को भरकर इस्लाम को कमजोर करने का प्रयास है, क्योंकि यह पूरी दुनिया के मुसलमानों में अंतर निहित भ्रातृत्व को नष्ट करेगा (इकबाल, 1973: 204)।

अन्ततः इकबाल द्वारा राष्ट्रवाद को विकृत रूप में प्रस्तुत करने के पीछे देश की आन्तरिक, सामाजिक–सांस्कृतिक और राजनीतिक परिस्थितियां भी उत्तरदायी थीं। उन्हें विश्वास था कि सर्व–भारतीय राष्ट्रवाद के विचार से, भारत में जनसंख्या की स्थिति को देखते हुए हिन्दुओं की स्थिति देश में आवश्यक रूप से पुनः प्रभुतापूर्ण हो जाएगी। इस तरह की घटना इकबाल को बिल्कुल स्वीकार्य नहीं थी क्योंकि वे मुसलमानों की स्थिति को इसलिए ऊपर उठाना चाहते थे ताकि वे सर्व–इस्लामिक विश्व व्यवस्था स्थापित करके शासन करने के लिए जन्मे लोगों की स्थिति प्राप्त कर सकें। इस प्रकार इकबाल द्वारा राष्ट्रवाद की आलोचना बाह्य और घरेलू तथ्यों से प्रभावित थी और राष्ट्रवाद के विचार का विकल्प इकबाल को पूर्ण–इस्लामवाद में दिखता था।

सर्व–इस्लामवाद

इकबाल के अनुसार, सर्व–इस्लामवाद का उद्देश्य भौगोलिक स्थिति से परे विश्व के सभी मुसलमानों में भ्रातृत्व और एकता लाना था। क्षेत्रीय राष्ट्रवाद के स्थान पर, उन्होंने सर्व–इस्लामवाद की ग्राह्यता को मानवीय विचार माना जो नस्ल, जाति, भूगोल और अन्य जमीनी बाधाओं को नकारता है। जैसा कि माना गया है, "इकबाल की इस्लामी सार्वभौमिकता के प्रति लगावपूर्ण प्रतिबद्धता, उनकी पृथक मुस्लिम पहचान और नागरिकता का विचार तथा क्षेत्रीय राष्ट्रवाद का पूर्ण अनादर उनके राजनीतिक व्यवहार को समझने में सहायता प्रदान करते हैं" (दत्ता, 2002: 5035)। वस्तुतः, 1920 के दशक के अंत में उन्होंने सार्वभौमिक इस्लामी भ्रातृत्व तथा सर्व–इस्लामवाद की विश्व में आवश्यकता के मुद्दे पर अपने मत को अभिव्यक्त करने के लिए भाषणों की श्रृंखला प्रस्तुत की।

इस्लाम की मूल विशेषताओं की अभिव्यक्तिपूर्ण पुनर्व्याख्या प्रस्तुत करते हुए इकबाल ने इस्लाम को, लोगों के धार्मिक विश्वास के स्थान पर, मुस्लिम भ्रातृत्व की विश्व दृष्टि के रूप में प्रस्तुत करने का प्रयास किया। ऐसी व्यवस्था में विश्व के विभिन्न हिस्सों में रह रहे लोग अपने आदिम जुड़ावों और जमीनी प्रतिबंधों से मुक्त महसूस करेंगे, ताकि वे इस्लाम के सामान्य बंधन की भावना अनुभव कर सकें तथा इकबाल जिसे एकीकृत *मिल्लत* कहते हैं, बन सकें। उन्होंने इस्लाम के सम्बन्ध में एक नये दृष्टिकोण को प्रस्तुत किया जो एक ओर तो विज्ञान के आधुनिक दर्शन के अनुकूल है तथा दूसरी ओर अपनी अंतर्निहित गतिशीलता और लोचशीलता के कारण लोगों को अधिक संख्या में समाहित करने की क्षमता रखता है। वास्तव में इकबाल द्वारा इस्लाम की व्याख्या में कुछ भिन्नता दिखती है क्योंकि एक समय में वे इस्लाम के प्राचीन विचार की ओर वापस जाने की, तो दूसरी ओर वे इस्लाम के आधुनिक, गतिशील और समावेशी प्रकृति की बात करते हैं। फिर भी उनके इस्लाम के परवर्ती अवधारणीकरण का स्पष्टतः उद्देश्य इस्लाम की वैश्विक व्यवस्था, जिसमें सीमा और जीवशास्त्रीय भिन्नताओं से परे पूरी दुनिया के लोगों को शामिल करने के सम्बन्ध में लोगों को विश्वास दिलाना है।

सर्व–इस्लामवाद की इकबाल द्वारा वकालत, विश्व की सभी बाधाओं को तोड़ते हुए मुसलमानों में आवश्यक एकता के सम्बन्ध में उनकी समझ पर आधारित है। जैसा कि उन्होंने लिखा,

> मेरा वास्तविक उद्देश्य एक बेहतर सामाजिक व्यवस्था को बनाना है और विश्व के सामने सार्वभौमिक रूप से स्वीकृत विचार को प्रस्तुत करना है, लेकिन इस प्रयास, में इस विचार की रूपरेखा प्रस्तुत करने में इस्लाम की सामाजिक व्यवस्था और मूल्यों की उपेक्षा करना मेरे लिए असम्भव होगा, जिसका सबसे महत्वपूर्ण उद्देश्य

> हर प्रकार के कृत्रिम और घातक भेदभाव जैसे जाति, वंश, रंग और आर्थिक स्थिति को नष्ट करना है। इस्लाम में बहुत दृढ़ता से नस्लीय श्रेष्ठता के विचार का विरोध किया गया है जो अन्तर्राष्ट्रीय एकता और सहयोग के मार्ग में सर्वाधिक घातक है; वास्तव में इस्लाम और नस्लीय बहिष्करण एक–दूसरे के विपरीत हैं (इकबाल, 1973: 182)।

अतः, इकबाल ने यह विचार प्रस्तुत किया कि विश्व में समावेशी और एकतापूर्ण सामाजिक व्यवस्था को प्राप्त करने की समस्या का सही मार्ग सर्व–इस्लामवाद है।

पाकिस्तान पर विचार

इकबाल के मुसलमानों के लिए एक अलग मातृभूमि, जिसे बाद में पाकिस्तान कहा गया, के विचार को विश्व में सामान्य रूप से, और भारत में विशेष रूप से मुसलमानों के महत्व को बढ़ाने के प्रति चिन्ता में देखा जा सकता है। अपने विभिन्न भाषणों और उद्‌बोधनों में इकबाल ने देश में मुसलमानों की गिरती महत्वपूर्ण स्थिति के प्रति चिंता व्यक्त की तथा वे उनमें इस प्रकार की चेतना जगाना चाहते थे कि वे भारतीय समाज में अपनी खोई प्रतिष्ठा और स्थिति को पुनः प्राप्त कर सकें। लेकिन भारत में ब्रिटिश उपनिवेशवाद ने इकबाल के समक्ष एक दुविधापूर्ण स्थिति पैदा की क्योंकि इसका प्रमुख उद्देश्य उपनिवेशवाद से देश को मुक्ति प्रदान कराना था। इसके अतिरिक्त भारत माता के व्यक्तित्व के प्रति प्रारम्भिक लगाव ने इकबाल को देश की समन्वित संस्कृति और मानव–धार्मिक एकता की प्रशंसा में लिखने के लिए प्रेरित किया। अतः अपने प्रारम्भिक जीवन में इस्लामिक पुनरुत्थान के भक्त होने के बावजूद इकबाल ने देश के विभाजन की बात नहीं की, शायद यह उन्हें उम्मीद थी कि स्वतंत्रता के पश्चात् देश के मामलों में भागीदारी में उन्हें उनका उपयुक्त हिस्सा प्राप्त होगा।

यूरोप में उनके निवास ने भारत में राजनीतिक एकता के सम्बन्ध में इकबाल के विचारों को सम्पूर्ण रूप से परिवर्तित कर दिया, क्योंकि भारत की राजनीतिक एकता के सम्बन्ध में इकबाल के विचारों में पूरा परिवर्तन यूरोप निवास से आया, जहां उन्होंने इस्लामिक धर्म और संस्कृति के तत्वों को नष्ट करने के ठोस प्रयासों का अनुभव किया और जिसने उन्हें भारत सहित बहुलवादी समाज में मुसलमानों के कल्याण के प्रति शंकित कर दिया। वास्तव में यूरोप में बौद्धिक और साम्राज्यवादी दुर्भाग्यपूर्ण घटनाओं ने इकबाल को इतना धक्का पहुंचाया कि विश्व के कुछ भागों में इस्लाम पर बढ़ती धमकियों का विरोध करने के लिए सर्व–इस्लामवाद का दांव लगाने के अलावा उन्हें और कोई मार्ग नहीं सूझा। उनका विश्वास था कि इस्लामिक संस्कृति और उसके अनुयायियों के प्रति बढ़ते

खतरे का सामना करने के लिए पूरी दुनिया के मुसलमानों को एक सामान्य आधार पर एकजुट होने की आवश्यकता है। अतः इकबाल ने दोतरफा रणनीति अपनाई जिसमें एक ओर तो राष्ट्रवाद जैसे विचारों की अस्वीकृति थी, दूसरी ओर सर्व–इस्लामवाद के रूप में एक विकल्प की वकालत थी। धर्मनिरपेक्षतावाद, विविधता में एकता तथा राष्ट्रवाद जैसे पश्चिमी विचारों की इकबाल द्वारा आलोचना पश्चिमी मूल्यों को नकारने का प्रयास था, जो समाज में विभिन्न प्रकार के भेदभाव और अलगाव को बढ़ाते हैं और लम्बे समय तक लोगों को इन आधारों पर विभाजित रखते हैं। इकबाल को लगा कि पश्चिमी देशों की ये प्रवृत्तियां विश्व के विभिन्न देशों में मुसलमानों के हितों को हानि पहुंचाने की योजना थीं।

यह महत्वपूर्ण है कि 1929 के अंत तक इकबाल ने देश के विभाजन की बात नहीं की, यद्यपि वे इस्लाम को, इसमें अन्तर्निहित मानवीय धारणाओं के आधार पर विश्व के सभी लोगों को समाहित करने की क्षमता के कारण, एक वैकल्पिक जीवन व्यवस्था के रूप में प्रस्तुत करने के अपने उद्देश्य को काफी तीव्रता से आगे बढ़ा रहे थे। इसके अतिरिक्त, इस समय के अपने भाषणों में उन्होंने आधुनिक समय की जीवनशैली के अनुकूल दर्शन के रूप में इस्लाम के एक नये दृष्टिकोण को प्रस्तुत किया। उन्होंने इस्लाम के उपदेशों की वैज्ञानिक प्रकृति को स्थापित करने का प्रयास किया और इसे गतिशील तथा लोचशील व्यवस्था, जो समकालीन आवश्यकताओं के अनुकूल अपने को ढाल लेती है, होने के कारण स्वीकार करने के लिए कहा (इकबाल, 1930: 128)। अतः ऐसा लगता है कि धार्मिक और आध्यात्मिक आधार पर देश की मान्यता के विचार को प्रस्तुत करने के पूर्व इकबाल लोगों को इस्लामिक व्यवस्था के विकल्प के रूप में सम्भावना का विश्वास दिलाना चाहते थे, जिसके आधार पर देश के विभिन्न प्रान्तों को मुस्लिम बहुल राज्य के रूप में पुनर्गठित किया जा सके।

1930 में इलाहाबाद में मुस्लिम लीग के वार्षिक अधिवेशन के अध्यक्षीय उद्बोधन में इकबाल का धार्मिक आधार पर भारत के पुनर्गठन का विचार सर्वप्रथम स्पष्ट हुआ। लेकिन इस पर ध्यान देना आवश्यक है कि मुसलमानों के लिए पृथक मातृभूमि की इच्छा देश के पुनर्गठन, न कि विभाजन जैसा कि अंत में हुआ, तक ही सीमित थी। वे विभिन्न वैधानिक समितियों और आयोगों, जैसे नेहरू समिति और साइमन कमीशन के प्रति, मुसलमानों को उनकी पृथक मातृभूमि के अधिकार को न स्वीकार करने के कारण, अत्यन्त आक्रोशित थे। वे विशेषकर नेहरू समिति प्रतिवेदन से अत्यन्त नाराज थे जिसने उनकी 'समन्वित उत्तर–पश्चिमी भारतीय मुस्लिम स्टेट' की मांग को इस आधार पर अस्वीकार कर दिया कि इतने बड़े राज्य का संचालन कठिन है। वे इस बात पर बिल्कुल स्पष्ट थे कि एकीकृत भारत, जैसा कि वह उस समय था, में मुसलमानों के लिए कोई भविष्य नहीं था। अतः, इलाहाबाद में उनका मुख्य तर्क यह था कि मुसलमानों को

ऐसे अनुकूल वातावरण, जिसमें वह अपनी योग्यता का सर्वोत्तम रूप से विकास कर सकें, के लिए एकीकृत भारत की सीमा के अंतर्गत स्वायत्त मुस्लिम बहुल प्रान्त की आवश्यकता है।

देश के कुछ भागों की पुनर्गठन की इकबाल की योजना में देश के उत्तर–पश्चिमी भाग को केन्द्र में होना था। जैसा कि उन्होंने कहा,

> "मैं पंजाब, उत्तर–पश्चिम सीमा प्रान्त, सिन्ध और बलूचिस्तान को एक राज्य के रूप में मिश्रित होते हुए देखना चाहता हूं। ब्रिटिश साम्राज्य के अंतर्गत या बिना ब्रिटिश साम्राज्य के स्वायत्त शासन, एक समन्वित उत्तर–पश्चिमी भारतीय मुसलमान राज्य का गठन मुझे मुसलमानों के विशेषकर उत्तर–पश्चिमी भारत के लिए अंतिम भविष्य दिखाई पड़ता है" (कूपलैण्ड, 1945: 198)।

इस प्रकार देश में मुस्लिम लीग के अध्यक्ष द्वारा भारत में समन्वित मुस्लिम राज्य की रचना की रूपरेखा पहला ठोस प्रस्ताव था, यद्यपि वे देश के कुछ भागों में मुसलमानों के एकत्र होने और अधिकाधिक स्वायत्ता की मांग कर रहे थे। इस रूपरेखा का महत्वपूर्ण बिन्दु अपने मामलों के प्रबंधन के लिए मुसलमानों के लिए भारत की भौगोलिक सीमाओं के अन्तर्गत, न कि उससे पृथक, एक मातृभूमि को प्राप्त करने पर केन्द्रित था।

इकबाल का भारत के राजनीतिक मानचित्र, विशेषकर उत्तर–पश्चिम सीमा क्षेत्र के पुनर्गठन का प्रस्ताव सामान्य लोगों के अतिरिक्त विभिन्न राजनीतिक दलों जिसमें मुस्लिम लीग भी शामिल है, को प्रभावित नहीं कर पाया। उनकी देश की संघीय व्यवस्था में एक समन्वित उत्तर–पश्चिमी भारत मुसलमान राज्य बनाने का तर्क विभिन्न मुसलमान नेताओं, मुस्लिम लीग के बाहर और अंदर, को अनाकर्षक लगा। फिर भी इकबाल विभिन्न भाषणों और गोलमेज सम्मेलनों में अपने प्रस्ताव के प्रति दृढ़ रहे और कहा कि मुसलमानों के हितों का संरक्षण और संवर्द्धन उनके द्वारा सुझाए मुस्लिम राज्य की रचना के द्वारा ही सम्भव है। बाद में, जिन्ना के साथ अपने पत्राचार में, इकबाल ने उनसे देश में समन्वित मुस्लिम राज्य प्राप्त करने के लिए बौद्धिक और राजनीतिक समर्थन के लिए अत्यधिक दृढ़ता से आग्रह किया, ताकि मुस्लिम जनता बहुसंख्यक हिन्दुओं के अत्याचार का शिकार न हो। उन्होंने जिन्ना से जवाहरलाल नेहरू के 'कलात्मक समाजवाद' को समाप्त करने के लिए भी कहा जो भारत में मुसलमानों की समस्या को आर्थिक परिप्रेक्ष्य में देखने का प्रयास था।[1] इस प्रकार, अपने अंतिम दिनों में, यद्यपि इकबाल भारत में समन्वित मुस्लिम राज्य की रचना के लिए शक्तिशाली रूप से काम नहीं कर पाये, पर उनका लगातार यह मानना कि भारत में मुसलमानों के हितों का संरक्षण और संवर्द्धन और उनके प्रस्ताव के क्रियान्वयन से ही सुनिश्चित हो सकता है, अंततः भारतीय उपमहाद्वीप में पाकिस्तान के पृथक राज्य के रूप में रचना के पीछे वे विचारधाराजन्य प्रेरणा रहे।

समापन अवलोकन

इकबाल, अविभाजित भारत के विशिष्ट किन्तु अत्यन्त विवादास्पद व्यक्तित्व कहे जा सकते हैं। उनकी विशिष्टता सम्भवतः अपने विचारों को सर्वश्रेष्ठ तरीके से सर्वोत्तम भाषा में अभिव्यक्त करने की रही है जिससे, वे जो कहते हैं, वह विषय की सबसे अच्छी व्याख्या प्रतीत होती है। इसके अतिरिक्त पहले भारत माता की प्रशंसा में तथा बाद में उसके संकुचित आधार पर विभाजन के पक्ष में उनकी विचारधाराजन्य अभिव्यक्ति लोगों के मन में भ्रम उत्पन्न करती है कि भारत तथा पाकिस्तान के राष्ट्रवादी आन्दोलन में उनके योगदान और गतिविधियों को किस प्रकार अवधारणीकृत तथा मूल्यांकित किया जाए। उदाहरण के लिए, *'सारे जहां से अच्छा हिन्दोस्तां हमारा'* कहकर भारत का वर्णन आदि काल से देश के किसी भी कवि द्वारा मातृभूमि की अतुलनीय प्रशंसा रही है। इसी प्रकार उनकी देश के मुसलमानों की समस्या तथा उसके सम्भावित समाधान का विचार, लगभग मूल आधार रहा जिसके अनुसार 1947 में उस क्षेत्र में मुसलमानों के लिए पृथक मातृभूमि का सृजन हुआ। इकबाल के जीवन और विचारों के सम्बन्ध में भिन्नता, सीमा के दोनों ओर के लोगों द्वारा उनके विचारों को सन्दर्भ व परिस्थितियाँ जिनके कारण उनकी बौद्धिक खोज परिवर्तित होती रही, को देखे बिना असम्बद्ध व्यापकता में समझने के कारण रही है। दूसरे शब्दों में, इकबाल ऐसे शायर–दार्शनिक हैं, जिनके विचारों और सूत्रों को, उन विशिष्ट सन्दर्भों व परिस्थितियों जिनमें वे सृजित हुए, को दिमाग में रखकर ही समझा जा सकता है। अतः इकबाल के दर्शन को यदि लोगों द्वारा असम्बद्ध आदर्श के रूप में देखा गया, तो वे उनके लिए सदैव गूढ़ पहेली रहेंगे कि उन्हें देशभक्त कहा जाए या साम्प्रदायिक विचारक।

टिप्पणी

1. इकबाल का जिन्ना को 20 मार्च, 1937 को लिखा पत्र (चोपड़ा, 1985: 67)।

सन्दर्भ

अप्पादोराई, ए., 2002, *पॉलिटिकल थॉट इन इण्डिया,* (400 बी.सी. 1980), नई दिल्ली, खन्ना पब्लिशर्स।

चोपड़ा, पी.एन. (सम्पादक), *टुवर्ड्स फ्रीडम (1 जनवरी–31 दिसम्बर 1937),* नई दिल्ली, ऑक्सफोर्ड यूनिवर्सिटी प्रेस।

कूपलैण्ड, रेजीनॉल्ड, 1945, *द कॉन्सटीट्यूशनल प्रॉब्लम ऑफ इण्डिया,* (1833-1945), पार्ट II, ऑक्सफोर्ड, ऑक्सफोर्ड यूनिवर्सिटी प्रेस।

दर, बी.ए., 1944, *ए स्टडी ऑफ इकबाल्स फिलोसफी*, लाहौर, कपूर आर्ट प्रिंटिंग वर्क्स।

दत्त, बी.एन., 2002, 'इकबाल, जिन्ना एण्ड इण्डियाज पार्टीशन', *इकोनोमिक एण्ड पॉलिटिकल वीकली*, XXXVII (50): 5034।

इकबाल, मोहम्मद, 1930, *सिक्स लेक्चर्स ऑन द रिकन्स्ट्रक्शन ऑफ रिलीजस थॉट इन इस्लाम*, लाहौर, कपूर आर्ट प्रिंटिंग वर्क्स।

इकबाल, मोहम्मद, 1961, *स्ट्रे रिफ्लेक्शन्सः ए नोट बुक ऑफ अल्लामा इकबाल*, लाहौर, श. गुलाम अली।

इकबाल मोहम्मद, 1973, *स्पीचेज एण्ड स्टेटमेन्ट्स ऑफ इकबाल*, लाहौर, श. गुलाम अली।

मेहता, वी.आर., 1966, *फाउन्डेशन ऑफ इण्डियन पॉलिटिकल थॉट*, नई दिल्ली, मनोहर।

पुरी, बलराज, 2003, 'इकबाल एण्ड आइडिया ऑफ पाकिस्तान', *इकोनोमिक एण्ड पोलिटिकल वीकली*, XXXVIII (5): 492।

9

एम.एन. रॉय

अध्ययन का उद्देश्य

- एम.एन. रॉय के मार्क्सवाद से उग्र मानवतावाद तक परिवर्तन के लिए उत्तरदायी परिस्थितियों का परीक्षण।
- गाँधी के विचारों और कार्यों पर रॉय की आलोचना का मूल्यांकन।
- उग्र मानववाद पर रॉय के विचारों का वर्णन।

क्रांतिकारी आतंकवाद से प्रेरित मानवेन्द्र नाथ रॉय (1887-1954)[1] राजनीतिक रूप से तब संस्कारित हुए, जब उन्हें क्रांतिकारी आतंकवादियों के लिए शस्त्र आदि लिए हुए जर्मन स्टीमर को प्राप्त करने का उत्तरदायित्व सौंपा गया। जहाज में चोरी छुपे शस्त्र लाने का 1914 में किया गया यह प्रयास असफल हुआ तथा अंग्रेजों के विरुद्ध सशस्त्र विप्लव की योजना प्रारम्भ में ही नष्ट हो गई। उन्होंने चीन से पुनः शस्त्र प्राप्त करने का प्रयास किया और फिर भी सफल नहीं हुए। बंगाल में क्रांतिकारी आतंकवादी आन्दोलन से जुड़े होने के कारण, रॉय स्वतंत्रता के राष्ट्रवादी अभियान में आतंकवादी गतिविधियों का समर्थन करते हुए प्रतीत हुए पर यह अल्पजीवी था। जैसा कि उन्होंने स्वयं अनुभव किया कि क्रांतिकारी संगठन 'किसी गम्भीर खतरे को क्रियान्वित करने के पूर्व' कुचल दिए जाते हैं तथा बाधित किए जाते हैं, "क्योंकि वे क्रांतिकारी सामाजिक शक्तियों के स्थान पर षड्यन्त्रों पर अधिक निर्भर करते हैं" (रॉय, 1971: 210)। रॉय भागकर अमेरिका चले गये, जहां उनका परिचय समाजवादी विचारों से हुआ तथा बाद में उन्होंने मैक्सिको में साम्यवादी दल के गठन में भाग लिया। मैक्सिको के साम्यवादी दल में उनके शामिल होने ने उन्हें द्वितीय अन्तर्राष्ट्रीय साम्यवादी सम्मेलन में भाग लेने का अवसर प्रदान किया। 1927 में उन्होंने राष्ट्रवादी और औपनिवेशिक मुद्दों पर लेनिन की ड्राफ्ट थीसिस को पुनर्परिभाषित किया, जिसने उन्हें राजनीतिक क्षेत्र में

प्रसिद्ध बना दिया। राष्ट्रीय और औपनिवेशिक मुद्दों पर अपने विचारों की विस्तृत व्याख्या करते हुए उन्होंने कहा,

> यह परीक्षण करना आवश्यक है कि देश के सन्दर्भ में कौनसा सामाजिक वर्ग अधिक क्रांतिकारी है, फिर इस सामाजिक वर्ग के साथ सम्पर्क किया जाना चाहिए और इस प्रकार सभी लोगों को एकत्र करना चाहिए और साम्राज्यवाद के विरुद्ध संघर्ष में समर्थन प्राप्त करना चाहिए। अगर हम समस्या पर इस दृष्टिकोण से विचार नहीं करेंगे तो हम कुछ भी नहीं कर पायेंगे। शोषित वर्ग के लोगों को क्रांतिकारी दल के रूप में संगठित करके ही क्रांति के बड़े कार्य को पूरा किया जा सकता है ('ऑन द नेशनल एण्ड कोलिनियल क्वेशचन', रे के द्वारा पुनर्उद्धृत, 2000 बी: 305-06)।

मार्क्सवाद से उग्र मानववाद तक

कम्युनिस्ट इन्टरनेशनल के प्रतिनिधि होने के नाते उन्होंने 1926 में चीन में एक प्रतिनिधिमण्डल का नेतृत्व किया। जल्दी ही कम्युनिस्ट इन्टरनेशनल के नेतृत्व के साथ उनके मतभेद हो गए और 1929 में उन्हें कॉमिन्टन से निष्कासित कर दिया गया। 1930 में राष्ट्रवादी संघर्ष में भागीदारी के एक मात्र लक्ष्य को लेकर रॉय भारत लौटे। 1930-40 के बीच के समय में वे राष्ट्रवादी आन्दोलन में शामिल रहे, लेकिन 1940 में उनका मोहभंग हुआ, जब रॉय ने किसान, मजदूर और छोटे बुर्जुआओं को मिलाकर समन्वित मंच प्रदान करने के लिए रेडिकल डेमोक्रेटिक नामक अपने एक दल का गठन किया। 1948 में उन्होंने इस पार्टी को भंग कर दिया और उग्र या नव–मानववाद का नया आन्दोलन प्रारम्भ किया।

इस छोटे जीवन चरित्र से स्पष्ट है कि रॉय की राजनीतिक यात्रा, क्रांतिकारी आतंकवाद से उग्र मानववाद तक, ने उग्रवाद को भिन्न दृष्टिकोणों से अवधारणीकृत करने का अवसर प्रदान किया। राष्ट्रवाद और उपनिवेशवाद पर लेनिन की ड्राफ्ट थीसिस का आलोचनात्मक विकल्प उपनिवेशवाद के सन्दर्भ में मार्क्सवाद को समझने का उनका प्रयास है। भारतीय राष्ट्रीय कांग्रेस की विचारधारा का विरोध करते हुए उन्होंने सुझाव दिया कि भारतीय मुक्ति आन्दोलन का भविष्य समाज के उपेक्षित वर्गों की भागीदारी पर निर्भर करता है। राष्ट्रीय संघर्ष के नये आधार पर टिप्पणी करते हुए रॉय ने इस प्रकार कहा, "भारतीय राजनीति का भविष्य (राष्ट्रीय मुक्ति का) उन सामाजिक शक्तियों से निर्धारित होगा जो 'साम्राज्य के अंतर्गत स्वराज के उच्च आदर्श' के प्रभावी होने के इस नवीन काल में भी साम्राज्यवाद की विरोधी हैं और रहेंगी" ('द फ्यूचर ऑफ इण्डियन पॉलिटिक्स' रे के द्वारा पुनर्उद्धृत, 2000 बी: 513 [अध्याय 12])।

राष्ट्रीय और औपनिवेशिक मुद्दों पर उनकी ड्राफ्ट थीसिस से स्पष्ट है, उन्हें विश्वास था कि "उपनिवेशों में जन आन्दोलन राष्ट्रवादी आन्दोलन से स्वतंत्र विकसित हो रहे हैं तथा जनता राजनीतिक नेताओं, जो उन्हें पथभ्रष्ट करते हैं तथा क्रांतिकारी गतिविधियों से रोकते हैं, पर अविश्वास करती है।" ('ऑरिजनल ड्राफ्ट ऑफ सप्लीमेन्ट्री थीसिस ऑन द नेशनल एण्ड कोलोनियल क्वेशचन' रे द्वारा पुनर्उद्धृत, 2000एः 167)। साम्राज्यवाद के विरुद्ध राजनीतिक आन्दोलन में सर्वहारा वर्ग के बढ़ते महत्त्व को भी उन्होंने रेखांकित किया।" उपनिवेशों में बुर्जुआ राष्ट्रीय जनतंत्रवादियों' की आलोचना करते हुए (रे, 2000 एः 167) रॉय ने समर्थन किया—

> ... सर्वहारा वर्ग साम्यवादी दल के माध्यम से क्रांतिकारी जनकार्य का समर्थन करने के पक्ष में था जिससे वास्तविक क्रांतिकारी शक्तियां सक्रिय होंगी जो न केवल विदेशी साम्राज्यवाद को उखाड़ फेंकेंगी अपितु सोवियत शक्ति के विकास के लिए प्रगतिशील रूप से आगे ले जायेंगी, और इस प्रकार यह लोगों के शोषण के लिए समाप्त हो चुके विदेशी साम्राज्यवाद के स्थान पर देशी साम्राज्यवाद के विकास को रोकेगा ('ऑरिजनल ड्राफ्ट ऑफ सप्लीमेन्ट्री थीसिस ऑन द नेशनल एण्ड कोलोनियल क्वेशचन', पूर्वोक्त में पुनर्उद्धृतः 168)।

गाँधी के विचारों और कार्यों की आलोचना

राष्ट्रीय और औपनिवेशिक मुद्दों के सम्पूर्ण मूल्यांकन ने रॉय को गाँधी और उनकी राजनीतिक विचारधारा के मूल्यांकन का मूल सैद्धान्तिक आधार प्रदान किया प्रतीत होता है। एम.एन. रॉय ने गाँधी के सामाजिक और राजनीतिक विचारों की सम्भवतः सर्वश्रेष्ठ और सुतार्किक मार्क्सवादी आलोचना प्रस्तुत की है। 1920 के दशक में कांग्रेस, विशेषकर महात्मा के आगमन के पश्चात्, में जो बात बहुत स्पष्ट थी उसे रॉय द्वारा, भारत में उपनिवेशवाद के अंतर्गत सामाजिक—राजनीतिक परिस्थितियों पर टिप्पणी करके अच्छी तरह स्पष्ट किया गया। अपने विचारों को स्पष्ट करते हुए राष्ट्रवाद को मार्क्सवादी दृष्टिकोण से अवधारणीकरण करने के कारण रॉय अलग खड़े दिखते हैं। विचारधाराजन्य विश्वास से परे रॉय के उग्रवाद को व्यापक औपनिवेशिक सन्दर्भ ने स्पष्ट रूप से महत्वपूर्ण रूप से प्रभावित किया, जिन्होंने भारत में राष्ट्रीय बुर्जुआओं के विचारधाराजन्य लक्ष्यों को पुनर्परिभाषित किया। अतः रॉय, राष्ट्रवाद को मार्क्सवाद के विचारों से मिश्रित करने के प्रयास के कारण अन्य उग्रवादियों से निश्चित रूप से भिन्न थे। राष्ट्रवादी और मार्क्सवादी विचारों के प्रभाव के कारण रॉय के उग्रवादी अवधारणीकरण में सैद्धान्तिक परिवर्तन भी आया। दूसरे शब्दों में, राष्ट्रवाद और मार्क्सवाद पर आधारित इस अवधारणीकरण ने इसे नवोन्मेषी प्रकृति प्रदान की, जिसने 'रॉय के

उग्रवाद के आश्चर्यजनक साहस तथा इसकी ऐतिहासिक चेतना के अन्तर्गत दुखद पराधीनता–दोनों की' पहचान की (कविराज, 1986: 213)। उनके अनुसार राष्ट्रवादी आन्दोलन के अन्तर्गत वर्ग समन्वय की सभी विचाराधाराओं में गाँधीवाद सर्वाधिक महत्वपूर्ण है। चूंकि यह 'अपने ही विरोधाभासों की शिकार होगी' (रॉय, 1971: अध्याय VIII, रे द्वारा पुनर्उद्धृत, 2000 ए: 346), अतः अहिंसा की भावना पर आधारित भारतीय राष्ट्रवादी आन्दोलन का असफल होना अवश्यंभावी है। प्रचलित राष्ट्रवादी आन्दोलन की विरोधी सामाजिक–राजनीतिक शक्तियों की परिवर्तित प्रकृति के अनुकूल महात्मा के चल पाने की अयोग्यता ही असफलता का कारण रही। लेकिन गाँधी की पूंजीवादी सभ्यता की आलोचना को स्वीकार करते हुए भी रॉय गाँधी द्वारा सुझाये विकल्प के आलोचक रहे, क्योंकि न तो यह 'यथार्थवादी' और न 'व्यावहारिक' था। उन्होंने यह भी कहा कि "पूंजीवाद से शासित देश के समाजों की वर्तमान व्यवस्था को समाप्त करने के लिए किसी को भावात्मक मानवतावादी या धार्मिक कट्टरपंथी होने की आवश्यकता नहीं है" (रॉय, 1971: 348-49)। पूंजीवाद की उपेक्षा नहीं की जा सकती तथा यह "भावनात्मक मानवतावादियों के इसे क्रूर और अन्यायी मानने के कारण नहीं अपितु अपने ही विरोधाभासों के कारण समाप्त होगा" (रे, 2000 ए: 348-49)। 'शैतानी पश्चिमी सभ्यता', (रॉय, 1971: 369) के प्रतीक ब्रिटिश शासन ने भारत की राष्ट्रीय अर्थव्यवस्था के विकास में बाधा पहुंचायी है। हस्तकला और स्थानीय प्रयासों की कीमत पर तेजी से प्रारम्भ किए गए बड़े पूंजीवादी उद्योगों के विपरीत आर्थिक प्रभाव की अवधारणा करने में गाँधी की भूमिका बहुत महत्वपूर्ण थी। उन्होंने पश्चिमी पूंजीवाद की विनाशकारी प्रकृति को ही स्पष्ट नहीं किया अपितु उदारवादी और उग्रवादियों द्वारा चलाए जा रहे ब्रिटिश विरोधी राजनीतिक अभियान की प्रकृति को भी क्रांतिकारी रूप से परिवर्तित किया। 1919 के रौलट विरोधी सत्याग्रह में लोगों को सक्रिय करने में गाँधी की सफलता की भूमिका का विश्लेषण करते हुए रॉय ने कहा,

> (बुराइयों का निष्क्रिय प्रतिरोध) सत्याग्रह अभियान को प्रारम्भ करके विरोधियों को निकलने का मार्ग प्रदान किया गया जो आक्रोशित सभाओं और विरोधी प्रस्ताव पारित करने की सीमा पार कर सकते थे। ब्रिटिश सरकार के विरुद्ध किसी भी हथियार से रहित भारतीय जनता को विरोधियों के समक्ष अपनी शक्ति को प्रदर्शित करने का मार्ग प्रदान किया गया। गाँधी ने दावा किया कि भारतीय लोग 'इन कानूनों और ऐसे अन्य कानूनों की अनुपालना से मना कर देंगे', लेकिन साथ ही वे 'सत्य का पालन करेंगे तथा जीवन, व्यक्ति और सम्पत्ति के प्रति हिंसा से दूर रहेंगे'। ... अपने इतिहास में पहली बार भारतीय राष्ट्रवादी आन्दोलन ने सक्रिय संघर्ष के दौर में प्रवेश किया और ऐसा करने में उसे जन सामान्य का आह्वान करना पड़ा (रॉय, 1971: अध्याय VIII, रे द्वारा पुनर्उद्धृत, 2000 ए: 369-70)।

अतः, गाँधी अतीत से स्पष्ट रूप से भिन्न थे। अपनी अन्तर्निहित कमजोरियों के कारण सत्याग्रह के सीमित लक्ष्य होने के बावजूद हमने 'गांवों में प्रवेश किया, और इसने भारतीय लोगों के बड़े समूहों की निराशा को ज़ोर से झकझोरा' (रॉय, 1971: 368)। इसमें कोई शक नहीं कि गाँधी ने जन आन्दोलन को सक्रिय करने में योगदान दिया जिसे रॉय ने 'एक विराट लोकप्रिय उपद्रव' कहा, जिसका कारण 'मात्र साम्राज्यवादी पूंजी द्वारा नहीं अपितु स्थानीय संस्थाओं द्वारा भी आर्थिक शोषण था' (पूर्वोक्त)। अतः, रॉय ने निष्कर्ष निकाला कि गाँधी द्वारा अपने सिद्धान्तों पर संगठित 'आसन्न लोकप्रिय विप्लव' एक 'सामाजिक प्रतिक्रिया' थी, न झुकने वाली, दृढ़ और कठोर सामाजिक क्रांतिकारी शक्ति का उदय थी, जो आवश्यक रूप से वर्ग युद्ध को प्रारम्भ करेगी (रॉय, 1971: अध्याय VIII, रे द्वारा पुनर्उद्धृत, 2000 एः 368)। जैसा कि स्पष्ट है रॉय, अहिंसा एवं सत्याग्रह की विचारधारा के, उनकी राजनीतिक सीमा के कारण, आलोचक थे; लेकिन फिर भी गाँधी में उन्हें ऐसा प्रभावशाली राजनीतिक नेतृत्व दिखा, जिसने समाज के उपेक्षित वर्ग को शामिल करके राष्ट्रवादी राजनीति के सीमा क्षेत्र का विस्तार कर दिया। उनके अनुसार अहिंसा एक बहाना है—

> ... उनके हितों की सुरक्षा करने का जिन्होंने सामाजिक सुविधाओं और आर्थिक शोषण के महल बनाए हैं। यदि राष्ट्रवाद का उद्देश्य कुछ सुविधासम्पन्न लोगों को गौरवान्वित करना है तो अहिंसा निश्चित रूप से उपयोगी है; लेकिन व्यापक राष्ट्रवाद, जो सम्पूर्ण भारतीय लोगों की इच्छा की अभिव्यक्ति है, के मार्ग की निश्चित बाधा है ('द कल्ट ऑफ नॉन–वॉयलेन्सः इट्स सोशियो–इकोनॉमिक बैकग्राउण्ड', रे द्वारा पुनर्उद्धृत, 2000 बीः 156)।

गाँधी के नेतृत्व अहिंसा की पद्धति, में राष्ट्रवादी राजनीतिक शक्तियों तथा साम्राज्यवादी समर्थकों दोनों के लिए सुविधाजनक हथियार था। अतः, रॉय ने भविष्यवाणी की कि दोनों ही शक्तियाँ "निहित स्वार्थों की सुरक्षा को हानि पहुंचाने वाली क्रांतिकारी शक्तियों के विरुद्ध युद्ध के संचालन में अपने विरोधों को समाप्त कर देंगी" (पूर्वोक्त)। अहिंसा पर आधारित असहयोग का विचार, बहुसंख्यक लोगों की कीमत पर संकुचित निहित स्वार्थ के संचालन का आवरण मात्र था। *अमृत बाजार पत्रिका* के सम्पादकीय का उल्लेख करते हुए रॉय ने कहा कि गाँधी ने असहयोग की रणनीति की खोज नहीं की है। उन्होंने 'देश में छिपे हुए असंतोष को संगठित तथा बाह्य अभिव्यक्ति' का मार्ग ढूंढा है। गाँधी ने इस छिपे हुए असंतोष के खतरे को देख लिया था। वे नहीं चाहते थे कि इस असंतोष को ऐसे ही छोड़ दिया जाए जो क्रांति या मारक विद्रोह के रूप में फूटे ... अभियान में वास्तव में यही अन्तर्निहित था ('द कल्ट ऑफ नॉन–वॉयलेन्सः इट्स सोशियो–इकोनॉमिक बैक ग्राउण्ड', रे द्वारा पुनर्उद्धृत, 2000 बीः 154)। रॉय यह

स्पष्ट मानते थे कि अहिंसा निहित स्वार्थों की रक्षा के लिए थी तथा असहयोग जन सामान्य के क्रांतिकारी उत्साह को सम्भालने की सर्वश्रेष्ठ रणनीति थी। दूसरे शब्दों में, यह रणनीति एक विचारधारा से संचालित तथा निर्देशित थी, जिसका उद्देश्य तथाकथित राजनीतिक रूप से जाग्रत मध्यवर्ग जो अपनी तरह से राष्ट्रवादी आन्दोलन चलाना चाहते थे उससे भिन्न गतिशील क्रांतिकारी शक्तियों, जो भारतीय राष्ट्रवाद को खतरनाक रूप से आगे बढ़ा रही थीं, के विकास को रोकना था। असहयोग आन्दोलन के अचानक वापस लेने की ओर ध्यान आकर्षित करते हुए उन्होंने अपनी बात सिद्ध करनी चाही। उनके अनुसार गाँधी ने यह आन्दोलन इसलिए वापस लिया, क्योंकि उन्हें असहयोग आन्दोलन के वैचारिक आधार को चुनौती देते हुए एक क्रांतिकारी आन्दोलन का भय था। दूसरे शब्दों में, एक अकेली फूंक से महात्मा ने इतने वर्षों के तूफान और कठिनाइयों के मध्य इतनी मेहनत से बनाये सुन्दर महल को उड़ा दिया ('द रिलीज ऑफ गाँधी', रे द्वारा पुनर्उद्धृत, 2000 बी: 182-83)। उन्होंने न केवल क्रांतिकारी विप्लव को रोका अपितु वे, औपनिवेशिक शक्ति के आधार के लिए खतरा बने आन्दोलनों को रोकने के लिए, उसके हाथों की कठपुतली बन गए। जैसा कि रॉय ने कहा, जैसे ही आन्दोलन वापस हुआ, गाँधी को तुरंत छोड़ दिया गया, क्योंकि सरकार को मालूम था कि आने वाले 'हृदय परिवर्तन' के खेल में वे मूल्यवान सिद्ध होंगे (पूर्वोक्त : 182)। इसके अतिरिक्त गाँधी को छोड़ने में सरकार उदार नहीं थी अपितु वह हिसाब लगा रही थी क्योंकि "इस उदारता के कार्य की महात्मा जी से अधिक और कोई इतनी प्रशंसा नहीं करेगा और जब आवश्यक होगा तो वे इसका भुगतान (किसी न किसी रूप में) करेंगे" (पूर्वोक्त : 183)।

गाँधी के स्वराज को आवश्यक रूप से असफल मानते हुए, क्योंकि वह समय गया जब लोगों को स्वराज के अस्पष्ट वायदे से प्रभावित किया जा सकता था ('द कल्ट ऑफ नॉन वॉयलेन्स : इट्स सोशियो–इकोनॉमिक बैकग्राउण्ड', रे द्वारा पुनर्उद्धृत, 2000 बी: 156), रॉय ने क्रांतिकारी राष्ट्रीय दल के कार्यक्रम की निम्नलिखित तरीके से रूपरेखा प्रस्तुत की–

1. राष्ट्रवादी स्वतंत्रताः साम्राज्य से सम्पूर्ण अलगाव; सार्वभौमिक मताधिकार के आधार पर प्रजातांत्रिक गणतंत्र।
2. सामन्तवाद और भू–स्वामित्ववाद की समाप्ति।
3. भूमि का राष्ट्रीयकरण; खेत जोतने वाले के अतिरिक्त जमीन का अधिकार और किसी का नहीं होगा।
4. राज्य की सहायता से कृषि का आधुनिकीकरण।
5. खदानों और सार्वजनिक उपयोग की वस्तुओं का राष्ट्रीयकरण।

6. आधुनिक उद्योगों का विकास।
7. कामगारों की सुरक्षा, न्यूनतम वेतन, आठ घण्टे प्रतिदिन काम, बालश्रम का समापन, बीमा तथा अन्य विकसित सामाजिक कानून।
8. मुफ्त व अनिवार्य प्राथमिक शिक्षा।
9. धर्म और पूजा की स्वतंत्रता।
10. अल्पसंख्यकों के अधिकार।

जैसा कि कार्यक्रम में सुझाया गया है, रॉय ने कांग्रेस द्वारा संचालित राष्ट्रीय आन्दोलन जो, 'समझौतापरक' अधिक और 'क्रांतिकारी' कम था, का एक महत्त्वपूर्ण विकल्प प्रदान किया। ये कार्यक्रम, स्वराज के अर्थ की रूपरेखा प्रस्तुत करते हुए उनकी 1922 में लिखी पुस्तक *इण्डिया इन ट्रांजिशन* की पुनःस्थापना मात्र हैं। रॉय का मानना था कि असहयोग आन्दोलन के पश्चात् कांग्रेस ने अपनी क्रांतिकारी क्षमता दो कारणों से खो दी – (अ) कांग्रेस में क्रांतिकारी नेतृत्व की कमी थी, (ब) इसने जनता का समर्थन खो दिया था। कांग्रेस को सशक्त करने के साधन के सम्बन्ध में सुझाव देते हुए रॉय ने अनुशंसा की कि अपनी शक्ति को पुनः प्राप्त करने के लिए, "कांग्रेस को मजदूर यूनियनों तथा कृषक सभाओं में जाना चाहिए, वहां विचारित शिकायतों को सुनना चाहिए और उसे वास्तविक रूप में रचनात्मक कार्यक्रम में शामिल करना चाहिए, जिससे बड़ी संख्या में लोग एक बार फिर कांग्रेस में शामिल होंगे और इसके आदेश के अनुसार स्वराज के लिए संघर्ष करेंगे" (रॉय, 1922: 3, रे द्वारा पुनर्उद्धृत, 2000 एः 541)। 1919-21 के असहयोग आन्दोलन के बाद विकसित गाँधीवादी स्वराज की आलोचना करते हुए रॉय ने विश्वास व्यक्त किया कि इस कांग्रेस संचालित आन्दोलन का असफल होना आवश्यक था क्योंकि इसका उद्देश्य 'मजदूरों और किसानों के राजनीतिक अधिकारों' ('अपील टू द नेशनलिस्ट्स' रे द्वारा पुनर्उद्धृत, 2000 बीः 324) की उपेक्षा करके शोषक वर्ग के हितों की रक्षा करना था। एक मार्क्सवादी की भांति उन्होंने अन्य स्थानों के सर्वहारा वर्ग के लोगों के साथ जुड़ने की आवश्यकता अनुभव की, अन्यथा यह आन्दोलन छोटी लहर बनकर रह जाता। अतः, उन्होंने सुझाव दिया कि "क्रांतिकारी राष्ट्रवादियों को, न केवल भारतीय मजदूरों और किसानों के साथ जुड़ना चाहिए अपितु विश्व के विकसित सर्वहारा वर्ग के लोगों के साथ भी नजदीकी सम्बन्ध स्थापित करने चाहिए" (पूर्वोक्त)। भारत में भयंकर गरीबी के लिए 'भारत को जबरदस्ती औद्योगिक ब्रिटेन का खेतिहर संलग्न' ('इण्डियाज प्रोब्लम एण्ड इट्स सोल्यूशन', रे द्वारा पुनर्उद्धृत, 2000 एः 555), बनाने की ब्रिटिश नीति को उत्तरदायी ठहराते हुए रॉय स्पष्ट कारणों से साम्राज्य के अंतर्गत औपनिवेशिक स्तर प्राप्त करने के आलोचक थे। अतः, उन्होंने कहा–

... असहयोग के द्वारा विचारित स्वशासन मेहनतकश जनता की आर्थिक स्थितियों में परिवर्तन नहीं लायेंगे .... अतः बहुसंख्यकों के हित की मांग, *सभी प्रकार के साम्राज्यवादी सम्बन्धों से सम्पूर्ण पृथक्करण तथा सार्वभौमिक मताधिकार के प्रजातांत्रिक सिद्धान्त पर आधारित गणतांत्रिक राज्य की स्थापना है* ('डेफिनेशन ऑफ स्वराज', रे द्वारा पुनर्उद्धृत, 2000 बीः 101)।

रॉय ने गाँधी के रचनात्मक कार्यक्रम का विस्तृत विश्लेषण किया जो उनके अनुसार भारत की 'आर्थिक मुक्ति' के लिए पूर्ण रूप से अपर्याप्त था। रचनात्मक कार्यक्रम, कांग्रेस कार्यकारिणी समिति द्वारा 12 फरवरी, 1922 को बारदोली में चौरी–चौरा की घटना, जिसमें असहयोग आन्दोलन के दौरान हिंसा भड़क उठी थी, के तुरन्त बाद घोषित किए गए। इन रचनात्मक कार्यक्रमों के निर्माण में गाँधी की बहुत महत्वपूर्ण भूमिका थी क्योंकि बारदोली प्रस्ताव द्वारा अखिल भारतीय कांग्रेस समिति ने उन्हें सम्पूर्ण शक्ति प्रदान कर दी। जनसामान्य के आर्थिक कल्याण को सुनिश्चित करने के लिए रचनात्मक कार्यक्रम में (अ) चरखा, (ब) खद्दर, (स) अस्पृश्यता का निवारण, तथा (द) मद्यपान के विरुद्ध संघर्ष शामिल थे। जबकि पहले दो कार्यक्रमों की प्रकृति आवश्यक रूप से आर्थिक थी, इसमें कोई शक नहीं कि अस्पृश्यता के निवारण तथा मद्यपान के विरुद्ध अभियान ने लोगों को इन सामाजिक बुराइयों के दुष्परिणामों के सम्बन्ध में सचेत किया। लेकिन एम.एन. रॉय का विश्वास था कि चरखा–खद्दर कार्यक्रम, उपभोक्ता पर आर्थिक दुष्परिणाम के कारण असफल होने थे। इसकी सफलता की दो मूल आवश्यकताएं थीं, (अ) चरखा का हर घर में प्रयोग हो, तथा (ब) खद्दर सबके द्वारा पहनी जाए। यह शर्तें कभी पूरी नहीं हुईं क्योंकि चरखा कभी इतना लोकप्रिय नहीं हुआ जैसा कि सोचा गया था और खद्दर की कीमत मिल के बनाए कपड़े से अधिक महंगी थी। भारतीय मजदूर और किसान की सामान्य आय को ध्यान में रखते हुए रॉय का कहना था कि राष्ट्रीय अभियान में खद्दर कभी आकर्षक प्रस्ताव नहीं हो सकती। उनकी अल्प आय से उनकी आवश्यकता का 'कम से कम मात्रा का कपड़ा' भी उपलब्ध नहीं हो सकता; 'अपवित्र' 'विदेशी कपड़े' पहनने की अपेक्षा उनसे 'निर्वस्त्र हो जाने की उम्मीद भी नहीं की जा सकती' ('इण्डियाज प्रोब्लम एण्ड इट्स सोल्यूशन', रे द्वारा पुनर्उद्धृत, 2000 एः 553-54)। रॉय ने गाँधी को यह भी याद दिलाया कि स्वदेशी आन्दोलन के तहत हाथ से बने कपड़े को पहनने के नियम को जबरदस्ती लागू करने से आन्दोलन को नुकसान होगा।

'भावनाएं किसी आन्दोलन को एक सीमा तक ही सक्रिय रख सकती हैं।' रॉय ने आगे कहा, "पर जब तक इसमें और अधिक विशेष तत्व न शामिल कर लिए जाएं यह हमेशा के लिए नहीं चल सकता" ('इण्डियाज प्रोब्लम एण्ड इट्स सोल्यूशन', रे द्वारा पुनउर्द्धृत, 2000 एः 553-54)। इसी प्रकार गाँधी का चरखा पर जोर देना खोखले आर्थिक तर्क पर आधारित था। दूसरे शब्दों में, आर्थिक रूप

से सम्भव न होने के कारण चरखे का भविष्य भी समान रूप से समाप्त हो गया था। जैसा कि उन्होंने बताया कि अपनी ऊँची कीमत के कारण खद्दर की प्रतिदिन की बिक्री तथा हाथ से बने सूत का बाजार प्रभावित होता था, अतः धीरे–धीरे इसका उत्पादन आर्थिक दृष्टि से अव्यावहारिक हो गया। अतः चरखे का भविष्य अनिश्चित था क्योंकि अपनी अन्तर्निहित सीमाओं के कारण खद्दर कभी भी जनसामान्य द्वारा स्वतः पसन्द नहीं की गई। जब तक चरखा और खद्दर को आर्थिक रूप से व्यावहारिक न बनाया जाए, "कुटीर उद्योगों को पुनर्जीवित करने का प्रचार लोगों को शुद्ध राजनीतिक आन्दोलन के लिए तैयार नहीं करता" (पूर्वोक्त : 554)।

अन्य दो विषय, अस्पृश्यता का निवारण तथा मद्यपान के विरुद्ध अभियान, की प्रचार कीमत हो सकती थी, लेकिन वे भी दो कारणों से, जैसा कि राय ने कहा, प्रभावी नहीं थे – *पहला*, अस्पृश्यों के रूप में जाने गए लोगों के विरुद्ध ऐतिहासिक रूप से जमे हुए पूर्वाग्रहों के कारण, 'किसी भी प्रकार का नैतिक प्रचार' इस प्रकार की प्राचीन प्रचलन की जड़ पर आघात नहीं कर सकता (पूर्वोक्त : 554)। आवश्यकता लगातार अभियान की थी, साथ ही उत्पादन के तरीके और सम्बन्धों में भी परिवर्तन की आवश्यकता थी जिससे अन्तर्वैयक्तिक सम्बन्धों की पुनर्परिभाषा हो और जो भारत के एक 'स्वस्थ राज व्यवस्था' के रूप में उभरने के मार्ग में कड़ी 'पूर्वाग्रहों' को चुनौती दे (पूर्वोक्त)। इसी प्रकार सिर्फ उपदेश से मद्यपान की आदतों को प्रभावशाली रूप से रोकना असम्भव नहीं तो कठिन अवश्य था क्योंकि गरीबों के पास अपनी तकलीफों को अचेतन में डुबोने का यही एक साधन था (पूर्वोक्त)।

रॉय का गाँधी के रचनात्मक कार्यक्रमों का विश्लेषण स्पष्ट रूप से यह सुझाता है कि वे मूल रूप से मौखिक तथा भावनाओं में डूबे हुए थे, न कि जनसामान्य को शामिल करने वाले कार्यक्रम। इनकी गम्भीर कमजोरियों के कारण ये कार्यक्रम उन लक्ष्यों को पाने में असफल रहे, जिन्हें महात्मा ने जनसामान्य के समक्ष इतनी मेहनत से रखा था। रॉय के अनुसार इन कार्यक्रमों को 'ऐसा होना चाहिए था कि वे जनसामान्य के तात्कालिक हितों के अनुरूप हों' (पूर्वोक्त : 555)। उनके अनुसार कर न देने के कारण यू.पी. संयुक्त प्रान्त, बंगाल और पंजाब के किसानों को पहले ही कार्यवाही के लिए उत्तेजित कर दिया था, उन्हें और उत्साह से प्रेरित करना चाहिए था। कांग्रेस द्वारा जनसामान्य के लिए कार्यक्रम प्रारम्भ करने की सलाह देते हुए रॉय ने सुझाव दिया, "कि प्रारम्भिक तैयारी में, यह व्यावहारिकता होनी चाहिए न कि भावात्मक मानवतावादी झटके, कि कांग्रेस–मजदूरों और किसानों की नेता है। तभी सविनय अवज्ञा को क्रांतिकारी विकास की सभी सम्भावनाओं के साथ प्रारम्भ किया जा सकेगा" ('इण्डियाज प्रॉब्लम एण्ड सोल्यूशन', रे में पुनर्उद्धृत, 2000 एः 255)। जैसा कि

स्पष्ट है कि गाँधी के सामाजिक और आर्थिक विचारों की आलोचना करके रॉय ने अपने लिए स्थान बनाया। गाँधी, जिन्होंने भारत के स्वतंत्रता संघर्ष में नया उत्साह भरा, के प्रति प्रशंसा का भाव होते हुए भी रॉय सम्भवतः उन थोड़े से लोगों में थे जो महात्मा के करिश्मा में कभी बहे नहीं, विशेषकर तब जब इसमें जनसामान्य को प्रभावित करने वाले सामाजिक, आर्थिक तथा राजनीतिक मुद्दे शामिल थे। अतः, उनकी आलोचना, महात्मा गाँधी के कार्यकर्त्ता और सिद्धान्त निर्माता के रूप में प्रस्तुत विचारों की कमजोरियों और स्वाभाविक शक्ति दोनों, को महत्वपूर्ण रूप से स्पष्ट करती है।

रॉय के विचारों से स्पष्ट है कि यह मार्क्सवाद के आधार पर तथा भारतीय राष्ट्रवादी आन्दोलन के विशेष अनुभवों के सन्दर्भ में अपनी प्रतिक्रियाओं के अवधारणीकरण का प्रयास था। गाँधी का सतत् उल्लेख स्पष्टः कारणों से था। वस्तुतः राजनीतिक उग्रवाद ने, समाज के तथाकथित उपेक्षित वर्ग की बढ़ती भागीदारी के कारण, बिल्कुल भिन्न स्वरूप ग्रहण कर लिया था। जैसा कि बताया गया असहयोग आन्दोलन के दौरान आई.एन.सी. का क्षेत्र शहरों और पढ़े–लिखे मध्यवर्ग से आगे विस्तृत हो गया था। एम.एन. रॉय ने भारत में उपनिवेशवाद के इस क्षण को समझ लिया दिखता है तथा उन्होंने एक सैद्धान्तिक संरचना प्रस्तुत की जो मुख्यतः मार्क्सवाद पर आधारित थी। दूसरे शब्दों, में लोगों के 'उपेक्षित स्वर' को ग्रहण करके रॉय ने, उन उग्रवादी लोगों के साथ जो राष्ट्रवादी आन्दोलन में पिछड़े हुए लोगों को शामिल करना चाहते थे, एक ऐतिहासिक कार्य किया। उनके उग्रवाद की राजनीतिक व्यावहारिकता की सम्भावना विवाद योग्य है, लेकिन उनके विचार स्फूर्तिदायक थे इसमें कोई शक नहीं, क्योंकि इसने लोगों के बढ़ते क्रांतिकारी उत्साह का ध्यान रखा था। राष्ट्रवादी आन्दोलन में अपने उग्रवादी सहयोगियों की भांति रॉय ने सुतार्किक सैद्धान्तिक प्रतिमान प्रस्तुत किए, जिसमें उन्होंने गाँधी द्वारा संचालित राष्ट्रवादी नेतृत्व की विषम अवस्था की व्याख्या की क्योंकि यह जनसामान्य, जो कि औपनिवेशिक शक्तियों और स्थानीय निहित स्वार्थों से संघर्ष कर रहे थे, की भावनाओं को समझ नहीं पाया। फिर भी, मार्क्सवादी दृष्टिकोण से रॉय द्वारा किया गया गाँधी का विश्लेषण रचनात्मक होते हुए भी 'गाँधी की सांस्कृतिक शक्ति' तथा रूढ़िवादी सामग्री से राजनीतिक संघर्ष के हथियार निर्माण की योग्यता को नहीं समझ पाया। यदि पीछे मुड़कर देखें तो इसका कारण यह था कि उन्होंने गाँधी की राजनीतिक शक्ति को 'निर्बल रहस्यवाद' के रूप में गलत समझा।[2]

उग्र मानववाद

एम.एन. रॉय का सर्वाधिक महत्वपूर्ण सैद्धान्तिक विचार उग्रवाद का दर्शन या नव–मानववाद तीस साल में फैली हुए उनकी बौद्धिक रूप से चकित कर देने

वाली यात्रा के चरम शिखर का प्रतिनिधित्व करता है। रॉय जैसे बौद्धिक रूप से सशक्त और उर्वर मस्तिष्क के व्यक्ति के लिए यह दुर्भाग्यपूर्ण था कि उन्हें विपरीत दिशाओं में भटकना पड़ा और वे कोई व्यवस्थित, निरन्तरतापूर्ण, व्यावहारिक और स्वीकृत सिद्धान्त को विकसित नहीं कर पाए जो भारतीय जनसामान्य के लिए अनुकरणीय हो। मार्क्सवादी दर्शन की सूक्ष्म विशेषताओं जैसे इसका कमजोर आर्थिक झुकाव तथा इतिहास की आर्थिक व्याख्या पर अत्यधिक जोर, साथ ही ऐतिहासिक प्रक्रिया में बुद्धि का महत्व का पूरा नहीं तो पर्याप्त अनादर, के प्रति रॉय की निराशा में नव–मानववाद के विचार की उत्पत्ति निहित है। इस प्रकार प्रारम्भ में रॉय ने मानववाद का उग्र दृष्टिकोण विकसित करने का प्रयास किया, जिस पर मार्क्सवाद का पर्याप्त प्रभाव था, लेकिन इस उग्रवादी अवतार से भी असन्तुष्ट होकर रॉय ने अपने अंतिम सिद्धान्त को प्रतिपादित किया जो एकीकृत वैज्ञानिक मानववाद में निहित है जिसे उन्होंने "नव–मानववाद कहा, क्योंकि यह मानववाद वैज्ञानिक ज्ञान और सामाजिक अनुभव जिन्हें सदियों की आधुनिक सभ्यता से प्राप्त किया गया है, से समृद्ध, पुनर्स्थापित और व्याख्यायित है" (रॉय, 1947: 42)।

रॉय के उग्र मानववाद का मूल बिन्दु एक इंसान के रूप में मानव के व्यक्तित्व पर अत्यधिक जोर देने में निहित है। वे उन सिद्धान्तों, दृष्टिकोणों की अत्यधिक आलोचना करते थे जो अपने विश्लेषण में व्यक्ति को केन्द्र में नहीं रखते थे। उदाहरण के लिए, मार्क्सवाद के प्रति उनके विरोध का कारण, अन्य वस्तुओं के अतिरिक्त, वर्ग संघर्ष के विचार पर अत्यधिक जोर देना था जिसके अन्तर्गत एक–दूसरे वर्ग का हिस्सा बनने के कारण मानव ने अपना व्यक्तित्व खो दिया। साथ ही उन्होंने राष्ट्रवाद की संरचना को भी अस्वीकार कर दिया, सम्भवतः इस तथ्य के कारण, क्योंकि इसमें भी राष्ट्र और राष्ट्रवाद के विचार में मानव का व्यक्तित्व खो जाता है। उन्होंने बहुत स्पष्टता से यह प्रतिपादित किया कि "उग्रवाद न राष्ट्र और न वर्ग के सन्दर्भ में सोचता है; इसकी चिन्ता व्यक्ति है; स्वतंत्रता को व्यक्ति की स्वतंत्रता के रूप में सोचता है" (रॉय, 1947: 36)। नव–मानववाद का दर्शन इतिहास के लम्बे समय में विभिन्न सैद्धान्तिक विचारों द्वारा मानव के ऊपर सावधानी या असावधानी से लादी गई बेड़ियों से मुक्त करने की तीव्र इच्छा है। मनुष्य में अन्तर्निहित उग्रवाद के गुणों को स्वीकार करते हुए नव–मानववाद अपने स्व के या स्वतंत्र स्थिति पर पराभौतिक अस्तित्व के किसी दावे को अस्वीकार करता है। बल्कि यह उग्र मानववाद के मूल सिद्धान्त को पुनः स्थापित करता है कि प्रकृति पर आंशिक विजय तथा रहस्यों को अनावृत्त करने की रचनात्मक उपलब्धियों में मानव अपने गुणों व पराक्रम को प्राप्त करता है। अतः, रॉय, मानते हैं कि अगर मनुष्य अपनी क्षमता और कल्पना का प्रकृति की सीमा के बाहर निकलने के लिए विस्तार कर सकता है तो उसे मनुष्य निर्मित तथा

कृत्रिम वस्तु, जिसे बार–बार समाप्त किया जा सकता है, के अधीन कैसे रखा जा सकता है। अतः मनुष्य का ठोस व्यक्तित्व, जिसमें एक ओर शारीरिक इकाई है तथा दूसरी ओर तार्किक बौद्धिक क्षमताएं हैं, ही स्थायी हैं।

मानव, जो एम.एन. रॉय के नव–मानववाद के केन्द्र में है, में तीन मूलभूत तत्व – विवेक, नैतिकता और स्वतंत्रता के गुण हैं। बहुसंख्यक लोगों के गुणों और प्रकृति की विविधता के आधार पर रॉय विवेक को प्रत्येक व्यक्ति में एकीकृत करने वाला तत्व मानते हैं जो विश्व में सामंजस्य के विचार के रूप में प्रतिध्वनित होता है। प्रत्येक व्यक्ति को विवेकशील मानते हुए रॉय विश्वास के साथ कहते हैं कि विश्व में प्रत्येक व्यक्ति का व्यवहार विवेकपूर्ण होता है। यद्यपि विश्व के विभिन्न भागों में प्रचलित भिन्न जीवन शैलियों के कारण यह कभी–कभी अविवेकपूर्ण लगता है। प्रत्येक व्यक्ति के व्यक्तित्व में अन्तर्निहित विवेक उसमें निहित प्रकृति के नियमों को खोजने और पुनः खोजने की क्षमता दर्शाता है ताकि वे स्वयं को उन छिपे हुए बन्धनों से मुक्त कर सकें जो उन पर कुछ समय के लिए लाद दी गई हैं।

एम.एन. रॉय की अवधारणा में नैतिकता मनुष्य की एक महत्वपूर्ण विशेषता है, लेकिन रॉय शीघ्र ही इस विचार को अमान्य कर देते हैं कि नैतिकता का आधार संस्थाएं हैं या कोई दैवीय इमारत है। मार्क्सवादी प्रशिक्षण के अनुसार रॉय कहते हैं कि नैतिकता मानव विवेक, सामाजिक सम्बन्ध और लोगों को एक–दूसरे के साथ परस्पर सम्बन्ध को वैज्ञानिक रूप से लागू करने से निसृत होती है। समाज में नैतिकता की रचनात्मक और एकजुट रखने की महत्ता के आधार पर रॉय का मानना है कि इसका उद्देश्य पूरे समाज के सामूहिक और सामान्य कल्याण को यथार्थ में क्रियान्वित करना है।

रॉय के अनुसार, स्वतंत्रता, आत्मरक्षा के लिए जैविक संघर्ष तथा कुछ सीमा तक आक्रामक प्रकृति से मानवों की गुणात्मक बढ़ोत्तरी में प्रकट होती है। दूसरे शब्दों में, मनुष्य का प्रकृति के नियम और ब्रह्मांड के कार्य को समझने की खोज का अन्ततः उद्देश्य, कुछ ऐसे मार्ग ढूंढना है जो उन्हें प्रकृति द्वारा आरोपित बन्धनों से मुक्त कर सके। इस उद्यम का परिणाम मनुष्य के लिए स्वतंत्रता है। अतः, स्वतंत्रता के विचार में, रॉय का मानना है कि मानववाद, व्यक्तिवाद और विवेकवाद के तत्व अपृथक्करणीय रूप से शामिल हैं (रॉय, 1945: 61)। अन्ततः अंतिम विश्लेषण में व्यक्ति के द्वारा ज्ञान की खोज में विवेक का प्रयोग ही मानववाद का विचार है।

विवेक, नैतिकता और स्वतंत्रता के तत्वों का मानव पर मिला–जुला प्रभाव नव–मानववाद के सिद्धान्त को वैश्विक दृष्टिकोण प्रदान करता है। जैसा कि रॉय (1955: 310) अभिव्यक्तिपूर्ण तरीके से कहते हैं, "नव–मानववाद वैश्विक है। आध्यात्मिक रूप से स्वतंत्र मानवों का वैश्विक राष्ट्रमण्डल – पूंजीवादी,

फासीवादी, समाजवादी, साम्यवादी और अन्य किसी प्रकार के राष्ट्र–राज्य की सीमाओं से सीमित नहीं होगा – ये राष्ट्र–राज्य धीरे–धीरे बीसवीं शताब्दी के व्यक्ति के पुनर्जागरण के प्रभाव स्वरूप अदृश्य हो जाएगे।" नव–मानववाद की वैश्विकता अन्तर्राष्ट्रीयता से परे जाती है, क्योंकि अन्तर्राष्ट्रीयतावाद विश्व में बहुत सारे राष्ट्र–राज्यों के अस्तित्व के विचार पर आधारित है। फिर भी, नव–मानववाद में राष्ट्र–राज्य और वैश्विकता के विचार के मध्य विरोध निहित है। अतः, वैश्विकता के स्वप्न के क्रियान्वयन के लिए विश्व में आवश्यक कारक के रूप में राष्ट्र–राज्य, यदि पूरी तरह समाप्त न हो तो कम से कम निरपेक्ष होने की, शर्त आवश्यक है (रॉय, 1947: 50)।

नव–मानववाद के आर्थिक पक्ष की व्याख्या करते हुए रॉय एक मनुष्य द्वारा दूसरे मनुष्य के शोषण से मुक्त समाज के आर्थिक पुनर्गठन के लिए तर्क प्रस्तुत करते हैं जिससे सहकारी अर्थव्यवस्था की स्थापना हो। इसके लिए वे व्यवस्था में सहयोग तथा विकेन्द्रीकरण के गुणों के साथ नियोजित आर्थिक विकास पर उम्मीद केन्द्रित करते हैं। इस प्रकार सामाजिक प्रगति की सामुदायिक व्यवस्था, जिसकी रॉय ने कल्पना की, समाज में व्यक्ति को अधिकतम स्वतंत्रता प्रदान करेगी। लेकिन व्यक्ति की आर्थिक गतिविधियों में राज्य की भूमिका के महत्व के सम्बन्ध में रॉय जानते थे और इसे एक प्रकार की आवश्यक बुराई मानते थे। वस्तुतः, समाज में सामुदायिक रूप से आर्थिक गतिविधियों के संचालन में व्यक्तिगत सम्पत्ति ने बाधा उत्पन्न की। व्यक्तियों में सम्भावित विरोधों की स्पष्ट सम्भावना ने लोगों की आर्थिक गतिविधियों के संचालन को नियमित करने के लिए एक व्यवस्था की आवश्यकता उत्पन्न की। अतः रॉय के अनुसार राज्य व्यवस्था का आविर्भाव न तो सामाजिक समझौते के कारण है, न यह समाज पर दैवीय रूप से आरोपित है। इसके विपरीत, यह एक ऐतिहासिक और प्राकृतिक घटना है जो समाज में सुरक्षा और व्यवस्था बनाए रखने के लिए एक सामान्य यंत्र के सन्दर्भ में उत्पन्न हुई। कई वर्षों में राज्य में शक्ति के केन्द्रीकरण ने कुशल प्रशासकों के लिए सृजित भूमिका को विकृत कर दिया जिन्होंने लोगों पर प्रभुता प्राप्त करने के लिए अधिकतम सत्ता अपने हाथ में ले ली। बहुत दृढ़ता से इसका विरोध करते हुए रॉय प्रजातंत्र, विकेन्द्रीकारण तथा बहुलवाद के सिद्धान्तों के आधार पर राज्य की संरचना और कार्य को पुनर्गठित करना चाहते हैं। प्राचीन उदारवादियों की भांति रॉय लोगों की गतिविधियों में राज्य का कम से कम हस्तक्षेप चाहते हैं और साथ ही समान रूप से महत्वपूर्ण और स्वायत्त सामाजिक संस्थाओं का उदय चाहते हैं, जो राज्य के साथ तारतम्य से लोगों को स्वतंत्र और संतुष्ट जीवन देने के लिए कार्य करेंगी।

'संगठित जनतंत्र' का विचार (रॉय, 1947: 12) एम.एन. रॉय के नव–मानववाद के राजनीतिक पक्ष की प्रामाणिक विशिष्टता है। पूरी तरह से

प्रजातात्रिक होने के कारण पश्चिम में प्रचलित शास्त्रीय संसदीय प्रकार के प्रजातंत्र को रॉय ने पूरी तरह से नकार दिया। उनके अनुसार प्रजातांत्रिक राजनीतिक व्यवस्था देश में सहभागी नागरिकता को प्रदान करने वाली होनी चाहिए, जिसमें उदार संसदीय प्रजातंत्र पूरी तरह से असफल हुआ दिखता है। साथ ही प्रजातांत्रिक केन्द्रवाद के विचार के गुणों से युक्त साम्यवादी प्रजातांत्रिक व्यवस्था को भी रॉय अस्वीकृत करते हैं और उसे भंग करने के लिए कहते हैं। संगठित प्रजातंत्र के उनके विचार में देश की प्रजातांत्रिक व्यवस्था की जड़ में रहने वाले लोगों की सेवा करने की अपेक्षा है, क्योंकि यह उच्च स्थान पर संगठित नहीं होगा जहां ऊपर वाले निम्न श्रेणी के नेतृत्व पर अपना प्रभाव जमाते हैं। दूसरी ओर जनतांत्रिक व्यवस्था की जड़ में स्थानीय लोगों की समितियों से व्यवस्था को कार्यात्मक ऊर्जा प्राप्त होगी क्योंकि वे प्रजातांत्रिक संस्थाओं के उच्च स्तर के लिए शक्ति का स्रोत रहेंगे।

नव–मानववाद, मानववादी राजनीति के महत्व में भी विश्वास करता है। सीधे–सीधे जिसका अर्थ है राजनीति, शक्ति के लिए नहीं अपितु लोगों के राजनीतिक जीवन के शुद्धीकरण और उसे विवेकशील बनाने के लिए है। रॉय अपने समय में प्रचलित राजनीतिक दलों द्वारा सम्पत्ति की प्रक्रिया को राजनीति से अलग करने में पूरा विश्वास करते थे। उनका मानना था कि देश में दल आधारित राजनीतिक गतिविधियों का उद्देश्य जनता की कीमत पर समाज के कुछ सुविधा सम्पन्न लोगों के हितों की रक्षा करके जनता से अधिकतम प्राप्ति करना है। इस प्रकार राजनीति भ्रष्टाचार का यंत्र बन गयी जिससे लोग राजनीति में अपने लिए अधिक समृद्धि प्राप्त करने के लिए प्रवेश करते हैं। अतः भारतीय राजनीतिक व्यवस्था की इस बुराई से मुक्त होने के लिए उन्होंने राजनीतिक दलों की समाप्ति की वकालत की तथा यह भी माना कि राजनीतिक गतिविधियों का क्रियान्वयन दलीय आधार पर न हो अपितु सामान्य जन के एक विशेष मुद्दों पर व्यक्तिगत दृष्टिकोण के आधार पर हो, जिससे समाज में मानववादी राजनीति का विस्तार होगा।

एम.एन. रॉय द्वारा निर्मित नव–मानववाद की सामाजिक संरचना उनके सूक्ष्म निर्णय पर आधारित है कि वर्ग संघर्ष समाज का एकमात्र यथार्थ नहीं हो सकता (रॉय, 1947: 26)। अपितु रॉय ने यह ध्यान दिया कि कोई भी समाज लोगों के मध्य एक प्रकार के समन्वय के बिना बना नहीं रह सकता। साथ ही रॉय ने समाज में दो वर्ग – अमीर और गरीब के अस्तित्व के शास्त्रीय मार्क्सवादी विचार को भी अस्वीकार कर दिया। एक शिक्षित, विवेकशील और गतिशील वर्ग जो दो विरोधी दिखते हुए वर्ग के बीच मध्यस्थ का कार्य कर सके, को प्रस्तुत करने के लिए रॉय ने नव–मानववाद के सामाजिक दृष्टिकोण में मध्यवर्ग को महत्वपूर्ण स्थान दिया। समाज के सामाजिक समन्वय में मध्यवर्ग की मध्यस्थ के

रूप में भूमिका की प्रशंसा करते हुए भी रॉय ने नव–मानववाद के सामाजिक गठन में वर्ग के स्थान पर व्यक्ति को दृढ़ता से महत्व दिया।

अन्त में नव–मानववाद के आदर्श के फलीभूत होने का माध्यम, रॉय के अनुसार, अन्य कुछ नहीं अपितु शिक्षा होगी। शिक्षा के सर्वाधिक व्यापक सम्भव विचार को लागू करते हुए रॉय का मानना था कि वर्ग संघर्ष या हिंसक साधनों से क्रांति लाने की बात करना बेकार है। उनके अनुसार शिक्षा पुरानी और अविवेकशील जीवन शैली की बेड़ियों से लोगों को, धीमी रफ्तार से ही सही, लेकिन निश्चित रूप से मुक्त करेगी। अतः रॉय लोगों में विवेक, नैतिकता और स्वतंत्रता के गुणों का पक्ष लेते हुए हिंसक और शीघ्र क्रांति के विचार को त्यागने की वकालत करते हैं, जिससे विकसित क्रांतिकारी जीवन के नये काल में उनके प्रवेश की पृष्ठभूमि सृजित होगी। अल्पकालिक विचारधाराजन्य उन्माद के स्थान पर शिक्षा की पद्धति से लोगों के मन और ह्रदय तक गहराई से बैठी हुई जागृति ज्यादा स्थायी और अमिट होगी। शिक्षा लोगों के समक्ष सत्य को अनावृत्त करने में सक्षम होगी और एक विशिष्ट परिस्थिति में विवेकशील तरीके से प्रतिक्रिया व्यक्त करने का दृष्टिकोण प्रदान करेगी। इस प्रकार रॉय इस बात पर जोर देते हैं कि नव–मानववाद की सम्पूर्ण योजना तभी क्रियान्वित हो सकती है जब जनसामान्य विवेकशील सोच के लिए पर्याप्त रूप से शिक्षित हो ताकि समाज में फैली हुई समस्याओं के संभावित क्रांतिकारी समाधान के लिए वे काम कर सकें।

एम.एन. रॉय के नव–मानववाद के दर्शन का आलोचनात्मक मूल्यांकन उनकी सम्पूर्ण योजना में विरोधाभासों को परिलक्षित करता है। सर्वप्रथम रॉय द्वारा, नव–मानववाद का विचार, वर्षों की मार्क्सवादी विचारधारा के सैद्धान्तिक विचार से अत्यन्त असंतोष के कारण प्रस्तुत किया गया। वास्तव में नव–मानववाद की अधिकतर विशिष्टताएं मार्क्सवादी विश्लेषण के प्रचलित विचार को अस्वीकार करने की प्रकृति में तथा व्यक्ति के विवेक, नैतिकता और स्वतंत्रता के वैकल्पिक तर्क को विकसित करने में निहित हैं लेकिन इस सब में जो अनुचित है वह यह है कि रॉय मार्क्सवाद की विचारधारा के अपने लम्बे प्रशिक्षण तथा जुड़ाव के प्रलोभन और लालच से नहीं बच पाए जिसके कारण वे मार्क्सवाद के प्रलोभन से स्वयं को पूरी तरह मुक्त नहीं कर पाए, जिसमें उन्हें अभी भी "सकारात्मक परिणाम या एक व्यक्ति की भौतिक प्रकृति की प्रकिया, सामाजिक विकास, तथा इच्छा और भावनाओं को समन्वित करने के दर्शन के विकास का प्रारम्भिक बौद्धिक प्रयास" दिखता है (रॉय, 1944: VII)। मार्क्सवाद के विचारों से चिपके रहने का एक ठोस उदाहरण नव–मानववादी क्रांति के उनके विचारों में दिखता है जो शास्त्रीय मार्क्सवाद के क्रांति के विचार के बिल्कुल विपरीत होते हुए भी मार्क्सवादी लय में 'क्रान्ति' के सन्दर्भ में अभिव्यक्त हुए हैं।

एक और पक्ष जो एम.एन. रॉय के दर्शन की कमी की ओर इंगित करता है वह है देश की प्रचलित सामाजिक, राजनीतिक और आर्थिक व्यवस्थाओं के सन्दर्भ में इसकी संभावना के विश्लेषण का है। उदाहरण के लिए, नव–मानववाद के सिद्धान्त की राजनीतिक संरचना की व्याख्या करते हुए रॉय राजनीतिक दल को समाप्त करने के लिए कहते हैं तथा देश में राजनीतिक गतिविधियों के इस प्रकार के संचालन की अपेक्षा करते हैं ताकि मानवतावादी राजनीति का प्रतिमान विकसित हो सके। ऐसा तर्कपूर्ण कथन बौद्धिक रूप से सम्पूर्णता लिए तथा नैतिक रूप से उच्च होते हुए भी देश के लिए व्यावहारिक रूप से असफल है। उदाहरण के लिए, रॉय द्वारा ठोस उदाहरणों से यह नहीं बताया गया कि समाज में लोगों को विभिन्न मतों, जो अंतिम विश्लेषण में विभिन्न दलों की नीतियों और कार्यक्रमों के आधार बन जाते हैं, को अभिव्यक्त करने के प्राथमिक यंत्र के रूप में राजनीतिक दलों के अस्तित्व के बिना आधुनिक प्रजातांत्रिक व्यवस्था की सरकार किस प्रकार संचालित होगी।

समापन अवलोकन

जैसा कि विवेचन से स्पष्ट है कि रॉय के राजनीतिक विचारों के विकास के दो प्रमुख चरण हैं – पहला, भारत में राष्ट्रवाद और उपनिवेशवाद को समझते समय मार्क्सवाद का अन्धानुकरण करने के स्थान पर रॉय ने मार्क्सवाद की रचनात्मक रूप से पुनर्व्याख्या की। उपनिवेशों में राष्ट्रवादी शक्तियों को सशक्त करने की सलाह देकर उन्होंने मार्क्सवादियों की महत्वपूर्ण आलोचना प्रस्तुत की, जो विशिष्ट ऐतिहासिक सन्दर्भ में 'देशी बुर्जुआओं' के ऐतिहासिक महत्व को समझने में असफल रही। निःसन्देह यह एक महत्वपूर्ण विचार था जो उपनिवेशवाद के विरुद्ध जनता को संगठित करने में प्रमुख था, विशेषकर उस समय जब साम्यवादी दल राजनीतिक रूप से हाशिये पर थे। इसी प्रकार एम.एन. रॉय का नव–मानववाद राष्ट्रीय आन्दोलन के दौरान भारत में प्रचलित जीवन की व्यवस्था को नवीन दृष्टिकोण प्रदान करता है। ऊपरी तौर पर नव–मानववाद का सर्वाधिक आश्चर्यजनक तत्व लोगों के, अच्छा जीवन प्रदान करने के लिए, कुछ मूल्यों को मूलभूत मानना दिखता है। अतः मानव के व्यक्तिवाद में निहित नव–मानववाद का दर्शन विवेक, नैतिकता और स्वतंत्रता के शाश्वत मूल्यों पर आधारित है जो आधुनिक समय के लोगों के जीवन की विशिष्टता दर्शाता है। नव–मानववाद को व्यापक और सर्वसमावेशी सैद्धान्तिक विचार के रूप में प्रस्तुत करते हुए रॉय मानव जीवन के सभी पक्षों पर विशिष्ट प्रभाव डालते हुए जीवन के प्रतिमान की वकालत करते हैं। इस प्रकार राजनीतिक क्षेत्र में वे संगठित प्रजातंत्र की स्थापना का आह्वान करते हैं, जो दल विहीन राज–व्यवस्था होगी और जहां राजनीति का

संचालन अन्तर्निहित मानवतावादी आधार पर होगा। आर्थिक रूप से नव–मानववाद एक सहकारी अर्थव्यवस्था प्रस्तुत करता है जो उत्पादन के साधनों पर सामुदायिक स्वामित्व के तहत मानव की आवश्यकताओं को पूरा करने के उद्देश्य से संचालित होगी। उसी प्रकार नव–मानववाद के अन्तर्गत सामाजिक व्यवस्था की विशिष्टता वर्ग–संघर्ष, जो मार्क्सवादी योजना के अन्तर्गत समाज में प्रवेश कर गया है, के विचार के विपरीत लोगों के मध्य गहरे सामाजिक सामंजस्य की होगी। फिर भी नव–मानववाद के दर्शन में जो सर्वाधिक महत्वपूर्ण है वह शिक्षा का विचार है जो रॉय के अनुसार लोगों के लिए मुक्तिदाता और स्वतंत्रता प्रदानकर्ता होगा और जो अन्ततः नयी मानववादी क्रांति के प्रारम्भ की ओर ले जाएगा। अतः नव–मानववाद के सिद्धान्त में व्यापकता तथा स्फूर्तिदायक दृष्टिकोण होने के बावजूद यह दुःख की बात है कि भारत में इसे बहुत ज्यादा लोगों द्वारा पसन्द नहीं किया गया तथा ऐसा लगता है कि अपने पूरे जीवनभर एम.एन. रॉय द्वारा प्रारम्भ किए सभी बौद्धिक उद्यमों के लगभग सभी पक्षों का यही हश्र हुआ।

टिप्पणियां

1. साम्यवादी नेताओं के विपरीत एम.एन. रॉय पर प्रबुद्ध लोगों का पर्याप्त ध्यान गया प्रतीत होता है। रॉय की राजनीतिक विचारधारा के सर्वाधिक विस्तृत विवरणों में से एक हैथकोक्स का है; (1971); भारत में साम्यवादी आन्दोलन के विकास के सामान्य अध्ययन के लिए देखें, ओवरस्ट्रीट तथा विंडमिलर (1960)।
2. सुदीप्त कविराज (1986: 229) ने कहा, "गाँधी की राजनीति पूरी तरह से रहस्यमयी नहीं थी; अपितु इसका रहस्यवाद अधिकतर जानबूझकर था, इसका अविवेक ध्यानपूर्वक सोचा हुआ था।"

सन्दर्भ

हैथकोक्स, जे.पी., 1971, *कम्यूनिज्म एण्ड नेशनलिज्म इन इण्डियाः एम.एन. रॉय एण्ड कॉमिन्टर्न पॉलिसी*, 1920-39, प्रिन्सटन, प्रिन्सटन यूनिवर्सिटी प्रेस।

कविराज, सुदीप्त, 1986, 'द हैट्रोनिमस रेडिकलिज्म ऑफ एम.एन. रॉय', थॉमस पेंथम एण्ड केनेथ ले. डायश (सम्पादक) *पॉलिटिकल थॉट इन मॉडर्न इण्डिया में*, नई दिल्ली, सेज पब्लिकेशन्स।

ओवरस्ट्रीट, जी.डी. एवं मार्शल विंडमिलर, 1960, *कम्यूनिज्म इन इण्डिया*, बम्बई, पेरेनिएल प्रेस।

रे, सिबनारायण (सम्पादक) 2000 ए, *सलेक्टेड वर्क्स ऑफ एम.एन. रॉय*, 1917-1922, वॉल्यूम I, नई दिल्ली, ऑक्सफोर्ड यूनिवर्सिटी प्रेस।

रे, सिबनारायण (सम्पादक) 2000 बी, *सलेक्टेड वर्क्स ऑफ एम.एन. रॉय*, 1923-1927, वॉल्यूम II, नई दिल्ली, ऑक्सफोर्ड यूनिवर्सिटी प्रेस।

रॉय, एम.एन., 1922, 'एट द क्रासरोड्स', *द वेंगुआर्ड ऑफ द इण्डियन इण्डिपेण्डेंस*, I (3 [15 जून])।

रॉय, एम.एन., 1923, 'डेफिनेशन ऑफ स्वराज', *द वेंगुआर्ड ऑफ द इण्डियन इण्डिपेण्डेंस*, II (3 [11 अप्रैल])।

रॉय, एम.एन., 1944, *साइन्टिफिक पॉलिटिक्स*, कलकत्ता, रेनेसां पब्लिशर्स।

रॉय, एम.एन., 1945, *द प्रोब्लम ऑफ फ्रीडम*, कलकत्ता, रेनेसां पब्लिशर्स।

रॉय, एम.एन., 1947, *न्यू हूमिनिज्म, ए मैनिफेस्टो*, कलकत्ता, रेनेसां पब्लिशर्स।

रॉय, एम.एन., 1955, *रीजन, रोमांटिसिज्म एण्ड रिवोल्यूशन*, वॉल्यूम II, कलकत्ता, रेनेसां पब्लिशर्स।

रॉय, एम.एन., 1971, *इण्डियन इन ट्रांजीशन*, बम्बई, नचिकेता पब्लिकेशन्स।

10

राम मनोहर लोहिया

अध्ययन का उद्देश्य

- लोहिया के राजनीतिक विचारों की मुख्य धाराओं का परीक्षण।
- लोहिया के सामाजिक विचारों के मूल तत्वों की व्याख्या।
- एक अंतर्राष्ट्रीयतावादी के रूप में लोहिया को समझना।

डॉ. राम मनोहर लोहिया (1910-67) को अत्यधिक गैर–परम्परावादी माना जा सकता है तथा साथ ही भारतीय समाजवादियों में 'नव समाजवाद' की ओर झुकाव के कारण मौलिक सिद्धान्तवादी भी कहा जा सकता है। 'सैद्धांतिक समाजवादी' (अप्पादोराई, 2002: 311) कहे जाने के बाद भी, मार्क्सवाद और अंतर्राष्ट्रीय साम्यवाद के सिद्धान्त और व्यवहार की बेड़ियों से समाजवादी सिद्धान्त को मुक्त कराना उन्हें प्रिय प्रतीत होता है। यह रोचक है कि लोहिया ने भारत जैसे विकासशील देश की आवश्यकताओं और अपेक्षाओं के अनुकूल समाजवाद को, पूंजीवाद के तत्वों को शामिल करके भी, नया और विशिष्ट आयाम देना चाहा क्योंकि, उन्होंने दृढ़ता से कहा कि पूंजीवाद ने यूरोप में कामगार श्रेणी के लोगों के जीवन स्तर में सूक्ष्म सुधार किया और उसे मध्य वर्ग में परिवर्तित किया (लोहिया, 1963: 6)। दूसरे शब्दों में, भारत में समाजवादी विचारों में लोहिया का महत्वपूर्ण योगदान[1] इसमें निहित है कि उन्होंने इस विचार में बहुत सारे सम्बन्धित बौद्धिक विचारों को जोड़कर उसमें सुधार किया, जिसका उद्देश्य उसे भारतीय परिस्थितियों की आवश्यकताओं के शत–प्रतिशत अनुकूल बनाना था। समाजवाद के इस प्रकार के अवधारणीकरण में एक बात जो बिल्कुल स्पष्ट थी वह यह थी कि इसका उद्देश्य भारत के लोगों के सम्पूर्ण विकास को प्राप्त करने के लिए एक समान, प्रजातांत्रिक, समता आधारित सामाजिक, आर्थिक और राजनीतिक व्यवस्था के निर्माण पर दृढ़ता से ध्यान केन्द्रित करना था।

अन्य भारतीय विचारकों की भांति लोहिया की विचार प्रक्रिया ने भी उनके द्वारा जिए गए सक्रिय जीवन से आकार ग्रहण किया। स्वतंत्रतापूर्व और पश्चात् समाजवादी आन्दोलन के मुख्य नेता होने के कारण भारत की विभिन्न समस्याओं के सम्बन्ध में उनकी सैद्धांतिक खोज को उनके द्वारा नेतृत्व या भागीदारी किए जाने वाले आन्दोलनों के व्यक्तिगत अनुभव के ज्ञान ने समृद्ध किया। उदाहरण के लिए सम्भवतः गाँधी के विचारों और आन्दोलनों के सम्बन्ध में प्रारम्भिक और लगातार जानकारी ने उन्हें समाजवाद के विचार में विकेन्द्रीकरण के द्वारा भारतीयकरण के सम्बन्ध में सोचने, साथ ही भारत में व्याप्त समस्याओं के सम्बन्ध में विचार करने, जैसे देश की व्यापक सामाजिक–आर्थिक तथा राजनीतिक सांस्कृतिक विभिन्नताओं के प्रबंधन, के लिए प्रेरित किया। साथ ही एक ओर उनके दैदीप्यमान शैक्षिक प्रशिक्षण से तीक्ष्ण विश्लेषणात्मक क्षमता के कारण, दूसरी ओर उनके पाण्डित्य ने विश्व के विभिन्न भागों में प्रचलित सैद्धांतिक विचारों को समझने और उन्हें भारत की जटिलताओं को सुलझाने के अनुकूल बनाने के लिए सम्भावनाओं की खोज करने में मदद की। अतः इस अध्याय में लोहिया के सामाजिक और राजनीतिक विचारों की मुख्यधाराओं को प्रकट करने का प्रयास किया गया है।

देशी विकास की एक दृष्टि

लोहिया के जीवन और समय का विश्लेषण करने से निःसन्देह एक निष्कर्ष निकलता है कि बहुत सारे विचारों और वातावरण को जानते–समझते हुए भी उनकी मूल प्रवृत्ति भारतीय प्रकृति के अनुकूल चीजों को देखने की रही। दूसरे शब्दों में, दूसरे विचारों और संस्थाओं के महत्व के कारण भारत द्वारा विदेशी मूल्यों और संस्थात्मक संरचनाओं को अपने अनुकूल ढालने की आवश्यकता पर जोर देने के स्थान पर लोहिया देश की आवश्यकताओं के अनुकूल देशी प्रतिमान विकसित करने के लिए प्रतिबद्ध प्रतीत होते हैं। उदाहरण के लिए उनका विकेन्द्रीकरण का 'चौखम्बा प्रतिमान' ऐसे देश के लिए विशिष्ट प्रतीत होता है, जहां बहुसंख्यक लोगों के जीवन के लिए गांव मूल इकाई है। इसके अतिरिक्त भारत के लिए एक विदेशी विचार जैसे समाजवाद का यदि वे सुझाव देते हैं तो वे इसमें कुछ चीजें जोड़कर और कुछ घटाकर विचार को एकदम नये रूप में सृजित करके प्रस्तुत करते हैं।

23 मार्च, 1910 को उत्तर प्रदेश के फैजाबाद के एक गांव में जन्मे लोहिया उन कुछ राष्ट्रवादी नेताओं में से एक थे जिनकी जड़ें ग्रामीण भारत में थीं और जिसने सम्भवतः उनकी विचार प्रक्रिया को इस प्रकार प्रभावित किया कि वे जीवन भर उसी दृष्टिकोण के प्रति आसक्त रहे।[2] अपने पिता की राष्ट्रवादी और शिक्षक

पृष्ठभूमि ने उनके व्यक्तित्व में दो महत्वपूर्ण लक्षणों का समावेश किया। *पहला,* अपने जीवन के प्रारम्भिक समय से ही भारतीय राष्ट्रीय आन्दोलन की अच्छाइयों से उनका परिचय हुआ। *दूसरा,* उन्हें शैक्षणिक उद्देश्य को विकसित करने की अनन्त प्रेरणा मिली, जिसके कारण उन्होंने 'सॉल्ट एण्ड सत्याग्रह' विषय पर 1932 में बर्लिन यूनिवर्सिटी से डॉक्टरेट की उपाधि प्राप्त की।

राष्ट्रीय आन्दोलन में लोहिया की पहल की दो महत्वपूर्ण विशेषताएं हैं। *पहला,* अपने पिता के साथ महात्मा गाँधी की बैठकों में जाना और उनके सत्याग्रह, अहिंसा और देश की स्वतंत्रता के संघर्ष पर विचारों ने लोहिया के कोमल मस्तिष्क को इतना प्रभावित किया कि वे गाँधीवादी बन गए और पूरे जीवन बने रहे। अपनी बाद की विचारधाराजन्य खोज में उनके विचारों और कार्यों में गाँधीवाद के मुख्य तत्व हमेशा प्रमुख बने रहे। *दूसरे,* मातृभूमि के प्रेम के रंग में रंगे हुए वे बहुत छोटी उम्र में स्वतंत्रता सेनानी बन गए, जब उन्होंने 1920 में तिलक की मृत्यु पर शोक के लिए बंद का आयोजन किया। राष्ट्रीय आन्दोलन में तब से उनकी भागीदारी लगातार बनी रही, जिसका चरम बिन्दु छात्र विरोध, जो उन्होंने 1928 में साइमन आयोग के विरुद्ध आयोजित किया, में प्रकट हुआ।

1929 में लोहिया उच्च अध्ययन के लिए बर्लिन गए और 1934 में भारत लौटने के पूर्व तक वहीं रहे। विदेश में उनके अल्प प्रवास से भारत के विश्व के अन्य देशों के साथ सम्बन्धों के प्रति उनकी गहरी रुचि विकसित हुई। इसके अतिरिक्त लीग ऑफ नेशन्स की प्रक्रियाओं में उनकी भागीदारी ने उनके भीतर अन्तर्राष्ट्रीयतावाद के बीज बो दिए, जो बाद में विश्व सरकार और अन्तर्राष्ट्रीय शांति के विचार के प्रचार में विकसित हुए। भारत वापस आने पर यद्यपि लोहिया भारतीय राष्ट्रीय कांग्रेस में शामिल हुए, लेकिन यूरोप में समाजवादी विचारों से उनका परिचय और भारत की सामाजिक–आर्थिक समस्याओं के उनके स्वयं के अध्ययन ने उन्हें उत्कट गाँधीवादी होते हुए भी समाजवाद की ओर झुकने के लिए प्रेरित किया। परिणामस्वरूप 1934 में उन्होंने कांग्रेस समाजवादी पार्टी की स्थापना में सहायता की। नेहरू के साथ उन्होंने भी कांग्रेस के विदेशी मामले के विभाग को संगठित किया और इसके प्रथम सचिव बने। द्वितीय विश्व युद्ध के समय ब्रिटिश विरोधी गतिविधियों के कारण वे जेल गए। भारत छोड़ो आन्दोलन के दौरान जब अधिकतर प्रमुख नेता जेल में थे, तब लोहिया आन्दोलन के सर्वप्रमुख नेताओं में से एक हो गए और आन्दोलन की खबरों का नियमित रूप से कांग्रेस के रेडियो पर प्रसारण करते रहे (चन्द्र इत्यादि, 1989: 464)। 1946 में गोवा के लोगों की नागरिक स्वतंत्रता और स्वाधीनता के लिए उनका संघर्ष इस समय की महत्वपूर्ण तथापि आकस्मिक घटना प्रतीत होती थी। राष्ट्रीय आन्दोलन

के आगे के चरणों में लोहिया ने पूर्णतः भागीदार की। इस समय वे साम्प्रदायिक तनावग्रस्त क्षेत्र में गाँधी के शांति मिशन के साथी बने और देश में शांति और एकता की वकालत की।

स्वतंत्रता के पश्चात् के समय, कांग्रेस नेतृत्व से बढ़ते मतभेद के कारण उन्होंने दल को छोड़ दिया और 1952 में अन्ततः प्रजा समाजवादी दल का गठन किया। 1963 में लोकसभा के लिए पहली बार चुने जाने पर लोहिया ने भारत की गरीबी की समस्या के कारण और समाधान पर अपने ज्ञानपूर्ण विचार को सदन में प्रस्तुत किया। अंत में राष्ट्रवादी हित और अन्तर्राष्ट्रीय शांति तथा कल्याण के लिए अथक संघर्षकर्त्ता और बौद्धिक रूप से बहुआयामी प्रतिभा के धनी का 12 अक्टूबर, 1967 को निधन हो गया। कुछ समय में ही अपने विचार और सिद्धान्तों को प्रतिपादित करते हुए लोहिया ने बहुत सारी किताबें और आलेख लिखे जिनमें महत्वपूर्ण — *मार्क्स, गाँधी एण्ड सोशलिज्म* तथा *विल टू पावर एण्ड अदर राइटिंग्स* हैं। इस प्रकार, यद्यपि उन्होंने अपने पीछे बौद्धिक संरचनाओं की समृद्ध और निर्दोष परम्परा छोड़ी, जिसकी बौद्धिक संरचना में तथा क्रियात्मकता में विविधता थी फिर भी, दुर्भाग्य से भारतीय राजनीतिक विचार के इतिहासकारों और जीवनी लेखकों की दृष्टि में लोहिया सदैव हाशिए पर रहे।[3]

लोहिया के सामाजिक और राजनीतिक विचारों की मुख्य धाराएं

मात्र 57 साल के जीवन में विविध संदर्भों और व्यापक अनुभवों के कारण लोहिया के सामाजिक और राजनीतिक विचारों का फलक आश्चर्यजनक रूप से व्यापक था। उनके विचारों के विषय का बहुरंगी होना सर्वाधिक चकित कर देने वाला है जो लोहिया के द्वारा असाधारण रूप से जिए गए जीवन का प्रमाण है। इसके लिए देश के सामाजिक, राजनीतिक मुद्दों पर उनके ज्ञान की इच्छा और उसमें उनकी भागीदारी उत्तरदायी है। उदाहरण के लिए गरीबी और सरकार की व्यवस्थाओं जैसी समस्याओं का उनका अन्तर्दृष्टिपूर्व विश्लेषण तथा उनका *सप्त क्रांति*[4] और सरकार का *चौखम्बा मॉडल*[5] के रूप में नवीन समाधान देश की जड़ जमीन से जुड़ी समस्याओं के सम्बन्ध में उनकी गहन समझ को अभिव्यक्त करता है। दूसरी ओर अन्तर्राष्ट्रीय मुद्दों पर उनके विचार और अवधारणीकरण, जैसे विश्वशांति और विश्व सरकार पर उनके विचार, लोहिया की अंतर्राष्ट्रीय दूरदृष्टि को पर्याप्त रूप से प्रदर्शित करते हैं, तथा नया समाजवाद निःसन्देह मूल सैद्धान्तिक विचार है जिसके लिए भारत के समाजवादी चिन्तन और आन्दोलन में लोहिया अग्रणी व्यक्तित्व के रूप में जाने जाते हैं। आगे राम मनोहर लोहिया के राजनीतिक और सामाजिक विचारों की मुख्यधाराओं का सार रूप में विश्लेषण प्रस्तुत है।

लोहिया के राजनीतिक विचार

शैक्षणिक रूप से प्रशिक्षित बुद्धिजीवी के रूप में लोहिया ने सदैव चीजों को एक विशिष्ट दृष्टिकोण से देखा। वास्तव में यह कहा जा सकता है कि लोहिया के राजनीतिक विचारों[6] की ताजगी और लोकप्रियता विभिन्न मुद्दों और विचारधाराओं के सन्दर्भ जनित विश्लेषण में निहित है। अतः प्रमुख विचारधाराजन्य संरचना और भारतीय परिस्थिति में उनकी अनुकूलता का परीक्षण करने के पूर्व उन्होंने इतिहास के विभिन्न कालों में सभ्यता सम्बन्धित परिवर्तन के तत्वों का विश्लेषण किया। इतिहास के चक्रीय सिद्धान्त की सच्चाई पर उन्हें तब तक विश्वास होता प्रतीत होता है, जब तक वह भारत जैसे देश या सभ्यता के लम्बे इतिहास के उतार–चढ़ाव की व्याख्या में सहायक हो। इतिहास के चक्रीय सिद्धान्त के सूत्रों का प्रयोग करते हुए, लोहिया ने मार्क्स के द्वन्द्वात्मक भौतिकवाद के सिद्धान्त को यह कहकर परिष्कृत किया कि विशिष्ट ऐतिहासिक घटना और चरण में ऐतिहासिक तत्वों के साथ बौद्धिक चेतना के तत्व भी, अधिक नहीं तो महत्वपूर्ण रूप से, व्यापक सूत्रों को आकार देते हैं। अतः, उन्होंने नई बौद्धिक संरचना को विकसित करने की आवश्यकता पर बल दिया जिसमें भावना और बौद्धिक चेतना के तत्व, जो समाज के सामान्य उद्देश्यों में प्रकट हुए हों, को आर्थिक तथ्यों या पदार्थों के साथ जोड़ा जा सके और जो उत्पादन के साधनों के माध्यम से अभिव्यक्त हुए हों और इतिहास की तीक्ष्ण समझ के लिए स्वायत्त सम्बन्धों के रूप में देखे जा सकें (देखें लोहिया, 1955)।

पश्चिमी विचारधारा की आलोचना

भारत में व्याप्त विशिष्ट परिस्थिति की सैद्धान्तिक खोज के अवधारणीकरण में लोहिया ने एक देशी सैद्धान्तिक विचार को विकसित करने के पक्ष में विचार अभिव्यक्त किए, जो देश की समस्याओं का सक्षम और प्रभावी रूप से हल प्रदान कर सकें। भारत के लिए एक देशी सैद्धान्तिक विचार के लगावपूर्ण विचार का आधार यह था कि उन्हें समाजवाद, मार्क्सवाद और पूंजीवाद जैसी पश्चिमी विचारधाराओं की अक्षमता के सम्बन्ध में दृढ़ विश्वास था। महत्वपूर्ण रूप से यह जानना अत्यन्त रोचक है कि भारत जैसे विकासशील देश में लोगों के सम्पूर्ण सामाजिक–आर्थिक विकास के लिए, समाजवाद के मूल विचारों के प्रति मुग्ध होते हुए भी वे यूरोपीय समाजवाद को भारत जैसे देश की सभी बीमारियों के लिए सर्वरोगनाशक औषधि के रूप में सक्षम न मानने के सम्बन्ध में पूर्णतः आश्वस्त थे। यूरोपीय समाजवाद के मूल में मानव जाति की बीमारी की पहचान करते हुए उन्होंने कहा कि इस प्रकार की विचारधाराजन्य सोच एक विशिष्ट प्रकार के सामाजिक–आर्थिक सन्दर्भ, जैसे यूरोप, के हितों को पूरा करने के लिए उचित है,

लेकिन गैर–यूरोपीय देश में इसकी उपयोगिता बहुत कम है (लोहिया, 1963: 321)। अतः वे, यूरोपीय समाजवाद के विकास के व्यावहारिक विरोधों को अत्यन्त स्पष्टता से दो भिन्न सन्दर्भों में इंगित करते हैं। यूरोप में समाजवाद का विकास अपनी तरह का विशिष्ट था तथा यह क्रमिक, संवैधानिक तथा वितरणात्मक था, गैर–यूरोपीय समाज में इसके प्रतिस्थापन का विकास क्रांतिकारी, संविधानेत्तर तथा उत्पादन उन्मुखी रहा (मेहता, 1996: 247)। संक्षेप में, लोहिया ने यूरोपीय समाजवाद तथा इसके गैर–यूरोपीय समाजों में अनुकूलता का आलोचनात्मक परीक्षण किया। अपनी दृष्टि में विकासशील समाज के हितों की रक्षा के लिए आयातित विचारधारा की निष्फलता के सम्बन्ध में वे निश्चित दिखते थे तथा उन्होंने भारत के लिए नव समाजवाद को विकसित करने का विचार दिया और उसके लिए सफलतापूर्वक प्रयास किए।

समाजवाद के पश्चात् लोहिया ने अपना ध्यान मार्क्सवाद की ओर केन्द्रित किया और इसे समाजवाद की भांति विकासशील देशों के अनुकूल नहीं पाया। उनके अनुसार मार्क्सवादी सिद्धान्त में अनेक अन्तर्निहित विरोधाभास हैं, अतः सामाजिक संगठन की व्यवस्था के रूप में अनुकूल नहीं है। लोहिया के मार्क्सवाद के आलोचनात्मक विचार में मार्क्सवादी विचार के लगभग सभी महत्वपूर्ण तत्व सम्मिलित हैं। उदाहरण के लिए लोहिया ने आदिम समाज से साम्यवादी स्थिति तक आने के लिए मार्क्स की इतिहास की भौतिकवादी व्याख्या द्वारा स्थापित सामाजिक संगठनों के एकमार्गीय विकास के विचार को बड़ी दृढ़ता से अस्वीकार कर दिया। मार्क्स के विश्लेषण में भी स्वजातिवाद की आलोचना करते हुए लोहिया ने कहा कि पूंजीवाद विचारधारा का विरोध करने के लिए मार्क्सवाद का अनुभव पर आधारित सैद्धान्तीकरण पश्चिमी यूरोप के औपनिवेशिक राज्यों में व्याप्त विशिष्ट परिस्थितियों पर आधारित था। अतः, पश्चिमी यूरोप के बाहर के देशों की समस्याओं को समझने और उनके अध्ययन के लिए विश्लेषणात्मक यंत्र के रूप में मार्क्सवादी विश्लेषण का पूरी तरह से प्रयोग नहीं किया जा सकता। यहाँ तक कि अतिरिक्त मूल्य का सिद्धान्त, जो मार्क्सवादी विचार के केन्द्र में था, की भी लोहिया द्वारा यह कहकर आलोचना की गई कि यह उपनिवेशों में शोषण के तरीकों की व्याख्या करने में असमर्थ है। संक्षेप में, लोहिया का मानना था कि गैर–पश्चिमी यूरोप के समाजों की आवश्यकताओं के लिए मार्क्सवाद अपर्याप्त सैद्धान्तिक विचार था।

यूरोपीय समाजवाद और मार्क्सवाद के प्रति अपनी नाराजगी को दृढ़ता से व्यक्त करने के पश्चात् लोहिया ने पूंजीवाद के सैद्धान्तिक आधार का परीक्षण विकासशील समाजों की समस्याओं के समाधान में इसकी सीमाओं को सिद्ध करने के लिए करना प्रारम्भ किया। पूंजीवाद की मूल जड़ में व्यक्तिगत अधिकार, जिनका केन्द्र व्यक्तिगत सम्पत्ति का अधिकार है, को स्वीकार करते हुए उन्होंने कहा कि ऐसा दर्शन आवश्यक रूप से आर्थिक असमानता को बढ़ाता है।

अतिरिक्त लाभ के लिए लगाम रहित लालच के कारण पूंजीपति उत्पादन के साधनों को सीमित हाथों में अधिकाधिक केन्द्रित करने के लिए प्रेरित होता है ताकि बाजार की शक्तियों पर किसी प्रकार का एकाधिकार स्थापित हो जाए। इससे न केवल ईमानदारी के नियम के विध्वंस की पृष्ठभूमि तैयार होती है अपितु ऐसे समाजों की स्वतंत्रता और स्वाधीनता के वांछित दावे भी कमजोर हो जाते हैं। साथ ही यह समतामूलक सामाजिक व्यवस्था के विचार को नष्ट करता है और देश की आर्थिक समृद्धि के अधिकार को कुछ ही हाथों में सीमित कर देता है। अतः, लोहिया ने पूंजीवाद को उन उच्च आदर्शों के विपरीत माना जिनके लिए विश्व के विभिन्न देशों ने राष्ट्रीय आन्दोलन प्रारम्भ किए। उनका मानना था कि ऐसे नव स्वतंत्र देशों के लिए सामाजिक–आर्थिक विकास की सक्रिय और अग्रगामी, न कि पूंजीवाद जैसी प्रतिक्रियावादी विचारधारा की आवश्यकता है।

नव समाजवाद

पश्चिमी सैद्धान्तिक विचारों पर लोहिया के तीखे प्रहार का उद्देश्य भारत को समता आधारित तथा सर्वांगीण सामाजिक–आर्थिक विकास के पथ पर अग्रसर करने के लिए समाजवाद को सर्वाधिक उपयुक्त सैद्धान्तिक संरचना के रूप में स्थापित करने के लिए पर्याप्त जमीन तैयार करना था। फिर भी इस पर ध्यान देना रोचक है कि समाजवाद पर उनके विचार समय–समय से नए बौद्धिक ज्ञान के साथ परिवर्तित और समृद्ध होते रहे। इस प्रकार भारत के लिए समाजवाद को व्यावहारिक विचारधारा स्वीकार करते हुए उन्होंने इसके गाँधीवाद के तत्वों के आधार पर अवधारणीकरण करने का प्रयास किया और 1959 में उन्होंने नव समाजवाद का विचार इस तर्क के साथ प्रस्तुत किया कि यह भारत के लोगों के सामाजिक–आर्थिक और राजनीतिक जीवन के लिए व्यापक व्यवस्था प्रस्तुत करता है (वर्मा, 1964 : 552)।

समाजवाद के विचार की अवधारणा प्रस्तुत करते हुए लोहिया ने यह कहा कि,

> ... समाजवाद का विचार काफी समय तक 'पूंजीवाद और साम्यवाद के समूह' के पीछे रहा तथा 'उधार की सांसों' पर जीवित रहा जिसके परिणामस्वरूप समाजवादियों में कार्य करने की जल्दीबाजी रही तथा यदि इसे अपनी प्रभाव शीलता बढ़ानी हो तो इसे अन्य राजनीतिक विचारधाराओं से स्वतंत्र विकसित होना होगा (अप्पादोराई, 1987: 132)।

अतः, उन्होंने समाजवाद में गाँधीवाद के तत्व शामिल करके उसे उधार की सांस से मुक्त करना चाहा। गाँधीवादी सिद्धान्त के तार्किक और आध्यात्मिक तत्वों से अत्यन्त प्रभावित होते हुए लोहिया ने गाँधी के सत्याग्रह के सिद्धान्त, साध्य और

साधन के विचार, छोटी मशीनों की तकनीक में निहित आर्थिक व्यवस्था और अन्ततः, राजनीतिक विकेन्द्रीकरण के साथ इस दर्शन को जोड़ना चाहा। उनका मानना था कि समाजवादी दर्शन में गाँधीवादी सिद्धान्तों के समावेश से भारतीय परिस्थितियों में समाजवाद की व्यावहारिकता अधिक बढ़ जाएगी। कांग्रेस की केन्द्रीकृत विचारधारा के साथ समाजवाद के समन्वय के सम्बन्ध में अपने साथियों द्वारा प्रश्न पूछे जाने पर लोहिया ने 'समान दूरी के सिद्धान्त' को प्रस्तुत किया। गाँधी द्वारा सुझाए गए भारत के राजनीतिक और आर्थिक मुद्दों पर विचारों पर लोहिया के बढ़ते विश्वास के कारण ऐसे मुद्दों पर कांग्रेस तथा साम्यवादियों से समान दूरी बनाए रखना ही समान दूरी के सिद्धान्त का उद्देश्य था। इस प्रकार लोहिया द्वारा विचारित समाजवाद के मूल में भारतीय समाज के सामाजिक, आर्थिक और राजनीतिक पुनर्रचना के गाँधीवादी सिद्धान्त के तत्व निहित थे तथा जिसने लोहिया द्वारा (1952ए) अवधारणीकृत समाजवाद को सैद्धान्तिक आधार प्रदान किया। विकेन्द्रीकृत समाजवाद लोहिया की विशिष्टता थी जिसमें महत्वपूर्ण छोटी मशीनें, सहकारी श्रम, ग्राम सरकार तथा विकेन्द्रीकृत योजना पर जोर था (लोहिया, 1952बी)।

अन्य विचारकों की भांति परिस्थितिजन्य प्रेरणाएं तथा जीवन्त अनुभवों ने लोहिया को 1959 में नव समाजवाद का विचार प्रस्तुत करने के लिए प्रेरित किया। अपने क्षेत्र में अधिक व्यापक तथा प्रतिपादक की सम्पूर्ण दृष्टि को परिलक्षित करने वाला नव समाजवाद का सिद्धान्त छह मूलभूत तत्वों पर आधारित था, जिसमें लोगों के जीवन के घरेलू तथा विदेशी दोनों पक्ष शामिल थे। ये छह तत्व थे – आय और व्यय के क्षेत्र में समतामूलक मानक, बढ़ती आर्थिक परस्पर निर्भरता, वयस्क मताधिकार पर आधारित विश्व संसद व्यवस्था, व्यक्तिगत जीवन के अधिकार को शामिल करते हुए जनतांत्रिक स्वतंत्रता, गाँधी की व्यक्तिगत और सामूहिक सविनय अवज्ञा की तकनीक, तथा सामान्य व्यक्ति की गरिमा और अधिकार। नव समाजवाद सिद्धान्त का कुल प्रभाव लोहिया के अनुसार लोगों को इस प्रकार की मिश्रित जीवन व्यवस्था प्रदान करना है जिससे वे न केवल देश में समता आधारित तथा सन्तुष्ट जीवन जी सकें अपितु विश्व सरकार के हिस्सा बनने की आकांक्षा कर सकें। इस प्रकार लोहिया के नव समाजवाद का सिद्धान्त या तो उनके मनपसन्द विचारों की पुनर्प्रस्तुति को, या देश में जीवन के यथार्थ से बढ़ते मोहभंग के कारण राजनीतिक चिन्तन में बड़ी सीमा तक कल्पनावाद को, परिलक्षित करती है।

भारत के लिए राजनीतिक व्यवस्था का मॉडल

शासन की व्यवस्था के रूप में लोहिया ने भारत में शासन की मूलभूत संस्थात्मक संरचना प्रदान करने के लिए प्रजातंत्र के विचार का समर्थन किया, लेकिन

सरकार की नीतियों और कार्यक्रमों में सकारात्मक दृष्टिकोण से पर्याप्त रूप से समर्थित न होने पर प्रजातंत्र के निष्फल होने और कभी–कभी शोषक होने की प्रवृत्तियों के कारण प्रजातंत्र के प्रति अपनी चिन्ता अभिव्यक्त की। अतः देश में व्याप्त विशिष्ट और जटिल सामाजिक–आर्थिक परिस्थितियों के अनुरूप प्रजातांत्रिक व्यवस्था को अपनाने का उन्होंने आग्रह किया। उदाहरण के लिए यदि प्रत्येक नागरिक की मूलभूत आवश्यकताएं पूरी होना सुनिश्चित हो तो लोगों को मूलभूत स्वतंत्रता प्रदान करने के वे पक्ष में थे। उनके मतानुसार प्रजातंत्र का विचार लोगों को कुछ नागरिक और राजनीतिक अधिकार प्रदान करने तक सीमित नहीं रखना चाहिए अपितु उसे इस प्रकार विचारित किया जाना चाहिए जिसमें ऐसी सामाजिक–आर्थिक स्थितियों का प्रावधान हो, जिससे कोई भी जीवन की न्यूनतम आवश्यकताएं प्राप्त करने से वंचित न रहे।

जहां तक शासन की व्यवस्था का सम्बन्ध है, लोहिया का महत्वपूर्ण योगदान 'चौखम्बा मॉडल' कहे जाने वाले राज्य के चार स्तम्भों के प्रतिमान के रूप में दिखता है। लोहिया द्वारा देश के लिए सुझाई विकेन्द्रीकृत जनतांत्रिक व्यवस्था की संरचना के अंतर्गत यह मॉडल विचारित किया गया। इस प्रकार की व्यवस्था में, उन्होंने 'स्थायी सविनय अवज्ञा' के विचार के क्रियान्वयन का आह्वान किया जो किसी भी प्रकार के अन्याय के विरुद्ध सतत् विरोध का काम करेगा। इस प्रकार ग्राम, मण्डल (जिला), प्रान्त तथा केन्द्र के रूप में शासन की विकेन्द्रीकृत व्यवस्था के चार खम्भे मानकर लोहिया ने गैर–परम्परागत रूप से ग्राम और मण्डल जैसे निचले स्तर से पुलिस और कल्याणकारी कार्यों को जोड़ना चाहा (लोहिया, 1956: 132)। लेकिन बाद में विश्व सरकार के समर्थन पर पुनः जोर देते हुए उन्होंने 'पांचवें खम्भे' के सृजन के पक्ष में भी विचार प्रस्तुत किये जो विश्व सरकार के रूप में होगा (वर्मा, 1964: 552)।

राजनीतिक व्यवस्था की संरचना को विकसित करने के लिए धार्मिक और राजनीतिक विचारों को स्वीकार करने और उपयुक्त स्थान प्राप्त करने के लिए भी लोहिया ने कहा। लेकिन इन दोनों तत्वों, जिनकी उपेक्षा नहीं की जा सकती; का अविवेकपूर्ण मिश्रण विभिन्न समुदायों के मध्य साम्प्रदायिक कट्टरता का कारण बन सकता है जिसका देश के लिए घातक दुष्परिणाम होगा। उदाहरण के लिए उनकी अल्प ज्ञात पुस्तक, *गिल्टीमैन ऑफ इण्डियाज पार्टीशन* (2000), में उन्होंने देश के विभाजन के लिए उत्तरदायी धर्म के नाम पर प्रचारित गलतियों और असत्यों को स्पष्ट रूप से उजागर किया। विभाजन के मूल कारणों की रूपरेखा प्रस्तुत करते हुए उन्होंने बेहिचक उन चुने हुए व्यक्तियों के नाम प्रस्तुत किए जिन्हें, उन्होंने विभाजन के लिए पूर्ण रूप से उत्तरदायी माना (देखें, लोहिया, 2000)। अतः लोहिया के राजनीतिक विचारों के मुख्य सूत्र में देश की राजनीतिक प्रक्रिया और संस्थाओं को प्रभावित करने वाली लगभग सभी समस्याएं व्यापक रूप से शामिल हैं।

लोहिया के सामाजिक विचार

लोहिया के बौद्धिक प्रयासों में निहित विश्लेषणात्मक तीक्ष्णता ने स्वाभाविक रूप से उन्हें भारत की सामाजिक समस्याओं का परीक्षण करने और ऐसी समस्याओं का सम्भावित समाधान सुझाने के लिए प्रेरित किया। भारत की सामाजिक संरचना का विश्लेषण करते हुए उन्होंने सर्वव्यापी पुरुष प्रधानता तथा घृणित जाति व्यवस्था को भारतीय समाज की दो सबसे बड़ी बुराइयां माना। गरीबी में बने रहने के लिए उन्होंने इन दो तत्वों को उत्तरदायी माना और युवाओं से देश में सामाजिक क्रांति का संचालन करने का आह्वान किया। उनका तर्क था कि ऐसी क्रांति के केन्द्र में 'रचनात्मक हिंसा' तथा 'हिंसक निर्माण' के विचार निहित हैं। जबकि रचनात्मक हिंसा युवाओं की शक्ति और उत्साह को सकारात्मक मार्ग देने से सम्बन्धित है, हिंसक निर्माण के विचार का अर्थ लोगों द्वारा संचालित सृजनात्मक कार्यक्रमों की क्रांतिकारी प्रकृति से है। इस प्रकार उनके द्वारा समस्या का मूल्यांकन और समाधान के लिए सुझाव उनके विचार और कार्य में निहित उग्रवाद को सिद्ध करते हैं।

भारत में जाति की समस्या की व्यापक विश्लेषणात्मक संरचना प्रस्तुत करते हुए लोहिया ने समाज में जाति की समर्थक शक्तियों और वर्ग के दृष्टिकोण को प्रारम्भ करने वाली शक्तियों के मध्य अन्तर्निहित संघर्ष पर जोर दिया। ऐसे संघर्ष में जबकि जाति–रूढ़िवादिता, आदिम लगावों तथा जड़ता की विकृत शक्तियों का प्रतिनिधित्व करती है तो वर्ग का विचार समाज में गतिशीलता और सामाजिक सक्रियता के गुणों का प्रतीक बन जाता है। लेकिन लोहिया जोर देकर कहते हैं कि इन दोनों के मध्य यह संघर्ष अन्तहीन इस कारण होता है कि दोनों प्रकार की शक्तियां अपनी स्थितियां बदलती रहती हैं जिससे कभी–कभी जाति वर्ग में और वर्ग जाति में परिवर्तित होते रहते हैं (लोहिया, 1955: 51)। इस प्रकार का जाति और वर्ग का दिखता द्वैध लोहिया को बहुत लोकप्रिय नहीं प्रतीत होता। अतः भारत की सामाजिक संरचना में अन्तर्निहित बुराई से मुक्त होने के मार्ग वे ढूंढते रहे।

अतः लोहिया ने 'सात क्रांतियां' या *सप्तक्रांतियां* का विचार भारतीय सामाजिक व्यवस्था में गतिशीलता और उत्साह का भाव भरने के लिए प्रस्तुत किया (पाण्डेय और मिश्र, 2002)। यह सात क्रांतियां इस प्रकार क्रियान्वित की जाएंगी – स्त्री और पुरुषों में समानता; शरीर के रंग पर आधारित राजनीतिक, आर्थिक और आध्यात्मिक असमानता के विरुद्ध संघर्ष; परम्परा पर आधारित पिछड़े और उच्च्च जातियों में असमानता को दूर करना तथा पिछड़ों को विशिष्ट अवसर प्रदान करना; विभिन्न प्रकार के विदेशी दासत्व के विरुद्ध उपायं;

नियोजित उत्पादन द्वारा आर्थिक समानता तथा पूंजीवाद की समाप्ति; व्यक्तिगत जीवन में अन्यायपूर्ण हस्तक्षेप के विरूद्ध उपाय; तथा सत्याग्रह में विश्वास करने के साथ हथियारों का निःशस्त्रीकरण। लोहिया के द्वारा सुझायी गयी इन सात क्रांतियों का सर्वाधिक महत्वपूर्ण पक्ष लोगों में अधिकतम सामाजिक–आर्थिक समानता लाने की तीव्रतम इच्छा परिलक्षित होती प्रतीत होती है। इससे अधिक महत्वपूर्ण बात यह है कि लोहिया का समता का विचार भौतिक समानता, जैसे आर्थिक संसाधनों के समान वितरण तक ही सीमित नहीं है अपितु लोगों में उच्च स्तर की आध्यात्मिक समानता की यह भावना कि वे समाज के दूसरे लोगों के समान हैं, का विचार भी था (लोहिया, 1963: 236)।

सामाजिक विचारों के अन्य पक्षों में उनका हिन्दी को जहां तक सम्भव हो, जनसामान्य की भाषा बनाने पर लगातार जोर देना महत्वपूर्ण है। यह रोचक है कि, लोहिया स्वयं जर्मन तथा अंग्रेजी जैसी अनेक विदेशी भाषाओं के अच्छे ज्ञाता थे। लोहिया द्वारा विदेशी वातावरण से लिए हुए आयातित और आरोपित मूल्यों और संस्थाओं की तुलना में जीवन के स्वदेशी और स्थानीय पक्ष के प्रति अमिट लगाव को अधिक महत्व दिए जाने के कारण ऐसा होना स्वाभाविक था। अतः लोहिया सरकार द्वारा हिन्दी को लोगों की मातृभाषा के रूप में बढ़ावा देने में हिचकिचाहट को देखते हुए बहुत दुःखी थे। लोहिया ने देश की राजकाज की भाषा को अंग्रेजी के स्थान पर हिन्दी किए जाने के बहुत जोर दिया। इसके अतिरिक्त उनका यह दृढ़ विश्वास था कि जब तक भारत में प्रशासनिक और न्यायिक व्यवस्था की भाषा हिन्दी नहीं हो जाती, तब तक प्रजातंत्र के मूल्य लोगों के ह्रदय में गहराई तक पैठ नहीं बना पाएंगे। संक्षेप में लोहिया के सामाजिक विचारों ने भारत की सामाजिक संरचना की समस्याओं की उनकी गहरी समझ तथा उन समस्याओं के सम्भावित सुझावों को परिलक्षित किया।

लोहिया एक अन्तर्राष्ट्रीयतावादी के रूप में

लोहिया के जीवन और विचारों का तुलनात्मक रूप से कम समझा जाने वाला पक्ष अन्तर्राष्ट्रीय मामलों और दृष्टिकोणों पर गहरी समझ का था। अन्तर्राष्ट्रीय सम्बन्धों की अच्छाइयों के मामले में उनका ज्ञान 1930 में बर्लिन में उनके आवास से प्रारम्भ हुआ, जब उन्होंने जिनेवा में राष्ट्रसंघ की प्रक्रियाओं में भाग लिया और विभिन्न मुद्दों पर भारत सरकार की स्थिति को समझने का प्रयास किया। उसके पश्चात् कांग्रेस के विदेश विभाग के पहले सचिव के रूप में उनकी नियुक्ति ने उन्हें देश के बाहर के मामलों के प्रति समझ और दृष्टिकोण विकसित करने में सहायता की। उदाहरण के लिए, उन्होंने नेहरू द्वारा प्रतिपादित बहुप्रशंसित

असंलग्नता की नीति को अस्वीकार कर दिया और भारत के लिए, विदेश में भारत की अन्तर्राष्ट्रीय मामलों की स्थिति को आगे बढ़ाने में सहायक कुछ आवश्यक और विश्वस्त मित्र बनाने की सलाह की।

विदेशी मामलों में भारत की तटस्थता के विरुद्ध तर्क प्रस्तुत करते हुए भी लोहिया ने एशिया के नव स्वतंत्र देशों को मिलाकर अन्तर्राष्ट्रीय सम्बन्धों में तृतीय शक्ति के विकास का आह्वान किया। उन्होंने भारत द्वारा बर्मा, नेपाल, सीलोन तथा दक्षिण पूर्व एशिया के अन्य स्वतंत्र देशों के साथ मित्रता की संधि पर हस्ताक्षर करने का समर्थन किया, जो धीरे–धीरे एक स्थायी संघ के रूप में विकसित हो सके। लोहिया का विश्वास था कि यदि ऐसा संघ अस्तित्व में आ सके तो विश्व को 'प्रजातंत्र और स्थायी शांति के लिए सुरक्षित' किया जा सकता है (घोष द्वारा उद्धृत, 1984: 382)। वास्तव में विकासशील देशों में प्रजातंत्र और शांति के लिए लोहिया की हार्दिक इच्छा थी, जिसने उन्हें नेपाल में राष्ट्रवादी आन्दोलन में भाग लेने और नेपाली कांग्रेस के नेताओं के साथ आजीवन मित्रता के लिए प्रेरित किया। इस प्रकार लोहिया की समाजवादी दृष्टि भारत के मामलों तक ही सीमित नहीं रही अपितु प्रजातंत्र और लोगों के अधिकारों के लिए संघर्ष करने के लिए नेपाल जैसे देश तक जा पहुंची। बाद में, साम्राज्यवाद विरोधी दृष्टिकोण के अनुकूल लोहिया ने गोवा में पुर्तगाली अधिग्रहण का भी विरोध किया।

लोहिया के अधिकतम सैद्धान्तिक विश्लेषणों में विश्व सरकार और विश्व शांति का विचार का स्थान विशेष रूप से महत्वपूर्ण है। उदाहरण के लिए, नव समाजवाद के सैद्धान्तीकरण में लोहिया ने वयस्क मताधिकार के सिद्धान्तों पर आधारित विश्व संसद की आवश्यकता पर स्पष्टतः जोर दिया। इसी प्रकार उनके साथ 'सात क्रांतियों' में जिसमें शस्त्रों के निःशस्त्रीकरण का तत्व शामिल है, में स्थायी अन्तर्राष्ट्रीय शांति और सुरक्षा के विचार निहित हैं। गाँधीवादी अहिंसा और सत्याग्रह के विचार से समृद्ध लोहिया के अन्तर्राष्ट्रीय शांति की अवधारणा में विश्व के विविध देशों के मध्य परस्पर सामाजिक–आर्थिक लाभदायक सिद्धान्तों को बढ़ावा देने का विचार निहित है, जो उनमें संघर्षों को कम करेगा। उनका विकासशील देशों में मध्य मित्रता संधि पर आधारित तीसरी शक्ति के सृजन का सुझाव इस लाभदायक सहयोग की सम्भवतः पूर्व कल्पना है जो स्थायी संघ के निर्माण और उनके मध्य विश्व शांति और स्थिरता का कारण बनेगी।

अन्तर्राष्ट्रीय सम्बन्धों के क्षेत्र में लोहिया का सर्वाधिक महत्वपूर्ण सैद्धान्तिक विश्लेषण विश्व संघ का विचार और अन्ततः सीमित शक्तियों के साथ विश्व सरकार का विचार है। ऐसे विचार के व्यावहारिक क्रियान्वयन पर उनका यह दृढ़ विश्वास हमें उन्हें सच्चा अन्तर्राष्ट्रीयवादी कहने को प्रेरित करता है। वास्तव में विश्व सरकार के मुद्दे पर लोगों द्वारा उन्हें काल्पनिक और अव्यावहारिक कहे जाने के बावजूद वे अपने विचार पर दृढ़ थे। इस विचार में अपने विश्वास को पुनः बल

देते हुए उन्होंने अपने 'राज्य के चार खम्भे के सिद्धान्त' के विचार को संशोधित किया और उसमें विश्व सरकार के रूप में 'पांचवां स्तम्भ' जोड़ा। सबसे महत्वपूर्ण बात इस विषय पर उनके द्वारा अपने विचारों को व्यावहारिकता प्रदान करने के प्रयास की थी। उन्होंने, विश्व शांति स्थापित करने के लिए विश्व सरकार को बनाने हेतु वर्ल्ड डवलपमेंट काउंसिल की स्थापना की। वीजा तथा पासपोर्ट के राज्य से मुक्त एक अंतर्राष्ट्रीय व्यवस्था के समर्थन में अपने विश्वास के कारण उन्होंने एक बार बिना पासपोर्ट के म्यांमार (बर्मा) तक की यात्रा करने का साहस किया।

इस प्रकार एक सच्चे अन्तर्राष्ट्रीयतावादी के रूप में लोहिया की अन्तर्राष्ट्रीय दृष्टि गैर–पारम्परिक और आश्चर्यजनक रूप से स्फूर्तिदायक प्रतीत होती है जिसमें ऐसी दृष्टि के क्रियान्वयन की व्यावहारिकता में उनका दृढ़ विश्वास निहित है। उदाहरण के लिए, यद्यपि बड़ी संख्या में दार्शनिकों ने विश्व शांति के लिए अपने विचार व्यक्त किए, लेकिन यह सम्भवतः लोहिया थे जिन्होंने देशों के मध्य सामाजिक–आर्थिक और राजनीतिक सहयोग के क्षेत्र में विश्व शांति को खोजने के बारे में सोचा। अन्य सभी अन्तर्राष्ट्रीयतावादी सिद्धांतों से जो बात लोहिया को उन सबसे ऊपर रखती है, वह विश्व सरकार के उनके विचार के व्यावहारिक क्रियान्वयन की तथा लोगों द्वारा बाधारहित अन्तर्राष्ट्रीय आवागमन की इच्छा थी जिसे उन्होंने स्वयं करके दूसरों को मार्ग दिखाया ताकि लोग उनके विचारों और कार्यों के मध्य सहज सामंजस्य पर प्रश्न न उठा सकें।

समापन अवलोकन

लोहिया ऐसे राजनीतिक विचारक थे, जिनका भारत की स्थानीय तथा परम्परागत संस्थाओं और विचारों में गहरा विश्वास था। परिणामतः उनके सैद्धान्तिक विचार, यदि सभी नहीं तो अधिकतर, देश में प्राचीन काल के प्रचलनों से प्रेरित, उत्पन्न व निर्मित थे। साथ ही, वे विचारधारा की शुद्धता में विश्वास करते थे। अतः वे समाजवादी साथी, जैसे जे.पी. तथा अन्य के बाह्य कारणों से कांग्रेस की ओर झुकने के कारण, के साथ सम्बन्ध तोड़ने में हिचकिचाये नहीं। वास्तव में, कांग्रेस के मंच से अपना राजनीतिक जीवन प्रारम्भ करने के बावजूद स्वतंत्रता के पश्चात् के समय में लोहिया की राजनीतिक सक्रियता की पहचान कांग्रेस विरोधी के रूप में रही। लोहिया के राजनीतिक विचार में जो अल्प ज्ञात तथ्य था, वह भारत की विदेश नीति के सम्बन्ध में गहन व जानकारी आधारित मत तथा काल्पनिक–सा लगता उनका विश्व संसद तथा विश्व सरकार का विचार था। कांग्रेस विरोधी राजनीतिक शक्तियों को एक मंच पर एकत्र कर पाने की उनकी क्षमता प्रशंसनीय थी। परिणामतः 1967 में विभिन्न राज्यों में गठबन्धन सरकारों का गठन हुआ। यह सत्य है कि प्रयोग क्षणिक था, लेकिन इसने एक प्रचलन प्रारम्भ किया जो भारत में

1999 के राष्ट्रीय चुनावों से गठबंधन सरकारों के गठन के रूप में स्पष्टतः उजागर है।

टिप्पणियां

1. सामाजिक विचारों के अभिव्यक्ति पूर्ण विवरण के लिए देखें, मुखर्जी तथा रामास्वामी (2000)।
2. लोहिया के विचारों की सन्दर्भजनित अभिव्यक्ति के लिए देखें, पाण्डेय तथा मिश्रा (2002)।
3. अधिकतर भारतीय चिन्तकों को जीवनी लेखक तथा/या विचारों के संयोजक प्राप्त हुए, लोहिया इस दृष्टि से नुकसान में रहे। उदाहरण के लिए जीवन चरित्र के रूप में काफी देर से दो प्रकाशन आए जिसमें ग्रोवर (1998ए) तथा प्रसाद (2007) शामिल हैं। लोहिया के विचारों को परिलक्षित करती जीवनी के महत्वपूर्ण लेखक ग्रोवर हैं (1998बी)।
4. यह सामाजिक विचारों का आधार है जिसकी अध्याय में व्याख्या की गई है।
5. सत्ता के विकेन्द्रीकरण के सम्बन्ध में यह लोहिया का विचार है।
6. लोहिया के राजनीतिक विचारों की विस्तृत प्रस्तुति के लिए देखें, पिल्लई (1994) तथा/अथवा प्रसाद (1989)।

सन्दर्भ

अप्पादोराई, ए., 1987, *इण्डियन पॉलिटिकल थिंकिंग इन द टुवेन्टीथ सेन्चुरी*, नई दिल्ली, साउथ एशिया पब्लिशर्स।

अप्पादोराई, ए., 2002, *पॉलिटिकल थॉट्स इन इण्डिया* (400 बी.सी.–1980) नई दिल्ली, खामा पब्लिशर्स।

चन्द्र, विपिन, मृदुला मुखर्जी, आदित्य मुखर्जी, के.एन. पणिक्कर तथा सुचेता महाजन, 1989, *इण्डियाज स्ट्रगल फॉर इण्डिपेण्डेंस*, नई दिल्ली, पेंग्विन।

घोष, शंकर, 1984, *मॉडर्न इण्डियन पॉलिटिकल थॉट*, नई दिल्ली, एलाइड पब्लिशर्स।

ग्रोवर, वीरेन्द्र (सम्पादक) 1998ए, *राम मनोहर लोहिया*, नई दिल्ली, डी.के. पब्लिशर्स डिस्ट्रीब्यूटर्स।

ग्रोवर, वीरेन्द्र, 1998बी, *राम मनोहर लोहिया – ए बायोग्राफी ऑफ हिज विजन एण्ड आइडियाज*, नई दिल्ली, सौजन्य बुक्स।

लोहिया, राम मनोहर, 1952ए, *द डॉक्ट्रीनल फाउण्डेशन ऑफ सोशलिज्म*, बम्बई, तुलाच।

लोहिया, राम मनोहर, 1952ए, *एस्पेक्ट्स ऑफ सोशलिस्ट पॉलिसी*, बम्बई, तुलाच।

लोहिया, राम मनोहर, 1955, *द व्हील ऑफ हिस्ट्री*, हैदराबाद, लोहिया समिति।

लोहिया, राम मनोहर, 1956, *विल टू पॉवर एण्ड अदर राइटिंग्स*, हैदराबाद, नवहिन्द।

लोहिया, राम मनोहर, 1963, *मार्क्स, गाँधी एण्ड सोशलिज्म*, हैदराबाद, नवहिन्द।

लोहिया, राम मनोहर, 2000, *गिल्टी मैन ऑफ इण्डियाज़ पार्टिशन*, नई दिल्ली, बी.आर. पब्लिशिंग कॉरपोरेशन।

मेहता, वी.आर., 1996, *फाउण्डेशन ऑफ इण्डियन पॉलिटिकल थॉट*, नई दिल्ली, मनोहर।

मुखर्जी, सुब्रत एवं सुशीला रामास्वामी, 2000, *ए हिस्ट्री ऑफ सोशलिस्ट थॉट*, नई दिल्ली, सेज पब्लिकेशन्स।

पाण्डेय, ब्रज कुमार तथा गिरीश मिश्रा, 2002, *राम मनोहर लोहिया एण्ड हिज थिकिंग*, नई दिल्ली, प्रगति प्रकाशन।

पिल्लई, के.जी., 1994, *पॉलिटिकल फिलोसफी ऑफ राम मनोहर लोहिया*, नई दिल्ली, दीप एण्ड दीप पब्लिकेशन्स।

प्रसाद, चन्द्र देव, 1989, *द पॉलिटिकल आइडियाज ऑफ डा. राम मनोहर लोहिया*, नई दिल्ली, सौजन्य बुक्स।

प्रसाद, चन्द्र देव, 2007, *ए शॉर्ट बायोग्राफी ऑफ डॉ. राम मनोहर लोहिया*, नई दिल्ली, जानकी प्रकाशन।

वर्मा वी.पी., 1964, *मॉडर्न इण्डियन पॉलिटिकल थॉट*, आगरा, लक्ष्मी नारायण अग्रवाल।

11

सुभाष चन्द्र बोस

अध्ययन का उद्देश्य

- बोस के प्रारंभिक जीवन और कार्य का विश्लेषण प्रस्तुत करना।
- बोस के राजनीतिक विचारधारा के मूल तत्व की व्याख्या करना।
- हिन्दू रूढ़िवादिता पर बोस के विचारों का अन्वेषण करना।

सुभाष चन्द्र बोस (1897-?) श्रेष्ठ राष्ट्रवादी थे। उनका मूल उद्देश्य ब्रिटिश शासन से स्वतंत्रता प्राप्त करना था। गाँधी के अहिंसा के विपरीत हिंसक साधनों में विश्वास करते हुए बोस ने एक भिन्न प्रकार के राजनीतिक चिन्तन को अपनाया जो कांग्रेस में उनके सहयोगियों से बिल्कुल विपरीत था। यह बोस ही थे जिन्होंने गाँधी के केन्द्रीय और क्षेत्रीय नेतृत्व को अत्यंत सफलतापूर्वक न केवल चुनौती दी अपितु गाँधी और गाँधीवाद के बहुत सारे विरोधी लोगों को एक व्यापक मंच प्रदान किया। इण्डियन नेशनल आर्मी से सम्बन्ध तथा 'आक्रामक चीता' के रूप में बोस की छवि सर्वज्ञात है; लेकिन उनका राजनीतिक जीवन भी समान रूप से रोचक था, जिसमें उन्होंने राष्ट्रवादी विचारों को प्रकट किया, लेकिन जिन्हें उपलब्ध साहित्य में पर्याप्त रूप से स्थान नहीं दिया गया। अन्य राष्ट्रवादी नेताओं की तुलना में बोस का राजनीतिक जीवन 19 सालों, 1921-1940, का तुलनात्मक रूप से बहुत छोटा सा था जिसमें वे छह साल से अधिक समय के लिए जेल में थे और तीन साल तक भारत के बाहर थे। वे स्वतंत्रता सेनानियों में आंशिक रूप से कांग्रेस के भीतर अपनी आक्रामक मुद्रा के कारण, लेकिन मुख्य रूप से 'क्रांतिकारी आतंकवाद' से अपने अन्तरंग सम्बन्ध के कारण, सर्वाधिक खतरनाक माने जाते थे।

प्रारंभिक पृष्ठभूमि

सुभाष चन्द्र बोस 1897 में जन्मे, जानकीनाथ और प्रभावती बोस की नवीं संतान तथा छठे पुत्र थे। वे बंगाल की दो पर्याप्त रूप से प्रतिष्ठित कायस्थ परिवारों के

वंशज थे। 1902 में सुभाष ने बैपटिस्ट मिशनरी स्कूल, जो प्रोटेस्टेण्ट यूरोपियनों द्वारा संचालित होता था, में दाखिला लिया। सिर्फ 15 प्रतिशत विद्यार्थी भारतीय थे, शेष सभी यूरोपियन या एंग्लो–इंडियन थे; यह सम्भवतः उनके जीवन का पहला समय था, जब भारतीयों और अन्य लोगों के बीच उन्होंने नस्लीय भेदभाव का सामना किया। अपनी बेचैनी और कष्ट को स्पष्ट करते हुए उन्होंने *एन इण्डियन पिलग्रिम* में इसे इस प्रकार अभिव्यक्त किया,

> क्योंकि हम भारतीय थे, हम छात्रवृत्ति के लिए इम्तहान में नहीं बैठ सकते थे ... यद्यपि वार्षिक परीक्षा में हममें से कई कक्षा में सर्वोच्च स्थान पाते थे। एंग्लों–इंडियन लड़के स्वैच्छिक संगठनों में शामिल हो सकते थे और कन्धे पर राइफल रख सकते थे लेकिन हम नहीं। ऐसी छोटी घटनाओं ने हमारी आँखें इस तथ्य की ओर खोलीं कि भारतीयों के रूप में हम भिन्न वर्ग हैं, यद्यपि हम एक ही संस्थान के थे (बोस, 1982: 25-26)।

भावात्मक रूप से अलगाव महसूस करते हुए सुभाष ने अपने स्कूल को कभी पसंद नहीं किया और अपनी नाराजगी को अपनी माँ के सामने प्रकट किया जिसे सुना भी गया, और 1902 में उन्हें रावेनशॉ कॉलेजियेट स्कूल में भेज दिया गया। यह उनके जीवन का क्रांतिकारी मोड़ था। उनका न केवल भारतीय सभ्यता के आधारभूत मूल्यों से परिचय हुआ, वे स्कूल के हैडमास्टर बेनीमाधव दास के प्रभाव में भी आए, जिन्होंने उनमें 'प्रकृति से प्यार और सामाजिक उत्तरदायित्व तथा नैतिक मूल्यों के प्रति जागरूकता' के भाव भरे (पूर्वोक्त : 54)।

इसी समय वे रामकृष्ण परमहंस तथा स्वामी विवेकानन्द की शिक्षाओं के प्रति भी आकर्षित हुए जिसने उनके 'मानसिक संघर्ष को दूर करने में काफी हद तक' (पूर्वोक्त : 32) सहायता की। उनके अनुसार,

> ... दर्शन जो मैंने विवेकानन्द और रामकृष्ण में पाया, उसे मैंने अपनी आवश्यकताओं को पूरा करने के काफी निकट पाया और उसने मुझे अपने नैतिक और व्यावहारिक जीवन को निर्मित करने के लिए आधार प्रदान किया। इसने मुझे कुछ सिद्धान्त प्रदान किए जिसकी सहायता से मैं अपने व्यवहार या कार्य करने के तरीके को, जब भी कोई कठिनाई या समस्या मेरे सामने आई, को निर्धारित कर सकता था (पूर्वोक्त : 54)।

युवा बोस अरविन्द घोष की तरफ भी आकर्षित हुए जो बंगाल के 1903-08 के विभाजन विरोधी आन्दोलन के सर्वाधिक लोकप्रिय राजनीतिक नेता थे। बोस अरविन्द को उनके रहस्यवाद के कारण नहीं अपितु प्रभावी राष्ट्रीय सेवा के लिए आवश्यक आध्यात्मवाद और राजनीति को समन्वित करने की उनकी क्षमता के कारण पसंद करते थे। विवेकानंद और अरविन्द की शिक्षा के प्रति उनका आदर

उनके उग्रवाद के प्रति झुकाव में परिलक्षित हुआ, जिस राजनीतिक विचारधारा ने 1903-08 के बंगाल के स्वदेशी आन्दोलन के दौरान ब्रिटिश सत्ता को चिन्तित कर दिया था।

एक बड़ी घटना, जिसके कारण सुभाष चन्द्र बोस की ओर ध्यान आकर्षित हुआ, वह ऑटन का मामला था। 1916 में, जब वे कलकत्ता के प्रेसीडेन्सी कॉलेज के छात्र थे, बोस द्वारा ई.एफ. ऑटन पर नस्लवादी टिप्पणी के कारण शारीरिक रूप से आघात किया बताया गया। यह स्पष्ट नहीं है कि क्या बोस उनमें थे जिन्होंने ऑटन को पीटा। कॉलेज में इस घटना के सम्बन्ध में लिखते हुए ऑटन बहुत स्पष्ट नहीं थे कि जिन लोगों ने उनके ऊपर आक्रमण किया, उसमें उन्होंने बोस को भी देखा था। दो दशकों के अंतराल के बाद लिखी गई, अपनी आत्मकथा, में बोस ने बताया कि वे मात्र एक दर्शक थे। इस सुप्रचारित मामले में बोस की वास्तविक भूमिका चाहे कुछ भी रही हो, इसने बंगाल की सरकार को सचेत कर दिया और प्रेसीडेन्सी कॉलेज को अस्थायी रूप से बंद कर दिया गया। बोस को कॉलेज से निकाल दिया गया। ऑटन मामले ने न केवल उन्हें 'नायक और प्रतिष्ठित व्यक्ति' (बोस, 1982 : 80) बना दिया अपितु भविष्य के बारे में भी उनके दृष्टिकोण को क्रांतिकारी बना दिया जैसा कि उन्होंने स्वयं कहा,

> .... 1916 की दुःखान्त घटना के आन्तरिक महत्व को मैं उस समय कम समझ पाया। मेरे प्रिंसिपल ने मुझे बाहर निकाल दिया, लेकिन मेरा भावी जीवन बना दिया। मैंने अपने लिए एक उदाहरण स्थापित किया जिसे मै भविष्य में आसानी से नहीं बदल सकता था। मैं संकट में साहस और शान्ति के साथ खड़ा हुआ और मैंने अपना दायित्व पूरा किया। मैंने आत्मविश्वास, साथ ही पहल करने की क्षमता को विकसित किया जो मुझे भविष्य में अच्छी स्थिति प्रदान करने वाली थी। यद्यपि मैंने बहुत सीमित क्षेत्र में, नेतृत्व का स्वाद चखा– साथ ही इसमें जुड़ी शहादत का भी – संक्षेप में मैंने ऐसा चरित्र अर्जित किया जिससे मैं स्थिरता के साथ भविष्य का सामना कर सकता था (पूर्वोक्त : 79-80)।

बोस कलकत्ता विश्वविद्यालय में स्नातकोत्तर अध्ययन के लिए तैयार हुए ही थे, जब जानकीनाथ ने उन्हें इण्डियन सिविल सर्विस के इम्तहान के लिए इंग्लैण्ड जाने को कहा। 1920 में जैसे ही वे इम्तहान में पास हुए, उन्होंने निर्णय करने में देर नहीं की। 1921 में उन्होंने सिविल सर्विस से त्यागपत्र दे दिया, क्योंकि उन्होंने महसूस किया कि विदेशी नौकरशाही, जिसे वहाँ रहने का नैतिक अधिकार नहीं था, में सेवा करना एक 'आपराधिक कार्य'[1] होगा। अपने त्यागपत्र को सर्वाधिक अच्छा कार्य मानने के पक्ष में बोलते हुए उन्होंने ब्रिटिश सरकार में सेवा करने वाले अन्य लोगों से भी प्रशासन से सम्बन्ध तोड़ देने के लिए कहा। उनके अनुसार ब्रिटिश प्रभुता को समाप्त करने का सर्वश्रेष्ठ तरीका इसको समर्थन न

देना था क्योंकि "हर सरकारी सेवक चाहे व छोटा चपरासी हो या प्रान्तीय गवर्नर, वह भारत में ब्रिटिश सरकार के स्थायित्व में सहायता करता है।"[2]

मई, 1921 में बोस भारत लौटे। यह वह समय था जब गाँधी ने असहयोग आन्दोलन शुरू किया हुआ था। बम्बई आने पर सुभाष ने महात्मा से 'अभियान के नेता से उनकी कार्यवाही की स्पष्ट योजना प्राप्त करने के लिए' साक्षात्कार किया (बोस, 1964: 54-55)। युवा बोस गाँधी के जवाब से संतुष्ट होते प्रतीत नहीं हुए, उन्होंने घोर निराशा में बम्बई को छोड़ दिया; लेकिन वे स्वयं अपने मस्तिष्क में स्पष्ट थे कि 'महात्मा की योजना, जिसे उन्होंने बनाया, में भयंकर रूप से स्पष्टता की कमी थी तथा वे उस अभियान जो भारत में स्वतंत्रता का वांछित लक्ष्य लाएगा, के अगले चरण के संबंध में बहुत स्पष्ट नहीं थे" (बोस, 1964: 54-55)।

गुरु की उनकी खोज अभी पूरी होनी शेष थी और इस प्रकार उनके राजनीतिक रूप में संस्कारित होने में देर हो गई। निराश होकर उन्होंने गाँधी को छोड़ दिया। लेकिन वे सी. आर. दास से उत्साहित हुए जो उस समय के उच्च नेताओं में से एक थे, जिनसे वे अपनी पहली मुलाकात में इतने प्रभावित हुए कि उन्होंने दावा किया कि दास अपनी वास्तविक भूमिका के प्रति सचेत थे और वे व्यावहारिक राजनीतिज्ञ थे (पूर्वोक्त : 55)। लम्बे संवाद के दौरान बोस ने महसूस किया कि दास उनके पसंद के ऐसे नेता थे "जो कुछ उनके पास है वे दे सकते थे और अन्य जो दे सकते थे वह उनसे ले सकते थे", (पूर्वोक्त)। बोस को जिसने प्रभावित किया वे दास थे जिनके लिए 'युवादस्था कमी नहीं अपितु गुण था' (पूर्वोक्त)। जब बोस ने स्वतंत्रता संघर्ष में प्रवेश किया, तब राष्ट्रवादी आन्दोलन क्रांतिकारी विचारधाराजन्य परिवर्तन के दौर से गुजर रहा था जिसने राजनीतिक सक्रियता की प्रक्रिया में परिवर्तन किया। नये कारकों को शामिल करते हुए इस युग के राजनीतिक कार्यकर्त्ताओं ने व्यापक राजनीतिक संघर्ष में नया आयाम जोड़ा। सामान्य रूप से इस युग ने समाज के तथाकथित उपेक्षित वर्ग में अभूतपूर्व जागृति देखी गई, जिसने बंगाल के विभिन्न हिस्सों में विभिन्न स्वरूप ग्रहण किया। चूँकि राजनीति अब भद्र लोक का मामला ही नहीं रह गयी थी, न यह कलकत्ता तक सीमित थी, अतः सी.आर.दास के पश्चात् बंगाल कांग्रेस के नेतृत्व ने ब्रिटिश विरोधी मंच को सुदृढ़ करने के लिए अभी तक के उपेक्षित लोगों को शामिल करने का कठिन प्रयास किया।

बोस की राजनीतिक विचारधारा

1939 में सुभाष चन्द्र बोस ने कांग्रेस अध्यक्ष पद के लिए महात्मा गाँधी के उम्मीदवार पट्टाभि सीतारमैया को हरा दिया। कुछ समय के लिए ऐसा प्रतीत हुआ कि उन्होंने कांग्रेस के गाँधीवादी नेतृत्व का क्रांतिकारी विकल्प प्रस्तुत किया। लेकिन गाँधी की 'सन्त की राजनीति' (मौरिस–जोन्स, 1971: 250-53) को

सफलतापूर्वक चुनौती देने के लिए समर्थन प्राप्त करने और संयोजित करने में उनकी असफलता ने सिद्ध किया कि उनकी 'क्रांतिकारी' राजनीति का कितना सीमित प्रभाव था। 1939 के कांग्रेस के अध्यक्षीय चुनाव के बाद जो कुछ हुआ, वह सर्व ज्ञात है। बोस भारत से भाग गए और आई.एन.ए. के नेता के रूप में उन्होंने द्वितीय विश्व युद्ध के समय अंग्रेजों के विरुद्ध संघर्ष का असफल प्रयास किया। राष्ट्रवादी उद्देश्यों के प्रति उनकी भक्ति और देश के प्रति त्याग ने उन्हें भारतीय स्वतंत्रता संघर्ष में विशिष्ट स्थान प्रदान किया, लेकिन भारतीय स्थितियों, साथ ही अन्तर्राष्ट्रीय राजनीति के गलत आकलन ने उन्हें अपने विरोधियों के मध्य 'दुष्ट या जड़बुद्धि मस्तिष्क का' तथा उन लोगों के बीच जो उनकी राजनीति को समझना चाहते थे, 'अंधेरे में टटोलने वाला भ्रमित मस्तिष्क' (चक्रवर्ती, 1986) बना दिया।

सुभाष विरोधी लॉबी के लिए बोस का मुसोलिनी और हिटलर के साथ लम्बा तथा घनिष्ठ दिखता संबंध उन्हें फासीवादी के रूप में पहचाने जाने के लिए पर्याप्त था। परन्तु यह अत्यंत सरलीकरण प्रतीत होता है। पामदत्त, जो ग्रेट ब्रिटेन के साम्यवादी दल के संस्थापकों में से एक थे, के साथ 1938 में अपनी मीटिंग में बोस ने फासीवादी शक्तियों के प्रति अपने दृष्टिकोण को दोहराया प्रतीत होता है। यद्यपि उन्होंने फासीवादी इटली की उसके साम्यवादी अभियान के लिए आलोचना की, लेकिन फिर भी उनकी विचारधारा की प्रशंसा की। उनके अनुसार फासीवादी का तात्पर्य राष्ट्रवाद का आक्रामक स्वरूप है। बोस द्वारा किए गए फासीवादी के आलोचनात्मक मूल्यांकन ने भारत के लिए उपयुक्त राजनीतिक विचारधारा की उनकी सतत खोज की ओर इंगित किया। यही वह कारण था कि विपरीत क्षणों में उन्होंने साम्यवाद में राष्ट्रीय विकास का वैकल्पिक स्वरूप खोजना चाहा। उनके अनुसार न केवल साम्यवाद, न केवल फासीवाद अपितु साम्यवाद और फासीवाद का समन्वय ही भारत के सर्वांगीण विकास को सुनिश्चित कर सकता है।

यद्यपि वे जन आन्दोलन की उपयोगिता को समझते थे, तथापि उन्होंने इसके लिए कभी गम्भीरता से प्रयास नहीं किया। राजनीतिक व्यवहार की दृष्टि से वे क्रांतिकारी आतंकवाद को वरीयता देते प्रतीत होते थे जिसने 1921 के असहयोग और खिलाफत आन्दोलन के पश्चात् संगठित राजनीति से जनता को जोड़ने के कांग्रेस के सुझाए प्रयास के परिणामस्वरूप अपना महत्व खो दिया था। प्रारंभ से ही अपनी राजनीतिक विचारधारा में उन्होंने समतावाद, अनुशासन और क्रांतिकारी आतंकवाद को समन्वित करने का प्रयास किया। 1930 में कलकत्ता के मेयर के रूप में अपने पहले भाषण में उन्होंने यह घोषणा की कि भारत के लिए श्रेष्ठ कार्य प्रणाली यह होगी कि न्याय, समानता और स्नेह जो समाजवाद का मूलभूत आधार है, के साथ फासीवाद की क्षमता और अनुशासन को जोड़ दिया

जाए। उसके पश्चात् आगे उन्होंने फासीवाद और समाजवाद के सम्मिश्रण पर बोलना प्रारंभ कर दिया जिसे उनके अनुसार भारतीय स्थितियों और परम्पराओं के अनुकूल ग्रहण किया जाना चाहिए। इस विचारधाराजन्य आधार पर बोस ने अपने गाँधी विरोधी आक्रमणों को निर्धारित किया। उन्होंने महात्मा के छात्रों द्वारा राजनीति में भाग लेने के विरुद्ध विचार प्रकट करने के कारण 1929 के लाहौर के छात्र सम्मेलन में गाँधी का पहले ही त्याग कर दिया था। लाहौर की सभा में अपने अध्यक्षीय सम्बोधन में बोस ने कहा, चूँकि सभी राष्ट्रीय गतिविधियाँ वास्तव में राजनीतिक प्रकृति की होती हैं अतः पाबंदी अविचारणीय है। गाँधीजी के साबरमती विचार वर्ग की कमियों की ओर ध्यान आकर्षित करते हुए उन्होंने 'आध्यात्मिक अनुमान' जो इस स्कूल की विचारधारा का आधार था, की कमियों की ओर इंगित करते हुए अपने विचार को पुष्ट किया–

> साबरमती विचार वर्ग द्वारा किए जा रहे प्रचार का वास्तविक प्रभाव यह भावना और विचार उत्पन्न करना है की आधुनिकता बुरी है, व्यापक पैमाने पर उत्पादन बुराई है, (जैसे कि) हम बैलगाड़ी के युग में वापस जाने के लिए अपनी सम्पूर्ण क्षमताओं के साथ प्रयास करें।[3]

उन्होंने जिस ओर इंगित किया था उसे 1931 के पंजाब के एक युवा संगठन, *ऑल इण्डिया नौजवान भारत सभा,* के कराची सम्मेलन में अपने अध्यक्षीय सम्बोधन में आगे बढ़ाया। बोस ने गाँधी द्वारा संचालित कांग्रेस नेतृत्व का परित्याग किया और एक वैकल्पिक दृष्टि, जिसके अनुसार संगठन को काम करना चाहिए, को प्रस्तुत किया। उनका लक्ष्य 'समाजवादी गणतंत्र'[4] को स्थापित करना था, जिसका उद्देश्य सर्वांगीण और अमिश्रित स्वतंत्रता प्राप्त करना था जो भू–स्वामियों और किरायेदारों के मध्य, पूँजीवादियों और मजदूरी प्राप्त करने वालों के मध्य, तथाकथित उच्च वर्ग और वंचित वर्ग के मध्य तथा पुरुषों और स्त्रियों के मध्य समझौते पर आधारित कांग्रेस के कार्यक्रम के ठीक विपरीत था।

बोस ने 1933 के साम्राज्यवाद विरोधी संघर्ष और साम्यवाद पर लंदन में भाषण में इस विषय को और अधिक विकसित किया। उन्होंने गाँधी के सविनय अवज्ञा आन्दोलन को प्रशासन को पंगु करने का प्रभावी साधन माना, लेकिन स्वतंत्रता पाने के लिए तब तक अपर्याप्त माना, जब तक इसे ब्रिटिश सरकार पर हिंसक आक्रमण से जोड़ा न जाये, जिसने उनके अनुसार आयरिश स्वतंत्रता सेनानियों को पहले ही सफलता प्रदान की। इस प्रकार उन्होंने कांग्रेस के गाँधी विरोधी वर्ग को *हिन्दुस्तानी साम्यवादी संघ* के मंच पर संगठित होने का आह्वान किया, एक ऐसा संगठन जो कांग्रेस को सही मार्ग प्रदान करने और हिंसक साधनों से औपनिवेशिक शक्तियों से संघर्ष करने का कठिन प्रयास कर रहा था।

बोस के साम्यवाद, जिसने स्पष्ट किया कि गाँधी से भिन्न वे भारत की राजनीतिक स्वतंत्रता नहीं अपितु सामाजिक क्रांति के उद्देश्य से राजनीतिक आन्दोलन के बारे में विचार कर रहे थे, प्राप्त करने की योजना के प्रति ब्रिटिश सत्ता ने स्वाभाविक रूप से अत्यधिक चिन्ता व्यक्त की।

1939 में लंदन में बोस जब साम्यवाद के बारे में बात कर रहे थे, उसी वर्ष उन्होंने यूरोप की यात्रा की और हिटलर तथा मुसोलिनी के साथ साक्षात्कार करना चाहा। यद्यपि वे मुसोलिनी से प्रभावित थे लेकिन हिटलर के दृष्टिकोण से निराश थे। उन्होंने महसूस किया कि *मीन कैम्फ* में हिटलर की टिप्पणी कि वे एक जर्मन होने के नाते भारत को किसी अन्य देश के स्थान पर ब्रिटिश प्रभुत्ता के अन्तर्गत देखना चाहेंगे, को वास्तव में अंग्रेजों का पक्ष लेने का प्रयास माना। बोस ने वास्तव में यहाँ तक कहा कि हिटलर अत्यधिक साथ ही साथ खतरनाक पागल व्यक्तित्व है जिसमें शैतान का प्रभुत्व है।

यद्यपि 1936 में हिटलर से साक्षात्कार के लिए उन्हें मना कर दिया गया तो वे निराश थे, वे नाजी प्रमुख से 1942 में मिले जब वे जर्मनी में भारतीय सैन्य दल का गठन कर रहे थे। लेकिन वे मुसोलिनी के साथ बेहतर अनुभव करते थे जो हिटलर से भिन्न नस्लीय विचारधारा के बारे में बहुत स्पष्टता से नहीं बोलते थे; उन्होंने विश्व शान्ति की ओर एक कदम के रूप में पूर्व और पश्चिम में सौहार्दपूर्ण संबंध स्थापित करने का समर्थन किया। मुसोलिनी के साथ बढ़ते सम्पर्क ने उन्हें फासीवाद, जिसमें उन्हें अनेक 'अच्छे बिन्दु' (बोस, 1964: 314) नजर आए, की ओर आकर्षित किया। इटली में एक साक्षात्कार में बोस ने घोषणा की कि वे फासीवाद में कितनी अधिक रुचि रखते हैं, यद्यपि उनके अनुसार, फासीवाद तथा 'उग्र राष्ट्रवाद' एक से थे।

यूरोप का उनका अल्प प्रवास कुल मिलाकर फलदायक था — बोस न केवल मुसोलिनी के नजदीक आए, उन्होंने 1934 में *इण्डियन स्ट्रगल* का प्रकाशन किया, जिसमें उनकी भावी राजनीतिक विचारधारा की ओर इंगित किया गया था। उन्होंने गाँधी द्वारा हृदय को जीतने की पद्धति को, तथा आने वाले (1935) संविधान के साथ कांग्रेस के सहयोग के निर्णय को पूरी तरह से अस्वीकार कर दिया। इसके स्थान पर उन्होंने फासीवाद और साम्यवाद के मिश्रण को स्वीकार करना चाहा, जिसे उन्होंने भारतीय परिस्थितियों के सर्वाधिक अनुकूल होने का दावा किया। नेहरू ने सम्मिश्रण के फार्मूले को पढ़ कर भी यह मान कर अस्वीकार कर दिया कि यह वर्तमान पूँजीवादी व्यवस्था को किसी भी कीमत पर बनाये रखने की बर्बर और अपरिपक्व पद्धति से अधिक कुछ नहीं है, पर उनसे भिन्न बोस ने इसे भारत की मुक्ति का एकमात्र उचित साधन बताया। यद्यपि वे फासीवाद से प्रभावित थे, लेकिन जब वे अपनी पुस्तक लिख रहे थे, तब उन्होंने अपनी राय को काफी सीमा तक परिवर्तित किया। उन्होंने फासीवाद की, इसके साम्राज्यवादी

अभियान के कारण न केवल आलोचना की, अपितु 1938 के कांग्रेस के हरिपुरा अधिवेशन के अध्यक्षीय सम्बोधन में बोस ने फासीवादी दल के नेतृत्व सिद्धान्त को अस्वीकार कर दिया क्योंकि इसने दल के अन्दर प्रजातंत्र को नष्ट किया। फासीवाद के इस बढ़ते मोहभंग के कारण बोस ने राष्ट्रीय पुनर्निर्माण के लक्ष्य को समाजवाद के अनुकूल बनाने के लिए प्रेरित किया। सुविधाहीनों को लाभ प्रदान करने के लिए राज्य के स्वामित्व और राज्य के नियंत्रण में उन्होंने औद्योगिक विकास की व्यापक योजना प्रस्तुत की। गाँधी, जो किसी भी प्रकार के औद्योगीकरण के विरुद्ध थे, के विपरीत बोस ने व्यापक औद्योगीकरण में विश्वास की पुनः स्थापना की, क्योंकि भारत के आर्थिक विकास का यही एकमात्र साधन था। उन्होंने कुटीर उद्योगों के फार्मूले को पूरी तरह से अस्वीकार नहीं किया। वास्तव में वे कुटीर उद्योगों को वहाँ पुनः जीवित करना चाहते थे, जहाँ कारखानों के आवश्यक प्रतियोगिता के विरुद्ध उनके बचे रहने की संभावना हो।

न केवल वे औद्योगीकरण के पक्ष में रुचि रखते थे, वे भारत की आर्थिक व्यवस्था के लिए कृषि के महत्व को भी समझते थे। उन्हें विश्वास था कि खेती से जुड़े लोगों की दयनीय अवस्था में सुधार लाने के लिए राज्य को जमींदारी व्यवस्था समाप्त करने जैसे क्रांतिकारी भूमि सुधार कार्यक्रम को प्रारंभ करना होगा। उनके द्वारा सुझाई गयी अर्थव्यवस्था में, योजना आयोग की सलाह पर, राज्य को सम्पूर्ण कृषि और औद्योगिक व्यवस्था के उत्पादन और विनियोग दोनों क्षेत्रों में समाजीकरण के लिए व्यापक योजना अपनानी होगी। भारत के आधुनिकीकरण के लिए इन मार्गों को सुझाने में बोस जवाहरलाल नेहरू से अधिक भिन्न नहीं थे। आधुनिक औद्योगिक राज्य पर जोर देने के कारण बोस ने धर्म, लिंग, जाति और विश्वास पर आधारित भेदभाव को दूर करके नई सामाजिक संरचना बनाने पर जोर दिया। 1929 के रंगपुर के भाषण में उन्होंने इस ओर इंगित किया, लेकिन बहुत विस्तार नहीं किया। 1929 के मिदनापुर युवा सम्मेलन में बोस ने कहा कि साम्यवाद–जो कि सामाजिक और राजनीतिक समानता है–को प्राप्त करने के लिए जाति का उन्मूलन आवश्यक है और पुरुषों के साथ जीवन के हर क्षेत्र में समान अधिकार और उत्तरदायित्वों के लिए महिलाओं को स्वतंत्र करना चाहिए। आर्थिक असमानता को और अधिक सहन नहीं किया जाना चाहिए और जाति, विश्वास तथा लिंग से परे प्रत्येक व्यक्ति को शिक्षा और आगे बढ़ने का समान अवसर प्रदान किया जाना चाहिए।

विचारधाराजन्य दृष्टि से बोस, दोनों के 'समान लक्षण'[5] के आधार पर, साम्यवाद और फासीवाद के समन्वय के पक्ष में थे। अपने विचार को स्पष्ट करते हुए उन्होंने कहा–

> ... साम्यवाद और फासीवाद में विरोध होने के बावजूद दोनों में कुछ सामान्य विशेषताएँ हैं। साम्यवाद और फासीवाद–दोनों व्यक्ति के ऊपर राज्य की श्रेष्ठता

में विश्वास करते हैं। दोनों संसदीय प्रजातंत्र का तिरस्कार करते हैं। दोनों दल के शासन में विश्वास करते हैं। दोनों दल के अधिनायकतंत्र में तथा विरोध करने वाले अल्पसंख्यकों को क्रूरता से दबा देने में विश्वास करते हैं। दोनों नियोजित औद्योगिक विकास में विश्वास करते हैं। ये समान लक्षण नये समन्वय जिसे साम्यवाद, एक भारतीय शब्द कहा गया, जिसका वास्तविक अर्थ 'समानता या समन्वय का सिद्धांत' है, (बोस, 1964:314) के आधार होंगे।

बोस का समन्वय का विचार राज्य को संगठित करने के तरीके पर टिप्पणी है। पश्चिमी पद्धति के उदारवादी प्रजातंत्र का विरोध करते हुए उन्होंने राज्य केन्द्रित फासीवाद और साम्यवाद से ग्रहण करते हुए एक विशिष्ट तृतीय मार्ग का विचार रखा, यद्यपि दोनों विचारधाराओं में गम्भीर विरोध थे। उनका प्राथमिक उद्देश्य शक्ति द्वारा स्वतंत्रता प्राप्त करना था। चूँकि गाँधी की अहिंसा की पद्धति समझौतावादी थी, अतः बोस को यह निश्चित विश्वास नहीं था कि इससे भारत को स्वतंत्रता प्राप्त होगी। अतः वे फासीवाद के सहयोग से भी एक सेना के संगठन के पक्ष में थे। साम्यवाद इनकी शासन कला पर विचारों का समर्थन था, जो उनके अनुसार स्वतंत्रता प्राप्त करने और उसके बाद सुदृढ़ भारत के निर्माण के लिए उपयुक्त था।

बोस के भावी भारत पर विचार

परम्परागत हिन्दू समाज के आधार को चुनौती देते हुए बोस ने नये समाज की रूपरेखा प्रस्तुत की। पर वे जाति पूर्वाग्रहों से मुक्त नहीं थे क्योंकि बाद में, 1937 में अपनी आत्मकथा में अपनी उच्च जाति का सन्दर्भ, सम्भवतः सामाजिक पदसोपान में तुलनात्मक रूप में उच्च स्थिति को दर्शाने के लिए, दिया। हिन्दू–मुसलमानों के भेदभाव के सम्बन्ध में भी आई.एन.ए. के संगठन तक बोस दुविधापूर्ण थे। यह सत्य है कि बोस सहित कोई भी कांग्रेस का नेता बंगाल में हिन्दू–मुसलमान समस्या का ठोस समाधान विकसित करने में सफल नहीं हुआ। कांग्रेस ने हिन्दू महाजनों के हितों को सुरक्षित करने के लिए ईस्ट बंगाल के किसानों को जमींदारी विरोधी संघर्ष को आगे बढ़ाने की अनुमति नहीं दी। ऐसी जटिल स्थिति में जहाँ हिन्दू–मुसलमान विभाजन, जमींदार और रैयत के विभाजन के समान था, जिसमें कांग्रेस की प्रतिबद्धता जमींदारों को सुरक्षा प्रदान करने की थी, तब बोस द्वारा साम्यवाद प्राप्त करने की घोषणा उचित लगती है।

1935 के भारत शासन अधिनियम के अन्तर्गत संघीय योजना की सुभाष चन्द्र बोस ने आलोचना की। एक व्यक्तिगत पत्र में उन्होंने कहा कि विभाजन और शासन करने की नीति के बावजूद 1937 के चुन।वों के परिणाम ने कांग्रेस दल की शक्ति को प्रदर्शित किया है, कांग्रेस को तब तक पद नहीं ग्रहण करना चाहिए, तब

तक प्रांत के गवर्नर यह आश्वासन न दे दें कि वे मंत्रियों के कार्य में हस्तक्षेप नहीं करेंगे। द *ट्रिब्यून* (लाहौर) में प्रकाशित अपने लेख 'फेडरेशन ऑफ इण्डिया' में वे अधिनियम के अन्तर्गत समस्त व्यवस्था के आलोचक थे जो, उनके अनुसार, केन्द्र में 'निरंकुश एकतंत्र' के साथ प्रांतों में प्रजातंत्र सरकार जैसा है (बोस, 1964: 315)।

उन्होंने 'हस्तान्तरित' और 'रक्षित' विषय के विचार के विरुद्ध दृढ़ता से विचार प्रस्तुत किए क्योंकि इसमें वास्तविक शक्ति ब्रिटिश नौकरशाही में निहित थी और प्रांतीय मंत्रियों के पास थोड़ी शक्ति और अत्यंत अल्प धन रह गया। इसके अतिरिक्त उन्होंने महसूस किया, चूँकि संघीय विधायिका के सदस्य ब्रिटिश भारत तथा रियासतों से आयेंगे जिससे यह ऐसा मंच होगा जिसमें राजाओं द्वारा नामांकित सदस्य कांग्रेस की प्रगतिशील नीतियों का विरोध करने में अंग्रेजों का सहयोग करेंगे। प्रान्तीय स्वायत्तता की सीमित प्रकृति के बारे में जानते हुए अपने पथ–प्रदर्शक सी. आर. दास की भाँति वे प्रयोग के तौर पर पद ग्रहण करना चाहते थे। उदाहरण के लिए 1937 में यद्यपि बंगाल कांग्रेस ने कृषक प्रजा पार्टी (के.पी.पी.) के साथ गठबंधन करने से मना कर दिया, लेकिन अगले ही वर्ष बोस ने मंत्रिमंडल गठन के लिए असंतुष्ट के.पी.पी. के साथ समझौता करने का प्रयास किया।

सन् 1938 के हरिपुरा के अध्यक्षीय उद्बोधन तथा द *ट्रिब्यून* के लेख में, बोस ने अपनी पसंद के राज्य का वर्णन किया। सघीय व्यवस्था की असफलता की ओर संकेत करते हुए उन्होंने बार–बार लोगों के कल्याण को सुनिश्चित करने के मंत्र के रूप में सशक्त केन्द्रीकृत राज्य की आवश्यकता पर जोर दिया। जो कुछ अस्पष्ट था, वह 1944 के टोक्यो भाषण में स्पष्ट हो गया। बोस ने जोर दिया, 'हमें एक राजनीतिक व्यवस्था–एक राज्य–सर्वसत्तावादी प्रकृति का चाहिए'।[6] अतः उन्होंने कहा, "चूँकि कोई और संविधान भारत में सफल नहीं हो सकता और यह भारत के लिए अच्छा होगा कि वह प्रारंभ में अधिनायकवाद द्वारा शासित हो..... उसकी इतनी अधिक बीमारियाँ हैं कि एक निर्दय अधिनायक ही उसका उपचार कर सकता है।"[7]

उन्होंने राष्ट्रीय उद्देश्य को प्राप्त करने के लिए एक सुसंगठित और अनुशासित अखिल भारतीय दल के निर्माण के लिए भी विचार प्रस्तुत किये। जब वे यूरोप में थे, तब वे फासीवादी और नाजीवादी दलों की संगठनात्मक शक्ति से प्रभावित थे तथा इसने उन्हें भारत के पुनर्निर्माण तथा सर्वांगीण विकास के मंत्र के रूप में एक सुअनुशासित दल के महत्व का विश्वास दिलाया होगा। उनका राष्ट्रीय केन्द्रीकृत दल में दृढ़ विश्वास था तथा अन्य कांग्रेस नेताओं की भाँति बोस ने स्वतंत्रता के पश्चात् कांग्रेस को भंग कर देने के गाँधी के विचार को कभी उचित नहीं माना। इसके बदले उन्होंने जोर दिया कि कांग्रेस को सत्ता ग्रहण करनी चाहिए, प्रशासन का दायित्व उठाना चाहिए तथा पुनर्निर्माण के कार्यक्रम

संचालित करने चाहिए क्योंकि 'जिन्होंने सत्ता को जीता है सिर्फ वे ही इसे उपयुक्त तरीके से संभाल सकते हैं।'[8]

यद्यपि बोस, सुसंगठित दल द्वारा केन्द्रीय रूप से नियंत्रित एक सशक्त राज्य के पक्ष में थे, लेकिन वे यह भी जानते थे कि इसका परिणाम सर्वाधिकारवाद होगा। इस सम्भावना को समाप्त करने के लिए उन्होंने (अ) कांग्रेस दल में आन्तरिक प्रजातंत्र पर, तथा (ब) एक से अधिक दल के अस्तित्व पर जोर दिया। पर साथ ही उनके इस फॉर्मूले में सर्वसत्तावाद के बने रहने के विरोध के तत्व थे: एक दृढ़ राज्य जो सुगठित दल द्वारा केन्द्रीय रूप से नियंत्रित होगा, के द्वारा उनके सुझाए अवरोधों की उपेक्षा की सम्भावना थी। फिर भी स्वतंत्र भारत के लिए बोस के विचार एक रूपरेखा प्रकट करते हैं, जिसे उनके अनुसार, भविष्य में जीवन्त राष्ट्र बनाने के लिए अनुशासित कांग्रेस दल के नेतृत्व की आवश्यकता थी।

समापन अवलोकन

क्या सुभाष सर्वसत्तावादी या फासीवादी थे? फासीवादी नेताओं के साथ उनके सम्बन्ध तथा सुदृढ़ केन्द्रीकृत राज्य के पक्ष में उनके विचार की दृष्टि से शायद 'हाँ' कहना आसान होगा। लेकिन मैकियावली की पद्धति से वे एक विशिष्ट यथार्थ, जिसमें कुछ परिवर्तन की आवश्यकता थी, को तलाश रहे थे। भारत की स्वतंत्रता के लक्ष्य के कारण उन्होंने अपने समय की माँग के कारण जो प्रतिक्रिया प्रस्तुत की, वह इस दृष्टि से कांग्रेस के नेताओं से अधिक भिन्न नहीं थी। जिस साध्य के लिए वे कठिन प्रयास कर रहे थे, उसके अनुकूल होने पर जैसे ही उन्होंने साधनों की उपेक्षा की, वे अलग वर्ग के हो गए। अतः उन्होंने गाँधी के अहिंसा के स्थान पर क्रांतिकारी आतंकवाद को वरीयता दी क्योंकि उन्हें विश्वास था कि काम को कैसे किया जाये, के स्थान पर अंग्रेजों को बाहर धकेलना अधिक महत्वपूर्ण था।

बोस ने इसमें उपेक्षित बंगाल, पंजाब और महाराष्ट्र की विचारधारा को बनाए रखा जिसने कांग्रेस के नेतृत्व में स्वतंत्रता संघर्ष में जन–समूह को शामिल करने के गाँधी के अभियान के कारण अपना महत्व खो दिया था। इसी प्रकार उनके द्वारा 'अंतिम युद्ध' में विदेशी मित्रों के रूप में फासीवादी ताकतों का चयन कौटिल्य के प्रसिद्ध सिद्धान्त दुश्मन का दुश्मन के आधार पर निर्धारित हुआ। इस सहयोग के परिणाम की बोस ने जानबूझकर अवहेलना की होगी। इसी प्रकार उनके प्रस्तावित राज्य–सर्वसत्तावाद या फासीवाद ने समकालीन जर्मनी तथा इटली के प्रति उनके प्रभावित होने की सीमा को परिलक्षित किया। उन्हें यह देखने का कभी अवसर नहीं मिला कि बहुजातीय भारत के लिए एक अनुशासित

दल के साथ केन्द्रीकृत राज्य उपयुक्त था या नहीं। अतः उन पर एक विशिष्ट प्रकार का लेबल लगाना ऐतिहासिक रूप से उचित नहीं होगा।

टिप्पणियां

1. सुभाष चन्द्र बोस द्वारा शरत्चन्द्र बोस को, 23 अप्रैल, 1921 (बोस, 1980: 233)।
2. पूर्वोक्त।
3. 25 दिसम्बर, 1928 को अखिल भारतीय युवा कांग्रेस के तृतीय सत्र में बोस द्वारा दिये भाषण, 'रोल ऑफ यूथ मूवमेण्ट' में, (1974: 42)।
4. सुभाष चन्द्र बोस ने समाजवादी गणतंत्र के विचार को 25 दिसम्बर, 1928 को अखिल भारतीय युवा कांग्रेस के तृतीय सत्र में अपने भाषण, 'रोल ऑफ यूथ मूवमेण्ट' में प्रस्तुत किया, (बोस, 1974: 42)।
5. बोस ने समन्वय का यह विचार द *इण्डियन स्ट्रगल* में विकसित किया (1964: 314-15)।
6. द *ट्रिब्यून*, 28 जनवरी, 1938।
7. *हिन्दुस्तान स्टेण्डर्ड*, 8 मार्च, 1946।
8. *अमृत बाजार पत्रिका*, 4 फरवरी, 1936।

सन्दर्भ

बोस, सुभाष चन्द्र, 1964, द *इण्डियन स्ट्रगल*, 1920-1942 लंदन, एशिया पब्लिशिंग हाउस।

बोस, सुभाष चन्द्र, 1974, *सलेक्टेड स्पीचेस*. थर्ड एडीशन. नई दिल्ली: पब्लिकेशन डिवीजन, मिनिस्ट्री ऑफ इनफोरमेशन एण्ड ब्रॉडकॉस्टिंग, गवर्नमेण्ट ऑफ इण्डिया।

बोस, सुभाष चन्द्र, 1980, *कलेक्टेड वर्क्स ऑफ सुभाष चन्द्र बोस*. वॉल्यूम I. कलकत्ता, नेताजी रिसर्च ब्यूरो।

बोस, सुभाष चन्द्र, 1982, *कलेक्टेड वर्क्स ऑफ सुभाष चन्द्र बोस*. वॉल्यूम II. कलकत्ता, नेताजी रिसर्च ब्यूरो।

चक्रवर्ती, विद्युत, 1986, 'वाज नेताजी ए फासिक्ट', द *स्टेट्समैन*, 23 जनवरी।

चक्रवर्ती, विद्युत, 1990, *सुभाष चन्द्र बोस एण्ड मिडिल क्लास रेडिकलिज्मः ए स्टडी इन इण्डियन नेशनलिज्म*, लंदन, आई बी टॉरिस।

मौरिस–जोन्स, डब्ल्यू. एच., 1971. द *गवर्नमेण्ट एण्ड पॉलिटिक्स ऑफ इण्डिया*. रीप्रिन्ट, नई दिल्ली, बी. आई. पब्लिकेशन्स।

12

वी.डी. सावरकर

अध्ययन का उद्देश्य

- सावरकर की भारतीय इतिहास की राष्ट्रवादी व्याख्या को स्पष्ट करना।
- सावरकर के सामाजिक विचारों का मूल्यांकन।
- सावरकर के हिन्दुत्व पर विचारों का परीक्षण।

विनायक दामोदर सावरकर (1883-1966) ने भारत में राजनीतिक चिन्तन के गैर–पारम्परिक सूत्र का प्रतिनिधित्व किया, क्योंकि उन्होंने मुख्यधारा के राष्ट्रवादी आन्दोलन के नेताओं द्वारा प्रतिपादित क्षेत्रीय राष्ट्रवाद के सिद्धान्त के विपरीत सांस्कृतिक राष्ट्रवाद के विचार का प्रतिपादन किया। सावरकर के व्यक्तित्व और चिन्तन की विशिष्टता का परीक्षण इस तथ्य द्वारा किया जा सकता है कि चिन्तकों का एक वर्ग उन्हें 'प्रचण्ड राष्ट्रवादी, क्रांतिकारी नायक तथा आतंकवादी, जिसने 20वीं सदी के प्रारंभिक दशक में साहसपूर्ण राजनीतिक कार्यों द्वारा प्रसिद्धि पाई' (वर्मा, 1964: 377) कहा, जबकि दूसरे वर्ग ने 'उन्हें क्रोधी, द्वेषी, प्रतिशोधी, हिंसक और असहनशील, उत्तेजित शिक्षक' (ज्योर्तिमय शर्मा 2003: 172) के रूप में अपमानित किया। वस्तुतः सावरकर ने देश में बहुत सारे लोगों द्वारा अभिव्यक्त इस राय को, कि अन्तर्राष्ट्रीय शिष्टाचार का महत्वपूर्ण हिस्सा बनने के रूप में भारत का पुनरुत्थान हिन्दू धर्म और सांस्कृतिक मूल्यों में निहित भारतीय राष्ट्रवाद में होने से ही प्राप्त किया जा सकता है, को व्यवस्थित रूप से प्रस्तुत किया। उनका मानना था कि भारत के वास्तविक व्यक्तित्व को उसके गौरवमय अतीत को पुनर्जीवित काल तथा, जिसे वे 'हिन्दू राष्ट्र' कहते हैं, की पुनर्स्थापना से ही वापस लाया जा सकता है। इस प्रकार सावरकर का राजनीतिक दर्शन एक विशिष्ट सैद्धान्तिक विचार प्रतीत होता है, जो एक विशिष्ट भूमि पर रहने वाले समरूप भारतीय जनता पर ध्यान केन्द्रित करता है, तथा जिसमें बहुसंख्यक लोगों की सांस्कृतिक विशिष्टता के आधार पर राष्ट्र के निर्माण की इच्छा निहित है।

ऐतिहासिक रूप से हिन्दू पुनरुत्थानवादियों द्वारा बौद्धिक खोज की परम्परा दो विशिष्ट धाराओं हिन्दूवाद[1] तथा हिन्दुत्व[2] के रूप में स्पष्ट हुई। अन्य धर्म के विश्वास के शासकों के द्वारा लम्बे शासन के दासत्व के कारण लोगों में विश्वास की कमी को देखते हुए भारत में हिन्दू जीवन पद्धति की जीवनी शक्ति, शाश्वतता तथा व्यावहारिकता को पुनःस्थापित करने के समान दूरगामी दृष्टिकोण के बावजूद दोनों धाराएँ हिन्दू जीवन दृष्टि की अवधारणा के विचार में भिन्न थीं। अतः हिन्दूवाद के समर्थकों ने हिन्दू जीवन पद्धति को धार्मिक–व्यक्तिगत प्रकृति के आधार पर अवधारणीकृत करने का प्रयास किया जिसमें जीवन के अन्य पक्षों पर ध्यान नहीं था। उनका तर्क था कि हिन्दूवाद को धार्मिक–दार्शनिक आधारों, जो इसके अनुयायियों को सार्थक जीवन प्रदान कर सकें, के रूप में विचारित किया जाना चाहिए। मुख्य रूप से लोगों के व्यक्तिगत जीवन के क्षेत्र को प्रभावित करने के रूप में इसकी व्याख्या की गई है, तथा नैतिक और आचारशास्त्र सम्बन्धी सिद्धांतों, जो लोगों के व्यवहार को जीवन के अन्य पक्षों में भी मार्गदर्शन करेगा, के रूप में स्थापित किया गया। इस प्रकार, राजनीतिक उद्देश्य से वंचित तथा संकुचित दृष्टिकोण के कारण हिन्दूवाद नैतिक और धार्मिक व्यवहार के सिद्धांत प्रस्तुत करने तक सीमित रहा जिसे हिन्दू धर्म के अनुयायी सार्वजनिक या व्यक्तिगत जीवन में अपने व्यवहार को प्रकट करने के लिए सीख लें। हिन्दूवाद के दर्शन पर विचार महात्मा गाँधी तथा सर्वपल्ली राधाकृष्णन जैसे व्यक्तियों के लेखन और व्यवहार में विशिष्ट रूप से परिलक्षित हुए।

हिन्दूवाद के विचार के व्यक्तिवादी और सीमित अवधारणीकरण के विपरीत हिन्दुत्व का विचार हिन्दू पुनर्जागरण आन्दोलन के क्रांतिकारी तत्वों द्वारा विकसित किया गया। उसने भारत में हिन्दू जीवन शैली की इतिहास में स्थिति, दर्शन, विरासत तथा भावी दृष्टिकोण के सम्बन्ध में अधिक कठोर मुद्रा अपनाई। वस्तुतः हिन्दुत्व की विचारधारा के प्रतिपादकों ने देश की राजनीतिक, सांस्कृतिक व्यवस्था की पुनर्रचना की व्यापक रूपरेखा इस प्रकार प्रस्तुत करने का प्रयास किया है, जिससे देश के मामलों में हिन्दुओं को सम्पूर्ण महत्व प्राप्त होगा। हिन्दुत्व की विचारधारा व्यक्ति के धार्मिक और व्यक्तिगत जीवन की सीमा से परे जाकर देश में हिन्दू राष्ट्र की स्थापना के द्वारा हिन्दुओं के लिए एक नई दुनिया की पुनर्रचना करना चाहती है।[3] कुछ वर्षों में यह ऐसी विशिष्ट राजनीतिक विचारधारा बन गयी, जो लोगों के राजनीतिक, सांस्कृतिक जीवन में कुछ सीमा तक महत्व प्रदान करने के लिए देश की धर्मनिरपेक्ष विशिष्टताओं को चुनौती देती है। जैसा कि पहले कहा गया है कि हिन्दुत्व की विचारधारा को, कुछ सीमा तक सावरकर द्वारा विभिन्न लेखों और भाषणों में परिष्कृत तथा व्यावहारिक सैद्धान्तिक विचार के रूप में आकार दिया गया। बाद में इस विचारधारा को राष्ट्रीय स्वयंसेवक संघ (आर.एस.एस.) द्वारा भारत में 'हिन्दू राष्ट्र' के उद्देश्य को पाने के लिए बौद्धिक

शक्ति के रूप में ग्रहण कर लिया गया। वास्तव में देश के सभी हिन्दू दक्षिणपंथी राजनीतिक और सांस्कृतिक संगठनों के समूह सावरकर द्वारा प्रतिपादित हिन्दुत्व की विचारधारा से विचारधाराजन्य आधार ग्रहण करते हैं।

हिन्दुत्व की विचारधारा के प्रतिपादक के रूप में पहचाने जाने के बावजूद सावरकर की बौद्धिक खोज वहीं तक सीमित नहीं रही, यद्यपि आने वाले वर्षों में उनके सभी लेखों और भाषणों में हिन्दुत्व सदैव मूल विचारधारा के रूप में प्रवाहित होता रहा। वास्तव में राष्ट्रवादी उद्देश्य को बहुत पहले ही स्पष्ट करके, वे प्रथम थे, जिसने 1857 के विद्रोह को भारत का पहला स्वाधीनता का युद्ध बताया। इसके अतिरिक्त वे भारत के प्रमुख स्वतंत्रता सेनानियों में से एक थे। उनके बौद्धिकं शोध का क्षेत्र राजनीतिक विचारों की सीमा से परे था तथा उन्होंने हिन्दू समाज को सुधारने के लिए बहुत सारे महत्वपूर्ण सुझाव प्रस्तावित किए।[4] अतः इस अध्ययन में सावरकर के सामाजिक और राजनीतिक विचारों का सन्दर्भजनित और विश्लेषणात्मक अध्ययन प्रस्तुत करने का प्रयास किया गया है, जिसमें हिन्दुत्व पर उनके सैद्धान्तिक विचार का विशेष सन्दर्भ आवश्यक रूप से निहित है।

हिन्दू हितों के लिए समर्पित एक जीवन

सावरकर का जन्म महाराष्ट्र के पारम्परिक ब्राह्मण परिवार में 28 मई 1883 को उस समय हुआ, जब भारतीय पुनर्जागरण देश के अतीत, वर्तमान और भविष्य की विविध व्याख्याओं में प्रकट हो रहा था। जबकि भारतीय समाज के एक वर्ग ने भारत में ब्रिटिश शासन के राजनीतिक और आर्थिक पक्ष की बौद्धिक आलोचना प्रारंभ कर दी थी, तभी कुछ अन्य वर्ग लोगों की धार्मिक–सांस्कृतिक परम्पराओं और विरासतों को पुनर्जीवित और पुनऊर्जस्वित करने में व्यस्त थे। अतः सावरकर के बचपन के संस्कारों ने हिन्दू धर्म और संस्कृति के मूल्यों की गहरी पैठ बनायी, तथा शिवाजी जैसे महान मराठा शासक की गौरवपूर्ण विरासत को पुनर्जीवित करने के लिए प्रेरित किया। अन्यथा मात्र दस वर्ष की उम्र के एक बच्चे के लिए संयुक्त प्रान्त में साम्प्रदायिक झगड़ों की खबर सुनने पर इतना उत्तेजित होना सम्भव नहीं था कि उसने अपने स्कूल के दर्जन भर विद्यार्थियों के समूह को इकट्ठा किया तथा दंगे में मारे गए हिन्दुओं का बदला लेने के लिए एक धार्मिक स्थल पर पथराव किया। अन्य धर्म के लोगों द्वारा हिन्दुओं को पीटे जाने के गहरे दुःख के अतिरिक्त सावरकर भारत में अंग्रेजी शासन की क्रूरताओं से भी समान रूप से दुःखी थे जिसने भारतीयों को न केवल फाँसी दी, अत्याचार और शोषण किया बल्कि देश में हिन्दुओं की पवित्र तथा गौरवपूर्ण धार्मिक–सांस्कृतिक परम्पराओं की भी अवमानना की। उन्होंने, भारत में ब्रिटिश शासन के लिए

प्रतिशोधक दृष्टिकोण विकसित किया तथा देश की स्वतंत्रता के लिए लड़ते हुए मरने की इच्छा को अभिव्यक्त किया। इस प्रकार बहुत छोटे से जीवन के दो विशिष्ट उद्देश्य उनके लक्ष्य बन गए—हिन्दुओं के हितों के लिए काम करना तथा देश की स्वतंत्रता के लिए संघर्ष करना।

सावरकर की राष्ट्रीय गतिविधियों से अंग्रेजों में क्रोध उत्पन्न हुआ और वे पूना के फर्ग्युसन कॉलेज से निष्कासित कर दिये गए, लेकिन लोकमान्य तिलक की अनुशंसा पर प्रसिद्ध भारतीय क्रांतिकारी श्यामजी कृष्ण वर्मा द्वारा उन्हें लंदन में अध्ययन का प्रस्ताव मिला। परिणामस्वरूप 1906 से 1910 के समय के दौरान सावरकर लंदन में छात्र—क्रांतिकारी रहे, उसके बाद उन्हें गिरफ्तार कर लिया गया और पचास साल के लिए अण्डमान की जेल में भेज दिया गया। लंदन में सावरकर के रहने और भारतीय क्रांतिकारियों के साथ अन्तरंग अन्तःसम्बन्धों ने सम्भवतः उनकी इतिहास के बारे में समझ को और भारत के लम्बे समय तक एक राष्ट्र के रूप में पतन के कारण को समझने में सहायता की। वस्तुतः 1857 के विद्रोह की भारत के प्रथम स्वतंत्रता के युद्ध के रूप में नवीन और मार्गदर्शक व्याख्या 1908 में उनकी पुस्तक *द इण्डियन वार ऑफ इण्डिपेण्डेंस ऑफ 1857* में प्रकाशित हुई जिसे ब्रिटिश सरकार द्वारा तुरंत प्रतिबन्धित कर दिया गया। एक दशक से लम्बे समय तक काला पानी (एकान्त जेल) का कठिन जीवन बिताने के बाद सावरकर को महाराष्ट्र वापस लाया गया और 1937 तक रत्नागिरी में नजरबंद रखा गया। इस प्रकार ढाई दशक से अधिक की एकान्त कैद ने भारत के लोगों के अतीत और वर्तमान की समस्याओं के विविध पक्ष और उनके सुझाव के लिए बौद्धिक खोज करने का अवसर प्रदान किया। उदाहरण के लिए, उनकी हिन्दुत्व की विचारधारा पर प्रसिद्ध पुस्तक 1923 में इसी शीर्षक के साथ आई जिसमें यह निहित था कि अण्डमान की एकान्त कैद के दौरान यह रचना लिखी गई।

सावरकर 1937 में कैद से रिहा किये गये और एम. एन. रॉय की तरह उन्हें भी उस समय संचालित मुख्यधारा का राष्ट्रवादी आन्दोलन अपने विभिन्न लेखों में अभिव्यक्त किए गए विचारधाराजन्य दृष्टिकोण के पर्याप्त अनुरूप नहीं लग रहा था। वे गाँधी के अहिंसा एवं सत्याग्रह के आदर्शों, जो देश के राष्ट्रवादी आन्दोलन के प्रमुख उदाहरण थे, से सहमत प्रतीत नहीं थे। देश में अंग्रेजों के अन्यायपूर्ण बल प्रयोग और क्रूर शासन को देखते हुए उन्होंने वैकल्पिक रूप से देश में हिंसक और विद्रोही प्रकार के संघर्ष की पद्धति का सुझाव दिया। जैसा कि उन्होंने लिखा,

> जब तक वह दैवीय युग नहीं आ जाता, तब तक उच्च पवित्र आदर्श सन्त—कवियों की कविताओं तथा ईश्वर—अनुप्रेरित व्यक्तियों के उपदेशों तक सीमित रहेगा, और जब तक मानव मस्तिष्क पापपूर्ण आक्रामक प्रवृत्तियों को दूर करने में व्यस्त रहता

है, तब तक विद्रोह, रक्तपात तथा प्रतिशोध विशुद्ध रूप से पापमय नहीं है (सावरकर, 1949: 273)।

परिणामस्वरूप, देश की स्वतंत्रता के संघर्ष के लिए कांग्रेस दल में सामान्य सदस्य के रूप में शामिल होने के स्थान पर वे, तुलनात्मक रूप से कम पहचाने जाने वाले तिलक के प्रजातांत्रिक स्वराज दल में शामिल हुए जो लोकमान्य तिलक द्वारा उग्रवादी स्वराज के आधार पर भारतीय राष्ट्रवाद के हितों के लिए कार्य कर रहा था। लेकिन कुछ समय बाद ही उन्हें इस दल की गतिविधियाँ देश के भविष्य के लिए असम्बद्ध लगीं तथा वे हिन्दू महासभा में शामिल हुए और इसके जल्दी ही अध्यक्ष बन गए और 1945 तक इस पद पर बने रहे। सावरकर के अध्यक्षीय काल में हिन्दू महासभा ने भारतीय समाज में अपने प्रभाव तथा विचारधाराजन्य प्रतिबद्धताओं को प्रखर करने में पर्याप्त उपलब्धियाँ प्राप्त कीं। अध्यक्षीय सम्बोधन[5] में सावरकर ने हिन्दू राष्ट्र पर अपने पूर्ववर्ती प्रकाशन हिन्दुत्व के अनुरूप व्यापक रूप से अपने विचारों की व्याख्या की।

हिन्दू महासभा में अल्पकालिक उत्तरदायित्व के समय सावरकर ने अपने क्रांतिकारी और शौर्यपूर्ण विचारों को शामिल करके दल के संगठन तथा विचारधाराजन्य प्रतिबद्धताओं को पुनः ऊर्जा प्रदान करने का प्रयास किया। पर हिन्दू महासभा की गतिविधियों से हिन्दू समाज के लोगों की प्रकृति और दृष्टिकोण में अपेक्षित परिवर्तन नहीं लाया जा सका। परिणामस्वरूप सावरकर ने दल से त्यागपत्र दे दिया और देश की स्वतंत्रता के लिए निर्णय तथा पूर्ण विश्वास के साथ काम न कर पाने की परिस्थितियों के कारण अपने लिए एकान्त जीवन का निर्णय ले लिया। अतः सावरकर का परवर्ती जीवन सरकार की नीतियों की आलोचना के यदा–कदा बौद्धिक प्रतिरोध के अतिरिक्त तुलनात्मक रूप से एकान्त में व्यतीत हुआ। 1966 में 83 वर्ष की परिपक्व उम्र में सावरकर की मृत्यु हो गई। अपने जीवनकाल में सावरकर की बौद्धिक खोज भारत में हिन्दू राष्ट्र की स्थापना की सच्चाई के अमिट विश्वास और व्यावहारिकता के मिश्रण की रही। राष्ट्रीय आन्दोलन पर उनके आक्रमण भी, मातृभूमि के लिए सर्वोच्च त्याग और आत्म–बलिदान के हिन्दू मूल्यों पर दृढ़तापूर्वक विश्वास के कारण किए गये। हिन्दू राष्ट्र के विचार में उनके दृढ़ और अविचल विश्वास के बावजूद लोगों द्वारा इसकी सीमित स्वीकृति ने सावरकर को निराश किया और जीवन के अंतिम चरण में वे विस्मृति का जीवन व्यतीत करने के लिए बाध्य हुए।

सावरकर द्वारा भारतीय इतिहास की राष्ट्रवादी व्याख्या

सावरकर भारत पर मुसलमानों और अंग्रेजी शासकों के रूप में विदेशी आक्रमणकारियों द्वारा कब्जा किये जाने के तीखे आलोचक थे। उनका विचार था

कि भारत, जिसे वे 'हिन्दुस्तान' कहना अधिक पसंद करते थे, वास्तव में हिन्दुओं का है और गैर–हिन्दुओं द्वारा उन पर बलपूर्वक कब्जा आक्रमण के कार्य का उदाहरण है, जिसका विरोध और प्रतिकार देश के हिन्दुओं द्वारा किया जाना चाहिए। अतः अकबर जैसे शासकों की तुलनात्मक महानता को स्वीकार करते हुए भी वे स्पष्ट रूप से मानते थे कि "अकबर हिन्दू दृष्टि से विदेशी थे, जो अन्य धर्म तथा संकुचित मस्तिष्क के थे, अतः हमारे हिन्दुओं द्वारा उनका तिरस्कार किया जाना चाहिए" (सावरकर, 1971: 402)। हिन्दू योद्धाओं, जैसे शिवाजी द्वारा मुसलमान शासकों और सेना प्रमुखों के विरुद्ध संघर्ष की सफलता की प्रशंसा में वे गर्व अनुभव करते थे, और हिन्दुओं को अपने बहादुर पूर्वजों के गौरवपूर्ण उदाहरणों का अनुसरण करने का आह्वान करते थे।

सावरकर की 1925 में प्रकाशित पुस्तक *हिन्दू पद पादशाही* में इतिहास की राष्ट्रवादी व्याख्या को सुस्पष्ट रूप से अभिव्यक्त किया गया है तथा यह पुस्तक देश के अन्य भागों में मुसलमानों के प्रभुत्व होने के बावजूद महाराष्ट्र में मराठा शक्ति के उदय के विश्लेषण के लिए लिखी गई। उन्होंने शिवाजी के श्रेष्ठ सैन्य नेतृत्व और बहादुरी की प्रशंसा की और उनकी विजय को मुस्लिम शासकों की बर्बरतापूर्ण आक्रमण की नीति, सत्ता की हिंसक प्राप्ति तथा कट्टरपंथी घृणा और असहनशीलता का उपयुक्त जवाब माना। उन्होंने यहां तक कहा कि मराठाओं का आदर्शवाद और शौर्य पूर्ववर्ती हिन्दू शासकों, जैसे हर्षवर्धन तथा पुलकेशिन के आदर्श और शौर्य से बेहतर थे (सावरकर, 1945: 230)। सावरकर ने शिवाजी द्वारा अपनायी गई शासन व्यवस्था की प्रशंसा की, क्योंकि यह हिन्दू धार्मिक ग्रंथों द्वारा विचारित शासन व्यवस्था के अनुकूल थी। उनकी मराठा राज व्यवस्था की प्रशंसा इस दृष्टिकोण पर आधारित थी कि यह स्वधर्म और स्वराज के अपतनशील सिद्धान्तों पर आधारित थी। उन्होंने शिवाजी की शासन व्यवस्था की प्रजातांत्रिक विशेषताओं की प्रशंसा की और तर्क दिया कि शासन की ऐसी ही व्यवस्था हिन्दू आवश्यकताओं के अनुकूल होगी। इस प्रकार मध्य युग के दौरान भारत के इतिहास की व्याख्या में सावरकर का सैद्धान्तिक स्वरूप हिन्दू राष्ट्रवाद पर केन्द्रित रहा जो उनके विश्वास का प्रतीक प्रतीत होता है।

इसी प्रकार आधुनिक काल में भारत के इतिहास की व्याख्या में सावरकर के राष्ट्रवादी विचार तब सर्वश्रेष्ठ प्रतीत होते हैं, जब उन्होंने 1857 के विद्रोह को भारत का पहला स्वतंत्रता का युद्ध बताया। देश के इतिहास की सर्वाधिक यादगार घटनाओं में से एक इस घटना की स्फूर्तिदायक, नवीन तथा राष्ट्रवादी व्याख्या ने सावरकर को भारत के अग्रणी राष्ट्रवादी के रूप में स्थापित किया जो ब्रिटिश शासन को पूर्ण क्षमता से उखाड़ फेंकना चाहता था। भारतीय बुद्धिजीवियों के कुछ वर्ग द्वारा की गई इस व्याख्या कि विद्रोही सेना के कुछ रूढ़िवादी तत्वों, जो चर्बी लगी हुई कारतूस को चबाने के विचार से भयभीत थे, द्वारा विद्रोह प्रारंभ

किया गया, से वे असहमत थे। न वे इस विचार से सहमत थे कि यह विद्रोह ब्रिटिश साम्राज्य में अपने राज्य को शामिल करने के प्रतिरोध के लिए अवध की बेगम जैसे कुछ भारतीय शासकों का निराशापूर्ण प्रयास था। उनका तर्क था कि यद्यपि ये विद्रोह के तात्कालिक कारण हो सकते हैं, लेकिन आधारभूत उद्देश्य, निःसन्देह, विदेशी शासन के चंगुल के मुक्ति का था। भारत में ब्रिटिश शासन को उखाड़ फेंकने के लिए संघर्ष और युद्ध प्रारंभ करने वाले विद्रोह के सिपाहियों और नेताओं के शौर्य, साहस तथा सर्वोच्च त्याग के लिए तत्परता की उन्होंने अत्यंत प्रशंसा की (सावरकर, 1949: 207)।

सावरकर ने तर्क दिया कि 1857 का विद्रोह भारत का पहला स्वतंत्रता का युद्ध इस तथ्य के कारण था, क्योंकि देश के पश्चिम से उत्तर तक के भाग के सिपाहियों के हृदय और मस्तिष्क को प्रभावित करने वाली स्वतंत्रता की भावना का यह स्वाभाविक प्रगटीकरण था। सिपाहियों की स्वाभाविक स्वतंत्रता के भाव के प्रति उनमें अत्यंत प्रशंसा का भाव था क्योंकि ये भाव स्वधर्म तथा स्वराज के स्वदेशी आदर्शों से उत्पन्न थे। सावरकर ने 1857 के विद्रोह के एक नेता, मराठा योद्धा नाना साहब का उदाहरण दिया, जिन्हें विनाशकारी षड्यंत्र से मातृभूमि को स्वतंत्र रखने की तथा एक स्वतंत्र तथा समृद्ध देश के रूप में 'भारत का संयुक्त राज्य' को स्थापित करने की इच्छा के कारण संयुक्त प्रांत के एक निर्जन स्थान पर निष्कासित किया गया। उन्होंने यूरोपीय टिप्पणीकारों, जिन्होंने 1857 के विद्रोह को जन–आन्दोलन तथा राष्ट्रवादी प्रवृत्ति के गुणों के होने के कारण व्यापक दृष्टिकोण में देखा, द्वारा प्रस्तुत व्याख्याओं पर भी ध्यान आकर्षित किया। उदाहरण के लिए उन्होंने चार्ल बॉल को उद्धृत किया, जिन्होंने विद्रोह को 'सभी लोगों का विद्रोह' बताया तथा जस्टिन मेकार्थी, जिन्होंने कहा कि सिपाहियों ने "इतिहास के अत्यंत महत्वपूर्ण क्षण को झपट लिया तथा एक सैनिक विद्रोह को राष्ट्रीय धर्म युद्ध में बदल दिया" (घोष द्वारा उद्धृत, 1984: 247)।

विद्रोह की भारत के पहले स्वतंत्रता के युद्ध के रूप में व्याख्या करके सावरकर ने अनेक उल्लेखनीय निष्कर्षों, जिनका बहुत अधिक महत्व था, की ओर ध्यान आकर्षित किया और जो सत्याग्रह और अहिंसा के गाँधीवादी आदर्शों के अनुरूप देश में चल रही मुख्यधारा के राष्ट्रीय आन्दोलन के प्रति उनके दृष्टिकोण को भी प्रकट कर रहे थे। उदाहरण के लिए स्वतंत्रता के प्रथम युद्ध में भाग लेने वालों के प्रति उनके मन में अत्यधिक प्रशंसा के भाव थे क्योंकि उन्होंने हथियार इसलिए उठाये क्योंकि वे जानते थे कि अंग्रेजों को देश से बाहर धकेलने का उद्देश्य संघर्ष की अन्य किसी पद्धति से पूरा नहीं हो सकता। अतः उन्होंने उनके कार्यों को उन स्थितियों में उचित ठहराया, जब विरोधी आक्रामक, क्रूर तथा भारतीयों को दबाने पर तुला हुआ हो। जैसा कि उन्होंने कहा, "अतः ब्रूटस की तलवार पवित्र है। अतः शिवाजी के बघनखा की प्रसिद्धि उचित है। अतः चार्ल्स

प्रथम का सिर कलम करना उचित कार्य है। अतः विलियम टेल का तीर दैवीय है" (सावरकर, 1949: 274)। इसी प्रकार उन्होंने क्रांतिकारियों की मूल्य व्यवस्था की प्रशंसा की क्योंकि उन्होंने स्वधर्म और स्वराज के स्वदेशी भारतीय आदर्श में उन्हें निहित पाया।

अंतिम विश्लेषण में यह कहा जा सकता है कि बौद्धिक मान्यताओं में हिन्दुत्व की विशिष्ट पहचान के बावजूद सावरकर की भारतीय इतिहास की राष्ट्रवादी व्याख्या पर्याप्त स्फूर्तिदायक और अग्रणी प्रतीत होती है। उनके इस तर्क से कि, अकबर जैसा शासक सिर्फ इसलिए तिरस्कृत हो क्योंकि वह हिन्दू नहीं था, से सहमत नहीं भी हुआ जा सकता है, लेकिन भारतीय राज व्यवस्था के महत्वपूर्ण तत्व के रूप में स्वधर्म और स्वराज के स्वदेशी मूल्यों को समाहित करने पर जोर देने का विरोध नहीं किया जा सकता। सर्वोपरि, सावरकर को 'स्वतंत्रता वीर' कहने का कारण, 1857 के विद्रोह को भारत का प्रथम स्वतंत्रता युद्ध के रूप में चित्रित करना है, जिसके द्वारा उन्होंने अनेक औपनिवेशिक और देशीय इतिहासकारों और टिप्पणीकारों ने जो घटना के सिपाही विद्रोह के रूप में अवमूल्यन करने पर तुले हुए थे, के विरुद्ध खड़े होने की साहसपूर्ण मिसाल को प्रदर्शित किया। इस प्रकार सावरकर के 1857 के विद्रोह की राष्ट्रवादी व्याख्या भारतीय राष्ट्रीय आन्दोलन की महत्वपूर्ण घटनाओं के विश्लेषण को नया आयाम देती है।

सावरकर के सामाजिक विचार

सावरकर के हिन्दुत्व और *हिन्दू राष्ट्र* के अवधारणीकरण में उनके सामाजिक विचार अत्यंत महत्वपूर्ण हो उठते हैं क्योंकि वे भारतीय समाज के उपयुक्त रूपांतरण की रूपरेखा प्रस्तुत करते हैं। सावरकर सामाजिक परिवर्तन में विश्वास करते थे और मानते थे कि गतिशील समाज को समय की आवश्यकताओं के अनुकूल परिवर्तित होते रहना चाहिए। लेकिन सामाजिक परिवर्तन के विचार पर सोचते हुए वे यूरोपीय विचारकों की दार्शनिक परम्परा से अत्यधिक प्रभावित थे जिससे उन्होंने मानव जीवन के तीन महत्वपूर्ण लक्षणों को ग्रहण किया (चौसलकर, 2004: 91)–

1. प्रकृति में और सभी मानव समाजों में जीवन संघर्ष के सिद्धान्त कार्य विधि को निर्धारित करते हैं क्योंकि इस जीवन संघर्ष में सर्वाधिक सक्षम ही बचा रहता है और जो संघर्ष का सामना नहीं कर पाते वे निकाल दिए जाते हैं।
2. प्रकृति की रचना में हिंसा सम्मिलित थी और प्रकृति सम्पूर्ण अहिंसा का तिरस्कार करती है, लेकिन मनुष्य के क्रमिक विकास के कारण हिंसा और अहिंसा आपस में मिल गए। अतः, इस कठिन जीवन में, मनुष्य को

समस्याओं का सामना करने के लिए शक्ति और सत्ता को अर्जित करना चाहिए।

3. विश्व में सम्पूर्ण नैतिकता कहीं नहीं है। किसी कार्य की नैतिकता और अनैतिकता अन्ततः समय, स्थान तथा उद्देश्य जैसे तत्वों से निर्धारित होती है। दासत्व और साम्राज्यवाद के विरुद्ध हर प्रकार के शस्त्रों का प्रयोग वांछनीय है। अतः, यह तुलनापरक आचारशास्त्र था।

यूरोपीय दर्शन के इन सिद्धान्तों को भारतीय परिस्थितियों पर लागू करते हुए सावरकर ने अपने जीवन में सतत् संघर्ष का सामना करने पर जोर दिया। अतः उन्होंने, सामाजिक परिवर्तन के गतिशील अवधारणीकरण के लिए विचार प्रस्तुत किए, जहाँ व्यक्ति का समाज में अपने अस्तित्व को सुनिश्चित करना आवश्यक है तथा वह सामाजिक व्यवहार के मूल्य और मानक समय, स्थान और उद्देश्य के तुलनात्मक दृष्टिकोण के अनुकूल प्रयोग करे।

सावरकर एक ओर भारतीय समाज की सड़ी–गली और विकृत सामाजिक रीतियों से छुटकारा पाने के लिए समाज सुधार के पक्षधर थे तो दूसरी ओर उन्होंने आधुनिक विज्ञान और विवेक के गुणों को आत्मसात् किया। भारतीय समाज में जाति व्यवस्था की आलोचना करते हुए उन्होंने *चातुर्वर्ण्य* व्यवस्था को जाति व्यवस्था का मूलभूत कारण मानते हुए धिक्कारा क्योंकि इसने अस्पृश्यता जैसे अमानवीय व्यवहार को जन्म दिया। अतः, उन्होंने यह माना कि यदि हिन्दुओं को अपने गौरवमय अतीत के काल को आगे बढ़ाना है तो उन्हें जाति जैसे पूर्वाग्रह से मुक्त होना चाहिए तथा लोगों को स्वयं में तर्कवादी और वैज्ञानिक प्रकृति के गुणों को आत्मसात करना चाहिए। यहाँ तक कि वेदों तथा अन्य हिन्दू ग्रंथों की अंतिम सत्ता को उन्होंने अस्वीकार किया, क्योंकि वे जीवन के परिवर्तित मानकों को परिलक्षित नहीं करते। उन्होंने लोगों को सदियों से व्याप्त स्थितियों के प्रति अपने दृष्टिकोण को आलोचनात्मक बनाने तथा विज्ञान और तार्किकता के विकास द्वारा आलोचनात्मक दृष्टिकोण के अनुकूल सामाजिक–सांस्कृतिक व्यवस्था को सुधारने के लिए कहा। इस प्रकार सावरकर के सामाजिक विचार पर्याप्त रूप से समकालीन प्रतीत होते थे और लोगों के मस्तिष्क में आलोचनात्मक और व्यापक विचार की भावना भरने का लक्ष्य रखते थे। सर्वोपरि, वे चाहते थे कि हिन्दू समाज अपने विभाजक और भेदभावपूर्ण रीति–रिवाजों और व्यवहारों से मुक्त हो।

सावरकर के हिन्दुत्व पर विचार

एक राजनीतिक दर्शन के रूप में हिन्दुत्व को सावरकर ने न केवल हिन्दुओं के धार्मिक–सांस्कृतिक मूल्यों की सच्चाई और व्यावहारिकता को भारत में *हिन्दू राष्ट्र* के अवधारणीकरण का आवश्यक आधार मानने के दृढ़ विश्वास को परिलक्षित

किया, अपितु उस समय की प्रचलित परिस्थितियों में एक राष्ट्रवादी की प्रतिक्रिया को भी प्रगट किया।

> बहुसंख्यकों के हितों के प्रवक्ता के रूप में वी.डी. सावरकर ने एक विचारधारा का सृजन किया जो मुसलमानों द्वारा राष्ट्रीय समानता के दावे को ध्वस्त कर सकती थी, कांग्रेस द्वारा प्रचारित राष्ट्रवाद के क्षेत्रीय विचार को नकार सकती थी, वंचित वर्ग की माँगों की तीव्रता को कम कर सकती थी और हिन्दू समुदाय के बिखराव को रोक सकती थी (दीक्षित, 1986: 131)।

फिर भी, सर्वोपरि, यह विचारधारा भारत में हिन्दुओं को संगठित करने के लिए प्रस्तुत की गई (सुरेश शर्मा, 1996: 190)। बौद्धिक वातावरण में अपने पालन–पोषण को देखते हुए, जहाँ हिन्दू समाज की बुराइयों का निदान भारत में *हिन्दू राष्ट्र* को स्थापित करने में विचारित किया गया, ये सावरकर के मस्तिष्क में बचपन से उद्वेलित होने वाले विचारों का सम्पूर्ण प्रगटीकरण था।

सावरकर ने हिन्दुत्व के विचार का अवधारणीकरण इस प्रश्न से कि हिन्दू किसे माना जा सकता है, का उत्तर ढूँढ़ने से प्रारंभ किया। उन्होंने स्पष्ट रूप से यह दावा किया कि कोई भी व्यक्ति हिन्दू हो सकता है जो सिन्धु से लेकर समुद्र तक भारतवर्ष की इस भूमि को पितृभूमि और पवित्र भूमि समझता है, जो उसके धर्म की पोषक भूमि हो सकती है। उसके बाद उन्होंने तीन आधारभूत बन्धनों को विचारित किया जो हिन्दुओं को एक सामान्य इकाई के रूप में जोड़ते हैं। वे हैं– राष्ट्र, जाति व संस्कृति। अतः क्षेत्रीय रूप से एक हिन्दू वह है जो एक ओर सिन्धु से लेकर ब्रह्मपुत्र तक तथा दूसरी ओर हिमालय से लेकर कन्या कुमारी तक फैली भौगोलिक भूमि के प्रति अनुराग का अनुभव करता है। यह भौगोलिक विशिष्टता वास्तव में सदियों से भारत की भूमि समझे जाने वाली परम्परा से मिलती है।

नस्ल की दृष्टि से, सावरकर (1989) ने उसे हिन्दू माना "जिसका प्रथम और स्पष्ट स्रोत वैदिक सप्त सिन्धु के हिमालय प्रदेश में ढूँढा जा सकता है।" इस प्रकार की हिन्दुओं की नस्लीय पहचान का उद्देश्य विश्व की अन्य नस्लों की तुलना में हिन्दुओं की श्रेष्ठता का दावा करना नहीं, अपितु भिन्नता को दर्शाना था। इसके अतिरिक्त, सावरकर ने कहा कि हिन्दुत्व के लक्षण जिसमें भूमि के इस भाग में रहने वाले लोगों का जीवन शामिल है, अमिट रहेंगे क्योंकि हिन्दू रक्त की भावना उन्हें हिन्दू होने के गर्व का अनुभव करायेगी। जैसा कि उन्होंने लिखा,

> एक हिन्दू किसी भी सैद्धान्तिक अथवा दार्शनिक अथवा सामाजिक व्यवस्था में विश्वास करता हो, रूढ़िवादी हो या अरूढ़िवादी हो, यदि वह निःसन्देह देशज है और हिन्दू द्वारा स्थापित है, अपने पंथ को खो सकता है, लेकिन अपने हिन्दुत्व को नहीं–हिन्दूपन को नहीं – क्योंकि हिन्दुत्व को निर्धारित करने वाला सर्वाधिक महत्वपूर्ण तथा आवश्यक तत्व हिन्दू रक्त की विरासत है। अतः वे सभी लोग जो

> सिन्धु से समुद्र तक फैली जमीन को अपनी पितृभूमि के रूप में प्यार करते हैं और परिणामतः उस जाति के रक्त को विरासत में पाने का दावा करते हैं जो सम्मिश्रण और रूपान्तरण की प्रक्रिया द्वारा सप्तसिन्धु के निवासियों से विकसित हुई – उन्हें हिन्दुत्व के दो सर्वाधिक महत्वपूर्ण तत्वों का स्वामी कहा जा सकता है (पूर्वोक्तः 90-91)।

सांस्कृतिक रूप से, सावरकर का मानना है कि एक हिन्दू को हिन्दुस्तान के अन्य लोगों के साथ अपनी जड़ों की समानता पर गर्व का अनुभव होना चाहिए। जैसा कि उन्होंने कहा,

> हिन्दू एक–दूसरे से इसलिए बंधे हुए नहीं हैं कि एक स्नेह सूत्र हमें समान पितृभूमि का होने के कारण बाँधता है तथा समान रक्त जो हमारी धमनियों में प्रवाहित होता है, और हमारे हृदय की धड़कन को बनाये रखता है, अपितु हमारी महान सभ्यता – हिन्दू संस्कृति को जो हम समान श्रद्धा अर्पित करते हैं– के सूत्र में बँधे हुए हैं जिसे संस्कृति शब्द से बेहतर प्रतिपादित नहीं किया जा सकता, क्योंकि यह संस्कृत भाषा की ओर इंगित करता है जो उस संस्कृति तथा उसमें जो श्रेष्ठ और सुरक्षित रखने योग्य है, की अभिव्यक्ति तथा संरक्षण का चुना हुआ माध्यम रही है। हम लोग एक हैं क्योंकि हम एक राष्ट्र और एक नस्ल हैं तथा हमारी एक समान संस्कृति (सभ्यता) है (सावरकर, 1929: 91-92)।

सावरकर ने इस प्रकार भारतीय समाज में हिन्दुओं की विशिष्ट पहचान और गुणों को स्थापित करने के लिए एक जटिल मापदण्ड प्रस्तुत किया है।

हिन्दूवाद के धार्मिक अर्थ के विपरीत हिन्दुत्व के विचार के राजनीतिक पक्ष को सशक्त रूप में प्रस्तुत करने के लिए सावरकर ने दो समानार्थी से दिखते हुए शब्दों में अन्तर्निहित अन्तर पर जोर दिया है। सावरकर (पूर्वोक्त: 104) के अनुसार,

> हिन्दूवाद का अर्थ हिन्दुओं का 'वाद' है– जैसा कि हिन्दू शब्द सिन्धु, इण्ड्स, से निकला हुआ है जिसका मुख्यतः अर्थ है कि जो सिन्धु से सिन्धु तक फैली जमीन में रहता है, हिन्दूवाद का आवश्यक रूप से अर्थ उस धर्म या धर्मों से है जो विशिष्ट है तथा यहाँ के रहने वालों का है तथा यहाँ के लोगों का है।

लेकिन हिन्दूवाद का संकुचित और नुकसानदेह विचार हिन्दूवाद को बहुसंख्यक लोगों के धर्म तक सीमित कर देता है और बहुत सारे लोगों को हिन्दू धर्म की सीमा से बाहर कर देता है।

> तथा इस प्रकार हमें पता लगता है कि हमारे लाखों सिख, जैन, लिंगायत, अन्य अनेक समाजी तथा अन्य इसका प्रतिवाद करेंगे यदि उनसे कहा जाए कि वे

जिनकी दस पीढ़ियों तक के पिता के पिता की धमनियों में हिन्दुओं का रक्त है– जिन्हें हिन्दू मानने से अचानक मना कर दिया जाये (पूर्वोक्त : 106)।

लेकिन सावरकर संकेत करते हैं कि वे वास्तव में हिन्दूवाद के अभिन्न अंग हैं जो विभिन्न मत–मतान्तरों का अनुसरण करने के बावजूद हिन्दुओं की इस भूमि को पितृभूमि और पवित्र भूमि समझते हैं। 'अतः संथाल से लेकर साधु तक प्रत्येक हिन्दू के लिए यह भारत–भूमि, यह सिन्धुस्तान एक साथ ही पितृभू तथा पुणभू– पितृभूमि तथा पूण्यभूमि है' (पूर्वोक्त : 104)। अतः इस मापदण्ड को लागू करते हुए सावरकर का मानना है कि जो इस्लाम या क्रिश्चियनियटी में परिवर्तित हुए हैं, उन्हें समान संस्कृति और जीवनशैली अपनाने के बावजूद हिन्दू इस तथ्य के कारण नहीं माना जा सकता कि वे यद्यपि हिन्दुस्तान को वे अपनी पितृभूमि मानते हैं पर पवित्र भूमि नहीं मानते।

कौन हिन्दू हो सकता है और कौन नहीं हो सकता है, के सन्दर्भ में दो मापदण्डों का वर्णन करके सावरकर एक ओर तो व्यापक आधार का हिन्दू संगठन स्थापित करने तथा दूसरी ओर ऐसे संगठन से अन्य धर्म में विश्वास करने वालों को बाहर करके अपने अन्तर्सम्बन्धित कार्यक्रम को प्रस्तुत करते हुए प्रतीत हुए। अतः वे हिन्दुत्व और भारतीयता के विचार की समानता की ओर इंगित करने में बहुत स्पष्ट थे। जैसा कि उन्होंने घोषणा की,

> एक हिन्दू देशभक्त, भारतीय देशभक्त भी होगा। हिन्दुओं के लिए, हिन्दुस्तान पवित्र और पितृभूमि होने के कारण, हिन्दुस्तान के लिए असीम स्नेह होगा। जिसे राष्ट्रवाद कहते हैं उसे वस्तुतः बहुसंख्यक समुदाय के राष्ट्रीय साम्प्रदायिकतावाद के रूप में परिभाषित किया जा सकता है। इस प्रकार हिन्दुस्तान में हिन्दू, जो हिन्दू धर्म को अपनाते हैं और बहुसंख्यक हैं, वे राष्ट्रीय समुदाय बनाते हैं तथा राष्ट्रवाद की रचना करते हैं और आकार देते हैं (दीक्षित द्वारा उद्धृत, 1986: 132-33)।

सार रूप में सावरकर द्वारा प्रतिपादित हिन्दुत्व की विचारधारा हिन्दू एकता की दृष्टि में निहित है। वस्तुतः यह एक राजनीतिक विचार था जिसका पूर्व इतिहास हिन्दुओं के सांस्कृतिक आचारशास्त्र में निहित है। उनका मानना था कि अनेक बाह्य भेदभाव होने के बावजूद आन्तरिक रूप से हिन्दू, कुछ विशिष्ट सांस्कृतिक, ऐतिहासिक, धार्मिक, सामाजिक तथा भाषाई समानताएं जो सदियों से साथ रहने और आत्मसात करने के कारण स्पष्ट हुई हैं, के कारण एक–दूसरे से बँधे हुए हैं। सावरकर के अनुसार *हिन्दू राष्ट्र* के निर्माण में लोगों की सांस्कृतिक, नस्लीय तथा धार्मिक एकता अन्य किसी चीज से अधिक महत्वपूर्ण है। उनके दृष्टिकोण में, एक राष्ट्र राजनीतिक संरचना होगा जिसमें समान राष्ट्रीय पहचान, जो सूक्ष्म सांस्कृतिक और नस्लीय लगाव के द्वारा आंतरिक संबंध में निर्धारित

होती है, के साथ पर्याप्त भूमि पर लोग एक साथ रहते हों। चूँकि हिन्दुओं में यह सारे लक्षण हैं, अतः उन्होंने निःसन्देह *हिन्दू राष्ट्र* की प्रकृति में एक राष्ट्र का निर्माण किया।

इस प्रकार के *हिन्दू राष्ट्र* में सावरकर ने अल्पसंख्यकों को, यदि वे हिन्दुओं के हितों में अनाक्रमण की स्थिति को स्वीकार करते हों, तो उन्हें कुछ सीमा तक राज्यों के मामलों में भागीदारी का अधिकार तथा कुछ स्वतंत्रता प्रदान की। जैसा कि उन्होंने स्पष्ट किया,

> हमें अल्पसंख्यकों को उनके धर्म, संस्कृति और भाषा की सुरक्षा के लिए आवश्वस्त करना चाहिए, लेकिन हमें समान रूप से हिन्दुओं को अपने धर्म, संस्कृति और भाषा की रक्षा पर किसी प्रकार के आक्रमण को अब स्वीकार नहीं करना चाहिए। अगर गैर हिन्दू अल्पसंख्यकों को सुरक्षा प्रदान करनी है, तो निश्चित रूप से भारत में हिन्दू बहुसंख्यकों की आक्रामक अल्पसंख्यकों से सुरक्षा की जानी चाहिए, (सावरकर, 1992:46)।

अतः उन्होंने भारत में मुसलमानों की पृथक निर्वाचक मण्डल की माँग का विरोध किया। उन्होंने दावा किया कि इस प्रकार के वरीयता के व्यवहार से मुलसमानों को

> ...बहुमत के औचित्यपूर्ण अधिकारों और सुविधाओं पर राजनीतिक वीटो के प्रयोग और इसको स्वराज्य कहने का अधिकार मिल जाएगा। हिन्दुओं को स्वामियों के परिवर्तन की इच्छा नहीं है, और न वे एडवर्ड के स्थान पर औरंगजेब को सिर्फ इसलिए स्थापित करने के लिए संघर्ष करना या मरना चाहते हैं, क्योंकि औरंगजेब ने भारतीय सीमाओं में जन्म लिया, अपितु वे अब से अपने घर और अपनी जमीन के स्वयं स्वामी होना चाहते हैं (पूर्वोक्त)।

इस प्रकार अल्पसंख्यकों के प्रश्न पर सावरकर के विचार हिन्दुत्व के दर्शन के व्यापक अवधारणीकरण के अनुरूप थे।

समापन अवलोकन

सावरकर के जीवन और विचारों की अनेक प्रकार से आलोचनाएं की गई हैं। उन पर देश के वर्तमान दक्षिणपंथी अतिवादिता को बौद्धिक आधार प्रदान करने का आरोप लगा। सावरकर के एक कटु आलोचक ने शोक प्रकट किया,

> सावरकर ने धर्म का राजनीतिकरण किया और राजनीति में धार्मिक रूपकों का प्रयोग किया। उन्होंने राष्ट्रीय बहस में हिन्दू राष्ट्रवाद के अतिवादी, गैर–समझौतापरक तथा अलंकृत स्वरूप को प्रस्तुत करने में अग्रणी भूमिका

निभाई। उनके जीवन ने एक मात्र आदर्श को प्राप्त करने के अविचल प्रयास को प्रकट किया–भारत को हिन्दू राष्ट्र के रूप में स्थापित करना चाहा। आज भी सावरकर भारत में अतिवाद के प्रथम और सर्वाधिक मौलिक प्रचारक हैं (ज्योर्तिमय शर्मा, 2003:124)।

उन पर ऐसे विचारक होने का भी आरोप लगा जो कि देश के लोगों पर अधिक प्रभाव छोड़ने में असफल रहा। 'सावरकर की विचारधारा अपने राजनीतिक लक्ष्य को पाने में असफल रही क्योंकि इसके पास वह शक्ति नहीं थी जो जनसमर्थन से प्राप्त होती है। उनकी राजनीति की एकमार्गीय पद्धति मुस्लिम अतिक्रमण के विरुद्ध हिन्दू हितों की सुरक्षा की–हिन्दू जनता के लिए कोई प्रासंगिकता नहीं थी' (दीक्षित, 1986:135)।

सावरकर के विचारों पर सैद्धान्तिक और व्यावहारिक दृष्टिकोण से आक्रमण होने के बावजूद इस तथ्य से इन्कार नहीं किया जा सकता कि उनकी बौद्धिक खोज ने भारत के राजनीतिक चिन्तन को समृद्ध किया और उसे नया आयाम दिया। हिन्दुत्व पर उनके विचारों का सैद्धान्तीकरण, कई सदियों से भारतीय सभ्यता की विशिष्टता रही समन्वयी संस्कृति की भावना और व्यवहार, के भले ही विरुद्ध प्रतीत होता हो, इसने निःसन्देह विशिष्ट संदर्भ व समय में समाज के एक विशिष्ट वर्ग के दृष्टिकोण को परिलक्षित किया। इसके अतिरिक्त, 1857 के विद्रोह की भारत के प्रथम स्वतंत्रता युद्ध के रूप में स्फूर्तिदायक और रचनात्मक व्याख्या उन्हें भारतीय राष्ट्रवादी नेताओं के उस नक्षत्र समूह में स्थापित करती है जिनके भारतीय राष्ट्रवाद के हित के लिए बौद्धिक और व्यावहारिक योगदान को भुलाया नहीं जा सकता।

टिप्पणियां

1. हिन्दूवाद के मूल तत्वों का विस्तृत वर्णन राधाकृष्णन (1954) में देखा जा सकता है।
2. हिन्दुत्व के विचार की सर्वाधिक आधिकारिक और मौलिक प्रस्तुति सावरकर की मानी जाती है।
3. हिन्दुत्व की विचारधारा के उत्थान और विकास के अत्यंत आलोचनात्मक विश्लेषण के लिए देखें, ज्योर्तिमय शर्मा (2003)।
4. सावरकर के जीवन और विचारों के व्यापक और निरपेक्ष विश्लेषण के लिए देखें, कीर (1998)।
5. हिन्दू महासभा के वार्षिक अधिवेशन में सावरकर द्वारा दिया अध्यक्षीय उद्‌बोधन जो बाद में प्रकाशित हुआ, (सावरकर, 1992)।

सन्दर्भ

चौसलकर, अशोक, 2004, 'हिन्दुत्व–वी.डी. सावरकर एण्ड एम.एस. गोलवकर', विद्युत चक्रवर्ती (सम्पा), *सोशल एण्ड पॉलिटिकल थॉट इन मॉडर्न इण्डिया*, में नई दिल्ली, इन्दिरा गाँधी नेशनल ओपन यूनिवर्सिटी।

दीक्षित, प्रभा, 1986, 'द आइडियोलॉजी ऑफ हिन्दू नेशनलिज्म', थॉमस पेन्थम एण्ड केनेथ एल. डायश (सम्पा), *पॉलिटिकल थॉट इन मॉडर्न इण्डिया*, में नई दिल्ली, सेज पब्लिकेशंस।

घोष, शंकर, 1984. *मॉडर्न इण्डियन पॉलिटिकल थॉट*, नई दिल्ली, एलाइड पब्लिशर्स।

कीर, धनंजय, 1998, *वीर सावरकर*, थर्ड एडीशन, बम्बई, पापुलर प्रकाशन।

राधाकृष्णन, एस., 1957, *द हिन्दू व्यू ऑफ लाइफ*, लंदन, जॉर्ज एलन एण्ड अनविन।

सावरकर, वी.डी., 1945, *हिन्दू पद पदशाही*, थर्ड एडीशन, लाहौर, राजपाल एण्ड सन्स।

सावरकर, वी.डी., 1949, *द इण्डियन वार ऑफ इन्डिपेन्डेन्स ऑफ 1857*, बम्बई, वीर सावरकर प्रकाशन।

सावरकर, वी.डी., 1971. *सिक्स ग्लोरियस एपक्स ऑफ इण्डियन हिस्ट्री*, अनुवादक, एस.टी. गोडबोले, बम्बई, वीर सावरकर प्रकाशन।

सावरकर, वी.डी., 1989, *हिन्दुत्व*. छठा संस्करण, बम्बई, वीर सावरकर प्रकाशन।

सावरकर, वी.डी., 1992, *हिन्दू राष्ट्र दर्शन*, हिन्दू महासभा के सत्रों के अध्यक्षीय संबोधन का संग्रह. तृतीय संस्करण. बम्बई, वीर सावरकर प्रकाशन।

शर्मा, ज्योतिर्मय, 2003, *हिन्दुत्वः एक्सप्लोरिंग द आइडिया ऑफ हिन्दू नेशनलिज़्म*, नई दिल्ली, पेंग्विन बुक्स।

शर्मा, सुरेश, 1996, 'सावरकर्स क्वेस्ट फॉर अ मॉडर्न हिन्दू कन्सोलिडेशन', *स्टडीज इन ह्यूमेनिटीज एण्ड सोशल साइन्स* I(2): 1990।

वर्मा, वी.पी., 1964, *मॉडर्न इण्डियन पॉलिटिकल थॉट*, आगरा, लक्ष्मी नारायण अग्रवाल।

13

पंडिता रमाबाई

अध्ययन का उद्देश्य

- भारत में महिलावादी विचारों और कार्यों में अग्रणी रमाबाई की भूमिका का मूल्यांकन।
- रमाबाई के महिलावादी विचारों के पक्षों का अन्वेषण।
- महिला मुक्ति के लिए रमाबाई द्वारा किए गए सांस्थानिक कार्यों की व्याख्या।

भारतीय राजनीतिक चिन्तन के क्षेत्र में पंडिता रमाबाई एकमात्र महिला व्यक्तित्व प्रतीत होती हैं जिनके भारत में महिलाओं की स्थिति सुधारने से सम्बन्धित विचारों और कार्यों ने उन्हें देश के अन्य सामाजिक रूप से जाग्रत विचारकों के संघ में स्थापित किया। उदाहरण के लिए, जिस प्रकार ज्योतिराव फुले के लिए दलितों का हित उनके जीवन का मिशन बन गया, रमाबाई जीवन भर महिलाओं की मुक्ति के लिए कार्य करती रहीं। इसमें कोई शक नहीं कि भारत में महिलाओं की स्थिति को सुधारने के लिए अनेक समाज सुधारकों द्वारा प्रयास किए गए। लेकिन रमाबाई के मामले में जो बात विशिष्ट थी वह महिलाओं की मुक्ति के लिए व्यक्तिगत दृढ़ता उनके उपदेश और कार्यों तक सीमित नहीं थी, अपितु उन्होंने जो कहा उसे अपने जीवन में उतार कर उसका स्वयं उदाहरण प्रस्तुत किया। अतः रमाबाई का कार्य और जीवन एक विदुषी महिला के महिला मुक्ति के लिए बंधनों को तोड़ने के असामान्य संघर्ष को परिलक्षित करते हैं, वह भी ऐसे समय में जब उच्च गुणों तथा सामाजिक चेतना से युक्त पुरुष भी ऐसा करने के सम्बन्ध में सोच नहीं सकते थे।[1]

महिला हितों की तीर्थ यात्रा का जीवन

पंडिता रमाबाई अपने समय से आगे का जीवन जी रही थीं। अतः सतत् संघर्ष का जीवन जीने के लिए बाध्य थीं। एक प्रगतिशील ब्राह्मण अनन्त शास्त्री डोंगरे के

परिवार में 1858 में उनके जन्म ने शिक्षा के अभाव तथा बाल विवाह के दोहरे अभिशाप से उन्हें बचाना सुनिश्चित कर दिया।[2] लेकिन विपरीत भौतिक परिस्थिति उनके माता–पिता तथा बहन की मृत्यु का कारण बनी। परिणामस्वरूप रमाबाई अपने भाई के साथ 1878 में कलकत्ता चली गईं जिसने उनके जीवन की दिशा ही बदल दी। यहां अपनी बौद्धिक उपलब्धियों के कारण न केवल वे 'पंडिता' तथा 'सरस्वती' की पदवी से विभूषित हुईं, अपितु ब्रह्मसमाज द्वारा चलाए जा रहे समाज सुधार के क्षेत्र, जिसका ध्यान महिला मुक्ति पर भी था, से भी जुड़ीं। 1880 में भाई की मृत्यु ने सम्भवतः उन्हें एक गैर–ब्राह्मण वकील विपिन बिहारी दास मेधावी से विवाह करने के लिए बाध्य किया। एक बेटी की मां बनने के बाद, दो वर्ष से कम समय में उन्होंने अपने पति को खो दिया। उसके पश्चात् 1882 में वे पूना चली गईं और महिलाओं के कल्याण के लिए काम करने हेतु आर्य महिला समाज की स्थापना की। लेकिन ज्ञान की आकांक्षा ने उन्हें इंलैण्ड जाने के लिए प्रेरित किया, जहां पारिस्थितिक कठिनाइयों के कारण उन्होंने क्रिश्चियनिटी ग्रहण कर ली।[3] इंग्लैण्ड में तीन वर्ष रहने के पश्चात् 1886 में वे अमेरिका चली गईं। अमेरिकी के अल्प प्रवास ने उन्हें बोस्टन में रमाबाई एसोसियेशन के अंतर्गत धन एकत्र करके भारत में उच्च वर्ग की विधवाओं के लिए गृह खोलने की योजना को ठोस रूप देने में सहायता की। अंत में 1889 में वे भारत वापस आईं, तथा 1922 में मृत्यु तक वे महिला हितों के संवर्धन और समाज सुधार की गतिविधियों में व्यस्त रहीं। समाज सुधार की गतिविधियों के लिए उन्हें ब्रिटिश सरकार द्वारा 1919 में *कैसर–ए–हिन्द* के स्वर्ण पदक से विभूषित किया गया।

रमाबाई के महिलावादी विचारों के पक्ष

रमाबाई की महिलावादी चेतना की जड़ें एक ओर तो उनकी श्रेष्ठ बौद्धिक चिन्तन की क्षमता और दूसरी ओर भारत में उच्च जाति की महिलाओं की दयनीय स्थिति के यथार्थ अनुभव को स्वयं द्वारा महसूस किए जाने में निहित हैं। निस्संदेह उनके उदार तथा जाग्रत माता–पिता ने यह सुनिश्चित किया कि वे "अपनी समकालीनों, जो कम उम्र में वैधव्य व मातृत्व से बंधी, घरेलू जीवन तक सीमित रहीं, संयुक्त परिवार का दबाव सहन करती रहीं और जिन्हें शिक्षा, यहाँ तक कि साक्षरता भी प्रदान नहीं की गई, से भिन्न कठोर लिंग आधारित भूमिका से बच सकें" (कौसाम्बी, 2000: 5)। फिर भी, वे पुरुषों की पितृसत्तात्मक सुविधाओं के विपरीत महिलाओं द्वारा सही जा रही अनेक अयोग्यताओं और भेदभावों के सम्बन्ध में काफी कुछ जानती थीं। पश्चिमी समाज में प्रचलित लिंग सम्बन्धों में कठोरता व असमानता में कमी की जानकारी ने उनके भारत में लिंग भेद के दृष्टिकोण को और तीक्ष्ण किया। हिन्दूवाद में व्याप्त अन्तहीन लिंग आधारित सामाजिक बुराई के

प्रति–विद्रोह के प्रभाव के कारण सम्भवतः वे ईसाई बनीं। दोनों को मिलाकर, उनके जीवन के इन पक्षों ने रमाबाई को हठी कार्यकर्त्ता–सिद्धान्त निर्माता बना दिया जो भारतीय समाज में महिलाओं की दयनीय स्थिति को प्रकट करने व सुधारने के लिए दृढ़ प्रतिज्ञ थीं (चक्रवर्ती, 1998: 7)।

आवश्यक रूप से रमाबाई के महिलावादी विचारों का जोर, महिलाओं की संस्थात्मक असमानता तथा परिस्थितिजन्य अयोग्यता को समझना और उसे दूर करने पर था। उच्च जाति की हिन्दू–विधवाएं ऐसी परिस्थिति की सूचक थीं जो रमाबाई के महिलावाद के लिए परीक्षा बन गईं। अतः, उन्होंने, इन महिलाओं को घरेलू क्षेत्र की महत्वहीन स्थिति से उबारने के लिए, सशक्तीकरण की तकनीकों जैसे शिक्षा, प्रशिक्षण तथा कौशल विकास द्वारा सार्वजनिक जीवन में स्थापित करने के लिए विचार प्रस्तुत किये। रणनीति की दृष्टि से, एक ओर तो उन्होंने ऐसे मुद्दों पर जनमत बनाने के लिए महिलाओं की स्थिति के मुद्दे पर विचारों के खुले आदान–प्रदान का, तो दूसरी ओर समाज सुधारों के द्वारा यथार्थ रूप प्रदान करने का आह्वान किया। महिलाओं को सम्पूर्ण रूप से हाशिए पर धकेलने तथा बहुआयामी दुर्बलताओं की ओर ले जाने वाली पितृसत्तात्मक प्रकृति को स्पष्ट रूप से अनावृत्त करने के लिए हिन्दू सामाजिक तथा धार्मिक व्यवस्था की पक्षपात रहित आलोचना में उनके महिलावाद का सैद्धान्तिक आधार निहित है। उनके अनुसार, हिन्दू समाज और धर्म के इस प्रकार के प्रत्यक्ष विश्लेषण का तार्किक निष्कर्ष यह हो सकता है कि महिलाओं की समानता की स्थिति सुनिश्चित करने तथा उन्हें मुक्त करने हेतु ठोस नीतियां व कार्यक्रम विकसित किए जा सकें (कौसाम्बी, 1998: 47)।

महिला मुक्ति के सांस्थानिक प्रयास

महिला मुक्ति के लिए सांस्थानिक प्रयासों के कारण पंडिता रमाबाई को भारत में अग्रणी महिलावादी माना गया। इसके पूर्व कि वे भारत में महिलाओं की स्थिति के सम्बन्ध में अपने विचारों को पूरी तरह स्पष्ट कर सकें, उन्होंने 1882 में पूना में सामाजिक सुधारों के लिए महिलाओं को सक्रिय व एकजुट करने के लिए आर्य महिला समाज की स्थापना कर दी थी। लेकिन तिलक जैसे लोगों द्वारा इसका विरोध करने तथा उनकी अपनी विदेशों की यात्रा ने संगठन को महिला आन्दोलन का महत्वपूर्ण केन्द्र बनने नहीं दिया। तथापि महिला मुक्ति के लिए रमाबाई का उत्साह विदेश प्रवास के दौरान भी न केवल पूरी तरह बना रहा, अपितु उन्होंने ऐसे प्रयासों को और अधिक प्रभावी तथा स्वायत्त बनाने हेतु तार्किक समर्थन भी प्राप्त करना चाहा।[4] परिणामस्वरूप, रमाबाई एसोसियेशन ऑफ बोस्टन जैसी

पहल ने भारत में रमाबाई द्वारा प्रारम्भ की जा रही योजनाओं के लिए पर्याप्त धन एकत्र कर दिया।

भारत आने के तुरंत बाद उन्होंने बम्बई में उच्च जाति की विधवाओं को आश्रय देने के लिए *शारदा सदन* (शिक्षा का घर) स्थापित किया, लेकिन रुढ़िवादी ब्राह्मण परिवारों तक अपनी पहुंच को और अधिक सीधे तौर पर बढ़ाने के लिए वे जब सदन को पूना में ले गईं तो हिन्दू समाज के रुढ़िवादी तत्व, जैसे तिलक, की कड़ी आलोचना की शिकार हुईं। परिणामस्वरूप उच्च जाति की विधवाओं ने सदन से दूरी बनाना प्रारम्भ किया, जिसके कारण रमाबाई धीरे–धीरे हिन्दू समाज से दूर होने तथा ईसाइयों के साथ अपने लगाव को स्वीकार करने के लिए विवश हुईं।[5] इसके कारण उन्होंने एक नई संस्था *मुक्ति सदन* प्रारम्भ की जिसका उद्देश्य 1896 के गुजरात अकाल पीड़ितों को आश्रय देना था। बढ़ते देशी असहयोग के कारण सदनों के संचालन के लिए वे पूरी तरह से विदेशी दान पर निर्भर हो गईं, जिससे उनके सदन क्रिश्चियन मुक्ति सदन नाम की संस्था के साथ प्रकट रूप से समाहित हो गए। स्पष्टतः इसने रमाबाई तथा बम्बई प्रेसीडेन्सी के उच्च जाति के हिन्दू समुदाय के साथ न भरने वाली दूरी उत्पन्न कर दी।

यह महत्वपूर्ण है कि पंडिता रमाबाई के महिलाओं की स्थिति सुधारने के सांस्थानिक प्रयास ने उनके कार्यों के सुविचारित दोहराव को स्पष्ट किया। क्रिश्चियन मुक्ति मिशन (जिसे बाद में रमाबाई मुक्ति मिशन और अंततः पंडिता रमाबाई मुक्ति मिशन नाम दिया गया) निश्चित रूप से महिला रक्षक के रूप में स्थापित हुआ, जहां महिला सशक्तीकरण की अनेक गतिविधियां संचालित हुईं। इसके अतिरिक्त, मिशन की संरचना तथा वातावरण महिलाओं के लिए इतना स्वायत्ततापूर्ण तथा प्रेरक था कि इसे कभी–कभी 'महिला साम्राज्य' कहा गया। लेकिन, *शारदा सदन* के क्रिश्चियन मिशनरी संगठन में अविवेकशील परिवर्तन से रमाबाई द्वारा उच्च जाति की महिला विधवाओं, जो देश में सर्वाधिक उपेक्षित महिलाएं थीं, को मुक्तिदायक आश्रय प्रदान करने का प्रमुख उद्देश्य सम्भवतः असफल हो गया।

समापन अवलोकन

पंडिता रमाबाई के विचारों और कार्यों को भारत में यथार्थतः महिलावादी आन्दोलन का आधार रखने वाला माना जा सकता है। बचपन से ही सच्चे क्रांतिकारी के लक्षण प्रकट करते हुए रमाबाई का जीवन महिला मुक्ति के हितों के लिए एक दृष्टा की अनंत तीर्थ यात्रा बन गया। यद्यपि जीवन के परिस्थितिजन्य उतार–चढ़ाव ने उन्हें ऐसे मार्ग पर चलने के लिए विवश किया जो तत्कालीन परिस्थितियों, जिनमें वे महत्त्वपूर्ण बनीं, में उनका वांछित मार्ग नहीं होता।

उदाहरण के लिए, यद्यपि रमाबाई का प्रारम्भिक तथा वांछित उद्देश्य उच्च जाति की विधवाओं के प्रति संस्थात्मक असमानता तथा क्रियात्मक उपेक्षा को उजागर करना था, पर अपने बाद के जीवन में क्रिश्चियन मिशनरी गतिविधियों से लगाव के कारण, यह उद्देश्य पूरी तरह से समाप्त हो गया। फिर भी, उनके द्वारा महिलाओं को समकालीन समाज की सामाजिक–राजनीतिक भूमिकाओं के सम्बन्ध में जानकारी देने का ईमानदार प्रयास आने वाले समय में रंग लाया। उदाहरण के लिए, आगे सुस्थापित पितृसत्तात्मकता के विरुद्ध जब कोई भी आवाज नहीं उठ रही थी, उस समय उनके द्वारा क्रिश्चियन मुक्ति मिशन की स्थापना के द्वारा जो कार्य किया जा रहा था, वह स्वतंत्र भारत में 'ऑल वीमन पुलिस स्टेशन' तथा 'सैल्फ एम्प्लायड वीमन्स एसोसियेशन' की स्थापना के साथ आगे बढ़ा। लैंगिक समानता के विरुद्ध आदिम सामाजिक मूल्यों के प्रभुत्वशाली प्रभाव के कारण, रमाबाई का परम्परागत सोच से क्रांतिकारी रूप से हटकर चलना भले ही महत्व प्राप्त नहीं कर पाया हो, लेकिन राष्ट्रीय बहस में, महिलावादी दृष्टिकोण को स्पष्ट करने में उनकी भूमिका सर्वाधिक महत्वपूर्ण रही। इस अर्थ में लैंगिक संवेदनशीलता के मुद्दों और चिन्ताओं के लिए आवाज उठाने के द्वारा वे उपनिवेश काल के पश्चात् के भारत में चिंतन की नई लहर में अग्रणी हैं।

टिप्पणियां

1. पंडिता रमाबाई के जीवन और कार्यों के विवरण के लिए देखें, सेनगुप्ता (1970)।
2. इस प्रकार की कई रोचक कहानियां, रमाबाई द्वारा स्वयं द *हाई कास्ट हिन्दू वीमन* (2007) में वर्णित की गई हैं।
3. पंडिता रमाबाई का क्रिश्चियनिटी से प्रारम्भिक परिचय को अपने मित्रों को लिखे गए उनके अनेक पत्रों में अच्छी तरह से स्पष्ट किया गया है देखें, जैरेल्डीन (1977)।
4. अमेरिका के अल्प प्रवास के अभिव्यक्तिपूर्ण विवरण के लिए देखें, डायर (2004)।
5. क्रिश्चियनिटी के प्रति अपने लगाव के स्पष्ट व सजीव विचारों के विवरण के लिए देखें, रमाबाई (1992)।

सन्दर्भ

चक्रवर्ती, उमा, 1998, *रिराइटिंग हिस्ट्रीः द लाइफ एण्ड टाइम ऑफ पंडिता रमाबाई*, नई दिल्ली, काली फॉर वीमन।

डायर, हेलेन, 2004, *पण्डिता रमाबाईः द स्टोरी ऑफ हर लाइफ*, रीप्रिन्ट, मोन्टाना, केसिंगर पब्लिशिंग।

जेरेल्डीन, सिस्टर (कम्पाइल्ड), 1997, *द लैटर्स एण्ड करोस्पोन्डेन्स ऑफ पंडिता रमाबाई*, बम्बई, महाराष्ट्र स्टेट बोर्ड फॉर लिटरेचर एण्ड कल्चर।

कौसाम्बी, मीरा, 1988, 'वीमन इमेन्सिपेशन एण्ड इक्वेलिटी — पंडिता रमाबाई स् कन्ट्रीब्यूशन टू वीमन्स कॉल', *इकोनोमिक एण्ड पॉलिटिकल वीकली*, 29 अक्टूबर, 47।

कौसाम्बी, मीरा, (कम्पाइल्ड एण्ड एडिटेड), 2000, *पंडिता रमाबाई थ्रू हर ओन वर्ड्सः सेलेक्टेड वर्क्स*, नई दिल्ली, ऑक्सफोर्ड यूनिवर्सिटी प्रेस।

रमाबाई, पंडिता, 1992, *ए टेस्टीमनी ऑफ अवर इनएक्सॉस्टिबिल ट्रेजर*, पूना, पंडिता रमाबाई मुक्ति मिशन।

रमाबाई, पंडिता, 2007, *द हाई कास्ट हिन्दू वीमन*, रीप्रिन्ट मोन्टाना, केसिंगर पब्लिशिंग.

सेनगुप्ता, पद्मिनी, 1970, *पंडिता रमाबाईः हर लाइफ एण्ड वर्क*, बम्बई, एशिया पब्लिशिंग हाउस।

भाग–II

सन्दर्भ व सन्दर्भजनित प्रभावों का पुनर्परीक्षण

पद्धति की दृष्टि से विषय पर परम्परागत लेखन से स्पष्ट भिन्नता को रेखांकित करते हुए, पुस्तक का यह भाग उन सन्दर्भों को स्पष्ट करना चाहता है जिनमें विचारों ने आकार ग्रहण किया। जैसा कि पहले भी बताया जा चुका है, उपनिवेशवाद तथा औपनिवेशिक शक्तियों की विनाशक औषधि के रूप में भारतीय राजनीतिक चिन्तन का अनोखा विकास विचार और सन्दर्भों के द्वन्द्व के कारण हुआ। ऐसा सम्भवतः इस तथ्य के कारण है कि भारतीय राजनीतिक चिन्तन की प्रमुख प्रवृत्तियाँ उन सन्दर्भों में विकसित हुईं जिन पर स्वदेशी और बाहरी – दोनों के प्रभाव स्पष्ट हैं। सन्दर्भों की बदली प्रकृति विचारों में परिलक्षित है। अतः यह आश्चर्यजनक नहीं है कि क्रांतिकारी आतंकवाद, जिसने प्रारम्भ में भारतीय राष्ट्रवादी आन्दोलन को महत्वपूर्ण रूप में प्रभावित किया था, वह गाँधी के राजनीतिक दृश्यपटल पर आने से बीसवीं सदी में राष्ट्रवादी क्षेत्रीयता के विस्तार के कारण तथा अहिंसा की स्वतंत्रता संघर्ष में जनता को सार्थक रूप से गतिशील करने की सर्वाधिक प्रभावशाली विचारधारा के रूप सार्वभौमिक स्वीकृति के कारण लुप्त हो गया। इस अर्थ में भारतीय राजनीतिक चिन्तन न तो परम्परा की 'जड़ता' का प्रतिनिधित्व करता है, न 'मोड्यूलर पद्धति' से उत्पन्न है, यद्यपि पश्चिमी जागरण का अमिट प्रभाव इतना स्पष्ट है कि उसकी उपेक्षा नहीं की जा सकती।

अतः सन्दर्भों के विविध आयामों की चयनित तथापि व्यवस्थित प्रस्तुति की गई है जो भारत में राजनीतिक चिन्तन के निर्माण का आधार प्रस्तुत करती है। सन्दर्भों के अत्यन्त वैविध्यपूर्ण पक्ष को देखते हुए, इसे चार विशिष्ट विभागों में विश्लेषित किया गया। पहला, भारतीय राष्ट्रवादी आन्दोलन की प्रकृति और प्रक्रिया का अध्ययन वह आधार प्रदान करता है, जिसके अनुसार शक्तिशाली व क्रूर उपनिवेशवाद का देश के विभिन्न लोगों द्वारा भिन्न तरीकों से सामना किया गया। इसने, स्वभावतः भारत में राजनीतिक चिन्तन के विविध सूत्रों को जन्म दिया जैसे उदारवादी, उग्रवादी, प्रगतिवादी तथा आक्रामक। दूसरा, औपनिवेशिक

शासन की उदारवादी तथापि शोषक प्रकृति को उजागर करने वाले, अंग्रेजों द्वारा प्रारम्भ किए गए अनेक संवैधानिक सुधारों ने भारतीयों के विचारधाराजन्य दृष्टिकोण को काफी सीमा तक प्रभावित किया। उन्होंने निस्संदेह अधिकतर भारतीय विचारकों को कानूनी झुकाव दिया, और उन्होंने यह सुनिश्चित किया कि उनके विचार कानून द्वारा निर्धारित कानूनी व संवैधानिक सीमाओं का उल्लंघन न करें। तीसरा, स्वतंत्रता के पूर्व प्रारम्भ किए गए विभिन्न सामाजिक–आर्थिक आन्दोलनों ने भारतीय राजनीतिक चिन्तन के अवधारणीकरण में अत्यन्त महत्वपूर्ण सहयोगी दृष्टिकोण प्रदान किया। इन आन्दोलनों का महत्व यह सुनिश्चित करने में था कि भारतीय समाज के उपेक्षित, शोषित तथा हाशिए पर छूटे लोगों की आवाज को भी पर्याप्त अभिव्यक्ति मिले। यह भाग भारत की स्वतंत्रता के पश्चात् उपजे निराशा और आशा के गम्भीर विश्लेषण से समाप्त होता है, साथ ही इसमें भावी भारतीय राज व्यवस्था के संकेतक भी हैं। संक्षेप में, यह भाग भारतीय राजनीतिक चिन्तन की सूक्ष्म समझ के क्षितिज को व्यापक करता है।

14

भारतीय स्वतन्त्रता संघर्ष की प्रकृति और प्रक्रिया

अध्ययन का उद्देश्य

- असहयोग आन्दोलन, सविनय अवज्ञा आन्दोलन तथा भारत छोड़ो आन्दोलन के सन्दर्भ में भारतीय स्वतंत्रता संघर्ष की प्रकृति और प्रक्रिया की व्याख्या।
- भारतीय राष्ट्रीय सेना तथा धुरी राज्यों की भूमिका का मूल्यांकन।
- भारतीय नौसैनिक विप्लव के महत्त्व की व्याख्या।

भारतीय राष्ट्रीय आन्दोलन की प्रकृति और प्रक्रिया अत्यन्त जटिल थी। उदाहरण के लिए, राष्ट्रीय आन्दोलन में एक ऐसा समय था, जब इसके अग्रदूत भारत से अंग्रेजों की सम्पूर्ण वापसी चाहते प्रतीत नहीं होते थे। अपितु उन्होंने राष्ट्रीय आन्दोलन के क्षेत्र को भारतीय प्रशासन के कुछ क्षेत्रों में सामान्य–सी सुविधाएँ प्राप्त करने तक सीमित रखा। लेकिन बंगाल के विभाजन की उत्प्रेरक भूमिका के कारण बीसवीं शताब्दी के प्रथम दशक ने हवा में तेजी से गूँजती स्वराज की माँग के साथ राष्ट्रीय आन्दोलन को क्रांतिकारी होते हुए देखा। लेकिन भारतीय राष्ट्रीय आन्दोलन की प्रकृति और प्रक्रिया में वास्तविक परिवर्तन 1910 के समापन वर्ष में गाँधी द्वारा आन्दोलन का नेतृत्व ग्रहण करने से आया। अब आन्दोलन की प्रेरणा और पहुँच बौद्धिक खोज तक तथा राजनीतिक नेताओं की ऊपरी स्तर की गतिविधियों तक सीमित नहीं रह गई थी। यह वस्तुतः ब्रिटिश शासन के प्रति उन लोगों के घृणापूर्ण अनुभव तक पहुँच गई थी जिन्हें गाँधी ने अपने द्वारा संचालित अन्य बड़े आन्दोलनों की श्रृंखला और अहिंसक आन्दोलनों का आधार बनने के लिए प्रेरित किया। फिर भी गाँधी के नेतृत्व में अनेक जन आन्दोलन देश के राष्ट्रवादी आन्दोलन के केन्द्र में रहे, कुछ अन्य उल्लेखनीय तथा साहसपूर्ण आन्दोलन भी राष्ट्रीय आन्दोलन के हिस्से के रूप में सक्रिय हुए, जो न तो आवश्यक रूप से हिंसक थे और जो न उस समय के राष्ट्रवादी आन्दोलन की मुख्यधारा से किसी प्रकार से जुड़े हुए थे। अतः राष्ट्रवादी

आन्दोलन की प्रकृति और प्रक्रिया की जटिलता स्पष्ट है क्योंकि भारत से अंग्रेजों को बाहर करने के समान उद्देश्य को रखते हुए भी देश के विभिन्न भागों में विचारधारा और रणनीति की दृष्टि से परस्पर विरोधी से दिखते हुए विभिन्न आन्दोलन संचालित हो रहे थे। अतः इस अध्याय में न केवल गाँधी के नेतृत्व में संचालित प्रमुख आन्दोलनों का विश्लेषण करते हुए भारत में राष्ट्रवादी आन्दोलन की प्रकृति और प्रक्रिया के विशिष्ट पक्षों को दर्शाने का प्रयास किया गया है, अपितु भारतीय सेना तथा भारतीय नौसैनिक विप्लव के रूप में कुछ कम महत्त्वपूर्ण लेकिन वास्तव में आवश्यक आन्दोलनों को भी शामिल किया गया है।

1857 का विद्रोह

1857 में अंग्रेजों के विरुद्ध भारतीय सिपाहियों के खुले विद्रोह को आधुनिक भारत के इतिहास में एक महत्त्वपूर्ण घटना माना जाता है। ब्रिटिश साम्राज्यवाद के दासत्व से देश को मुक्त करने के राष्ट्रीय आन्दोलन का पूर्ववर्ती माने जाने के कारण इस अभूतपूर्व घटना को भारत में 100 वर्ष के ब्रिटिश शासन की प्रकृति और व्यवहार के प्रति भारतीयों के असन्तोष के प्रकटीकरण के रूप में देखा जा सकता है। वास्तव में, इस शौर्यपूर्ण घटना को सामान्य रूप से देश के वृहद् राष्ट्रीय आन्दोलन का प्रारम्भकर्त्ता माना जाता है। यद्यपि औपनिवेशिक व्याख्या इस घटना को सिपाही विद्रोह से अधिक नहीं मानती। आधुनिक भारत पर एक विशेषज्ञ का कहना है, "1857 का विद्रोह सिपाही असन्तोष की उपज से काफी कुछ अधिक था। वास्तव में यह औपनिवेशिक शासन की विशेषताओं और नीतियों की, तथा कम्पनी के प्रशासन के विरुद्ध लोगों की एकत्रित तकलीफों तथा विदेशी शासन के प्रति नापसन्दगी की उपज था" (चन्द्रा, 2009: 140)।

इस अग्रणी घटना की गहनता और विस्तार को देखते हुए विद्रोह की प्रकृति और उद्देश्य को लेकर विद्वानों में अनेक विवाद उत्पन्न होना स्वाभाविक था। यह रोचक है कि विवाद के सम्बन्ध में भ्रमित करने वाली बात, भारत में औपनिवेशिक शासन के सन्दर्भ और मुद्दों तथा भारतीय स्वतंत्रता संघर्ष के समय में टिप्पणीकारों का कुल मिलाकर दृष्टिकोण है। दूसरे शब्दों में, विद्वानों, जिन्होंने औपनिवेशिक शासन में कुछ अच्छाइयां देखी हैं, ने भारत में अंग्रेजों के शासन के पक्ष में विचार प्रस्तुत किए, और घटना का संकुचित तथा सांकेतिक दृष्टिकोण अपनाया। दूसरी ओर टिप्पणीकारों, जिन्होंने भारत में औपनिवेशिक शासन में कुछ अच्छाई नहीं देखी और उसे साम्राज्यवाद का खुला स्वरूप पाया, ने इसे भारत का स्वतंत्रता का पहला युद्ध कहा। इन दो विशिष्ट दिखती परिस्थितियों के बीच में कुछ विद्वानों ने 1857 के विद्रोह को न केवल सिपाही विद्रोह माना और न भारत का स्वतंत्रता का युद्ध माना। वे जो कहना चाहते थे वह यह है कि भारत में अन्यायपूर्ण और शोषक

औपनिवेशिक शासन के विरुद्ध भारतीयों की लम्बित शिकायतों का यह सहज प्रकटीकरण था। अतः ये विद्वान इस विचार के अधिक निकट लगते हैं कि 1857 का विद्रोह भारत का प्रथम स्वतंत्रता का युद्ध था, यद्यपि इसमें राष्ट्रवादी दृष्टिकोण तथा वाँछित उद्देश्यों को प्राप्त करने की सुविचारित कार्ययोजना का अभाव था।

1857 के विद्रोह की पूर्ववर्ती व्याख्या विशेष रूप से औपनिवेशिक है क्योंकि यह भारतीय यथार्थ के विखण्डित दृष्टिकोण को प्रकट करती है। यह विद्रोह को, अभी तक के कुछ हतोत्साहित और अधिकारहीन मुसलमान शासकों के काम के रूप में व्याख्याथित करती है। विद्रोह के किसी वृहद् उद्देश्य को बताने के स्थान पर इसका मानना था कि निकम्मे मुसलमान शासकों द्वारा भारत में अब तक के गौरवपूर्ण मुगल शासन की पुनर्स्थापना की इच्छा थी, ताकि भारतीय समाज में वे अपनी खोई हुई प्रतिष्ठा और स्थिति को पुनः प्राप्त कर सकें, लेकिन ऐसी अभूतपूर्व घटना की सोद्देश्य व्याख्या पर्याप्त साक्ष्य के अभाव में ज्यादा समय तक नहीं टिक सकी।

संघर्ष को सिपाही विद्रोह के रूप में प्रस्तुत करने के लिए अधिक परिष्कृत व्याख्या की गई। यह तर्क प्रस्तुत किया गया कि सिपाहियों ने सेना के सीमा क्षेत्र में सीमित समस्या के कारण विद्रोह किया। अतः इस प्रकार के सिपाही विद्रोह में किसी प्रकार की जानबूझकर की गई जन–सहभागिता नहीं हो सकती थी, क्योंकि उसमें ऐसा कुछ नहीं था जिसके साथ जनता स्वयं को जोड़ सके। इस विद्रोह में जो कुछ नागरिक भागीदारी देखी गई, वह वस्तुतः समाजकंटकों द्वारा विप्लवकारी परिस्थितियों का नाजायज फायदा उठाने के लिए धूर्ततापूर्ण प्रयास थे। दूसरे शब्दों में, इस तर्क के अनुसार 1857 का विद्रोह कुछ निरुत्साहित सिपाहियों द्वारा गुप्त रूप से नियोजित और क्रियान्वित किया गया था। जब कानून और व्यवस्था की स्थिति उपयुक्त नहीं थी, तब नागरिकों में से कुछ समाजकंटकों ने इसका लाभ उठाया। अतः विद्रोह करने वाले सिपाहियों के साथ नागरिकों का सामान्य कारण जोड़ देना एक भड़की हुई स्थिति का दुरूपयोग था जिसे भारत में औपनिवेशिक शासन के विरुद्ध जन–आन्दोलन के रूप में नहीं माना जा सकता। स्वतंत्रता के बाद के समय में एस.एन. सेन (1957) जैसे इतिहासकारों ने इस दृष्टिकोण को दोहराया और जिसका समर्थन आर.सी. मजूमदार (1963) जैसे विद्वानों ने भी किया। लेकिन नई खोजों और साक्ष्यों के उजागर होने से आधुनिक भारत की इतिहास लेखन शैली में 1857 के विद्रोह की इस प्रकार की सीमित व्याख्या की मान्यता धीरे–धीरे कम होती जा रही है।

1857 के उपद्रव को मात्र सिपाही विद्रोह मानने के दृष्टिकोण को नकारते हुए भारत के तथा बाहर के अनेक टिप्पणीकारों ने इस घटना का भारत के पहले स्वतंत्रता संग्राम के रूप में मूल्यांकन किया। विचारधारा की दृष्टि से यह अत्यन्त

उत्साहजनक है कि ऐसा निष्कर्ष राजनीतिक विविधता से परिपूर्ण विभिन्न लोगों द्वारा निकाला गया। इस प्रकार के वर्ग की महत्त्वपूर्ण व्याख्या, अन्य लोगों के साथ, कार्ल मार्क्स द्वारा *द न्यूयार्क डेली ट्रिब्यून* में प्रकाशित अपने आलेख में की गई, जिसमें उन्होंने बिना हिचक के 1857 के दौरान भारत में संघर्ष को स्वतंत्रता का पहला भारतीय युद्ध माना (देखें, मार्क्स तथा ऐन्जिल्स, 1959)।

भारतीय टिप्पणीकारों में 1857 के विद्रोह को भारत का प्रथम स्वतंत्रता संग्राम मानने वालों में वी.डी. सावरकर (1949) प्रथम थे। वे मुद्दे, संदर्भ तथा परिस्थितियाँ जिसमें भारतीय सिपाहियों ने भारत में ब्रिटिश शासन के विरुद्ध आश्चर्यजनक प्रतिरोध प्रस्तुत किया, के सम्बन्ध में गैर–पारम्परिक विश्लेषण करते हुए सावरकर इस निष्कर्ष पर पहुँचे कि 1857 की घटना वास्तव में भारतीयों द्वारा स्वतंत्रता के लिए युद्ध था। 1857 की घटनाओं की नवीन व्याख्या करने के बावजूद सावरकर के तर्क देश में मुख्यधारा के वामपंथी इतिहासकारों के मध्य स्वीकृति प्राप्त नहीं कर पाये। महत्त्वपूर्ण रूप से यद्यपि सावरकर के तर्क बहुत पहले अभिव्यक्त किए गए मार्क्स द्वारा प्रस्तुत विचारों के अनुसार थे, पर भारत के मार्क्सवादी इतिहासकार सम्भवतः हिन्दुत्व पर उनके कट्टर विचारों के कारण उनके दृष्टिकोण का समर्थन नहीं कर पाये। अन्ततः, 1857 की घटना को भारत के प्रथम स्वतंत्रता के युद्ध के रूप में श्रेणीबद्ध किये जाने को पर्याप्त बौद्धिक समर्थन तब मिला, जब एस.पी. चौधरी (1957: 297) जैसे इतिहासकारों ने खुले रूप से विद्रोह को "विदेशी शक्ति को चुनौती देने का विभिन्न वर्ग के लोगों का संयुक्त प्रयास माना। यह बाद के समय में भारत के स्वतंत्रता आन्दोलन की यद्यपि दूरवर्ती तथापि वास्तविक पद्धति है।"

आधुनिक समय में 1857 के विद्रोह का इतिहास लेखन ऐतिहासिक घटनाओं के प्रति समझौतापरक पद्धति को विकसित करने के प्रयास के इर्द–गिर्द केन्द्रित रहा है। इस अभियान में, जबकि विद्वान विद्रोह को राष्ट्रीय आन्दोलन का हिस्सा मानने की उपेक्षा करते हैं, वे फिर भी संघर्ष को यह कहकर गरिमा प्रदान करते हैं कि विद्रोहियों ने 'उसे प्राप्त करना चाहा जो उन्हें अपनी विरासत के सीमा क्षेत्र में अपना लगता था' (गुहा, 1994: 318)। लेकिन ऐसे सीमा क्षेत्र लोगों के विभिन्न समूहों के संकुचित निहित हितों के परे दिखाई पड़े। हिन्दुस्तान को विदेशी शासन से मुक्ति के लिए अपनी वैचारिक भिन्नता को समाप्त करके ये लोग भारत के लिए एक समन्वित स्थान, जिसमें हिन्दू और मुसलमान साथ–साथ रह सकते हों, को बनाना चाहते थे (रे, 1993: 133–135)। ब्रिटिश उपनिवेशवाद के विरुद्ध इस प्रकार का संयुक्त अभियान का व्याप्त भाव तब तक सम्भव नहीं हो सकता था जब तक लोग देश से विदेशी शासन को जड़ से उखाड़ देने के उद्देश्य से प्रेरित न हों। अतः यह तर्क देना गलत नहीं होगा कि 1857 का विद्रोह वास्तव में भारत का प्रथम स्वतंत्रता संग्राम था।

असहयोग आन्दोलन (1919-22), सविनय अवज्ञा आन्दोलन (1930-32) और भारत छोड़ो आन्दोलन (1942)

राजनीतिक परिदृश्य पर गाँधी के आगमन ने भारत में ब्रिटिश विरोधी संघर्ष के स्वरूप को क्रांतिकारी रूप से तीन महत्त्वपूर्ण रूप से बदल दिया — प्रथम, राष्ट्रवादी आन्दोलन, जो अब तक मुख्यतः भारत के महानगरों तक सीमित था, में किसानों और मजदूरों के शामिल होने से नई स्फूर्तिदायक गति आ गई; द्वितीय, दक्षिण अफ्रीका में अपनी आश्चर्यजनक सफलता से गाँधी की अहिंसा को पश्चिमी प्रकार के राजनीतिक उदारवाद के नाम पर शोषण के विरुद्ध आन्दोलन के लिए, पर्याप्त स्थान प्राप्त हो चुका था; तृतीय, समाज के उपेक्षित वर्ग को शामिल करके गाँधी ने न केवल ब्रिटिश विरोधी भावनाओं, अपितु जनसामान्य के सामाजिक–आर्थिक कष्टों की ओर ध्यान देने की विचारधारा को स्पष्ट किया। संक्षेप में, गाँधी ने एक नये स्फूर्तिदायक राजनीतिक कार्यक्रम को विकसित किया जिसने औपनिवेशिक साम्राज्य को चुनौती देते समय स्वरहीनों को स्वर दिया। गाँधी अभी तक के राष्ट्रवादी साथियों से भिन्न थे, ये तब स्पष्ट हुआ जब, उन्होंने प्रेसीडेन्सी शहरों, जो राष्ट्रीय गतिविधियों के केन्द्र थे, के स्थान पर चम्पारन (बिहार), खेड़ा तथा अहमदाबाद (गुजरात) जैसे सुदूर क्षेत्रों में *सत्याग्रह* प्रारम्भ किया। उनकी राजनीतिक रणनीति ने कांग्रेस दल में नाटकीय परिवर्तन किया तथा इसका प्रभाव क्षेत्र गाँव तक फैल गया। जैसा कि जे.बी. कृपलानी (1970: 61), जो स्वतंत्रता संघर्ष के दौरान गाँधी के विश्वस्त सहयोगी थे ने स्वीकार किया, ...

> उन दिनों में, हमारा राष्ट्रवाद ऐसा था कि हमें वास्तव में यह पता नहीं था कि गाँव में क्या हो रहा है। हम जो शिक्षित थे, काफी सीमा तक पृथकत्व का जीवन जी रहे थे। हमारी दुनिया शहरों तक तथा शिक्षितों के समूह तक सीमित थी। हमारा जनता के साथ सम्पर्क हमारे नौकरों तक सीमित था तथा, फिर भी हम जनता की बात कर रहे थे और देश को विदेशी शासन से मुक्त कराने के लिए चिन्तित थे।

गाँधी ने तीन अखिल भारतीय आन्दोलनों का संचालन किया। 1919–22 का असहयोग आन्दोलन पहला था जो टर्की में खलीफा को पदच्युत करने के विरुद्ध मुसलमानों के खिलाफत आन्दोलन के मिल जाने से महत्त्वपूर्ण हो उठा। सविनय अवज्ञा आन्दोलन अखिल भारतीय आन्दोलन था जिसमें गाँधी सर्वोच्च रहे। सविनय अवज्ञा आन्दोलन, जो मूल रूप से नमक आन्दोलन था, भारत के भिन्न भागों में भिन्न रूप में उभरा। 1942 का भारत छोड़ो आन्दोलन, जो खुला विद्रोह माना जाता है, गाँधी द्वारा चलाए गए तीन अखिल भारतीय आन्दोलनों में अंतिम था। प्रारम्भिक ब्रिटिश विरोधी राष्ट्रवादी संघर्षों की भाँति भारत छोड़ो

आन्दोलन पूरे देश में समान प्रकृति का नहीं था फिर भी जनता, स्वतंत्रता के लिए अंतिम युद्ध के रूप में पहचाने जाने वाले युद्ध में उत्साह से भाग लेते समय गाँधी और उनके विचारों से जुड़ी। गाँधी के नेतृत्व में अखिल भारतीय ब्रिटिश विरोधी आन्दोलन की जटिलता को देखते हुए यह अध्याय इन आन्दोलनों पर अलग–अलग विचार करेगा ताकि भारतीय राष्ट्रवाद की बदलती प्रकृति, जिसमें स्वतंत्रता संघर्ष में समाज के हाशिए पर खड़े लोगों की बढ़ती भागीदारी, को समझा जा सके।

असहयोग आन्दोलन, 1919-22

असहयोग आन्दोलन निश्चित रूप से अतीत से भिन्नता लिए हुए था। राजनीतिक परिदृश्य पर गाँधी के आने से राष्ट्रवादी राजनीति ने कई नए आयाम जोड़े। भारत का स्वतंत्रता संघर्ष *भद्रलोक* तक सीमित नहीं रह गया था; इसमें वे नये सामाजिक समूह शामिल हुए जो अभी तक उपेक्षित थे। राष्ट्रवादी राजनीति के क्षेत्र के विस्तार के अनुरूप नये नारों ने कांग्रेस को काफी सीमा तक क्रांतिकारी बना दिया। तथाकथित भिक्षावृत्ति की राजनीति से सन्तुष्ट न होते हुए गाँधी के नेतृत्व में कांग्रेस ने कई कदम उठाये, जिसके कारण समर्थन के नये क्षेत्र विकसित हुए। गाँधी ऐसे समय में महत्त्वपूर्ण हुए जब उदारवादी तथा उग्रवादी पद्धतियाँ असफल सिद्ध हो गयी थीं, तथा जड़–जमीन से जुड़े लोग औपनिवेशिक राज्य, जो निहित स्वार्थों की प्रगति करने और समृद्ध होने में सहायक थे, को लगातार चुनौती दे रहे थे। अतः स्वतंत्रता संघर्ष में नये सामाजिक समूहों के शामिल होने से नई व्यवस्था की खोज को स्पष्ट करने में सहायता मिली। यद्यपि हमेशा महत्त्वपूर्ण नहीं रहीं, फिर भी इन शक्तियों ने निःसन्देह नये सामाजिक, राजनीतिक और आर्थिक मुद्दों को स्पष्ट किया जो 1921 के पहले के कांग्रेस की कार्यसूची में, सम्भवतः अपने संकुचित सामाजिक आधार के कारण, शामिल नहीं थे। अतः राज्य, कांग्रेस तथा जनता द्वारा संचालित सामाजिक–आर्थिक और राजनीतिक व्यवस्था को परिवर्तित करने के प्रयास की जटिल अन्तःक्रिया से असहयोग आन्दोलन, जो निश्चित रूप से ब्रिटिश विरोधी संघर्ष था, ने निहित स्वार्थों तथा विदेशी राज्य–दोनों को चुनौती देते हुए एक नये आन्दोलन की आधारशिला रखी।

संगठन की दृष्टि से, कांग्रेस जो अब अभिजन वर्ग तक सीमित नहीं थी, ने देश में दूर तक फैले खेतिहर जुड़ाव के साथ राष्ट्रीय आन्दोलन को विकसित किया, जिसे व्यापक जन समर्थन प्राप्त हो रहा था। कांग्रेस के जन संगठन बनने के पीछे का एक महत्वपूर्ण कारण असहयोग तथा खिलाफत के हितों का प्रभावी

रूप से आपस में मिल जाना भी था। 1916 के लखनऊ समझौते में मुसलमानों को पृथक राजनीतिक समूह के रूप में मान्यता देने से कांग्रेस ने हिन्दू और मुसलमानों को एक साथ लाकर जन आन्दोलन के निर्माण में सम्भवतः सर्वाधिक सार्थक रणनीति अपनाई। गाँधी (1995: 418) ने कहा, "खिलाफत के लिए असहयोग को अपनाना हिन्दू–मुस्लिम एकता के लिए कांग्रेस द्वारा किया गया महान राजनीतिक प्रयास था।" हालांकि यह विवाद योग्य है कि सिर्फ खिलाफत, जो भारत के स्वतंत्रता संघर्ष से सीधा जुड़ा हुआ नहीं था, ने असहयोग आन्दोलन के प्रारम्भ होने के समय हिन्दू–मुस्लिम एकता को दृढ़ किया, यद्यपि खलीफा के पदच्युत होने से सामान्य मुसलमान पर प्रभाव की सम्भावना बहुत कम थी। कांग्रेस के विस्तार में योगदान देने के लिए चाहे जो भी तथ्य उत्तरदायी हों, इसकी सदस्यता में शानदार बढ़ोतरी हुई जैसा कि सारणी 14.1 में स्पष्ट है:

सारणी 14.1

कांग्रेस सदस्यता में वृद्धि, 1918-22

वर्ष	*प्रतिभागियों की कुल संख्या*	*मुसलमान*	*कुल संख्या का मुसलमान प्रतिशत*
1918	4,868	205	4.0
1919	8,126	314	4.5
1920	14,582	1,050	7.2
1921	4,729	—	—
1922	3,248	111	3.6

स्रोतः कृष्णा (1966: 421)।

यद्यपि सारिणी किसी भी प्रकार सम्पूर्ण नहीं है, लेकिन यह असहयोग आन्दोलन के समय और बाद में प्रतिनिधियों की क्रमिक बढ़ती और घटती संख्या की ओर हमारा ध्यान आकर्षित करती है। मुसलमान प्रतिनिधियों की बढ़ती संख्या और बाद में उदासीनता से असहयोग आन्दोलन के दौरान राजनीतिक गतिशीलता में खिलाफत के धार्मिक तत्व के महत्त्व को स्पष्ट रूप से समझा जा सकता है। बाद के दिनों में भारतीय कांग्रेस से भिन्न मुसलमानों की मांगों के प्रकटीकरण के विपरीत प्रभावों के बावजूद गाँधी के खिलाफत पर ध्यान देने के निर्णय ने राष्ट्रवादी आन्दोलन में सामाजिक आधार का विस्तार किया। विदेशी राज्य के विभिन्न स्तरों पर शोषण को स्पष्ट करते हुए कांग्रेस नेतृत्व राजनीतिक विषय में जनसामान्य के कष्ट को शामिल करने में सफल रहे। अतः आश्चर्यजनक

नहीं था कि असहयोग आन्दोलन के दौरान विभिन्न प्रकार के राजनीतिक आन्दोलन आयोजित हुए जो यद्यपि ब्रिटिश विरोधी भावनाओं पर आधारित थे, तथापि मूल रूप से सुदृढ़ निहित स्वार्थों पर आक्रमण थे। जैसा कि आगे दिखाया जायेगा, असहयोग आन्दोलन के आह्वान ने अभी तक की अनजानी सामाजिक, राजनीतिक और आर्थिक शक्तियों को मुक्त कर दिया, जिन्होंने राष्ट्रवादी संघर्ष को न केवल निर्णायक रूप से आकार दिया अपितु परिणामस्वरूप उसकी प्रकृति को पहले से कहीं अधिक जटिल बना दिया।

स्कूल, कॉलेज और न्यायालयों को शामिल करने के अतिरिक्त असहयोग आन्दोलन ने विदेशी वस्त्रों के बहिष्कार (सार्वजनिक रूप से उन्हें जलाकर), तथा 1921 नवम्बर को प्रिंस ऑफ वेल्स के आगमन का बहिष्कार करके अधिक आक्रामक मुद्रा अपनाई। बताया जाता है कि 1920 से कलकत्ता कांग्रेस के प्रतिनिधियों ने कर न देने पर जोर दिया, जिसने प्रशासन को भौंचक्का कर दिया, क्योंकि ऐसे मुद्दे को आसानी से स्वीकृति मिलने की सम्भावना थी। इसके अतिरिक्त इसने औपनिवेशिक राज्य को इसलिए भी चिन्तित किया, क्योंकि यह मुद्दा बंगाल के उस समूह द्वारा उठाया गया जिसमें शामिल थे "पूर्व नजरबन्द तथा बौद्धिक वर्ग जिनको हजारों लोगों का समर्थन प्राप्त था और जो जनता में असंदिग्ध रूप से साहसी और खतरनाक प्रकृति के प्रचार करने के लिए उपलब्ध थे" (ओ' डोनेल, 1921)। गाँधी की हिचकिचाहट के बावजूद 28–30 जुलाई की अखिल भारतीय कांग्रेस समिति की बम्बई बैठक में कांग्रेस की कार्यसूची में बहिष्कार को शामिल कर लिया गया, जिसका प्राथमिक उद्देश्य कांग्रेस के क्रांतिकारी तत्वों को शामिल करना था। जैसा कि भट्टाचार्य ने बताया कि आर्थिक बहिष्कार जो यद्यपि आर्थिक स्वदेशी का पूरक था, ने वास्तव में भारतीय कपड़ा उद्योगपतियों के लाभ को बढ़ा दिया था। उदाहरण के लिए युद्ध के पूर्व, भारतीय मिल मालिकों द्वारा कपड़ों का 25 प्रतिशत बाजार ही नियंत्रित किया जाता था जो 1921 के अन्त तक 42 प्रतिशत तक बढ़ गया; मूल्य भी तीन गुणा बढ़ गए (भट्टाचार्य, 1977)।

जहाँ तक स्कूल और कॉलेज के बहिष्कार का सम्बन्ध है, असहयोग आन्दोलन ने सम्भवतः नाटकीय सफलता प्राप्त की। गाँधी को विश्वास था कि अंग्रेजी शिक्षा व्यर्थ थी तथा उन्होंने विद्यार्थियों से सरकार द्वारा नियंत्रित शिक्षण संस्थानों को छोड़ने का आग्रह किया। इस अपील ने सम्पूर्ण देश में बड़ी संख्या में राष्ट्रीय स्कूलों और कॉलेजों को खोलने के सन्दर्भ में बिजली की भाँति प्रभाव डाला। जैसा कि सारणी 14.2 से स्पष्ट है कि यद्यपि लोकप्रियता समान नहीं थी, तथापि राष्ट्रीय स्कूलों और कॉलेजों ने बड़ी संख्या में छात्रों को आकर्षित किया—

सारणी 14.2

प्रान्त	*संस्थाएँ*	*छात्रों की संख्या*
मद्रास	92	5,072
बम्बई	189	17,100
बंगाल	190	14,819
संयुक्त प्रान्त	137	8,476
पंजाब	69	8,046
बिहार और उड़ीसा	442	17,330
केन्द्रीय प्रान्त	86	6,338
असम	38	1,908
एन.डब्ल्यू.एफ.पी.*	04	120

स्रोतः बैम्फोर्ड (1925:104)
नोटः उत्तरी पश्चिमी सीमान्त प्रान्त।

यह सत्य है कि इन स्कूलों और विद्यालयों में नामांकित विद्यार्थियों की संख्या इतनी अधिक नहीं थी जिससे चिन्ता हो। वास्तव में सरकारी संस्थाओं के प्रति बहिष्कार के नारों के प्रभाव ने प्रशासन को चिन्तित किया; 1919 और 1921 के बीच उनमें से 80 प्रतिशत गम्भीर रूप से प्रभावित थे। इस तथ्य को स्पष्ट करते हुए आधिकारिक प्रतिवेदन द्वारा स्वीकार किया गया—

> आन्दोलन में कुछ था जिसने बिल्कुल भिन्न प्रकार के मस्तिष्कों को प्रभावित किया ... कल्पनाएँ प्रज्वलित की गईं और आध्यात्मिक उत्थान प्रारम्भ किया गया। परिस्थिति ने कल्पना और साहस की सम्भावनाओं को इस प्रकार प्रस्तुत किया जिसने अभी तक शान्त पड़े विद्यार्थी जीवन को सशक्त किया। ऐसे मस्तिष्कों के लिए धरना और जुलूस उसी प्रकार अनिवार्य हो गए जैसे ऑक्सफोर्ड स्नातकों के लिए 'बम्पसपर' तथा 'रैग' अनिवार्य थे।
>
> विद्यार्थी पहली बार सचेत हुए कि वे इस प्रकार की शिक्षा में अपना समय बर्बाद कर रहे थे जो उनकी आवश्यकताओं के अनुकूल नहीं थी और उन्हें एक ऑफिस के स्टूल तक ले जाती थी (बैमफोर्ड, 1925: 102–03)।

राष्ट्रीय स्कूल और महाविद्यालय प्रचलित शिक्षण संस्थाओं का प्रभावशाली विकल्प देने में असफल रहे तथा 1923 तक बंगाल[1] को छोड़कर इस प्रयोग में रुचि की कमी स्पष्ट रूप से दिखाई पड़ रही थी।[2] उस समय की प्रचलित शिक्षण

व्यवस्था जो सिर्फ क्लर्कों का समूह बनाने के लिए सर्वाधिक उपयुक्त थी, की कमियों को बताने में आधिकारिक स्पष्टीकरण महत्त्वपूर्ण था।

कारण कुछ भी हो, असहयोग आन्दोलन की कार्यसूची में अन्य के विपरीत शैक्षणिक बहिष्कार अधिक प्रभावशाली था। उदाहरण के लिए, आत्म त्याग की प्रारम्भिक अपील सफल नहीं हुईः 5,186 में से सिर्फ 24 उपाधियाँ वापस की गई तथा 1921 में 180 वकीलों द्वारा प्रैक्टिस का त्याग किया गया। 1920 के काउंसिल चुनावों में मतदान कम था जो बम्बई में आठ प्रतिशत और लाहौर में पाँच प्रतिशत था; 637 में से 6 स्थानों पर उम्मीदवारों ने चुनाव लड़ा और सर्वाधिक निराश करने वाली बात यह थी कि काउंसिल की कार्यवाही में अवरोध नहीं उत्पन्न किया जा सका। अभी तक के कांग्रेस के अभियान की तुलना में असहयोग आन्दोलन ने प्रदर्शित किया कि 'सीमित राजनीति की पुरानी बन्द दुकान को खोल दिया गया' (ब्राउन, 1972: 317)। पहले से अधिक संख्या में लोग एक प्रत्यक्ष राजनीतिक अभियान में विभिन्न प्रकार की तकनीकों का प्रयोग करते हुए, भाग ले रहे थे, जिनका प्रयोग अभी तक के राजनीतिज्ञों ने नहीं किया तथा इसमें सम्पूर्ण देश के लोग शामिल थे। इस प्रकार राजनीतिक राष्ट्र में विभिन्न प्रकार के हित शामिल हो गए जो स्थानीय शिकायतों पर आधारित थे, पर कई बार जिनके लिए उपनिवेशवाद को उत्तरदायी ठहराया जाता था। परिणामस्वरूप राष्ट्र को ऐसे नये क्षेत्रों का सामना करना पड़ा जो या तो उपेक्षित थे या राजनीतिक गतिशीलता का ध्यान आकर्षित करने की दृष्टि से कम महत्वपूर्ण थे।

राष्ट्रवादी राजनीति के संघर्ष में मजदूर वर्ग के शामिल होने से एक महत्वपूर्ण आयाम जुड़ा। 1921 में 396 हड़तालें हुईं जिसमें 6,00,351 मजदूर शामिल थे और जिसमें 69,94,426 मानव दिवसों का नुकसान हुआ (सरकार, 1989: 208)। युद्ध पश्चात् की मन्दी ने हड़ताल के लिए प्रेरित किया क्योंकि इसने मिल मालिकों को उत्पादन को सप्ताह में चार दिन तक के लिए सीमित करने के लिए बाध्य किया। उत्पादन की नयी समय–सारणी से सर्वाधिक प्रभावित बंगाल के जूट मिल के मजदूर हुए और 1921 में अनेक हड़तालें हुईः 1,86,479 मजदूरों को प्रभावित करती कुल 137 हड़तालें। नेतृत्व नये उभरते वर्ग में निहित था जिसमें "हिन्दू दक्षिणपंथी तथा मजदूरों एवं किसानों की शिकायतों पर ध्यान केन्द्रित करने वाले सामाजिक आन्दोलन के संचालन के लिए प्रतिबद्ध अनेक वामपंथी समूह" (बसु, 1994: अध्याय VI) शामिल थे। मजदूरों को ट्रेड यूनियन में संगठित करके इन श्रमिक गतिविधियों ने ब्रिटिश प्रशासन को चिन्ता में डाल दिया, जिन्होंने अपनी भद्रलोक पृष्ठभूमि पर जोर देते हुए मजदूरों और उनके नेतृत्व में दरार डालने की अत्यधिक कोशिश की।[3] जूट मिल के शहरों के अतिरिक्त असहयोग आन्दोलन के भागीदारों ने रानीगंज–झरिया की कोयला खदानों में हड़ताल आयोजित करने का प्रयास किया। यद्यपि स्वामी विश्वानन्द

तथा स्वामी दर्शनानन्द दोनों ही नेता खदान मालिकों के विरुद्ध आन्दोलन में शामिल थे, विशेषकर, खदान मजदूरों की स्थितियों को सुधारने की दृष्टि से, फिर भी यह कहा गया कि हड़ताल मारवाड़ी व्यापारियों द्वारा भड़काई गई थी जो कोयले के व्यापार में, जिन पर अभी तक यूरोपवासियों का अधिकार था, में दखल देना चाह रहे थे (पश्चिम बंगाल राज्य अभिलेखाकार [डब्ल्यू. बी.एस.ए.], 1921)।

असहयोग आन्दोलन के दौरान 1921 की चांदपुर घटना सम्भवतः सर्वाधिक प्रचारित हुई, जिसने यह स्पष्ट किया कि गाँधी धर्म, जाति और क्षेत्र से परे आसाम के चाय बागानों के मजदूरों के स्वीकृत नेता थे। स्वराज के लिए गाँधी द्वारा लोगों के आह्वान, जिसका तात्पर्य शोषण का अंत था, से प्रेरित होकर चांदपुर के चाय बागानों के मजदूर, जो अधिकतर संयुक्त प्रांत (यू.पी.) तथा बिहार के थे, प्रबंधक की आज्ञा के बिना मिल छोड़कर घर के लिए रवाना हो गए और वे 15 मई, 1921 को टिपेरा जिले के चांदपुर पहुंच गये। विपरीत परिणामों के बावजूद, मजदूरों ने ऐसा नाटकीय कदम सम्भवतः इस फैली हुई अफवाह के कारण उठाया कि 'गाँधी राज स्थापित हो गया है, अतः शोषक (बागान मालिक) भाग गए हैं।'[4] यात्रा के लिए स्टीमर पर सवार होने से मजदूरों को रोकने के लिए स्थानीय प्रशासन ने गोरखा मिलिट्री पुलिस को नियुक्त किया, जिसने अन्धाधुन्ध गोलीबारी की। ऐसे 'अमानवीय कृत्य'[5] ने जन असन्तोष को उकसाया जिसके कारण पूर्व बंगाल में स्टीमर और रेल की हड़ताल हुई। सी.आर. दास के नेतृत्व में बंगाल कांग्रेस ने औपनिवेशिक राज्य पर आक्रमण तेज करने के लिए तुरन्त मजदूरों की समस्या पर ध्यान केन्द्रित किया। चांदपुर गोलीबारी के बाद बंगाल में होने वाली हड़तालों की शृंखला के लिए आंशिक रूप से सी.आर. दास तथा जे. एम. सेनगुप्त जैसे महत्वपूर्ण कांग्रेसियों का शामिल होना और "आंशिक रूप से समस्त जनता विशेषकर निम्न वर्ग का जिसका हड़ताल के द्वारा गोरे लोगों के शासन के अन्तर्गत आर्थिक शोषण तथा नस्लीय हीनता को प्रगट करने के लिए सहज रूप से उठ खड़ा होना उत्तरदायी था" (रे, 1984: 279)। हड़ताल की व्यापकता की प्रकृति से आतंकित रोनाल्डो ने लिखा,

> ... सबसे ज्यादा परेशान करने वाला तत्व घटनाओं की बड़ी संख्या में लोगों पर पकड़ की सीमा थी। वे इंग्लैण्ड स्टीमर लाइन तथा असम बंगाल रेलवे में हड़ताल का आह्वान कर पाये, साथ ही साथ पूर्व बंगाल के कई शहरों में भी वे हड़ताल का आह्वान कर पाये।[6]

'हड़ताल का बुखार' (डब्ल्यू.बी.एस.ए., 1921) जैसा कि नाम दिया गया था, व्यापक था तथा इसने मुख्यतः पूर्वी भारत के उद्योगों को प्रभावित किया। इसका आंशिक कारण यह था कि नेतृत्व मजदूरों की तकलीफों के लिए यूरोपीय/अमेरिकी स्वामित्व, जो बुरे कामों में औपनिवेशिक शासन का सहयोग

कर रहे थे तथा स्वभाविक रूप से भारतीयों के कष्टों के प्रति असंवेदनशील थे, को उत्तरदायी ठहराने में सफल हुए थे। इसके अतिरिक्त असमान मजदूरों को, विचारधाराजन्य दिशा निर्देश तथा आवश्यक सहायता देकर संगठित करने में स्थानीय कांग्रेस नेताओं की भूमिका महत्त्वपूर्ण थी। सी.आर. दास तथा जे.एम. सेनगुप्त जैसे नेताओं के लिए राष्ट्रवादी राजनीति के लिए मजदूर महत्त्वपूर्ण होते जा रहे थे, जिसे उन्होंने बाद में 1922 की गया की कांग्रेस बैठक में स्वीकार भी किया; इस प्रकार मजदूरों के हितों के लिए खड़े होकर उन्होंने ऐसी प्रक्रिया प्रारम्भ की जिसने स्वतंत्रता आन्दोलन के आधार को विस्तृत कर दिया। यद्यपि गाँधी के नेतृत्व के आन्दोलन से इसमें कई विरोधाभास थे। चूंकि 'हड़ताल अहिंसक असहयोग की योजना के अन्तर्गत नहीं आती' (गाँधी, 1921 ए), गाँधी ने हड़ताल की भर्त्सना करते हुए कहा,

> ... भारत में हम कोई राजनीतिक हड़ताल नहीं चाहते ... हमें असंयमित और बाधक तत्वों पर नियन्त्रण करना चाहिए ... हमें पूंजी या पूंजीपति को समाप्त करने की चेष्टा नहीं करनी चाहिए, अपितु पूंजी और श्रम के सम्बन्धों को नियमित करना चाहिए। हमें पूंजी को अपने इस्तेमाल के लिए अपनी ओर करना चाहिए। सहानुभूतिपरक हड़तालों को प्रोत्साहित करना मूर्खता होगी (1921बी)।[7]

असहयोग आन्दोलन राष्ट्रीय संघर्ष में किसानों को भी सामने लाया। स्व–सहायता के द्वारा गांव के पुनर्निर्माण को प्राथमिकता देकर "चरखा तथा हाथ के बुने कपड़े (चरखा तथा खादी), पंचायतें या मध्यस्थ न्यायालय, राष्ट्रीय स्कूल तथा हिन्दू–मुस्लिम एकता के लिए अभियान तथा मद्य निषेध और अस्पृश्यता निवारण" (सरकार, 1989: 209) के माध्यम से गाँधी ने आर्थिक पुनर्जीवन की अपनी योजना को स्पष्ट किया। यद्यपि ये कार्यक्रम राजनीतिक सक्रियता की रणनीति के रूप में समान रूप से प्रभावी न हो पाए हों फिर भी वे उस संघर्ष में समाज के अभी तक के उपेक्षित वर्ग को शामिल करने की नई प्रक्रिया प्रारम्भ कर पाए, जो, उद्घोषित राजनीतिक उद्देश्य के बावजूद, स्थानीय लोगों के सुदृढ़ निहित स्वार्थों के विरुद्ध भी समान रूप से संघर्ष था। अतः यह आश्चर्यजनक नहीं था कि उड़ीसा में कनिका के किसानों ने स्थानीय जमींदारों को अधिक भाड़ा मांगने के विरुद्ध चुनौती दी। गाँधी को आधार मान कर उड़ीसा कांग्रेस नेतृत्व के उग्र वर्ग ने 'गाँधी राज स्थापित करने जब कोई भी भाड़ा अदा नहीं करेगा', (पाती, 1993: 62-65) किसानों के लिए संगठित किया। किसान इस बात से इतने सहमत थे कि उन्होंने 'उन लोगों का, जो भाड़ा देने के लिए तैयार थे, बहिष्कार किया और चेतावनी दी' (पाती, 1993: 65)। आन्दोलन यद्यपि उड़ीसा कांग्रेस द्वारा चलाया गया पर उसे गाँधी की स्वीकृति नहीं मिली और बाद में बिना शर्त के समाप्त कर दिया गया। लेकिन गाँधी ने राजस्व न देने के अभियान का *रैयतवाड़ी* सेटलमेन्ट क्षेत्र, जैसे बारडोली में समर्थन किया न कि *जमींदारी* क्षेत्रों में जहां

इसमें 'भाड़ा नहीं' आवश्यक रूप में शामिल होगा। 'भाड़ा न देने' के अभियान को शामिल करने का प्रयास करके गाँधी ने विशिष्ट प्रकार के नेतृत्व को प्रदर्शित किया, जिसने किसानों को पूर्ण रूप से अपनी शर्तों पर सक्रिय किया। किसान, तथाकथित एकीकरण के मुद्दों, जिन्होंने विरोधी वर्ग की सुपरिभाषित सीमाओं को भी प्रभावित किया, पर संगठित और गतिशील हुए। अतः यह तार्किक था जब गाँधी ने "भू–स्वामियों और किरायेदारों के मध्य संघर्ष करने के हर प्रयास का विरोध किया और किरायेदारों को संघर्ष के स्थान पर सहन करने की सलाह दी क्योंकि उन्हें सर्वाधिक शक्तिशाली जमींदार यानी सरकार के विरुद्ध संघर्ष करने की शक्तियों के साथ जोड़ना था।"[8]

गाँधी के राजनीतिक कार्यक्रम ने राष्ट्रवादी नेतृत्व के बीच विभाजन को तेज किया, जिसके अनुसार किसानों की समस्या साम्राज्य विरोधी संघर्ष का आवश्यक अंग बन गई। किसान सभा के लिए लम्बवत विभाजित समाज में 'भाड़ा न देना' तार्किक माँग थी, यद्यपि इसने भू–स्वामियों, जो भारतीय थे, को विपरीत रूप से प्रभावित किया; अतः किसान संघर्ष ने भिन्न स्वरूप ग्रहण किया, जहाँ वे बहुतायत में थे। कांग्रेस प्रभावित क्षेत्र में साम्राज्यवाद तथा राष्ट्रवाद में विरोध बढ़ गया, और स्थानीय नेतृत्व साम्राज्यवाद के विरोध के आधार पर स्थानीय आन्दोलनों को अपने अखिल भारतीय सहयोगियों के साथ समाहित करने में सफल हुआ। अत्यधिक वसूली के बाद भी भू–स्वामियों और किसानों के मध्य विरोध इतना अधिक नहीं बढ़ा, जिससे बहुवर्गीय मंच, जिसे नेतृत्व ने बहुत ध्यान से पोषित किया था में दरार पड़ जाय। बंगाल में मिदनापुर कांग्रेस नेतृत्व महत्वपूर्ण उदाहरण है जो किसान आन्दोलन को यह समझाने में सफल रहा कि समाज में गम्भीर विस्थापन के लिए साम्रज्यवाद अकेला उत्तरदायी है। किसानों के मस्तिष्क में अन्य बातों के अलावा बंगाल जिले के विशिष्ट सामाजिक, राजनीतिक और आर्थिक दृष्टिकोण के कारण सम्भवतः इस प्रकार का अन्तःसम्बन्ध ठीक बैठ गया।

सविनय अवज्ञा आन्दोलन, 1930-32

असहयोग आन्दोलन ने कांग्रेस दल की लोकप्रियता को सुनिश्चित किया तथा गाँधी निर्विवाद नेता के रूप में उभरे। चौरी–चौरा[9] घटना के बाद आन्दोलन को स्थगित करके कांग्रेस कार्यकारिणी समिति ने गाँधी की ओर से निर्देश दिया, "स्थानीय कांग्रेस समिति किसानों को भूमि लगान और दूसरे अन्य कर सरकार को अदा करने की सलाह दे ... (यह भी निश्चित किया) किसी भी प्रकार की आक्रामक प्रकृति की आरम्भिक गतिविधि को समाप्त कर दे।"[10] फिर भी सात वर्षों में कांग्रेस ने अपनी मुद्रा को क्रांतिकारी रूप से बदल दिया और 1929 के लाहौर कांग्रेस अधिवेशन में राष्ट्र में *पूर्ण स्वराज* की तथा एक और सविनय अवज्ञा

की मांग की।[11] गाँधी ने 11 सूत्री माँग, जो निम्नवत है, को वाइसराय के समक्ष प्रस्तुत करके आन्दोलन प्रारम्भ किया–

> 1. पूर्ण नशाबन्दी, 2. पाउण्ड स्टर्लिंग के अनुपात में रुपए में कमी, 3. मालगुजारी आधी कर दी जाये और इसे विधायी नियन्त्रण का विषय बनाया जाये, 4. नमक कर बन्द हो, 5. सैनिक व्यय में कम से कम पचास प्रतिशत की कमी हो, 6. उच्च सेवाओं में वेतन को आधा या घटे हुए राजस्व के अनुकूल किया जाये, 7. विदेशी वस्त्रों पर संरक्षणात्मक कर लगाया जाये, 8. तटीय व्यापार संरक्षण कानून लागू हो, 9. हत्या के आरोपियों के अतिरिक्त अन्य सभी राजनीतिक कैदियों की रिहाई हो; सभी अभियोगों की समाप्ति तथा 1818 के रेगुलेशन III की धारा 124ए तथा अन्य ऐसे सभी कानूनों की समाप्ति तथा सभी भारतीय निर्वासितों को भारत वापस आने की अनुमति हो, 10. खुफिया पुलिस या तो समाप्त हो या जन नियन्त्रण में हो, 11. आत्मरक्षा के लिए हथियारों के लिए लाइसेन्स दिए जाएं और उन्हें जन नियन्त्रण में रखा जाए (मित्रा, 1930: 24)।

गाँधी के द्वारा वाइसराय को दिये 11 सूत्री कार्यक्रम अल्टीमेटम ने जवाहरलाल नेहरू सहित अनेक प्रमुख कांग्रेसियों को निराश किया क्योंकि 11 सूत्री माँगपत्र में राजनीतिक संरचना में परिवर्तन की माँग, यहां तक कि अर्धराज्य की स्थिति को भी शामिल नहीं किया गया था। गाँधी का माँगपत्र, जो अन्ततः नमक बनाने के अभियान तक सीमित हो गया था, से अचम्भित नेहरू (1989: 210) ने सोचा कि 'पूर्ण स्वराज प्रस्ताव से नीचे आना दुःखद है।' वाइसराय इर्विन, बिलकुल विचलित नहीं थे। सेक्रेटरी ऑफ स्टेट वैजवुड बैन को एक पत्र में उन्होंने लिखा 'अभी नमक अभियान का विचार मुझे रात को जगाकर नहीं रखता।'[12] यद्यपि कई कांग्रेसियों को 11 सूत्री मांग चरम प्रभाव को कम करने वाली लगी, तथापि कांग्रेस कार्यकारिणी समिति ने 'महात्मा गाँधी के प्रस्ताव' का स्वागत किया तथा उन्हें और उनके साथ अहिंसा में विश्वास करने वाले लोगों को 'सविनय अवज्ञा प्रारम्भ करने' के लिए अधिकृत किया। व्यापक सविनय अवज्ञा आन्दोलन का समर्थन करते हुए कार्यकारिणी समिति ने सहानुभूतिपूर्वक घोषणा की कि,

> ... जन आन्दोलन प्रारम्भ होने की स्थिति में वे सभी जो सरकार को स्वैच्छिक समर्थन दे रहे हैं जैसे – वकील, तथा वे जो इससे लाभ उठा रहे हैं जैसे विद्यार्थी, वे अपना समर्थन वापस ले लेंगे या लाभ छोड़ देंगे, जैसी भी स्थिति होगी, और स्वतंत्रता के अंतिम संघर्ष में स्वयं को झोंक देंगे [अखिल भारतीय कांग्रेस समिति (ए.आई.सी.सी) 1913]।

गाँधी के 11 सूत्री कार्यक्रम ने भारतीय समाज के हर वर्ग की मांग को शामिल किया। नमक को केन्द्रीय मुद्दा बनाकर उन्होंने ब्रिटिश विरोधी अभियान

को आयोजित करने का दृढ़ निश्चय किया जिसमें बहुसंख्यक लोगों की भागीदारी सुनिश्चित थी, क्योंकि नमक रोजमर्रा भी आवश्यक वस्तु थी। कांग्रेस के अपने पूर्ववर्ती अभियान में प्रभावी होने के कारण विदेशी वस्त्रों के बहिष्कार को भी रणनीति में शामिल किया गया। अतः सविनय अवज्ञा आन्दोलन मुख्य रूप से सरकार के नमक पर एकाधिकार पर आक्रमण तथा विदेशी वस्तुओं के बहिष्कार पर केन्द्रित था।

नमक सत्याग्रह ने वास्तव में प्रत्येक प्रान्त को प्रभावित किया, यद्यपि समुद्र के पास होने के कारण कुछ क्षेत्रों में अभियान अत्यधिक व्यापक हो गया। अतः बम्बई प्रेसीडेन्सी ने नमक अभियान का बीड़ा उठाया। ब्रिटिश आर्थिक हितों को नुकसान पहुंचाने के अलावा नमक अभियान ने ऐसी सरकार, जो लोगों को नमक जैसी जीवन की मूलभूत आवश्यकता से वंचित करती है, के विरुद्ध वातावरण बनाने के लिए राजनीतिक सक्रियता में अत्यधिक योगदान दिया। प्रेस में अहिंसक नमक सत्याग्रह के विरुद्ध सरकारी प्रतिरोध को प्रचारित करके कांग्रेस ने आन्दोलन का वातावरण इस सीमा तक बनाए रखा कि गवर्नर जनरल जो आन्दोलन प्रारम्भ होने के समय बिलकुल भी विचलित नहीं था, बहुत घबराया हुआ लगा और उसने स्वीकार किया कि गाँधी ने "नमक के मुद्दे पर अच्छी रणनीति की योजना बनाई है क्योंकि नमक का व्यापक जन प्रभाव तथा भावात्मक प्रचार का महत्व है।"[13]

इसी प्रकार कांग्रेसी स्वयंसेवकों, जिन्होंने 1905 के *स्वदेशी* आन्दोलन के समय इस पद्धति में महारत हासिल की, द्वारा आयोजित विदेशी वस्तुओं का बहिष्कार भी प्रभावशाली राष्ट्रव्यापी अभियान था। इसका प्रभाव ब्रिटिश व्यावसायिक हितों पर विनाशकारी था और ब्रिटिश कपड़ों के आयात में "1929 में 29 मिलियन पाउण्ड स्टर्लिंग से 1930 में 13.7 मिलियन पाउण्ड स्टर्लिंग" तक कमी आई. और संख्या की दृष्टि से 1929–30 में 1248 मिलियन याड्र्स के स्थान पर 1930–31 में 523 मिलियन याड्र्स हो गई" (सरकार, 1989: 203)। यह सत्य है कि अन्तर्राष्ट्रीय व्यापार और वाणिज्य के व्यापक विस्थापन के लिए 1920 के अंत और 1930 के प्रारम्भ की बड़ी मंदी उत्तरदायी थी, फिर भी *स्वदेशी* की अर्थव्यवस्था ने भारतीय मिल मालिकों को काफी प्रभावित किया। अतः बम्बई मिल मालिकों के संगठन में अध्यक्षीय भाषण देते हुए होमी मोदी (1932) ने यह स्वीकार करते हुए कांग्रेस के योगदान को रेखांकित किया कि 'स्वदेशी आन्दोलन ने निःसन्देह (भारतीय) उद्योग को कठिन समय में सहायता दी तथा अब भविष्य पूरी उम्मीदों का है।' औद्योगिक क्षेत्रों में अपना स्थान बनाने के अतिरिक्त सविनय अवज्ञा आन्दोलन ने कांग्रेस के प्रभाव को महिलाओं और बच्चों तक विस्तृत किया। गृह विभाग के एक प्रतिवेदन के अनुसार 15 नवम्बर, 1930 को 29,054 कैदियों में से 2,050 कैदी 17 साल से कम उम्र के थे जबकि 369 महिलाएँ थीं (हैग, 1930)।

एक रणनीतिज्ञ के रूप में गाँधी, राज की दमनात्मक प्रकृति को दोष देते हुए लोगों के कष्ट को राजनीतिक तत्व के साथ जोड़ने में सफल रहे। सविनय अवज्ञा आन्दोलन की अत्यधिक लोकप्रियता से अचंभित होकर उदारवादी तेज बहादुर सप्रू ने स्पष्ट रूप से स्वीकार किया कि,

> ... कांग्रेस ने निःसन्देह जनता पर अत्यधिक प्रभाव डाला है। छोटे स्टेशनों पर जहाँ कुछ महीनों पहले मुझे लोगों में राजनीति बिलकुल दिखाई नहीं पड़ती, मैंने अपनी आंखों से प्रदर्शन देखे हैं और कानों से कांग्रेस के प्रचलित नारों को सुना है। सामान्य अनुभव अत्यधिक उत्साह का है। यह कांग्रेस के लोगों द्वारा प्रतिदिन लगातार और बार–बार भाषणों, जो उनके स्वयंसेवक चलती ट्रेनों में देते हैं, तथा अन्य गतिविधियों से पुष्ट हुआ है ... मेरे मन में कोई भी शक हो या न हो, सरकार और उसके कार्य के प्रति अत्यधिक गहरा अविश्वास है। वास्तव में मुझे इसमें कोई शक नहीं कि नस्लीय भावना को खतरनाक सीमा तक भड़काया है ... मुझे ऐसा लगता है कि देश में कांग्रेस वास्तव में अपनी स्वयं की श्रेष्ठता के लिए संघर्ष कर रही है।[14]

धीरे–धीरे संगठनात्मक विस्तार के साथ कांग्रेस निश्चित रूप से पहले से अधिक सशक्त हो गई। गाँधी के लिए नमक कानून का उल्लंघन 'जुआरी का अंतिम दांव' था, और उन्होंने यह भी कहा कि इसके लिए 'हिंसा का जोखिम भी उचित था'।[15] आन्दोलन अवश्यंभावी लगता था क्योंकि सर्वाधिक मानवीय मांग पर विचार के प्रति सरकारी दुराग्रह दुर्भाग्यपूर्ण था, जैसा कि गाँधी ने स्वयं कहा, क्योंकि, 'घुटनों के बल मैंने रोटियां मांगी और बदले में पत्थर मिले'।[16] अतः उन्होंने नमक कानून का उल्लंघन किया और कहा कि "शोकपूर्ण आदेशात्मक अनिवार्य शान्ति को, जो खुली हवा की कमी के कारण राष्ट्र का हृदय अवरुद्ध कर रही थी, को तोड़ना मेरा पवित्र धर्म है।"[17]

सविनय अवज्ञा आन्दोलन ने ग्रामीण जनता को भी सक्रिय कर दिया। गुजरात के बारदोली और खेड़ा, बंगाल में बाँकुरा और आरामबाग और बिहार में बिहपुर ने आन्दोलन के प्रथम चरण में ख्याति पाई। स्थानीय आश्रमों के माध्यम से ग्रामीण रचनात्मक कार्यक्रम को प्रारम्भ करके गाँधीवादियों ने उस राष्ट्रवादी भावना को बनाए रखा जो सविनय अवज्ञा आन्दोलन के दौरान नमक *सत्याग्रह* के समय प्रगट हुई थी। पूर्ण स्वराज के संघर्ष में नमक ने 'प्रारम्भिक उत्प्रेरक' का कार्य किया। मानसून के आने तथा रणनीति की प्रभावशीलता में बाधक भौगोलिक अवरोधों के कारण नमक के गैर–कानूनी उत्पादन का महत्त्व खत्म हो गया। अतः ब्रिटिश विरोधी अभियान को चलाए रखने के लिए कांग्रेस के स्वयंसेवकों ने अन्य तकनीकें अपनाईं। उदाहरण के लिए बंगाल के मिदनापुर में अत्यधिक शारीरिक प्रताड़ना और सम्पत्ति के विक्रय के बावजूद, चौकीदारी कर अदा करने से मना

करने से राज्य के विरुद्ध किसान तुरन्त सक्रिय हो गए, जिससे बिलकुल स्पष्ट हो गया कि किस प्रकार स्थानीय तकलीफों ने सविनय अवज्ञा आन्दोलन को न केवल बनाए रखा बल्कि उसे आगे बढ़ाया। इसके अतिरिक्त, चूँकि बंगाल कांग्रेस, अन्य बातों के अतिरिक्त, नेताओं में विभाजक दुश्मनी के कारण संगठनात्मक दृष्टि से कमजोर थी, इस प्रान्त ने सविनय अवज्ञा आन्दोलन के दौरान जमीनी स्तर पर लोकप्रिय पहल के विभिन्न रूपों को अनुभव किया जिसमें जनगतिशीलता के लिए गाँधीवादी तथा क्रांतिकारी पद्धतियाँ शामिल हैं।

भारत छोड़ो आन्दोलन, 1942

बम्बई के ग्वालिया टैंक में 8 अगस्त, 1942 के प्रस्ताव को स्वीकार करने के बाद भारतीय जनता ने स्वतंत्रता संघर्ष में सर्वाधिक आक्रामक राष्ट्रवादी आन्दोलन प्रारम्भ किया जिसे भारत छोड़ो आन्दोलन के नाम से जाना जाता है। यह स्वतंत्रता के लिए एक आह्वान था। स्वतंत्रता के कम कुछ नहीं, गाँधी ने ब्रिटिश विरोधी आक्रमण पर अपने विचारों को स्पष्ट करते हुए घोषणा की। 1920-22 के असहयोग आन्दोलन तथा 1930-32 के सविनय अवज्ञा आन्दोलन, जो भारत में ब्रिटिश शासन के विरुद्ध मूल रूप से अहिंसक आन्दोलन थे, से भिन्न भारत छोड़ो आन्दोलन ब्रिटिश सरकार से अंतिम वापसी के लिए अल्टीमेटम था। भारत छोड़ो आन्दोलन गाँधी के नेतृत्व में गैर–गाँधीवादी अभियान था क्योंकि गाँधी ने आत्मरक्षा के लिए हथियार उठाने के लिए ललकारा और अधिक शक्तिशाली तथा सुसज्जित आक्रामक के विरुद्ध शस्त्र द्वारा प्रतिरोध के लिए कहा।

यद्यपि भारत छोड़ो आन्दोलन गाँधी के नेतृत्व में राष्ट्रव्यापी अभियानों का चरमोत्कर्ष था, लेकिन 8 अगस्त के प्रस्ताव ने भिन्न राजनीतिक आन्दोलन प्रारम्भ किया जो अतीत से बिल्कुल अलग था। भारत छोड़ो आन्दोलन सविनय अवज्ञा आन्दोलन का दूसरा उदाहरण मात्र नहीं था, यह 'खुला विद्रोह' था। *हरिजन*[18] के अनुसार पूर्व के सभी सत्याग्रह आन्दोलन राज के 'अवांछित और असामान्य' कार्यों के विरुद्ध प्रतिरोध थे, लेकिन उसकी सत्ता को स्वीकृति थी। अतः कांग्रेस ने–

> ... नमक कानून, जंगल नियम, भारतीय दंड संहिता की धारा 144 को लागू करने, कर्फ्यू आदेश तथा मीटिंग पर कार्यकारी प्रतिबंध आदि के विरुद्ध कानून तोड़कर प्रतिरोध व्यक्त किया, तथा हमने अपना सिर पुलिस की लाठियों के समक्ष झुका दिया और आदर्श कैदियों की भांति जेल जाने की सजा को स्वीकार किया।[19]

लेकिन स्थिति जल्दी ही परिवर्तित हो गई क्योंकि,

> जब लोगों द्वारा सरकार को दी जाने वाली थोड़ी बहुत मान्यता भी जानबूझकर वापस ले ली गई तो सरकार की कोई सत्ता नहीं रह जाती, तथा जो लोग सरकारी

सत्ता के प्रयोग का प्रयास करते हैं, वह अनाधिकार चेष्टा हैं और उसकी अनुपालना आवश्यक नहीं है और उनके द्वारा दी गई सज़ा को कोई मान्यता न होने के कारण वह गुण्डागर्दी का काम माना गया।[20]

जैसा कि गाँधी ने कहा 8 अगस्त का अखिल भारतीय कांग्रेस समिति का प्रस्ताव कि 'ब्रिटिश सत्ता को विभिन्न दलों की मांगों और इच्छाओं की परवाह न करते हुए पूरी तरह समाप्त हो जाना चाहिए',[21] पूर्ववर्ती आन्दोलन से महत्वपूर्ण रूप से भिन्न था क्योंकि तब सरकार की सत्ता को 'जैसे भी कानून थे, उन्हें क्रियान्वित करने का राजनीतिक अधिकार' प्राप्त था,[22] अतः वे औचित्यपूर्ण थे। भारत छोड़ो आन्दोलन प्रारम्भ होने के बाद सरकार व कांग्रेस के मध्य राजनीतिक समीकरण में क्रांतिकारी परिवर्तन आए क्योंकि राज को 'सत्ता व शक्ति का अनाधिकार प्रयोगकर्त्ता'[23] माना गया। कांग्रेस ने हमेशा से अधिक आक्रामक होकर लोगों को ललकारा—

> ... सरकारी अधिकारियों को मान्यता न देने के लिए ललकारा, तथा हमें उनका आदेश मानने की आवश्यकता नहीं है। अगर पुलिस का आदमी लाठी या रिवॉल्वर लेकर आता है, तो उसे शक्ति के प्रयोग का अधिकार नहीं है, अतः उसे निःशस्त्र कर देना चाहिए। उनके आघात सहने के लिए हमें सिर नहीं झुकाना चाहिए, जैसा कि पहले करते थे, अपितु उनको लाठी छीनकर उन्हें शक्तिहीन कर देना चाहिए। हमें गिरफ्तार करने का उन्हें कोई अधिकार नहीं है। अतः आज की तारीख में गिरफ्तारी या नजरबंदी अपहरण के समान है। हमारे सभी नेता (अतः) अपहृत किए गए हैं।[24]

ब्रिटिश शासन के लिए यह अप्रत्याशित था क्योंकि वह हिंसा की बढ़ती लहर जिसमें विभिन्न वर्गों के लोग शामिल थे, के लिए तैयार नहीं था। जैसा कि एफ.ओ. बैल, भारतीय लोक सेवा के एक अधिकारी थे जिसने 1930-47 के समय में बंगाल सरकार के लिए कार्य किया था, ने कहा,

> इस प्रकार संघर्ष हिंसा और आतंक से भर गया। उन लोगों को आश्चर्य नहीं होना चाहिए, जिन्होंने इसे खुला विद्रोह कहा जो श्री गाँधी के पूर्ववर्ती अहिंसा के प्रयोग के अफसोसजनक इतिहास को जानते थे, जिन्होंने गांवों को 'करो या मरो' के नारे से उत्प्रेरित कर दिया, जिन्होंने लापरवाह छात्रों की भावनाओं में दृढ़ निश्चय भर दिया, जिन्होंने आदेश दिया कि जब कानून अपना काम करे और कांग्रेस समिति काम करना बंद कर दे, तब संघर्ष में प्रत्येक व्यक्ति अपना स्वयं का मार्गदर्शक होगा तथा जिन्होंने दल के साथ क्रांतिकारियों तथा समाजकंटकों, जो अराजक स्थिति का लाभ उठाने के लिए तैयार रहते हैं, को सुरक्षा प्रदान की।[25]

भागीदारों पर गम्भीर सैनिक कार्यवाही के भय के बावजूद, आन्दोलन ने दृढ़ सांगठनिक पृष्ठभूमि के साथ विद्रोहात्मक स्वरूप ग्रहण कर लिया। यद्यपि कांग्रेस प्रतिबंधित थी और इसका संगठन सभी प्रांतों में अस्त–व्यस्त था, तथापि खुले विद्रोह के आह्वान ने, भारत में ब्रिटिश शासन को उखाड़ फेंकने के एकमात्र उद्देश्य के कारण, असमान जनता में एकता उत्पन्न कर दी। अगस्त प्रस्ताव की पूर्व संध्या पर सदस्यता की दृष्टि से कांग्रेस संगठन कितना बड़ा था? यह सत्य है कि सदस्यता अभियान पूर्व के राष्ट्रव्यापी अभियान विशेषकर असहयोग तथा सविनयव अवज्ञा आन्दोलन की भांति प्रभावशाली नहीं था जबकि कांग्रेस हाई कमान ने, प्रांतीय कांग्रेस को भेजे गए अपने सर्कुलर में संगठन को सदैव ही जड़ जमीन तक फैलाने पर जोर दिया ताकि 'कांग्रेस के अभियान तथा सत्याग्रह कार्यक्रम को लोकप्रिय' बनाया जा सके। कांग्रेस नेतृत्व ने जितना सोचा था वैसा परिणाम प्राप्त नहीं हो सका, सम्भवतः प्रान्तीय कांग्रेस समितियों में काफी मात्रा में छाए मतभेदों के कारण ऐसा हुआ। अतः भारत छोड़ो आन्दोलन 'निराशा में क्रंदन या विचलित दल का क्रंदन' (कामतकर, 1988: 25) था क्योंकि सदस्यता में 1938-39 में 4.5 लाख से 1940-41 में 1.4 लाख तक अत्यन्त कमी आई। यद्यपि गिरती हुई सदस्यता कांग्रेस के लिए चिन्ता का विषय थी, लेकिन ब्रिटिश शासन के विरुद्ध जन आन्दोलन के सहज रूप में प्रारम्भ होने के कारण आन्दोलन पर इसका प्रभाव नहीं पड़ा। ब्रिटिश प्रशासन के लिए ऐसी स्थिति इस विचार के लिए उपयोगी थी कि ब्रिटिश विरोधी राष्ट्रवादी दल के रूप में कांग्रेस की लोकप्रियता घटती जा रही है, अतः कांग्रेस को राष्ट्र के लिए आवाज उठाने का कोई नैतिक अधिकार नहीं है।

कांग्रेस नेतृत्व समान रूप से आक्रामक था। 8 अगस्त के प्रस्ताव को स्वीकार कर लेने के पश्चात् कांग्रेस के नेतृत्व में चलाये जाने वाले आन्दोलन पर टिप्पणी करते हुए, जवाहर लाल नेहरू ने कहा,

> ... महात्मा के नए आन्दोलन में, पूर्ववर्ती 1920 तथा 1930 के आन्दोलनों से भिन्न कोई प्रतिबंध नहीं लगाया जाएगा। प्रत्येक व्यक्ति को अपनी रुचि का हथियार प्रयोग करने की स्वतंत्रता होगी। क्रांतिकारी, किसान तथा श्रमिक नेता भी वह कर सकेंगे तो उन्हें अच्छा लगता है। ऐसे लोगों की कार्यवाही के कारण महात्मा आन्दोलन समाप्त करने के लिए तैयार नहीं थे। अगर लोग दमन के खतरे से सरकारी इमारतों, न्यायालयों, पुलिस स्टेशनों तथा अन्य स्थानों पर कब्जा कर लेते हैं, तो आन्दोलन में सहयोग करने का यह भी एक तरीका होगा। महात्मा गाँधी ऐसी गतिविधियों को 'भयंकर भूल' कहने के लिए अब तैयार नहीं थे जैसा कि उन्होंने पहले कहा था।[26]

गाँधी के लिए 'यह उनके जीवन का अंतिम युद्ध था' तथा वे अब और प्रतीक्षा नहीं करना चाहते थे क्योंकि 'देर करना नुकसानदायक है तथा और प्रतीक्षा करना हमारे लिए अपमानजनक है।'[27] अतः उन्होंने लोगों को 'करो या मरो' के नारे का अनुसरण करने का आह्वान यह कह कर किया,

> ... हम या तो देश को स्वतंत्र करेंगे या इस प्रयास में मर जायेंगे; हमें अपने दासत्व के पाप कर्म को देखने के लिए जीवित नहीं रहना चाहिए। प्रत्येक सच्चे कांग्रेसी, पुरुष या स्त्री, को देश को परतंत्रता के बंधन में देखने के लिए जीवित न रहने के दृढ़ निर्णय के साथ संघर्ष में शामिल होना चाहिए।[28]

गिरफ्तारी के ठीक पहले राष्ट्र के नाम संदेश में गाँधी ने कार्य को और अधिक स्पष्टता से प्रस्तुत किया। अहिंसा में अपने विश्वास को दोहराते हुए, उन्होंने यह कह कर व्याख्या की कि–

> ... प्रत्येक व्यक्ति को अहिंसा की सीमा के अंतर्गत पूरी सीमा तक जाने की स्वतंत्रता है; हड़ताल तथा अन्य अहिंसक साधनों से पूरा गतिरोध करने की स्वतंत्रता है; सत्याग्रही को मरने के लिए न कि जीने के लिए निकलना चाहिए; उन्हें मृत्यु की कामना और उसका सामना करना चाहिए; जब लोग मरने के लिए निकलेंगे तभी देश जीवित रहेगा। *करेंगे या मरेंगे*।[29]

खुले विद्रोह में गाँधी के सर्वोच्च नेता होने के बावजूद भी भारत छोड़ो प्रस्ताव का कांग्रेस में अपने साथियों द्वारा तथा राष्ट्रवादी आन्दोलन में शामिल अन्य राजनीतिक व्यक्तियों द्वारा विरोध किया गया। अखिल भारतीय कांग्रेस समिति विभाजित थी तथा प्रमुख कांग्रेस नेता सी. राजगोपालाचारी ने प्रस्ताव की इस आधार पर आलोचना की कि हिन्दू–मुसलमान के प्रश्न को सुलझाए बिना अंग्रेजों की वापसी से अराजकता उत्पन्न होगी। अतः उन्होंने कहा कि,

> ... यह आवश्यक है कि इसके पूर्व वापसी की मांग को तार्किकता से प्रस्तुत किया जाए, देश के प्रमुख राजनीतिक दल, जैसे भारतीय राष्ट्रीय कांग्रेस तथा मुस्लिम लीग को अंतरिम सरकार, जो शक्ति को ग्रहण करे व राज्य की सत्ता को बनाए रखे, के सम्बन्ध में एक संयुक्त योजना विकसित करनी चाहिए।[30]

इसी प्रकार, बी.आर. अम्बेडकर, जो दलितों के प्रतिनिधि थे, ने अनुभव किया कि भारत छोड़ो प्रस्ताव "अल्पसंख्यकों के प्रश्न पर ब्रिटिश सरकार के हस्तक्षेप को रोकने का प्रयास है, जिससे कांग्रेस को इस मुद्दे को अपनी तरह से सुलझाने की पूरी स्वतंत्रता प्राप्त हो जाए" (अम्बेडकर, 1945: 407)। राष्ट्रवादी आन्दोलन के महत्वपूर्ण मोड़ पर अल्पसंख्यकों के प्रति कांग्रेस के रुख से परेशान अम्बेडकर ने भारत छोड़ो अभियान को 'पागल अभियान' बताया जिसका "प्रभाव,

यदि उद्देश्य नहीं तो, मुसलमान तथा अन्य अल्पसंख्यकों की उपेक्षा करके स्वतंत्रता प्राप्त करने का प्रयास है (पूर्वोक्त)। काफी कड़े शब्दों में गाँधी के सविनय अवज्ञा को 'अनुत्तरदायी तथा अविवेकी' घोषित करके, तथा यह आन्दोलन 'कांग्रेस दल ... न कि देश के सर्वोत्तम हितों का सर्वाधिक अच्छा मार्ग' मानकर उन्होंने ललकारा कि 'जो इस आन्दोलन नें विश्वास नहीं करते, उन्हें इसे होने से रोकने के कदम उठाने चाहिए।'[31] अम्बेडकर की भांति हिन्दू महासभा (1942ए) ने भी सत्याग्रह अभियान को 'नपुंसक, पौरुषविहीन तथा हिन्दुओं के हितों के लिए हानिकारक' मानकर इसका विरोध किया। इस बात का समर्थन करते हुए, वी.डी. सावरकर ने भी भारत छोड़ो आन्दोलन का विरोध किया क्योंकि इससे न तो हिन्दुओं के हित सुरक्षित होंगे और न देश के, अपितु जापान तथा भारत विरोधी अन्य देशों की कुटिल इच्छाओं को पूरा करने में सहायता मिलेगी।[32] हिन्दू महासभा द्वारा ब्रिटिश शासन को पूर्ण समर्थन देने से इसके सामान्य सदस्यों में विभाजन हो गया, विशेषकर एन.सी. चटर्जी[33] के नेतृत्व में बंगाल इकाई में, जिसके कारण कार्यकारी समिति को यह निर्णय लेना पड़ा कि,

> ... हिन्दू महासभा (बंगाल में) वर्तमान व्यवस्था, जो भारत को बेड़ियों में जकड़े हुए है, के समाप्त होने की मांग का समर्थन करती है। हिन्दू महासभा द्वारा उत्तरदायी सहयोग की नीति के बावजूद, आवश्यक तत्व यह है कि जब तक भारत की स्वतंत्रता को मान्यता नहीं दी जाती और उसे प्रभावी नहीं बनाया जाता, तब तक भारत की सुरक्षा को राष्ट्रीय इच्छा को गतिशील करके समर्थन नहीं दिया जा सकता (हिन्दू महासभा, 1942 बी)।

हिन्दू महासभा ने जबकि रणनीति के तहत भागीदारी नहीं की, भारत के साम्यवादी दल (सी.पी.आई.) ने अपने असहयोग के लिए यह तर्क दिया कि खुले विद्रोह से फासीवादी ताकतों के विरुद्ध ब्रिटेन के युद्ध प्रयासों को गम्भीर खतरा था। सी.पी.आई. के लिए जन सक्रियता द्वारा राज्य को चुनौती फासीवादी आक्रमण के समय अवांछित थी। जब तक युद्ध में सोवियत यूनियन भाग नहीं लेता तब तक यह साम्राज्यवादी युद्ध था और सी.पी.आई. ने तटस्थता की नीति अपनाई हुई थी। युद्ध में रुसी टुकड़ी की धुरी राष्ट्रों के विरुद्ध युद्ध में भागीदारी के साथ, युद्ध 'जनयुद्ध' में परिवर्तित हो गया और सी.पी.आई. के लिए अंग्रेजों को समर्थन देना तार्किक हो गया क्योंकि इसने मित्र राष्ट्रों के साथ हाथ मिला लिए थे। सी.पी.आई. का विश्वास था कि फासीवादी विरोधी युद्ध में योगदान देकर, भारतीय जनता, वास्तव में राष्ट्रीय स्वतंत्रता के हित में काम करेगी। चूंकि भारतीय स्वतंत्रता मित्र राष्ट्र शक्तियों की विजय पर निर्भर थी। हम युद्ध का विरोध करके अपनी स्वतंत्रता के लिए संघर्ष नहीं कर सकते। ऐसा करके हम अपनी गर्दन स्वयं काटेंगे। अतः हमें ब्रिटिश साम्राज्यवाद पर आघात बिल्कुल नहीं

करना चाहिए।[34] अगस्त प्रस्ताव के सी.पी.आई. द्वारा विरोध से, अंग्रेजों सहित उन लोगों को सहयोग देने, जो फासीवादी ताकतों से लड़ रहे थे, की एक बड़ी रणनीति प्रारम्भ हुई। मुस्लिम लीग कांग्रेस के नेतृत्व में भारत छोड़ो आन्दोलन से पाकिस्तान की मांग के कारण अनुपस्थित रहा। अतः उन्होंने खुले विद्रोह को प्रारम्भ करने के निर्णय की यह कहकर भर्त्सना की कि 'इसका उद्देश्य भारत में कांग्रेस–हिन्दू प्रभुत्व को स्थापित करने के अनुकूल है।' आन्दोलन का विरोध करते हुए जल्दी में बुलाई गई मीटिंग में यह तय किया गया कि,

> यह आन्दोलन न केवल ब्रिटिश सरकार के विरुद्ध हिन्दू अभिजात्य वर्ग को सत्ता सौंपने के उद्देश्य से निर्देशित है, अपितु मुसलमानों को कांग्रेस की शर्तों व आदेशों के अनुरूप झुक जाने व समर्पित तथा बाध्य करने के लिए भी है। (अतः) अखिल भारतीय मुस्लिम लीग की कार्यकारिणी मुसलमानों से कांग्रेस द्वारा प्रारम्भ किए आन्दोलन में भाग न लेने तथा सामान्य शांतिपूर्ण जीवन संचालन का आह्वान करती है।[35]

मुस्लिम लीग द्वारा अगस्त प्रस्ताव के स्पष्ट विरोध ने ब्रिटिश सरकार को कांग्रेस को पूरे भारत के प्रतिनिधि होने के दावे को चुनौती देने का दृढ़ आधार प्रदान किया। अतः, ब्रिटिश प्रधान मंत्री, चर्चिल के लिए यह कहना कठिन नहीं था कि "कांग्रेस सभी का प्रतिनिधित्व नहीं करती तथा यह भारत की नहीं है ... भारत में बहुत सारे अल्पसंख्यक हैं जो ब्रिटिश साम्राज्य से विच्छेद की योजना के कड़े विरोधी हैं।"[36]

आन्दोलन तथा इसकी प्रगति

भारत छोड़ो आन्दोलन राज तथा कांग्रेस के मध्य संघर्ष का चरम बिन्दु था, जो 1885 में भारतीय राष्ट्रीय कांग्रेस की स्थापना के साथ राष्ट्रवादी राजनीति के संस्थायीकरण से प्रारम्भ हो गया था। 8 अगस्त के प्रस्ताव के साथ समस्त नेतृत्व को जेल में डाल दिया गया, जिसके कारण एक अप्रत्याशित देशव्यापी ब्रिटिश विरोधी अभियान प्रारम्भ हुआ। यह कहा जा सकता है कि लोगों को राजनीतिक रूप से सक्रिय करने में कांग्रेस की भूमिका महत्वपूर्ण थी। पूरा वातावरण भी महत्वपूर्ण था जो पहले ही युद्ध तथा उससे जुड़े सामाजिक, आर्थिक तथा राजनीतिक परिणामों के कारण, ज्वलनशील हो गया था, जो भड़कने के लिए तत्पर था।

साधारण रूप से आन्दोलन के तीन अन्तर्गुम्फित चरण दिखाई पड़ते हैं। प्रथम, 8 अगस्त के 'करो या मरो' के प्रस्ताव की स्वीकृति तथा गाँधी व उनके सहयोगियों के बम्बई में पुनः उभरने के साथ, अखिल भारतीय आन्दोलन, जो व्यापक व हिंसक था, प्रारम्भ हो गया। एक सप्ताह के भीतर, 9 अगस्त से 15

अगस्त के मध्य, आन्दोलन जो नागरिक विद्रोह लगता था, अन्य आन्दोलनों की तुलना में तेजी से दबाया गया, ताकि भारत में राज की प्रभुता बनी रहे, साथ ही ब्रिटिश शासक अभिजन को कांग्रेस के नेतृत्व में सुसमन्वित भावी आन्दोलन की शक्ति के सम्बन्ध में चेतावनी थी। बम्बई तथा कलकत्ता महत्वपूर्ण केन्द्र थे, जहां सिद्धान्त रूप में गाँधीवादी साधनों को अपनाया गया था। दिल्ली तथा पटना में 11 अगस्त को सचिवालय के सामने ब्रिटिश पुलिस पर हिंसक कांग्रेस द्वारा आक्रमण किया गया।[37] शहरी आक्रमणों में, जिसमें छात्रों की भूमिका महत्वपूर्ण थी, लखनऊ, कानपुर, बम्बई, नागपुर तथा अहमदाबाद में श्रमिक हड़तालें हुईं, (मैनसर्ग इत्यादि, 1971ए: 669, 692-93) जिसे सहानुभूतिपरक हड़ताल तो नहीं कहा जा सकता, पर साम्राज्य के समक्ष निस्संदेह गम्भीर चुनौती थी। उदाहरण के लिए टाटा स्टील के श्रमिकों ने 'जब तक राष्ट्रीय सरकार नहीं बन जाती'[38] तब तक काम पर न लौटने का निर्णय किया। अहमदाबाद कपड़ा मिलों की हड़ताल, जो तीन महीने चली, ने प्रशासन को उस समय कमजोर किया जब ब्रिटिश सत्ता को गम्भीर चुनौती दी जा रही थी। अतः इसके पहले कि अन्य स्थानों पर श्रमिक संघर्ष प्रारम्भ हो, सैक्रेट्री ऑफ स्टेट ने वाइसराय से तुरंत, हड़ताल समाप्त[39] कराने का आग्रह किया। चूंकि ब्रिटिश विरोधी संघर्ष के बहुत सारे केन्द्र थे। अतः अंग्रेजों के लिए बिना संगठित सेना के, जो युद्ध के दबाव के कारण आसानी से उपलब्ध थी, आन्दोलन को नियंत्रित करना सम्भव नहीं होता।

अगस्त के मध्य में आन्दोलन ने अपने—दूसरे चरण में प्रवेश किया। क्रूर दमन के कारण भारत छोड़ो आक्रमण, अखिल भारतीय अभियान के रूप में, शीघ्र ही बीच में समाप्त हो गया। फिर भी कुछ क्षेत्रीय केन्द्र थे, जहां आन्दोलन पूरी शक्ति के साथ संचालित होता रहा, विशेषकर उत्तरी व पश्चिमी बिहार, पूर्वी उत्तर प्रदेश, पश्चिमी बंगाल तथा उड़ीसा जैसे क्षेत्रों में अंग्रेजी सत्ता के प्रतीकों पर व्यापक आक्रमण हुए। यद्यपि स्थानीय कांग्रेस द्वारा पृष्ठभूमि तैयार की गई, पर सहज जन भागीदारी ने 'करो या मरो' अभियान को काफी हद तक बनाये रखा। दूसरे चरण में संघर्ष संचालन के लिए अस्थायी राष्ट्रीय सरकार भी बनी। यद्यपि ये सरकारें अल्पजीवी थीं, तथापि इन्होंने न केवल ब्रिटिश विरोधी भावनाओं को दृढ़ किया अपितु शासित देश द्वारा समानान्तर प्रशासन को विकसित करके अपने मामलों को खुद संचालित करने की क्षमता को भी प्रदर्शित किया। विभिन्न प्रकार के जटिल कारणों से, आने वाले समय में यद्यपि राष्ट्रीय सरकारों की संख्या में कमी आई, फिर भी इस विचार ने भयंकर प्रताड़ना के बावजूद ब्रिटिश विरोधी अभियान को सफलतापूर्वक चलाने वाले नेतृत्व को स्थायित्व प्रदान किया।

तृतीय चरण में, भारत छोड़ो आन्दोलन उड़ीसा के तलचर, महाराष्ट्र के सतारा तथा बंगाल के मिदनापुर तक सीमित हो गए, जहां ब्रिटिश सरकार की उपेक्षा करते हुए अंतरिम सरकारें सफलतापूर्वक लगभग दो वर्ष तक चलीं। राज

पर इन समानान्तर सरकारों की सत्ता चलते रहने का प्रभाव कुछ भी हो, इन प्रयासों ने अपनी-अपनी प्रान्तीय सरकारों के लिए खतरा उत्पन्न किया।

मूल्यांकन

भारत छोड़ो आन्दोलन भिन्न प्रकार का संघर्ष था, क्योंकि ब्रिटिश आक्रमण का प्रतिरोध करने के लिए कांग्रेस ने आवश्यकता पड़ने पर हिंसा का सहारा लेने का निर्णय किया था। यह असमानों के बीच युद्ध था, क्योंकि शस्त्र रहित कांग्रेसी कार्यकर्त्ता आधुनिक हथियारों से सुसज्जित अंग्रेजों से लड़ रहे थे। यह भाग लेने वालों की तत्परता का प्रतीक था जो ब्रिटिश सरकार के विरोध में शामिल होने के विपरीत परिणामों के बावजूद विद्रोह के लिए उठ खड़े हुए थे।

यद्यपि विद्रोहियों का मनोबल उच्च था, पर न ब्रिटिश पुलिस और न सेना, जिसमें मुख्यतः भारतीय शामिल थे, की सहानुभूति विद्रोहियों के साथ थी। बिहार पुलिस को छोड़कर, जिसने आन्दोलन के चरम पर सत्ता के साथ सहयोग करने से मना कर दिया, पुलिस राज के प्रति स्वामीभक्त रही। सेना भी उन्हें छोड़कर, जिन्होंने विदेश में आई.एन.ए. को गठित करने के लिए जापानियों को छोड़ दिया था प्रतिबद्ध रही। इस कारण ब्रिटिश सत्ता थोड़े ही समय में आन्दोलन को नियंत्रित कर पाई। बिहार पुलिस में असंतुष्टों के उभरने के साथ प्रतिबद्धता साम्राज्यीय शासकों से हटकर स्वदेशी कांग्रेसी नेतृत्व की सत्ता की ओर हो रही थी। प्रशासन के उच्च स्तर पर भी इसे महसूस किया जा रहा था, जैसा कि गृह सदस्य आर. मैक्सवैल ने कहा कि,

> ... हमारे अधिकारी – विशेषकर उनमें से हिन्दू अपनी भारी सम्भावनाओं को देखते हुए स्वाभाविक रूप से अस्त होते हुए सूर्य के स्थान पर उदय होते हुए सूर्य की ओर देख रहे थे। उनके लिए यह बात तय थी कि हम यहां भविष्य में उन्हें रोजगार देने या सुरक्षा प्रदान करने के लिए नहीं होंगे तथा हम (अतः) अपने सेवकों से वर्तमान सरकार के लिए, आवश्यकता से अधिक सेवा की अपेक्षा नहीं कर सकते।[40]

राज के आई.सी.एस. के भारतीय हिस्से की स्वामीभक्ति में यद्यपि संदेह नहीं था, पर क्रिप्स मिशन के आगमन से कांग्रेस के सत्ता में आने की सम्भावना की हवा से वे घबराए हुए लगते थे। स्वाभाविक रूप में उन्होंने सोचना प्रारम्भ कर दिया था कि साम्राज्य के यहां से चले जाने के बाद उनका क्या होगा? लार्ड वेवल, जो तेजी से समाप्त होती साम्राज्यीय सत्ता की अध्यक्षता कर रहे थे, भारतीय अधिकारियों के भय को समझ पा रहे थे। बताया जाता है कि उन्होंने अपने मंत्री मण्डल के सहयोगियों से कहा कि आई.सी.एस. के भारतीयों से "दृढ़ नीति को अनुसरण करने की तब तक अपेक्षा नहीं की जा सकती, जब तक उन्हें कम से

कम एक दशक या उसके भी आगे राज के बने रहने के सम्बन्ध में आश्वस्ति न हो।"[41]

साम्राज्यीय महल के न केवल ध्वस्त होने की सम्भावना थी, 'समर्थन की अनौपचारिक सहयोगी व्यवस्था' के भी पतन के लक्षण दिखने लगे थे (नन्दी, 1988: 10–11)। ब्रिटिश सरकार के दमन के बावजूद, 1942 के विद्रोह ने जो पहले ही खतरनाक स्थिति धारण कर ली थी, उससे अंग्रेजों का उन भारतीयों पर, जिन्होंने विभिन्न कारणों से अनौपचारिक समर्थन, सलाह तथा सूचना व अपने अनुयायियों के समर्थन का भरोसा दिलाना चाहा, विश्वास करना नुकसानदेह साबित हुआ।

अतः राज के समय में औपचारिक व अनौपचारिक दोनों ही क्षेत्र में भारतीयों के सहयोग की सम्पूर्ण व्यवस्था तेजी से कमजोर होती जा रही थी। युद्ध की विभीषिका तथा उसके विपरीत परिणाम, अंग्रेजों की वापसी की सम्भावना, साम्प्रदायिक भेदभाव से कानून और व्यवस्था का बिगड़ती स्थिति और अन्ततः सरकार के प्रति आई.सी.एस. अधिकारियों की शंकापूर्ण प्रतिबद्धता ने ब्रिटिश सत्ता को काफी कमजोर किया था। इस दृष्टि से, 1942 का भारत छोड़ो आन्दोलन ब्रिटिश साम्राज्य के विघटन का महत्वपूर्ण प्रतीक था, क्योंकि इसने शासक अभिजनों को कांग्रेस के भावी आन्दोलनों की शक्ति, जिसने साम्राज्य की जड़ पर आघात किया था, के सम्बन्ध में चेताया था, विशेषकर यदि ऐसा युद्ध के बाद होता जब साम्राज्यीय सत्ता के पास अपनी निरन्तरता को बनाये रखने का न औचित्य होता, न इसके लिए वह मानसिक तथा भौतिक रूप से सक्षम होती।

समापन अवलोकन

ये तीन आन्दोलन भारत की स्वतंत्रता के संघर्ष में महत्वपूर्ण रहे, जिसके कारण 1947 में ब्रिटिश सत्ता का हस्तांतरण हुआ। असहयोग आन्दोलन, जबकि गाँधी के अखिल भारतीय नेता के रूप में उभरने का सूचक था, सविनय अवज्ञा आन्दोलन ने उन्हें मंच के मध्य ला खड़ा किया। भारत छोड़ो आन्दोलन ने पुनः सिद्ध किया कि खुले विद्रोह तथा उसके नेता के विरुद्ध विभिन्न राजनीतिक शक्तियों के संगठित होने के बावजूद गाँधी सम्भवतः सर्वाधिक लोकप्रिय राष्ट्रवादी नेता थे। यद्यपि गाँधी ने आन्दोलन का नेतृत्व किया तथापि कई अवसरों पर विभिन्न प्रांतों तथा जमीनी स्तर पर ब्रिटिश सत्ता को चुनौती देते समय प्रतिभागियों द्वारा हिंसा के प्रयोग के कारण यह गाँधीवादी नहीं रहा। फिर भी महात्मा परेशान नहीं हुए क्योंकि उन्होंने महसूस किया कि ब्रिटिश सरकार ने शासन करने का औचित्य खो दिया था। अतः आवश्यक होने पर औपनिवेशिक सत्ता को भारत छोड़ने के लिए बाध्य करने हेतु शक्ति का प्रयोग उचित था। यह सत्य है कि भारत छोड़ो आन्दोलन सहज जन भागीदारी का ज्वलंत

उदाहरण था, जबकि कांग्रेस ने अपने स्वयंसेवकों तथा समर्थकों को उस तरह तैयार नहीं किया था जैसा कि अब से पहले के राष्ट्रवादी अभियानों में किया करते थे। युद्ध की विभीषिका तथा पूर्वी सीमा पर मित्र राष्ट्रों की लगातार पराजय ने ऐसी परिस्थितियां उत्पन्न कर दीं, जिनमें कांग्रेस के अल्टीमेटम ने 'पतन होती ब्रिटिश सत्ता' के विरुद्ध लोगों को सक्रिय करने में 'मुख्य भूमिका' निभाई। 'करो या मरो' नारे ने ऐसी भावना को उभारा जिसे कांग्रेस स्वयंसेवकों द्वारा आन्दोलन को बनाये रखने के लिए सायास पोषित किया गया जिसने सरकार को कल्पना से अधिक आघात पहुंचाया।

ये तीन आन्दोलन राष्ट्रवादी राजनीति के क्षेत्र के क्रमिक विकास के सूचक हैं। राष्ट्रवादी आन्दोलन के प्रारम्भिक वर्षों में कांग्रेस भारत के महानगरों तक सीमित थी तथा उदारवादियों व उग्रवादियों के मध्य विचारधारा की दृष्टि से स्पष्ट रूप में विभाजित थी, जबकि पूर्ववर्ती 'याचना, प्रार्थनापत्र तथा शान्तिपूर्ण–प्रतिरोध' के पक्ष में थे तो परवर्तियों ने राष्ट्रवादी लक्ष्य को प्राप्त करने के लिए हिंसक साधनों को अपनाया। गाँधी ने आन्दोलन की प्रकृति को, (अ) समाज के विभिन्न वर्गों को शामिल करके, तथा (ब) ब्रिटिश विरोधी अभियान को महानगरों से परे छोटे कस्बों तथा गांवों तक पहुंचाकर, क्रान्तिकारी रूप से परिवर्तित किया। असहयोग आन्दोलन गाँधी द्वारा संचालित इन तीन अखिल भारतीय आन्दोलनों में प्रथम था, जिसने अन्ततः उपनिवेशवाद से भारत को मुक्त कराने के लिए प्रेरित किया। यद्यपि इन आन्दोलनों में गाँधी सर्वोच्च कमाण्डर रहे, फिर भी भारत छोड़ो आन्दोलन में अहिंसा से बड़ी मात्रा में समझौता किया गया क्योंकि कई मौकों पर यह अहिंसक हो गया तथा शोषक औपनिवेशिक शासन के साथ संघर्ष में महात्मा ने इसका दृढ़ता से समर्थन किया।

ये आन्दोलन जिस समय में आयोजित किये गये, वह भी विशिष्ट कारणों से महत्त्वपूर्ण था। प्रथम, यह मुसलमानों के एक महत्वपूर्ण ब्लॉक, जिसकी राजनीतिक विचारधारा कांग्रेस से विपरीत थी, के रूप में उभरने का चरण था। यद्यपि खिलाफत आन्दोलन के साथ मिल जाने के कारण असहयोग आन्दोलन हिन्दू–मुसलमानों का संयुक्त अभियान हो गया था, पर सविनय अवज्ञा तथा भारत छोड़ो आन्दोलन मुसलमानों को शामिल करने में बड़ी सीमा तक असफल रहा। हिन्दुओं में दलितों ने कांग्रेस अभियान में अधिक उत्साहित होकर भाग नहीं लिया, सम्भवतः कांग्रेस द्वारा उनकी वास्तविक सामाजिक–आर्थिक शिकायतों पर सार्थक रूप से कांग्रेस द्वारा ध्यान देने की असफलता के कारण ऐसा हुआ। दूसरे, इन आन्दोलनों ने उपेक्षित वर्ग को क्रमिक रूप से शामिल करके राष्ट्रवादी राजनीति के क्षेत्र का विस्तार किया। औपनिवेशिक राज्य के विरुद्ध संघर्ष में किसानों व मजदूरों को सहभागी के रूप में स्वीकार करके, कांग्रेस समाज के विभिन्न वर्गों के लिए मंच बन गई। अतः ये तीन आन्दोलन स्वतंत्रता के लिए राजनीतिक संघर्ष मात्र नहीं थे, अपितु उन्होंने देशी निहित स्वार्थों को चुनौती

देकर वंचितों के लिए सामाजिक–आर्थिक कार्यक्रम भी स्पष्ट किया। इस अर्थ में, असहयोग आन्दोलन के साथ जो अभियान प्रारंभ हुआ, वह अतीत से भिन्न था, क्योंकि कांग्रेस के नेतृत्व में पूर्ववर्ती आन्दोलनों में वह चमक नहीं थी जो गाँधी के राजनीतिक परिदृश्य पर उभरने से आई। अतः इन आन्दोलनों ने भारत के स्वतंत्रता संघर्ष में एक नये युग का सूत्रपात किया, जिसने विदेशी शासन से स्वतंत्रता प्राप्त करने के साथ, धर्म के नाम पर उचित ठहराई जाने वाली सामाजिक बुराइयों के विरुद्ध संगठित आन्दोलन प्रारम्भ करने के लिए वातावरण भी तैयार किया।

भारतीय राष्ट्रीय सेना तथा मित्र राष्ट्र, 1941-45

> अंग्रेजों को उखाड़ फेंकने के लिए सविनय अवज्ञा अकेला ही पर्याप्त नहीं है। चूंकि ब्रिटिश सरकार संगीनधारी सैनिकों की शक्ति पर भरोसा करती है, हमें भी उन्हें निश्चित रूप से पराजित करने के लिए सशस्त्र सैनिकों का प्रयोग करना चाहिए। चूंकि दुश्मन हमारे सामने तलवार खींच कर खड़ा है, तो हमें भी तलवार लेकर उसके साथ युद्ध करना चाहिए।
>
> —सुभाष चन्द्र बोस[42]

> अपने पूरे सार्वजनिक जीवन में, मैंने हमेशा महसूस किया है कि यद्यपि भारत स्वतंत्रता के लिए प्रतिदिन परिपक्व हो रहा है, उसके पास एक कमी है, वह है स्वतंत्रता के लिए एक सेना की।
>
> —सुभाष चन्द्र बोस[43]

उपरोक्त वक्तव्य स्वतंत्रता प्राप्त करने के लिए सुभाष चन्द्र बोस के सशस्त्र संघर्ष के पक्षधर होने को परिलक्षित करते हैं। 1941 तथा 1945 के बीच का समय उस प्रवृत्ति के चरम का सूचक था जिसका प्रदर्शन बोस ने युवावस्था के समय से किया था। अन्य कांग्रेस के नेताओं से भिन्न उन्होंने अहिंसा को एक विश्वास के रूप में अस्वीकृत कर दिया पर साथ ही उसे एक प्रयोग माना। अहिंसा से इतर अन्य पद्धतियों के प्रति उनका लगाव कलकत्ता तथा कैम्ब्रिज[44] – दोनों के उनके छात्र जीवन में प्रदर्शित हुआ। कलकत्ता के 1928 के कांग्रेस अधिवेशन में अर्ध–सैनिक बल का गठन तथा बोस का उसका कमाण्डर–इन–चीफ बनने में संगठित स्वयंसेवी सेना के गठन के प्रति उनकी इच्छा स्पष्ट होती है। अतः आई.एन.ए. या आजाद हिंद फौज के गठन से बोस का भारत की स्वतंत्रता के लिए हिंसक साधनों के प्रयोग के प्रति लगाव स्पष्ट होता है।

इसी प्रकार भारतीय राष्ट्रीय संघर्ष में उनके उत्साह को बाहर से समर्थन देने की मित्र राष्ट्रों की स्वीकृति इस बात का सूचक है कि बोस राजनीति में किस सीमा तक अवसरवादी प्रवृत्ति को महत्व देते थे। उन्होंने स्वयं स्वीकार किया कि "विचारधाराजन्य धारणाओं से प्रभावित मत होओ; दूसरे देशों की आन्तरिक

राजनीति की परवाह मत करो क्योंकि वह हमारी चिन्ता का विषय नहीं है। मेरा विश्वास करो–जब मैं यह कहता हूं कि ब्रिटिश साम्राज्यवाद के दुश्मन हमारे दोस्त व सहयोगी हैं।"[45] उपलब्ध साक्ष्यों से स्पष्ट है कि दोस्तों का चयन करते समय विचारधाराजन्य आधार बोस के लिए महत्वपूर्ण नहीं थे; वस्तुतः उन्होंने सोवियत रुस का प्रस्ताव अस्वीकार नहीं किया होता, अगर उसने स्वयं भारत की सहायता करने से इस आधार पर इन्कार नहीं कर दिया होता कि "1939 का रूस–जर्मनी गठबन्धन टूटने के कगार पर है तथा ब्रिटिश सरकार तथा रूस के बीच बातचीत प्रगति पर है" (घोष, 1946:90)। जापान में निवास के दौरान, उन्होंने मित्र राष्ट्रों की अनाक्रमण संधि की दृष्टि से सोवियत विकल्प को ढूंढ़ने का प्रयास किया, लेकिन सोवियत रुस के बार–बार मना करने से बोस मित्र राष्ट्रों के नज़दीक आये। सोवियत विकल्प ढूंढ़ने के लिए किस चीज ने बोस को प्रेरित किया: बोल्शेविक विचारधारा के आकर्षण ने या सोवियत राज्य की सैनिक शक्ति ने? बोस के लेखन तथा व्यवहार में दृष्टिगत अनिश्चितता को देखते हुए इन प्रश्नों का उत्तर आसान नहीं है। यह सच है जैसा कि बोस के लेखन से स्पष्ट होता है, कि एक विचारधारा के रूप में बोल्शेविकवाद ने बोस को अधिक प्रभावित नहीं किया, लेकिन वे 1917 की सोवियत क्रांति के बाद 'स्पेन जैसी विनाशकारी और दुखांतकारी घटना'[46] से रूस को बचाने के लिए लेनिन की नेतृत्व क्षमता से प्रभावित थे। वे फासीवादी नेता मुसोलिनी के भी प्रशंसक थे क्योंकि 'वे (मुसोलिनी) अपनी सोच में स्पष्ट थे तथा उनके अनुकूल कार्य करने में डरते नहीं थे।'[47] यह रोचक है कि बोस, जिसने मुसोलिनी की प्रशंसा की पर हिटलर को इपी के फकीर का जर्मन रूप बताया, जिसके साथ किसी विषय पर एक मिनट भी विवेकपूर्ण बात करना असम्भव था (वॉइट, 1972: 15)। बोस का अपमानजनक वक्तव्य, युद्ध के बाद भारत की स्वतंत्रता के सम्बन्ध में मित्र राष्ट्रों द्वारा संयुक्त सुरक्षा के प्रस्ताव पर विचार न करने के हिटलर के निर्णय से प्रेरित लगता है (वर्थ, 1978: 36)। 27 मई, 1942 की मीटिंग के बाद भी उन्होंने फिर अपने नस्लवादी विचारों को दोहराया, जिसे उन्होंने *मेनकैम्प* में व्याख्यायित किया। हिटलर, एक पद्धति के रूप में अहिंसा के आलोचक थे क्योंकि 'यह गलत धारणाओं पर आधारित' (फॉक्ड, 1972: 14) था। अपने तर्क के अनुरूप, फासीवादी नेता ने बोस को देश में स्वतंत्रता संघर्ष में सहयोग देने के लिए सैनिक सहायता से इंकार कर दिया।[48]

हिटलर के अनुसार बोस जिसकी मांग कर रहे थे, वह राजनीतिक प्रचार के लिए उपयुक्त साधन हो सकता था, लेकिन 'भारतीय सैनिक शक्ति' की क्षमता को देखते हुए इसका अर्थ कुछ भी नहीं था।[49] बोस की जर्मनी यात्रा निराश करने वाली थी क्योंकि वे न केवल फ्यूहरर की भारत की स्वतंत्रता के प्रति उदासीनता

से निराश थे, अपितु जैसी अपेक्षा कर रहे थे वैसा बर्लिन में उनका स्वागत भी नहीं हुआ (लेब्रा, 1972: 108)।

हिटलर की आलोचना करते हुए भी, बोस ने उनके सत्तावादी व्यक्तित्व की सदैव प्रशंसा की। वे कमाल अतातुर्क के प्रशंसक थे जो 'कुशल रणनीतिकार तथा चतुर राजनीतिज्ञ थे'[50] तथा स्टालिन जिसने उनके अनुसार अगले कई दशकों तक यूरोपीय राष्ट्रों के भविष्य को अपने हाथ में रखा,[51] के भी प्रशंसक थे। यद्यपि उन्होंने व्यक्तित्वों की शक्तियों का पूर्व आकलन किया, लेकिन अन्तर्राष्ट्रीय परिस्थितियों के सम्बन्ध में समझ की कमी ने उनके भविष्य को नष्ट कर दिया। विपरीत लक्षणों के बावजूद उनका दृढ़ विश्वास कि मित्र राष्ट्रों की विजय होगी, ने सम्भवतः उनके पतन का मार्ग महत्वपूर्ण रूप से निर्धारित कर दिया।[52]

अतः विचारधारा के कारण मित्र राष्ट्र के कैम्प में बोस सहयोगी बनाने के लिए प्रेरित नहीं हुए; अपितु ब्रिटिश साम्राज्य के पतन की अवश्यम्भाविता तथा 'मित्र राष्ट्रों की विजय'[53] में उनके दृढ़ विश्वास ने उन्हें मित्र राष्ट्रों की ओर हाथ बढ़ाने के लिए प्रेरित किया। अब ठोस उपलब्धियों की दृष्टि से, फासीवादी ब्लॉक में अपनी पहचान को समाहित करके बोस को क्या मिला? यद्यपि वे स्वतंत्र भारत की घोषणा के लिए हिटलर को विश्वास नहीं दिला पाए, लेकिन बर्लिन से उनके प्रचार अभियान के सकारात्मक परिणाम आए। उन्हें बर्लिन में प्रसारण की सुविधाएं प्राप्त हुईं, तदनुकूल, 1941 में आजाद हिन्द रेडियो का उद्‌घाटन हुआ। प्रचार आक्रमण के उद्देश्य से मासिक पत्रिका *आजाद हिन्द* भी प्रारम्भ की गई। जब ये सभी कार्य हो रहे थे, बोस जर्मन सरकार के अंतर्गत आधुनिक शस्त्रों से सुसज्जित भारतीय सेना के निर्माण का प्रयास कर रहे थे। यद्यपि भारतीय सैनिक शक्ति के लिए नियुक्तियां सितम्बर में ही प्रारम्भ हो गई थीं, बोस 3,000 सैनिक, जो जर्मनी तथा नॉर्थ अफ्रीका के युद्धबंदी थे, से अधिक को आकर्षित नहीं कर पाए। सेना, सुदूर पूर्व के अपने साथियों की तुलना में भारतीय कम थी क्योंकि (अ) सेना के सदस्यों को हिटलर तथा बोस के प्रति एक साथ स्वामीभक्ति की औपचारिक शपथ ग्रहण करनी पड़ती थी जिसमें यह निहित था कि 'जहां भारतीय–जर्मन हितों पर खतरा होगा तो उन्हें सक्रिय किया जाएगा',[54] तथा (ब) प्रशिक्षण कर्त्ता भी जर्मन थे। यूरोप में भारतीय सैनिक शक्ति की ये मूलभूत सीमाएं प्रारम्भ से ही थीं। यह समझा जा सकता है कि हिटलर को स्वतंत्र भारत की घोषणा का समर्थन करने में क्यों हिचकिचाहट थी, क्योंकि जर्मनी की दृष्टि से इसका अत्यन्त सीमित व्यावहारिक महत्व था। इस प्रकार की घोषणा के लिए जोर देने से यह समझा जा सकता कि बोस किस सीमा तक अपनी 'महानता' की गलतफहमी से ग्रस्त थे। फिर भी जर्मनी में उनकी उपस्थिति निष्फल नहीं थी क्योंकि राष्ट्रीय हित को सुदृढ़ करने की अपनी प्रतिबद्धता से उन्होंने जापानियों, जो अक्टूबर 1941 से बर्लिन में अपने दूतावास में बोस पर तीक्ष्ण दृष्टि रख रहे थे, को विश्वास दिलाया। अतः जब बोस ने नाज़ी नेतृत्व के ढीले–ढाले दृष्टिकोण

तथा एशिया में संघर्ष करने की रणनीति के महत्व को समझा तो उन्होंने मदद के लिए जापानियों की ओर देखा। साम्राज्यवादी निप्पन सरकार के लिए यह एक रणनीति के तहत उठाया हुआ कदम था, क्योंकि 1943 तक सुदूर पूर्व में युद्धबंदियों द्वारा गठित आई.एन.ए., जिसके नेता मोहन सिंह थे तथा जिनकी ब्रिटिश जासूस होने के शक के कारण नेता की गिरफ्तारी के बाद नेतृत्व के संकट से गुजर रही थी। यूरोप से सुदूर पूर्व को बोस का स्थानान्तरण 'आई.एन.ए. में नवजीवन देने'[55] की दृष्टि में किया गया था।

जुलाई 1943 में बोस के पूर्व एशिया में आगमन ने पहले से विघटित आई.एन.ए. को जीवन्त कर दिया। अभी तक आई.एन.ए. न केवल संख्या की दृष्टि से कमजोर थी, अपितु सामान्य सैनिकों में यह भावना कि मोहन सिंह भारतीय राष्ट्रीय संघर्ष के हित में जापानियों का लाभ उठाने में असमर्थ हैं, से भी पंगु हो रही थी। कुछ मनोवैज्ञानिक लाभ के अतिरिक्त सिंह के नेतृत्व में आई.एन.ए., सैनिक दृष्टि से, विशेषकर भारत में पूरक उपस्थिति के बिना, महत्वहीन थी। फिर भी जापानियों ने संगठन को पुनः ऊर्जा प्रदान करके आई.एन.ए. के सामान्य सैनिकों की ईमानदारी तथा प्रतिबद्धता से उम्मीदें कीं। मोहन सिंह के स्थान पर बोस, जिन पर वे बर्लिन भागने से लेकर निगाह रखे हुए थे, को रखने के पीछे यही भावना काम कर रही थी। जापानियों द्वारा बोस का चुनाव एक रणनीति के तहत इस अर्थ में किया गया था, क्योंकि मित्र राष्ट्र के युद्ध के प्रयासों में एक वास्तविक बाधा के रूप में आई.एन.ए. को प्रस्तुत करने के लिए उन्हें एक ऐसे व्यक्ति की आवश्यकता थी, जो युद्ध बंदियों को एक समान उद्देश्य के लिए संगठित कर सके, तथा बोस की लोक सेवाओं के रिकॉर्ड को देखते हुए, उन्हें इस उद्देश्य के लिए सर्वथा उपयुक्त पाया गया। यह गणना उचित सिद्ध हुई तथा शहनवाज खाँ, जी.बी. ढिल्लों तथा के.एस. सहगल के नेतृत्व में आई.एन.ए. के आक्रामक अभियान में स्वैच्छिक समुदाय ही नहीं अपितु बड़ी संख्या में नागरिक भी शामिल हुए। संख्या में भारी वृद्धि, (10,000 से 43,000) पूर्वी एशिया में भारतीयों की चेतना का स्तर बढ़ाने में बोस की क्षमता का सूचक थी, साथ ही आई.एन.ए. के सैनिक भागीदारी के रूप में इस चेतना को व्यावहारिक रूप देने की उनकी क्षमता का भी प्रतीक थी।

बोस ने 1943 में जो उपलब्ध किया उसकी जड़ें पिछले वर्षों में निहित थीं। रासबिहारी बोस जापान में निर्वासित, 1936-37 से ब्रिटिश व गैर–ब्रिटिश क्षेत्रों में स्वतंत्रता के लिए प्रतिबद्ध विभिन्न भारतीय संगठनों को एकत्रित करने का प्रयास कर रहे थे। 1937 में बैंकॉक में कांग्रेस दल का गठन उनके प्रयास का प्रतिफलन था। जून 1942 में बैंकॉक सम्मेलन में ही कुछ ठोस कदम उठाए गए तथा एक नया संगठन, इण्डियन इण्डिपेन्डेन्स लीग (आई.आई.एल.) अस्तित्व में आया। सम्मेलन में आई.आई.एल. द्वारा भारत की सम्पूर्ण स्वतंत्रता के लिए आन्दोलन

प्रारम्भ करने का निर्णय लिया गया। यह भी निर्णय लिया गया कि, "इस उद्देश्य को आगे बढ़ाने के लिए आई.एन.ए. को भारतीय सैनिकों (युद्धबंदियों) तथा अन्य नागरिकों जिन्हें इस उद्देश्य के लिए नियुक्त किया जा सके, के द्वारा सशक्त किया जाए।"[56] रासबिहारी बोस की अध्यक्षता में, आई.एन.ए. के गठन की गति तीव्र करने के लिए एक 'कार्य सभा' गठित की गई। इस प्रकार बैंकॉक सम्मेलन वह लक्ष्य पाने में सफल रहा जो 1942 में टोक्यो में न हो सका। वस्तुतः टोक्यो सम्मेलन इसलिए असफल हुआ क्योंकि रासबिहारी बोस, जिन्हें जापानियों द्वारा आई.आई.एल. पर थोपा हुआ माना जा रहा था, को स्वीकार करने के सम्बन्ध में प्रतिनिधियों में मतभेद था।[57]

जापानी सरकार द्वारा सम्मेलन संरक्षित था तथा ब्रिटिश विरोधी प्रस्ताव मनोवैज्ञानिक रूप से उनके युद्ध प्रयासों के लिए लाभदायक था। ऐसी गतिविधियों को प्रोत्साहित करने का उद्देश्य भारतीयों को ब्रिटिश सरकार के प्रति राजभक्ति से विमुख करना था; अगर वे ऐसा करने में सफल हो गए होते तो जापान की दृष्टि में महा–एशिया सह–समृद्धि के क्षेत्र में एक बड़ा योगदान होता। इस प्रकार की गणना ने जापान को युद्धबंदियों का समर्थन लेने के लिए प्रेरित किया। मेजर फूजीवारा, एक जूनियर स्टाफ अधिकारी, जो एक आदर्शवादी था, तथा महा–एशिया सह–समृद्धि के सम्बन्ध में अत्यंत गहराई से विश्वास करता था, ने कैप्टन मोहन सिंह तथा कैप्टन मोहम्मद अकरम खां से, जब उन्होंने 15 दिसम्बर 1941 को आत्मसमर्पण कर दिया, सम्पर्क स्थापित किया। लम्बी बातचीत के बाद कैप्टन मोहन सिंह ने भारतीय स्वतंत्रता आन्दोलन में शामिल होना स्वीकार कर लिया तथा जापानी सेना के साथ सहयोग किया (खान, 1946: 15)। मोहन सिंह की आई.एन.ए. जनरल ऑफिसर इन कमाण्ड (जी.ओ.सी.) के रूप में नियुक्ति ने सामान्य युद्धबंदियों के मध्य भेदभाव उत्पन्न कर दिया – (अ) वे स्वयंसेवक जिन्होंने जापानियों पर भरोसा किया तथा आई.एन.ए. शामिल हुए तथा (ब) गैर–स्वयंसेवक जिन्होंने जापानियों पर विश्वास नहीं किया तथा समस्त आई.एन.ए. के मामले से दूर रहे। आत्मसमर्पण करने वालों में से एक शाहनवाज खां, जो दूसरी श्रेणी के थे, ने विघटन के दो कारण बताए – (अ) कैप्टन मोहन सिंह, जो निम्न स्तर के अधिकारी थे, की जी.ओ.सी. के रूप में नियुक्ति ने कई अत्यंत वरिष्ठ व योग्य अधिकारियों के उल्लंघन का प्रश्न उठाया, तथा (ब) भारतीय स्वतंत्रता के लिए पूर्ण प्रतिबद्धता के बावजूद कैप्टन मोहन सिंह की सीमाओं को देखते हुए यह शंका थी कि वे जापानी षड्यंत्रकारियों के साथ मुकाबला कर पायेंगे, अतः आई.एन.ए. का जापानियों द्वारा, विशुद्ध रूप में अपने उद्देश्यों के लिए शोषण किया जाएगा।

प्रारम्भ से ही आई.एन.ए. सभी युद्धबंदियों को एकसूत्र में बांधने में असफल रहा। जापानी उद्देश्यों के प्रति शंकित होते हुए, आई.आई.एल. की केन्द्रीय समिति

ने मौखिक आश्वासन के आधार पर काम करना बुद्धिमत्तापूर्ण नहीं समझा; समिति ने भारतीयों द्वारा अंग्रेजों पर सशस्त्र आक्रमण के समर्थन में औपचारिक घोषणा पर जोर दिया। जापानियों ने इसे कभी गम्भीरता से नहीं लिया क्योंकि औपचारिक घोषणा का अर्थ, हथियारों और गोला–बारूद की सतत आपूर्ति सुनिश्चित करना था, अन्यथा घोषणा खोखली मालूम होती। इसके अतिरिक्त, हिकारी किकान, लीग तथा जापानी सरकार तथा जापान के सैनिक प्रशासन के मध्य समन्वयकारी विभाग, ने इस आशंका कि लीग जापानी नियंत्रण से मुक्त नहीं थी, को सही सिद्ध कर दिया। वस्तुतः किकान द्वारा लीग की रोजमर्रा की गतिविधियों में गतिरोध किया जाता जिसका दृढ़ता से विरोध किया गया।[58] यह आशंका कि जापानियों की नियत में खोट है, इतनी जबर्दस्त थी कि मोहन सिंह ने अनुभव किया कि "यह बिल्कुल स्पष्ट है कि वे भारत को भारतीयों द्वारा जीतना चाहते थे तथा हमें सहायता तथा सामान की सहायता द्वारा वे स्वयं अपनी सहायता कर रहे थे।"[59] प्रथम, 'आई.एन.ए. को बर्मा फ्रंट पर भेजने के मुद्दे पर असहमति' तथा द्वितीय कर्नल एन.एस. गिल के ब्रिटिश जासूस होने की आशंका से गिरफ्तारी के कारण तनाव बढ़ गया। इन दो घटनाओं ने असंतोष को बढ़ा दिया क्योंकि इन निर्णयों को लेते समय आई.आई.एल. से कभी परामर्श नहीं किया गया। अपनी स्थापना के छह माह के भीतर ही 20 दिसम्बर को पहले से ही पंगु आई.एन.ए. को अंतिम आघात तब मिला, जब मोहन सिंह को गिरफ्तार कर लिया गया। परिणामस्वरूप, तथा 'मोहन सिंह के एक पूर्ववर्ती गुप्त आदेश कि जैसे ही उन्हें गिरफ्तार किया जाए, आई.एन.ए. को भंग कर दिया जाए'[60] आई.एन.ए. विघटित हो गया।

जहां तक भारतीय स्वतंत्रता आन्दोलन का सम्बन्ध है प्रथम चरण में आई.एन.ए. कुछ नहीं कर पाया। फिर भी अंग्रेज सेना इसकी शक्ति से काफी भयभीत थी तथा उसने स्वीकार किया कि आई.एन.ए. अभियान ब्रिटिश भारतीय सेना की स्वामीभक्ति तथा मनोबल को कम करके आंक रही है।[61] जुलाई 1943 में पूर्वी एशिया में सुभाष चंद्र बोस के आने बाद अपने दूसरे चरण में प्रवेश तक आई.एन.ए. ने अंग्रेजी सत्ता के लिए खतरा उत्पन्न किया क्योंकि उसने महसूस किया कि बोस के एशिया में आगमन ने 'विनाशक प्रचार की गति को बढ़ाया तथा आई.आई.एल. को व्यापक राजनीतिक गतिविधियों के लिए प्रेरित किया।'[62] उनके शामिल होने के पूर्व आई.आई.एल. को जापान के संदर्भ में ही प्रचारित किया जाता था। बोस ने स्पष्ट रूप से आन्दोलन को राष्ट्रीय अभियान के रूप में प्रस्तुत करना चाहा, जिसे तीनों धुरी शक्तियों का समर्थन प्राप्त था।[63] अपने सभी साक्षात्कारों तथा भाषणों में बोस ने धुरी राष्ट्रों की विजय में अपने विश्वास तथा पूर्व से आक्रमण के साथ भारत में सशस्त्र विद्रोह की आवश्यकता को दोहराया।[64] अपनी योजनाओं को व्यावहारिक रूप देने के लिए उन्होंने सुदूर पूर्व में अंतरिम

सरकार बनाने का दावा किया तथा आई.एन.ए. को सशक्त करने का प्रयास किया। जहां तक पहले कदम का सम्बन्ध है यह अंतर्राष्ट्रीय राजनीति के खेल में महत्वपूर्ण कदम था क्योंकि इसने बोस को दुश्मनों से युद्ध घोषित करने योग्य बनाया (24 अक्टूबर, 1943) तथा पूर्वी एशिया के राष्ट्रों के मण्डल में सरकार के लिए समान स्तर प्राप्त करने का दावा किया।

जापानियों के साथ सम्बन्ध स्थापित करके बोस ने सैनिक दृष्टि से कुछ भी हासिल किया हो, वे जवाहरलाल नेहरू से पूरी तरह अलग हो गए। फासीवाद के आलोचक होने के कारण नेहरू को आशंका थी कि यदि जापानियों की सहायता से भारत को स्वतंत्रता मिलती है तो ब्रिटिश साम्राज्यवाद के स्थान पर जापान का साम्राज्यवाद स्थापित हो जाएगा। उन्होंने यह चेताया कि "हमें उन नारों के लिए अपने स्वतंत्रता संघर्ष को नहीं भूलना चाहिए जो कान को अच्छे लग सकते हैं, पर उनके पीछे यथार्थ कम है या अस्पष्ट वायदे हैं जो अधिकतर तोड़ दिए जाते हैं"[65] – यह सम्भवतः जापानी वायदों, जो बाद में खोखले साबित हुए, पर व्यंग्य था। 1942 में उन्होंने स्पष्ट वक्तव्य में बोस तथा उनके नेतृत्व में भारतीय सेना, जो 'जापानी नियंत्रण में नकली शक्ति'[66] के अतिरिक्त कुछ नहीं थी, के विरुद्ध प्रतिरोध की मांग की।

उद्घोषणा के दूसरे चरण को जापान की स्वीकृति की आवश्यकता थी तथा जापानी प्रधानमंत्री तोजो, ने विस्तार योजना के लिए अपनी प्रतिबद्धता से अस्वीकार कर दिया तथा मजाक करते हुए सुझाव दिया कि 'अव्यवस्थित भीड़ को नियंत्रित किया जाना चाहिए' (मिहिर बोस, 1982: 213)। मोहन सिंह के नेतृत्व में आई.एन.ए. के खराब कार्य निष्पादन की वजह से 'अव्यवस्थित भीड़' का नामकरण समझ में आता है; लेकिन समय बीतने के साथ, आई.एन.ए. या 'भारत की मुक्ति युद्ध का द्वितीय मोर्चा' जैसा कि बोस ने कहना पसंद किया,[67] पर्याप्त शक्तिशाली हो गया था। ब्रिटिश रिकार्ड के अनुसार, 'आई.एन.ए. के कुल सदस्यों अथवा उसकी गतिविधियों में कुल 43,000 व्यक्ति शामिल थे, जिनमें से 20,000 सदस्य ब्रिटिश भारत की सेना के थे। युद्ध की फाइलों से स्पष्ट होता है कि फरवरी 1944 के प्रारम्भ में ब्रिटिश अधिकारी "बोस के नेतृत्व में मुक्ति सेना की शक्ति के सम्बन्ध में इतना अधिक निश्चित थे कि उन्होंने विपरीत प्रचार की तुरंत आवश्यकता अनुभव की।"[68] अंग्रेजी सरकार ने आई.एन.ए. के आक्रमण के विरुद्ध जो शक्ति तथा गम्भीरता दिखाई, उससे इस बात को और बल मिलता है, कि यह केवल जापानियों द्वारा प्रोत्साहित पांचवीं पंक्तियों का समूह मात्र नहीं था, जैसा कि इसे आधिकारिक रूप से कहा गया।[69] "इसने मनोवैज्ञानिक युद्ध पर ध्यान केन्द्रित किया तथा 1944 के प्रारम्भ में जापानी, बर्मी तथा भारतीय भाषाओं में साप्ताहिक पेम्फलेटों तथा न्यूज शीटों के द्वारा सघन अभियान प्रारम्भ किया" (पूर्वोक्त : 236)।[70]

युद्ध के समय आई.एन.ए. चाहे कितनी भी सशक्त दिखी हो, उपलब्ध प्रमाणों से स्पष्ट है कि आई.एन.ए. की शक्ति का मुख्य स्रोत धुरी राष्ट्रों के साथ सम्बन्ध पर आधारित था। यद्यपि बोस ने संघर्ष के अपने उत्साह में कभी स्वीकार नहीं किया। उन्होंने ऐसा 1944 में अनुभव किया जब युद्ध की लहर परिवर्तित हो गई और जापानियों ने पीछे हटना प्रारम्भ कर दिया। बोस चाहते थे कि आई.एन.ए. मित्र राष्ट्रों से तब तक लड़ता रहे, जब तक उनका उद्देश्य पूरा न हो जाए, लेकिन जापानियों के पीछे हटने से आई.एन.ए. को सैन्य सहायता मिलनी बंद हो गई, अतः युद्ध जारी रखने के अपने उत्साह के बावजूद उन्हें लड़ाई बंद करनी पड़ी।[71] विपरीत परिस्थितियों में यदि सैन्य सहायता मिलती भी तो बोस क्या उपलब्ध कर पाते, यह विषय विवाद योग्य है, लेकिन इससे स्पष्ट है कि आई.एन.ए. जापानियों की अधीनस्थ शाखा थी। अतः आक्रामक क्षमता, यहां तक कि अस्तित्व के लिए भी, बाह्य सहायता की आवश्यकता थी। आई.एन.ए. अंग्रेजी ताकतों के समक्ष न केवल कमजोर थी, यह लोगों को इस सीमा तक आंतरिक विद्रोह के लिए प्रेरित नहीं कर पायी जितनी बोस ने अपेक्षा की थी; अपितु उनकी धुरी राष्ट्रों के सम्बन्ध की देश में आलोचना हुई तथा यहां तक कि उनका दल, उनकी कल्पना की उपज, फॉरवर्ड ब्लॉक, ने भी जापान के साथ उनके सम्बन्ध को स्वीकार नहीं किया। नवम्बर, 1944 में 'इम्फाल की हार' के बाद बोस का वक्तव्य "आई.एन.ए. ने दुश्मन को हर युद्ध में हराया है तथा सिर्फ अप्रत्याशित भारी बारिश ने इम्फाल में कुछ सफलता की सम्भावनाएं समाप्त कर दीं" (खान, 1946: 128-29) अथवा "इस युद्ध में अंतिम विजय जापान या जर्मनी की होगी ... युद्ध का नया चरण प्रारम्भ होने वाला है जिसमें पहल फिर से जापानियों के हाथ में होगी"[72] का उद्देश्य विपरीत परिस्थितियों में आई.एन.ए. के लोगों के मनोबल को बनाये रखना था।

बोस का आई.एन.ए. की शक्ति के सम्बन्ध में मूल्यांकन तथा धुरी राष्ट्रों के पक्ष में स्थितियों के झुकने के बावजूद जापान की विजय की सम्भावना को निम्नलिखित सम्भावनाओं के तहत समझा जा सकता है — एक आक्रामक अभियान के नेता के रूप में वे आई.एन.ए. के सिपाहियों का मनोबल कम नहीं करना चाह रहे थे, अतः अत्यन्त विपरीत परिस्थितियों में भी आई.एन.ए. में नया जीवन फूंकने के लिए उनका आशावादी होना आवश्यक था। आई.एन.ए. के भारत पहुंचने पर उन्हें जनविप्लव का पूरा विश्वास होगा। यह उनके महाविश्वास को व्याख्यायित करता है, अतः वे यथार्थ से दूर हो गए।

उन्होंने जो भी आशावाद प्रदर्शित किया, उससे उनका प्रचार का उद्देश्य पूरा हुआ कहा जाता है, अतः उन्होंने ऐसा जानबूझ किया। यह कहा जा सकता है कि एक छोटी सेना के साथ वास्तविक सैनिक कार्यवाही के स्थान पर प्रचार की गतिविधियों पर अधिक निर्भर रहना बोस के लिए स्वाभाविक था, लेकिन अप्रैल

1945 में रंगून के पतन के बाद भी धुरी शक्तियों की विजय या जापान को एशिया का मुक्ति द्वार मानने में विश्वास निश्चित रूप से उनकी रणनीतिगत गणना की अच्छाई पर प्रश्नचिन्ह लगाता है। जापान किस सीमा तक भारत की स्वतंत्रता के लिए ईमानदार था, यह भी विवाद योग्य है। उनका मानना था कि 1943 में बर्मा तथा फिलीपीन्स को पूर्ण स्वतंत्रता का वादा तथा 1944 में अण्डमान निकोबार द्वीप समूह हस्तान्तरण तथा उन्हें भारतीय गवर्नर के अधीन रखने के वादे से सिद्ध होता है कि जापान सर्व–एशियावाद के प्रति कितने ईमानदार था। यद्यपि बोस ने द्वीपों का नाम क्रमानुसार *शहीद* तथा *स्वराज* रखा तथा कर्नल लोगनाधन को पहला चीफ कमिश्नर नियुक्त किया, पर इसका उद्देश्य प्रचार मात्र था। वस्तुतः जापानी एडमिरल जो वास्तविक शासक था, ने कहा इन द्वीपों की रणनीति महत्ता की दृष्टि से "लोगनाधन के हाथ में वास्तविक महत्व का कुछ भी नहीं होगा, अधिक से अधिक नागरिक प्रशासन के कुछ विभाग होंगे' (मिहिर बोस, 1982: 220)। गतिरोध अत्यधिक था तथा लोगनाधन ने बोस से शिकायत की कि जापानियों ने उनके 'पूरे अस्तित्व को व्यर्थ' कर दिया (पूर्वोक्त : 221)। आई.एन.ए. को समान स्तर पर मान्यता दिलाने की पूर्ववर्ती सफलता के बावजूद बोस निरूपाय थे। एक और महत्वपूर्ण मुद्दा था, मोहन सिंह जो सजा काट रहे थे, के मुक्त होने के सम्बन्ध में बोस को वह स्वीकार करना पड़ा जिसका निर्णय जापानियों द्वारा किया गया। उन्होंने स्वीकार क्यों किया, यह अभी भी विस्तार योग्य है। मोहन सिंह ने याद किया कि बोस द्वारा जापानी सरकार से उनको स्वतंत्र कराने के लिए प्रयास करने के वायदे के बावजूद उन्होंने कोई प्रयास शायद इसलिए नहीं किया क्योंकि नेहरू के प्रति अपनी सम्पूर्ण प्रतिबद्धता[73] की घोषणा से उन्हें शक था कि मोहन सिंह उनका समर्थन करेगा। मेजर फूजीवारा जो आई.एन.ए. के प्रथम चरण के निर्माता थे, ने याद किया कि "बोस ने जनरल मोहन सिंह को मुक्त कराने का एक ओर तो स्वतंत्र भारत की अंतरिम सरकार तथा आई.एन.ए. के मध्य सम्बन्धों पर सम्भावित विपरीत प्रभाव, तथा दूसरी ओर जापानी सेना विशेषकर हिकारी किकान के भय से, साहस नहीं किया" (फूजीवारा, 1970: 157: 58)। मोहन सिंह को मुक्त कराने का यदि बोस ने कठिन प्रयास किया भी होता, तब भी उन्हें सफलता मिलती इसमें शक था क्योंकि मोहन सिंह को जासूसी के आरोप में पकड़ा गया था। अतः मोहन सिंह की मुक्ति पर जोर देने से आई.एन.ए. तथा जापानियों के मध्य अनावश्यक तनाव बढ़ता, जिसके कारण बोस ने इससे दूर रहने का निर्णय किया। इसके अतिरिक्त बोस ने इस विषय को गम्भीरता से आगे इसलिए नहीं बढ़ाया होगा, क्योंकि वे जानते थे कि सिंह के पुनः पदस्थापन से ब्रिटिश भारतीय सेना के उन अधिकारियों से दूरी बढ़ेगी जो आई.एन.ए. के प्रथम चरण में, एक निम्न अधिकारी सिंह के 'जनरल' के रूप में उन पर थोपे जाने के कारण, शामिल नहीं थे।

उपरोक्त विवेचन बोस के राजनीतिक जीवन के दो विरोधी पक्षों को स्पष्ट करता है — (अ) बोस की 'वधू' न कि 'वधू सखी' बनने की महत्वाकांक्षा ने उन्हें मोहन सिंह के भावी दृष्टिकोण के संबंध में शंकित किया होगा, विशेषकर तब जब कि मोहनसिंह की नेहरू के प्रति स्वामीभक्ति थी। इसकी वजह से बोस, जो उस समय सेना के कमाण्डर मात्र नहीं अपितु ' 'फ्यूहरर' का एशियायी प्रतिरूप या 'नेताजी', जो वे कहलवाना पसंद करते थे,'[74] ने मोहन सिंह की मुक्ति की उपेक्षा करना उचित समझा, तथा (ब) उनका दबाव न बनाना इस बात का सूचक है कि ऐसा उन्होंने रणनीति के तहत किया या कुछ निर्णय अपने पक्ष में कराने की सफलता के बावजूद किस प्रकार वे और उनका आई.एन.ए. वास्तविक अर्थ में जापानियों के अधीनस्थ था। वास्तव में बोस 'पूर्व के अंग्रेज', जैसा कि 1930 के प्रारम्भ में उन्होंने जापानियों को माना, की ईमानदारी के प्रति पूरी तरह से आश्वस्त नहीं थे। उनका मानना था कि आई.एन.ए. को भारत से अंग्रेजों को बाहर खदेड़ने में सहायता करके, जापानी कोई एहसान नहीं कर रहे थे; इसके विपरीत, एशिया में जापानी साम्राज्य की दृष्टि से भारत का रणनीतिगत महत्व उनके निर्णय को प्रभावित करने का प्रमुख कारण था। युद्ध में जापान की क्रमिक गिरती स्थिति से जापानियों की बेईमानी स्पष्ट हो गई। बोस को पूरे समय, अपने आदमियों के प्रति सम्भावित दुर्व्यवहार से बचाने के लिए, लगातार प्रतिरोध करना पड़ता था। उदाहरण के लिए, 1945 के अप्रैल–मई में जब पूरी जापानी रेजीमेण्ट ने आई.एन.ए. के साथ कदम पीछे हटाये, तब बोस की उपस्थिति ने जापानियों द्वारा भेदभाव किए जाने से उन्हें बचाया।

समापन अवलोकन

आई.एन.ए. का प्रयोग असफल था तथा सुभाष चंद्र बोस, धुरी शक्तियों में शामिल होकर इतिहास के खलनायक बन गए। राष्ट्रवादी इतिहास लेखन में जो भी मूल्यांकन हो, फासीवादी शक्तियों के साथ उनके सम्बन्ध ने उन्हें ऐसे व्यक्ति के रूप में पहचान दी जिसने फासीवाद के प्रति अपने विचारधाराजन्य झुकाव के कारण भारत की स्वतंत्रता के उद्देश्य की उपेक्षा की। हमारे विवेचन से स्पष्ट है कि भारत में राष्ट्रीय मुक्ति आन्दोलन के प्रति वास्तविक प्रतिबद्धता होने के बावजूद, जापानियों पर पूर्ण निर्भरता ने उन्हें स्वतंत्र रूप से कार्य करने से वंचित किया, और वे जापानियों के हाथों बंधक बन गए। आई.एन.ए. की अंतर्निहित सीमाओं के कारण, जापानियों से विमुख होना न सम्भव था न व्यावहारिक। अतः बोस एक ऐसी विशिष्ट परिस्थिति में पड़ गए मालूम होते हैं, जहां सम्भवतः उन्होंने समस्याएं तथा उनके समाधान देखे, पर विपरीत परिस्थितियों में उन्हें क्रियान्वित करने में असफल रहे। वे सम्भवतः सही समय में सही साथी चुनने में असफल रहे।

बोस, ऐसा लगता है कि हमेशा पराजित ही रहे। कांग्रेसी के रूप में 1921 से 1941 के बीच अपने जीवन में 1939 में कांग्रेस अध्यक्ष के पद के लिए गाँधी समर्थित उम्मीदवार को हराकर वे शीघ्र ही महत्वपूर्ण स्थिति में आए; उतनी ही जल्दी उन्होंने अपनी लोकप्रियता खो दी तथा दक्षिणपंथी पक्ष के विरुद्ध संघर्ष के बावजूद कांग्रेस के अन्तर्गत वामपंथियों का समर्थन प्राप्त नहीं कर पाये। यह इस बात का सूचक है कि वे अपना एक प्रभाव क्षेत्र बनाने में असफल रहे। वे जिस लक्ष्य के लिए खड़े हुए, उसके लिए उन्हें समर्थन मिला; पर समर्थन को बनाये रखने में उनकी असफलता से स्पष्ट है कि उनमें न गाँधी या नेहरू जैसा करिश्मा था, न वे अपने प्रभाव क्षेत्र को बनाए रखने के लिए एक विचारधारा विकसित कर पाए। अपने विश्वास में मैकियाविली की भांति होते हुए भी बोस भारतीय राजनीति, जिसमें प्राचीन बंधनों के आधार पर धर्म, जाति तथा प्रतिबद्धताएं निर्णायक भूमिका निभाती हैं, की संरचना को समझने में पूर्ण रूप से असफल रहे।

बोस, राष्ट्रीय व अंतर्राष्ट्रीय दोनों परिदृश्य पर, जो लक्ष्य पाना चाहते थे, उसके लिए उनके द्वारा किए प्रयास प्रारम्भ में ही नष्ट हो गए। उद्देश्य के प्रति ईमानदारी होते हुए भी वे अपने विरोधियों से, वास्तविक राजनीति को समझने में असफल होने के कारण, हार गए। विभिन्न विकल्पों का प्रयोग करते हुए, बोस द्वारा राष्ट्रीय स्वतंत्रता संघर्ष को सहायता देने के लिए आई.एन.ए. को पुनर्जीवन देने का प्रयास तार्किक प्रतीत होता है। एक सेना के रूप में इसकी सीमाओं के बावजूद भारत के बाहर से अंग्रेजों पर आक्रमण करके उन्होंने उन्हें नवजीवन दिया जो गाँधी और उनकी अहिंसा का विरोध कर रहे थे। अतः, यद्यपि वे विपरीत दिशा से संघर्ष कर रहे थे, तथापि बोस की देशभक्ति, ईमानदारी तथा भारत की स्वतंत्रता के लिए प्रतिबद्धता ने उन्हें विशिष्ट बनाया।

भारतीय नौसैनिक विप्लव

फरवरी 1946 में भारतीय नौसैनिक विप्लव उस समय देश में हिंसक तथा गैर–मुख्यधारा की छोटी–छोटी राजनीतिक गतिविधियों की सूक्ष्म लहरों के सशक्त होने का सूचक प्रतीत होता है। साथ ही, ऐसी गतिविधियों ने सर्व भारतीय दलों विशेषकर कांग्रेस द्वारा सरकार की मूलभूत संस्थाओं जैसे सेना के सम्बन्ध में, उद्देश्य की सच्चाई के होते हुए भी, मुद्दों से दूर रहने की प्रवृत्ति देखी गई। ऐसे परिदृश्य में, जब बड़े दल उपनिवेशकों से स्वतंत्रता को आगे बढ़ाने की शर्तों पर संवाद करने में व्यस्त थे, तब छोटी पर विकट जन तथा हिंसक राजनीतिक गतिविधियां 1946 की पहली तिमाही की विशिष्टता बन गईं। ऐसी गतिविधियों में, सम्भवतः दो कारणों से सैनिक विप्लव सर्वाधिक महत्वपूर्ण है। प्रथम इसने अंग्रेजों के सामने खतरे की घण्टी बजा दी कि साम्राज्य का सर्वाधिक विश्वस्त आधार अब बिना संदेह के भरोसा करने लायक नहीं रहा। दूसरे, यह राष्ट्रीय आन्दोलन के

वामपंथी नेतृत्व में उग्रवादी तथा कांग्रेस के प्रभुत्व वाले वर्ग द्वारा समर्थित परम्परावादी वर्ग के विरोध को सामने लाया क्योंकि भारतीय समाज के प्रत्येक शोषित वर्ग के मुद्दों पर संघर्ष के तरीके पर राष्ट्रवादी नेतृत्व के समूह आपस में लाठी भांजते नजर आए।

विद्रोह का प्रारम्भ

नौसैनिक विप्लव प्रारम्भ होने के सूत्रपात के सम्बन्ध में घटना के विविध भागीदारों तथा विद्वानों के मध्य विवाद रहा है। सामान्य रूप से इस विषय पर भारतीय लेखक घटना के प्रारम्भ को 'गम्भीर नस्लीय भेदभाव, न खाने योग्य भोजन तथा जूतों द्वारा पिटाई' (चंद्रा आदि, 1989: 479) अथवा 'खराब भोजन तथा नस्लीय अपमान' (सरकार, 1989: 423-25) से जोड़ते हैं। फिर भी विप्लव के एक प्रारम्भकर्त्ता ने बाद में याद किया,

> ... यह केवल खाने के लिए दंगा मात्र नहीं था। हम उन्हें स्थिति के खतरनाक यथार्थ को बताने में हिचकिचाए नहीं। उनकी वर्तमान स्थिति खराब थी, लेकिन भविष्य और भी बुरा होगा, क्योंकि अब अंग्रेज उनके बिना काम नहीं कर सकते, उन्हें निर्दयता से सड़कों पर फेंक दिया जाएगा (दत्त, 1971: 112)।

आश्चर्य नहीं कि इस मामले में, औपनिवेशिक प्रशासन ने सेना के असाधारण विप्लव के वास्तविक कारण जानने के स्थान पर विप्लव को 'कमाण्डर के कथित व्यवहार'[75] तक सीमित कर दिया।

विप्लव प्रारम्भ होने के सम्बन्ध में विभिन्न मतों में एकरूपता की कमी अन्य जन आन्दोलन की तुलना में, जो एक निश्चित घोषित कारणों से प्रारम्भ हुए, घटना की गैर–पारम्परिक प्रकृति को दर्शाती है। फिर भी यह कहा जा सकता है कि विप्लव कुछ लघु सूत्री और कुछ दीर्घ सूत्री कारणों की मिली–जुली उपज था। दीर्घ सूत्री दृष्टि से, अन्य भारतीयों की भांति निस्संदेह सेना के भारतीय सदस्य ब्रिटिश अधिकारियों द्वारा न केवल नस्लीय भेदभाव, अपितु तनख्वाह राष्ट्रीय भत्ते, पदोन्नति, भोजन आदि मामले में व्यवहार, जो कि निरन्तर उनके साथ किया जाता था, के अन्यायपूर्ण भेदभाव के भी शिकार थे। इसने भारतीय सैनिकों के मध्य एक प्रकार की वंचना की भावना भर दी थी, लगता है जिसे राष्ट्रीय नेताओं द्वारा बड़ी सीमा तक, यदि पूरी तरह नहीं तो, महसूस नहीं किया गया, उस पर ध्यान नहीं दिया गया और कार्यवाही नहीं की गई। अतः 1946 की पहली तिमाही में जब अनियोजित जन भावना आधारित व्यापक आन्दोलन के विस्तार से देश में स्थिति उग्र हो गई, जैसा कि आई.एन.ए. के अधिकारियों के मुकदमे के मामले में हुआ, तो रॉयल इण्डियन नेवी (आर.आई.एन.) के नाविकों द्वारा अपने क्रोध को अभिव्यक्त करना उचित लगा।

इस प्रकार, देश के राजनीतिक सुस्त वातावरण की पृष्ठभूमि में नौसेना के नाविकों (गैर–अधिकारी नाविक), सिग्नल प्रशिक्षण स्कूल, एच.एम.आई.एस. तलवार ने 18 फरवरी, 1946 को खाना खाने से इंकार करके अवज्ञा के चिह्न प्रकट किए। दूसरे ही दिन, केसल तथा फोर्ट के बैरक के नाविकों ने भूख हड़ताल में शामिल होकर इसे आम हड़ताल का रूप दे दिया। वामपंथी राजनीतिक समूहों तथा नेताओं के समर्थन के कारण हड़ताली नाविकों ने एस.एम. खान को हड़ताल समिति का अध्यक्ष चुन लिया तथा चार सदस्यीय समझौता संवाद समिति 'नौसेना अधिकारियों व सरकार के साथ मांगों को पूरा करने लिए समझौता वार्ता करने के लिए' (बनर्जी, 1981: 32) बनाई। यह रोचक है कि नाविकों की मांग दोनों शिकायत दूर करने की थी, विशिष्ट शिकायत यथा भारतीय व ब्रिटिश नाविकों को समान कार्य के लिए समान वेतन देने की थी साथ ही राष्ट्रवादी नेताओं की राजनीतिक मांग के अनुकूल आई.एन.ए. के बंदियों को रिहा करने की व्यापक मांग भी थी। लेकिन यह आश्चर्यजनक था कि नाविक यह तय नहीं कर पा रहे थे कि पूरी तरह से हड़ताल कर देनी चाहिए या अपनी शिकायतों को सबके सामने लाकर अपने बैरक में लौट जाना चाहिए। इस स्थिति का नाजायज फायदा उठाते हुए अंग्रेजों ने नाविकों को अपने बैरक में लौट जाने का आदेश दिया और उनके ऐसा करने के बाद विद्रोहियों को 20 फरवरी को पकड़ लिया, जिससे हड़ताली नाविकों तथा सेना के गार्डों के मध्य आमने–सामने की लड़ाई के लिए वातावरण तैयार हो गया।

21 फरवरी को नाविकों तथा सरकारी शक्तियों के मध्य छिटपुट संघर्ष हुए जब नाविकों द्वारा कैसल बैरक की कैद से बाहर आने की कोशिश की। जल्दी ही नाविकों व सरकारी शक्तियों के मध्य झगड़े की खबरें न केवल बम्बई शहरवासियों तक पहुंचीं अपितु देश के विभिन्न भागों में भी पहुंचीं। परिणामस्वरूप, पूरे देश में तथा राजनीतिक परिदृश्य से तीन प्रकार की प्रतिक्रियाएं उभरीं। प्रथम, बम्बईवासियों ने हड़ताली नाविकों के साथ न केवल उनकी हड़ताल में शामिल होकर अपितु भोजन, आवश्यक वस्तुओं आदि की हर सम्भव सहायता के द्वारा उनके प्रति भ्रातृत्व भाव का परिचय दिया। दूसरे, व्यापारिक तथा वाणिज्यिक संस्थानों के साथ हड़ताल देश के अन्य भागों, विशेषकर कलकत्ता तथा कराची में आर.आई.एन. रॉयल इण्डियन आर्मी तथा रॉयल इण्डियन एयर फोर्स, की विभिन्न इकाइयों तक फैल गई। परिणामस्वरूप कुछ समय के लिए ऐसा लगने लगा कि बम्बई नाविकों की हड़ताल ने अखिल भारतीय स्वरूप ग्रहण कर लिया क्योंकि आन्दोलन की मजबूती को देखते हुए इसका अंत नजर नहीं आ रहा था (सरकार, 2007: 97)।

विद्रोह की प्रतिक्रिया

लेकिन, देश के विभिन्न राजनीतिक संगठनों की ओर से नाविक हड़ताल की तीसरी प्रकार की प्रतिक्रिया, घटना के प्रति उनके दृष्टिकोण के अनुकूल आ रही थी। गाँधी द्वारा घटना की आलोचना किए जाने के कारण कांग्रेस द्वारा नाविकों का समर्थन न करना जाहिर था। वास्तव में बम्बई प्रांतीय कांग्रेस समिति के सचिव गवर्नर के पास उपद्रव की निष्फलता तथा व्यवस्था बनाए रखने में कांग्रेस के स्वयंसेवकों की सहायता के सम्बन्ध में आश्वस्त करने के लिए गए। इसी प्रकार मुस्लिम लीग भी हड़ताली नाविकों का समर्थन नहीं करने तथा समस्या के समाधान के लिए सरकार को समर्थन देने की इच्छुक थी, लेकिन इसके पूर्व कि कोई समझौते फार्मूला की पहल की जाए, वामपंथी दल तथा कांग्रेस के वामपंथी झुकाव के नेता जैसे अरुणा आसफअली, नाविकों की समस्या का समाधान करने के प्रति दृढ़प्रतिज्ञ थे। अंततः कांग्रेस तथा लीग के नेताओं, विशेषकर जिन्ना के गुप्त समर्थन के साथ सरदार वल्लभ भाई पटेल ने नाविकों से हड़ताल समाप्त करने तथा आत्मसमर्पण की अपील की क्योंकि बम्बई में उनसे निपटने के लिए बहुत बड़ी ब्रिटिश व्यवस्था थी। अंत में कम्युनिस्टों द्वारा भी नाविकों से आत्मसमर्पण करने तथा अपनी समस्याओं के शांतिपूर्ण समाधान के लिए अपील की गई, परिणामस्वरूप 23 फरवरी 1946 को नाविक विद्रोह समाप्त हो गया।

नौसैनिक विप्लव ने विस्तार तथा सरकारी दमन की दृष्टि से समाप्ति तक पहुंचने के पूर्व ऐतिहासिक स्थिति ग्रहण कर ली थी। कुछ ही दिनों के भीतर, हड़ताल ने बम्बई, कलकत्ता तथा कराची जैसे शहरों से व्यापक जन समर्थन प्राप्त करने के साथ देश की कई सैनिक संस्थानों को अपनी पकड़ में ले लिया था। शीघ्र प्रतिक्रिया हुई तथा सरकार द्वारा प्रभावित शहरों में बड़ी संख्या में बाधाओं तथा व्यापक सुरक्षा बलों की व्यवस्था की गई। लेकिन जनता का क्रोध सार्वजनिक सम्पत्तियों, जैसे पुलिस स्टेशन, पोस्ट ऑफिस, बैंक, रेलवे स्टेशन, ट्राम डिपो यहां तक कि अनाज की दुकानों को बड़ी मात्रा में क्षति पहुंचा कर फूटा। इसके अतिरिक्त, कुछ मामलों में, यूरोपियनों पर आक्रमण हुआ जबकि शहरों में पुलिस तथा आन्दोलनकारियों के मध्य संघर्ष साधारण घटनाएं हो गई थीं (विश्वनाथ बोस, 1988: 96)। आगे होने वाले संघर्षों में व्यापक जान माल की क्षति बताई गई। एक सरकारी प्रतिवेदन के अनुसार,

> ... आज की तारीख तक 228 लोग मारे जा चुके हैं तथा 1046 घायल हुए हैं, जिनमें से 658 अभी भी अस्पताल में हैं। 24 पुलिस अधिकारी तथा 67 व्यक्ति घायल हुए हैं तथा 3 कॉन्सटेबल मारे गए हैं। कुल नुकसान का अभी अनुमान नहीं लगाया गया है पर उसमें 9 बैंकों, 30 दुकानों, 10 पोस्ट ऑफिसों, 10 पुलिस चौकियों, 1200 सड़क लैम्पों तथा 64 सरकारी अनाज की दुकानों तथा एक साल्वेशन आर्मी बिल्डिंग की लूट तथा तोड़फोड़ शामिल है।[76]

आर.आई.एन. हड़ताल छोटी और अपने उद्देश्य की ओर केन्द्रित होने के बावजूद देश के राष्ट्रीय आन्दोलन में एक व्यापक घटना मानी गई। आई.एन.ए. मुकदमे के बाद जुड़े अन्य सैनिक तथा जन आन्दोलन के साथ नौसेना विप्लव ने 'लगभग क्रांति', जैसा कि दृढ़ता से कहा गया, का भाव दिया। इस हड़ताल के सम्बन्ध में जो महत्वपूर्ण बात है, वह यह कि इसे बड़े राष्ट्रवादी दल जैसे कांग्रेस तथा मुस्लिम लीग के प्रत्यक्ष या अप्रत्यक्ष समर्थन के बिना संचालित किया गया। बल्कि विपरीत रूप से, जब हड़ताल ने विस्तार तथा गतिविधियों के मापदण्डों पर गति पकड़ ली, तथा अरुणा आसफअली जैसे नेता इसके खुले समर्थन में आगे आए, तब महात्मा गाँधी ने अपने वक्तव्य, जो बाद में *हरिजन* में प्रकाशित हुआ, में सलाह दी,

> ... जितना कि मैं देख पाता हूं, विप्लव का सहारा लेने की उन्हें अनुचित सलाह दी गई है। अगर यह काल्पनिक या अन्य शिकायतों के लिए है तो उन्हें अपनी पसंद के राजनीतिक नेताओं के मार्गदर्शन तथा हस्तक्षेप की प्रतीक्षा करनी चाहिए थी। अगर उन्होंने भारत की स्वतंत्रता के लिए विद्रोह किया, तो वे दोहरे रूप से गलत थे। व्यवस्थित क्रांतिकारी दल के आह्वान के बिना वे ऐसा नहीं कर सकते। वे चिंतनहीन तथा अनभिज्ञ थे, अगर उन्हें ऐसा विश्वास था कि अपनी शक्ति से वे भारत को विदेशी शासन से मुक्त करा लेंगे ... वे, जिन्होंने विप्लव को प्रोत्साहित किया है, नहीं जानते कि वे क्या कर रहे हैं। उन्हें अंत में समर्पण करना ही पड़ेगा (गाँधी, 1975: 171)।

उन्होंने नौसैनिक विप्लव के दौरान हिन्दू–मुसलमानों की एकता के लिए अरुणा आसफअली के प्रयासों की यह कहकर ऊपरी तौर पर मजाक बनाई कि उन्हें 'हिन्दुओं तथा मुसलमानों को संवैधानिक क्षेत्र के स्थान पर अवरोधों (पूर्वोक्त : 1975 171) पर एकीकृत करने का प्रयास' करना चाहिए', लेकिन अरुणा आसफअली महात्मा गाँधी को प्रत्युत्तर देने में उतनी ही सशक्त व उपदेशक रहीं, जब उन्होंने कड़ा उत्तर दिया कि 'हिन्दुओं तथा मुसलमानों को संवैधानिक क्षेत्र के स्थान पर अवरोधों पर एक करना अधिक आसान होगा' (नान्दुरकर, 1977: 163; सरकार द्वारा उद्धृत, 1989: 425)।

अतः इस अवसर को भारत से अंग्रेजों को बाहर भेजने के लिए प्रयोग करने के स्थान पर, राष्ट्रीय नेता इस अपूर्व घटना के गुणों पर बहस करने में व्यस्त थे। यदि सब नहीं तो उनमें से अधिकतर ने स्पष्ट कारणों से, हड़ताली नाविकों से अपने बैरक में लौट जाने की विपरीत सलाह दी ताकि सरकार द्वारा सामान्य स्थिति बनाये रखी जा सके। लेकिन विप्लव के संकेत सरकार के सामने स्पष्ट थे जिसने भारत की सत्ता हस्तान्तरण की गति तीव्र कर दी (आर.पी. दत्त, 1949: 542)। ब्रिटिश सरकार तथा देश के बड़े राजनीतिक दलों को यह स्पष्ट हो गया कि जनता स्वतंत्रता के लिए अब और प्रतीक्षा नहीं करना चाहती। जब कांग्रेस

तथा मुस्लिम लीग सरकार से स्वतंत्रता की शर्तों को निश्चित करने में व्यस्त थे, तब सामान्य भारतीय भारत में ब्रिटिश शासन पर अंतिम प्रहार करने को प्रस्तुत दिखा। इस प्रकार, अंतर्निहित विभिन्न संगठनात्मक कमजोरियों, मुख्यधारा के राजनीतिक दलों के प्रमुख राष्ट्रीय नेताओं से समर्थन की कमी के बावजूद 1946 का नौसैनिक विप्लव निसन्देह देश की स्वतंत्रता की ओर का पूर्व सूचक था।

टिप्पणियां

1. इण्डिया ऑफिस रिकॉर्ड, लंदन (अब से आई.ओ.आर.), एम.एस.एस., ई 264(6) चेम्सफोर्ड द्वारा माण्टेस्क्यू को, 23 फरवरी, 1922। राष्ट्रीय स्कूल व कॉलेजों की कुल संख्या 52,879 से 53,968 हो गई।
2. राष्ट्रीय स्कूल व कॉलेजों में गिरती हुई संख्या के बारे में लिखते हुए, *द स्टेट्समैन* (7 जुलाई, 1922) ने बहिष्कार का मजाक "कांग्रेस नेतृत्व के पागलपन का प्रदर्शन और कुछ नहीं" कहकर उड़ाया।
3. *आनन्द बाजार पत्रिका* (25 अगस्त, 1924) ने दुख के साथ लिखा कि नेतृत्व के उद्देश्य पर जानबूझ कर आरोप लगाकर सरकार ने कई मौकों पर उपलब्धियां प्राप्त कीं, जब मुसलमान मजदूरों ने अपने हिन्दू साथियों के साथ दूरी बनाई व उन पर आक्रमण भी किया।
4. आई.ओ.आर., एम.एस.एस., ई.यू.आर,डी., 609(2), जेटलैण्ड कलेक्शन, माई डायरी, 1 जून तथा 6 जून, 1921।
5. द *मॉडर्न रिव्यू*, जुलाई, 1921, पृ. 11।
6. आई.ओ.आर., जेटलैण्ड कलेक्शन, रोनाल्डशे द्वारा मॉण्टेग्यू को, 15 जून, 1921।
7. गाँधी ने उद्योगपतियों तथा मजदूरों के बीच सौहार्दपूर्ण सम्बन्धों को अनावश्यक रूप से क्षति पहुंचाने वाली हड़तालों की कलकत्ता में 11 सितम्बर की बैठक में भर्त्सना करते हुए अपने तर्कों पर पुनः जोर दिया (*द स्टेट्समैन*, 22 सितम्बर 1921)।
8. *लीडर*, 13 फरवरी, 1921, सरकार द्वारा उद्धृत, 1989: 209।
9. 5 फरवरी 1922 को उत्तर प्रदेश के गोरखपुर जिले के चौरी–चौरा में, कांग्रेस के स्वयंसेवकों के नेतृत्व में 2,000 ग्रामवासियों की भीड़ ने पुलिस स्टेशन पर आक्रमण किया, जिसमें सभी पुलिस वाले जलाकर मार दिए गए, जिसमें पुलिस के दो सब इंस्पेक्टर, अठारह कान्सटेबल तथा एक चौकीदार था।
10. 11 तथा 12 फरवरी 1922 को बारदोली की बैठक में कांग्रेस कार्यकारी समिति द्वारा स्वीकृत प्रस्ताव (बैमफोर्ड द्वारा उद्धृत, 1925: 70)।
11. ब्रिटिश शासन, जो गाँधी के अनुसार, 'हिंसा का मूर्तिकरण' तथा शासन के प्रतिनिधियों के प्रति बढ़ती घृणा जो कभी–कभी हत्या में बदल जाती थी, दोनों को चुनौती देने का एकमात्र साधन सविनय अवज्ञा था (गोपाल, 1957: 55)।

12. आई.ओ. आर., हैलीफैक्स पेपर्स, एम.एस.एस. ई.यू.आर.सी. 152 (6), इर्विन द्वारा वेजवुड वैन को, 20 फरवरी, 1930।
13. आई.ओ.आर., हैलीफैक्स पेपर्स, एम.एस.एस., ई.यू.आर.सी. 152(4), इर्विन द्वारा वेजवुड वैन को, सैक्रेटी ऑफ स्टेट, 20 मार्च, 1930।
14. आई.ओ.आर, हैलीफैक्स पेपर्स, एम.एस.एस. ई.यू.आर.सी., 152(25), तेजबहादुर सप्रू द्वारा इर्विन को, 19 सितम्बर, 1930।
15. आई.ओ.आर., हैलीफैक्स पेपर्स, एम.एस.एस. ई.यू.आर.सी. 152 (4), गाँधी द्वारा इर्विन को, 12 मार्च, 1930।
16. पूर्वोक्त।
17. पूर्वोक्त।
18. *हरिजन*, 16 अगस्त, 1942।
19. पूर्वोक्त।
20. पूर्वोक्त।
21. पूर्वोक्त।
22. पूर्वोक्त।
23. पूर्वोक्त।
24. पूर्वोक्त।
25. एफ.ओ. बैल पेपर्स (टी.एस.एस.), पृ. 18 सेंटर ऑफ साउथ एशिया स्टडीज, कैम्ब्रिज (अब से सी.एस.ए.एस.)।
26. आई.ओ.आर., आर/3/1/350, टी. कांग्रेस उपद्रव पर विकेनडेन का प्रतिवेदन, पृ. 21।
27. 6 अगस्त 1942, को गाँधी का प्रेस इण्टरव्यू, (टोटेनहैम द्वारा उद्धृत, 1942: 62)।
28. 8 अगस्त, 1942 को अखिल भारतीय कांग्रेस कमेटी की बैठक में गाँधी का भाषण (गाँधी, 1971: 392)।
29. 9 अगस्त 1942 को सुबह 5 बजे देश के नाम गाँधी का संदेश, तथा अखिल भारतीय कांग्रेस कमेटी में 8 अगस्त 1942 में गाँधी का भाषण (गाँधी, 1971: 403)।
30. आई.ओ.आर, एल/1/1/55, राजगोपालचारी द्वारा 18 जुलाई 1942 को गाँधी के इस पत्र पर तीन अन्य कांग्रेसियों के. सन्थानम, एस. रामनाथन तथा टी.एस.एस. राजन द्वारा हस्ताक्षर किए गए।
31. आई.ओ.आर., एल/पी.जे./7/1816, 18 अगस्त 1942 को अम्बेडकर का प्रेस वक्तव्य। *दि हिन्दू* में भी (28 अगस्त, 1942)।
32. आई.ओ.आर., आर/3/2/33, सावरकर का 15 अगस्त 1942 को प्रेस वक्तव्य।
33. आई.ओ.आर., आर//3/2/33, मीटिंग पर खुफिया प्रतिवेदन, डी.ए. ब्रेडन, सेन्ट्रल इंटेलीजेन्स ऑफिसर, गवर्नमेण्ट ऑफ बंगाल द्वारा एम.ओ. कार्टर को, सैक्रेट्री टू द बंगाल गवर्नर, 11 अगस्त, 1942।

34. आई.ओ.आर., एल/1/आई./1116 पी.सी. जोशी (1942: 12) द्वारा लिखित रोका गया पैम्पलेट, जिसका शीर्षक था, *द इण्डियन कम्युनिस्ट पार्टी, इट्स पॉलिसी एण्ड वर्क इन द वॉर ऑफ लिबरेशन।*
35. '20 अगस्त 1942 को मुस्लिम लीग वर्किंग कमेटी का प्रस्ताव', (मेनसर्ग इत्यादि, 1971 ए: 771)।
36. आई.ओ.आर, एम.एस.ए, ई.यू.आर., एफ. 125/145 हाउस ऑफ कॉमन्स में प्रधानमंत्री का वक्तव्य, 10 सितम्बर, 1942।
37. आई.ओ.आर., आर/3/2/37, टी जी एम, गृह विभाग, भारत सरकार द्वारा भारत सचिव को, 14 अगस्त 1942। यह कहा गया कि 11 अगस्त 1942 की प्रसिद्ध सीज के बाद सरकारी सत्ता की दो दिन तक उपेक्षा हुई।
38. ''लिनलिथगो (वाइसराय) द्वारा एम्री, भारत सचिव को, 21 अगस्त, 1942'', (मैनसर्ग, इत्यादि 1971ए: 777)।
39. आई.ओ.आर., एल/पीओ/6/102ए, एम्री द्वारा लिनलिथगो को, 28 अगस्त, 1942।
40. मैनसर्ग इत्यादि, 1971बी: 157, आर. मैक्सवैल द्वारा जी लिथवेट, वाइसराय के निजी सचिव को, 24 अक्टूबर, 1942।
41. (मैनसर्ग इत्यादि, 1975: 334), लॉर्ड वेवल का मंत्रिमंडल के साथियों को दिया भाषण।
42. 19 जून, 1943 को इम्पीरियल होटल, टोक्यो में हुई प्रेस कॉन्फ्रेन्स में दिए कथन से लिया गया है (बोस, 1965 : 176)।
43. आई.एन.ए. की सेना समीक्षा पर भाषण (5 जुलाई 1943)।
44. आई.ओ.आर., आर/3/2/21, पुलिस डिप्टी कमिश्नर का प्रतिवेदन, स्पेशल ब्रांच, कलकत्ता, 1 फरवरी, 1941।
45. 'भारत छोड़ो आन्दोलन प्रसारण', बोस, 1965: 143।
46. 'रामगढ़ में भाषण, 1940', (बोस, 1964: 292)।
47. पूर्वोक्त 292।
48. हिटलर ने स्वतंत्र भारत के चार सूत्री कार्यक्रम बताये – ब्रिटिश प्रभाव का शिथिलीकरण, रूसी दबाव के विरुद्ध बाधक बनना, भारत की पूर्वी सीमा पर जापान के साथ सहमति पर पहुंचना, तथा एकता प्राप्त करने के लिए भारत का आंतरिक पुनर्गढन जिसमें, उन्होंने कम आशावादी स्वर में जोड़ा, यद्यपि, एक या शायद दो सौ साल लगें। (जर्मन भाषा की टाइपस्क्रिप्ट पर आधारित, हिटलर व सुभाष चंद्र बोस के वार्तालाप का विस्तार, श्री आबिद अहमद हसन जो कि सुभाष चंद्र बोस के 21 मई, 1941, को निजी सचिव थे, से प्राप्त किया)।
49. पूर्वोक्त।
50. 'ऑन कमल अतातुर्क: ए ट्रिब्यूट बाई बोस', (बोस, 1964: 79)।
51. 'द जर्मन डिफीट', प्रसारण, 25 मई 1945 (बोस, 1965: 250)।
52. 'फ्रीडम स्ट्रगल सरवाइव्ड', बर्लिन में बोस द्वारा दिया गया स्वतंत्रता दिवस की मीटिंग में भाषण, 26 जनवरी 1943, (बोस, 1965: 167)।

53. जापान आने पर बोस का प्रेस को दिया वक्तव्य, 19 जून 1943 (बोस, 1965: 175); 'टू द जर्मन एण्ड इटेलियन पीपल', बोस का 23 जून 1943 को रेडियो प्रसारण (बोस, 1965: 177)।
54. वाल्टर हारबिश द्वारा यूरोप में स्वतंत्र भारत की सेना का गठन तथा प्रशिक्षण पर प्रतिवेदन 1941-42, एस.के. बोस में (1970: 55)।
55. आई.ओ.आर./एल/डब्ल्यू.एस.//1/1576: भारत के विरुद्ध जापानी आक्रमण पर संक्षिप्त विवरण, 22 जुलाई, 1943।
56. आई.ओ.आर./एल/डब्ल्यू.एस.//1/1577: आई.आई.एल. का गठन; बैंकॉक प्रस्ताव के पूर्ण विवरण के लिए देखें, टोये (1959: 189-200)।
57. एम. शिवराम, स्वतंत्र भारत की अंतरिम सरकार के पूर्व मंत्री ने रासबिहारी बोस का वर्णन इस प्रकार कियाः 'क्या आप, अल केपोन, संत अरविंद, प्रिंस कोनोये तथा अपने प्रिय चाचा के असम्भव संयोग की कल्पना कर सकते हैं, रासबिहारी बोस आपके लिए ऐसे ही हैं', (हॉनर द्वारा उद्धृत, 1982: 489)।
58. आई.ओ.आर., एल/डब्ल्यू एस/1579 (*हिन्दुस्तान टाइम्स* 1945)।
59. मोहन सिंह की अप्रकाशित पाण्डुलिपि, पृ. 5-6 (लेब्रा द्वारा उद्धृत 1972: 90)।
60. (i) आई.ओ.आर., एल/डब्ल्यू एस/2/46: आई.एन.ए. का क्रमानुसार संक्षिप्त तथा तथ्यात्मक विवरण, 1946।

    (ii) यहां तक कि जापानी टिप्पणीकारों ने भी इंगित किया कि 'आई.एन.ए. तथा जापानी सेना के मध्य विवाद हुआ जिसके कारण अन्ततः जनरल मोहन सिंह का निष्कासन तथा गिरफ्तारी हुई', श्री जूइश न।कामोरा के साथ साक्षात्कार, जो फॉरमास के गवर्नर जनरल के विदेशी मामले के विभाग में द्विभाषिए थे (हयाशिदा, 1970: 155)।
61. आई.ओ.आर/एल,डब्ल्यू एस/1/1576: भारतीय सेना के विरुद्ध विनाशकारी गतिविधियां: नोट, जनरल स्टाफ ब्रांच, नई दिल्ली, 18 मार्च, 1943।
62. आई.ओ.आर, एल/डब्ल्यू एस/1/1579 (*हिन्दुस्तान टाइम्स* 1945)।
63. (i) आई.ओ. आर/एल/डब्ल्यू एस/1/1576: बोस की नवीन गतिविधियों पर नोट, 14 जुलाई 1943।

    (ii) आई.ओ.आर, एल/डब्ल्यू एस/2/45: द्वितीय चरण में आई.एन.ए. का क्रमानुसार संक्षिप्त तथा तथ्यात्मक विवरण, जून 1943–अगस्त 1945।
64. 19 जून 1943 को प्रेस कांफ्रेंस में बोस का कथन (बोस, 1965: 190-92)।
65. 5 अक्टूबर, 1938 को दिल्ली की प्रेस कान्फ्रेन्स में जवाहर लाल नेहरू, *नेशनल हेराल्ड*, दिल्ली।
66. 13 अप्रैल, 1942 को दिल्ली की प्रेस कान्फ्रेंस में जवाहर लाल नेहरू, *नेशनल हेराल्ड*, दिल्ली।
67. बोस द्वारा प्रसारण, बोस में (1970: 56)।

68. आई.ओ. आर, एल/डब्ल्यू एस/1/1576: फिजी से सैक्रेटी ऑफ स्टेट को टेलीग्राम, लंदन, 14 फरवरी, 1944।
69. आई.ओ. आर/एल/डब्ल्यू एस/1/1576: फिजी से सैक्रेट्री ऑफ स्टेट को टेलीग्राम 29 फरवरी 1944।
70. भारत सरकार को बंगाल में विद्रोह का भय था (मिहिर बोस, 1982: 235)।
71. फूजीवारा ने बोस को ऐसा माना (टोये द्वारा उद्धृत, 1959: 177)।
72. *आजाद हिन्द*, 6 नवम्बर, 1944 (लेब्रा द्वारा उद्धृत 1972: 191)।
73. आई. ओ. आर, एल/डब्ल्यू एस/1/1576: मोहन सिंह का हस्तलिखित नोट, 'भारत की स्वतंत्रता में सिपाहियों का योगदान'।
74. ए. हसन ने श्री शिवराम, पत्रकार, से कहा, बोस वहां पर भारतीयों द्वारा सुभाष को नेताजी का सम्बोधन पसंद करेंगे। 'भारत के फ्यूहरर की जो भूमिका है वह सुभाष चंद्र बोस पूरी करेंगे।' (शिवराम, 1967: 123, 123-24)।
75. देखें गोपनीय प्रतिवेदन सर जे.कोलविले का विसकाउन्ट वेवल को संख्या एल/पी तथा जे/5/167: एफ एफ 158-62, मैनसर्ग तथा मून में (1976: 1076)।
76. देखें गोपनीय प्रतिवेदन सर जे. कोल्विले का विसकाउन्ट वेवल को संख्या, एल/पी तथा जे/5/167: एफ एफ 158-62, मैनसर्ग तथा मून में (1976: 1083)।

सन्दर्भ

ऑल इण्डिया कांग्रेस कमेटी (ए.आई.सी.सी.), 1930, ए.आई.सी.सी G-86/1930, 14-16 फरवरी के मध्य साबरमती आश्रम में आयोजित कांग्रेस कार्यसमिति की बैठक में स्वीकृत प्रस्ताव, नई दिल्ली, नेहरू मेमोरियल म्यूजियम एण्ड लाइब्रेरी (एन.एम.एम.एल.)।

अम्बेडकर, बी.आर., 1945, *पाकिस्तान या पार्टिशन ऑफ इण्डिया*, बम्बई, ठाक्कर एण्ड कम्पनी।

बैमफोर्ड, पी.सी., 1925, *हिस्ट्रीज़ ऑफ द नॉन–कॉपरेशन एण्ड खिलाफत मूवमेन्ट्स*, नई दिल्ली, गवर्नमेन्ट ऑफ इण्डिया प्रेस।

बनर्जी, सुब्रतो, 1981, *द आर आई एन स्ट्राइक*, नई दिल्ली, पीपल्स पब्लिशिंग हाउस।

बासु, सुभो, 1994, '*वर्कर्स* पॉलिटिक्स इन बंगाल, 1890-1929 मिल टाउन्स, स्ट्राइक्स एण्ड नेशलिस्ट एजिटेशन', अनपब्लिश्ड पीएच. डी. डेजरटेशन, यूनिवर्सिटी ऑफ कैम्ब्रिज।

भट्टाचार्य, एस., 1977, 'कॉटन मिल्स एण्ड स्पिनिंग व्हील्सः स्वदेशी एण्ड इण्डियन कैपिटलिस्ट क्लासेज, 1920-22', *इकोनॉमिक एण्ड पॉलिटिकल वीकली*, 20 नवम्बर।

बोस, विश्वनाथ, 1998, *आर.आई.एन. म्यूटिनी: 1946, रेफरेन्स एण्ड गाइड फॉर आल*, नई दिल्ली, नॉर्दर्न बुक सेन्टर।

बोस, मिहिर, 1982, द *लॉस्ट हीरोः ए बॉयोग्राफी ऑफ सुभाष चंद्र बोस*, लंदन, क्वारटेट बुक्स।

बोस, सुभाष चंद्र, 1964, *क्रासरोड्स*, कलकत्ताः नेताजी रिसर्च ब्यूरो।

बोस, सुभाष चंद्र, 1965, *सलेक्टेड स्पीचेस* [ऑफ सुभाष चंद्र बोस], नई दिल्ली, द पब्लिकेशन डिवीजन, गवर्नमेन्ट ऑफ इण्डिया।

बोस, सुभाष चंद्र, 1970, *ब्लड बाथ*, कम्पाईलेशन ऑफ द स्पीचेस ऑफ सुभाष चंद्र बोस, कलकत्ताः नेताजी रिसर्च ब्यूरो।

बोस, एस.के. (सम्पादक), 1970, *नेताजी इन जर्मनी*, कलकत्ता, नेताजी रिसर्च ब्यूरो।

ब्राउन, जूडिथ, 1972, *गाँधीज राइज टु पावरः इण्डियन पॉलिटिक्स* 1915-1922, कैम्ब्रिजः कैम्ब्रिज यूनिवर्सिटी प्रेस।

चंद्र, विपिन, 2009, *हिस्ट्री ऑफ मॉडर्न इण्डिया*, नई दिल्लीः ओरियंट ब्लेकस्वान।

चंद्रा, विपिन, एवं अन्य, 1989, *इण्डियाज स्ट्रगल फॉर इण्डिपेण्डेंस*, नई दिल्ली, पेंग्विन।

चौधरी, एस.बी., 1957, *सिविल रेबिलियन इन द इण्डियन म्यूटिनीज*, कलकत्ताः द वर्ल्ड प्रेस।

दत्त, बी.सी., 1971, *म्यूटिनी ऑफ द इनोसेन्ट्स*, बम्बई, सिन्धु पब्लिकेशन्स।

दत्त, आर.पी., 1949, *इण्डिया टुडे*, बम्बई, पीपुल्स पब्लिशिंग हाउस।

फूजीवारा, इवाची, 1970, 'मेमोरीज ऑफ सुभाष चंद्र बोस', इन टैटसू हयासिदा (सम्पादक), *नेताजी सुभाष चंद्र बोसः हिज ग्रेट स्ट्रगल एण्ड मारटायरडम*, कलकत्ता, एलाइड पब्लिशर्स।

गाँधी, एम.के., 1921ए, 'स्ट्राइक', *यंग इण्डिया*, 16 फरवरी।

गाँधी, एम.के., 1921बी, 'द लेसन ऑफ असम', *यंग इण्डिया*, 15 जून।

गाँधी, एम.के., 1971, *कलेक्टेड वर्क्स ऑफ महात्मा गाँधी*, वॉल्यूम 76, अप्रैल 1942–दिसम्बर, 1942, नई दिल्लीः द पब्लिकेशन्स डिवीजन, मिनिस्ट्री ऑफ इन्फोरमेशन एण्ड ब्रॉडकॉस्टिंग, गवर्नमेण्ट ऑफ इणडिया।

गाँधी, एम.के., 1975, *कलेक्टेड वर्क्स ऑफ महात्मा गाँधी*, वॉल्यूम 83, नई दिल्लीः द पब्लिकेशन्स डिवीजन, मिनिस्ट्री ऑफ इन्फोरमेशन एण्ड ब्रॉडकॉस्टिंग, गवर्नमेण्ट ऑफ इंडिया।

गाँधी, एम.के., 1995, *एन ऑटोबायोग्राफी या द स्टोरी ऑफ माई एक्सपेरिमेन्ट्स विद ट्रुथ*, अहमदाबाद, नवजीवन ट्रस्ट।

घोष, जे.एन., 1946, *नेताजी सुभाष चंद्र बोस*, कलकत्ता, जे.एन. घोष।

गोपाल एस., 1957, द *वायसरोयलटी ऑफ लॉर्ड इर्विन*, 1926-31, ऑक्सफोर्ड : क्लेरेण्डन प्रेस।

गुहा, रणजीत, 1994, *एलीमेण्टरी एसपैक्टस ऑफ पीजेण्ट इनसरजेन्सी इन कोलोनियल इण्डिया*, सेकण्ड एडिशन, नई दिल्ली, ऑक्सफोर्ड यूनिवर्सिटी प्रेस।

हैग, एच., 1930, होम–पोल 257/वी एण्ड के डब्ल्यू/1930, ए नोट बाई एच. हेग, द होम मेम्बर, गवर्नमेण्ट ऑफ इण्डिया, नई दिल्ली, नेशनल आरकाइव्स ऑफ इण्डिया (एन.ए.आई.)।

हॉनर, एम., 1982, *इण्डियन इन द एक्सिज स्ट्रेटजी*, कैम्ब्रिज : कैम्ब्रिज यूनिवर्सिटी प्रेस।

हयासिदा, टैटसू, 1970, *नेताजी सुभाष चंद्र बोसः हिज ग्रेट स्ट्रगल एण्ड मारटायरडम*, कलकत्ता, एलाइड पब्लिशर्स।

हिन्दू महासभा, 1942 ए, हिन्दू महासभा पेपर्स, सी–30, वर्किंग कमेटी रिसोल्यूशन, 23 सितम्बर, 1942, नई दिल्ली, एन.एम.एम.एल।

हिन्दू महासभा, 1942बी, हिन्दू महासभा पेपर्स, सी–32/42, वर्किंग कमेटी रिसोल्यूशन, 18 अगस्त, 1942, नई दिल्ली, एन.एम.एम.एल।

हिन्दुस्तान टाइम्स, 1945, 'हाउ आई. एन. ए. वॉज बोर्न', *हिन्दुस्तान टाइम्स*, 6 नवम्बर।

जोशी पी.सी., 1942, *द इण्डियन कम्युनिस्ट पार्टीः इट्स पोलिसी एण्ड वर्क इन द वॉर ऑफ लिबरेशन*, लंदन, कम्युनिस्ट पार्टी ऑफ ग्रेट ब्रिटेन।

कामतेकर, इन्दीवर, 1988, 'द एण्ड ऑफ द कोलोनियल स्टेट', अनपब्लिश्ड पीएच. डी. डिसरटेशन, यूनिवर्सिटी ऑफ कैम्ब्रिज।

खान, मेजर–जनरल शाहनवाज, 1946, *माई मेमोरीज ऑफ आई.एन.ए. एण्ड इट्ज नेताजी*, नई दिल्ली, राजकमल पब्लिकेशन।

कृपलानी, जे.बी. 1970, *गाँधीः हिज लाइफ एण्ड थॉट*, नई दिल्ली, पब्लिकेशन डिवीजन, मिनिस्ट्री ऑफ इन्फोरमेशन एण्ड ब्राडकॉस्टिंग, गवर्नमेण्ट ऑफ इण्डिया।

कृष्ण, गोपाल, 1966, 'द डवलपमेन्ट ऑफ द नेशनल कांग्रेस एज ए मास आर्गेनाइजेशन', *जनरल ऑफ एशियन स्टडीज*, 25(3): 421।

लेब्रा, जे., 1972, *जंगल एलायंस*, सिंगापुर, डी. मूरे।

मजूमदार, आर.सी., 1963, *द सीपोय म्यूटिनी एण्ड द रिवोल्ट ऑफ* 1857, सेकण्ड एडीशन, कलकत्ता, फर्मा के.एल. मुखोपाध्याय।

मैनसर्ग, एन., ई.डब्ल्यू. आर. लूम्बी एवं ई.पी. मून (सम्पादक) 1971ए, द *ट्रांसफर ऑफ पॉवर, 1940-47*, वॉल्यूम II, लंदन, एच.एम.एस.ओ।

मैनसर्ग, एन., 1971 बी, द *ट्रांसफर ऑफ पॉवर, 1940-47*, वॉल्यूम III, लंदन, एच. एम. एस. ओ।

मैनसर्ग, एन., 1975, द *ट्रांसफर ऑफ पॉवर*, 1940-47, वॉल्यूम IV, लंदन, एच. एम. एस. ओ।

मैनसर्ग, निकोलस एवं ई.पी. मून, 1976, द *ट्रांसफर ऑफ पॉवर, 1942-1947*, वॉल्यूम VI, *द पोस्ट वॉर फेज*, नई दिल्ली, यू.बी.एस. पब्लिशर्स।

मार्क्स, कार्ल एवं फ्रेडरिक एंजल्स, 1959, द *फर्स्ट इण्डियन वॉर ऑफ इन्डिपेण्डेंस*, 1857-1859, मास्को, प्रोग्रेस पब्लिशर्स।

मित्रा, एन. (सम्पादक), 1930, द *एनुअल रजिस्टर*, वॉल्यूम 1।

मोदी, होमी, 1932, पुरुषोत्तम ठाकुरदास पेपर्स, फाइल नं 99/1931, होमी मोदी का अध्यक्षीय सम्बोधन, 18 मार्च, नई दिल्ली, नेहरू मेमोरियल म्यूजियम एण्ड लाइब्रेरी (एन.एम.एम.एल.)

नंदी, आशीष, 1988, द *इन्टिमेट एनिमीः लॉस एण्ड रिकवरी ऑफ सेल्फ अण्डर कोलोनिलिज्म*, नई दिल्ली, ऑक्सफोर्ड यूनिवर्सिटी प्रेस।

नंदुरकर, जी.एम. (सम्पादक) 1977, *सरदार्सज लैटर्स–मोस्टली अननोन*, वॉल्यूम VI, अहमदाबाद, सरदार वल्लभ भाई पटेल स्मारक भवन।

नेहरू, जवाहरलाल, 1989, *एन ऑटोबायोग्राफी*, नई दिल्ली, ऑक्सफोर्ड यूनिवर्सिटी प्रेस।

ओ' डोनेल, एस.पी., 1921, होम–पोल, 3/1921, एग्ड. के. डब्ल्यू. नोट बाई एम.पी. ओ' डोनेल, सैक्रेट्री टू द गवर्नमेण्ट ऑफ इण्डिया, 14 जनवरी, नई दिल्ली, नेशनल आर्काइव्स ऑफ इण्डिया।

पाती, विश्वमोय, 1993, *रेजिसटिंग डोमिनेशनः पीजेण्ट्स, ट्राइबल्स एण्ड द नेशनल मूवमेन्ट इन उड़ीसा, 1920-50*, नई दिल्ली, मनोहर।

रे, रजत, 1984, *सोशल कनफ्लिक्ट एण्ड पॉलिटिकल अनरेस्ट इन बंगाल*, 1875-1914, नई दिल्ली, ऑक्सफोर्ड यूनिवर्सिटी प्रेस।

रे, रजत, 1993, 'रेस, रिलीजन एण्ड रीअल्मः द पॉलिटिकल थ्योरी ऑफ द 'रीनिंग इण्डियन क्रूसेड, 1857', इन एन. गुप्ता एण्ड एम. हसन (सम्पादक), *इण्डियाज कोलोनियल एनकाउंटर : एसेज इन मेमोरी ऑफ एरिक स्टोक्स*, में दिल्लीः मनोहर।

सरकार, सुमित, 1982, 'पॉपुलर मूवमेंट्स एण्ड नेशनल लीडरशिप, 1945-47', *इकोनॉमिक एण्ड पॉलिटिकल वीकली*, अप्रैल (14-16): 968।

सरकार, सुमित, 1989, *मॉडर्न इण्डिया, 1885-1947*, नई दिल्ली, मैकमिलन।

सरकार, सुमित, (सम्पादक), 2007, *टूवर्ड्स फ्रीडमः 1946, डॉक्यूमेंट्स ऑन द मूवमेन्ट्स फॉर इण्डिपेन्डेन्स इन इण्डिया*, पार्ट 1, दिल्ली, इण्डियन काउंसिल ऑफ हिस्टोरिकल रिसर्च (आई.सी.एच.आर.) एवं ऑक्सफोर्ड यूनिवर्सिटी प्रेस।

सावरकर, वी.डी., 1949, *द इण्डियन वार ऑफ इण्डिपेन्डेंस ऑफ 1857*, बम्बई, वीर सावरकर प्रकाशन।

सेन, एस.एन., 1957, *ऐटीन फिफ्टी सेवन*, नई दिल्ली, पब्लिकेशन्स डिवीजन, गवर्नमेन्ट ऑफ इण्डिया।

शिवराम, एम., 1967, द रोड टू देहली, जापान, नेक्स एण्ड कम्पनी।

टोटेनहैम, आर., 1942, *कांग्रेस रेसपॉन्सिबिलिटी*, नई दिल्ली, गवर्नमेन्ट ऑफ इण्डिया।

टॉये, ह्यू, 1959, *सुभाष चंद्र बोस, द स्प्रिगिंग टाइगर*, लंदन, कैसेल।

वॉयूट, डॉ. फिल जोहान्स एच., 1972, *रिलेशन बिटवीन द इण्डियन नेशनल मूवमेन्ट एण्ड जर्मनी 1870-1945*, कलकत्ता, नेताजी रिसर्च ब्यूरो।

वर्थ, एलेक्जेन्डर, 1978, *नेताजी ओरेशन*, कलकत्ता, नेताजी रिसर्च ब्यूरो।

वेस्ट बंगाल स्टेट आर्काइव्स (डब्ल्यू.बी.एस.ए.), 1921, होम–पोल 7/1921, वर्धवान डिस्ट्रिक्ट मजिस्ट्रेट टू द चीफ सैक्रेट्री, गवर्नमेन्ट ऑफ बंगाल, कलकत्ताः गवर्नमेन्ट ऑफ बंगाल।

15

ब्रिटिश शासन के दौरान संवैधानिक विकास के सीमाचिह्न : एक ऐतिहासिक परिप्रेक्ष्य

अध्ययन का उद्देश्य

- मार्ले–मिण्टो तथा माण्टेग्यू–चेम्सफोर्ड प्रस्तावों के अन्तर्गत प्रारंभ किए गए सुधारों को समझना।
- साइमन आयोग और क्रिप्स आयोग के योगदान की व्याख्या करना।
- 1935 के भारत शासन अधिनियम द्वारा लाए गए व्यापक सुधारों को स्पष्ट करना।

उपनिवेशवाद ने भारत पर अपने नियंत्रण का विस्तार दो विशिष्ट तरीके से किया। पहला – विभाजन करो और शासन करो नीति का चतुराई से अनुसरण करके जिसने दो मुख्य समुदायों हिन्दुओं और मुसलमानों के बीच भेद उत्पन्न किया और उसे बनाए रखा। अंग्रेजों की रणनीति दोनों समुदायों की भिन्न सामाजिक–आर्थिक स्थितियों के कारण सफल रही। आने वाले समय में विभाजन करो शासन करो फार्मूला ने भारत में न केवल ब्रिटिश राज को दृढ़ता प्रदान की, अपितु इसने राजनीतिक रूप के समाज के गैर–सुविधा सम्पन्न वर्ग की शासन में सार्थक भागीदारी के लिए स्थितियाँ उत्पन्न कीं। अतः इसने दुधारी तलवार का काम किया– एक ओर तो वास्तविक सामाजिक–आर्थिक भेदभाव पर आधारित समुदायों के बीच भेदभाव ने शासक के लिए शासन का काम आसान कर दिया, दूसरी ओर इसने ऐसी प्रक्रिया भी प्रारंभ की, जिससे समाज के उपेक्षित वर्ग स्वतंत्रता के राष्ट्रवादी संघर्ष में सशक्त राजनीतिक आवाज बन गए। दूसरे प्राचीन उदारवादी प्रजातांत्रिक परम्पराओं के आधार पर ब्रिटिश शासन ने भारतीयों के लिए धीरे–धीरे प्रशासन में भागीदारी का मार्ग खोलकर, अपने साम्राज्य को सुदृढ़ करने के लिए विभिन्न कानूनी कदम उठाये। शक्ति के प्रयोग

के अतिरिक्त ब्रिटिश सरकार ने संवैधानिक मूल्यों को सिखाने के लिए कई सुधार योजनाएं प्रारम्भ कीं, जिसने राष्ट्रवादी अभियान को महत्वपूर्ण रूप से प्रभावित किया। अतः यह कहना गलत नहीं होगा कि भारत में अंग्रेजी शासन कम से कम शक्ति के प्रयोग द्वारा बना रहा, क्योंकि इसका कारण साम्राज्य को भारतीय सहयोगियों द्वारा समर्थन देना था। 1942 के खुले विद्रोह के सन्दर्भ को छोड़कर समर्थन का सहयोगी भाव सदैव बना रहा। ब्रिटिश सरकार द्वारा विभिन्न सुधारों को प्रारंभ किए जाने से ऐसी परिस्थितियाँ बनीं, जिससे भारत के लोग साम्राज्य में जुड़े रहे जो अन्ततः आन्तरिक विरोधाभासों और विदेशी शासन के विरुद्ध बढ़ती राष्ट्रवादी एकजुटता के कारण बिखर गये। ब्रिटिश शासन के अन्तर्गत प्रमुख संवैधानिक सुधार पर केन्द्रित करते हुए यह अध्याय राज को सुदृढ़ करने के लिए ब्रिटिश राजनीतिक कानूनी रणनीतियों का विश्लेषण प्रस्तुत करता है। पर ये सुधार, निस्सन्देह शासितों के लिए कुछ रियायतें थे, लेकिन राष्ट्रवादी आन्दोलन, जो कि सरकार के लिए गंभीर खतरा बन गया था, को कमजोर करने का साधन भी थे। दूसरे शब्दों में, ब्रिटिश उदारवादी परम्परा ने संवैधानिक सुधारों में योगदान दिया, लेकिन इससे इन्कार नहीं किया जा सकता कि राष्ट्रवादी अभियान, चाहे गाँधीजी का हो या अन्य का, की बढ़ती शक्ति ने संकट को कम करने के लिए अंग्रेजों को कदम उठाने के लिए बाध्य किया।

अधिनियम तथा सुधारः मार्ले-मिण्टो तथा माण्टेग्यू-चेम्सफोर्ड सुधार

भारत में ब्रिटिश शासन की प्रकृति को क्रांतिकारी रूप से परिवर्तित करने वाला सर्वाधिक विशिष्ट अधिनियम, 1858 का अधिनियम था, जिसने भारत में शताब्दी पुरानी कम्पनी के शासन का अंत किया। अधिनियम ने काउंसिल में सदस्यों की संख्या बढ़ाई। काउंसिल के सदस्यों के नामांकन के पूर्व सरकार के लिए यह आवश्यक था कि वह सरकार द्वारा स्वीकृत प्रतिनिधि निकायों और संस्थाओं से सलाह करे। विधायी शक्तियों के अतिरिक्त काउंसिल को वित्तीय मामलों में कार्यकारिणी की खिंचाई करने का अधिकार था। यद्यपि इस विषय में निर्णय पर पुनर्विचार या उसे अस्वीकृत करने का अधिकार नहीं था, लेकिन काउंसिल का बढ़ता हुआ महत्व औपनिवेशिक शासन में व्यापक परिवर्तन का सूचक है। जैसा कि मॉर्ले, सैक्रेटरी ऑफ स्टेट ने कहा,

> चिन्तन के दो विपरीत वर्ग हैं, उनमें से एक का मानना है कि भारत में बेहतर शासन कुशलता पर निर्भर करता है, तथा कुशलता वास्तव में भारत में ब्रिटिश शासन का अंत है। दूसरा वर्ग कुशलता को न नकारते हुए भी राजनीतिक रियायतों की बात करता है (पायली में उद्धृत, 1965: 68)।

इस घोषणा ने भारत में ब्रिटिश प्रशासन के आधारभूत सिद्धान्त को प्रस्तुत किया। पहले कदम के रूप में 1907 में प्रशासन, जिसने शासितों में बढ़ते असंतोष के कारण अपनी व्यावहारिकता खो दी थी, के विषय में देखभाल करने के लिए रॉयल कमीशन की स्थापना की गई। कमीशन का उद्देश्य ऐसा प्रशासन प्रस्तुत करना था, जो भारत में परिवर्तित सामाजिक–आर्थिक तथा राजनीतिक यथार्थ के अनुरूप ढल सके। सुधारात्मक कदमों का सुझाव देते हुए कमीशन निम्नलिखित तत्वों से निर्देशित था–(अ) बड़े उपमहाद्वीप को एक हैडक्वार्टर से शासन करने की कठिनाई तथा प्रशासन की कुशलता और नेतृत्व की अपरिहार्य असफलता, (ब) सामाजिक, सांस्कृतिक विभिन्नता लिए प्रान्तों के लिए एक समान विकास योजनाओं को लागू करने में कठिनाई और (स) प्रान्तीय और स्थानीय प्रशासन में जुड़े लोगों में उत्तरदायित्व की भावना भरना, तथा दृढ़ प्रशासन के महत्व के सम्बन्ध में लोगों को शिक्षित करके औपनिवेशिक शासन को सशक्त करना। कमीशन के सुझावों के आधार पर 1908 में एक विधेयक प्रस्तुत किया गया जो 1909 का मॉर्ले–मिण्टो सुधार बना। चूँकि राजनीतिक योजना भारत में औपनिवेशक शासन को सशक्त करने की थी, अतः 1909 के अधिनियम द्वारा काउंसिल में समुदायों के प्रतिनिधित्व के दीर्घ सूत्री प्रभाव को ध्यान में रखते हुए अनेक परिवर्तन सुझाए गए। 1906 में जब मुस्लिम लीग स्थापित हो गई तो मुसलमानों के लिए पृथक निर्वाचक मण्डल की माँग हुई। गवर्नर जनरल को अपनी प्रार्थना में मुस्लिम लीग के प्रमुख आगा खाँ ने संख्या, राजनीतिक महत्व तथा 'साम्राज्य की सुरक्षा' में उनके योगदान के आधार पर मुसलमानों के लिए पृथक निर्वाचक मण्डल का तर्क प्रस्तुत किया। इस तर्क का समर्थन करते हुए मिण्टो ने आगा खाँ को आश्वस्त किया कि मुसलमानों को 'निश्चिन्त होना चाहिए कि उनके राजनीतिक अधिकारों की सुरक्षा होगी' (पायली, 1965: 68)। अतः भारत में प्रतिनिधित्व के इतिहास में 1909 का अधिनियम महत्वपूर्ण है। मुसलमानों को पृथक समुदाय के रूप में मान्यता प्रदान की गयी और उनके निर्वाचन अधिकारों को तदनुकूल सुरक्षा प्रदान की गयी। 'विभाजन करो शासन करो' अंग्रेजों की नीति औपचारिक रूप से स्पष्ट हो गई। स्पष्ट कारणों से लोक प्रशासन भेदभावपूर्ण ही रहा। इस बीच राष्ट्रवादी आन्दोलन ने गति पकड़ी तथा भारत में राजनीतिक वातावरण परिवर्तित हो गया। 1909 के मार्ले–मिण्टो सुधार शासितों की वास्तविक तकलीफों को दूर करने में असफल रहे। 1909 की सुधार योजना द्वारा प्रारंभ किए गए शासन की दमनकारी व्यवस्थाओं को पुनः लागू करने के लिए बहुत से अन्य अधिनियम निर्मित किए गए।

प्रथम विश्वयुद्ध के प्रारंभ होने के बाद ब्रिटिश सरकार के दृष्टिकोण में परिवर्तन हुआ जो कि युद्ध प्रयासों में भारतीयों का समर्थन प्राप्त करने के लिए 'रणनीति' के कारण था। परिणामस्वरूप 1919 की माण्टेग्यू–चेम्सफोर्ड सुधार

योजना स्वीकार की गयी, जो भारत में प्रशासन की सभी शाखाओं में भारतीयों की बढ़ती भागीदारी की सरकारी प्रतिबद्धता और स्वशासन की समस्याओं के क्रमिक विकास के लक्ष्य से निर्देशित थी। ऊपरी तौर पर सुधार योजनाएँ अनूठी लगती थीं तथा लोक प्रशासन को भारतोन्मुखी बनाने के लिए प्रतिबद्ध प्रतीत होती थीं क्योंकि योजना के तीन प्रमुख सिद्धान्त के अनुसार सुझाव था–

1. जहाँ तक सम्भव हो स्थानीय निकायों पर जनता का पूर्ण नियंत्रण होना चाहिए और बाह्य नियंत्रण से उन्हें अधिकतम स्वतंत्रता होनी चाहिए।
2. प्रान्त वे क्षेत्र हैं जहाँ उत्तरदायी शासन के क्रमबद्ध विकास के लिए प्रारंभिक कदम उठाये जाने चाहिए। कुछ उत्तरदायित्व तुरंत दे दिये जाने चाहिए, ब्रिटिश सरकार का उद्देश्य वर्तमान परिस्थितियों में जहाँ तक सम्भव हो शासन में भारतीयों को पूर्ण उत्तरदायित्व देना है।
3. भारत सरकार को संसद के प्रति पूर्ण रूप से उत्तरदायी रहना चाहिए और ऐसे उत्तरदायित्व की सुरक्षा करनी चाहिए, आवश्यक मामलों में इसकी सत्ता निर्विवाद रहनी चाहिए, परिवर्तनों के प्रभाव के लंबित अनुभव को प्रान्तों में प्रारम्भ किया जाना चाहिए। इस बीच भारतीय विधायी परिषद का आकार बढ़ाना चाहिए, इसे अधिक प्रतिनिध्यात्मक बनाना चाहिए तथा नीति निर्माण प्रक्रिया में इसके प्रभाव को बढ़ाने की आवश्यकता है।

इसमें कोई संदेह नहीं कि 1919 का अधिनियम, राजनीतिक रूप से राष्ट्रवादी आन्दोलन के बढ़ते महत्व विशेषकर परिदृश्य पर गाँधी के आगमन के बाद, के सन्दर्भ में उपयुक्त रणनीति थी। यद्यपि प्रशासन औपनिवेशिक भावना से निर्देशित था, तथापि ब्रिटिश शासकों ने शासन में स्वामीभक्त भारतीयों को शामिल करके भारत में लोक प्रशासन की रूपरेखा को नया स्वरूप प्रदान किया। नयी व्यवस्था में प्रशासन में संरचनात्मक परिवर्तन किए गए। सर्वाधिक महत्वपूर्ण कदम द्वैध शासन को प्रारंभ करना था। द्वैध शासन एक प्रशासनिक व्यवस्था थी जो काम को उन लोगों के बीच विभाजित करती थी, जो लोकप्रिय नियन्त्रण द्वारा किये जाते थे तथा जो ब्रिटिश शासन के नियंत्रण में बने रहे– प्रथम को 'हस्तान्तरित विषय' तथा दूसरे को 'संरक्षित विषय' कहा गया। काउंसिल सहित गवर्नर जनरल संरक्षित विषय के प्रभारी थे, जबकि गवर्नर, प्रान्तों में मंत्रियों के साथ कार्य करते हुए हस्तान्तरित विषय के संबंध में सर्वोच्च बने रहे।

विशिष्ट होते हुए भी द्वैध शासन को असफल होना ही था क्योंकि इसकी विचारधाराजन्य जड़ें उपनिवेशवाद में निहित थीं। यहां तक कि एलेक्जेण्डर मुडीमैन के नेतृत्व में समिति, जो द्वैध शासन के कार्यकाल का परीक्षण करने के लिए गठित की गई थी, ने निष्कर्ष भी दिया कि अपनी अन्तनिर्हित कमजोरियों तथा विरोधाभासों के कारण निम्नलिखित तत्वों के कारण यह बिखर

गया — (अ) संरक्षित और हस्तान्तरित सत्ता के मध्य भेद करना अर्थहीन था क्योंकि वास्तविक शक्ति सदैव संरक्षित के पास रही; (ब) परिणामस्वरूप प्रान्तीय मंत्रियों तथा गवर्नर या गवर्नर जनरल के मध्य कभी प्रभावशाली संवाद नहीं हुआ; (स) भारतीय मंत्रियों के मार्ग में बाधक भारतीय सिविल सेवा के अधिकारी थे, जिन्होंने इनके साथ सहयोग नहीं किया, तथा (द) भारत सरकार के वित्त विभाग का हस्तान्तरित विषयों पर अत्यधिक नियंत्रण था।

जैसा कि स्पष्ट है कि शासन में भारतीयों को शामिल करने के लगातार प्रयास किए गए। ये शासितों के असंतोष को दूर करने की रणनीतिक पद्धति थी जिसके सकारात्मक परिणाम भी आए, विशेषकर, प्रारंभ में राष्ट्रवादी आन्दोलन की गति रोकने में। यद्यपि वास्तविक शक्ति ब्रिटिश सत्ता के पास रही, फिर भी प्रशासनिक शक्ति प्रदान करने की दिशा में द्वैध शासन महत्वपूर्ण कदम था क्योंकि इसने भारत में सपरिषद गवर्नर जनरल पर केन्द्रित ब्रिटिश सत्ता की प्रकृति में क्रांतिकारी परिवर्तन किया। द्वैध शासन ने गवर्नरों को, जो प्रांतों में हस्तान्तरित विषयों के सम्बन्ध में पर्याप्त स्वतंत्र थे, को सशक्त किया। इसके अतिरिक्त, ऊपरी ही सही, भारतीय मंत्रियों के शामिल होने से लोकप्रशासन में परिवर्तन आया। प्रशासन में अनुभव प्राप्त करने के अतिरिक्त भारतीय मंत्रियों ने प्रशासनिक गतिविधियों में सहभागी होकर अनुभवजन्य ज्ञान प्राप्त किया कि प्रशासन किस प्रकार भेदभाव पूर्ण तरीके से कार्य करता है। इससे उन्हें राष्ट्रवादी कार्यसूची को बनाने में सहायता मिली जो अनुभद आधारित होने के कारण लोगों को अधिक स्वीकार्य थी। अतः द्वैध शासन बीसवीं सदी के प्रथम दो दशकों में लोकप्रशासन की परिवर्तित प्रकृति के अवधारणीकरण में बहुत महत्वपूर्ण था।

साइमन आयोग

1919 के भारत सरकार अधिनियम के अन्तर्गत उत्तरदायी सरकार प्रदान करने की असफलता से उपजे राष्ट्रवादी असंतोष से ध्यान हटाने के लिए साइमन आयोग की नियुक्ति एक राजनीतिक रणनीति थी। जॉन साइमन की अध्यक्षता में सात सदस्यीय आयोग की 1927 में नियुक्ति भारत में भावी सुधारों की सम्भावनाओं को जानने के लिए की गई। आयोग के कार्य की रूपरेखा प्रस्तुत करते हुए संसदीय घोषणा में कहा गया कि जॉन साइमन की अध्यक्षता में सात सदस्यों का आयोग नियुक्त किया गया जिसका कार्य—

> ... सरकार की व्यवस्था के कार्यकरण के सम्बन्ध में जानना, शिक्षा के विकास तथा ब्रिटिश भारत में प्रतिनिधि संस्थाओं के विकास, तथा उनसे जुड़े मामलों के बारे में जानकारी करना तथा यह रिपोर्ट करना कि क्या उत्तरदायी सरकार के सिद्धान्त

को स्थापित करना चाहिए और वह कहाँ तक वांछनीय है, या विस्तार, संशोधन या सीमित करना चाहिए, साथ ही यह प्रश्न कि दूसरा सदन वांछनीय है या नहीं।[1]

आयोग के तीन सूत्री कार्य थे – (अ) 1919 के भारत शासन अधिनियम के अन्तर्गत विकसित सरकार की व्यवस्था के कार्यकरण का मूल्यांकन; (ब) यह सुनिश्चित करना कि क्या प्रतिनिध्यात्मक संस्थाएँ उत्तरदायी शासन को स्थापित करने में पर्याप्त सशक्त हैं; तथा (स) यह निर्णय करना कि द्वितीय सदन वांछनीय है या नहीं।

चूँकि आयोग में भारतीयों को शामिल नहीं किया गया था, अतः भारतीय राष्ट्रीय कांग्रेस सहित अधिकतर राजनीतिक संगठनों ने आयोग के बहिष्कार का निर्णय लिया। ब्रिटिश कॉमन सभा तथा लॉर्ड सभा के सदस्यों द्वारा गठित आयोग 'निर्णय–निर्माण प्रक्रिया में भारतीयों को शामिल करने और उनसे सलाह लेने के साम्राज्यीय वायदे का स्पष्ट उल्लंघन था' (ब्राउन, 1985: 256)। आयोग, जो अन्ततः भारत के भविष्य के सम्बन्ध में ब्रिटिश संसद को प्रतिवेदन प्रस्तुत करने के लिए उत्तरदायी था, के समक्ष भारतीयों को सिर्फ साक्ष्य प्रस्तुत करना था। भारत सचिव लॉर्ड बिरकिनहैड ने भारतीयों को शामिल न करने के निर्णय का पक्ष लेते हुए कहा कि भारतीय एक काम करने योग्य राजनीतिक संरचना पर सहमत होने के सम्बन्ध में अक्षम हैं। इससे पूरे देश में जन प्रतिरोध हुआ। परिणामस्वरूप आयोग एक प्रभावशाली राजनीतिक फार्मूला सुझाने के लिए पर्याप्त साक्ष्य एकत्र करने में असफल हुआ। बड़ी संख्या में कांग्रेसी, विभिन्न हिन्दू साम्प्रदायिक विचार के विभाजित समूह, उदारवादी तथा जिन्ना के नेतृत्व में मुस्लिम लीग के एक महत्वपूर्ण वर्ग ने आयोग के बहिष्कार का निर्णय लिया। साइमन प्रतिवेदन, जो गवर्नर जनरल को पहले से भी अधिक सशक्त बनाने पर जोर दे रहा था को, राजनीतिक भेदभाव से परे, राष्ट्रवादी जनमत द्वारा तुरंत अस्वीकार कर दिया गया। सुझावों का तिरस्कार करते हुए राष्ट्रवादी शफद अहमद खान ने कहा कि आयोग ने–

> गवर्नर जनरल का सुझाव दिया जो शाहजहाँ से अधिक ताकतवर होगा और शाहआलम से अधिक अनुत्तरदायी होगा। अनुउत्तरदायी कार्यपालिका का अमेरिकी विचार ऐसे देश में प्रत्यारोपित किया जा रहा था, जो संसदीय व्यवस्था का जन्म स्थान रहा और अंग्रेजी संविधानवाद पर पोषित हुआ। यह ऐसी संवैधानिक योजना नहीं थी, जिसका विस्तृत परीक्षण किया जाता अपितु ऐसी पहेली थी, जिसके चीनी रहस्य को बहुत कम भारतीय समझने में सक्षम थे।'[2]

जनप्रतिरोध को आमंत्रित करने के बावजूद, जैसे ही आयोग और इसके सदस्य बम्बई आये तो उनका स्वागत 'साइमन वापस जाओ' के नारों से किया गया, यद्यपि औपनिवेशिक भारत में संघीय व्यवस्था के सृजन में यह सुझाव

निश्चित रूप से एक आगे का कदम था। ब्रिटिश भारतीय प्रान्तों को पुनर्गठित करने के सुझाव से आयोग ने ऐसी प्रक्रिया उजागर की जो आने वाले समय में व्यापक हुई। यद्यपि ये सुझाव औपनिवेशिक उद्देश्यों को ध्यान में रख कर दिये गये थे तथापि बड़े राज्यों को विभाजित करना, तथा बर्मा को एक पृथक क्राउन उपनिवेश के रूप में भारत से अलग करने के विचार का बेहतर शासन के लिए स्वागत किया गया। इसके अतिरिक्त, रियासतों का ध्यान रखते हुए आयोग ने उभरते हुए राष्ट्र, जो अभी तक ब्रिटिश भारत तक सीमित थे, के सूत्रों को पुनर्परिभाषित किया। आयोग ऐसी प्रक्रिया का संकेत देता प्रतीत हुआ जिसमें रियासतें ब्रिटिश राजनीतिक एजेण्डे में महत्वपूर्ण बनीं। अतः यह दृढ़ता से कहा गया कि रियासतें–

> ... ब्रिटिश क्षेत्र में नहीं हैं और उनकी जनता ब्रिटिश जनता नहीं है। उनमें से प्रत्येक के बीच तथा सर्वोच्च शक्ति के मध्य सम्बन्ध संधि या अन्य लिखित प्रपत्र अथवा व्यवहार और समझौता के द्वारा सुनिश्चित किए जा सकते हैं या कम किए जा सकते हैं, पर चाहे जो भी हो क्राउन प्रत्येक मामले में राज्य के बाह्य मामलों और उसकी क्षेत्रीय एकता के लिए उत्तरदायी हैं।[3]

यह वक्तव्य पुनः सिद्ध करता है कि स्वायत्त होते हुए भी रियासतें गम्भीर रूप से क्षतिग्रस्त होने की स्थिति में थीं तथा उनका अस्तित्व ब्रिटिश समर्थन पर अत्यधिक निर्भर था। इस वक्तव्य के दो गंभीर परिणाम थे–एक ओर तो इसने रियासतों के शासकों को अंग्रेजों के विरुद्ध विरोध प्रकट करने के लिए राष्ट्रवादी शक्तियों विशेषकर कांग्रेस के साथ संवाद प्रारंभ करने के लिए मार्ग बनाया; दूसरी ओर राष्ट्रवादियों को ब्रिटिश भारत की सीमाओं के परे जाकर अपने प्रभाव के विस्तार का अवसर दिया। अतः यह आश्चर्यजनक नहीं था कि 1929 की लाहौर कांग्रेस में राजाओं को शासितों के लिए उत्तरदायी सरकार प्रदान करने के लिए बुलाया गया।

पूर्णतः अंग्रेजों का साइमन आयोग तीन कारणों से भारत के स्वतंत्रता संघर्ष को आगे बढ़ाने वाला था। प्रथम, इसने सम्पूर्ण देश में व्यापक राष्ट्रवादी आन्दोलन को उत्प्रेरित किया। 'साइमन वापस जाओ' के प्रदर्शन के अतिरिक्त, काले झण्डे दिखाने तथा विभिन्न शहरों में हड़तालें आयोजित करने वाला, 1928 का साइमन विरोधी प्रतिरोध 'अंग्रेजी वस्तुओं के बहिष्कार के नवीन आन्दोलन के प्रारम्भ का सूचक था' (सकार, 1989: 265)। 3 फरवरी, जिस दिन वे पहुँचे, को साइमन का देशव्यापी हड़ताल से स्वागत हुआ। 19 फरवरी, जिस दिन वे कलकत्ता पहुँचे उनके दल को व्यापक प्रदर्शन का सामना करना पड़ा। द्वितीय, अंग्रेजी वस्तुओं के बहिष्कार का आह्वान न केवल शहरों में अत्यंत सफल हुआ अपितु इसने हिन्दू–मुसलमानों की एकता को भी दृढ़ किया। 30 अक्टूबर को लाहौर में पुलिस

के साथ संघर्ष में लाजपतराय घायल हुए और 17 नवंबर को उनकी मृत्यु हो गई। तीसरे, कुल मिलाकर साइमन विरोधी अभियान अप्रत्याशित रूप से राष्ट्रवादी प्रतिरोध के प्रकट होने का अवसर था। कांग्रेस ने निहित स्वार्थों के विरुद्ध अपने अभियान को पुनः प्रारंभ किया। गाँधी के विश्वस्त सिपहसालारों में एक, वल्लभ भाई पटेल ने पर्याप्त वर्षा की कमी से बुरी तरह प्रभावित खेती के बावजूद भूमिकर लगाने के विरुद्ध बारदोली में सत्याग्रह प्रारंभ किया। जूट, कपड़ा और रेलवे श्रमिकों ने अनेक हड़तालें आयोजित कीं। श्रमिकों और किसानों के दल के नेतृत्व में बंगाल के हजारों जूट श्रमिकों ने कांग्रेस के 1928 के वार्षिक सत्र में पैदल यात्रा की तथा *पूर्ण स्वराज* की मांग करने हुए कार्यक्रम में बाधा डाली। बम्बई के कपड़ा मजदूरों को वेतन कटौती के विरुद्ध टैक्सटाइल लेबर यूनियन द्वारा सक्रिय किया गया। जमशेदपुर में कांग्रेस के समर्थन से स्थानीय नेतृत्व में स्टील श्रमिकों ने टाटा आयरन और स्टील कम्पनी के प्रबंधन को अपनी कुछ माँगों पर विचार करने के लिए बाध्य किया। बंगाल, उत्तर प्रदेश और पंजाब के विभिन्न छोटे–छोटे समूहों द्वारा तीव्रता से क्रांतिकारी गतिविधियाँ की गईं। सर्वाधिक महत्वपूर्ण समूह निश्चित रूप से हिन्दुस्तान सोशलिस्ट रिपब्लिकन आर्मी (एच.एस.आर.ए.) था जो, क्रांतिकारी गतिविधियों को बनाए रखने में युवाओं को शामिल करके मुख्य खबर बना। एच.एस.आर.ए. अपने नेता भगतसिंह और उसके सहयोगियों की गिरफ्तारी से गतिहीन हो गया। इसके बाद पंजाब में श्रृंखलाबद्ध बम विस्फोट हुए; वाइसराय लार्ड इर्विन को ले जाने वाली ट्रेन को उड़ाने का प्रयास किया गया; साइमन आयोग के विरुद्ध शांतिपूर्ण प्रदर्शन करते समय पुलिस लाठी चार्ज से घायल लाजपतराय की मृत्यु का बदला लेने के लिए सान्डर्स, जिला मजिस्ट्रेट की हत्या की गई तथा पंजाब विधानसभा पर बम फेंका गया। तीसरा परिणाम भी कम महत्वपूर्ण नहीं था। लॉर्ड विरकिनहैड का वक्तव्य, कि भारतीय सर्वस्वीकृत राजनीतिक संरचना के निर्माण में अक्षम हैं, ने कांग्रेस को देश के लिए संविधान की रूपरेखा बनाने की पहल करने के लिए उत्प्रेरित किया। 1928 में सर्वदलीय सम्मेलन द्वारा मोतीलाल नेहरू और सात अन्य सदस्यों अली इमाम, तेजबहादुर सप्रू, एम.एस.अने, सरदार मंगलसिंह, शुऐब कुरैशी, सुभाष चन्द्र बोस तथा जी.आर. प्रधान की एक छोटी समिति नियुक्त की गई। यह ऐसी समिति थी जो सम्मेलन के प्रतिभागियों की आपसी सहमति पर आधारित थी जैसा कि समिति की संरचना से स्पष्ट है। मोतीलाल नेहरू समिति इस बात का प्रतीक है कि ब्रिटिश शासन का विरोध करने वालों के बंधन को राष्ट्रवाद ने किस सीमा तक दृढ़ किया था। यह लॉर्ड विरकिनहैड को चुनौती देता हुआ एक सशक्त राष्ट्रवादी प्रत्युत्तर था। अतः संविधान प्रारूप का निर्माण एक तकनीकी प्रक्रिया मात्र नहीं थी, यह संभवतः सर्वाधिक रचनात्मक रूप से राष्ट्रवादी प्रतिरोध का प्रगटीकरण भी था।

साइमन आयोग का प्रतिवेदन 'साम्राज्यवादी नियंत्रण की संकुचित रणनीति का प्रतीक था' (ब्राउन, 1985: 256), जबकि मोतीलाल नेहरू समिति का प्रतिवेदन स्वतंत्र भारत के संविधान की पहली राष्ट्रवादी रूपरेखा थी। मुख्यतः अपने समय के सुप्रसिद्ध दो न्यायविद्, टी.बी. सप्रू तथा मोतीलाल नेहरू, की रचना ने हद प्रतिवेदन ने प्रस्ताव दिया कि–

> राष्ट्रों के मण्डल में जिसे ब्रिटिश साम्राज्य कहा जाता है में, भारत का वही संवैधानिक स्तर होना चाहिए जैसा कि कनाडा का डोमिनियन, ऑस्ट्रेलिया का कॉमनवेल्थ, न्यूजीलैण्ड का डोमिनियन, साउथ अफ्रीका का संघ तथा स्वतंत्र आयरिश राज्य का है, जिसमें संसद हो और भारत में कानून बनाने का अधिकार हो तथा कार्यपालिका संसद के प्रति उत्तरदायी हो तथा उसे भारत के कॉमनवेल्थ के रूप में बनाया जाये और जाना जाये।[4]

जैसा कि स्पष्ट है ब्रिटिश साम्राज्य के अन्तर्गत अन्य श्वेत शासित डोमिनियन की भाँति प्रतिवेदन द्वारा भारत के लिए डोमिनियन स्तर की माँग की गयी थी। सम्राट में कार्यपालिका सत्ता को निहित करते हुए प्रतिवेदन ने ब्रिटिश भारतीय प्रान्तों के साथ रियासतों के सम्मिलित करने की संवैधानिक व्यवस्था का भी सुझाव दिया था। प्रान्तों की स्थिति वैसी ही रहनी थी क्योंकि अवशेष शक्तियाँ केन्द्रीय सरकार में निहित थीं; इसने प्रतिवेदन के प्रति सहानुभूति रखने वालों के मध्य भी प्रतिरोध उत्पन्न किया। नेहरू समिति ने मुसलमानों के साथ 1916 के लखनऊ समझौते को पुनःपरिवर्तित किया तथा केन्द्रीय तथा प्रान्तीय विधानसभाओं के प्रतिनिधि सदन में संयुक्त निर्वाचन मण्डल के सिद्धान्त का समर्थन किया। उत्तर–पश्चिमी सीमान्त प्रान्त के गैर–मुस्लिम तथा उन प्रान्तों, जहाँ मुसलमान अल्पसंख्या में थे, के अतिरिक्त अन्य स्थानों पर आरक्षण नहीं होगा। इससे यह भी स्पष्ट होता है कि बंगाल और पंजाब में मुसलमानों के आरक्षण, जहाँ वे बहुसंख्यक थे, को पूरी तरह से नकार दिया गया।

जैसे ही विस्तृत प्रतिवेदन सार्वजनिक किया गया तुरंत मतभेद सतह पर उभर आए। मुसलमान असहमत थे क्योंकि उन्हें सम्भावित हिन्दू बहुल प्रभुता वाले राज्य के विरुद्ध संवैधानिक सुरक्षा प्रदान नहीं की गई थी। यहाँ तक कि जिन्ना, जिन्होंने संयुक्त भारत के लिए संविधान की रूपरेखा बनाने की मोतीलाल नेहरू के प्रयासों की प्रशंसा की, ने भी प्रतिवेदन को, यह मांग करते हुए अस्वीकार कर दिया कि अवशिष्ट शक्तियाँ केन्द्र के स्थान पर प्रान्तों में निहित होनी चाहिए ताकि एकात्मक तथा सर्वसत्तावादी हिन्दू प्रमुखता वाले राज्यों के विकास को रोका जा सके। जनवरी, 1929 में अन्य मुसलमान समूह भी शामिल हो गए, एक सर्वदलीय मुसलमान सम्मेलन दिल्ली में आयोजित किया गया, जिसमें प्रतिवेदन को अस्वीकार करने पर सहमति बनी क्योंकि इसमें मुसलमानों के हितों का ध्यान

नहीं रखा गया था। अपनी अपेक्षाओं के अनुरूप न होने के कारण मुसलमानों द्वारा तो प्रतिवेदन को अस्वीकार किया ही गया, कांग्रेस में भी असंतुष्ट सदस्य थे। जवाहरलाल नेहरू तथा सुभाष चन्द्र बोस के नेतृत्व में कांग्रेस के अन्तर्गत एक सशक्त वर्ग बना जिसने स्वतंत्र भारत लीग बनाई। उसने नेहरू प्रतिवेदन द्वारा सुझाए डोमिनियन स्तर के स्थान पर पूर्ण स्वतंत्रता की माँग की। डोमिनियन स्तर तथा स्वतंत्रता के मध्य फर्क को स्पष्ट करते हुए नेहरू (1941: 418) ने कहा कि डोमिनियन स्तर "वही पुरानी संरचना का चित्र प्रस्तुत करता है, जिसमें कई दृश्य और अदृश्य बंधन हमें ब्रिटिश आर्थिक व्यवस्था के साथ बाँधते हैं–(पूर्ण स्वतंत्रता) हमें हमारी परिस्थितियों के अनुरूप नई संरचना के सृजन की स्वतंत्रता देती है या देगी"। डोमिनियन स्तर के पक्षधरों की आलोचना करते हुए नेहरू (पूर्वोक्त : 417) ने आगे कहा,

> ... उनके लिए समस्या प्रशासन के रंग बदलने की है, या अधिक से अधिक नये प्रशासन की है ... (तथा) न कि नया राज्य ... वे ऐसे ही भविष्य का विचार कर सकते हैं जिसमें वे या उनके जैसे लोग मुख्य भूमिका निभाएँ तथा अंग्रेजी उच्च अधिकारियों का स्थान लें।

1928 के कलकत्ता कांग्रेस में उन दो समूहों, वे जो डोमिनियन स्तर चाहते थे तथा वे जो पूरी स्वतंत्रता चाहते थे, के मध्य खुला मतभेद दिखा। दोनो समूहों ने सहयोग करना तब स्वीकार किया जब सत्र के अध्यक्ष मोतीलाल नेहरू ने समझौते का फार्मूला यह कहते हुए निकाला कि यदि 31 दिसम्बर, 1929 तक ब्रिटिश संसद द्वारा प्रतिवेदन स्वीकार नहीं किया जाता तो कांग्रेस पूर्ण स्वतंत्रता की प्रतिज्ञा लेने, तथा उसे अहिंसक असहयोग द्वारा प्राप्त करने के लिए स्वतंत्र थी। कांग्रेस के अन्तर्गत क्रांतिकारी वर्ग के बढ़ते महत्व को देखते हुए यह लगभग निश्चित निष्कर्ष था कि इसके पास पूर्ण स्वंतत्रता पर जोर देने के अतिरिक्त कोई विकल्प नहीं था। 1929 के लाहौर कांग्रेस द्वारा पूर्ण स्वतंत्रता के प्रस्ताव की स्वीकृति के बाद विधायिका के बहिष्कार का निर्णय लिया गया तथा अखिल भारतीय कांग्रेस समिति को, जहाँ आवश्यक हो वहाँ, कर की अदायगी को न करने को शामिल करके सविनय आज्ञा आन्दोलन प्रारंभ करने के लिए अधिकृत किया गया। गाँधी निर्विवाद नेता के रूप में उभरे और उन्हें सविनय अवज्ञा प्रारंभ करने का समय और विधि निश्चित करने का पूर्ण अधिकार प्रदान किया गया।

भारत शासन अधिनियम, 1935

उपनिवेशवाद तथा सत्ता केन्द्रीकरण का सह–सम्बन्ध लगता है, यद्यपि ब्रिटिश भारत में प्रशासन में, कम से कम निहित विषय–वस्तु की दृष्टि से परिवर्तन आया। 1772 के रेग्यूलेटिंग अधिनियम के स्वीकार किए जाने के बाद ब्रिटिश

भारतीय राज्य के विकास पर दृष्टि डालें तो परिवर्तन दृष्टिगत होता है। सम्भवतः ब्रिटिश शासन के समय भारत में सर्वाधिक (तथा अंतिम) महत्वपूर्ण संवैधानिक कदम 1935 का भारत शासन अधिनियम था जो भारतीय वैधानिक आयोग, सर्वदलीय सम्मेलन, गोल मेज सम्मेलनों तथा ब्रिटिश संसद की संयुक्त संसदीय समिति से प्रभावित था। एक संघीय प्रकार की शासन व्यवस्था स्थापित करने के लिए जिसमें प्रान्तों को स्वायत्त विधायी और कार्यकारी शक्तियाँ प्राप्त होंगी, अधिनियम ने संसदीय शासन व्यवस्था के लिए मार्ग बनाया जिसमें कार्यपालिका को कुछ सीमा तक विधायिका के प्रति उत्तरदायी बनाया गया। निश्चित रूप से साम्राज्यीय मानकों के अन्तर्गत शक्तियों में कमी का यह बड़ा प्रयोग था। जैसा कि वाइसराय लिनलिथगो ने टिप्पणी की, "अंततः हमने, संविधान ...1935 का बनाया, क्योंकि हमने सोचा कि साम्राज्य में भारत के बने रहने का यह मार्ग है' (बन्धोपाध्याय द्वारा उद्धृत, 2004: 326)। यद्यपि सुविचारित संघ कभी अस्तित्व में नहीं आया, फिर भी अधिनियम औपनिवेशिक पद्धति की एकीकृत प्रशासनिक व्यवस्था के विरुद्ध एक सशक्त विचार था। अधिनियम पर विचार करने से निम्नलिखित लक्षणों की ओर ध्यान आकर्षित होता है—

1. प्रान्तों को पृथक वैधानिक पहचान प्रदान करके तथा कुछ विशिष्ट उद्देश्यों को छोड़कर उन्हें केन्द्रीय नियंत्रण से मुक्त करके प्रान्तीय स्वायत्तता को मान्यता प्रदान की गयी।
2. प्रान्तीय सरकारों तथा संघीय केन्द्रीय सरकारों के सीमा क्षेत्रों को स्पष्ट करते हुए भारत के संघ की स्थापना की गयी।
3. द्वैध शासन को प्रान्तों में समाप्त किया पर केन्द्र में प्रारंभ किया गया। विदेशी मामले और सुरक्षा के विषय गवर्नर जनरल के नियंत्रण में 'सुरक्षित' रखे गये; अन्य केन्द्रीय विषयों को मंत्रियों को हस्तान्तरित किया गया जिन्हें प्रान्तों के 'हितों' का ध्यान रखना था।
4. केन्द्रीय व्यवस्थापिका में निम्न सदन की रचना के लिए संघीय सिद्धान्त को मान्यता प्रदान की गई यद्यपि गवर्नर जनरल वास्तविक शासक बना रहा।
5. 1932 के साम्प्रदायिक अथवा मैकडोनाल्ड अवार्ड के अनुरूप पृथक निर्वाचक मण्डल, जिसमें अल्पसंख्यक समुदायों के मध्य स्थानों का बँटवारा शामिल था, को बनाये रखा गया।

युद्ध संकट के सन्दर्भ में भारत में ब्रिटिश शासन के विरुद्ध बढ़ते जन असंतोष के प्रति यह अधिनियम निस्सन्देह एक रणनीतिगत प्रक्रिया थी। यह सम्भव है कि यह अधिनियम अंग्रेजों के युद्ध प्रयासों में भारतीय समर्थन प्राप्त करने की राजनीतिक गणना का परिणाम हो। फिर भी अधिनियम ने ऐसी व्यवस्था की, जिसमें मंत्रियों को विशिष्ट उत्तरदायित्व प्रदान किये गये तथा जहाँ वे

सर्वोच्च थे, यद्यपि गवर्नर को व्यक्तिगत हैसियत में विशिष्ट उत्तरदायित्व दिए गए थे तथा उसे कुछ विवेकाधिकार से भी सशक्त किया गया था। संवैधानिक तंत्र की असफलता की स्थिति में गवर्नर को संवैधानिक रूप से प्रशासन को अपने हाथ में लेने का अधिकार था तथा आवश्यक लगे तो वह प्रान्तीय स्वायत्तता को समाप्त कर सकता था। जैसा कि स्पष्ट है अधिनियम ने ब्रिटिश सरकार द्वारा निर्धारित मापदण्डों के तहत ही प्रान्तीय स्वायत्तता प्रदान की थी। फिर भी 1935 का अधिनियम भारत में संघीय व्यवस्था स्थापित करने की दिशा में एक महत्वपूर्ण कदम था।

अधिनियम मुख्य रूप से साम्राज्य के हितों के अनुकूल था, यह गवर्नर जनरल को संवैधानिक रूप से प्रदत्त शक्तियों तथा उन्मुक्तियों से स्पष्ट है। इसमें सर्वोच्च कार्यकारिणी सत्ता की भूमिका वास्तव में विशिष्ट थी। जहाँ तक संवैधानिक सत्ता का प्रश्न है, ब्रिटिश भारत का गवर्नर जनरल सर्वोच्च था। देशी रियासतों के लिए वह राजकीय विशेषाधिकार तथा सर्वोच्च सत्ता, जिसके अन्तर्गत साम्राज्यीय नियंत्रण ब्रिटिश भारत की सीमाओं के परे था, के प्रयोग के लिए उत्तरदायी था। ब्रिटिश सरकार की दृष्टि से यह योजना संवैधानिक रूप से सर्वाधिक उपयुक्त थी क्योंकि इसने सम्पूर्ण सत्ता को एक संस्था में निहित किया था। वास्तव में यह व्यवस्था, आवश्यकता पड़ने पर चुने हुए प्रतिनिधियों से नियंत्रण वापस ले लेने का एक सुविधाजनक साधन थी। अतः अधिनियम द्वारा शक्तियों का संघीय विभाजन अत्यधिक रूप से केन्द्रीय सत्ता, गवर्नर जनरल की ओर झुका हुआ था, जिससे यह स्पष्ट होता है कि प्रान्तीय स्वायत्तता राष्ट्रवादी असंतोष को दूर करने का सम्भवतः चतुराईपूर्ण राजनीतिक साधन था।

फिर भी, अधिनियम को स्पष्ट साम्राज्यवादी हितों का उदाहरण कहकर नकार देना गलत होगा, क्योंकि इसने सत्ता में भागीदारी की लम्बित राष्ट्रवादी माँग के प्रत्युत्तर में प्रान्तीय स्वायत्तता की प्रक्रिया प्रारम्भ की। प्रान्तीय स्वायत्तता प्रारम्भ करने से भारतीय मंत्रियों को प्रशासन से सीधे जुड़ने का अवसर प्राप्त हुआ, यद्यपि उन्हें उपनिवेशवाद के पूर्ण नियंत्रण में काम करना था। अतः यह 'विराट् संवैधानिक महल था जिसमें सार तत्व कुछ नहीं था' (कूपलैण्ड, 1944: 238)। अधिनियम का उद्देश्य ब्रिटिश सरकार द्वारा भारतीय मुद्दों को चुनावी राजनीति की ओर मोड़ने का दृढ़ निश्चय भी था। प्रशासन में भारतीयों को शामिल करके अधिनियम द्वारा लोक प्रशासन के क्षेत्र में अधिक लोगों को शामिल किया गया। इसमें कोई शक नहीं कि अधिनियम द्वारा भारतीय राजनीतिज्ञों को संसदीय राजनीति की दुनिया से परिचित कराया गया तथा अधिनियम द्वारा प्रारंभ की गई नयी व्यवस्था के अनुसार राजनीति अब तक उपेक्षित क्षेत्रों में भी सक्रिय हुई। उपलब्ध साक्ष्यों से यह स्पष्ट है कि अधिनियम साम्राज्यीय व्यवस्था को बनाए रखने के लिए चुकाया गया मूल्य था। इस प्रकार जो कुछ उदारवादी स्वरूप

दिखता है वह काफी सीमा तक वास्तव में राजनीतिक दृष्टि से उठाया गया कदम था। वस्तुतः सत्ता का समर्पण, यद्यपि क्षेत्रीय स्तर पर था, ने भारत में ब्रिटिश सत्ता के समर्थकों के मध्य भय की भावना उत्पन्न की क्योंकि उन्हें इस प्रयास में ब्रिटिश सत्ता का पतन दिखा।

अधिनियम के 'मित्रों से अधिक दुश्मन थे', वी.पी. मेनन (1963: 54) ने कहा, जिन्होंने सत्ता के हस्तान्तरण में महत्वपूर्ण भूमिका निभाई। राष्ट्रीय उदारवादी दल तथा हिन्दू महासभा को छोड़कर, इसकी संघीय व्यवस्था को लगभग सभी राजनीतिक दलों द्वारा नकार दिया गया। कांग्रेस ने 1936 की फैजपुर की बैठक में गवर्नर जनरल के अत्यधिक अधिकारों तथा प्रस्तावित सुरक्षा पर आक्रमण करते हुए अपना विरोध प्रकट किया। अधिनियम के प्रारंभ होने के पूर्व ही कांग्रेस ने इसका विरोध, विधायिका के अन्दर और बाहर, करने का निर्णय किया। फिर भी, कांग्रेस ने अन्ततः सरकार का हिस्सा बनकर अधिकतम उपलब्धियां प्राप्त करने की रणनीति के तहत आने वाले चुनावों में भाग लेने का निर्णय किया। इसी प्रकार अधिनियम को 'उत्तरदायी सरकार' स्थापित करने की दिशा में अनुपयुक्त मान कर नकारते हुए भी तत्कालीन परिस्थितियों में सम्भावित सर्वश्रेष्ठ विकल्प मानते हुए मुस्लिम लीग ने चुनावों में अपनी भागीदारी को उचित ठहराया।

1937 के प्रारंभ में प्रान्तीय विधायिका के लिए चुनाव हुए। कांग्रेस ने मद्रास, संयुक्त प्रान्त, मध्य प्रान्त तथा उड़ीसा में स्पष्ट बहुमत प्राप्त किया। बम्बई में इसने प्रान्तीय विधायिका में आधे स्थानों पर विजय प्राप्त की और कुछ सहयोगियों के समर्थन से सरकार बनाई। असम तथा उत्तर–पश्चिमी सीमान्त प्रान्त में कांग्रेस अकेले सबसे बड़े दल के रूप में उभरी। बंगाल तथा पंजाब में कांग्रेस बुरी तरह असफल रही तथा दो क्षेत्रीय दलों, (कृषक प्रजादल बंगाल में तथा यूनियनिस्ट पार्टी पंजाब में) की विजय ने दो मुस्लिम बहुल राज्यों में कांग्रेस द्वारा जड़ों पर आघात करने की असफलता को दर्शाया। बंगाल में मुस्लिम लीग के सहयोग के साथ कृषक प्रजादल ने सरकार बनाई, सिकन्दर हैयात खान के नेतृत्व में यूनियनिस्ट दल ने पंजाब में अपने आप सरकार बनाई।

लेकिन सत्ता ग्रहण करने का प्रारंभिक आनन्द, साम्राज्यवादी सत्ता की हावी होने वाली शक्तियों के अन्तर्गत काम करने के अन्तर्निहित दबाव के कारण, अल्पजीवी रहा। लेकिन यह आश्चर्यजनक है कि प्रारंभ में अधिनियम को नकार देने के बावजूद सभी राजनीतिक दलों ने चुनाव में भाग लिया और उत्साहपूर्वक सरकार में शामिल हुए। दूसरे शब्दों में, स्वतंत्रता के लिए प्रतिबद्ध तथा अधिनियम के कड़े आलोचक दल किस प्रकार इसकी संरचना में काम करने के लिए सहमत हुए? पर यह उस समय का विरोधाभास था जो कांग्रेस के प्रान्तों में सत्ता ग्रहण करने के 28 महीनों बाद अन्ततः तब समाप्त हुआ, जब ब्रिटिश सरकार द्वारा युद्ध के उद्देश्यों को स्पष्ट करने तथा उपनिवेशों को स्वतंत्र करने के सम्बन्ध में

आनाकानी के कारण कांग्रेस सरकारों द्वारा प्रतिरोध में त्यागपत्र दे दिया गया। वाँछित उद्देश्यों को पूरा करने के लिए अधिनियम अधिक समय नहीं रहा क्योंकि द्वितीय विश्व युद्ध प्रारंभ हो गया जिसने 'इसके प्रारंभ कर्त्ताओं को गरिमापूर्ण समापन का समय भी नहीं दिया' (मेनन, 1963: 57)। फिर भी, 1935 का भारत शासन अधिनियम सम्भवतः, ब्रिटिश शासन के दौरान सर्वाधिक विस्तृत संवैधानिक योजना थी, जिसने प्रान्तीय स्वायत्तता के प्रावधानों द्वारा भारत जैसे अत्यन्त जटिल समाज के शासन की कठिनाइयों को संभालने का प्रयास किया। अधिनियम भारत की राजनीतिक विविधता के प्रति सुविचारित प्रतिक्रिया ही नहीं था, अपितु वेस्टमिन्सटर संसदीय प्रजातंत्र के व्यापक उदारवादी मापदण्डों के अन्तर्गत साम्राज्यवादी नियंत्रण को बनाए रखने का अंतिम गंभीर प्रयास था। अतः यह आश्चर्यजनक नहीं है कि संविधान का प्रारूप बनाते समय संस्थापक इस अधिनियम की उपेक्षा नहीं कर पाये, यद्यपि साम्राज्यवादी शासकों द्वारा इसे प्रारंभ करते समय उन्होंने इसका विरोध किया था। 1935 के अधिनियम के कुछ अंश या तो भावना में या शब्दों में 1950 के स्वतंत्र भारत के संविधान में पुनः प्रस्तुत किये गये जो अधिनियम की संवैधानिक वैधता का स्पष्ट प्रमाण है। कारण यह था कि 1947 के विभाजन के बाद हुए रक्तपात के कारण भारत की सामाजिक–राजनीतिक परिस्थितियों की प्रकृति यदि अधिक खराब नहीं, तो लगभग वैसी ही रही। संवैधानिक तंत्र के पूरी तरह से पतन होने की असाधारण परिस्थितियों के प्रति अपने दृष्टिकोण को प्रकट करने के लिए शायद संविधान निर्माता अधिनियम के प्रति आकर्षित थे। इस अर्थ में अधिनियम ने, स्वतंत्र देश के रूप में उभरने के महत्वपूर्ण मोड़ पर भारत के भाग्य को संविधान सभा में दिशा देने वालों को महत्वपूर्ण आधार प्रदान किया।

क्रिप्स आयोग

युद्ध संकट ने ऐसी परिस्थितियाँ उत्पन्न कर दीं, जिसके कारण ब्रिटिश सरकार भारत में राष्ट्रवादी शक्तियों के साथ समझौता संवाद करने के लिए बाध्य हुई। फरवरी में सिंगापुर पर तथा मार्च, 1942 में रंगून पर जापान की विजय के बाद भारतीय राजनीतिक परिस्थितियों नाटकीय रूप से परिवर्तित हुई। 1941-42 में जापान के तेजी से आगे बढ़ने के कारण यह माना गया कि "युद्ध में भारत के हित समाप्त हो गए हैं। सिंगापुर के पतन के बाद बंगाल की खाड़ी सुरक्षा विहीन थी। जब रंगून का पतन हुआ तो ऐसा लगा कि जापान की विजय की लहर जल्दी ही बंगाल और मालाबार को बहा ले जायेगी" (कूपलैण्ड, 1944: 263)। न केवल अंग्रेजों को निकालने की तैयारी हो रही थी, अपितु भारत सरकार ने आदेश जारी किया कि "अगर जापानियों द्वारा बंगाल पर अधिकार हो गया, तो दुश्मन के नियंत्रण में लोगों की भलाई के लिए जिला तथा उसके नीचे के स्तर के सभी

विभागों के सभी अधिकारियों को जिले के प्रशासन के लिए अपने पदों पर बने रहना चाहिए" (टेलर, 1941: 5-6)। आगामी जापानी आक्रमण को देखते हुए बढ़ती सैनिक तैयारी के साथ भारत ऑफिस ने भारतीय जनमत को जीतने के लिए कुछ कदम उठाना आवश्यक समझा। वाइसराय इस विचार से सहमत नहीं थे, क्योंकि उनकी दृष्टि में, "वे [भारतीय राजनीतिज्ञ] पूरी तरह से हृदयहीन हैं ... और इस चरण में कोई अन्य कदम युद्ध में भारत के योगदान को बेहतर नहीं बनाएगा' (मैनसर्ग इत्यादि, 1970: 23)। फिर भी, ब्रिटिश संसद से क्रिप्स आयोग के रूप में राजनीतिक पहल प्रारंभ हुई, जब स्टेफोर्ड क्रिप्स, हाउस ऑफ कॉमन के लेबर नेता, के नेतृत्व में अंग्रेजी शासन, लीग तथा कांग्रेस के मध्य राजनीतिक समझौते की सम्भावना को खोजने के उद्देश्य से मार्च, 1942 में वह भारत आये। स्टेफोर्ड क्रिप्स का चयन ब्रिटेन और भारत में उनके अत्यंत सम्मानित व्यक्ति होने के कारण तथा नेहरू से उनके अन्तरंग सम्बन्ध होने के कारण किया गया। क्रिप्स जो योजना अपने साथ लाए थे उसमें युद्ध समाप्ति पर स्वशासित डोमिनियन के रूप में भारत को सत्ता हस्तान्तरण शामिल था, साथ ही मुस्लिम लीग को शान्त करने के उद्देश्य से एक वाक्यांश प्रान्तों को अलग होने के विचार का भी था। कांग्रेस, मुस्लिम लीग तथा भारत में अन्य राजनीतिक दलों के साथ समझौता संवाद में क्रिप्स द्वारा प्रस्तावित योजना की मुख्य विशेषताएँ इस प्रकार हैं–

1. महामहिम की सरकार का उद्देश्य एक नये भारतीय संघ का निर्माण है जो ब्रिटिश कॉमनवेल्थ का डोमिनियन होगा, लेकिन किसी भी स्थिति में घरेलू और बाहरी मामलों के किसी भी पक्ष में किसी भी प्रकार ब्रिटेन का अधीनस्थ नहीं होगा।
2. शत्रुता समाप्त होने के तुरंत बाद भारत में संविधान के निर्माण के लिए एक प्रतिनिधि संस्था की स्थापना के लिए कदम उठाए जाएंगे।
3. संविधान निर्माण निकाय में भारतीय रियासतों की भागीदारी के लिए प्रावधान किए जाएंगे।
4. कोई भी प्रान्त, जो अपनी वर्तमान संवैधानिक स्थिति को बनाए रखने के कारण नये संविधान को स्वीकार करने के लिए तैयार नहीं है, को भारतीय संघ के समान स्तर के साथ अपना संविधान रखने का अधिकार होगा।

भारत सचिव तथा वाइसराय के मध्य मतभेद होने के बावजूद क्रिप्स आयोग की नियुक्ति पर सहमति मुख्यतः अन्तर्राष्ट्रीय दबावों के कारण बनी। अमेरीकी राष्ट्रपति फ्रेंकलिन डी. रुजवेल्ट ने ब्रिटिश प्रधानमंत्री विंस्टन चर्चिल के साथ दिसम्बर, 1941 की बैठक में भारत के राजनीतिक भविष्य को आकार दिया। भारत यात्रा के दौरान च्यांग काई शेक ने 'भारत की स्वतंत्रता के लिए आकांक्षा' के प्रति सार्वजनिक रूप से यह जोड़कर सहानुभूति जताई कि ब्रिटेन जितनी जल्दी हो सके, भारत के लोगों को 'वास्तविक राजनीतिक शक्ति' देगा।

अन्तर्राष्ट्रीय मांगों के प्रत्युत्तर में विंस्टन चर्चिल ने भारत के लिए नई नीति का सुझाव दिया, जो इस प्रकार है–

> युद्ध के बाद [ब्रिटिश सरकार] भारत का नय। संविधान बनायेगी। संविधान पर इसके मुख्य निर्णय (उन तक पहुँचने की प्रक्रिया और प्रकृति) भारत के लोगों की इच्छा की अभिव्यक्ति के अनुरूप होंगे। महामहिम की सरकार इस प्रकार के बनाए संविधान को स्वीकार करेगी तथा इस दिशा में ब्रिटिश दायित्व को पूरा करने के लिए काउंसिल के साथ समझौता संवाद करेगी।[5]

चर्चिल की घोषणा मित्र राष्ट्रों को विश्वास दिलाने का प्रयास था। ऐसा एल.एस. एम्री, भारत सचिव ने पुष्ट किया जिसने स्पष्ट रूप से कहा कि क्रिप्स आयोग को भेजने का निर्णय–

> ... इस आरोप का उत्तर देने के लिए है कि भारत के सन्दर्भ में हमारी नीति स्वतंत्रता के लिए लड़ने की हमारी सहज प्रवृत्ति के सन्दर्भ में परिवर्तनशील रही है साथ ही साथ इस अधिक अपमानजनक आरोप का उत्तर देने के लिए है कि यदि हम भारत को अधिक सुविधाएँ देने के लिए इच्छुक हैं तो इसलिए कि साम्राज्यवाद जिसने खेल खत्म होने का एहसास कर लिया, का पतन होने के परिणामस्वरूप है।[6]

क्रिप्स आयोग के सम्बन्ध में घोषणा ब्रिटेन की उदारवादी छवि पर अधिक दाग लगने की उपेक्षा करने हेतु राजनीतिक रूप से लिया गया निर्णय था। फिर भी, प्रारूप घोषणा पृथक होने के अधिकार के साथ डोमिनियन स्तर के वायदे के द्वारा संवैधानिक गतिरोध को दूर करने के लिए एक सकारात्मक कदम था, जिसमें प्रान्तीय विधायिकाओं द्वारा एक चुनी गयी संविधान निर्मात्री निकाय जिसमें प्रत्येक प्रान्त को शामिल होने का अधिकार दिया गया था तथा देशी रियासतों को अपने प्रतिनिधि नियुक्त करने के लिए आमंत्रित किया गया था, भी शामिल थी।[7] वाइसराय लिनलिथगो ने त्यागपत्र देने की धमकी दी[8] क्योंकि वे प्रारूप घोषणा से अप्रसन्न थे जो उनके अनुसार युद्ध संकट के समय अवाँछित थी। उनका त्याग पत्र स्वीकार नहीं किया गया तथा चर्चिल ने लिनलिथगो को क्रिप्स आयोग की नियुक्ति का विश्व जनमत विशेषकर अमेरीकियों पर प्रभाव की ओर ध्यान आकर्षित करके यह तर्क देते हुए विश्वास दिलाया कि

> ... दुर्भाग्यपूर्ण अफवाहों और प्रचार के कारण तथा सामान्य अमेरिकन दृष्टिकोण के कारण नकारात्मक दृष्टिकोण पर बने रहना असम्भव होगा तथा क्रिप्स आयोग हमारे उद्देश्य की ईमानदारी को सिद्ध करने के लिए आवश्यक है ... अगर यह भारतीय दलों द्वारा अस्वीकृत कर दिया जाता है तो विश्व के सामने हमारी ईमानदारी स्पष्ट हो जाएगी।[9]

क्रिप्स आयोग अन्ततः वापस ले लिया गया क्योंकि वाइसराय तथा कमाण्डर–इन–चीफ लॉर्ड वेवेल से उपयुक्त परामर्श नहीं हुआ था, जिन्होंने कि क्रिप्स द्वारा कांग्रेस को अत्यधिक वास्तविक अधिकार देने पर विचार करने पर चिन्ता व्यक्त की।[10] समझौता संवाद अन्ततः असफल हुआ क्योंकि कांग्रेस द्वारा गवर्नर की कार्यकारिणी परिषद के स्थान पर राष्ट्रीय सरकार की स्थापना पर जोर दिया जा रहा था। क्रिप्स ऐसी मांग को स्वीकार करने में असमर्थ थे क्योंकि इसका मतलब था संविधान का संशोधन, जो युद्ध के समय में सम्भव नहीं था। उन्होंने कांग्रेस को तत्कालीन संवैधानिक व्यवस्था को 'पूर्णरूपेण अस्थायी' तौर पर स्वीकार करने के लिए प्रेरित किया, लेकिन कांग्रेस से उसे स्वीकार नहीं किया। यह ताबूत में अंतिम कील थी तथा आयोग को वापस ले लिया गया। समकालीन शोध से स्पष्ट है कि चर्चिल इसकी सफलता के लिए इच्छुक नहीं थे और क्रिप्स के प्रयासों को प्रारम्भ से ही समाप्त कर देना चाहते थे। उन्हें भय था कि ऐसा समझौता हो सकता है, जिसके अनुसार अंग्रेजों को युद्ध के बाद वापस होने का वादा करना पड़े। जैसे ही उन्हें पता लगा कि कांग्रेस भारत में युद्धकालीन सरकार में भागीदारी करना चाहती है, ब्रिटिश प्रधानमंत्री ने तुरंत क्रिप्स को सरकार में भारतीयों की भागीदारी के सम्बन्ध में किसी प्रकार का वायदा न करने के सम्बन्ध में टेलीग्राम भेजा। दुराग्रही वाइसराय लिनलिथगो चर्चिल के लिए सुविधाजनक सिद्ध हुए। स्टेफोर्ड क्रिप्स को सरकार के अंदर से कोई समर्थन नहीं मिला और आयोग को आवश्यक रूप से वापस लेना पड़ा।[11] जैसा कि वी.पी. मेनन सूचित करते हैं, वास्तव में, चर्चिल ने हाउस ऑफ कॉमन में अपने भाषण में यह बिल्कुल स्पष्ट कर दिया कि "महामहिम की सरकार सर स्टेफोर्ड क्रिप्स को, जिस सीमा तक वे स्वयं जाना चाहते हैं, को समर्थन देने की इच्छुक नहीं है" (मेनन, 1963: 136)। क्रिप्स आयोग की नियुक्ति मित्र राष्ट्रों का समर्थन प्राप्त करने की एक रणनीति मात्र थी, यह तब स्पष्ट हो गया जब चर्चिल ने स्टेफोर्ड क्रिप्स को उनकी सफलता "यह सिद्ध करने में कि समझौते तक पहुंचने के लिए अंग्रेजों की इच्छा कितनी अधिक थी ... चारों ओर तथा अमेरिका में इसका प्रभावपूर्ण रूप से लाभ दायक था",[12] के लिए बधाई दी। यह प्रयास अंग्रेजों के प्रचार का एक हिस्सा था जिसका उद्देश्य मित्र साथियों की चिन्ता को दूर करना था। यह तर्क स्वीकार कर लिया गया, जब चर्चिल ने स्वयं 1942 में घोषणा की, 'मैं राजा का पहला मंत्री इसलिए नहीं बना हूं कि ब्रिटिश साम्राज्य को समाप्त होते देखूं।'[13] अतः यह शंका करना कठिन नहीं है, जैसा कि सुमित सरकार ने कहा, "जहाँ तक अंग्रेजों का सवाल है धोखा और दोहरे व्यवहार का तत्व था, यद्यपि इस बारे में राय भिन्न हो सकती है कि क्रिप्स स्वयं इस खेल में शामिल थे या अचेतन प्रतिनिधि थे" (सरकार, 1989: 388)।

स्टेफोर्ड क्रिप्स 22 मार्च को भारत आए और 12 अप्रैल को इंग्लैण्ड वापस चले गए। आयोग का भविष्य सिर्फ तीन सप्ताह के समय में सील बंद हो गया। भारत की स्वतंत्रता के प्रति वास्तविक चिन्ता होने के बावजूद, वे कांग्रेस अथवा मुस्लिम लीग अथवा लंदन के इण्डिया ऑफिस में अपने सहयोगियों को विश्वास दिलाने में असफल रहे। जब वे इंग्लैण्ड वापस लौटे, तो बहुत बेचैन थे जो उनके वक्तव्य में प्रकट हुआ कि "हमने अपने प्रस्ताव द्वारा प्रयास किया कि मैं भारत की विजय तथा स्वतंत्रता के मार्ग के लिए सहायता लेकर आया हूँ। लेकिन इस पल वर्तमान समझौते के सम्पन्न होने में पिछला अविश्वास बहुत अधिक सशक्त सिद्ध हुआ" (मेनन द्वारा उद्धृत, 1963: 135)। आयोग के अचानक वापस होने से और क्रिप्स की यकायक रवानगी ने कई प्रकार की शंकाओं और अनुमानों को जन्म दिया। कांग्रेस यह विश्वास करने के लिए प्रेरित हुई कि, 'क्रिप्स ने उन्हें अमेरिका में ब्रिटिश प्रचार के हित में धोखा दिया' (मैनसर्ग इत्यादि, 1970: 682)। मुस्लिम लीग प्रारम्भ से ही बहुत उत्साही नहीं थी क्योंकि क्रिप्स का कांग्रेस के साथ सत्ता में भागीदारी का प्रस्ताव 'पृथक मुस्लिम राज्य की महत्वाकांक्षा को प्रारम्भ में ही समाप्त करने' (पूर्वोक्त : 121) की दिशा में महत्वपूर्ण कदम था। क्रिप्स की 'आडम्बरी' कहकर भी आलोचना की गई, क्योंकि जब भी कभी कुछ सिद्धान्तों के आधार पर व्यावहारिक स्तर पर निश्चित समझौता होता, वे पीछे हटते और हमेशा अपना समर्थन वापस लेते, यद्यपि उन सिद्धान्तों के प्रति प्रारम्भ में वे प्रतिबद्ध होते। तत्कालीन प्रेस ने क्रिप्स के समझौते संवाद के असफल होने का कारण लंदन के भारत ऑफिस में उत्तरदायी व्यक्तियों के दुराग्रही दृष्टिकोण को बताया। ब्रिटिश सत्ता भारत में साम्राज्य छोड़ने की इच्छुक नहीं थी, क्योंकि, जैसा कि कहा जाता है, क्रिप्स आयोग महामहिम की सरकार की भारत में दुष्टतापूर्ण भूमिका की निंदा की अंतर्राष्ट्रीय राय को शांत करने के लिए छल मात्र था। कुल मिलाकर क्रिप्स आयोग पर प्रश्न–चिन्ह लगा और सरकार तथा राष्ट्रवादी शक्तियों के मध्य संवैधानिक गतिरोध दूर करने के लिए सौहार्दपूर्ण समाधान प्रस्तुत करने के बदले आयोग ने खाई को न भरने योग्य बना दिया। जिस तरीके से समझौता संवाद असफल हुआ उससे भारतीय राष्ट्रवादियों के दिमाग में यह शंका और संदेह मजबूत हुए कि 'महामहिम की सरकार द्वारा सत्ता प्रदान करने की वास्तविक इच्छा थी ही नहीं' (पूर्वोक्त : 138)। क्रिप्स आयोग कांग्रेस को समन्वयकारी नेटवर्क से जोड़ने में असफल रहा और नेताओं द्वारा इसकी अस्वीकृति से भारत छोड़ो आन्दोलन में सरकार के साथ सीधा संघर्ष प्रारम्भ हो गया। इसकी नियुक्ति भारत के बाहर देशों के मत को शायद संतुष्ट कर पाई हो, यद्यपि अंग्रेजों की दृष्टि से यह जल्दीबाजी में और पर्याप्त सोच विचार के बिना किया प्रयास था, जिसने यह स्पष्ट होता प्रतीत हुआ कि युद्ध के समय में भारत में ब्रिटिश सरकार कितनी कमज़ोर थी। गाँधी ने क्रिप्स प्रस्तावों को 'दिवालिया बैंक का भुगतान न

होने वाला चैक' (पायली द्वारा उद्धृत, 1965: 12) कहा। ऐसा लगता है कि यह गाँधी को भी अनुकूल लगता था जिन्हें यह विश्वास था कि अंग्रेज बहुत कठिन परिस्थितियों में आ गये थे। अतः 'संघर्ष के लिए तैयार थे' (मार्कोविट्स, 2002: 385)। परिणाम 9 अगस्त, 1942 को भारत छोड़ो आह्वान के रूप में आया। भारत में ब्रिटिश सरकार असहाय हो गई क्योंकि भारत छोड़ो आन्दोलन ने गति पकड़ ली थी। क्रिप्स के प्रस्ताव को उस समय जब युद्ध के समय अंग्रेजों का प्रस्थान आवश्यक हो गया था', जैसा कि ज्यूडिथ ब्राउन ने कहा कि 'एक जल्दीबाजी में लिया गया तथा ठीक से विचार न किया गया प्रयास था जो भारत के बाहर मत को संतुष्ट करने तथा भारतीय राजनीतिज्ञों को युद्ध के कठिनतम समय में सहयोग के लिए आकर्षित करने के लिए उठाया कदम था, जो भारत की स्वतंत्रता का घोषणा पत्र बन गया'' (ब्राउन, 1985: 318)।

समापन अवलोकन

औपनिवेशिक शासन के दौरान इन कुछ चुने हुए पर बड़े सीमाचिह्न संवैधानिक प्रयासों पर गैर–आलोचनात्मक दृष्टि डालें तो यह निष्कर्ष निकलेगा कि ये भारतीयों के लिए अंग्रेजों द्वारा प्रारम्भ किए गए थे। अतः, राष्ट्रवाद की भावना का अवमूल्यन है। अगर सतह के नीचे जाएं तो स्पष्ट हो जाएगा कि भारतीयों को प्रशासन में शामिल करना लोगों के असंतोष को कम करने के लिए अंग्रेजों द्वारा किये गये प्रयास का परिणाम था। अतः यह तर्क कि प्रत्येक संवैधानिक प्रयास राज द्वारा प्रारम्भ किया गया था, पूरी तरह गलत है। इतिहास से ज़ाहिर है कि कुछ ऐसी स्थितियां बनीं जिसमें ब्रिटिश सत्ता को आन्दोलन को नियंत्रित करने के लिए उपाय करने के लिए बाध्य होना पड़ा। उदाहरण के लिए, 1880 के कांग्रेस अभियान ने 1893 के सुधारों को प्रारम्भ करने में बड़ा योगदान दिया। 1909 के मार्ले–मिण्टो सुधारों के पीछे स्वदेशी आन्दोलन और क्रांतिकारी आतंकवाद था। इसी प्रकार, 1919 के माण्टेग्यू–चेम्सफोर्ड सुधार उस संकट को दूर करने के लिए किये गये प्रयास थे जो होमरूल लीग से प्रारम्भ हुए और जिनकी चरम परिणति 1919 के रौलट सत्याग्रह तथा 1920-21 के असहयोग आन्दोलन में हुई। बड़ी सीमा तक गाँधी का सविनय अवज्ञा आन्दोलन (1930-32) लोक–प्रशासन में भारतीय राजनीतिज्ञों को शामिल करने के लिए संवैधानिक उपायों को प्रारम्भ करने के लिए उत्तरदायी था।

इसके अतिरिक्त इन संवैधानिक उपायों की व्याख्या तब तक अधूरी रहेगी जब तक इन्हें उन व्यापक सामाजिक–आर्थिक और राजनीतिक प्रक्रियाओं से न जोड़ा जाए, जिनमें इनकी अवधारणा की गई। बिना व्यापक सामाजिक संरचना और आर्थिक सम्बन्धों के संदर्भों के संवैधानिक राजनीति की संरचना और आयामों

के विश्लेषण का प्रयास निष्फल होगा, क्योंकि राजनीतिक–संवैधानिक संरचना आर्थिक–सामाजिक नेटवर्क, धार्मिक–सांस्कृतिक विश्वासों को, यहां तक कि राष्ट्रवादी विचारधारा को भी, जो प्रशासनिक तथा संवैधानिक संरचना की सुगठित दुनिया पर हावी है, परिलक्षित करती है। अतः एक विश्लेषक के लिए अति आवश्यक और उपेक्षा न करने योग्य कार्य व्यापक सामाजिक–आर्थिक संदर्भों को नज़र अन्दाज़ न करना है, अपितु विशिष्ट संवैधानिक प्रयास को आकार देने में इसके सापेक्ष महत्व को सुनिश्चित करना है। उदाहरण के लिए, ऐसा माना जाता है कि 1932 का साम्प्रदायिक पंचाट अंग्रेजों द्वारा बंगाल और पंजाब में मुसलमानों के मध्य राजनीतिक गतिविधियों के विस्तार के लिए उठाया गया था, लेकिन जैसा कि अध्ययनों से स्पष्ट है, यह वह सुविधा थी जो अंग्रेजों द्वारा साम्राज्य को आसानी से बनाए रखने के लिए दी जानी आवश्यक थी। देशी अभिजनों के साथ सत्ता की भागीदारी सिर्फ अंग्रेजों की पहल के अतिरिक्त अन्य कारणों से भी प्रेरित थी।

भारत में उपनिवेशवाद का विकास विविध कारणों से शोध का रोचक क्षेत्र बना रहेगा। उनमें से महत्वपूर्ण निश्चित रूप से वह प्रक्रिया है, जिसके द्वारा उपनिवेशवाद ने दृढ़ समन्वयकारी नेटवर्क बनाकर भारत में अपनी पकड़ को मजबूत किया तथा सामाजिक–आर्थिक रूप से पृथक समुदायों के एकीकरण के प्रयासों को 'विभाजित करो और शासन करो' की रणनीति के सफलतापूर्वक प्रयोग द्वारा छिन्न–भिन्न किया। ब्रिटिश उपनिवेशवाद की शक्ति इस तथ्य में निहित है कि अपने यूरोपीय सहयोगियों से भिन्न ब्रिटिश शासकों ने अपनी उपस्थिति को न केवल शक्ति बल्कि ऐसी परिस्थितियां उत्पन्न करके बनाए रखा जिनमें वे भारतीयों, जो विभिन्न सामाजिक–आर्थिक और राजनीतिक कारणों से अत्यधिक विभाजित रहे, के लिए सर्वोत्तम सम्भावित विकल्प के रूप में उभरे। संवैधानिक सीमा चिह, जिसका हमने ऊपर विवेचन किया, उन साम्राज्यवादी प्रयासों के स्पष्ट प्रमाण हैं जिन्होंने अधिकतर अवसरों पर विरोध को आसानी से समाप्त किया। ब्रिटिश उपनिवेशवाद की विशिष्टता जनसंख्या के महत्वपूर्ण हिस्से को अंग्रेजों द्वारा प्रारम्भ किये गये शासन की व्यवस्था से जोड़ने की सफलता में थी। यह सम्भवतः उदारवादी राजनीतिक मूल्यों और व्यवहारों की ओर लोगों को विचारधारा के आधार पर मोड़ने की सफलता के कारण सम्भव हुआ। गाँधी जिन्होंने ब्रिटिश विरोधी संघर्ष की प्रकृति को क्रांतिकारी रूप से परिवर्तित कर दिया, के उभरने के पूर्व उग्र राष्ट्रवादियों को छोड़कर अधिकतर राष्ट्रवादी तीन 'पी' (पिटीशन, प्रेयर एण्ड प्रोटेस्ट यानी याचना, प्रार्थना और प्रतिरोध) से संतुष्ट थे।

इन प्रमुख संवैधानिक प्रयोगों की धार्मिक तथा सामाजक–आर्थिक आधारों पर भारत के प्रमुख समुदायों को स्थायी रूप में विभाजित करने में भूमिका थी।

हिन्दू और मुसलमान दोनों ने दृष्टि के झगड़े, विश्वासों के झगड़े और इतिहास के झगड़ों की प्रक्रिया के माध्यम से अपनी पहचान को पुनः परिभाषित किया। 1909 और 1947 के बीच के समय जब प्रमुख संवैधानिक प्रयोग किए जा रहे थे, तब राजनीतिक क्षेत्र में हिन्दुओं और मुसलमानों का एक–दूसरे के विरुद्ध समुदायों के रूप में उभरना विकृति को दर्शाता है। इस समय की विशिष्टता समुदायों का राजनीतिक इकाई के रूप में विकसित होना था, जिनके 'दूसरे' समुदाय के सदस्यों के साथ स्थायी रूप से बुरे सम्बन्ध रहे। 1937 के प्रान्तीय चुनावों में साम्प्रदायिक निर्वाचन पद्धति के प्रारम्भ करने से इसे और भी अधिक दृढ़ता प्राप्त हुई। बहुसंख्यक के सिद्धान्त की स्वीकृति के साथ बंगाल और पंजाब में सिर्फ संख्यात्मक शक्ति के कारण मुसलमान स्वतः सर्वाधिक शक्तिशाली समुदाय बन गए। दूसरे शब्दों में, इन मुसलमान बहुल प्रान्तों में सरकारी शक्तियों के वितरण को निर्धारित करने में संख्यात्मक श्रेणी के रूप में धार्मिक पहचान सम्भवतः सर्वाधिक महत्वपूर्ण मापदण्ड बन गया। 1935 के भारत सरकार अधिनियम ने, 'विभाजन करो शासन करो', रणनीति पर पुनः जोर दिया, जब उन्होंने भारत में मुसलमानों को पृथक रूप से एक विशिष्ट लेकिन उपेक्षित अल्पसंख्यकों के रूप में औपचारिक मान्यता देने की रणनीति अपनाई। यह निर्णायक संवैधानिक कदम था क्योंकि इसने न केवल बहुसंख्यक के सिद्धान्त को प्रजातंत्र में अत्यधिक आवश्यक बना दिया अपितु भारत में मुसलमानों को शासन में अपने महत्व के सम्बन्ध में आत्मचेतना प्रदान की। अब यह कहना सम्भव है कि 1935 के अधिनियम ने निश्चित रूप से राजनीतिक गतिविधियों का केन्द्र बंगाल में प्रांत के पूर्व में स्थानांतरित कर दिया। मुसलमानों में किसी अंतर्निहित उच्चता के गुणों के कारण नहीं अपितु संख्या के आधार पर चुनी हुई विधायिका में, जैसा कि एक समकालीन प्रतिवेदन प्रस्तुत करता है, "संख्या का वजन मुखर है और ईस्ट बंगाल के बड़ी संख्या में लोग ... उनमें से साठ प्रतिशत मुसलमान होने के कारण प्रांत के दक्षिण–पश्चिम और सुदूर उत्तर के अधिक शिक्षित हिन्दुओं पर संख्या के कारण भारी पड़े।"[14] राजनीतिक शक्ति के सामाजिक आधार पर व्यापक पुनः गठजोड़ के संदर्भ में शक्ति का स्थानान्तरण गांव की ओर हुआ।

1935 का भारत सरकार अधिनियम सर्वाधिक महत्वपूर्ण संवैधानिक प्रयास था जिसमें औपनिवेशिक शासकों द्वारा गम्भीरता से राष्ट्रवादी उत्साह, निश्चित रूप से औपनिवेशिक प्रशासनिक संरचना के अंतर्गत, को समाहित करने का प्रयास किया गया। यह भारत में शासितों की बढ़ती प्रजातांत्रिक महत्वाकांक्षाओं को संवैधानिक साधनों से औचित्य प्रदान करने के प्रयासों का भी सूचक है। यह रोचक है कि 1935 का अधिनियम का स्वतंत्र भारत के 1950 के संविधान के बनने पर अत्यधिक प्रभाव रहा। वर्तमान संविधान के लगभग 250 वाक्यांश, वस्तुतः, भारत शासन अधिनियम से लिए गए थे। यद्यपि स्वतंत्र भारत की

राजनीतिक व्यवस्था सार्वभौमिक वयस्क मताधिकार तथा राजनीतिक संप्रभुता पर आधारित है, लेकिन नियम निस्संदेह औपनिवेशिक अतीत से निःसृत हुए। सर्वाधिक महत्वपूर्ण प्रावधान जो 1935 के अधिनियम से भारत के संविधान से लिये गये वे राष्ट्रपति का प्रजातांत्रिक रूप में चुनी सरकार को समाप्त करने के आपातकालीन प्रावधान तथा नागरिकों के मूलभूत अधिकार हैं।

इसमें कोई संदेह नहीं है कि भारत में उपनिवेश के बाद राज्य ने शासन की आदतों को औपनिवेशिक व्यवहारों से विरासत में पाया तथा इसकी वैश्विक दृष्टि 'औपनिवेशिक शासन की मिश्रित विरासत', जो विधि का शासन, नौकरशाही, नागरिकता, पराश्रयी भू–स्वामी, आधुनिक राजनीतिक संस्थाएं तथा 'प्रतिरोध और भागीदारी की दुधारी परम्परा' (मित्रा, 2004: 29-34) पर आधारित है। भारत में उपनिवेशवाद के तुलनात्मक रूप से स्थायित्व के लिए उत्तरदायी निःसंदेह रूप से इसकी स्वयं की सामाजिक–राजनीतिक परिस्थितियों के अनुकूल होने की क्षमता थी तथा धीरे–धीरे लेकिन लगातार औपनिवेशिक शासन की प्रजा द्वारा उसके प्रभुत्व को आत्मसात करना था क्योंकि प्रभुत्व सहन करने वालों ने अपनी स्वयं की भलाई इसमें देखी जिसे एक विश्लेषक उपनिवेशवाद को, 'अंतरंग दुश्मन' कहने को प्रेरित हुए (नंदी, 1989)। उपनिवेशवाद को इस प्रकार पूरे तरीके से बुराई के रूप में नहीं देखा जाना चाहिए अपितु भविष्य में स्वतंत्र राष्ट्र के रूप में भारत के उत्थान के पूरक के रूप में देखा जाना चाहिए। यह वक्तव्य राजनीतिक रूप से हो सकता है, उचित न हो। फिर भी, सुरक्षित रूप से यह कहा जा सकता है कि उपनिवेशवाद ने विभिन्न प्रक्रियाओं को महत्वपूर्ण प्रेरणा दी, जिसके परिणामस्वरूप भारत में साम्राज्य के विरुद्ध गम्भीर राजनीतिक सक्रियता प्रारम्भ हुई। चाहे राष्ट्रवाद हो या प्रजातंत्रीकरण, उनकी जड़ें उपनिवेशवाद के लम्बे इतिहास में निहित हैं और इस अर्थ में भारत के 1947 में स्वतंत्र राष्ट्र के रूप में उभरने के पीछे उपनिवेशवाद महत्वपूर्ण ताकत रहा।

टिप्पणियां

1. इण्डिया ऑफिस रिकॉर्ड (अबसे आई.ओ.आर.), एम.एस.एस., ई.यू.आर., सी. 231/1(10): साइमन कमीशन की नियुक्ति पर लॉर्ड सभा में बहस, 23 जुलाई 1927।
2. शफद अहमद खान, इण्डियन फेडरेशन, 1937 (पायली द्वारा उद्धृत, 1965: 90)।
3. आई.ओ.आर., एम.एस.एस., ई.यू.आर., सी. 231/1(10), लार्ड सभा में बहस, 22 अगस्त, 1927।
4. मोतीलाल नेहरू रिपोर्ट, अगस्त 1928, राव द्वारा पुनः प्रस्तुत (2004: 59)।
5. विन्सटन चर्चिल का वक्तव्य, उद्धृत मेनन (1963: 116)।

6. आई.ओ.आर., लंदन, एम.एस.एस., ई.यू.आर., एफ. 125/11, लिनलिथगो पेपर्स, एम्री द्वारा लिनलिथगो को, 17 जून 1942।
7. क्रिप्स आयोग के विस्तार के लिए देखें, मूर (1979)।
8. आई.ओ.पी., लंदन एम.एस.एस., ई.यू.आर., एफ. 180.9 सी, डब्ल्यू.एच.जे. क्रिस्टी के संस्करण (वाइसराय के ऑफिस में एक आई.सी.एस. ऑफिसर), पृ. 11।
9. चर्चिल द्वारा लिनलिथगो को, 10 मार्च 1942, मैनसर्ग इत्यादि में, (1970: 394-405)।
10. स्टैफोर्ड क्रिप्स को युद्ध मंत्रिमण्डल का टेलीग्राम, 18 अप्रैल 1942, मैनसर्ग इत्यादि में (1970: 670)।
11. क्रिसिपिन बेट्स द्वारा *सबऑल्टर्न एण्ड राजः साउथ एशिया सिन्स 1600* में कहा गया (2007: 157)।
12. चर्चिल द्वारा स्टैफोर्ड क्रिप्स को, 28 अप्रैल 1942, मैनसर्ग इत्यादि में (1970: 707-08)।
13. विन्सटन चर्चिल का मैन्शन हाउस में भाषण, लंदन, 10 नवम्बर 1942, जैसा कि *न्यूयार्क टाइम्स* में 11 नवम्बर 1942 में प्रस्तुत, बेट्स द्वारा उद्धृत (2007: 155)।
14. आई.ओ.आर., टाइसन पेपर्स, ई.यू.आर., ई. 341/4 जॉन टाइसन के नोट, 5 जुलाई 1947।

सन्दर्भ

बन्धोपाध्याय, शेखर, 2004, *फ्रोम प्लासी टू पार्टीशनः ए हिस्ट्री ऑफ मॉडर्न इण्डिया*, नई दिल्ली, ओरियन्ट लोंगमैन।

बेट्स, क्रिसपिन, 2007, *सबऑलटर्न एण्ड राजः साउथ एशिया सिन्स 1600*, लंदनः रूटलेज।

ब्राउन, जुडिथ, 1985, *मॉडर्न इंडियाः द ओरिजिन्स ऑफ एन एशियन डेमोक्रेसी*, नई दिल्ली, ऑक्सफोर्ड यूनिवर्सिटी प्रेस।

कूपलैण्ड, आर., 1944, *इण्डियन पॉलिटिक्स, 1936-1942: रिपोर्ट ऑफ द कॉन्स्टीट्यूशनल प्रोब्लम इन इण्डिया*, पार्ट II, मद्रास, ऑक्सफोर्ड यूनिवर्सिटी प्रेस।

मैनसर्ग, एन., ई.डब्ल्यू.आर. लुम्बी एवं ई.पी. मून (सम्पादक) 1970, द *ट्रांसफर ऑफ पॉवर, 1940-47*, वॉल्यूम I, लंदन, एच.एम.एस.ओ.।

मार्कोविट्ज, क्लॉड (सम्पादक), 2002, *ए हिस्ट्री ऑफ मॉडर्न इण्डिया, 1480-1950*, लंदन, ऐंथम प्रेस।

मेनन, वी.पी., 1963, द *ट्रांसफर ऑफ पॉवर इन इण्डिया*, रीप्रिन्ट, मद्रास, ओरियन्ट लोंगमैन।

मित्र, सुब्रत, 2004, 'कॉन्स्टीट्यूशनल डिजाइन, डेमोक्रेटिक वोट काउन्टिंग एण्ड इण्डियाज' फोरट्यूशज मल्टीकल्चरलिज्म', वर्किंग पेपर, नवम्बर, साउथ एशिया इन्स्टीट्यूट, हाइडलबर्ग यूनिवर्सिटी।

मूअर, आर.जे., 1979, *चर्चिल, क्रिप्स एण्ड इण्डिया, 1939-45*, ऑक्सफोर्डः क्लेरेण्डन प्रेस।

नन्दी, आशीष, 1989, द *इन्टिमेट एनिमीः लॉस एण्ड रिकवरी ऑफ सेल्फ अण्डर कोलोनियलिज्म*, रीप्रिन्ट, नई दिल्ली, ऑक्सफोर्ड यूनिवर्सिटी प्रेस।

नेहरू, जवाहरलाल, 1941, *एन ऑटोबायोग्राफीः विद् म्यूजिंग्स ऑन रीसेन्ट ईवेन्ट्स इन इण्डिया*, लंदनः जॉन लेन, द बोडली हैड।

पायली, एम.वी., 1965, *कॉन्स्टीट्यूशनल गवर्नमेन्ट इन इण्डिया*, सैकण्ड एडीशन, लंदन, एशिया पब्लिशिंग हाउस।

राव, बी., शिवा, (सम्पादक), 2004, द *फ्रेमिंग ऑफ इण्डियाज कॉन्स्टीटयूशनः सलेक्ट डॉक्यूमेंट्स*, वॉल्यूम 1, रीप्रिन्ट नई दिल्ली, यूनिवर्सल लॉ पब्लिशिंग कम्पनी प्राइवेट लिमिटेड।

सरकार, सुमित, 1989, *मॉडर्न इण्डिया, 1885-1947*, नई दिल्ली, मैकमिलन।

टेलर, एस.जी., 1941, 'मैमोयर्स (टी.एस.एस.) ऑफ एस. जी. टेलर, इन्सपेक्टर जनरल ऑफ पुलिस, बंगाल, 1941-43', कैम्ब्रिज, सेन्टर ऑफ साउथ एशियन स्टडीज।

16

राष्ट्रवादी आन्दोलन के सामाजिक–आर्थिक आयाम

अध्ययन का उद्देश्य

- भारत में साम्प्रदायिक मुद्दे और विभाजन का परीक्षण करना।
- स्वतंत्रता से पहले के सामाजिक–आर्थिक आन्दोलन के व्यापक सूत्रों को समझना।
- सामाजिक–आर्थिक आन्दोलनों का भारत में राष्ट्रीय चिन्तन को आकार देने में योगदान को खोजना।

देश में राष्ट्रवादी आन्दोलन के विकास के प्रारंभ के समय से दो स्पष्ट रूप से भिन्न पर आन्तरिक रूप से अन्तर्सम्बन्धित विचारों और कार्यों की धाराएँ आन्दोलन के साथ पूरी यात्रा में चलती रहीं। एक, निसंदेह रूप से, आन्दोलन का मुख्य और प्रत्यक्ष ध्यान जनता में राजनीतिक चेतना जगाकर देश में राजनीतिक स्वतंत्रता प्राप्त करने के विचार पर केन्द्रित रहा। परिणामस्वरूप आन्दोलन धीरे–धीरे तर्क, याचिका, प्रार्थना, और जो कि देश के पश्चिमी शिक्षित अभिजनों तथा उदारवादी बुद्धिजीवियों के छोटे वर्ग द्वारा प्रारंभ किया गया, जो अधिराज्य स्थिति के लिए तैयार थे, से जन आन्दोलन में परिवर्तित हुआ, जिसमें अधिकतम आक्रामक, सामान्य श्रेणी तथा भारतीयकरण प्रकार के नेता थे जो पूर्ण स्वराज से कुछ भी कम लेने को तैयार नहीं थे। दो, राष्ट्रवादी आन्दोलन से उत्पन्न प्रत्यक्ष और वांछित राजनीतिक चेतना के साथ सामाजिक और आर्थिक जागृति की पुनः शोधित पद्धति भी लोगों के मस्तिष्क में प्रारंभ हुई, जो असंतुलित नहीं अपितु सम्पूर्णता लिए हुए स्वतंत्रता चाहते थे। परिणामस्वरूप देश के विभिन्न भागों में अनेक सामाजिक और आर्थिक आन्दोलन प्रारंभ हुए, जिनका उद्देश्य देश में राजनीतिक स्वतंत्रता प्राप्त करने के समय समतामूलक समाज तथा बराबरी पर आधारित आर्थिक संरचनाओं को लोगों के लिए सुनिश्चित करना था।

देश में विभिन्न सामाजिक–आर्थिक आन्दोलनों का बढ़ता महत्व एक ओर तो मुख्यधारा के राष्ट्रवादी आन्दोलन की विशेषता को, तथा दूसरी ओर सामाजिक–आर्थिक आन्दोलनों के प्रतिपादकों के जटिल दृष्टिकोणों को परिलक्षित करता है। आवश्यक रूप से, राष्ट्रवादी नेता, यदि पूरी तरह नहीं तो मुख्य रूप से, ब्रिटिश उपनिवेशवाद से देश को मुक्ति प्राप्त कराने में रुचि रखते थे। अतः भारत की राजनीतिक स्वतंत्रता उनके लिए अंतिम लक्ष्य था, जिसमें जनता की सामाजिक–आर्थिक मुक्ति का उनकी योजना में या तो कोई स्थान नहीं था या राजनीतिक मुक्ति से उनका स्थान दूसरा था। अतः गाँधी जैसे राष्ट्रवादी नेताओं का ध्यान लोगों की सामाजिक–आर्थिक मुक्ति की ओर गया जैसा कि, अनुसूचित जाति के मामलों में, तब इन मुद्दों ने एक ओर तो राष्ट्रवादी आन्दोलन के वेग में बाधा उत्पन्न की तथा दूसरी ओर देश की सामाजिक–आर्थिक संरचना को छिन्न–भिन्न किया। फिर भी, विभिन्न सामाजिक–आर्थिक आन्दोलनों के सम्बन्ध में जो बात रोचक थी, वह यह कि प्रत्येक आन्दोलन के उद्देश्य, पद्धति, लक्ष्य समूह, राष्ट्रवादी आन्दोलन के प्रति दृष्टिकोण साथ ही ब्रिटिश शासन के नेतृत्व और उनकी सफलता और असफलता के सम्बन्ध में जटिलता थी। उदाहरण के लिए राष्ट्रवादी आन्दोलन के समर्थन के मुद्दे पर दलित आन्दोलन तथा महिला आन्दोलन के दृष्टिकोण में विरोध आश्चर्यजनक था, क्योंकि पूर्ववर्ती का राष्ट्रीय आन्दोलन के समर्थन के सम्बन्ध में दृष्टिकोण दुविधापूर्ण था, जबकि परवर्ती का दृष्टिकोण राष्ट्रवादी आन्दोलन को, महिला स्वतंत्रता के हित में मुख्य रूप से काम करने के साथ, पूर्ण समर्थन देने का था। अतः यह अध्याय देश में महत्वपूर्ण सामाजिक–आर्थिक आन्दोलनों के विशिष्ट लक्षणों और मुद्दों का विश्लेषण प्रस्तुत करना चाहता है जो परम्परागत राजनीतिक आयाम के विपरीत राष्ट्रवादी आन्दोलन का गैर–परम्परावादी पक्ष प्रस्तुत करता है।

साम्प्रदायिकता तथा विभाजन

'विभाजन दो अधिराज्यों की संवैधानिक स्थापना का क्षण है, जिसमें रक्तपात सम्मिलित है' (पाण्डेय, 1994:215)। पृथक मुस्लिम राज्य के लिए माँग करते हुए 1940 का लाहौर प्रस्ताव पाकिस्तान या मुस्लिम लीग द्वारा विभाजन की पहली आधिकारिक घोषणा थी। यद्यपि 'पाकिस्तान' शब्द कहीं भी इंगित नहीं किया गया था, तथापि मुसलमानों के लिए एक स्वतंत्र राज्य की मांग करके प्रस्ताव ने सम्प्रभु मुस्लिम राज्य के लक्ष्य को ठोस रूप में प्रस्तुत किया। इसके अतिरिक्त, यह कहा गया कि भारतीय मुसलमान भारत के उत्तर–पश्चिम तथा पूर्वी भाग में बहुसंख्या में हैं जिसे भावी संवैधानिक समझौतों में हिन्दू बहुसंख्या के समान माना जाये। प्रस्ताव में निहित विचार नया नहीं था। लीग 'जिसे अब तक भारत के मुसलमानों का समर्थन प्राप्त हो गया था', के वार्षिक अधिवेशन में चूँकि यह औपचारिक रूप

से प्रस्तावित किया गया पर, जैसा कि खलीकुजामन (1961) ने स्मरण किया "एक ज्वालामुखी था, जिसने अति प्राचीन राजनीतिक पद्धति जिसने भारतीय मुसलमानों के मस्तिष्क को एक सदी तक प्रभाव में रखा", को जड़ से उखाड़ फेंका तथा एक निश्चित लक्ष्य के लिए सीधे चल पड़ने के लिए मार्ग बनाया'। प्रस्ताव पर लिखते हुए एडवर्ड बेंथॉल, जो वाइसराय की परिषद के महत्वपूर्ण सदस्य थे, ने जोर दिया कि "पाकिस्तान को हल्के रूप में एक तरफ कर देना खतरनाक होगा, क्योंकि इसमें सन्देह नहीं कि योजना ने पूरे भारत के लाखों मुसलमानों की कल्पना को प्रज्वलित कर दिया है" (बेंथॉल, 1940:8)।[1] लॉर्ड बेवेल जो वाइसराय थे, ने भी बेंथॉल के मूल्यांकन का समर्थन करते हुए माना कि "बड़ी संख्या में मुसलमानों के लिए यह एक बड़ी वास्तविक संभावना है तथा इसकी सशक्त भावनात्मक अपील है।"[2] अतः हम खुले रूप में पाकिस्तान को अस्वीकार नहीं कर सकते, जब तक कि हमें उसके स्थान पर कुछ और देने को नहीं है।[3]

पाकिस्तान की संभावना पर संदेह होते हुए भी औपनिवेशिक शक्ति मुस्लिम लीग द्वारा प्रस्तावित दावे के प्रति धीरे–धीरे संवेदनशील होती जा रही थी। 1945 तक, न केवल लीग ने जोर दिया 'भारत की जटिल संवैधानिक समस्या का एकमात्र समाधान भारत का विभाजन है अपितु,[4] इसके चुनाव अभियान भी पाकिस्तान के मुद्दों पर आधारित होते थे। अगर मुसलमानों ने 1946 के चुनावों में लीग के पक्ष में मतदान किया 'तो लीग किसी खोज या मतदान के बिना पाकिस्तान को माँगने के लिए अधिकृत हो गई।'[5] चुनाव अभियान के दौरान जिन्ना ने पाकिस्तान बनाने के लिए क्षेत्रों की पहचान भी की। उनके अनुसार वे क्षेत्र, जहाँ मुसलमान बहुसंख्या में हैं, स्वाभाविक रूप से पाकिस्तान के हैं। अतः भारत के उत्तर–पश्चिम में सिन्ध, बलूचिस्तान, उत्तर–पश्चिमी सीमान्त प्रान्त तथा पंजाब तथा उत्तर पूर्व में बंगाल तथा असम प्रान्त पाकिस्तान के लिए चिहित किए गए। उन्होंने घोषणा की, आने वाले चुनाव "मामले को सदैव के लिए सुनिश्चित कर देंगें, जब वे सम्पूर्ण हो जायेंगे, और पाकिस्तान यथार्थ स्वरूप ग्रहण कर लेगा।"[6] उनके लीग के साथियों ने मुसलमान मतदाताओं की धार्मिक भावनाओं का प्रयोग यह कहकर किया कि 'प्रश्न जिसका उत्तर देने के लिए मतदाता को बुलाया है–आप आस्तिक हैं या नास्तिक और, विश्वासघाती हैं।'[7] जैसा कि चुनाव परिणामों से स्पष्ट हुआ कि 1946 के चुनाव लीग के लिए लोकनिर्णय थे।[8] 1937 के प्रथम प्रान्तीय चुनावों में मुसलमान बहुल प्रान्तों में लीग अपना प्रभाव नहीं सिद्ध कर पायी, नौ वर्षों के भीतर 1946 में अधिकतम, यदि सभी स्थानों पर नहीं तो, मतदान के द्वारा अधिकतम स्वाभाविक शक्ति के साथ मुसलमानों की यह एकमात्र प्रतिनिधि बन गई। यह नेतृत्त्व और संगठन दोनों की दृष्टि से महत्वपूर्ण उपलब्धि थी।

1946 के चुनावों में मुस्लिम बहुल प्रान्तों में मुस्लिम लीग के पक्ष में सन्देहरहित परिणाम ने भारत के राजनीतिक परिदृश्य को क्रांतिकारी रूप से परिवर्तित कर दिया, जिसमें सत्ता हस्तान्तरण के अंतिम चरण में अंग्रेजों के साथ समझौते में लीग शक्तिशाली दल के रूप में उभरी। मुसलमान राजनीतिक अल्पसंख्यक से अधिक वास्तव में एक महत्त्वपूर्ण राजनीतिक अस्तित्व हैं, के विचार ने कांग्रेस मंत्रियों के त्यागपत्र तथा युद्ध प्रयासों में सहयोग न करने के बाद गति पकड़ ली। उस विशिष्ट सन्दर्भ में लीग भावी संवैधानिक समझौतों में अंग्रेजों के साथ बातचीत में कांग्रेस से समानता के लिए शक्तिशाली होकर उभरी। इसके अतिरिक्त, 1946 के चुनाव परिणामों के बाद भारतीय मुसलमानों के हितों के लिए बोलने वाली अकेली संस्था होने के दावे को न्यायोचित ठहराना लीग के लिए आसान हो गया। परिणाम घोषित होने के तुरंत बाद लीग ने अपने अप्रैल के सत्र में लाहौर प्रस्ताव को संशोधित किया, जिसमें 'स्वतंत्र राज्य' के स्थान पर अब 'सम्प्रभु स्वतंत्र मुस्लिम राज्य'[9] की मांग, संभवतः एक मुसलमान संवैधानिक इकाई को प्राप्त करने के लिए की गयी। वास्तव में लीग की समानता की मांग 'इस बात पर आधारित थी कि यह मुसलमान राष्ट्र के रूप में पहचाने जाने वाली संगठित इकाई की एकमात्र प्रतिनिधि है' (शेख, 1986: 547-48)। 'स्वतंत्र राज्य' की मांग करके पाकिस्तान प्रस्ताव ने "मुस्लिम एकता के विचार को तथा इसके साथ लीग की राजनीतिक विचारधारा के आधार को कम समझने पर धमकी दी" (पूर्वोक्त)।

सत्ता हस्तान्तरण के ठीक एक वर्ष पहले लीग ने 1946 के शिमला सम्मेलन में कांग्रेस से समकक्षता प्राप्त कर ली, लीग और कांग्रेस का प्रतिनिधित्व समान हो गया।[10] लाहौर प्रस्ताव के रूप में जो आया था वह सम्भव हो गया तथा जिन्ना की अपील, 'निश्चित विचार को अनिश्चित करना ... मुसलमान अल्पसंख्यक हैं जो बहुत समय तक चलता रहा,'[11] को अन्ततः यथार्थ में बदला गया। अतः महाविभाजन के पूर्व सम्पूर्ण संवैधानिक समझौते में मुसलमानों की भूमिका को महत्त्वपूर्ण रूप से परिवर्तित करने में न केवल *कायदेआजम* सफल हुए अपितु उन्होंने मुसलमान समुदाय को 'विविधतापूर्ण समाज से परिवर्तित समरूप राष्ट्र के लिए सीमा संप्रभुता' (जलाल, 1918: 2185) सुनिश्चित करके एक राष्ट्र में परिवर्तित कर दिया।[12] अतः जिन्ना के लिए मुस्लिम समुदाय एक अमूर्त ऐतिहासिक राजनीतिक अस्तित्व नहीं अपितु एक पृथक राज्य था जिसके विशिष्ट हित थे और जिसे अल्पसंख्यक मात्र नहीं माना जा सकता था (ब्रास, 1991: 94)।

मुस्लिम सांप्रदायिक तत्वों के संगठित होने से हिन्दू सांप्रदायिकता भी उभरी।[13] विशेषकर कलकत्ता दंगों के तुरंत बाद हिन्दू सांप्रदायिकता, धमकी, शक्ति तथा हिंसा का सहारा लेने के कारण खतरे की सीमा तक पहुँच गयी। पाकिस्तान की मांग को समाप्त करने के लिए हिन्दू महासभा द्वारा बैठकें

आयोजित की गईं और इसके नेता वी.एस. मूनजी (1946 ए) ने आवश्यकता होने पर हिंसा का समर्थन करते हुए हिन्दुओं की साम्प्रदायिक आक्रमण से रक्षा करने के लिए अभियान प्रारंभ किया। 1946 के बिहार दंगों में संभवतः इसका विकृत रूप प्रकट हुआ जहाँ संगठित हिन्दुओं ने पटना, गया और मुंगेर जिले के मुसलमान गाँव को साफ कर दिया। हिन्दू महासभा, जिसकी प्रत्यक्ष भूमिका थी, के अतिरिक्त, कांग्रेस कार्यकर्त्ताओं ने भी कई मामलों में दंगों को भड़काया। बिहार दंगों ने हिन्दुओं को बंगाल तथा असम के कुछ हिस्सों में जहाँ वे अल्पसंख्या में थे, खराब स्थिति में पहुँचा दिया। बंगाल के विभाजन के लिए आन्दोलन को सशक्त करने वाली भावना निश्चित रूप से यह थी कि 'लीग शासित बंगाल में हिन्दू सुरक्षित नहीं थे।'[14] कांग्रेस नेतृत्व ने धीरे–धीरे समझा कि अवांछित होते हुए भी बंगाल (तथा पंजाब) के विभाजन का वास्तव में कोई विकल्प नहीं था। महासभा द्वारा प्रायोजित विभाजन के लिए सांप्रदायिक अभियान के प्रति आधिकारिक समर्थन देने में हिचकिचाहट से ग्रामीण बंगाल के बड़ी संख्या में हिन्दुओं में पृथकता का भाव आया। कांग्रेस को 'हिन्दुओं के जीवन की सुरक्षा तथा मुस्लिम चुनौतियों का सामना करने में अक्षम' (मूनजी, 1946 बी) के रूप में पहचाना गया। यह स्पष्ट होने लगा कि "कांग्रेस के इस दावे में कि वह भारत का प्रतिनिधित्व करती है, कम से कम सत्य है क्योंकि मुसलमान व अन्य अल्पसंख्यकों के प्रतिनिधित्व के दावे को छोड़ यह सारे हिन्दुओं के प्रतिनिधित्व का भी दावा नहीं कर सकती,"[15] निश्चित रूप से इससे हिन्दू महासभा एकमात्र प्रतिनिधि के रूप में और श्यामा प्रसाद मुखर्जी हिन्दुओं के एकमात्र प्रवक्ता के रूप में उभरे।

बी.आर. अम्बेडकर ने अपनी पुस्तक *पाकिस्तान और पार्टिशन ऑफ इण्डिया* 1945 में हिन्दुओं और मुसलमानों के मध्य गहरे बैठे अविश्वास को देखते हुए पाकिस्तान के दावे को सर्वाधिक उचित मानते हुए उसका समर्थन किया। इकबाल के पाकिस्तान की मांग के समर्थन के लिए दिये गये तर्क का सन्दर्भ अप्रासंगिक नहीं होगा। द्वि–राष्ट्र सिद्धान्त के प्रारूप में पाकिस्तान की अवधारणा करते हुए इकबाल ने भारत के उत्तर–पश्चिमी हिस्से और बंगाल को मिलाकर मुसलमान राज्य के निर्माण के लिए सीमा के पुनर्विभाजन का मानचित्र प्रस्तुत किया था (दत्ता, 2002: 5037)। पाकिस्तान की उनकी रूपरेखा, संघीय व्यवस्था में प्रान्तों को अधिकतम स्वायत्तता के साथ भाषा, नस्ल, इतिहास, धर्म तथा आर्थिक हित पर आधारित थी। मुसलमानों की पहचान की सुरक्षा करने तथा सशक्त राजनीतिक इकाई बनाने के लिए उन्होंने उत्तर–पश्चिमी राज्यों के पंजाब, फ्रंटियर, सिन्ध तथा बलूचिस्तान को एक राज्य के अन्तर्गत शामिल करने का विचार सुझाया, जिसमें जनसंख्या के आधार पर मुसलमानों की बहुतायत के कारण बंगाल आवश्यक रूप से शामिल था। इस प्रकार का राज्य मुसलमानों में

एकता के बंधन को 'उत्तरदायित्व और देशभक्ति की भावना' को उत्पन्न करके दृढ़ करेगा। अम्बेडकर से भिन्न, जिनका ब्रिटिश शासन के पश्चात् उपमहाद्वीप के उपयुक्त प्रशासन का एक यथार्थवादी लक्ष्य था, इकबाल का अधिक व्यापक आध्यात्मिक उद्देश्य 'इस्लाम' की रचना का था जो "अरब साम्राज्यवादी प्रभाव को बनाए रखने में समक्ष है जिसने इसकी सभ्यता, संस्कृति, शरीयत तथा शिक्षा को सदियों से जोड़कर रखा है" (पुरी, 2003: 491)।

पिछड़ी जातियों के आन्दोलन

जाति, जिसे 'हिंदूवाद की लौह संरचना' (देसाई, 1976: 243) कहा गया है, प्राचीन समय से भारतीय समाज की अन्तर्निहित विशिष्टता रही है। मौलिक वर्ण–व्यवस्था के नष्ट होते विभिन्न विकल्पों से अनेक जाति और उपजातियों के जन्म का अनुभव करने के बाद आधुनिक समय में, देश में जाति–प्रथा भारत में जातीय आन्दोलन के व्यापक सूत्रों को समझने के लिए तीन सामाजिक विचारों पर केन्द्रित रही है। पहली, उच्च वर्ग जिसे *द्विज* (दुबारा जन्मा हुआ जिसे पवित्र सूत्र, जनेऊ धारण करने का अधिकार) की स्थिति प्राप्त है, में ब्राह्मण और क्षत्रिय आते हैं जो पारम्परिक रूप से समाज में अधिकार सम्पन्न हैं तथा या तो वे सत्ता के पद पर रहे या शासन द्वारा प्रदत्त संरक्षण और सुविधाओं का उन्होंने आनंद उठाया। द्वितीय, बड़ी संख्या में वे लोग जो मध्यमजाति के हैं, जो द्विज से नीचे और दलित से ऊपर हैं। 'पिछड़ी जातियों' के रूप में पहचाने जाने वाले लोगों का यह वृहद् समूह सामाजिक–आर्थिक विविधता के लोगों का है–एक ओर तो अत्यंत समृद्ध, प्रभावशाली तथा उच्च जाति तक पहुँचते लोग हैं जैसे उत्तर प्रदेश और बिहार के कायस्थ, राजस्थान और हरियाणा के जाट तथा गुजरात के पाटीदार आदि और दूसरी ओर, बहुसंख्यक काश्तकार, छोटे और सीमान्त किसान तथा खेतिहर मजदूर, दस्तकार तथा अन्य सेवीवर्ग जातियाँ हैं जो देश के लगभग सभी राज्यों में हैं, तीसरी, पदक्रम में सबसे नीचे पायदान पर अछूत या अनुसूचित जाति या दलित हैं जो न केवल उच्च जाति के हाथों, अपितु कुछ प्रभावशाली पिछड़ी जातियों के हाथों भी शोषित हुए। इस भाग में अध्ययन का केन्द्र वे आन्दोलन हैं जो द्वितीय श्रेणी की जातियों द्वारा चलाए गए।

भारत में पिछड़ी जातियों के आन्दोलन के प्रारंभ को पिछड़ी जातियों के तुलनात्मक रूप से प्रभावशाली वर्ग के मध्य संस्कृतीकरण की प्रवृत्ति में ढूँढी जा सकती है जो अपने से उच्च समझी जाने वाली जातियों के रीति–रिवाज, तौर–तरीके तथा प्रतिबन्धों को अपनाकर अपने लिए उच्चतर स्थिति प्राप्त करना चाहते थे। ब्रिटिश पूर्व–काल में जाति गतिशीलता में राजनीतिक व्यवस्था का गतिरोध नहीं था तथा बहुतायत में बिना दावे की भूमि की उपलब्धता से लोगों को

एक स्थान से दूसरे स्थान पर जाने की सुविधा प्राप्त होती थी, देश में औपनिवेशिक राज्य की स्थापना ने दोनों परिदृश्यों में परिवर्तन कर दिया जिससे लोगों के पास संस्कृतीकरण के माध्यम से अपने सामाजिक स्तर में ऊपर की ओर गतिशील होने के अलावा कोई विकल्प नहीं बचा। इसके अतिरिक्त, 1880 के बाद क्रमिक चुनावी राजनीति प्रारंभ होने के साथ सामाजिक स्वीकृति, नौकरियों तथा राजनीतिक लाभ के लिए स्वार्थी तथा संकुचित दृष्टिकोण से संघर्ष के लिए अपनी जाति के लोगों को संगठित करना विभिन्न जातियों के प्रभावशाली लोगों की रुचिकर रणनीति बन गई।

इस दृष्टि से देश के विभिन्न भागों में पिछड़ी जाति के आन्दोलन को आयोजित करने की दो विशिष्ट पद्धतियाँ दृष्टिगत होती हैं। पहली, कुछ क्षेत्रों में, मुख्य रूप से दक्षिणी और पश्चिमी भारत में आन्दोलन का मुख्य उद्देश्य, गैर–ब्राह्मण जातियों द्वारा अपनी जातियों के लिए ब्रिटिश सरकार से राजनीतिक और प्रशासनिक सुविधाएँ जो अभी तक मुख्य रूप से ब्राह्मणों द्वारा प्राप्त कर ली गयी थीं, को प्राप्त करने का रहा। अतः प्राचीन मद्रास प्रेसीडेन्सी में बलाला, रेड्डी तथा कामा, मैसूर में वोकलिंग, लिंगायत तथा महाराष्ट्र में मराठा जातियों द्वारा प्रारंभ किए आन्दोलन गैर–ब्राह्मणवाद् में निहित हैं, जिसमें जाति के विरुद्ध आक्रमण को एक ओर तो ब्राह्मणवादी दमन के हथियार के रूप में प्रारंभ किया गया और दूसरी ओर जाति सम्बन्धी कमजोरियों को दूर करने के लिए ब्रिटिश सरकार से समर्थन की कामना की गई थी। दक्षिण और पश्चिमी भारत के गैर–ब्राह्मण आन्दोलन के विपरीत उत्तर–भारत में पिछड़ी जातियों के आन्दोलन में ब्राह्मणों के विरुद्ध बदलाव की दृढ़ इच्छा नहीं दिखाई पड़ती, क्योंकि 'ब्राह्मण [उत्तर में] आधुनिक शिक्षा और सरकारी रोजगार की दृष्टि से समान रूप से पिछड़े थे (राव, 1979: 11)। अतः उत्तर–पूर्वी तथा उत्तर–पश्चिमी क्षेत्र में पिछड़ी जातियों का आन्दोलन ब्राह्मण विरोधी जातियों के मध्य मतभेद से प्रेरित था। अतः मध्यस्थित जातियों जैसे बिहार में अहीर और कुर्मी, उड़ीसा में तेली, पंजाब में नौनिया और गुजरात में कोली इत्यादि पिछड़ी जातियों के आन्दोलन ने समाज की परम्परागत संरचना को छिन्न–भिन्न करने के स्थान पर हिन्दू समाज के पदक्रम में अपने लिए संस्कृतीकृत स्थिति को प्राप्त करने का प्रयास किया।

भारत में पिछड़ी जातियों के आन्दोलन पश्चिमी और दक्षिणी भारत के समाज–सुधारकों द्वारा 19वीं सदी के अंतिम चरण में प्रारंभ किए गए प्रतीत हुए। यह रोचक है कि, "महाराष्ट्र और तमिलनाडु में ब्राह्मण विरोधी आन्दोलन अछूतों सहित विभिन्न जातियों द्वारा प्रारंभ किया गया, लेकिन आने वाले समय में अछूतों को आन्दोलन से निकाल दिया गया" (शाह, 1990: 125-26)। महाराष्ट्र में निम्न जातियों के सामाजिक उद्धार के लिए ज्योतिबा फुले द्वारा 1873 में *सत्य शोधक समाज* की स्थापना की गई, लेकिन जैसा कि गेल ओमवेट ने इंगित किया कि यह

आन्दोलन यद्यपि माली जाति द्वारा प्रारंभ किया गया था, तथापि यह मराठा जाति के किसानों के प्रभाव में आने लगा, जिससे आन्दोलन में एक विशिष्ट प्रकार की द्वैधता प्रारंभ हुई, क्योंकि अब इसमें अभिजन आधारित रूढ़िवादी प्रवृत्तियों के तत्व तथा अधिक यथार्थपरक जन–आधारित क्रांतिकारिता भी थी। अपने क्रांतिकारी उद्देश्यों में असफल होने पर भी आन्दोलन ने रूढ़िवादी लक्ष्यों को प्राप्त किया, जिसके परिणामस्वरूप मराठी ब्राह्मण बुद्धिजीवी वर्ग को, 'धनी किसान गैर–ब्राह्मण अभिजनों द्वारा जिनकी गहरी जड़ें ग्रामों में थीं और ग्रामीण सहकारी और शैक्षणिक समितियों में संस्थागत आधार था' (ओमवेट, 1976:2), राजनीतिक सत्ता से दूर कर दिया गया। माली और मराठा के अतिरिक्त सागर धांगर जैसी पिछड़ी जातियों को शामिल करके आन्दोलन की संस्कृतीकरण की धारा को 1890 के बाद कोल्हापुर के महाराजा का संरक्षण प्राप्त होने लगा जिसका गढ़ सतारा जिले के आसपास ही रहा। 1920 के दशक में केशवराय तथा दिनकर राव जावलकर जैसे राष्ट्रवादियों के नेतृत्व में आन्दोलन कांग्रेस के निकट होने लगा। इसके पश्चात्, 1930 के दशक में कांग्रेस के साथ आन्दोलन की नजदीकियां और बढ़ीं, जिसके परिणामस्वरूप अन्ततः आन्दोलन को कांग्रेस द्वारा संचालित राष्ट्रवादी आन्दोलन में शामिल कर लिया गया।

तमिलनाडु में पिछड़ी जाति के आन्दोलन ने महाराष्ट्र द्वारा निर्धारित पद्धति का अनुसरण किया, यद्यपि उसकी अपनी विशिष्टताएँ थीं। संस्कृतीकरण की पद्धति से अपनी सामाजिक स्थिति को सुधारने के लिए 20वीं सदी के प्रारंभ में दक्षिणी तमिलनाडु में ताड़ी निकालने वाले तथा खेतिहर मजदूर, जिन्हें शानान के नाम से जाना जाता था, ने अपनी जाति के मध्य से ही 1901 की जनगणना में क्षत्रिय के रूप में ऊपर उठते हुए उच्च स्तर को प्राप्त करने का अनुभव किया। अपने को नाडार कहने वाले लोगों ने 19वीं सदी के अंत में मंदिर में प्रवेश के लिए बहुत उग्रता से संघर्ष किया। इसी प्रकार उत्तरी तमिलनाडु में 1871 से पाली लोगों ने अपने लिए क्षत्रियों के वंशज होने का दावा करना प्रारंभ कर दिया। परिणामस्वरूप उन्होंने अपने को *बनिया कुल क्षत्रिय* कहना प्रारंभ कर दिया और अपने सामाजिक जीवन में ब्राह्मणों द्वारा अपनाये गये कुछ प्रतिबन्धों का पालन करना शुरू कर दिया। बाद में 20वीं सदी के प्रथम चरण में सी.एन.मुदालियर, टी एम. नायर तथा पी. त्यागराज चेट्टी जैसे नेताओं द्वारा विलाल, मुदयार जैसी मध्यवर्ती पिछड़ी जातियों, जिसमें बहुत सारे समृद्ध और भू–स्वामी शामिल थे, की ओर से शिक्षा, सेवा और राजनीति में ब्राह्मणों के प्रभुत्व के विरुद्ध प्रतिरोध के लिए 'न्याय' आन्दोलन प्रारंभ किया गया तथा पिछड़ी जातियों के लिए भी न्याय की मांग की गयी। लेकिन शीघ्र ही एक ओर तो शिक्षा और सेवाओं में ब्राह्मणों के प्रभुत्व को देखते हुए और दूसरी ओर तमिल पृथकतावाद को बढ़ावा देती

ब्राह्मणवादी पहचान से भिन्न द्रविण पृथक पहचान को अंग्रेजों द्वारा प्रोत्साहन के कारण इन आन्दोलनों में ब्राह्मण विरोधी तत्व मजबूत होने लगा। फिर भी 1920 के अन्त तक आत्म–सम्मान आन्दोलन के दृश्य पटल पर आने तक तमिलनाडु में पिछड़ी जाति के आन्दोलन का अर्द्ध अभिजन स्वरूप महत्वपूर्ण रहा जिसने न केवल तमिलनाडु में जाति आन्दोलन को क्रांतिकारी बनाया अपितु ऐसे आन्दोलन ने ब्राह्मण विरोधी तथा राष्ट्र विरोधी दृष्टिकोण को मजबूत किया।

दक्षिण भारत के कुछ अन्य क्षेत्रों जैसे – केरल, आन्ध्र प्रदेश तथा मैसूर में भी पिछड़ी जाति के महत्वपूर्ण आन्दोलन हुए। केरल में यद्यपि 20वीं सदी के प्रारंभ में श्रीनारायण गुरु की प्रेरणा के अन्तर्गत जातीय आन्दोलन के बीज अछूत एजवाओं द्वारा बोये गए, पर अन्ततः राज्य में पिछड़ी जाति के आन्दोलन का नेतृत्व नायरों के हाथों में आ गया। राज्य की लाभकारी स्थिति में गैर मलयाली ब्राह्मण तथा नम्बूद्री ब्राह्मणों के प्रभुत्व के प्रतिरोध में सी.वी. रमन पिल्लई ने 1891 में मलयाली मेमोरियल को संगठित किया, जिसे बाद में 1890 के दशक के अंत में शासक अभिजनों द्वारा समाहित कर लिया गया। परिणामस्वरूप के. रामकृष्ण पिल्लई तथा मन्नथ पदमनाभ पिल्लई ने 1914 में नायर सर्विस सोसायटी के बैनर के अन्तर्गत नायरों को अधिक क्रांतिकारी ढंग से संगठित करने का प्रयास किया। आन्ध्र प्रदेश में पिछड़ी जातियों के आन्दोलन को रेड्डी तथा कामा जैसी जातियों द्वारा संचालित किया गया जो शिक्षा, राज्य सेवाओं और राजनीति में ब्राह्मणों के सार्वजनिक जीवन के इन क्षेत्रों में प्रतिनिधित्व की तुलना में, अपने लिए बेहतर प्रतिनिधित्व चाहते थे। मैसूर की रियासत में प्रभुत्वशाली वोकलिंग और लिंगायत जातियों द्वारा पिछड़ी जाति आन्दोलन संचालित किए गए। तमिलनाडु और केरल के जाति आन्दोलनों में, जो ब्राह्मण विरोधी अतिवाद था, उससे भिन्न कन्नड़ का जातीय आन्दोलन विशिष्ट जाति के लिए स्थापित जाति आधारित संस्थाओं जैसे वोकलिंग संघ तथा लिंगायत फण्ड एजुकेशन एसोसिएशन की स्थापना करने तक सीमित रहे।

महाराष्ट्र और दक्षिणी भारत के अतिरिक्त, बिहार, उत्तर प्रदेश तथा बंगाल के राज्यों में भिन्न–भिन्न परिणाम के पिछड़ी जाति के आन्दोलन हुए। बिहार में पिछड़ी जाति आन्दोलन में महत्वपूर्ण ग्वाला या अहीर या यादव तथा कुर्मियों का आन्दोलन शामिल था। बीसवीं सदी के प्रारंभ में जमींदारों द्वारा बेगार की व्यवस्था का उन्होंने विरोध प्रारंभ किया और भू–स्वामियों द्वारा लगाए गए कर का भी प्रतिरोध किया। ग्वालों ने अपने उत्पादों जैसे कंडे तथा अन्य दुग्ध उत्पादों को उच्च जाति के जमींदारों को रियायती दरों पर बेचने से मना कर दिया, उन्होंने पारम्परिक कानून जिसकी वजह से उच्च जातियों तथा ग्वालों के बीच कभी–कभी छिट–पुट संघर्ष हो जाते थे, का अनुसरण करने से भी मना कर

दिया। धीरे–धीरे उन्होंने अपनी सामाजिक स्थिति को सुधारने तथा अपनी जाति के लिए संस्कृतीकरण के माध्यमों को उपलब्ध कराने के लिए आन्दोलन की पद्धति को अपनाना प्रारंभ किया। उन्होंने सेना तथा अन्य सरकारी सेवाओं में अपने लिए आरक्षण की मांग भी प्रारंभ की। बिहार में ग्वालों द्वारा संचालित पिछड़ी जाति के आन्दोलनों की विशिष्ट बात यह थी कि ये ग्वाला जाति के समृद्ध वर्ग द्वारा प्रारंभ किए गए। इसके अतिरिक्त इनके आन्दोलन को व्यापारियों और बड़े किसानों द्वारा भी समर्थन प्राप्त हुआ क्योंकि वे भी शिक्षा, सरकारी सेवाओं और राजनीति में उच्च वर्ग के प्रभुत्व के प्रति ईर्ष्यालु दिखते थे।

पिछड़ी जाति के आन्दोलन, जो बहुत भीषण नहीं थे, बंगाल तथा उत्तर प्रदेश जैसे राज्यों में भी असामान्य बात नहीं थी जहाँ ब्राह्मण प्रभुत्व का अत्याचार उतना प्रत्यक्ष नहीं था, जितना देश के पश्चिमी तथा दक्षिणी भागों में था। उदाहरण के लिए बंगाल में पिछड़ी जाति आन्दोलन ने बीसवीं सदी के प्रारंभ में महत्वपूर्ण होना प्रारंभ किया। स्थानीय भू–स्वामियों तथा कलकत्ता निवासी बौद्धिक वर्ग के नेतृत्व में मिदनापुर के कैवर्त ने अपने आपको महीषिया कहना प्रारंभ कर दिया और 1901 की जनगणना के दौरान कुछ जाति संगठन, जैसे 1897 में जाति निर्धारणी सभा तथा केन्द्रीय महीषिया समिति स्थापित की गई। लेकिन, अपनी सामाजिक बेहतरी के लिए आन्दोलन प्रारंभ करने के बावजूद मिदनापुर और उसके आस–पास के क्षेत्रों में राष्ट्रवादी आन्दोलन की सफलता के लिए महीषिया प्रमुख रहे। बंगाल की भाँति, उत्तर प्रदेश में भी पिछड़ी जाति आन्दोलन आगे बढ़ने में असफल रहे, क्योंकि शिक्षा, सरकारी नौकरियों तथा राजनीति के क्षेत्र में ब्राह्मणों का प्रभुत्व इतना अधिक नहीं था जिससे एक ओर तो पिछड़ी जाति के लोगों को उनसे ईर्ष्या हो और दूसरी ओर कुछ तुलनात्मक रूप से बेहतर जाति समूह जैसे – राजपूत तथा वैश्य, ब्राह्मणों तथा अन्य पिछड़ी जातियों के बीच मध्यस्थ का काम कर रहे थे। फिर भी कुछ जातियाँ जैसे कायस्थों ने, शिक्षा और राज्य की नौकरियों में पर्याप्त रूप से प्रतिनिधित्व के बावजूद, अपनी जाति चेतना को अखिल भारतीय संघ तथा इलाहाबाद से जाति आधारित समाचार पत्र *कायस्थ समाचार* को प्रारंभ करके प्रदर्शित किया। अन्यथा उत्तर प्रदेश में पिछड़ी जाति आन्दोलन कुल मिलाकर महत्वहीन रहे।

भारत में पिछड़ी जाति आन्दोलनों के व्यापक सूत्रों के विश्लेषण से ऐसे आन्दोलनों की प्रगति और परिणाम के सम्बन्ध में कई महत्वपूर्ण तत्व स्पष्ट होते हैं। प्रथम, उत्तरी और दक्षिणी भारत में पिछड़ी जाति आन्दोलनों में अत्यंत गुणात्मक अन्तर दिखता है। उत्तर भारत में ऐसे आन्दोलन जाति संरचना के अन्तर्गत अधिक से अधिक संस्कृतीकरण की इच्छा करते हुए दबे हुए या सीमित रहे, दक्षिण में ब्राह्मण प्रभुत्व को कम करने की उनकी माँग पूरी तरह स्वीकार नहीं

होने से तो जाति–व्यवस्था से पूरी तरह से अलगाव चाहने के कारण ऐसे आन्दोलन भीषण हो गए।

दूसरे, लम्बे चले पिछड़ी जाति आन्दोलनों ने सामान्य रूप से अपनी माँगों पर दबाव बनाने के लिए व्यापक सीधी कार्यवाही से बचने का रास्ता अपनाया। परिणामस्वरूप पिछड़ी जाति आन्दोलनों का यदा–कदा ही उच्च जातियों या राज्य शक्तियों के साथ प्रत्यक्ष संघर्ष हुआ। उत्तर भारत में ऐसे आन्दोलनों का उद्देश्य सामान्यतः शांतिपूर्ण तथा क्रमिक पद्धति से पिछड़ी जातियों की सामाजिक स्थिति को सुधारना था। यद्यपि दक्षिण भारत में इन आन्दोलनों ने क्रांतिकारी स्वरूप ग्रहण किया और उनकी रणनीति में संघर्ष के तत्व थे, लेकिन कुछ अपवादों को छोड़कर ऐसे आन्दोलन व्यापक स्तर पर हिंसक गतिविधियों में परिवर्तित नहीं हुए।

तीसरे, अधिकतर आन्दोलनों का परिणाम अपने घोषित उद्देश्यों को प्राप्त करने में आंशिक सफल ही प्रतीत होता है। उत्तर में कुछ समृद्ध जातियों के अपने सामाजिक स्तर के संस्कृतीकरण के सर्वोत्तम प्रयासों के बावजूद जाति संरचना लगभग वैसी ही रही। दक्षिण तथा पश्चिमी भारत में पिछड़ी जातियों द्वारा चलाए गये वेगपूर्ण ब्राह्मण विरोधी आन्दोलन स्वतंत्रता के पश्चात् के समय में समाप्त होने लगे। ब्राह्मण वर्चस्व की हिन्दू जाति व्यवस्था से बचने के बदले यह आन्दोलन राजनीतिज्ञों के हाथों कठपुतली बन गए, क्योंकि वे इन समूहों के वोट चाहते थे और उनमें से बहुत से सरकारी नौकरियों और शैक्षणिक संस्थाओं में व्यापक आरक्षण की मांग के लिए दबाव समूह में परिवर्तित हो गए। इस प्रकार इन आन्दोलनों में से अधिकतर स्वतंत्रता पश्चात् के समय में अपनी ही जाति के लोगों के स्वार्थों की चालाकियों के शिकार हो गए लगते हैं।

अन्ततः जाति आन्दोलनकारियों का देश के राष्ट्रवादी आन्दोलन की यात्रा में एक प्रकार का सह–सम्बन्ध दिखता है। प्रारंभ में ही राष्ट्रीय आन्दोलन में प्रगतिशील मूल्य व्यवस्था के कारण आन्दोलन के भागीदारों ने ब्रिटिश साम्राज्यवाद के विरुद्ध संघर्ष करने के साथ जाति आधारित असमान सामाजिक ब्राह्मण वर्चस्व के विरुद्ध भी संघर्ष प्रारंभ किया। परिणामस्वरूप अब तक हाशिये पर रहे लोगों के समूह बड़ी संख्या में राष्ट्रीय आन्दोलन में भाग लेने के लिए आगे आने लगे जिससे आने वाले समय में अभिजनवादी आन्दोलन जन आन्दोलन में परिवर्तित हो गए। जैसा कि आर.पी. दत्त (1940:500) कहते हैं,

> ...भारतीय लोगों की बढ़ती शक्तियाँ जाति के विरुद्ध, अशिक्षा के विरुद्ध, अस्पृश्यों या अछूतों की अवमानना के विरुद्ध, लोगों को पिछड़ा रखने की सभी बातों के विरुद्ध संघर्ष का नेतृत्व कर रही हैं। हिन्दू सभ्यता तथा इसकी परिवर्तित विशिष्टताओं के सन्दर्भ में जबकि प्रबुद्ध भाषण दिए जा रहे हैं, भारतीय राष्ट्रीय

> आन्दोलन जिन्हें बहुत बड़ी संख्या में लोगों का समर्थन प्राप्त था, ने अपने कार्यक्रम में जाति, नस्ल और लिंग के भेदभाव से परे सार्वभौमिक समान नागरिकता का पूर्ण प्रजातांत्रिक कार्यक्रम प्रारंभ किया है ...

ए.आर. देसाई ने देश में निम्न जातियों के आन्दोलन के दोहरे पक्ष की ओर इंगित किया है–एक प्रगतिशील और दूसरा प्रतिक्रियावादी और राष्ट्र विरोधी। जैसा कि वे कहते हैं,

> ... जब निम्न जाति भले ही जाति के आधार पर संगठित हुई और प्रजातांत्रिक स्वतंत्रता के लिए संघर्ष किया, तो इसके संघर्ष ने प्रजातांत्रिक आधार पर भारतीय लोगों की एकता के लिए सामान्य संघर्ष में मदद की, लेकिन जब एक निम्न जाति ने देश के संविधान में विशेष महत्व प्राप्त करने के लिए अपने को संगठित किया, और पृथक निर्वाचक मण्डल की मांग की, तब इसने प्रतिक्रियावादी तथा राष्ट्र विरोधी पद्धति से कार्य किया (देसाई, 1976: 258)।

अतः अंतिम विश्लेषण में पिछड़ी जाति आन्दोलन ने भारत में सामाजिक संरचना की परिवर्तित प्रकृति को परिलक्षित किया। यद्यपि पिछड़ी जाति के लोगों में संस्कृतीकरण के माध्यम से देश की सामाजिक संरचना में एक प्रकार की ऊर्ध्वगामी गतिशीलता की इच्छा काफी लम्बे समय से थी, राष्ट्रीय आन्दोलन के समय इसने नया आयाम ग्रहण किया। राष्ट्रीय नेताओं के राष्ट्रीय आन्दोलन में लोगों द्वारा भागीदारी के आह्वान से अन्य जातियों की भाँति पिछड़ी जातियों के नेताओं को अपनी जाति के लोगों के मध्य सामाजिक, आर्थिक और राजनीतिक जागृति उत्पन्न करने का न केवल विशिष्ट अवसर प्राप्त हुआ अपितु कांग्रेस दल तथा सरकार से अधिक पदों की हिस्सेदारी को प्राप्त करने के लिए राष्ट्रीय नेताओं से दृढ़ता से सौदा करने का अवसर भी प्राप्त हुआ। अतः पिछड़ी जातियों के आन्दोलन न केवल इन जाति के लोगों में व्यापक जागृति उत्पन्न करने में काफी हद तक सफल हुए अपितु वे ऐसे सशक्त दबाव समूह के रूप में उभरे जो अपने लिए संवैधानिक प्रावधानों तथा सरकार में सत्ता के पदों पर पर्याप्त मात्रा में वरीयता का व्यवहार पाने में सफल हुए।

दलित आन्दोलन

दलित अथवा तथाकथित 'अस्पृश्य' चार–सूत्री वर्ण व्यवस्था पर आधारित परम्परागत हिन्दू समाज में सर्वाधिक निचला वर्ग था, जिसकी विकृति ने क्रूर जाति प्रथा को जन्म दिया। जो भी हो, आने वाले समय में दलितों की सामाजिक स्थिति इस सीमा तक नीचे चली गई कि उन्होंने अपने को वर्णव्यवस्था से बाहर निकला पाया। परिणामस्वरूप, वे अवर्ण कहलाए, जिसका अर्थ वर्ण व्यवस्था से

बाहर की सामाजिक मान्यता थी। इन लोगों को इस प्रकार चिह्नित किए जाने से उच्च जाति के लोगों के मध्य अन्ततः अन्धविश्वास पैदा हुआ कि दलितों के साथ किसी भी प्रकार की अन्तःक्रिया उन्हें अशुद्ध कर देगी। अतः धीरे–धीरे स्पर्श, कभी–कभी छाया, यहाँ तक कि दलित के स्वर को सुनने को उच्च जाति के हिन्दुओं के व्यक्तित्व को प्रदूषित करना माना जाने लगा। दूसरों शब्दों में, समाज का एक बड़ा वर्ग होने के बावजूद समाज के अन्य वर्गों द्वारा दलितों के साथ ऐसा अमानवीय व्यवहार किया जाता था कि भारतीय समाज में अपनी स्थिति को सुधारने के लिए किसी प्रकार का सामाजिक आन्दोलन प्रारंभ करने के अतिरिक्त अन्य कोई रास्ता नहीं बचा।

बिल्कुल प्रारंभ से ही देश में दलित आन्दोलनों के कुछ विशिष्ट लक्षण दिखते हैं। सर्वाधिक महत्वपूर्ण मुद्दा, जिसने अधिकतम दलित आन्दोलनों में केन्द्रीय भूमिका निभाई, वह अस्पृश्यता का मुद्दा था। दूसरे शब्दों में, अस्पृश्यता का कलंक लोगों के लिए इतना अधिक असहनीय था कि उनका प्रारंभिक संघर्ष अस्पृश्यता निवारण के मुद्दे तथा देश की सामाजिक–धार्मिक संस्थाओं और जुलूसों में इन लोगों की सम्पूर्ण भागीदारी पर केन्द्रित था। दलितों की सामाजिक मुक्ति का वास्तविक परीक्षण मंदिर प्रवेश आन्दोलन, जो देश के विभिन्न भागों में प्रारंभ किया गया, में परिलक्षित हुआ। बाद में, औपनिवेशिक शासकों की 'फूट डालो शासन करो' की नीति के कारण समाज के एक वर्ग को कुछ सुविधाएं प्रदान करने और दूसरे को बहिष्कृत करने के कारण दलित आन्दोलन का केन्द्र सरकारी नौकरियों और राजनीतिक पदों को आरक्षण के द्वारा प्राप्त करने, बनाए रखने और कभी–कभी हिस्सेदारी को बढ़ाने की ओर केन्द्रित हो गया। अतः ऐसा लगता है कि देश में दलित आन्दोलन इन लोगों के सम्पूर्ण सामाजिक उत्थान को प्राप्त करने में असफल हो गया, अनुमानतः ऐसा आंशिक रूप से इन आन्दोलनों का केन्द्र स्वतंत्रता के पूर्व और पश्चात् के समय में सामाजिक समानता प्राप्त करने के स्थान पर सरकारी नौकरियों और राजनीतिक पदों को प्राप्त करने पर केन्द्रित होने के कारण हुआ।

दलितों की सामाजिक स्थिति में सम्पूर्ण परिवर्तन लाने के उद्देश्य से कुछ मान्यता प्राप्त और सशक्त आन्दोलनों के उभरने के पूर्व ही इन लोगों के सामाजिक शोषण को अमान्य करने के सम्बन्ध में देश के समाज–सुधारकों और संतों द्वारा मत प्रकट किए जा चुके थे। उदाहरण के लिए रामानन्द, चैतन्य, कबीर, तुकाराम जैसे महान और धर्म निरपेक्ष संतों तथा भक्ति आन्दोलन के प्रारंभ होने पर अन्य लोगों के द्वारा जाति व्यवस्था के अन्तर्गत प्रचलित अमानवीय व्यवहार के विरुद्ध सुविचारित आलोचना प्रस्तुत की गई थी। जीवन के सांसारिक और आध्यात्मिक क्षेत्र में सभी मानवों की अन्तर्निहित समानता में विश्वास प्रकट करते हुए उन्होंने प्रचलित विकृत सामाजिक व्यवहार के विरुद्ध मत व्यक्त किया

और ऐसी सामाजिक व्यवस्था के निर्माण का आह्वान किया जिसमें प्रत्येक व्यक्ति को समानता और सम्माननीय होने का बोध हो।

आधुनिक समय में दलित आन्दोलन का प्रारंभ देश के विभिन्न भागों में सामाजिक–धार्मिक आन्दोलनों के प्रारंभ होने से हुआ। उदाहरण के लिए राजा राममोहन राय द्वारा स्थापित ब्रह्म समाज ने समाज में प्रचलित जाति आधारित असमानता के विरुद्ध मत प्रकट किया तथा समाज के कुछ वर्गों में व्याप्त जातिवाद और अस्पृश्यता की भावना पर आक्रमण किया। लेकिन इस क्षेत्र में महत्वपूर्ण प्रयास दयानंद सरस्वती द्वारा 1875 में आर्य समाज की स्थापना के साथ किए गए । अस्पृश्यता वर्ण–व्यवस्था का आवश्यक अंग नहीं है, इस बात पर जोर देते हुए उन्होंने समाज में प्रत्येक व्यक्ति की कार्य आधारित सामाजिक स्थिति के वितरण पर जोर दिया, जिसके परिणामस्वरूप एक ब्राह्मण शूद्र के रूप में पतित हो सकता है और एक शूद्र ब्राह्मण के रूप में उन्नत हो सकता है, अगर राज्य उन्हें ऐसा करने की इजाजत दे (विस्तार के लिए देखें 'जोर्डन्स', 1978)। अतः, जैसा कि शाह (1990: 109) ने कहा, "नव–वेदान्तिक आन्दोलनों तथा गैर–ब्राह्मण आन्दोलनों ने देश के कुछ भागों में जाति विरोधी तथा हिन्दूवाद विरोधी दलित आन्दोलनों के विकसित होने में महत्वपूर्ण भूमिका निभाई।"

1870 के दशक में महत्वपूर्ण ब्राह्मण विरोधी और अस्पृश्यता विरोधी आन्दोलन ज्योतिबा फुले के नेतृत्व में *सत्यशोधक समाज* के रूप में प्रारंभ हुए। स्वयं माली समाज से होने के कारण ज्योतिबा को अपने प्रारंभिक जीवन में ब्राह्मणवादी अहंकार से उत्पन्न विभिन्न प्रकार के अपमान का सामना करना पड़ा, जिसने उनके भीतर विद्रोह तथा सुधार करने का भाव उत्पन्न किया। परिमणामस्वरूप, हिन्दू सामाजिक व्यवस्था के अन्तर्गत निम्न जातियों और अस्पृश्य सदस्यों के लिए गरिमापूर्ण तथा आदरपूर्ण स्थान प्राप्त करने के लिए उनके पास ऐसे लोगों के लिए समाज–सुधार आन्दोलन प्रारंभ करने के अतिरिक्त और कोई रास्ता नहीं था। ज्योतिबा कांग्रेस नेतृत्व द्वारा भारतीय समाज में निम्न जातियों और अस्पृश्यों के लिए सम्मानजनक सामाजिक स्तर प्राप्त करने के लिए प्रयास की उपेक्षा के बड़े आलोचक थे। अतः उन्होंने महाराष्ट्र में निम्न जाति के लोगों के सामाजिक स्तर में सुधार के लिए अनेक उपाय प्रारंभ करने की योजना बनाई, जिसमें सब जातियों के लोगों की महिलाओं और बच्चों के लिए स्कूल और अनाथालय खोलना शामिल था। लेकिन धीरे–धीरे महाराष्ट्र में अस्पृश्यता विरोधी आन्दोलन में *सत्य शोधक समाज* की केन्द्रीय भूमिका का उत्साह कम होने लगा, जब *सत्यशोधक समाज* के संगठन और गतिविधियों में अन्य पिछड़ी जातियों के शक्तिशाली वर्ग का प्रभुत्व बढ़ने लगा।

अन्य महत्वपूर्ण अस्पृश्यता विरोधी आन्दोलन श्रीनारायण गुरु के नेतृत्व में श्रीनारायण धर्म परिपालना योगम् (एस.एन.डी.पी.) की स्थापना के साथ 1903 में

इजावा अस्पृश्य जाति के द्वारा प्रारंभ किया गया। इजावा समुदाय के रीतिरिवाजों और मानकों के संस्कृतीकरण के उद्देश्य से एस.एन.डी.पी. ने अस्पृश्यों की सामाजिक मुक्ति को प्राप्त करने के लिए दो सूत्री रणनीति को अपनाया। पहली, समुदाय के सामाजिक रीति–रिवाजों और परम्पराओं का संस्कृतीकरण करके इसने *इजावा* से नीचे वाली जातियों में अस्पृश्यता के व्यवहार को समाप्त करने का निश्चय किया। दूसरी, उच्च जाति के हिन्दुओं से समानता अनुभव करने के लिए इन्होंने केरल में बहुत सारे मन्दिर बनवाए और सभी जाति के लोगों के लिए उन्हें खोल दिया। लेकिन नारायण गुरु के ये प्रयास उच्च जाति के हिन्दुओं के वर्गों द्वारा *इजावाओं* की सामाजिक स्वीकृति के वांछित स्तर को प्राप्त नहीं कर पाए। अतः उन्होंने 1920 के दशक में मंदिर प्रवेश के लिए सत्याग्रह का आयोजन किया तथा औपनिवेशिक सरकार से अपने समुदाय के लिए आर्थिक और सामाजिक वरीयताओं को प्राप्त करना चाहा।

1920 का दशक देश के विभिन्न भागों में दलितों द्वारा व्यापक और गहन अस्पृश्यता विरोधी आन्दोलन चलाने का समय था। उदाहरण के लिए तमिलनाडु में अस्पृश्यों के विभिन्न समूहों द्वारा बहुत सारी गतिविधियाँ या तो प्रारंभ की गईं या उन्हें सशक्त किया गया। इस संदर्भ में महत्वपूर्ण आन्दोलन नाडार महाजन संघम का था। कई वर्षों में *शानार* या *नाडार* समुदाय के सदस्य, कुछ मामलों में परम्परागत व्यवसाय को छोड़कर तथा कुछ ने उसी में बने रहकर अपनी आर्थिक स्थिति में सुधार लाने में सफलता प्राप्त की। एक प्रकार की आर्थिक समृद्धि प्राप्त करने के बाद इस समुदाय ने अपने मानकों और रीति–रिवाजों में संस्कृतीकरण के माध्यम से अपनी सामाजिक स्तर की उन्नति के मार्ग पर चलना प्रारंभ किया। अन्ततः नाडार महाजन संघम ने देश में राजनीतिक महत्व प्राप्त करने का ठोस प्रयास किया। जैसा कि हार्डग्रेव (1969: 201) ने कहा, "फिर भी सामुदायिक एकता के प्रतिनिधि के रूप में कार्य करके तथा आधुनिक भारत की राजनीतिक व्यवस्था में प्रवेश के वाहन के रूप में नाडार समुदाय की राजनीतिक गतिशीलता में जाति संगठन ने महत्वपूर्ण भूमिका निभाई।"

1920 के दशक के दौरान तमिलनाडु में दूसरा महत्वपूर्ण दलित आन्दोलन रामास्वामी नायकर या पेरियार द्वारा संचालित किया गया। इसे 'आत्मसम्मान आन्दोलन' कहते हुए पेरियार की मुख्य चिन्ता अस्पृश्यों के रीति–रिवाज और मानकों के संस्कृतीकरण तक सीमित नहीं रही। अपितु, उनका दृढ़ विश्वास था कि 'ब्राह्मणवादी हिन्दूवाद' की संरचना में अस्पृश्यों की स्थिति को सुधारा नहीं जा सकता। एक बार उन्होंने सुप्रसिद्ध टिप्पणी की कि कुछ चीजें ऐसी होती हैं जिन्हें सुधारा नहीं जा सकता अपितु समाप्त किया जा सकता है। बाद के वर्षों में हिन्दू धर्म और हिन्दू जीवनशैली के सम्बन्ध में पेरियार की आलोचना बहुत तीखी हो

गई। जस्टिस पार्टी के झंडे तले उन्होंने बहुत सारे सशक्त अस्पृश्यता विरोधी आन्दोलन शुरू किए, जिन्होंने न केवल अस्पृश्यों के लिए उच्चतर सामाजिक, आर्थिक और राजनीतिक मान्यता का दावा किया, अपितु अभी तक की प्रभुत्वशाली उच्च जाति के समुदायों के प्रति किसी भी प्रकार के बुरे व्यवहार को उचित ठहराया। उनका हिन्दू धर्म का बहिष्कार ब्राह्मणों के पवित्र धागे को काटने, देवताओं की मूर्तियों पर चप्पल फेंकने तथा हिन्दू देवी–देवताओं की मूर्तियों को तोड़ने तक बढ़ गया। इस प्रकार अस्पृश्य समुदाय के लिए वे जो स्थान प्राप्त करना चाह रहे थे, जब वह प्राप्त नहीं कर पाये तो पेरियार का अस्पृश्यता विरोधी आन्दोलन, क्रूर आनंद–परक तथा प्रतिशोधात्मक हो गया।

दक्षिणी राज्यों से दूर एक महत्वपूर्ण अस्पृश्यता विरोधी आन्दोलन इस समय पंजाब में शुरू हुआ। राज्य के एक महत्वपूर्ण अस्पृश्य मंगू राम द्वारा संचालित आदि–धर्म आन्दोलन के रूप में जाने गए इस आन्दोलन का उद्देश्य राज्य के अस्पृश्यों के रीति–रिवाजों और धार्मिक कर्मकाण्डों का संस्कृतीकरण करना था। आदि–धर्म आन्दोलन इस विश्वास के साथ प्रारंभ हुआ कि पंजाब के अस्पृश्य एक विशिष्ट सामाजिक, धार्मिक पहचान या कौम जैसे हिन्दू–मुसलमान और सिख के रूप में सदियों से अस्तित्व में हैं। अतः उन्हें विशिष्ट प्रकार के व्यवहार के लिए प्रयास करना चाहिए, जो समाज में उनकी सामाजिक–धार्मिक तथा राजनीतिक स्थिति में सुधार ला सके। जैसा कि मार्क जुगेन्समायर (1982: 80) ने संक्षेप में कहा, "इसने एक तथ्य को स्थापित किया है जो पहले सिद्ध नहीं हुआ था–अस्पृश्य जातियाँ, अपने स्वयं के लाभ के लिए गतिशील होने, तथा इस प्रकार संगठित होने, जो उन्हें व्यापक सामाजिक–राजनीतिक क्षेत्रों में संचालित परिस्थितियों के अन्तर्गत प्रतियोगी होने का अवसर दें, में सक्षम हैं।" लेकिन आने वाले वर्षों में आन्दोलन के अन्तर्गत आन्तरिक मतभेद उजागर हो गए तथा शिक्षित प्रगतिशील नेता आन्दोलन के परम्परागत अशिक्षित अनुयायियों के ठीक विरोध में आ गए। कुछ वर्षों में आन्दोलन की गति खत्म हो गई और इसका अवशेष अम्बेडकर के अनुसूचित जाति संघ का हिस्सा बन गया।

धीरे–धीरे, आने वाले समय में डॉ भीमराव अम्बेडकर, जो अस्पृश्यों के अखिल भारतीय नेता के रूप में स्वीकृत थे, के नेतृत्व में महाराष्ट्र अस्पृश्यता विरोधी आन्दोलन का केन्द्र बनना प्रारंभ हो गया। स्वयं अस्पृश्य जाति महार के होने के कारण उन्होंने महाराष्ट्र में अस्पृश्यता को समाप्त करने के उद्देश्य से महार आन्दोलन प्रारंभ किया। यद्यपि महार आन्दोलन को पर्याप्त सफलता मिली, पर इसके अनुभव ने अम्बेडकर को यह विश्वास दिलाया कि अपने भाइयों की स्थिति में सम्पूर्ण सुधार के लिए आन्दोलन को राजनीतिक स्वरूप दिया जाना चाहिए। अतः अम्बेडकर ने अस्पृश्यों के हितों के लिए संघर्ष करने के लिए स्वतंत्र

श्रमिक दल की स्थापना की। यद्यपि लोगों की सम्पूर्ण स्थिति सुधारने में दल प्रभावी नहीं हुआ, लेकिन अंतिम विश्लेषण में, जैसा कि एलीनर जेलियट (1970:52) ने कहा, 'यह राजनीतिक क्षेत्र में काम करता हुआ जाति संगठन की प्रकृति का था', जिसके कारण अम्बेडकर अपने उद्देश्य के लिए अन्य पद्धतियों को खोजने के लिए प्रेरित हुए।

1930 के दशक में दलित आन्दोलन में अम्बेडकर की नेता के रूप में स्वीकृति बढ़ी। बदले में अम्बेडकर ने दलितों को आह्वान करने 'तुम्हारे पास खोने के लिए अपने धर्म के अतिरिक्त कुछ नहीं है' जैसी घोषणाओं के साथ एक ओर अधिक सुदृढ़ कदम् उठाने प्रारंभ किये, तो दूसरी ओर दलितों के लिए पृथक निर्वाचन् मण्डल की मांग की। अम्बेडकर की ऐसी राय ने उन्हें महात्मा गाँधी, जो दलितों को किसी और धर्म में परिवर्तित करने के विचार के समर्थक नहीं थे और न देश में दलितों के लिए पृथक निर्वाचक मण्डल की मांग से सहमत थे, के साथ सीधे संघर्ष की स्थिति में ला दिया। अतः अम्बेडकर द्वारा की गई दलितों के लिए पृथक निर्वाचक मण्डल की मांग के अनुकूल जब 1932 में साम्प्रदायिक पंचाट की घोषणा की गई तब औपनिवेशिक सरकार द्वारा दलितों की स्वयं की मांग पर ऐसे विभाजनकारी निर्णय के विरोध में गाँधी ने आमरण अनशन प्रारंभ किया। परिणामस्वरूप गाँधी और अम्बेडकर के बीच एक समझौता हुआ, जिसमें सामान्य निर्वाचन क्षेत्रों के अन्तर्गत दलितों के लिए स्थानों के आरक्षण का निर्णय लिया गया।

पूना समझौते पर हस्ताक्षर के बावजूद भारतीय समाज में दलितों की विशिष्ट पहचान को प्राप्त न करने के कारण अम्बेडकर काफी निराश प्रतीत हुए। अतः उन्होंने कुछ समय के लिए देश की स्वतंत्रता की मांग का विरोध किया और दलितों के हितों को सुरक्षित करने के उद्देश्य से औपनिवेशिक शासन के बने रहने का आग्रह किया। बाद में 1942 में उन्होंने अनुसूचित जाति संघ के रूप में आन्दोलनों और चुनावी राजनीति के द्वारा दलितों की मुक्ति के लिए संघर्ष करने हेतु एक अखिल भारतीय दल की स्थापना की। बाद के वर्षों में संघ की ठोस माँग सामान्यतया सरकारी नौकरियों तथा राजनीतिक पदों में आरक्षण प्राप्त करने के मुद्दे तक सीमित हो गई। इस प्रकार स्वतंत्रता के समय दलित आन्दोलन के मुख्य सूत्र प्रमुखतः, यदि पूरी तरह नहीं हो, अम्बेडकर द्वारा लिये निर्णय के अनुरूप रहे, यद्यपि तमिलनाडु में दलित आन्दोलन विशिष्ट था और अम्बेडकर द्वारा संचालित आन्दोलन की तुलना में ज्यादा अधिकारपूर्ण था।

दलितों की सामाजिक–आर्थिक और राजनीतिक स्थिति को सुधारने के लिए दलित समुदायों के सदस्यों द्वारा प्रारंभ किए और संचालित मुख्य धारा के दलित आन्दोलनों के अतिरिक्त अन्य व्यक्तियों तथा लोगों के वर्गों द्वारा भी ठोस उपाय किए गए। इस दृष्टि से गाँधी का योगदान महत्वपूर्ण है। उस समय जब

औपनिवेशिक शासकों तथा स्थानीय लोगों के एक वर्ग द्वारा दलितों को समाज में एक विशिष्ट वर्ग के रूप में प्रस्तुत करने का दुष्टतापूर्ण प्रयास किया जा रहा था तथा ऐसी विशिष्टता को पृथक निर्वाचक मण्डल के यंत्रीकरण के द्वारा संस्थायीकृत किया जा रहा था, गाँधी का प्रतिरोध सामयिक और प्रभावी था। दलितों को *हरिजन* या 'ईश्वर की संतान' कहकर सम्पूर्ण देश में दलितों की सामाजिक और शैक्षणिक उन्नति के लिए उन्होंने 1932 में अखिल भारतीय हरिजन सेवक संघ की स्थापना की। उन्होंने एक ओर तो दलित मुक्ति के मुद्दे पर अपने विचार व्यक्त करने के लिए *हरिजन* नामक पत्रिका का प्रकाशन प्रारंभ किया तो दूसरी ओर दलितों की स्थिति में सामाजिक–आर्थिक परिवर्तन लाने के उद्देश्य से रचनात्मक कार्यक्रमों के लिए लोगों का आह्वान किया। अम्बेडकर के साथ 1932 का पूना समझौता भारतीय समाज में दलित समुदाय के स्थान के मुद्दे पर गाँधी के विचारों की स्वीकृति प्रतीत होती है। अन्त में यह कहा जा सकता है कि भारत में दलित आन्दोलन सदियों तक शोषित रहे लोगों के वर्गों की सामाजिक मुक्ति की बढ़ती इच्छा के प्रतीक थे। प्रारंभ में संस्कृतीकरण आन्दोलन के रूप में विकसित मुख्य रूप से देश के दक्षिणी और पश्चिमी भाग में दलित आन्दोलन ने शीघ्र ही आत्म सम्मान आन्दोलन का स्वरूप ग्रहण कर लिया, जिसमें अपने लिए आर्थिक और राजनीतिक अधिकारों के साथ उन्होंने सार्वजनिक, धार्मिक तथा जीविका से सम्बन्धित स्थानों और संसाधनों पर समान अधिकार की माँग प्रारंभ की। बीसवीं सदी में अंग्रेजों की 'विभाजन करो शासन करो' नीति के कारण दलित आन्दोलन की मुख्य मांग अम्बेडकर के नेतृत्व में सरकारी नौकरियों और राजनीतिक पदों में आरक्षण के मुद्दे पर केन्द्रित हो गई। यद्यपि ऐसी विभाजक प्रवृत्ति काफी सीमा तक राष्ट्रवादी नेताओं, विशेषकर महात्मा गाँधी के प्रतिरोध से नियंत्रित की जा सकी, और दलितों को सरकारी नौकरियों तथा सामान्य निर्वाचन क्षेत्रों के अन्तर्गत राजनीतिक स्थानों पर आरक्षण प्रदान किया गया। अतः स्वतंत्रता के समय देश में दलित आन्दोलन, व्यापक राष्ट्रीय आन्दोलन में समाहित हो गया, जब अम्बेडकर संविधान निर्माण की प्रक्रिया में प्रमुख भागीदार, तथा देश के लिए इस प्रकार का संविधान का प्रारूप बनाने, जो दलितों सहित भारतीय समाज के प्रत्येक वर्ग की स्वीकृति होगा, के रूप में उभरे।

जनजातीय आन्दोलन

एक ओर विभिन्न प्रकार की भौगोलिक संरचनाओं जैसे पहाड़ी और पर्वतीय क्षेत्र की विविधता लिए देश होने के कारण तथा दूसरी ओर घने जंगल होने के कारण, पर्याप्त संख्या में जनजातीय के रूप में पहचाने जाने वाले लोगों का स्थान होना, भारत के लिए स्वाभाविक था। विशिष्ट सांस्कृतिक समूह होने के कारण प्रत्येक

जनजातीय संरचना के रीति–रिवाज, मूल्य, सामाजिक संरचना, बोली, जीवन शैली, त्यौहार और समारोह के रूप में अपनी विशिष्ट संस्कृति और पहचान है। लेकिन देश के बहुसंख्यक गैर–जनजातीय लोगों से सांस्कृतिक रूप से भिन्न होने के बावजूद जनजातीय तथा गैर–जनजातीय लोगों द्वारा किये गये आन्दोलनों में एक समानता थी, वह यह थी कि ये आन्दोलन इन लोगों के पारस्परिक रूप से व्यवस्थित जीवन में अत्याचार या शोषण के विरुद्ध प्रारम्भ किये गये। फिर भी, भारत में जनजातीय आन्दोलन के स्वरूप और विषय के सन्दर्भ में, व्यापक सूत्रों में देश के गैर–जनजातीय जनसंख्या द्वारा प्रारंभ किए गए अन्य सामाजिक–राजनीतिक आन्दोलनों, जैसे कि किसान आन्दोलन की तुलना में विशिष्ट भिन्नता है। जैसा कि एक विश्लेषक ने कहा,

> ...जबकि किसान आन्दोलन शुद्ध रूप से कृषि आधारित रहा, क्योंकि वे जमीन पर निर्भर थे, जनजातीय आन्दोलन कृषि आधारित तथा वन आधारित दोनों रहे, क्योंकि जनजातियों की जंगलों पर निर्भरता, उनकी भूमि पर निर्भरता जितनी ही महत्वपूर्ण थी। एक सांस्कृतिक तत्व भी था। जनजातियों के विद्रोह जमींदारों, महाजनों तथा छोटे सरकारी अधिकारियों के विरुद्ध थे, इसलिए नहीं कि वे उनका शोषण करते थे बल्कि इसलिए भी कि वे विदेशी थे (सिंह, 1986: 166)।

जनजातीय आन्दोलनों की प्रकृति

भारत में जनजातीय आन्दोलनों का लम्बा इतिहास इन आन्दोलनों की प्रकृति और सन्दर्भ में व्यापक विविधता और भिन्नता लिए हुए है। 18वीं शताब्दी के अंत से प्रारंभ करके 1947 में स्वतंत्रता प्राप्त करने तक यहां तक कि उसके बाद भी, प्रतिरोध आन्दोलनों, जो लोगों द्वारा सरकारी और गैर–सरकारी एजेण्टों द्वारा अनावश्यक प्रतिरोध या उनके मूल अधिकारों में उल्लंघन के विरुद्ध प्रारंभ किए गए, को ठीक से समझने में जनजातीय आन्दोलन महत्वपूर्ण तत्व रहे। फिर भी, व्यापक विविधता और क्षेत्र के बावजूद इन आन्दोलनों के व्यवस्थित अध्ययन को प्रस्तुत करने के लिए विद्वानों ने उन मूल मुद्दों, जिनके लिए ये आन्दोलन प्रारंभ किए गए, के आधार पर इन आन्दोलनों को श्रेणीबद्ध करने का प्रयास किया। उदाहरण के लिए जनजातीय आन्दोलन की प्रकृति का वर्णन करने के लिए विभिन्न विद्वानों द्वारा प्रस्तुत वर्गीकरण पर ध्यान देते हुए शाह (1990: 88-89) ऐसे आन्दोलनों की सांस्कृतिक, खेतिहर तथा राजनीतिक आन्दोलन के रूप में त्रिसूत्री विशेषता बताते हैं। सांस्कृतिक आन्दोलन की प्रकृति के रूप में जनजातीय आन्दोलन सामान्यतया प्रतिरोध आन्दोलन थे, जो गैर–जनजातीय, अंग्रेज और साथ ही स्थानीय लोगों के जनजातीय जीवन की सुरक्षित सांस्कृतिक क्षेत्र में घुसपैठ के सूक्ष्म और कभी–कभी गुप्त प्रयास के विरोध में थे। उदाहरण के लिए

जब जनजातीय लोगों ने अपनी सांस्कृतिक पहचान की मूल विशिष्टताओं जैसे रीति–रिवाज, मूल्य, सामाजिक संरचना, जीवन शैली, बोली इत्यादि का हनन होते देखा तो उन्होंने कड़ा प्रतिरोध किया। इस प्रकार के जनजातीय आन्दोलन भारत में ब्रिटिश शासन की स्थापना के प्रारंभिक चरण में प्रमुख थे।

बहुत सारे जनजातीय आन्दोलन खेतिहर आन्दोलनों के रूप में, औपनिवेशिक और स्थानीय शोषकों के हाथों शोषित होने के विरोध में आए। लेकिन विभिन्न जनजातीय समाजों के किसान होने की सीमा में विविधता के कारण ऐसे आन्दोलनों की खेतिहर प्रकृति में अत्यधिक भिन्नता थी। फिर भी, खेतिहर मुद्दों पर प्रारंभ किए गए जनजातीय आन्दोलनों में जो एक समानता थी वह औपनिवेशिक शासकों की शोषणकारी नीतियों के विरुद्ध लोगों की सशक्त भावना की थी तथा जमींदार, महाजन आदि जो उनकी आजीविका को ही समाप्त नहीं कर देना चाहते थे अपितु उन पर आर्थिक बोझ भी डालते थे, की नीतियों के विरुद्ध भी थे। बिरसा मुण्डा, ताना भगत इत्यादि द्वारा प्रारंभ किए आन्दोलनों की प्रकृति इस प्रकार की थी।

अन्ततः जनजातीय आन्दोलन का राजनीतिक आन्दोलन में परिवर्तित होना देश में व्यापक उपनिवेश विरोधी संघर्ष की भावनाओं से प्रेरित था। यद्यपि उनमें सांस्कृतिक तथा कृषि सम्बन्धी समस्याएँ शामिल थीं, तथापि इन आन्दोलनों ने प्रमुख रूप से राजनीतिक आकार सम्भवतः नेताओं के राष्ट्रवादी दृष्टिकोण के कारण ग्रहण कर लिया, जिन्होंने राष्ट्रीय आन्दोलन के तहत अपनी समस्याओं के समाधान के बारे में सोचा। स्वतंत्रता के पश्चात् के समय में राजनीतिक रूप से जनजातीय आन्दोलनों ने अपने लोगों के लिए राजनीतिक स्वायत्तता और कुछ मामलों में पृथक राजनीतिक पहचान की माँग की। फिर भी स्वतंत्रता के पहले के समय में ऐसे आन्दोलनों का मूल क्रियात्मक क्षेत्र राष्ट्रीय आन्दोलन की व्यापक रूपरेखा की संरचना के अन्तर्गत सीमित रहा। इस प्रकार के आन्दोलन देश में मुख्यधारा के राष्ट्रीय आन्दोलन के दौरान महत्त्वपूर्ण हो गए।

देश में जनजातीय आन्दोलन की प्रकृति के विश्लेषण करने में, यह इंगित करना आवश्यक है कि अधिकतर ऐसे आन्दोलन जनजातीय लोगों के जीवन को विपरीत रूप से प्रभावित करने वाले विविध कारणों तथा जटिल प्रक्रियाओं की उपज थे। अतः जनजातीय आन्दोलन लोगों द्वारा अपनी परेशानियों को शान्तिपूर्ण और वैधानिक तरीके से कम करने में असफलता के कारण निराश प्रयास थे। संथाल विद्रोह के उभरने के कारणों की व्याख्या करते हुए एक विशेषज्ञ स्पष्टता से कहते हैं,

> ... विद्रोह किसी क्षण के आवेग में अचानक प्रारंभ नहीं हुआ था। संथालों ने सरकार के समक्ष अपने कष्टों के प्रस्तुत करने के कई प्रयास किए थे, लेकिन वे

विभिन्न कारणों और तरीकों से वे प्रताड़ित किए गए। संथाल गाँवों में अनेक बैठकों तथा विचारों के आदान–प्रदान के बाद सशस्त्र विद्रोह प्रारंभ हुआ (ओरन्स, 1965: 32)।

फिर भी, ऐसा लगता है कि विभिन्न आन्दोलनों के भागीदारों, मुद्दों और नेतृत्व को देखते हुए ये आन्दोलन स्पष्ट रूप से अपने संघर्ष की मूल विशेषताओं को नहीं देख पाए और लोगों की अधिकतम, यदि पूरी नहीं तो, समस्याओं का समाधान चाहने के लिए एक प्रकार के व्यापक आन्दोलन बन गए। इस प्रकार, काफी जटिल होने के कारण जनजातीय आन्दोलनों को, आन्दोलन की मूलभूत विशेषताओं को ध्यान में रखते हुए, सांस्कृतिक, खेतिहर तथा राजनीतिक प्रकृति का कहा गया, जो इनकी पहचान बन गए। फिर भी, इन लोगों के सामाजिक–सांस्कृतिक तथा राजनीतिक–आर्थिक जीवन में कुछ हद तक समानता होने के कारण अधिकतर जनजातीय आन्दोलन में सभी प्रकार के वर्गीकरण के तत्व शामिल थे।

जनजातीय आन्दोलन के चरण

भारत में जनजातीय आन्दोलन का दो शताब्दियों से अधिक का विविधतापूर्ण इतिहास है। जनजातीय आन्दोलनों के इतने लम्बे काल को विद्वानों द्वारा विभिन्न चरणों में बाँटा गया है जिनमें से सुरेश कुमार सिंह (1985: 101-22) के विचार अधिक उपयुक्त लगते हैं क्योंकि वे स्वतंत्रता से पूर्व के समय में इन आन्दोलनों के तीन विशिष्ट चरणों के अध्ययन के लिए विश्लेषणात्मक संरचना प्रस्तुत करते हैं।

भारत में ब्रिटिश शासन की स्थापना के विस्तार तथा सुदृढ़ होने के साथ जनजातीय आन्दोलन के प्रथम चरण का समय 1795-1860 का है। यह वह समय था, जब अंग्रेजों का देश के अभी तक अछूते क्षेत्रों तक पहुँचने का लगातार प्रयास किया जा रहा था। अंग्रेजों ने देशी रियासतों के शासकों से कई भारतीय राज्यों को न केवल जोड़ने का प्रयास किया अपितु अपनी प्रशासनिक संरचना की अवांछित पहुँच को उन क्षेत्रों और लोगों तक पहुँचाया जो अभी तक पूरी स्वायत्तता तथा अपनी स्वयं की बंधन रहित जीवन शैली का प्रयोग कर रहे थे। उदाहरण के लिए, "1831-1832 का कोल विद्रोह निराशा और गुस्सा की उपज था– निराशा सरकार और कानून की नई व्यवस्था से, तथा गुस्सा उन लोगों से जिन्होंने या तो उनको लागू किया या उनका नाजायज फायदा उठाया" (झा, 1962: 240)। अतः इस समय के अधिकतर जनजातीय आन्दोलन गैर–जनजातीय लोगों के सहयोग से आए क्योंकि दोनों की समान शत्रुता ब्रिटिश उपनिवेशवाद

थी। ये आरंभिक प्रतिरोध आन्दोलन लगते थे क्योंकि जनजातीय लोगों के औपनिवेशिक शासकों के विरुद्ध अपने स्वायत्त कार्यकारी क्षेत्र के कारोबार के प्रतिरोध में उठ खड़े होने का कोई उदाहरण नहीं थे। इसके अतिरिक्त इस चरण के आन्दोलन, कुछ लोगों के समूह मात्र के स्थान पर सम्पूर्ण क्षेत्र के क्रोध को परिलक्षित करने की प्रकृति के अधिक थे। उदाहरण के लिए, ब्रिटिश शासकों की सभी लोगों के विरुद्ध दुष्टपूर्ण कार्यशैली की सामान्य शिकायत के कारण 1820 के दशक में छोटा नागपुर का पठार ऐसे आन्दोलनों का केन्द्र बन गया।

द्वितीय चरण (1860-1920) के दौरान जनजातीय आन्दोलन में प्रकृति, संदर्भ और गहनता की दृष्टि से सूक्ष्म परिवर्तन हुआ। भारत में ब्रिटिश शासन की स्थापना पूर्णरूपेण हो जाने के साथ अब लोगों के आर्थिक शोषण की बारी थी जो लोगों द्वारा प्रतिरोध का मुख्य मुद्दा बन गयी। इसमें आश्चर्य नहीं कि औपनिवेशिक शासकों द्वारा जनजातीय समुदायों की आर्थिक संरचना का विध्वंस और उसके स्थान पर किराया बढ़ाने की संरचनाओं को स्थापित करने को लोगों ने ब्रिटिश शासन द्वारा उनकी विशिष्ट संस्कृति तथा सांस्कृतिक पहचान को नष्ट करने की गुप्त योजना समझा। अतः इस समय का जनजातीय आन्दोलन एक ओर तो सामाजिक–आर्थिक सुधारों के गैर–पारम्परिक मिश्रण के रूप में तथा दूसरी ओर राजनीतिक प्रतिरोध के रूप में उभरा। यह वही समय था, जब जनजातीय आन्दोलनों ने, अनेक मार्गदर्शकों, जिन्हें विदेशियों की क्रूरता से बचाने वाला ईश्वर समझा गया, के उभरने से मसीहाई स्वरूप ग्रहण कर लिया।[16] मुण्डा–ओरन सरदार आन्दोलन तथा बिरसा मुण्डा, ताना भगत आदि के द्वारा संचालित विप्लव इस समय के जनजातीय आन्दोलनों की प्रमुख प्रवृत्तियों को परिलक्षित करते हैं।

स्वतंत्रता पूर्व जनजातीय आन्दोलन का अंतिम चरण (1921-47) भारत में राष्ट्रीय आन्दोलन के मूल विचार और व्यवहार के रंग में रंगा हुआ प्रतीत होता है। इन आन्दोलनों में अधिकतर राजनीतिक प्रकृति के थे और लोगों को प्रभावित करने वाले मूलभूत मुद्दों पर अपने नेताओं के विचार को परिलक्षित करते थे। अतः जबकि अधिकतर जनजातीय आन्दोलन राष्ट्रीय आन्दोलन के महत्वपूर्ण सहयोगी बन गए, उनमें से कुछ ने आने वाले समय में पृथकतावादी स्वरूप ग्रहण कर लिया। उदाहरण के लिए केन्द्रीय प्रान्त में जनजातीय नेता जैसे गंजन कोरकू सविनय अवज्ञा आन्दोलन के दौरान दृढ़ शक्ति बन गए (सरकार, 1989: 298), छोटा नागपुर पठार के कुछ हिस्से जनजातियों के मध्य पृथकतावादी आन्दोलन के रंगमंच बन गए।

निष्कर्षतः यह कहा जा सकता है कि भारत में विभिन्न जनजातीय आन्दोलन का चक्राकार मार्ग, प्रत्येक आन्दोलन में निहित मूल मुद्दे की विशिष्टता के कारण

भिन्नतापूर्ण रहा। जैसा कि पहले कहा जा चुका है कि अनेक जनजातीय आन्दोलनों के उभरने और संचालित होने में अनेक जटिल मुद्दों के होने के बावजूद एक विशिष्ट आन्दोलन में एक विशिप्ट मुद्दे या तत्व की प्रमुखता के कारण उन्हें विशिष्ट रूप में श्रेणीबद्ध किया गया। यह रोचक है कि ये मुद्दे जनजातियों की सांस्कृतिक पहचान तथा सामाजिक–सांस्कृतिक विशिष्टता के नष्ट होने से लेकर आर्थिक शोषण तथा जंगल और जमीन पर लोगों के पारम्परिक आर्थिक अधिकारों की समाप्ति तक व्याप्त थे। कभी–कभी अंग्रेजों द्वारा प्रारंभ की गई प्रशासनिक व्यवस्था की संरचना में शक्ति और संसाधनों की हानि का भाव भी कुछ जनजातीय आन्दोलन का कारण बना। तथापि, ऐसी सभी प्रेरणाओं के पीछे अन्ततः लोगों का औपनिवेशिक तथा स्थानीय शोषकों के विरूद्ध–सशक्त जनजाति आन्दोलनों को पुनर्जीवित करने के रूप में सामने आया।

महिला आन्दोलन

पारम्परिक रूप से भारत में महिला आन्दोलन का विचार लैंगिक न्याय तथा महिला सशक्तीकरण को प्राप्त करने का स्पष्ट कदम नहीं लगता जैसा कि पश्चिम में था। अपितु भारत में भारतीय समाज में महिलाओं की स्वायत्त स्थिति ने जीवन के विभिन्न क्षेत्रों में पुरुषों और महिलाओं की समानता को इस प्रकार सुनिश्चित किया कि वे एक–दूसरे के पूरक बन गए। अनेक सामाजिक बुराइयों जिनका महिलाओं की स्थिति पर विपरीत प्रभाव था, का प्रचलन महिलाओं पर पुरुषों के प्रभुत्व के कारण नहीं था। वे या तो कुछ धार्मिक परम्पराओं के हिस्से थे या इतिहास में किसी समय लोगों की सामाजिक रीति–रिवाजों में प्रवेश कर गए (देखें, राय, 2002:13-23)। अतः देश में समाज–सुधार आन्दोलनों ने महिलाओं के मुद्दों को कभी भी पुरुष प्रभुत्व से महिलाओं की मुक्ति के रूप में नहीं देखा। समय के साथ भारतीय समाज में वस्तुस्थिति को देखने के प्रति औपनिवेशिक सांस्कृतिक मूल्यों तथा दृष्टिकोण के प्रवेश के साथ महिलाओं के प्रति लोगों की सोच में सूक्ष्म विकृति आई। महिलाओं के जीवन में इस प्रकार के दुष्टतापूर्ण औपनिवेशिक सोच के प्रवेश को सामने लाते हुए यह कहा गया,

> ...विचारधारा की दृष्टि से सांस्कृतिक साम्राज्यवाद ने महिला–हीनता के विचार को प्रारंभ किया जिसका भारतीय संस्कृति में कोई स्थान नहीं था, जहाँ महिला शक्ति और इसकी निहितता पर जोर दिया गया था। यद्यपि उच्च जातियों में महिलाओं को घरेलू क्षेत्रों तक सीमित किया गया, लेकिन इस पृथकता का तात्पर्य घरेलू क्षेत्र का हीन मूल्यांकन नहीं था क्योंकि जाति की शुद्धता को बनाए रखने के लिए यह क्षेत्र महत्वपूर्ण था। लैंगिक विचारधारा में हीनता का विचार अपमानजनक तत्व को जोड़ता है जिसने महिलाओं की स्थिति को खराब किया। यदि पश्चिमी नस्लीय

श्रेष्ठता की साम्राज्यवादी विचारधारा से जोड़े तो यह विदेश में महिलाओं की निम्नतर स्थिति को दर्शाता है, क्योंकि, साम्राज्यवाद का सन्दर्भ न केवल पुरुषों की तुलना में महिलाओं की हीनता के विचार को, अपितु पश्चिमी महिलाओं के समक्ष भारतीय महिलाओं की हीनता को भी दर्शाता है (लिडले तथा जोशी, 1986: 240)।

अतः भारत में स्वतंत्रता के पूर्व महिला आन्दोलन का अध्ययन एक ओर तो जीवन के विविध क्षेत्रों में महिलाओं की भूमिका के विश्लेषण, और दूसरी ओर महिला सशक्तीकरण के विभिन्न मुद्दों के लिए एक स्वायत्त आन्दोलन के सृजन के प्रयास पर केन्द्रित है।

महिला आन्दोलन का प्रारंभ

भारत में महिला आन्दोलन के मुद्दों की विशिष्टता को देखते हुए यह उचित था कि महिलाओं की स्थिति को सुधारने के लिए प्रारंभिक प्रयास 19वीं शताब्दी के दौरान राजा राममोहन राय, दयानंद सरस्वती, ईश्वरचन्द्र विद्यासागर इत्यादि के समाज सुधार की दृष्टि के हिस्से के रूप में आये। स्वाभाविक रूप से, ऐसे सुधार आन्दोलनों में महिला आन्दोलन के मुद्दों को हिन्दू समाज को सुधारने की संरचना के अन्तर्गत क्रूर और अमानवीय सामाजिक रीति–रिवाजों और परम्पराओं से महिलाओं को मुक्त कराने के लिए अवधारणीकृत किया गया।[17] प्रारंभ में समाज सुधार संगठनों जैसे ब्रह्म समाज और आर्य समाज द्वारा संगठित महिला मण्डलों ने महिलाओं को समाज में अधिक सक्रिय भूमिका निभाने के लिए संगठित होने तथा घर के बाहर निकलने की भावना भरने का महत्वपूर्ण उद्देश्य पूरा किया। बाद में रानाडे जैसे राष्ट्रवादी आन्दोलन के महत्वपूर्ण नेताओं ने हिन्दू समाज, जो कि समाज में महिलाओं की गरिमा और स्थिति के सम्बन्ध में पूर्वाग्रहग्रस्त था, की सामाजिक–धार्मिक रीति–रिवाजों को सुधारने का उत्तरदायित्व ग्रहण किया।[18]

यह रोचक है कि भारत में महिला आन्दोलन के प्रारंभिक प्रयास पुरुषों द्वारा किए गए जो विभिन्न सामाजिक–धार्मिक सुधार आन्दोलनों का नेतृत्व कर रहे थे। लेकिन घरेलू दायित्वों से महिलाओं की मुक्ति के प्रति बढ़ते शोरगुल के कारण अनेक महिलाएँ, मुख्य रूप से सामाजिक पद सोपान के उच्च वर्ग से, देश में महिलाओं के आन्दोलन को संचालित करने के लिए आईं। ऐसी महिलाओं के नेतृत्व का महत्वपूर्ण पक्ष घरेलू कार्यक्रम से मुक्ति या पारिवारिक जीवन के बन्धनों से मुक्ति थी (सावरा एवं गोथोस्कर, 1984: 147)। भारतीय समाज में महिलाओं की पारिवारिक और घरेलू गतिविधियों से अत्यधिक जुड़ाव से उनकी स्वतंत्रता के हनन को देखते हुए यह महत्वपूर्ण स्पष्टीकरण लगता है। अतः देश में महिला

आन्दोलन के शुरू होने का प्रारंभिक चरण कुछ लोगों के प्रयास तक सीमित रहा जिसमें पुरुष और महिलाएँ दोनों शामिल थे।

महिला आन्दोलन की प्रगति और विकास

भारत में राष्ट्रीय आन्दोलन के दौरान जन–जागरण के कारण महिलाओं की बढ़ती चेतना के साथ महिला आन्दोलन में भी विविध सूत्र उभरने लगे तथा उस समय की विविध गवितिधियों में उसने महत्वपूर्ण होना प्रारंभ कर दिया। कुल मिला कर राष्ट्रीय आन्दोलन की मुख्यधारा में महिलाओं की भागीदारी सशक्त हो गई। यह कहा गया कि राष्ट्रीय आन्दोलन में महिलाओं की भागीदारी ने राष्ट्रीय आन्दोलन को न केवल नई ऊर्जा तथा शक्ति प्रदान की अपितु देशों में महिला हितों की दृष्टि से भी लाभप्रद रही। वास्तव में, राष्ट्रीय आन्दोलन में महिलाओं की भागीदारी देश की सभी महिलाओं के लिए एक प्रतीकात्मक आमंत्रण था कि घर के बाहर के कार्य पर अब पुरुषों का एकाधिकार नहीं रहा है। शक्तिशाली ब्रिटिश साम्राज्य के विरुद्ध संगठित संघर्ष करने सहित महिलाएँ जीवन की प्रत्येक गतिविधि में पुरुष की सहभागी हो सकती हैं। आश्चर्यजनक रूप से राष्ट्रीय आन्दोलन में महिलाओं की व्यापक भागीदारी को कम आक्रामक तथा सीमित होने के कारण गाँधीवादी अहिंसा तथा सत्याग्रह की राजनीति के लिए अधिक उपयुक्त समझा गया। यहाँ तक पुरुष राष्ट्रीय नेताओं ने महिलाओं की सक्रिय भागीदारी को आश्चर्यजनक पाया और आन्दोलन का नेतृत्व प्रदान करने में समान तथा कभी–कभी अधिक भागीदारी के अवसर प्रदान करके उसका स्वागत किया। उदाहरण के लिए 1942 के भारत छोड़ो आन्दोलन में प्रमुख नेताओं की गिरफ्तारी के कारण अरुणा आसफअली जैसी महिलाओं, जिन्होंने अंग्रेजी शासन के विरुद्ध संघर्ष रखा, ने आन्दोलन में नेतृत्व करने में प्रमुख भूमिका निभाई।[19] साथ ही कैदी नेताओं को नैतिक तथा भौतिक सहायता देकर पुरुष राष्ट्रीय नेताओं को अत्यंत आवश्यक समर्थन प्रदान किया।

राष्ट्रीय आन्दोलन के दौरान बहुत से नेताओं ने बड़ी संख्या में महिलाओं के राष्ट्रीय आन्दोलन में भागीदारी के लिए प्रत्यक्ष तथा ठोस प्रयास किये। उनके अनुसार राष्ट्रीय आन्दोलन में महिलाओं की व्यापक भागीदारी से न केवल अभी तक पुरुष प्रभुत्ववाले राष्ट्रीय संघर्ष का स्वरूप बदलेगा अपितु महिलाओं का अपने घर से बाहर निकलने तथा राष्ट्रीय आन्दोलन के मामलों में समान भागीदारी का अवसर मिलेगा। अतः गाँधी ने, महिलाओं की राष्ट्रीय आन्दोलन में भागीदारी को प्रोत्साहित करने के लिए, उनके सामाजिक उत्तरदायित्वों को नुकसान पहुँचाये बिना, राजनीति निर्धारित की; यह महिला आन्दोलन के लिए महत्वपूर्ण मोड़ सिद्ध हुआ, क्योंकि अभी तक बहुत सारी महिलाएं अपने सामाजिक तथा राजनीतिक

उत्तरदायित्वों में सामन्जस्य नहीं बैठा पा रही थीं। इसी प्रकार, गाँधी ने महिलाओं को रसोई से मुक्त होने तथा देश के मुक्ति आन्दोलन में सक्रिय भागीदार होने के लिए कहा।[20] राष्ट्रीय आन्दोलन में महिलाओं को महत्वपूर्ण स्थान प्रदान करने में सुभाष चन्द्र बोस का योगदान प्रशंसनीय था। जब वे भारत में थे, उन्होंने राष्ट्रीय आन्दोलन में महिलाओं की और अधिक भागीदारी बढ़ाने के लिए महिला राष्ट्रीय संघ नामक संगठन की स्थापना की। बाद में जब उन्होंने भारतीय राष्ट्रीय सेना (आई. एन. ए.) का नेतृत्व किया तो उनके विश्वस्त साथियों में से कैप्टन लक्ष्मी सहगल ने देश से अंग्रेजों को बाहर खदेड़ने में महत्वपूर्ण भूमिका निभाई।

देश में मुख्यधारा के राष्ट्रीय आन्दोलन में प्रशंसनीय भूमिका निभाने के साथ महिलाओं ने अनेक जनजातीय, किसान तथा श्रमिक संघ आन्दोलन को सशक्त करने में पुरुषों का साथ दिया। उदाहरण के लिए बिहार में जनजातीय आन्दोलन में महिलाओं का विशिष्ट योगदान, न केवल विद्रोहियों के उनके गुप्त स्थान पर आवश्यक वस्तुओं की आपूर्तिकर्त्ता तथा समय- समय पर उनका मनोबल बढ़ाने, अपितु शक्तिशाली शोषक शक्तियों के विरुद्ध शस्त्र उठाने तथा अवर्णनीय प्रतिरोध के रूप में भी आया (मित्रा, 1984:89)। विविध किसान संगठनों तथा आन्दोलनों द्वारा भी महिलाओं की भागीदारी चाही व प्रयोग की गई, यद्यपि यह जनजातीय तथा श्रमिक संघ आन्दोलनों जितनी नहीं थी। एक विशिष्ट आन्दोलन के सन्दर्भ में एक शोधकर्त्ता ने माना,

> ... किसान सभा द्वारा संघर्ष में महिलाओं को आन्दोलन के सर्वाधिक गहन चरण में भी उसी भाँति या उसी सीमा तक शामिल नहीं किया गया, जिस सीमा तक उनके पुरुष साथियों को किया गया। महिलाओं के युद्ध कौशल, प्रतिबद्धता तथा निपुणता, जिसके पर्याप्त प्रमाण थे, का न तो पूरी तरह प्रयोग किया गया, न उन्हें विकसित किया गया तथा महिलाओं को कुल मिला कर 'सहयोगी' भूमिका प्रदान की गई (साल्दान्हा, 1986:51)।

फिर भी, आन्दोलन में महिलाओं की भागीदारी के प्रति किसान सभा की ऐसी निष्क्रिय पद्धति का कारण किसान संघर्ष में महिलाओं की भागीदारी के प्रति उनके दृष्टिकोण में क्रांतिकारी भावना में कमी हो सकती है। लगभग इसी प्रकार का तरीका, अपने आन्दोलनों में महिलाओं को दूसरे दर्जे की भूमिका देकर श्रमिक संघ के नेताओं द्वारा भी अपनाया गया, इनमें से बहुत से आन्दोलनों का नेतृत्व साम्यवादी दल तथा उनके नेताओं द्वारा किया गया।

उपरोक्त वर्णित आन्दोलनों में महिलाओं के बेशकीमती योगदान को कुछ विद्वानों द्वारा देश में महिलाओं के मुख्य आन्दोलन का हिस्सा नहीं समझा गया। उदाहरण के लिए गेल ओमवेट उन्हें महिला आन्दोलन के विकास के सन्दर्भ में

'पूर्व आन्दोलन' कहती हैं, यद्यपि "वे इन पूर्व आन्दोलनों के योगदान को स्वीकार करती हैं। वे लिखती हैं, 'वे समाज की शक्ति के रूप में महिलाओं की शक्ति को उजागर करते हैं, वे महिलाओं को अपनी आवश्यकताओं को सामने लाने का अवसर देते हैं, तथा वे प्रायः उस प्रक्रिया के हिस्से हैं जो महिला आन्दोलन को विकसित करने में सहयोग करते हैं" (ओमवेट, 1978: 373)। अतः 1920 के कुछ स्वायत्त महिला समूहों के उभरने से महिला आन्दोलन को नवीन गति मिली। इन संगठनों में प्रमुख ऑल इण्डिया वीमन्स कान्फ्रेन्स (ए.आई.डब्ल्यू.सी.) प्रतीत होता था जो 1924 में, देश में महिलाओं की मुक्ति से सम्बन्धित मुद्दों पर महिलाओं के सजग तथा संगठित अभिमत व्यक्त करने के लिए स्थापित किया गया (बसु तथा रे, 1990: 37)। बाद के वर्षों में संगठन की गतिविधियाँ भारत में महिलाओं की सम्पूर्ण मुक्ति तक व्यापक हो गयीं तथा भारतीय समाज में महिलाओं के लिए समान अधिकार तथा अवसर की माँग करने लगीं। उदाहरण के लिए, 1920 के दशक में जब औपनिवेशिक शासन द्वारा संवैधानिक सुधारों पर विचार किया जा रहा था, तब ए.आई.डब्ल्यू.सी. ने देश में मताधिकार के लागू होने की स्थिति में महिलाओं के मताधिकार पर जोर दिया। इसी प्रकार, 1930 के दशक में, इसने खदानों व कारखानों में महिला श्रमिकों द्वारा सहन की जा रही तकलीफों के मुद्दों को उठाया और उनके लिए व्यापक कल्याणकारी सुधारों की मांग की। लेकिन ए.आई.डब्ल्यू.सी. में विशिष्ट क्रांतिकारी तत्व की कमी थी, वह तत्व जिससे देश में महिला आन्दोलन की संरचना बदल सकती थी। धीरे–धीरे, ए.आई.डब्ल्यू.सी. में प्रगतिशील तत्व उपेक्षित होने लगे तथा इसमें मध्यवर्गीय महिलाओं का प्रभुत्व हो गया जो महिलाओं की सशक्तीकरण के लिए क्रांतिकारी सुधार उपायों की मांग करने के स्थान पर यथास्थिति बनाये रखने के पक्ष में थीं। इस प्रकार ए.आई.डब्ल्यू.सी. ने स्वतंत्रता पूर्व भारत में महिला आन्दोलन की प्रगति में मील का पत्थर बनने की महत्वपूर्ण स्थिति काफी हद तक खो दी।[21]

महिला आन्दोलन के मुद्दे

भारत में महिला आन्दोलन के विकास तथा प्रगति में जो मुद्दे महत्वपूर्ण रहे, वे सामान्यतया, एक ओर महिलाओं की समाज में सम्मानजनक स्थिति की विनम्र मांगों तक, तो दूसरी ओर देश की निर्णय निर्माण प्रक्रिया में अधिक मात्रा में राजनीतिक तथा आर्थिक शक्तियां प्राप्त करने तक सीमित रहे। इस प्रकार महिला आन्दोलन के सामाजिक मुद्दों के क्षेत्र में पर्दा प्रथा महत्त्वपूर्ण थी, क्योंकि यह महिलाओं को विविध उत्तदायित्व वहन करने से वंचित कर रही थी। यह भारतीय समाज में महिलाओं को पुरुषों की स्थायी अधीनता की परिचायक थी (देखें एन्जिल्स, 1996)। इसी प्रकार महिलाओं के व्यक्तित्व से जुड़े विशिष्ट मुद्दे,

जैसे बलात्कार, दहेज शोषण, महिलाओं का व्यापार, परिवार में हिंसा इत्यादि महिला आन्दोलन की कार्यवाही में प्रमुख रूप से उभरे। यह स्पष्ट था कि उस समय के दौरान महिलाओं के सामाजिक उद्धार को समाज के स्वीकृत सामाजिक, सांस्कृतिक मापदण्डों के अन्तर्गत विचारित किया गया व क्रूर तथा अमानवीय व्यवहार को छोड़कर देश में महिलाओं की सामाजिक स्थिति में मूलभूत परिवर्तन के लिए कोई क्रान्तिकारी समाधान नहीं सुझाये गये। हिन्दू शास्त्रों (धार्मिक पुस्तकों) और नैतिकता के अन्तर्गत ही महिलाओं की सामाजिक स्थिति में सुधार की कामना की गई।

औपनिवेशिक काल में महिला आन्दोलनों द्वारा उठाये गये राजनीतिक मुद्दों में मताधिकार की मांग सदैव प्रमुख रही। सर्वप्रथम सरोजिनी नायडू तथा एनी बीसेन्ट जैसी अन्यं नेताओं द्वारा 1917 में उठाया गया यह मुद्दा आने वाले समय में विविध महिला कार्यकर्ताओं, संगठनों तथा आन्दोलनों के लिए देश में महिलाओं की राजनीतिक मुक्ति के प्रतीक के रूप में प्रस्तुत करने का महत्वपूर्ण माध्यम बन गया। बाद में इस मुद्दे को राष्ट्रीय आन्दोलन के पुरुष नेताओं द्वारा भी औपनिवेशिक शासन द्वारा स्थापित वैधानिक सुधार आयोग के समक्ष उठाया गया, लेकिन कानूनी व्यवस्था सहित ब्रिटिश सरकार के दृष्टिकोण ने महिलाओं को यह अधिकार देना स्वीकार नहीं किया तथा यह मुद्दा महिला आन्दोलनों के लिए प्रमुख बना रहा। राष्ट्रवादी पक्ष में महिलाओं की राजनीतिक स्थिति काफी मजबूत दिखाई दी, क्योंकि राष्ट्रीय आन्दोलन में महिलाओं की बढ़ती भागीदारी ने राजनीतिक दलों के संगठनों तथा निर्णय–निर्माण प्रक्रियाओं में उनको पर्याप्त प्रतिनिधित्व देना सुनिश्चित कर दिया।

अन्ततः, यह कहा जा सकता है कि औपनिवेशिक भारत में महिला आन्दोलन के व्यापक सूत्र जीवन के गैर–लैंगिक पक्षों से जुड़े विविध प्रतिरोध आन्दोलनों में अधिक परिलक्षित हुए। इसके अतिरिक्त ये आन्दोलन ब्रिटिश सरकार की शोषक नीतियों तथा कार्यवाहियों के विरुद्ध एक प्रकार के प्रतिरोध आन्दोलन, न कि अधिकार आन्दोलन जो अपने सदस्यों के लिए विशिष्ट अधिकार व अवसर की मांग करता है, के रूप में उभरे। इनमें से मुख्यधारा का राष्ट्रीय आन्दोलन वह व्यापक क्षेत्र था, जहाँ महिला मुक्ति के मुद्दों पर भी विचार हुआ तथा उन पर कार्यवाही की गई। अतः एक सुगठित तथा मूलभूत महिला आन्दोलन उत्पन्न करने के स्थान पर राष्ट्रीय आन्दोलन ने स्वतंत्रता के पश्चात के समय में संगठित व सुदृढ़ महिला आन्दोलन के लिए जमीन तैयार कर दी।

नागरिक अधिकार आन्दोलन

आधुनिक समय में भारत में नागरिक अधिकारों के आन्दोलन के बीज को औपनिवेशिक काल में ढूँढ़ा जा सकता है। लम्बे समय के गलाघोंटू तथा

अमानवीय औपनिवेशिक शासन ने यह सुनिश्चित कर दिया कि अधिकार, जनसामान्य के लिए सम्मान तथा सभी के लिए गरिमामय जीवन के सम्बन्ध में, अधिकतम भारतीय नागरिक 1820 के दशक तक भूले रहे। फिर भी अपने स्वयं के स्पष्ट कारणों से, दो प्रकार के लोगों ने नागरिक अधिकारों के लिए लोगों की इच्छा को, यदि प्रत्यक्ष नहीं तो निहितार्थ में, एक ओर भारतीय समाज में सामाजिक सुधारों के तो दूसरी ओर औपनिवेशिक शासन द्वारा भारतीयों के प्रिय मुद्दों, जैसे प्रेस की स्वतंत्रता के प्रति अधिक उदारवादी दृष्टिकोण अपनाने के माध्यम से प्रगट किया। प्रथम श्रेणी के लोग वे थे, जो समाज में अब तक वंचित रहे लोगों के मानवीय तथा आजीविका के अधिकार प्राप्त करने के लिए भारत में समाज सुधारों के देशी अवधारणीकरण के प्रति ईमानदारी से चिंतित थे, दूसरी श्रेणी के लोगों में वे भारतीय तथा पश्चिमी लोग थे, जो ब्रिटिश सरकार से देश में समाज व राज्य व्यवस्था में आवश्यक सकारात्मक परिवर्तन चाह रहे थे।

भारत में नागरिक अधिकारों के आन्दोलन के बीजारोपण की ओर ले जाने वाले महत्वपूर्ण प्रयास समाज सुधारक राजा राममोहन राय द्वारा किये गये। बचपन से ही विशिष्ट गुणों से विभूषित, एक ओर तो भारतीय धर्म शास्त्रों का सशक्त प्रशिक्षण तथा दूसरी ओर अंग्रेजों के नैतिक तथा राजनीतिक साहित्य के ज्ञान ने उनके अन्दर भारतीय समाज तथा राज्य व्यवस्था के प्रत्येक अंधकारमय तथा गैर–उदारवादी वस्तु के प्रति आलोचना व रचना का विशिष्ट मिश्रित भाव भर दिया।

परिणामतः राममोहन राय सामान्य रूप से सभी लोगों के, तथा विशिष्ट रूप से महिलाओं के नागरिक अधिकारों का हनन करने वाले धार्मिक रूढ़िवादी रीति–रिवाजों के आलोचक बन गये। सती जैसी कठोर प्रथा की समाप्ति के लिए उन्होंने भारत में महिलाओं की स्थिति सुधारने के लिए सुधारों की व्यापक रूपरेखा प्रस्तुत की। महिलाओं के अधिकारों के विरुद्ध व्याप्त हिंसा के वातावरण की उन्होंने निन्दा की तथा बहु–विवाह, बाल विवाह, देवदासी व्यवस्था आदि महिलाओं की गरिमा और सम्मान का अवमूल्यन करने वाली प्रथाओं को समाप्त करने की मांग की। महिलाओं द्वारा सही जा रही समस्याओं का रचनात्मक समाधान प्रस्तुत करके उन्होंने विधवा विवाह, सम्पत्ति में महिलाओं के समान अधिकार तथा महिलाओं के लिए विवाह की उचित आयु निश्चित करने जैसे अनेक प्रगतिशील उपायों की वकालत की। यद्यपि राममोहन राय ऐसे मामले में अधिकतर अपने समय से काफी आगे प्रतीत होते थे, अतः तुरंत सफल नहीं हो सके, लेकिन उनके प्रयासों के दो परिणाम महत्वपूर्ण रहे। प्रथम, विलियम बैंटिक जैसे मानवतावादी गवर्नर जनरल के समर्थन से वे 1823 में मानवता के विरुद्ध सबसे अधिक विनाशकारी अपराध सती प्रथा को समाप्त कराने में सफल हो पाये। दूसरे, अपने

प्रयासों की सफलता अथवा विफलता से परे वे भारतीय समाज में अन्य मानवीय तत्वों के प्रति लगाव को जाग्रत कर पाये। जिसे, जहाँ उन्होंने छोड़ा, वहाँ से अन्य लोगों ने सूत्र पकड़े और तबसे देश में नागरिक अधिकारों के लिए संघर्ष की ज्वाला को प्रज्वलित रखे रहे। महिलाओं के अधिकारों के प्रति सतत संघर्ष प्रारंभ करने के अतिरिक्त राममोहन राय ने भारतीयों के नागरिक तथा राजनीतिक अधिकारों की रक्षा के लिए कठिन प्रयास किये। अतः भारत में औपनिवेशिक शासन के प्रति सम्मान रखते हुए भी, जब उन्होंने देशी लोगों के नागरिक तथा राजनीतिक अधिकारों का सरकार के कार्यों द्वारा हनन होते देखा तो उसमें दो अवसरों पर उन्होंने सरकार की आलोचना करने में हिचकिचाहट नहीं की। पहला, 1823 में जब अविवेकपूर्ण प्रतिबंध द्वारा अंग्रेजों ने प्रेस की स्वतंत्रता को कम करने का प्रयास किया तो राममोहन राय उसके सर्वाधिक मुखर विरोधियों में से एक हुए तथा उन्होंने औपनिवेशिक सरकार द्वारा पारित शोषक तथा अविवेकपूर्ण नियमों से प्रेस को स्वतंत्र करने की मांग की। दूसरे, भारतीयों के नागरिक अधिकारों को कम करने के उद्देश्य से ब्रिटिश संसद द्वारा जब भारतीय न्याय व्यवस्था के लिए भेदभाव पूर्ण तथा अतार्किक प्रावधान किये गये तो वे राममोहन राय के क्रोध के कारण बने। 1827 के ज्यूरी अधिनियम में शामिल एक वाक्य जिसके अनुसार "देशी लोग, चाहे वे हिन्दू हों या मुसलमान पर क्रिश्चियन ईसाइयों, चाहे वे यूरोपीय हों या देशी के द्वारा मुकदमा चलाया जा सकता है जबकि ईसाइयों को हिन्दू या मुसलमान न्यायिक अधिकारियों द्वारा मुकदमे से मुक्त रखा गया", का पुरजोर विरोध किया। यही नहीं, उन्होंने इसके विरुद्ध हिन्दुओं और मुसलमानों के हस्ताक्षर से युक्त प्रार्थना पत्र ब्रिटिश संसद के दोनों सदनों में ऐसे भेदभावपूर्ण कानून को समाप्त करने के लिए तर्क देते हुए प्रस्तुत किया। संक्षेप में यह कहा जा सकता है कि भारत में नागरिक अधिकारों का विचार राममोहन राय के विचारों और कार्यों में प्रस्फुटित हुआ। समाज के विभिन्न वर्गों विशेषकर महिलाओं के हितों के संरक्षण तथा विकास के प्रति उनके लगाव ने सम्भवतः अनजाने ही एक लहर उत्पन्न कर दी, जिसके आधार पर भारत में आगे नागरिक अधिकारों के आन्दोलन प्रारंभ हुए होंगे।

जैसा कि पहले कहा गया, भारत के नागरिक अधिकारों के आन्दोलन का जन्म तथा विकास समय–समय पर समाज सुधारकों द्वारा प्रारंभ किये गये विभिन्न सामाजिक–धार्मिक आन्दोलनों से जुड़े प्रतीत होते हैं। वास्तव में व्यक्तियों के नागरिक अधिकारों के प्रति चिन्ता का प्रदर्शन राष्ट्रीय आन्दोलन के नेताओं द्वारा काफी देर से किया गया। एक विशेषज्ञ के अनुसार,

> ... वस्तुतः भारत के मुक्ति संघर्ष की चिन्ताओं के मध्य व्यक्तियों की नागरिक स्वतंत्रता 1930 के दशक में काफी देर से स्पष्ट हुई, जब नेहरू ने राजद्रोह के

दोषी स्वतंत्रता सेनानियों को कानूनी सहायता प्रदान करने के लिए नागरिक अधिकार संघर्ष प्रारंभ किया। कांग्रेस दल ने 1931 के कराची सत्र में ही नागरिकों के लिए नागरिक अधिकार तथा समान अधिकार की मांग करते हुए पहला प्रस्ताव पारित किया (रे, 2003: 3411)।

अतः भारत में नागरिक अधिकारों के विकास के निर्बाध क्रम को समझने के लिए देश में उन्नीसवीं सदी के उत्तरार्ध तथा बीसवीं सदी के पूर्वार्ध में प्रारंभ हुए सामाजिक–धार्मिक सुधार आन्दोलनों में नागरिक अधिकार के तत्वों को सावधानी से समझना अति आवश्यक है।

सामाजिक–धार्मिक सुधार आन्दोलनों के क्षेत्र में बंगाल अग्रगामी राज्य रहा है। भारत में यूरोपीय पुनर्जागरण के विलियम कैरी तथा जोशुआ माशमेन जैसे पथ प्रदर्शकों के नेतृत्व के आधार पर राजा राममोहन राय तथा ईश्वरचन्द्र विद्यासागर जैसे समाज सुधारकों ने समाज के कुछ वर्गों में अकथनीय दुख देने वाली अमानवीय सामाजिक तथा धार्मिक प्रथाओं के उन्मूलन के आह्वान के द्वारा ऐसे लोगों के न केवल नागरिक अधिकारों की रक्षा का प्रयास किया अपितु समाज में अपने अधिकारों और उत्तरदायित्वों के प्रति शिक्षा के द्वारा चेतना जगा कर उनके नागरिक अधिकारों को सुरक्षित करने की भी निरन्तर चेष्टा की। बंगाल के समाज सुधारकों को अनेक पश्चिमी सुधारकों तथा शिक्षाविदों, जैसे डेविड हेयर, सिस्टर निवेदिता तथा डरेजियो, साथ ही मानवतावादी ब्रिटिश अधिकारियों में गवर्नर जनरल विलियम बैंटिक का, अपने प्रयासों को अन्ततः फलदायी बनाने में भरपूर समर्थन प्राप्त हुआ।

बंगाल में जबकि समाज सुधार आन्दोलनों ने बौद्धिक प्रेरणा यूरोपीय पुनर्जागरण से ली, महाराष्ट्र में इसके लिए पूरी तरह नहीं तो भी जन सामान्य की कष्टदायी स्थिति में सुधार लाने के प्रति प्रमुख रूप से लोगों में स्थानीय चेतना की दृष्टि उत्तरदायी थी। उदाहरण के लिए, भारतीय राष्ट्रीय कांग्रेस में अत्यंत सक्रिय रहते हुए भी जस्टिस एम. जी. रानाडे ने 1887 में इण्डियन सोशल कान्फ्रेंस की स्थापना की, जिसका उद्देश्य, समाज के सामाजिक रूप से पिछड़े हुए वर्ग के लोगों के नागरिक अधिकारों का हनन करने वाली सामाजिक–धार्मिक प्रथाओं का अन्त कर उनके लिए गरिमामय तथा सम्मानजनक जीवन उपलब्ध कराना था। लोगों की समस्याओं के प्रति जस्टिस रानाडे की यथार्थ समझ ने उन्हें लोगों के जीवन की ऐसी स्थिति की अवधारणा के लिए प्रेरित किया जहाँ उनके नागरिक तथा राजनीतिक अधिकारों के प्रयोग को सामाजिक, आर्थिक तथा सांस्कृतिक अधिकारों की पर्याप्त रूप से उपलब्धता से समर्थन मिलता हो। महाराष्ट्र का अन्य सशक्त समाज सुधार आन्दोलन, जिससे देश में नागरिक आन्दोलन के सशक्त विकास की सम्भावनाएं बढ़ीं, ज्योतिबा फुले द्वारा *सत्यशोधक समाज* के

तत्वावधान में वंचित वर्ग के लोगों के नागरिक अधिकारों के संरक्षण तथा संवर्धन के लिए प्रारंभ किया गया।

भारत में नागरिक अधिकारों के विकास का प्रारंभिक मार्गदर्शन दक्षिण भारत के कुछ हिस्सों में प्रारंभ किये गये सामाजिक–धार्मिक आन्दोलनों से भी प्राप्त हुआ। ऐसे आन्दोलनों में श्री नारायण गुरु द्वारा ट्रावनकोर के इरावा समुदाय के मानकों तथा रीति–रिवाजों के संस्कृतीकरण के लिए प्रारंभ किया आन्दोलन प्रमुख प्रतीत होता है (शाह, 1990: 110)। तथापि क्षेत्र के विभिन्न भागों में अनेक अन्य सामाजिक–धार्मिक आन्दोलन प्रारंभ किये गये, जिनका उद्देश्य निम्न जाति के समाज के अभी तक वंचित वर्ग के सामाजिक–धार्मिक अधिकारों को सुरक्षित या संवर्धित करना था।

अन्य सामाजिक–धार्मिक आन्दोलन, जो देश के नागरिक अधिकारों के आन्दोलन के पूर्ववर्ती रहे थे, उनमें स्वामी दयानंद सरस्वती का आर्य समाज, स्वामी विवेकानन्द का रामकृष्ण मिशन तथा सैयद अहमद खान द्वारा स्थापित अलीगढ़ स्कूल शामिल थे। ये मूलरूप से धर्म–सुधार आन्दोलन थे जिनका परिणाम लोगों की सामाजिक स्थिति पर भी पड़ा। इस प्रकार, प्रथम दो आन्दोलनों ने हिन्दू समाज में सुधार लाने के लिए बड़ा प्रयास किया, जबकि अन्तिम वाले का उद्देश्य मुसलमानों में एक प्रकार की जागृति लाना था। जन समूह में सामाजिक जागृति लाने में इन आन्दोलनों का दृष्टिगत होता प्रभाव महत्वपूर्ण था, जिसके परिणामस्वरूप वे औपनिवेशिक शासकों से मूल स्वतंत्रताओं की मांग करने वाले सजग योद्धा बन गये।

यह कहा जा सकता है कि भारत में उपनिवेश विरोधी आन्दोलन का लम्बा समय एक तरह से नागरिक अधिकारों का आन्दोलन था, जिसमें अल्पकालिक दृष्टि से भारत के सामान्य लोगों के लिए नागरिक तथा राजनीतिक अधिकार देने की भारतीयों की मांग तथा दीर्घकालिक दृष्टि से राष्ट्रवादी नेताओं की देश के लिए पूर्ण स्वतंत्रता की मांग थी। फिर भी इस प्रकार के तर्क का विद्वानों द्वारा विरोध इस आधार पर किया गया है कि "मुक्ति संघर्ष की मुख्यधारा का बौद्धिक तथा राजनीतिक संवाद का केन्द्र एक समुदाय के रूप में राष्ट्र पर था, प्रारंभ में केन्द्रीय शासन के विरुद्ध और बाद में भी समुदाय के रूप में मुसलमान, सिख, दलित तथा जनजाति के प्रतिस्पर्धी समूहों के विरुद्ध जो राष्ट्रीयता के लिए दावा कर रहे थे" (रे, 2003:3411)। यह तर्क इस बिन्दु पर भी जोर देता है कि चूंकि राष्ट्रवादी नेताओं की चिन्ता एक समुदाय के रूप में राष्ट्र के अधिकारों के स्थान पर व्यक्तियों के अधिकार की नहीं थी, अतः सम्पूर्ण राष्ट्रीय आन्दोलन को देश में नागरिक अधिकारों को प्राप्त करने का आन्दोलन बताना शायद न्यायोचित न हो।

इस प्रकार ऐसा लगता है कि व्यक्तियों के नागरिक अधिकारों की संरचना में राष्ट्रवादी आन्दोलन के दौरान नागरिक अधिकारों के आन्दोलन ने 1930 के

दशक में आकार लेना प्रारंभ किया। 1931 में कराची अधिवेशन में कांग्रेस द्वारा 'मूल अधिकार तथा कर्तव्य तथा आर्थिक व सामाजिक परिवर्तन' विषय पर विस्तृत प्रस्ताव स्वीकार करना इस दिशा में एक बड़ी शुरुआत थी। प्रस्ताव का पारित होना कांग्रेस द्वारा देशी लोगों के नागरिक तथा राजनीतिक अधिकारों को प्रारंभ करने के लिए उठाये जाने वाले बुद्धिमत्तापूर्ण कदमों की श्रृंखला का चरम था। उदाहरण के लिए जबकि 1895 में बनाये गये भारत के संविधान विधेयक ने भारत में भविष्य के किसी भी संविधान में कुछ नागरिक और राजनीतिक अधिकारों को लोगों के मूल अधिकारों के रूप में प्रदान किये जाने की मांग की, कांग्रेस के मद्रास अधिवेशन ने देश की भावी संवैधानिक व्यवस्था में मूल अधिकारों की घोषणा को शामिल करने की मांग का प्रस्ताव स्वीकार किया। इसके अतिरिक्त नेहरू समिति जैसी विभिन्न समितियों ने अपन प्रतिवेदन में देश के स्वतंत्रता संघर्ष के अपने विचार में आवश्यक रूप में कुछ नागरिक तथा राजनीतिक अधिकार शामिल किये।

लेकिन इस दिशा में संस्थात्मक प्रयास 1934 में इण्डियन सिविल लिबर्टी यूनियन (आई.सी.एल.यू) की स्थापना के साथ, विशेषकर नेहरू की पहल पर, उन स्वतंत्रता सेनानियों को कानूनी सहायता देने के लिए किये गये जिन पर देशद्रोह के अन्तर्गत मुकदमा चल रहा था, पर वे अपना बचाव नहीं कर पा रहे थे। अत्यंत सीमित तथा आरम्भिक अवस्था में काम करते हुए आई.सी.एल.यू. की प्रमुख गतिविधिया" नागरिक अधिकारों के उल्लंघन, विशेषरूप से कैदियों की तथा हिरासत में लोगों की स्थिति, पुलिस क्रूरता, साहित्य का निषेध तथा प्रेस पर प्रतिबन्ध" (साउथ एशिया सिविल राइट्स डॉक्यूमेन्टेशन सेन्टर [एस.ए.एच.आर. डी.सी.] 2008:78) के संबंध में सूचना एकत्र करने तक सीमित रहीं। फिर भी आई.सी.एल.यू. की स्थापना देश में नागरिक आन्दोलन के औपचारिक तथा विशिष्ट पहल की सूचक थी।

दुर्भाग्य से आई.सी.एल.यू. के रूप में नागरिक अधिकारों के आन्दोलन के संस्थात्मक प्रयोग का कई ओर से विरोध प्रारंभ होने लगा। यद्यपि आई.सी.एल. यू. की स्थापना से शुरुआत के उत्साह के कारण कई नागरिक अधिकार संगठन जैसे बम्बई सिविल लिबर्टीज यूनियन, मद्रास सिविल लिबर्टीज यूनियन तथा पंजाब सिविल लिबर्टीज यूनियन की स्थापना हुई पर ये उत्साह क्षणिक ही रहा। 1935 के भारत सरकार अधिनियम के प्रावधानों के अन्तर्गत कांग्रेस के नेतृत्व में प्रान्तीय सरकारों के प्रारंभ होने से इन संगठनों के समक्ष वास्तविक चुनौती उत्पन्न हुई। कांग्रेस नेताओं द्वारा नागरिक तथा राजनीतिक अधिकारों के समर्थन के लिये उठाई गई आवाज शासन की आपाधापी में कहीं गुम हो गयी। एक अच्छे उद्देश्य की उपेक्षा को जब आई.सी.एल.यू. तथा अन्य संघों द्वारा उदघाटित किया गया तथा उसका विरोध किया गया तो वे कांग्रेस दल के सशक्त निहित हितों से सीधे

संघर्ष की स्थिति में आ गये। परिणामस्वरूप आई.सी.एल.यू. तथा कांग्रेस नेतृत्व की सरकार के बीच बढ़ते तनाव के कारण आई.सी.एल.यू. जैसी संस्थाएँ समाप्त हो गईं विशेषकर उस समय जब देश को थोड़ा सा स्व–शासन प्राप्त हुआ था। अन्ततः संस्थाओं की तथाकथित स्वायत्त तथा उग्र कार्य पद्धति के कारण संस्थापकों द्वारा उन्हें समर्थन व संरक्षण नहीं मिल पाया जिससे आई.सी.एल.यू. लम्बे समय तक स्वयं को बचा नहीं पाया और उसका असामयिक अवसान हो गया। अंतिम विश्लेषण में, आई.सी.एल.यू. के प्रयोग ने कुछ कांग्रेस नेताओं के पाखण्ड को उजागर कर दिया कि जब तक वे सत्ता के गलियारे के बाहर थे, तब तक उन्होंने लोगों के नागरिक तथा राजनीतिक कानूनों का दृढ़ता से समर्थन किया, लेकिन जब वे शासन व्यवस्था में शामिल हो गये तो उनके अधिकारों के उल्लंघन में वे औपनिवेशिक सरकार के ऐच्छिक साथी बन गये।

भारत में राष्ट्रवादी आन्दोलन के चरण में नागरिक अधिकारों के आन्दोलन के विकास का विश्लेषण दो महत्वपूर्ण विशिष्टताओं को स्पष्ट करता है जिनका स्वतंत्रता के पश्चात् के समय में आन्दोलन की यात्रा पर शक्तिशाली प्रभाव पड़ा। पहला, आधुनिक समय के समरूप न होने पर भी नागरिक अधिकारों के प्रयोग की अत्यंत प्राचीन तथा सशक्त परम्परा होने के बावजूद देश के राष्ट्रवादी नेताओं ने पश्चिमी, विशेषकर नागरिक अधिकारों की ब्रिटिश उदारवादी परम्परा की ओर देखा तथा औपनिवेशिक शासकों से देशी लोगों को उन्हीं अधिकारों को देने की ओर अधिक ध्यान दिया। परिणामस्वरूप स्वतंत्रता संघर्ष के दौरान नागरिक अधिकारों का सम्पूर्ण संवाद पश्चिमी देशों की भाँति केवल नागरिक तथा राजनीतिक अधिकार तक सीमित रहा, जिससे लोगों के सामाजिक तथा आर्थिक अधिकार, जो स्वतंत्रता के पश्चात् के समय में अधिक समतामूलक समाज तथा आर्थिक समानता की व्यवस्था की रचना करते, यदि पूरी तरह समाप्त नहीं, तो हाशिए पर अवश्य चले गये। दूसरा, जो अधिक महत्वपूर्ण है कि यदि सभी नहीं तो कुछ राष्ट्रवादी नेताओं की नागरिक अधिकारों की चिन्ता गहन नहीं अपितु ऊपरी प्रतीत हुई। दूसरे शब्दों में, अत्यंत उच्च बौद्धिक स्तर पर लोगों के नागरिक अधिकारों की मांग करते हुए सम्पूर्ण उपनिवेश विरोधी रणनीति के तहत औपनिवेशिक शासकों को आंखें दिखाते नेता बड़ी आसानी से इसके लिए संचालित संघर्ष तथा किये गये वायदों को भूल गये कि यदि वे देश में सत्ता में आये तो वे लोगों को कुछ मूल अधिकार प्रदान करेंगे। प्रान्तों में 1937 में कांग्रेस के नेतृत्व में बनी पहली सरकार से लेकर जवाहर लाल नेहरू की अन्तरिम सरकार तथा स्वतंत्रता के पश्चात् विभिन्न प्रजातांत्रिक रूप से चुनी सरकारों की कार्यप्रणाली में नागरिक अधिकारों के संरक्षण व संवर्धन की नेताओं द्वारा उपेक्षा को सिद्ध करने के अनेक आनुभाविक साक्ष्य उपलब्ध हैं।

श्रमिक संघ आन्दोलन

अठारहवीं शताब्दी के उत्तरार्ध में बन्दरगाह शहरों में अनेक कारखाने खुलने के साथ भारत में श्रमिक मजदूर संघ आन्दोलन प्रारंभ हुआ होगा। प्रारंभ में इन कारखानों में काम करने वाले श्रमिक असंगठित थे, अतः काम की असहनीय परिस्थितियों तथा अत्यंत कम मजदूरी प्राप्त करने के विरुद्ध आवाज उठाने की स्थिति में नहीं थे। श्रमिकों से जुड़े मुद्दों – जैसे काम करने की परिस्थितियों – को उठाने का उत्तरदायित्व जन भावना में प्रेरित व्यक्तियों के परोपकारी प्रयासों तक सीमित दिखता है। उदाहरण के लिए, भारत में जब श्रमिक संघ आन्दोलन का विचार अधिक प्रचलित नहीं था, तब श्रमिकों की दयनीय परिस्थितियों के मुद्दे को एस. एस. बंगाली जैसे लोगों ने उठाया, जिन्होंने औपनिवेशिक प्रशासन में कारखानों में कार्य करने की परिस्थितियों को सुधारने के लिए हस्तक्षेप की मांग की तथापि ऐसी गतिविधियाँ कुछ व्यक्तियों द्वारा प्रेरित करने के प्रयास तक सीमित थीं, जिनका कारखाने के मालिक या सरकार पर लोगों की ऐसी मांग को पूरा करने के लिए आवश्यक कदम उठाने के लिए बाध्य करने का कोई स्पष्ट प्रभाव नहीं था।

उन्नीसवीं शताब्दी के उत्तरार्द्ध में रेलवे तथा कपड़ा मिलों की छिटपुट हड़तालों में श्रमिक संघ आन्दोलन के बीजारोपण को देखा जा सकता है। फिर भी देश में श्रमिक आन्दोलन का प्रारंभ समझी जाने वाली वास्तविक तारीख या घटना के सम्बन्ध में विद्वानों में मतैक्य नहीं है। उदाहरण के लिए 1882 में बम्बई में कपड़ा मिलों की हड़ताल को कुछ विद्वान देश के श्रमिक आन्दोलन की शुरुआत मानते हैं (देखें कार्निक, 1966), तो दूसरों का मानना है कि के.एम. लोखण्डे द्वारा 1890 में श्रमिकों का आह्वान तथा कपड़ा मिल के अध्यक्ष को स्मरण पत्र प्रस्तुत करने के कदम ने भारत में श्रमिक आन्दोलन को प्रारंभ किया (देखें मोरिस, 1966)। फिर भी, लोखण्डे द्वारा मजदूरों की स्थिति को सुधारने के ईमानदार प्रयास के फलस्वरूप उसी वर्ष बम्बई मिल हैण्ड्स एसोसियेशन की स्थापना हुई। उसके पश्चात् देश के विभिन्न भागों में श्रमिकों के हितों के मुद्दों को उजागर करने के लिए श्रमिक संगठन स्थापित किये गये और उन्होंने काम की परिस्थितियों को सुधारने तथा बेहतर मजदूरी के लिए प्रतिरोध की नरम पद्धतियाँ अपनाईं। अतः प्रथम विश्व युद्ध के अंत तक भी मजदूर आन्दोलन जन भावनाओं से प्रेरित गैर–कामकाजी लोगों के हाथों में रहा।

युद्ध के पश्चात के काल में भारत में मजदूर संघ आन्दोलन में तेजी से परिवर्तन हुआ, जिसका आंशिक कारण देश के उद्योग पर बुरा प्रभाव पड़ना था। इसके अतिरिक्त उद्योगों की उत्पादन पद्धति में बढ़ती दक्षता के साथ शिक्षित तथा कुशल श्रमिकों के एक नये वर्ग का उदय हुआ जिनकी, श्रमिकों की शिकायतों को प्रगट करने के लिए किसी प्रकार की संगठित संस्था की

आवश्यकता की इच्छा ने देश में श्रमिक संघों के विकास की अनुकूल परिस्थितियां बना दीं (मुखर्जी, 1955: 240)। यह रोचक है कि इस समय राष्ट्रीय आन्दोलन, जिसने विशेषकर गाँधीवादी राजनीति के तहत जन आन्दोलन का रूप धारण करना प्रारंभ कर दिया था, ने श्रमिकों के हितों के लिए उसी प्रकार आवाज नहीं उठाई जैसी उन्होंने किसानों के लिए उठाई। शायद देश में उनकी कम संख्या होने के कारण ऐसा हुआ। फिर भी राष्ट्रीय आन्दोलन की सक्रियता ने श्रमिक वर्ग के क्षेत्र को अछूता नहीं छोड़ा तथा श्रमिक संघों में इन्होंने जन संघर्ष के मूल्यों का भाव भरा। इसके अतिरिक्त, मद्रास में 1918 में बी.पी. वाडिया के नेतृत्व में पहले श्रमिक संघ के पंजीकृत होने के साथ भारत में श्रमिक संघ आन्दोलन के आगामी पूर्ण परिवर्तन के लिए पृष्ठभूमि तैयार हुई लगती है।

1920 के दशक के प्रारंभ ने भारत में श्रमिक संघ आन्दोलन की प्रकृति तथा रणनीति में अनेक सूक्ष्म परिवर्तनों को जन्म दिया। राष्ट्रीय आन्दोलन के फलक को व्यापक करने के लिए उसमें समाज के सभी वर्गों के समर्थन को शामिल करने के उद्देश्य से तिलक तथा लाजपत राय जैसे नेताओं ने राष्ट्रीय श्रमिक संघ केन्द्र खोल कर राष्ट्रीय आन्दोलन में श्रमिकों को शामिल करने के लिए अत्यंत उत्साह से प्रयास किये। इसके पश्चात् देश में श्रमिक संघ आन्दोलन को अखिल भारतीय स्वरूप देने के लिए 1920 में लाला लाजपतराय के नेतृत्व में बम्बई में ऑल इण्डिया ट्रेड यूनियन कांग्रेस (ए.आई.टी.यू.सी.) की स्थापना की गई, जिसने श्रमिकों में वर्ग चेतना, अन्तराष्ट्रीय सर्वहारा के दृष्टिकोण के आदर्श तथा राष्ट्रीयता की भावना पैदा करने के द्वारा श्रमिक संघ आन्दोलन के विचार को सम्भवतः पुनर्परिभाषित किया (डांगे, 1973: 10)। धीरे–धीरे लगभग 200 श्रमिक संघों के जुड़ने से ए.आई.टी.यू.सी. एक सशक्त समूह बन कर उभरा तथा इसने औपनिवेशिक शासन में श्रमिकों की कार्य की स्थिति तथा वेतन संरचना के सुधार के लिए अनेक सुधारात्मक कानून पारित करने की वकालत की।

इसके पश्चात् भारत में श्रमिक संघों को सशक्त बनाने में ए.आई.टी.यू.सी. सहित अनेक श्रमिक संघों में साम्यवादी तत्वों के प्रवेश ने सहायता की जिससे ए.आई.टी.यू.सी. में विचारधाराजन्य विरोध उत्पन्न हुआ। ए.आई.टी.यू.सी. में बढ़ते साम्यवादी प्रभाव के कारण वी.वी. गिरि जैसे उदारवादी तथा अन्य लोगों ने ए.आई.टी.यू.सी. छोड़ दी तथा 1936 में इण्डियन ट्रेड यूनियन फेडरेशन नामक संस्था का गठन किया। तथापि साम्यवादी तत्वों ने सविनय अवज्ञा आन्दोलन के मुद्दे पर यह कह कर कि कांग्रेस दल में बुर्जुआओं के प्रभुत्व के कारण वह श्रमिकों के हितों के लिए संघर्ष करने के लिए अनुपयुक्त है, भिन्न स्थिति ग्रहण कर ली, जिससे ए.आई.टी.यू.सी. के भीतर विचारधारा जन्य झगड़ा जारी रहा। लेकिन राष्ट्रवादियों की ए.आई.टी.यू.सी. पर पकड़ ने साम्यवादियों को संस्था के

कार्यकरण में दखल नहीं देने दिया जिसके परिणामस्वरूप उन्होंने संस्था से त्याग पत्र दे दिया और रेड फ्लैग ट्रेड यूनियन कांग्रेस नाम की नई संस्था बनाई।

ए.आई.टी.यू.सी. छोड़ने के पश्चात् स्वयं को दुर्बल स्थिति में पाने के कारण, साम्यवादी पुनः संस्था में शामिल हो गये जिसका उद्देश्य ए.आई.टी.यू.सी. में रहते हुए उसे क्रान्तिकारी स्वरूप देना था। अतः साम्यवादियों के अथक प्रयासों के कारण राष्ट्रवादी नेताओं की संस्था पर से पकड़ ढीली होने लगी तथा यह अत्यधिक क्रांतिकारी होने लगी। देश के स्वतंत्र होने के समय ए.आई.टी.यू.सी. में कमोबेश साम्यवादियों का प्रभुत्व हो गया, जिसके कारण कांग्रेस के नेताओं में एक प्रकार की बेचैनी छा गई क्योंकि वे कामकाजी लोगों से अपने दल के लिए सशक्त दबाव समूह की भूमिका निभाने की अपेक्षा कर रहे थे। अतः ए.आई.टी.यू.सी. पर साम्यवादियों की सशक्त पकड़ को देखते हुए कांग्रेसी नेताओं ने संस्था को छोड़ने का निर्णय किया तथा 1947 में इण्डियन नेशनल ट्रेड यूनियन कांग्रेस (आई.एन.टी.यू.सी.) नामक अन्य श्रमिक संघ संस्था बनाई।

अन्तिम विश्लेषण में, यह कहा जा सकता है कि भारत में श्रमिक संघ आन्दोलन स्पष्टतः इस कारण सशक्त सामाजिक आन्दोलन नहीं लगता, क्योंकि देश में कोई बड़ा औद्योगिक आधार नहीं था जिससे देश से बड़ा श्रमिक वर्ग उत्पन्न हो सके। इसके अतिरिक्त, देश के विभिन्न भागों में बिखरे औद्योगिक आधार ने श्रमिक संघ नेताओं द्वारा सरकार का ध्यान आकर्षित करने के लिए अखिल भारतीय हड़ताल या बंद आयोजित करने के लिए समन्वित तथा संगठित प्रयास करने तथा राष्ट्रीय आन्दोलन के नेताओं को श्रमिकों की मांगों को कांग्रेस दल के मुद्दों के मांगपत्र में शामिल करने के लिए प्रयास नहीं करने दिया होगा। अतः उस समय भी जब राष्ट्रीय आन्दोलन के गाँधीवादी चरण ने समाज के सभी वर्गों को उनकी तन्द्रा से झिंझोड़ कर राष्ट्रीय आन्दोलन का सक्रिय भागीदार बनाया ताकि वे अपने देश के हित के लिए काम कर सकें, तब भी श्रमिक संघ आन्दोलन अपेक्षित ऊर्जा तथा उत्साह से सक्रिय नहीं हो सके। परिणामस्वरूप स्वतंत्रता पूर्व काल में श्रमिक संघ आन्दोलन उपेक्षित तथा बिखरावपूर्ण सामाजिक आन्दोलन बना रहा, जिसकी मुख्यधारा के राष्ट्रीय आन्दोलन में सीमित उपयोगिता थी तथा जिसे उसका पूरा समर्थन मिला।

किसान आन्दोलन

भारतीय समाज की कृषि प्रधान प्रकृति ने यह सुनिश्चित कर दिया था कि देश स्वतंत्रता पूर्व तथा स्वतंत्रता पश्चात काल में अनेक सशक्त किसान आन्दोलनों का अनुभव करेगा। इतिहास के विभिन्न चरणों में ऐसे आन्दोलन मुख्यतः विभिन्न रूप से परिलक्षित असमान कृषि सम्बन्धों में निहित शोषक नीतियों के विरुद्ध

प्रतिरोध के कारण हुए। प्रारंभ में, किसान आन्दोलन सम्भवतः एक ओर तो किसानों में चेतना के भाव की विविधता के कारण तो दूसरी ओर विशिष्ट कर व्यवस्था के शोषण की गहनता में भिन्नता के कारण भारत में स्थानीयकृत दिखा। लेकिन देश में राष्ट्रीय आन्दोलन के सशक्त होने तथा किसान आन्दोलन के नेतृत्व में साम्यवादियों के बढ़ते प्रभुत्व के कारण किसान आन्दोलन की विशिष्टताओं व गहनता में सूक्ष्म परिवर्तन हुआ। स्वाभाविक रूप से किसान आन्दोलन ने, अखिल भारतीय किसान सभा के गठन के साथ, न केवल अखिल भारतीय स्वरूप ग्रहण किया, अपितु देश में कृषि सम्बन्धों में क्रान्तिकारी परिवर्तन लाने की इच्छा के कारण, किसान आन्दोलन की तीव्रता गहन हो गई।

भारत में किसान आन्दोलन के अध्ययन में कठिनाई, किसान कौन है, को परिभाषित करने की जटिलता के कारण हैं (शाह, 1990: 32)। संरचनात्मक रूप से भारत में ग्रामीण समाज की विविधतापूर्ण बनावट यह सुनिश्चित करती है कि समाज के विभिन्न वर्ग अपनी आजीविका भूमि से प्राप्त करते हैं पर उसके साथ सम्बन्ध भिन्न होते हैं। दूसरे शब्दों में, भूमि से आजीविका अर्जित करने की समानता के बावजूद भारत में ग्रामीण जनसंख्या एक समरूप इकाई नहीं होती, न केवल उसके मौलिक सम्बन्धों के कारण अपितु भूमि के साथ उसके सम्बन्धों जैसे – स्वामी, जोतहर, हिस्सेदारी पर खेती करने वाले विविध अन्य सम्बन्धों के कारण भी है। इसके अतिरिक्त एक श्रेणी के अन्दर भी कई प्रकार की भिन्नताएं हैं–उदाहरण के लिए भूस्वामी की श्रेणी में भिन्नता उनके स्वामित्व में जमीन के आकार के आधार पर होती है, जिसके आधार पर उन्हें सीमान्त, लघु, मँझोले तथा जमींदार भूस्वामियों के रूप में वर्गीकृत किया गया है। इसी प्रकार भूमि पर स्वामित्व न रखने वाले भी भिन्न होते हैं, जैसे कुछ केवल कृषि मजदूर के रूप में काम करते हैं जबकि अन्य काश्तकार या हिस्सेदार वाले होते हैं। अतः इस भिन्नता से परे, ग्रामीण भारत के वे सभी लोग जो जमीन से अपनी जीविका अर्जित करते हैं, को सामान्यतया किसान समझा जाता है।

किसान आन्दोलन की प्रकृति

यद्यपि भारत के खेतिहर विद्रोह का इतिहास काफी पुराना रहा है, लेकिन मध्यकाल में ऐसे विद्रोहों ने महत्व प्राप्त करना प्रारंभ किया। उदाहरण के लिए मुगलकाल में शोषक कर नीति तथा राज्य अधिकारियों द्वारा भूमि कर संग्रह की स्वेच्छाचारी पद्धति के विरुद्ध स्थानीयकृत किसान विद्रोह दिखाई पड़ते हैं। लेकिन किसान आन्दोलन देश में एक ओर तो औपनिवेशिक सरकार द्वारा भूमि के प्रयोग का तरीका बदलने तथा दूसरी ओर देश में अनेक किसान विरोधी भूमि राजस्व व्यवस्था के प्रयोग के कारण सशक्त होने प्रारंभ हुए। अतः, उदाहरण के

लिए, 1860 का नील विद्रोह भूमि के प्रयोग को जबरदस्ती बदलने की नीति के विरुद्ध प्रतिरोध के कारण था जहाँ जमीन के मालिक किसानों को पारम्परिक अन्नादि की खेती के स्थान पर व्यावसायिक खेती करने के लिए बाध्य कर रहे थे (सेन, 1979: 162)। 19वीं सदी के दौरान किसान विद्रोह की विशिष्टता यह थी कि वे किसानों की छोटी–छोटी शिकायतों जैसे किराया कम करना, कर को समाप्त करना या उनके लिए जमीन अधिग्रहण के सुविधाजनक समय के लिए थे (धांगरे, 1983: 222-23)।

ब्रिटिश शासन की जड़ें जमने तथा भारत में उनकी बढ़ती शोषणकारी नीतियों के साथ किसान आन्दोलन में उग्रता और पहुँच की दृष्टि से सूक्ष्म परिवर्तन हुआ। भारतीय राष्ट्रीय आन्दोलन को उग्र करने के लिए गाँधीवादी जन आन्दोलन की रणनीति के आने से किसान आन्दोलन ने औपनिवेशिक शासन पर न केवल महत्वपूर्ण प्रभाव छोड़ना प्रारंभ किया, अपितु, वे जन आन्दोलन का स्वरूप ग्रहण करने के लिए काफी व्यापक आधार के हो गए (मेहता, 1979: 744)। इस प्रकार खैरा विद्रोह, खेड़ा आन्दोलन, चम्पारन सत्याग्रह आदि के रूप में सफल किसान आन्दोलन 1920 के दशक के दौरान किसान आन्दोलनों की परिवर्तित विशेषताओं के उदाहरण हैं। वस्तुतः ये आन्दोलन राष्ट्रीय आन्दोलन के प्रमुख नेताओं के लिए प्रशिक्षण केन्द्र बन गए, क्योंकि इन्होंने भारत में चलते हुए उपनिवेश विरोधी संघर्ष के साथ पूरे देश के किसानों की बड़ी संख्या को शामिल करने में अत्यधिक सहायता की।

1920 के अंतिम और 1930 के प्रारंभिक दशक में अनेक वामपंथी नेताओं, जो सर्व–भारतीय किसान संगठन के गठन के द्वारा देश में स्वायत्त किसान आन्दोलन चाहते थे, की भागीदारी से किसान आन्दोलन सशक्त हुआ। परिणामस्वरूप 1936 में एक ओर तो 'वाम–राष्ट्रवादी, समाजवादी तथा साम्यवादियों की एकता की नई भावना' (सरकार, 1989: 339) को परिलक्षित करते हुए और दूसरी ओर राष्ट्रीय आन्दोलन के समान एक स्वतंत्र किसान आन्दोलन को आकार देने के लिए ऑल इण्डिया किसान सभा स्थापित की गई। परिणामस्वरूप स्थानीय मुद्दों और मांगों में उलझे रहने के स्थान पर किसान आन्दोलन ने सामान्य मांगों जैसे भूमि राजस्व में कमी, खेतिहर किसानों को निम्नतम मजदूरी, जमींदारी प्रथा की समाप्ति, जोतने वालों को भूमि का स्वामित्व, भूमिहीन किसानों के मध्य अतिरिक्त भूमि का वितरण इत्यादि के द्वारा अखिल भारतीय दृष्टिकोण विकसित किया। यह महत्वपूर्ण है कि इस प्रकार ऑल इण्डिया किसान सभा के गठन के साथ देश में किसान आन्दोलन को नयी गति प्राप्त हुई, क्योंकि खेतिहर समाज के विशिष्ट मुद्दों को राष्ट्रीय आन्दोलन के मुद्दों से भिन्न तरीके से प्रकट किया जा रहा था।

भारत में राष्ट्रीय आन्दोलन के अंतिम चरण के दौरान किसान आन्दोलन की तुलनात्मक रूप से स्वायत्त विशिष्टता तथा बढ़ती उग्रता ने किसानों के मध्य क्रांतिकारी भाव को बढ़ाया। वे गाँधी के अहिंसा और सत्याग्रह के आदर्शों से उतने प्रभावित नहीं रह गए तथा औपनिवेशिक प्रशासन साथ ही देश के स्थानीय निहित स्वार्थों के विरुद्ध निर्णायक संघर्ष प्रारंभ करने के लिए तैयार थे। परिणामस्वरूप 1946 के समय के दौरान अनेक महत्वपूर्ण किसान आन्दोलन दिखाई पड़े जिनमें से सर्वाधिक ध्यान देने योग्य तिभागा तथा तेलंगाना आन्दोलन थे। सम्भवतः ये आन्दोलन वस्तुतः निकट भविष्य में देश की संभावित स्वतंत्रता आने की पूर्व कल्पना के साथ किसानों के मध्य शोषक भूमि राजस्व तथा कर व्यवस्था से मुक्ति पाने की बढ़ती छटपटाहट का प्रदर्शन थे। उदाहरण के लिए 'तिभागा चाई' (फसल का दो–तिहाई भाग चाहिए) नारे के साथ बंगाल में प्रचलित भूमि राजस्व की स्थायी व्यवस्था के विरुद्ध तिभागा आन्दोलन प्रत्यक्षतः सर्वाधिक सशक्त संघर्ष था जो किसानों की, अन्य मांगों के अतिरिक्त, कुल भूमि उपज की दो–तिहाई भागीदारी की इच्छा को प्रकट कर रहा था (बन्धोपाध्याय, 1998: 300)। इसी प्रकार तेलंगाना आन्दोलन मुख्यतः हैदराबाद के निजाम के संरक्षण में अनुपस्थित भू–स्वामित्ववाद तथा शोषक भूमि राजस्व व्यवस्था के विरुद्ध था जिसमें किसान जोतदारों को जमीन देने और भूमिहीन किसानों को अतिरिक्त भूमि के अधिग्रहण और पुनः वितरण करने की मांग कर रहे थे (रंगाराव, 1978: 153)।

अतः, निष्कर्षतः ऐसा लगता है कि भारत में अनेक किसान आन्दोलनों का प्रारंभ एक विशिष्ट समय में भिन्न मुद्दों के महत्वपूर्ण होने से प्रेरित हुआ। यद्यपि इन सभी मुद्दों की मूल विशेषता विभिन्न क्षेत्रों की खेतिहर व्यवस्था की संरचना और कार्यकरण से जुड़ी हुई थी। उदाहरण के लिए प्रारंभिक आन्दोलन जैसे केरल में 1920 में मोप्ला आन्दोलन तथा बंगाल में 1930 में बहावी और फैरादी आन्दोलन के पुनः जीवित होने को कुछ विद्वानों द्वारा साम्प्रदायिक संघर्ष के रूप में चित्रित किया गया।[22] लेकिन यह माना गया कि ये साम्प्रदायिक संघर्षों से अधिक मुसलमान काश्तकारों तथा हिन्दू भू–स्वामियों के मध्य संघर्ष था (पणिक्कर, 1979: 621)। अतः यह कहा जा सकता है कि किसानों ने शोषण और अत्याचार के विरुद्ध मुख्यतः तब विद्रोह किया, जब उनकी आर्थिक स्थिति तीन रूपों से खराब होती जा रही थीः मूल्यवृद्धि, दुर्भिक्ष इत्यादि के कारण उनकी आर्थिक स्थिति का खराब होना; संरचनात्मक परिवर्तन जिसके कारण किसानों के शोषण में वृद्धि हुई परिणामस्वरूप उनकी स्थिति खराब हुई; और अपनी स्थिति में सुधार लाने की किसानों की बढती आकांक्षा (शाह, 1990: 40)।

भाषाई आन्दोलन

भारत में भाषाई विविधता की समृद्ध विरासत, स्वतंत्रता पूर्व और पश्चात् के दिनों में विभिन्न लोगों के मध्य कड़वाहट भरी, यदि समझौताविहीन विरोधी संवाद नहीं तो, का स्रोत भी रही। वास्तव में देश के सभी भागों के जनसमूह के मध्य राष्ट्रवादी आचार–विचार विकसित करने के राष्ट्रवादी नेताओं के प्रयास में यह अत्यंत कष्टप्रद मुद्दा रहा। संविधान निर्माण के दौरान भी, जैसा कि बी.एन. राव लिखते हैं, ''भारत के नये संविधान के निर्माण में सर्वाधिक कठिन समस्या भाषाई प्रान्तों की मांग और इसी प्रकृति की अन्य मांगों को सन्तुष्ट करने की होगी'' (ऑस्टिन द्वारा उद्धृत, 1966: 236)। अतः यह भाग स्वतंत्रता पूर्व के दिनों के दौरान भारत में भाषाई आन्दोलन के बीजारोपण और विकास का संक्षिप्त विवरण प्रस्तुत करना चाहता है।

भाषाई दृष्टि से विश्व के बहुलवादी समाजों के मध्य भारत में सर्वाधिक विविधता है। भारत में भाषाई विविधता के व्यापक सर्वेक्षण में, जो सम्भवतः आज की तारीख तक अद्वितीय है, जॉर्ज ए. ग्रियर्सन ने 179 भाषाएँ तथा भारत के विभिन्न भागों में बोली जाने वाली 544 बोलियाँ की गणना की है (विस्तार के लिए देखें ग्रियर्सन, 1967-68)। नेहरू (1946: 121) जैसे लोगों द्वारा ऐसे भाषाई सर्वेक्षण द्वारा भारत को भाषाओं के कलरव के गढ़ के रूप में चित्रित करने पर शंका उठाने के साथ भी इस तथ्य में इन्कार नहीं किया जा सकता कि भारत बड़ी संख्या में लोगों द्वारा अनेक भाषाएँ बोले जाने वालों का घर है। यद्यपि सभी नहीं, लेकिन अधिकतर भारतीय भाषाएँ, दो व्यापक भाषाई परिवारों में से एक से इण्डो–आर्यन तथा द्रविड़ियन से उत्पन्न हुई हैं। उत्तर, पूर्व तथा पश्चिमी भारत में बोली जाने वाली तथाकथित देवों की भाषा संस्कृत से सूक्ष्म और अपरिवर्तनीय रूप से समृद्ध भाषाएँ जैसे हिन्दी, असमी, बंगाली, मराठी, गुजराती, उड़िया, अन्य भाषाओं के अतिरिक्त, भारत की प्रमुख भाषाओं में महत्वपूर्ण हैं। इसी प्रकार द्रविड़ जड़ों से निकली हुई भाषाएं तथा सुपरिभाषित भौगोलिक इकाई तक सीमित भाषाएँ तेलुगू, तमिल, कन्नड़ तथा मलयालम हैं, जो आन्ध्र प्रदेश, तमिलनाडु, कर्नाटक तथा केरल में क्रमशः बोली जाती हैं। इस प्रकार एक तरह की आधिकारिक मान्यता प्रदान करते हुए भारत के संविधान की आठवीं अनुसूची में ये तथा अन्य भाषाएँ शामिल हैं जिनकी कुल संख्या 22 है और जो भारत की भाषाई विविधता को कानूनी रूप से मान्यता प्रदान करती हैं।

भारत में भाषा आन्दोलन का प्रारंभ और विविध पक्ष

19वीं सदी के बाद के दशक में लोगों की ऊपरी तौर पर संकुचित भाषाई आकांक्षाओं को अभिव्यक्त करने के साधन की तुलना में भारत की भाषाई बहुलता

में देश की सांस्कृतिक विविधता का प्रशंसात्मक पक्ष अधिक रहा है। कहा जाता है कि बाल गंगाधर तिलक भारत में प्रथम व्यक्ति थे, जिन्होंने भाषा के आधार पर भारत की प्रशासनिक सीमाओं की पुनर्व्यवस्था के पक्ष में अपनी आवाज उठाई। उनका मूल तर्क था कि भाषाई रूप से समरूप इकाई 'लोगों तथा उन लोगों की भाषा के विकास में सहायक होगी' (किंग, 1997:59)। लेकिन भाषा का मुद्दा कांग्रेस के शब्दकोश में 1908 में ही प्रवेश कर पाया, जब बंगाल विभाजन तथा अन्य सहयोगी आन्दोलन के समय एक भिन्न 'बिहार के कांग्रेस प्रान्त' की रचना का निर्णय लिया गया। यह रोचक है कि 1918 के माण्टेग्यू–चेम्सफोर्ड प्रतिवेदन द्वारा भाषा को सरकार की प्रशासनिक पुनर्व्यवस्था का आधार बनाने के सन्दर्भ में मान्यता मिली, यद्यपि उस पर कार्यवाही नहीं हुई (गोपाल, 1966:66)। इस प्रकार 20वीं शताब्दी की प्रथम तिमाही में भाषा को अधिकतर, यद्यपि सभी नहीं, के द्वारा देश के राजनीतिक, प्रशासनिक क्षितिज के तत्व के रूप में मान्यता मिली।

स्वतंत्रता के पूर्व भाषाई आन्दोलन के तीन भिन्न पक्षों को देखा जा सकता है। प्रथम, ब्रिटिश प्रान्त कहे जाने वाले विस्तृत क्षेत्र और सांस्कृतिक रूप से बहुलवादी प्रशासनिक विभाजन में से भाषाई आधार पर समरूप भौगोलिक इकाई बनाने के लिए भाषा को भावनात्मक रूप से संवेदनशील और राजनीतिक रूप से कम विवादित आधार के रूप में प्रस्तुत किया गया। इस प्रकार राजनीतिक हथियार के रूप में भाषा के प्रयोग से बंगाल प्रेसीडेन्सी में से 1936 में पहला भाषाई प्रान्त उड़ीसा बनाया गया (विस्तार के लिए देखें, पात्र, 1979)। दूसरे, भारत में एकता की ताकतों को सशक्त करने की उठती आवाज़ के बीच हिन्दी के प्रतिपादकों द्वारा इसे देश की राष्ट्रीय भाषा बनाने का सूक्ष्म कदम प्रारंभ किया गया। भाषाई स्वायत्तता तथा सांस्कृतिक समृद्धि पर आघात समझने के कारण गैर–हिन्दी भाषी लोगों, विशेषकर दक्षिण तथा सर्वाधिक तमिलनाडु, द्वारा इस कदम का विरोध यह कहकर किया गया कि यह हिन्दी साम्राज्यवाद को बढ़ाने के अतिरिक्त कुछ नहीं है। उदाहरण के लिए संविधान सभा में हिन्दी के प्रति उत्साहित लोगों के कदम के विघटनकारी परिणाम को सामने रखते हुए, टी.टी. कृष्णमाचारी ने कहा,

> ...दक्षिण के लोगों की ओर से एक चेतावनी इस कारण दे दी क्योंकि दक्षिण भारत में पहले ही ऐसे तत्व हैं जो पृथकता चाहते हैं ... तथा मेरे उत्तर प्रदेश के सम्मानित दोस्त 'हिन्दी साम्राज्यवाद' के अपने विचार को अधिकतम संभव सीमा तक थोपने से किसी प्रकार की सहायता नहीं कर रहे (गुहा में उद्धृत, 2004)।

इस प्रकार कुछ वर्षों में भारत में भाषाई आन्दोलन ने पूरे देश पर अनुमानित हिन्दी लादने को देश की भाषाई विविधता के अपमान के रूप में लिया तथा उसका सशक्त विरोध किया।

भाषाई आन्दोलन के अन्य पक्ष बल्कि 'अप्रत्यक्ष उद्देश्य' को इंगित करते हुए किंग ने इस बात पर जोर दिया कि भारत में भाषाई प्रान्तों के आन्दोलन के पीछे जाति और वर्ग के हित की शक्तियाँ काम कर रही थीं। अपने तर्क को आन्ध्र प्रदेश के मामले से सशक्त करते हुए वे सार रूप में लिखते हैं, "इस मासूम से दिखने वाले दावे में आन्ध्र के गहरे जमे हुए जाति और वर्ग के असंतोष अनकहे रह गए। आन्ध्रप्रदेश आन्दोलन के नेतृत्व ने तमिल प्रभुत्व वाले मद्रास में शिक्षा, धन, अवसर तथा शक्ति के क्षेत्र में सुप्रसिद्ध ब्राह्मण एकाधिकार के प्रति असंतोष से इसे जोड़ा" (किंग, 1997: 70-71)। अतः स्वतंत्रता के पूर्व और पश्चात के समय भाषाई आन्दोलन में भारत की राज्य व्यवस्था में कई प्रत्यक्ष और अप्रत्यक्ष आयाम स्पष्ट हुए।

भाषा आन्दोलन के लिए प्रतिक्रिया

अपने विभिन्न दृष्टिकोणों और परिस्थितियों के अनुसार विभिन्न नेताओं और संस्थाओं ने भाषा आन्दोलन की अनिवार्यता के प्रति भिन्नता से प्रतिक्रिया व्यक्त की। परिस्थितियों की भिन्नता के कारण कांग्रेस ने भाषाई राज्य की मांग का समर्थन, इसे 'सामान्यतया साम्प्रदायिक प्रवृत्ति मानने' के कारण प्रारंभिक हिचक को छोड़ते हुए, किया (किंग, 1997: 62)। 1928 के सर्वदलीय सम्मेलन के नेहरू प्रतिवेदन ने भी एक योजना के अन्तर्गत प्रान्तीय सीमाओं के पुनर्वितरण की माँग की, जिसमें 'मुख्य ध्यान लोगों की इच्छा और उस क्षेत्र की भाषाई एकता' होनी चाहिए (मोती लाल नेहरू, 1928)। भारत में साम्प्रदायिक एकता के अपने विशिष्ट प्रयास में गाँधी ने भाषाई आन्दोलन की समस्या को हिन्दुओं और मुसलमानों के मध्य 'हिन्दुस्तानी' जो हिन्दी और उर्दू का मिला जुला रूप है और जो न अधिक संस्कृतीकृत है न अधिक फारसीकृत या अरबीकृत है,'[23] के माध्यम से जोड़ने के साधन के रूप में देखा। जैसा कि पहले कहा जा चुका है, जवाहर लाल नेहरू भारत की दबावकारी भाषाई विविधता से प्रसन्न नहीं थे, फिर भी भाषा आन्दोलन के प्रति उनकी प्रतिक्रिया गाँधी की सोच के अनुकूल थी। इसके साथ ही उन्होंने अंग्रेजी को तब तक अखिल भारतीय आधार पर संप्रेषण के माध्यम के रूप में बनाये रखने का मौन समर्थन किया, जब तक कि एक सर्व स्वीकृत भाषा अंग्रेजी का स्थान नहीं ले लेती। अन्ततः, अम्बेडकर भी देश की सांस्कृतिक विविधता व राष्ट्रीय एकता के संवर्धन के लिए भाषाई राज्य बनाने के पक्ष में थे (विचार के लिए, देखें, अम्बेडकर, 1955)।

निष्कर्षतः, भारत में भाषाई आन्दोलन विशुद्ध रूप से सांस्कृतिक मुद्दे को राजनीतिक रूप में परिवर्तित करने का उपयुक्त उदाहरण है, जब यह एक

समुदाय के दूसरे पर प्रभुत्व जमाने की इच्छा को परिलक्षित करती है। जैसा कि पर्सीबल स्पीयर (1961: 440-41) मुद्दे को सार रूप में प्रस्तुत करते हैं,

> ... हिन्दी को राष्ट्र भाषा बनाने के प्रयास ने गैर–हिन्दी भाषी क्षेत्रों को आहत किया, और इसके विरोध ने प्रशासन की स्थानीय इकाई की मांग को सशक्त किया जहाँ राज्य की कार्यवाही के लिए स्थानीय भाषा प्रयोग की जा सकती थी। अगर आप हम पर राष्ट्रीय उद्देश्य के लिए हिन्दी लादेंगे, जैसा कि कहा जा रहा है, तो आप हमें अपने राज्य में अपनी भाषा का प्रयोग करने दीजिए।

लेकिन आने वाले समय में, भाषाई राज्यों के निर्माण तथा भाषाई विविधता की समस्या के समाधान के लिए त्रिभाषा फार्मूला विकसित होने के साथ भाषा की राजनीति देश में जन आन्दोलन के लिए उपयोगी नहीं रही।

टिप्पणियां

1. वाइसराय की टिपण्णी कि प्रस्तावित योजना और कुछ नहीं अपितु 'निराशा का परामर्श' है, से उभरे जन उद्वेग की ओर ध्यान आकर्षित करते हुए बेंथॉल ने इसके विपरीत प्रभाव, न केवल भारत में अपितु जहाँ भी मुसलमानों को उपेक्षित किया जायेगा, के प्रति सरकार को चेतावनी दी थी।
2. इण्डिया ऑफिस रिकॉर्ड (अब से आई.ओ.आर.) आर/3/1/105, बेवल द्वारा कैसी को, 1 जनवरी 1945।
3. पूर्वोक्त।
4. 21, सितम्बर 1945 *डॉन* में जिन्ना का वक्तव्य। जिन्ना के अनुसार "पाकिस्तान के आधार के बिना कोई प्रयास सफल नहीं होगा तथा यह बड़ा मुद्दा है जिसे, भारत के शुभचिन्तकों तथा जो भारत के लिए वास्तविक स्वतंत्रता तथा स्वाधीनता चाहते हैं, के द्वारा तय करना होगा और जितनी जल्दी यह हो जाये उतना ही अच्छा है"।
5. आई.ओ.आर.,आर/3/1/105, वी.पी. मेनन द्वारा ईवन जेन्किन्स, पंजाब के गवर्नर को, 20 अक्टूबर 1945।
6. आई.ओ.आर., आर/3/1/105, बेवल द्वारा पैथिक लॉरेन्स को 25 अक्टूबर 1945. भारत सचिव पैथिक लॉरेन्स को जिन्ना के चुनाव अभियान के सम्बन्ध में प्रतिवेदन प्रस्तुत करते हुए बेवल ने 1946 के चुनावों के पश्चात पाकिस्तान प्राप्त करने के प्रति मुसलमानों द्वारा प्रदर्शित आत्मविश्वास के प्रति 'चिन्ता' व्यक्त की।
7. आई.ओ.आर्., आर/3/13105, पंजाब के गवर्नर द्वारा बेवल को 16 अगस्त 1945. पंजाब के गवर्नर जेन्किन्स उस स्थिति के सम्बन्ध में "विचलित थे क्योंकि बिल्कुल झूठे मुद्दे पर चुनाव लड़ने से, विशेषकर मुसलमानों के लिए, अत्यंत गंभीर खतरा है। अपरिपक्व पाकिस्तान भारत के लिए विशेषकर मुसलमानों के लिए अतार्किक,

अपरिभाषित तथा विनाशकारी होगा, लेकिन इससे इनके राजनीतिक नारे की क्षमता को कम नहीं किया जा सकता।"

8. कुल जनसंख्या के केवल 12.5 प्रतिशत तथा मुसलमानों के 11 प्रतिशत को ही राजनीतिक विकल्प का अधिकार था। देखें, जलाल (1885: 149)।
9. अप्रैल 1946 को मुस्लिम लीग के विधायकों के सम्मेलन में दिल्ली प्रस्ताव को स्वीकार कर लिया गया था। देखें, पीरज़ादा (1970: 512-13)।
10. कांग्रेस ने जिन्ना की समकक्षता की मांग को अस्वीकार कर दिया क्योंकि "संख्यात्मक दृष्टि से इसका तात्पर्य होगा अल्पसंख्यकों से बहुसंख्यकों की समानता जो मूर्खता तथा राजनीतिक रूप में असंभव है।" (मैनसर्ग 1999: 229) इसका जिन्ना ने कड़ा उत्तर दिया कि "विवाद संख्या को लेकर नहीं है, समुदायों के बारे में भी नहीं है अपितु राष्ट्रों के बारे में है। राष्ट्र आकार से परे समान थे।" (पूर्वोक्त :) जिन्ना के तर्कों के विस्तार के लिए देखें मैनसर्ग (1999: 227-30)।
11. ऑल इण्डिया मुस्लिम लीग के 1940 के लाहौर सेशन में जिन्ना का अध्यक्षीय संबोधन। (पीरज़ादा 1970: 337)।
12. जिन्ना ने हमेशा जोर दिया कि "भारत में दो प्रमुख राष्ट्र हैं। हमारी समस्या की जड़ तथा सारतत्व सही है। जब दो प्रमुख राष्ट्र हैं तो आप प्रजातंत्र की बात कैसे कर सकते हैं जिसका मतलब है बहुसंख्यक एक राष्ट्र दूसरे राष्ट्र के लिए सभी निर्णय ले जो यद्यपि अपनी स्थिति में एकमत हो सकते हैं ... इन दो राष्ट्रों को पश्चिमी प्रजातंत्र की दृष्टि से नहीं जाँचा–परखा जा सकता है। अपितु उन्हें समान समझा जाना चाहिए और इस तथ्य को स्वीकार करते हुए कठिनाई का समाधान ढूंढने का प्रयास करना चाहिए। "जिन्ना का प्रेस वक्तव्य, *डॉन*, । अगस्त 1946।
13. आई.ओ.आर., एल /I/I/1977, राजनीतिक स्थिति की गोपनीय प्रशंसा, अक्टूबर 1946।
14. श्यामा प्रसाद मुखर्जी का प्रेस वक्तव्य, *अमृत बाजार पत्रिका* 7 मई 1947।
15. आई.ओ.आर., एल/पीजे/8/655, बरोज द्वारा माउन्टबेटन को, जनवरी 1947।
16. जनजातीय आन्दोलन के मसीहाई पक्ष की तीक्ष्ण समालोचना के लिए देखें, फुश (1967)।
17. महिला मुद्दों पर समाज सुधारकों तथा राष्ट्रवादी नेताओं के दृष्टिकोण के स्पष्ट विश्लेषण के लिए, देखें, हेमसाथ, (1964)।
18. महिलाओं के हितों के लिए संघर्ष में राष्ट्रीय नेताओं की भूमिका का उपयोगी विश्लेषण मजूमदार में हैं (1976)।
19. आन्दोलन में महिलाओं की भूमिका के प्रत्यक्ष विवरण के लिए देखें, अली (1991)।
20. राष्ट्रवादी आन्दोलन सहित भारतीय जीवन के विभिन्न पक्षों में महिलाओं की भूमिका पर गाँधीवादी दृष्टिकोण ने महिलावादी नैतिकता के सिद्धान्त के क्षेत्र को सशक्त किया देखें, जैन (1986)।

21. भारत में महिलाओं के आन्दोलन के बीजारोपण, विकास तथा प्रगति के स्पष्ट विवरण के लिए देखें, चौधरी (1993)।
22. इस वर्ग का विस्तृत अध्ययन खान (1965) में है।
23. *यंग इण्डिया*, 27 अगस्त 1925।

सन्दर्भ

आसफअली, अरूणा, 1991, *रीसरजेन्स ऑफ इण्डियन वीमैन*, नई दिल्ली, नेहरू मेमोरियल म्यूजियम एण्ड लाइब्रेरी (एन.एम.एम.एल) एण्ड रेडीयन्ट पब्लिशर्स।

अम्बेडकर, बी.आर., 1945, *पाकिस्तान ऑर द पार्टिशन ऑफ इण्डिया*, सेकण्ड एडिशन, बम्बई, ठक्कर एण्ड कम्पनी।

अम्बेडकर, बी.आर., 1955, *थॉट्स ऑन लिंग्विस्टिक स्टेट्स*, बम्बई, रामकृष्ण प्रेस।

ऑस्टिन, ग्रेनविल, 1966, *द इण्डियन कॉनस्टीट्यूशन : कोर्नरस्टोन ऑफ ए नेशन*. नई दिल्ली, आक्सफोर्ड यूनिवर्सिटी प्रेस।

बेंथॉल, एडवर्ड, 1940, बेंथोल पेपर्स, वॉक्स नं. XVII, एडवर्ड बेंथोल्ज नोट ऑन द कॉन्स्टीट्यूशनल रिफोर्म इन इण्डिया, कैम्ब्रिज, सेन्टर आफ साउथ एशियन स्टडीज।

बन्धोपाध्याय, निपॉन, 1998, "द स्टोरी ऑफ एग्रेरियन स्ट्रगल्स एण्ड लैण्ड रिफार्म्स इन बंगाल एण्ड वेस्ट बंगाल" मनोरंजन मोहन्ती, प्रथा मुखर्जी एवं ओली टोर्नक्विस्ट (सम्पा), *पीपुल्ज राइट्सः सोशल मूवमेन्ट्स एण्ड द स्टेट इन द थर्ड वर्ल्ड*, नई दिल्ली, सेज पब्लिकेशनस।

बसु, अपर्णा एवं भारती रे, 1990, वीमन्स स्ट्रगलः ए हिस्ट्री ऑफ द आल इण्डिया वीमन्स कांफ्रेंस, (1927-1990), नई दिल्ली, मनोहर।

ब्रास, पॉल, 1991, *एविनिसिटी एण्ड नेशनलिज्मः थ्योरी एण्ड कम्पेरिज़न*, नई दिल्ली· सेज पब्लिकेशंनस।

चौधरी, मैत्रयी, 1993, *इण्डियन वीमन्स मूवमेन्टः रिफोर्म एण्ड रिवाइवल*, नई दिल्ली, रेडियन्ट पब्लिशर्स।

डांगे, एस.ए., 1973, *आउटलाइन्स ऑफ द इण्डियन ट्रेड यूनियन मूवमेन्ट*. नई दिल्ली, पीपुल्ज पब्लिशिंग यूनियन मूवमेन्ट, नई दिल्ली, पीपुल्ज पब्लिशिंग हाउस।

दत्ता, वी.एन., 2002, "इकबाल, जिन्ना एण्ड इण्डियाज पार्टीशनः एन इन्टिमेट रिलेशनशिप", *इकॉनोमिक एण्ड पॉलिटिकल वीकली*, 37 (50, 14 दिसम्बर)।

देसाई, ए.आर., 1976, *सोशल बैकग्राउण्ड ऑफ इण्डियन नेशनलिज्म*, फिफ्थ एडिशन, बम्बई, पापुलर प्रकाशन।

धांगरे, डी.एन., 1983, *पीजेण्ट मूवमेण्ट्स इन इण्डिया, 1920-1950*, नई दिल्ली, ऑक्सफोर्ड यूनिवर्सिटी प्रेस।

दत्त, आर.पी., 1940, *इण्डिया टुडे*, बम्बई, पीपुल्ज पब्लिशिंग हाउस।

एंजिल्स, डी, 1996, *बीयोन्ड पर्दाः वूमैन इन बंगाल, 1890-1939*, नई दिल्ली, ऑक्सफोर्ड यूनिवर्सिटी प्रेस।

फ्यूक्स, स्टेफन, 1967, *रिबेलियस प्राफेट्स*, बम्बई, एशिया पब्लिशिंग हाउस।

गोपाल, राम, 1966, *लिग्विस्टिक अफेयर्स ऑफ इण्डिया*, बम्बई, एशिया पब्लिशिंग हाउस।

ग्रियर्सन, जॉर्ज ए., 1967-68, *लिग्विस्टिक सर्वे ऑफ इण्डिया*, 11 वॉल्यूम्ज. नई दिल्ली, मोतीलाल बनारसीदास।

गुहा, रामचन्द्र, 2004, "हिन्दी शाउवनिज्म", *द हिन्दू*, 18 जनवरी।

हार्डग्रेव, रॉबर्ट, 1969, *द नादर्स ऑफ तमिलनाडुः द पॉलिटिकल कल्चर ऑफ ए कम्युनिटी इन चेन्ज*, बर्कले, यूनिवर्सिटी ऑफ कैलिफोर्निया प्रेस।

हेमसाथ, सी.एच., 1964, *इंडियन नेशनलिज्म एण्ड हिन्दू सोशल रिफोर्म*, प्रिंसटन, प्रिंसटन यूनिवर्सिटी प्रेस।

जैन, देवकी, 1986, "गाँधीयन कॉन्ट्रीब्यूशन टुवर्ड्स ए थ्योरी ऑफ फेमिनिस्ट एथिक", देवकी जैन एवं डायना एक (सम्प), *स्पीकिंग ऑफ फेथः क्रोस–कल्चरल प्रेक्टिसेस इन वीमैन, रिलीजन एण्ड सोशल चेंज*, नई दिल्ली, काली फॉर वीमन।

जलाल, आयशा, 1985, *द सोल स्पोक्समैनः जिन्ना द मुस्लिम लीग एण्ड द डिमान्ड फॉर पाकिस्तान*, कैम्ब्रिज, कैम्ब्रिज यूनिवर्सिटी प्रेस।

जलाल, आयशा, 1998, "नेशन, रीसन एण्ड रिलीजन – पंजाब 'स' रोल इन द पार्टिशन ऑफ इण्डिया", *इकॉनोमिक एण्ड पॉलिटिकल वीकली*, 8 अगस्त।

झा, जे.सी., 1962, "गंगा नारायण एण्ड द भूमित रिवोल्ट ऑफ 1832-33", *द मॉडर्न रिव्यू*, 107।

जोर्डन्स, जे.टी.एफ., 1978, *दयानन्द सरस्वतीः हिज लाइफ एण्ड आइडियाज*, नई दिल्ली, ऑक्सफोर्ड यूनिवर्सिटी प्रेस।

जुगेन्समायर, मार्क, 1982, *रीजन एज सोशल विजनः द मूवमेन्ट अगेन्स्ट अटचएबिलिटी इन 20th सेन्चुरी पंजाब*, बर्कले, यूनिवर्सिटी ऑफ कैलिफोर्निया प्रेस।

कार्निक, वी.बी., 1966, *इण्डियन ट्रेड यूनियंसः ए सर्वे*, बम्बई, मानकटेलस।

कीर, धनंजय, 1954, *डॉ. अम्बेडकरः लाइफ एण्ड मिशन*, बम्बई, पॉपुलर प्रकाशन।

खलीकुज़ामन, चौधरी, 1961, *पॉथवे टू पाकिस्तान*, लाहौर, लौंगमैन।

खान, एम.ए., 1965, *हिस्ट्री ऑफ द फैरादी मूवमेन्ट*, कराची, पाकिस्तान हिस्टोरिकल सोसायटी।

किंग, रॉबर्ट डी., 1997, *नेहरू एण्ड द लैंग्वेज पॉलिटिक्स ऑफ इण्डिया*, नई दिल्ली, ऑक्सफोर्ड यूनिवर्सिटी प्रेस।

लिडले, जोना, रमा जोशी, 1986, *डॉटर्स ऑफ इन्डिपेण्डेंसः जेण्डर, कास्ट एण्ड क्लास इन इण्डिया*, नई दिल्ली, काली फॉर वीमन।

मैनसर्ग, डायना (सम्पा.), 1999, *इन्डिपेन्डेस ईयर्स : द सलेक्टेड इण्डियन एण्ड कॉमनवेल्थ पेपर्स ऑफ निकोलस मैनसर्ग*, नई दिल्ली, आक्सफोर्ड यूनिवर्सिटी प्रेस।

माथुर, एल.पी., 1976, *रेसिसटेन्स मूवमेन्ट्स ऑफ ट्राइबल्स ऑफ इण्डिया*, उदयपुर, हिमांशु पब्लिकेशंस।

मजूमदार, वीना, 1976, "द सोशल रिफोर्म मूवमेन्ट इन इण्डियाः फ्रॉम रानाडे टू नेहरू", बी.आर. नन्दा (सम्पा.), *इण्डियन वीमनः पर्दा टू मॉडर्निटी*, में नई दिल्ली, विकास पब्लिशिंग हाउस।

मेहता, उदय, 1979, "पीजेण्ट मूवमेण्ट इन इण्डिया", ए.आर. देसाई (सम्पा.), *पीजेण्ट स्ट्रगल्स इन इण्डिया*, नई दिल्ली, ऑक्सफोर्ड यूनिवर्सिटी प्रेस।

मित्रा, मानुषी, 1984, "ट्राइबल वीमन एण्ड ट्राइबल मूवमेण्डट्स", *समय शक्ति*—ए जरनल ऑफ वीमन्स स्टडीज, 1(2): 89।

मूनजी, बी.एस., 1946, ए.बी.एस. मूनजी पेपर्स, सब्जेक्ट फाइल नं. 30 (कम्युनल राइट्स इन बंगाल) हिज स्पीच एट द आल इण्डिया हिन्दू महाजाति सम्मेलन, दिल्ली, 19 अगस्त, नई दिल्ली, नेहरू मेमोरियल म्यूजियम एण्ड लाइब्रेरी (एन.एम.ए.एल)।

मूनजी, बी.एस., 1946, बी.बी.एस. मूनजी पेपर्स, सब्जेक्ट फाइल नं. 74 (कम्युनल राइट्स इन बंगाल), आशुतोष लाहिरी, द जनरल सैक्रेटी, आल इण्डियन हिन्दू महासभा टू मूनजी, 8 नवम्बर, नई दिल्ली, नेहरू मेमोरियल म्यूजियम एण्ड लाइब्रेरी (एन.एम.ए.एल)।

मौरिस, एम.डी., 1966, *द इमरजेन्स ऑफ एन इण्डिस्ट्रियल लेबर फोर्स इन इण्डियाः ए स्टडी ऑफ द बॉम्बे कॉटन मिल्स*, 1854-1947, बम्बई, ऑक्सफोर्ड यूनिवर्सिटी प्रेस।

मुखर्जी, आर.के., 1955, *द इण्डियन वर्किंग क्लास*, बम्बई, पापुलर प्रकाशन।

नेहरू जवाहरलाल, 1946, *द डिस्कवरी ऑफ इण्डिया*, न्यूयॉर्क, जॉन डे।

नेहरू मोतीलाल, 1928, *नेहरू रिपोर्ट*, इलाहाबाद, ऑल इण्डिया कांग्रेस कमेटी।

ओमवेट, गेल, 1976, *कल्चरल रिवोल्ट इन ए कॉलोनियल सोसायटी : द नॉन—ब्राह्मण मूवमेन्ट इन वेस्टर्न इण्डिया 1873-1930*, बम्बई, साइन्टिफिक सोशलिस्ट एजूकेशन।

ओमवेट, गेल, 1978, 'वीमन एण्ड रूरल रिवोल्ट इन इण्डिया', *द जनरल ऑफ पीजेन्ट स्टडीज*, 5(3, अप्रैल), 373।

ओरन्स, एम., 1965, *द सन्थाल : अ ट्राइब इन सच ऑफ ग्रेट ट्रेडीशन*, डेट्रॉयट, वायन स्टेट यूनिवर्सिटी प्रेस।

पाण्डे, ज्ञानेन्द्र, 1994, 'द प्रोज ऑफ अदरनेस', *सबआल्टर्न स्टडीज*, वॉल्यूम VIII, नई दिल्ली, ऑक्सफोर्ड यूनिवर्सिटी प्रेस।

पणिक्कर, के.एन., 1979, 'पीजेन्ट रिवोल्ट इन मालाबार इन द नाइनटीन्थ एण्ड ट्वेन्टीथ सेन्चुरीज', ए.आर. देसाई (सम्पादक) में, *पीजेन्ट स्ट्रगल इन इण्डिया*, नई दिल्ली, ऑक्सफोर्ड यूनिवर्सिटी प्रेस।

पात्र, एस.सी., 1979, *फॉरमेशन ऑफ द प्रोविन्स ऑफ उड़ीसा : द सक्सेस ऑफ द फर्स्ट लिंग्विस्टिक मूवमेन्ट इन इण्डिया*, कलकत्ता, पंथी पुस्तक।

पीरजादा, एस.एस., (सम्पादक), 1970, *फाउन्डेशन्स ऑफ पाकिस्तान*, वॉल्यूम II, करांची, नेशनल पब्लिशिंग हाउस।

पुरी, बलराज, 2003, 'इकबाल एण्ड आइडिया ऑफ पाकिस्तान', *इकोनोमिक एण्ड पॉलिटिकल वीकली*, 38(5[1 फरवरी]): 491।

रंगा, राव, 1978, 'पीजेन्ट मूवमेन्ट इन तेलंगाना', एम.एस.ए. राव (सम्पादक) में, *सोशल मूवमेन्ट्स इन इण्डिया*, वॉल्यूम 1, नई दिल्ली, मनोहर।

राव, एम.एस.ए., 1979, 'सोशल मूवेन्ट्स एमंग द बेकवर्ड क्लासेज एण्ड द ब्लेक्स : होमोलॉजी इन द सोर्स ऑफ आइडेन्टि', एम.एस.ए. राव (सम्पादक) में, *सोशल मूवमेन्ट्स इन इण्डिया*, वॉल्यूम I, नई दिल्ली।

रे., अश्विनी के., 2003, 'सिविल राइट्स मूवमेन्ट्स इन इण्डियाः ए हिस्टोरिकल पर्सपेक्टिव', *इकोनोमिक एण्ड पॉलिटिकल वीकली*, 9 अगस्त।

रॉय, कुमकुम, 2002, 'इनवेस्टीगेटिंग जेन्डर्ड रिलीजियस ट्रेडीशन्स : ए रिव्यू', अपर्णा बसु एवं अनूप तनेजा (सम्पादक) में, *ब्रेकिंग आउट ऑफ इनविजिबिलिटी : वीमन इन इण्डियन हिस्ट्री*, नई दिल्ली, इण्डियन काउन्सिल फॉर हिस्टोरिकल रिसर्च (आई.सी.एच.आर.) एण्ड नार्दर्न बुक सेन्टर।

साल्दान्हा, इन्द्र मुंशी, 1986, 'ट्राइबल वीमन इन द बरली रिवोल्ट 1945-47 : क्लास एण्ड जेण्डर इन द लेफ्ट पर्सपेक्टिव, *इकोनोमिक एण्ड पॉलिटिकल वीकली*, 21C17 [26 अप्रैल]) : 51।

सरकार, सुमित, 1989, *मॉडर्न इण्डिया 1885-1947*, मद्रास, मैकमिलन।

सावरा, मीरा एवं सुजाता गोथोस्कर, 1984, 'एन एसर्शन ऑफ वीमन पावर : ऑर्गेनाइजिंग लैण्डलेस वीमन इन महाराष्ट्र', मधु किश्वर तथा रूथ वनिता (सम्पादक) में, *इन सर्च ऑफ आन्सर : इण्डियन वीमन्स वॉयसेज फ्रॉम मानुषी*. लंदन, जेड बुक्स।

सेन, सुनील, 1979, *एग्रेरियन रिलेशन इन इण्डिया : 1793-1947*, नई दिल्ली, पीपल्स पब्लिशिंग हाउस।

सिंह, सुरेश कुमार, 1985, *ट्राइबल सोसायटी इन इण्डिया : एन एन्थ्रोपो–हिस्टोरिकल पर्सपेक्टिव*, नई दिल्ली, मनोहर।

सिंह सुरेश कुमार, 1986, 'एग्रेरियन डायमेन्शन ऑफ ट्रायबल मूवमेन्ट्स', ए.आर. देसाई (सम्पादक) में, *एग्रेरियन स्ट्रगल इन इण्डिया आफ्टर इन्डिपेन्डेन्स*. नई दिल्ली, ऑक्सफोर्ड यूनिवर्सिटी प्रेस।

शाह, घनश्याम, 1990, *सोशल मूवमेन्ट्स इन इण्डिया : ए रिव्यू ऑफ लिटरेचर*, नई दिल्ली, सेज पब्लिकेशन्स।

शेख, फरजाना, 1986, 'मुस्लिम्स एण्ड पॉलिटिकल रिप्रेजेन्टेशन इन कॉलोनियल इण्डिया ; द मेकिंग ऑफ पाकिस्तान', *मॉडर्न एशियन स्टडीज*, 20(3)।

साउथ एशिया सिविल राइट्स डॉक्यूमेंटेशन सेन्टर (एस.ए.एच.आर.डी.सी.), 2000, *ए स्टेप इन द राइट डायरेक्शन*. नई दिल्ली, टाटा मेकग्रॉ हिल।

स्पीयर, पर्सीवल, 1961, *इण्डिया : ए मॉडर्न हिस्ट्री*. एन अर्बर : द यूनिवर्सिटी ऑफ मिशीगन प्रेस।

जेलियट, एलीनर. 1970, 'लर्निंग द यूज ऑफ पॉलिटिकल मीन्स : द महार्स ऑफ महाराष्ट्र' रजनी कोठारी (सम्पादक) में, *कास्ट इन इण्डियन पॉलिटिक्स*. नई दिल्ली, ओरियेन्ट लोंगमैन।

17

ब्रिटिश शासन का समापन तथा भारत के संविधान का निर्माण

अध्ययन का उद्देश्य

- 3 जून की योजना तथा भारतीय स्वतंत्रता अधिनियम 1947 के महत्व को समझना।
- संविधान सभा की मूल विशेषताओं का वर्णन तथा भारत के संविधान का निर्माण।
- भारतीय संविधान की मुख्य विशेषताओं को स्पष्ट करना।

संविधान सभा, जिसने स्वतंत्र भारत के संविधान का प्रारूप बनाया, की पृष्ठभूमि का वर्णन करने के लिए यह अध्याय 1947 के सत्ता हस्तांतरण के ठीक पहले ब्रिटिश सरकार द्वारा उठाए गए दो विशिष्ट संवैधानिक कदमों पर ध्यान केन्द्रित करता है। 3 जून की योजना ने जबकि सत्ता के हस्तांतरण की कार्य सूची निर्धारित की तो 1947 के भारत स्वतंत्रता अधिनियम ने उसे यथार्थ में परिवर्तित किया। स्वतंत्र भारत के लिए एक संविधान की रचना करना आसान कार्य नहीं था। 1942 के क्रिप्स आयोग से प्रारम्भ करके संविधान के प्रारूप निर्माण में भारतीयों को शामिल करने पर बहस हुई। यद्यपि 1946 के कैबिनेट आयोग ने स्वतंत्र भारत के लिए संविधान बनाने के लिए संविधान सभा के गठन का उत्साहपूर्वक समर्थन किया, इसके सदस्यों को विश्वास था कि "पंजाब व बंगाल के विभाजन का समाधान इन प्रांतों में बसने वाले बड़ी संख्या के लोगों की इच्छा के विपरीत होगा" (पायली, 1963: 127)। फिर भी, उपमहाद्वीप का विभाजन हुआ और दो स्वतंत्र राष्ट्र – भारत तथा पाकिस्तान, ने 1947 में जन्म लिया। भारत के लिए संविधान सभा की बैठक पहली बार 9 दिसम्बर 1946 में हुई, तथा तीन वर्ष से कम समय में भारत का संविधान निर्मित हुआ तथा 26 नवम्बर 1949 को राष्ट्र

द्वारा अंगीकृत किया गया। संविधान निर्माण की प्रक्रियाओं का विस्तृत वर्णन करते हुए यह अध्याय उस समय की सामाजिक, आर्थिक व राजनीतिक परिस्थितियों से निष्कर्ष निकालता है, साथ ही संस्थापकों के दार्शनिक झुकाव से इस पहेली का उत्तर जानने का प्रयास करता है कि 1935 के भारत शासन अधिनियम के उन क्रूर प्रावधानों को, जिन्हें जब प्रारम्भ किया गया तो उनका विरोध हुआ, को भारत के संविधान में क्यों शामिल किया गया।

3 जून की योजना तथा भारत स्वतंत्रता अधिनियम, 1947

द्वितीय विश्वयुद्ध के समापन (1939-45) पर, ब्रिटिश राजनीतिज्ञों ने अनुभव किया कि भारत में औपनिवेशिक शासन को अब अधिक बनाए नहीं रखा जा सकता। भारत के राष्ट्रवादी इसे बनाए रखने के कट्टर विरोधी थे। वह दृष्टिकोण जिसके अंतर्गत भारत के प्रश्न को अब तक समझा जाता था, अब बिल्कुल बदल गया। अपने वायदे के अनुसार नव–निर्वाचित मजदूर–दल ने भी भिन्न तरीके से स्थिति के प्रति प्रतिक्रिया व्यक्त की। इस प्रतिबद्धता की प्रतीक 20 फरवरी 1947 की घोषणा है, जिसमें ब्रिटिश प्रधानमंत्री क्लीमेन्ट एटली ने घोषणा की कि "महामहिम की सरकार यह स्पष्ट करना चाहती है, कि यह उनकी निश्चित इच्छा है कि जून 1948 के पहले उत्तरदायी भारतीयों के हाथ में सत्ता का स्थानान्तरण करने के लिए आवश्यक कदम उठाए जाएं।"[1] तदनुकूल अंतिम वाइसराय माउण्टबेटन को भारत के प्रश्न को सुलझाने के लिए उपयुक्त योजना बनाने के लिए सभी अधिकार प्रदान किए गए। यह एक कठिन कार्य था, लेकिन वाइसराय ने मुस्लिम लीग तथा कांग्रेस नेतृत्व को बंगाल व पंजाब के विभाजन के लिए राजी कर लिया तथा साथ ही जून 1948, जैसा कि पहले निर्धारित किया गया था, के स्थान पर अगस्त 1947 तक सभी प्रक्रिया को पूरा करने के प्रति आश्वस्त किया। इस पृष्ठभूमि में 3 जून की योजना बनाई गई, जिसमें 'नेताओं के साथ हर चरण में खुली कूटनीति की प्रक्रिया' (माउन्टबेटन, हडसन में उद्धृत, 1969: 204) शामिल थी। एटली सरकार सत्ता को हस्तांतरित करने के प्रति दृढ़प्रतिज्ञ थी, जैसा कि 3 जून की योजना में निश्चितता से कहा गया था कि "महामहिम की सरकार की इच्छा है कि भारत के लोगों की स्वयं की इच्छा के अनुसार शक्तियों का हस्तान्तरण कर दिया जाए।"[2] यह भी स्पष्ट कर दिया गया कि स्वतंत्र भारत व पाकिस्तान के संविधान का निर्माण उन देशों के लोगों द्वारा होगा। सरकारी घोषणा में आगे कहा गया कि,

> ... महामहिम की सरकार यह स्पष्ट कर देना चाहती है कि उनकी भारत (या पाकिस्तान) के लिए मौलिक संविधान बनाने के प्रयास की कोई इच्छा नहीं है; यह मामला लोगों द्वारा स्वयं निश्चित किया जाना है। एकीकृत भारत के समुदायों के बीच समझौते को बंद करने के सम्बन्ध में इस योजना में कुछ नहीं है।[3]

योजना में दो सीमा आयोग–एक पंजाब तथा दूसरा बंगाल – और यदि आवश्यक हो तो आसाम के लिए गठन का प्रावधान था। अगस्त 1947 तक पाकिस्तान की सरकार को सत्ता हस्तांतरण के पहले यदि निर्णय नहीं हो पाता है तो योजना ने प्रांतों की जनसंख्या के आधार पर पंजाब व बंगाल के 'काल्पनिक विभाजन' का प्रावधान किया था। यह भी कहा गया था कि आयोग 'किसी भी हालत में अस्थायी सीमाओं से प्रभावित नहीं होगा, अपितु मामले को पुनः देखेगा।'[4] 3 जून की योजना उस समस्त प्रक्रिया की मार्ग निदेशक थी, जिसके अंतर्गत अन्ततः बंगाल व पंजाब का विभाजन हुआ।

भारत स्वतंत्रता अधिनियम 1947, जिसने भारत के लोगों को औपचारिक रूप से सत्ता हस्तान्तरित की, को 4 जुलाई को कॉमन सभा में प्रस्तुत किया गया तथा 18 जुलाई को उसे राजकीय स्वीकृति प्राप्त हुई। 3 जून की योजना की भावना पर आधारित अधिनियम ने भारत के साथ स्वतंत्र पाकिस्तान के अस्तित्व को भी मान्यता दी। चूंकि कांग्रेस तथा मुस्लिम लीग दोनों के द्वारा विभाजन को स्वीकार कर लिया गया था, अतः ब्रिटिश सरकार के लिए सत्ता हस्तांतरण की शर्तों व मापदण्डों को निर्धारित करना आसान हो गया था। तीन मुस्लिम बहुल ब्रिटिश भारतीय प्रान्तों–दो पूर्व में, बंगाल व आसाम तथा एक पश्चिम में, पंजाब को विभाजित करके पाकिस्तान का निर्माण हुआ। नए पाकिस्तान राज्य में सिन्ध, बलूचिस्तान तथा उत्तर–पूर्वी सीमा प्रान्त को भी शामिल किया जाना था। जैसे ही स्वतंत्रता अधिनियम स्वीकृत किया गया, ब्रिटिश सरकार ने नये अधिराज्यों को देश का शासन संचालित करने का उत्तरदायित्व सौंप दिया। उसी प्रकार, भारत की देशी रियासतों पर से ब्रिटिश साम्राज्य का आधिपत्य भी समाप्त हो गया और इसी के साथ ब्रिटिश सरकार तथा भारतीय शासकों के मध्य सभी सन्धियां तथा समझौते भी समाप्त हो गये। कांग्रेस द्वारा इस प्रावधान की आलोचना की गई तथा 13 जुलाई 1947 को नेहरू ने अपनी टिप्पणी में कहा कि "अधिनियम के पारित होने के दिन तक संचालित सभी संधियों और समझौतों को पूरी तरह समाप्त करने से गम्भीर प्रशासनिक अराजकता उत्पन्न हो जाएगी"[5] अतः वे कैबिनेट आयोग की सलाह कि 'नये समझौतों तक, सामान्यजन की आवश्यकताओं के सभी मामलों की वर्तमान स्थिति बनी रहे'[6], के समर्थक थे। हिन्दू महासभा की भांति मुस्लिम लीग अधिनियम से प्रसन्न थी – लीग इसलिए खुश थी कि पाकिस्तान का निर्माण हो रहा था, हिन्दू महासभा ने बंगाल के विभाजन का इसलिए स्वागत किया क्योंकि इससे हिन्दुओं को स्वयं पर शासन करने का अवसर प्राप्त होगा जो, अब तक के अविभाजित प्रांत में संख्यात्मक दृष्टि से मुसलमानों की बहुतायत होने के कारण सम्भव नहीं था।

अधिनियम से प्रक्रिया प्रारम्भ हुई जिससे अंततः 15 अगस्त 1947 को सत्ता हस्तांतरित हुई। फिर भी, उपनिवेशवाद से भारत को स्वतंत्र करने में 1947 का अधिनियम दो अन्तर्सम्बन्धित कारणों में महत्वपूर्ण वक्तव्य है – प्रथम, भारत का

स्वतंत्रता के लिए संघर्ष इतिहास के विरोधाभास का कारण बना, क्योंकि देश के विभाजन के रूप में भारी कीमत चुकाने के बाद स्वतंत्रता प्राप्त हुई; दूसरे भारत में अंग्रेजों की वापसी की औपचारिक घोषणा के बावजूद यह अधिनियम, अंग्रेजों के भय कि भारत में साम्राज्यीय नियंत्रण और अधिक सम्भव नहीं था, को वास्तविक रूप प्रदान करता प्रतीत हुआ।

भारत व पाकिस्तान के राष्ट्रवादियों के लिए, 1947 का भारत स्वतंत्रता अधिनियम उनके संघर्ष के उद्देश्य को मान्यता मात्र नहीं था अपितु सर्वाधिक आधारभूत, सम्भवतः महत्वपूर्ण स्वतंत्रता का स्तम्भ था। कुछ प्रावधानों की आलोचना के बावजूद अधिनियम द्वारा निर्धारित संवैधानिक समझौतों की शर्तों का सभी के द्वारा सम्मान किया गया। वेस्टमिन्सटर के तरीके की विशिष्ट उदारवादी परम्परा के अनुकूल भारतीय मस्तिष्कों को मोड़ने में ब्रिटिश साम्राज्यवाद किस सीमा तक सफल हुआ था, यह अधिनियम, उसका स्वयं उदाहरण है। इस अधिनियम की कोई तीखी आलोचना नहीं हुई; न कांग्रेस और न मुस्लिम लीग ने अधिनियम को कोई चुनौती दी, सिवाय सिर्फ कुछ स्पष्टीकरण चाहने के या योजनाओं के क्रियान्वयन के लिए तकनीकी सलाह देने के जिसे अधिनियम द्वारा सहज सत्ता हस्तांतरण के अनुरूप पाया गया। अधिनियम के परिणामस्वरूप दो नए राष्ट्र अस्तित्व में आए। 15 अगस्त, 1947 को भारत स्वतंत्र हो गया। एक नए युग का प्रारम्भ हुआ तथा जवाहरलाल नेहरू ने अपने प्रसिद्ध 'नियति के साथ मिलन' भाषण में उस क्षण को अभिव्यक्त यह कह कर किया कि,

> अर्धरात्रि के समय, जब दुनिया सोती है, भारत जीवन व स्वतंत्रता के लिए जागेगा। एक क्षण आता है, जो इतिहास में बहुत कम आता है जब हम पुराने से नए की ओर बढ़ते हैं, जब एक युग समाप्त होता है, जब देश की बहुत दिनों से दबी आत्मा को स्वर मिलता है। यह उपयुक्त है कि इस पवित्र क्षण में हम भारत व उसके लोगों तथा मानवता के व्यापक हित में सेवा के लिए प्रतिज्ञा करें।[7]

संविधान सभा तथा संविधान निर्माण

संविधान सभा द्वारा तीन वर्ष से कम समय में स्वतंत्र भारत के संविधान का निर्माण उन प्रयासों का परिचायक है जो विउपनिवेशीकरण के पश्चात स्वतंत्र राज व्यवस्था की राष्ट्रवादी तथा प्रजातांत्रिक आकांक्षाओं को यथार्थ रूप देने के लिए संस्थापकों द्वारा किए गए। इसके अतिरिक्त कम से कम संरचनात्मक तथा प्रक्रियात्मक दृष्टि से संविधान में एक सतत प्रवाह है, तथापि यह अतीत से स्पष्ट रूप से भिन्न था कि क्योंकि 1950 का संविधान उपनिवेशवाद के समापन के पश्चात् उदारवादी लोकतंत्र की स्थापना की विचारधारा पर आधारित था। संविधानवाद तथा विधि के शासन के लिए संस्थापकों की प्रतिबद्धता का सबसे बड़ा साक्ष्य संविधान स्वयं था जिसे उन्होंने विभाजन की गम्भीर कठिनाइयों के

बावजूद सृजित किया। संविधान सभा की प्रक्रिया से स्पष्ट है कि संविधान निर्माण में उदारवादी प्रजातांत्रिक मूल्य सदैव सर्वोच्च स्थान पर रहे।

ऐसा कहा जाता है कि युद्ध पश्चात भारत की सम्भावित संवैधानिक व्यवस्था के लिए राष्ट्रवादी नेताओं तथा कैबिनेट आयोग के सदस्यों के समझौते से सृजित संविधान सभा, किसी "राष्ट्रीय अंतरिम सरकार द्वारा नहीं अपितु ब्रिटिश सरकार द्वारा प्रमुख राजनीतिक दलों के प्रतिभागियों को एक साथ लाने के लिए" (चौबे, 2000: 49) संगठित की गई थी। सभा ने अपनी कार्यवाही 9 दिसम्बर 1946 को प्रारम्भ की तथा 24 जनवरी 1950 को संविधान पारित होने के साथ समाप्त की। लगभग तीन वर्ष से कुछ ऊपर का यह समय ऐसा था जिसने स्वतंत्रता के सुख को, विभाजन तथा हिंसा की त्रासदी की राष्ट्रीय वेदना ने बुरी तरह प्रभावित किया, जिसके परिणामस्वरूप स्वतंत्रता की घोषणा के पश्चात् दोनों देशों में लोगों के आवागमन में अनेक निर्दोष लोगों की हत्या के अतिरिक्त महात्मा गाँधी की हत्या हुई। पॉल ब्रास के अनुसार भारतीय संविधान का जन्म, 'आशा व प्रेरणा से कम भय तथा उद्वेग से अधिक' (पॉल ब्रास, 2000: 60) हुआ था। संविधान सभा ने जिस प्रकार कार्य प्रारम्भ व समाप्त किया, उस संदर्भ में यह आंशिक सत्य है। अतः, जैसा कि कहा गया है कि संस्थापकों ने सम्भावनाओं की कला का प्रयोग किया तथा (अपनी विचारधारा को) कभी भी यथार्थ से दूर करने की आज्ञा नहीं दी।" (ऑस्टिन, 1999 [1996]: 21)। स्वतंत्र भारत के लिए मार्ग–मानचित्र बनाते समय संविधान सभा ने जिस यथार्थ का सामना किया, संविधान उसका व्यावहारिक प्रत्युत्तर था।

संविधान सभा का कार्य भारत के लिए एक संविधान का प्रारूप तैयार करना था। बी.आर. अम्बेडकर के अनुसार जवाहरलाल नेहरू द्वारा प्रस्तुत उद्देश्य प्रस्ताव 'देश के करोड़ों लोगों की उत्साह से उत्तेजित भावनाओं की अभिव्यक्ति' *(संविधान सभा वाद विवाद* [सी.ए.डी.] 2003ए: 104) था। उद्देश्य प्रस्ताव का समर्थन करते हुए नेहरू ने प्रजातंत्र तथा समाजवाद का सशक्त रूप से पक्ष लिया – उन्होंने दृढ़ता से 'प्रजातंत्र' का शासन की सर्वथा उपयुक्त व्यवस्था के रूप में समर्थन किया' 'जो हमारे लोगों की प्रकृति के अनुकूल है और उनके प्रति उत्तरदायी है' (सी.ए.डी., 2003ए: 62)। इसी प्रकार, उन्हें दृढ़ विश्वास था कि समाजवाद से भारत में आर्थिक प्रजातंत्र सम्भव होगा। उनके अनुसार जब तक प्रजातांत्रिक शासन तथा समाजवादी दूरदृष्टि का सहयोग न हो, राजनीतिक स्वतंत्रता निष्फल थी। अतः वे उन देशी रियासतों के आलोचक थे जो प्रजातंत्र के लिए राजतंत्र को छोड़ने के लिए तैयार नहीं थे। एक सच्चे प्रजातांत्रिक की भांति, जिसे इस बात में संदेह नहीं था कि भारत की भयंकर गरीबी के लिए समाजवाद ही अंतिम समाधान था, नेहरू ने स्वतंत्र भारत के संविधान के लिए दार्शनिक रूपरेखा प्रस्तुत करके सभा में बहस का उद्देश्य निर्धारित कर दिया। फिर भी, राजनीतिक संदर्भ, जिसमें कि संविधान पर चर्चा हो रही थी, (अ) हिन्दू–मुसलमानों की शत्रुता, तथा (ब)

स्वतंत्र भारत में शामिल होने में अधिकतर देशी रियासतों की हिचकिचाहट के कारण अनिश्चितताओं से भरा हुआ था। 1947 में अंग्रेजों की वापसी के बाद पहले कारण ने भारत में विभाजन किया तथा दूसरे ने तत्कालीन देशी रियासतों के शासकों के दावों की उपेक्षा करते हुए भौगोलिक रूप से देश की एकता के लिए धमकी तथा कभी–कभी शक्ति प्रयोग के लिए बाध्य किया। मुसलमान सदस्यों ने सभा से दूर रहकर स्पष्ट रूप से पाकिस्तान, जिसने विशेषकर 1940 के लाहौर प्रस्ताव के बाद गति पकड़ ली थी, के प्रति अपनी वरीयता प्रकट की।

1946 के कलकत्ता व बाद में नोआखाली के दंगों ने कांग्रेस की आशंका को सही साबित किया कि और अधिक रक्तपात के स्थान पर विभाजन को स्वीकार कर लेना रणनीति की दृष्टि से अधिक उचित होगा। संविधान के प्रारूप निर्माण के लिए जब संविधान सभा की बैठक हुई तो यह स्पष्ट हो गया था कि पाकिस्तान अवश्यम्भावी है तथा सामाजिक–आर्थिक लक्ष्यों को प्राप्त करने के लिए एक सुदृढ़ राज्य की आवश्यकता है।

सुदृढ़ राज्य के पक्ष में

भारत की बहुलवादी संरचना के प्रशंसक होने के बावजूद, सभा के सदस्यों की सुदृढ़ राज्य के पक्ष में लगभग एक राय थी। यह रोचक है कि 1946 का कैबिनेट आयोग, जिसने सभा में संवाद को काफी सीमा तक प्रभावित किया था, में विभिन्न सामाजिक–धार्मिक समूहों को समायोजित करने के सिद्धान्त को ध्यान में रखते हुए संवैधानिक स्वरूप बनाना चाहा था। आपातकालीन प्रावधानों के आलोचकों ने भी देश की अखण्डता को आघात पहुंचाने वाली प्रवृत्तियों के कारण केन्द्रीकृत राज्य के पक्ष में विचार व्यक्त किए। संविधान में आपातकालीन प्रावधानों को उचित ठहराया गया क्योंकि 'अव्यवस्था' या 'कुशासन' से भारत के 'एक सीमाबद्ध राज्य' के रूप में अस्तित्व को खतरा था। केन्द्रीकृत राज्य के पक्ष में 'अव्यवस्था' सर्वाधिक महत्वपूर्ण कारण था, यद्यपि यह स्थिति राष्ट्रवादी नेताओं के संघ राज्य के वांछित आदर्श के विपरीत थी। परिस्थितियों से अलग करके देखने पर, संघवाद पर बी.आर. अम्बेडकर की विरोधाभासी सोच, सनक से परिपूर्ण लग सकती है। भारत की सामाजिक–सांस्कृतिक विविधता को देखते हुए 1939 में अम्बेडकर स्पष्ट रूप से 'संघीय व्यवस्था को राजनीतिक रूप से व्यावहारिक मानते थे' (अम्बेडकर, 1939)। 1946 तक उन्होंने, "मैं एक सशक्त संयुक्त केन्द्र चाहता हूं, भारत शासन अधिनियम 1935 के अंतर्गत हमने जो केन्द्र बनाया था उससे भी अधिक सशक्त" (सी.ए.डी., 2003एः 102), कहकर क्रांतिकारी रूप से भिन्न विचार प्रस्तुत किए। संघ शक्ति समिति पर अंतिम प्रतिवेदन प्रस्तुत करते हुए जवाहर लाल नेहरू ने यह कहकर सुदृढ़ राज्य के पक्ष में तर्क प्रस्तुत किया कि,

> ... एकमत से हमारी यह राय है कि एक कमजोर केन्द्रीय सत्ता प्रदान करना देश के हित में हानिकारक होगा क्योंकि वह शांति बनाये रखने, सामान्य हित के महत्वपूर्ण मामलों को समन्वित करने तथा अन्तर्राष्ट्रीय क्षेत्र में पूरे देश के लिए प्रभावशाली ढंग से अभिव्यक्त करने में असमर्थ होगा।[8]

स्पष्ट है कि, शिशु भारतीय राष्ट्र के अस्तित्व के खतरे को देखते हुए संघवाद को शासन की संरचना की उपयुक्त पद्धति नहीं माना गया। अतः, संविधान निर्माताओं ने मजबूत केन्द्र की अनुशंसा की, क्योंकि देश के संवैधानिक व्यवस्था का उद्देश्य 'शासन की सैद्धान्तिक कार्यात्मक आवश्यकताओं' को पूरा करना होता है। संविधान को 'शासन की एक विचारधारा' को परिलक्षित करना था, चाहे वह स्वतंत्रता संग्राम में भाग लेते समय अधिकांश सदस्यों द्वारा पोषित स्वतंत्रता संघर्ष के उच्च वांछित आदर्शों को प्रकट करते हों या नहीं। शासन के लिए संविधान का निर्माण करते समय संस्थापक शासन कला पर अपने विचारों से अधिक निर्देशित थे जो 1950 में संविधान लागू होने के पूर्व के कष्टदायी अनुभव के बिना निश्चित रूप से भिन्न होते। अतः यह सुरक्षित रूप से कहा जा सकता है कि, 'कठोर यथार्थवादिता न कि अमूर्त शासन सिद्धान्त' ने 'हमारे संविधान निर्माताओं को मार्ग–निर्देश दिया' (भट्टाचार्य, 1992: 89)।

समाज का समाजवादी स्वरूप

संविधान को अनेक लक्ष्यों को प्राप्त करना था। सामाजिक क्रांति उनमें से एक थी। इसका लक्ष्य सामान्य लोगों की मूलभूत आवश्यकताओं को पूरा करना था और यह उम्मीद की गई कि यह क्रांति भारतीय समाज की संरचना में मूलभूत परिवर्तन लाएगी। संविधान सभा के सदस्य शून्य में काम नहीं कर रहे थे; वे 1947 से 1950 के बीच देश की संसद के सदस्य थे, तथा वे प्रांतीय तथा केन्द्रीय सरकार के प्रमुख भी थे, अतः वे समस्याओं – भोजन की कमी, साम्प्रदायिक दंगे, इत्यादि के प्रति जागरूक थे। जवाहर लाल नेहरू ने कहा, "राज्य एक गतिशील राज्य बन गया है – न कि स्थिर राज्य, जिसमें प्रशासकों को स्वयं को परिवर्तन के अनुकूल ढालना होगा ... काम की परिवर्तित परिस्थिति तथा काम के परिवर्तित उद्देश्यों की बदलती स्थिति के अनुकूल पद्धतियां अपनानी होंगी।"

तीन सम्भावित मार्ग थे – (अ) वामपंथी विकल्प–उत्पादन के साधनों पर राज्य का स्वामित्व, (ब) दक्षिणपंथी विकल्प–राज्य को हस्तक्षेप नहीं करना चाहिए, तथा (स) मिश्रित अर्थव्यवस्था जिसमें देश के सर्वांगीण विकास को सुनिश्चित करने के लिए राज्य को 'जनउपयोगिता' के क्षेत्र में स्वयं को शामिल करना चाहिए। धन के समान वितरण के उद्देश्य से देश के प्रथम प्रजातांत्रिक रूप में चुने प्रधानमंत्री नेहरू ने भारत में आर्थिक विकास को आगे बढ़ाने का दायित्व

राज्य को सौंपा। यह क्रांतिकारी परिवर्तन की हिंसा तथा कठोरता की उपेक्षा करते हुए विकास को आगे बढ़ाने तथा भेदभाव को कम करने के लक्ष्य को संयुक्त करने वाला एक तरीका था (फ्रेंकल, 2005: 3)। नेहरू के अनुसार यह "तृतीय मार्ग था, जो वर्तमान में स्थित सभी व्यवस्थाओं–रूसी, अमेरिकी तथा अन्य–से बेहतर था जो अपने इतिहास तथा दर्शन के अनुरूप रचना करने के अनुकूल था" (करंजिया, 2005: 3)। तृतीय मार्ग को अपनाते हुए स्वतंत्रता के पश्चात भारत ने ऐसा आर्थिक मॉडल अपनाया जो औद्योगीकरण के स्थान पर राज्य–संचालित आयात का प्रतिमान था।

भारत के संविधान की प्रस्तावना, समाज की समाजवादी व्यवस्था के लिए आधार बनाते हुए सिद्धान्तों को स्थापित करती है। राज्य के नीति निदेशक तत्व (संविधान के भाग IV में) इस बात पर जोर देते हैं कि भारतीय राज व्यवस्था का लक्ष्य निरंकुश अहस्तक्षेपवाद नहीं है अपितु कल्याणकारी राज्य का है, जहां राज्य का दायित्व, व्यक्ति की गरिमा के साथ राज्य की एकता व अखण्डता का ध्यान रखते हुए, अपने नागरिकों को सामाजिक व आर्थिक न्याय प्रदान करना है। शासन तथा देश के कानून के लिए इन्हें मूलभूत रूप से आवश्यक बनाते हुए तथा राज्य को इन सिद्धान्तों को लागू करने को अपना कर्तव्य मानते हुए, संस्थापकों ने भावी सरकारों का यह दायित्व बनाया कि वे व्यक्तिगत स्वतंत्रता व सार्वजनिक भलाई, कुछ लोगों की सम्पत्ति व सुविधाओं तथा अधिक लोगों तक लाभ पहुंचाने के बीच एक मध्यम मार्ग अपनाएं ताकि सामान्यहित में योगदान देने के लिए लोगों की क्षमताओं को प्रस्फुटित होने का अवसर मिले।[9] राज्य निर्देशित विकास के इस प्रतिमान में सर्वाधिक महत्वपूर्ण यंत्र योजना आयोग था जो 1950 में कांग्रेस कार्यकारिणी समिति (सी.डब्ल्यू.सी.) के अंतर्गत गाँधीवादियों के गम्भीर विरोध के बावजूद अस्तित्व में आया लेकिन कैबिनेट प्रस्ताव, जो अंततः आयोग के सृजन का कारण बना, ने तीन प्रमुख सिद्धान्तों को योजना बनाते समय विशेष रूप से ध्यान में रखने को कहा जिससे विरोध काफी सीमा तक कम हुआ। ये सिद्धान्त थे – (अ) नागरिक चाहे पुरुष या स्त्री, को जीवनयापन के पर्याप्त साधनों पर समान अधिकार है; (ब) देश के भौतिक संसाधनों के स्वामित्व व नियंत्रण का वितरण इस प्रकार हो जिसमें सामान्य हित का सर्वाधिक पोषण हो, तथा (स) आर्थिक व्यवस्था के क्रियान्वयन से सम्पत्ति का एकत्रीकरण, केन्द्रीकरण तथा उत्पादन के साधनों की क्षति न हो (फ्रेंकल, 2005: 85)।

संविधान का निर्माण

फिर भी सम्पूर्ण सभा ने दस्तावेज नहीं बनाया। यह स्पष्ट रूप से 'कांग्रेस की शासन प्रशाखा तथा न कि पूरे दल' के कठिन श्रम का परिणाम था तथा कार्य का मुख्य भार' कैनिंग लेन समूह पर पड़ा क्योंकि सभा के सत्रों में शामिल होते समय

वे कैनिंग लेन में रहे, (आस्टिन, 1999 [1966]: 17, 317)। सभा के कार्यकरण का एक और पक्ष है जो ध्यान देने योग्य है। ग्रेनविल आस्टिन के अनुसार, भारत के संविधान की संरचना सम्भवतः सहमति व समायोजन द्वारा निर्णय लेने का एक 'अच्छा उदाहरण' है, ऐसा निष्कर्ष वे संविधान के प्रावधानों पर बहस के परीक्षण के आधार पर निकालते हैं (पूर्वोक्त : 311-21)। लेकिन विद्वानों में मतभेद है क्योंकि सभा में कांग्रेस का प्रभुत्व होने के कारण, गैर–कांग्रेसी सदस्यों के विचारों की सामान्यतया उपेक्षा होती थी। जैसा कि शिवानी किंकर चौबे का मानना है कि कम से कम दो प्रमुख मुद्दों – राजनीतिक अल्पसंख्यक तथा भाषा – पर इन दोनों सिद्धान्तों का सहजता से परित्याग किया गया। जहां तक राजनीतिक अल्पसंख्यकों का प्रश्न है, उस पर कोई सहमति नहीं थी तथा भाषा का समाधान, जैसा कि आस्टिन ने स्वयं स्वीकार किया, 'आधे अधूरे मन से किया समझौता' था (पूर्वोक्त : अध्याय 12 [लैंग्वेज एण्ड द कन्सटीट्यूशनः द हाफ हार्टेड कम्प्रोमाइज], 264-307)। सभा को 'खचाखच भरा हुआ' कहते हुए, अल्प संख्या में मुस्लिम लीग ने सभा में अपने को अलग–थलग होने की भावना को अभिव्यक्त किया। यहां तक कि अम्बेडकर ने सभा के घटते हुए महत्व को रेखांकित किया, क्योंकि कई अवसरों पर उन्होंने स्वीकार किया, 'उन्हें एक निर्णय पर पहुंचने के लिए दूसरे स्थान पर जाना होता था, तब वे सभा में वापस आते थे।'[10]

विमर्श की प्रक्रिया को सहमति द्वारा निर्णय कहना उचित नहीं है। लेकिन, जैसा कि कार्यवाहियों से स्पष्ट है, अधिकतर अवसरों पर लगभग सहमति होती थी तथा कांग्रेस दल, जो बहुमत में था, के सदस्यों के मध्य मत विभाजन को राजनीतिक रूप से हल कर लिया जाता था। जैसा कि अम्बेडकर ने स्वीकार किया,

> ... कांग्रेस दल के द्वारा सभा में अराजकता की सम्भावना नहीं के बराबर थी, क्योंकि सभा की कार्यवाही में व्यवस्था व अनुशासन का भाव था। अतः सभा में संविधान के प्रारूप के सहज निर्माण के लिए दल प्रशंसा करने योग्य है (सी.ए.डी., 1999एः 974)।

अगर मतभेदों को दूर करने में औपचारिक बहस असफल होती तो 'सभा का नेतृत्व ... दल के व्हिप के द्वारा अधिकार का प्रयोग करता' (आस्टिन, 1999 [1966]: अध्याय 12 [लैंग्वेज एण्ड द कन्स्टीट्यूशनः द हाफ हार्टेड कम्प्रोमाइज], 315)। जैसा कि स्पष्ट है सभा में निर्णय को आरोपित करने का प्रयास नहीं किया जाता, एक मत होने पर जोर सम्भवतः इसलिए दिया जाता क्योंकि 'नेता यह जानते थे कि बहुमत के सिद्धान्त पर आधारित संविधान लम्बे समय तक नहीं चलेगा' (कोठारी, 2005: 107)। अतः यह आश्चर्यजनक नहीं था कि संविधान सभा के अध्यक्ष राजेन्द्र प्रसाद (1949) मतदान के स्थान पर बहस को स्थगित कर देते

थे ताकि किसी सहमतियुक्त समाधान तक पहुंचा जा सके क्योंकि उन्हें भय था कि मतदान से जो परिणाम होगा 'वह किसी को पसन्द नहीं होगा।'

पिछली बहस से दो महत्वपूर्ण बिन्दु उभरते हैं — प्रथम, संविधान का निर्माण न केवल ऐतिहासिक संदर्भों में, अपितु विशिष्ट सामाजिक संरचना के भारतीय यथार्थ, जिसे संविधान में यथार्थ रूप देना था, के कारण भी कठिन काम था। विभाजन के तुरंत बाद हिंसा की बढ़ती लहर से निर्दोष जीवन समाप्त होने के कारण सभा का सामूहिक मन सुरक्षात्मक था। द्वितीय, संस्थापक 'एकीकृत राष्ट्रीय जीवन' के अपने विचार के भय से स्वयं ग्रस्त थे। संविधान का उद्देश्य भारत के लिए 'एक उपयुक्त व्यवस्था की संरचना' प्रदान करना था। जैसा कि राजेन्द्र प्रसाद (1950) ने सभा में घुमावदार शब्दों में कहा, "व्यक्तिगत रूप से मैं इससे जुड़े किसी परिचयात्मक शब्द को महत्व नहीं देता, चाहे आप इसे संघात्मक संविधान कहें या एकात्मक संविधान या किसी और नाम से पुकारें। जब तक संविधान हमारे उद्देश्य को पूरा करता है, इससे कोई फर्क नहीं पड़ता।" कुल मिलाकर एक एकात्मक मस्तिष्क ने "आवश्यक रूप से एकात्मक संविधान प्रस्तुत किया जिसमें निहित इकाइयों पर उच्चस्तरीय पर्यवेक्षण के लिए आदेशात्मक शक्तियां शामिल थीं," (भट्टाचार्य, 1992: 103)।

संविधान की विशेषताएं

देश के सुप्रसिद्ध संविधान विशेषज्ञ वकील, नानी पालखीवाला ने एक बार कहा था कि भारत प्रथम श्रेणी के संविधान के साथ तृतीय श्रेणी का प्रजातंत्र है। लेकिन प्रजातंत्र के श्रेणी से परे यह उत्साहवर्धक है कि भारत का संविधान कमोबेश, अपने कार्यकरण के पांच दशकों के समय की परीक्षा में खरा उतरा है, जिसके लिए संविधान निर्माताओं की गहन दृष्टि व दूरदर्शिता को सम्मान प्रदान किया जाना चाहिए। वास्तव में भारत का संविधान कानून निर्माण का सर्वोत्तम उदाहरण है जिसका क्रियान्वयन, निस्संदेह, अपनी तरह से सबसे बुरा रहा; फिर भी 'संविधान की मूल संरचना' में अंतर्निहित लोचशीलता के कारण, इसके प्रावधानों को नष्ट करने या देश के नेताओं द्वारा स्वार्थी व संकुचित उद्देश्यों के लिए प्रयुक्त करने का कोई उद्देश्य इसकी उपयोगिता तथा जीवंतता पर आक्षेप नहीं लगा पाया। परिणामस्वरूप, संविधान के विशिष्ट लक्षण न केवल सुरक्षित हैं अपितु घटनाक्रम के अनुकूल उनकी गतिशीलता संविधान की सर्वाधिक शक्तिशाली विशिष्टता बनकर उभरी है।

प्रस्तावना

प्रस्तावना को अक्सर भारतीय संविधान की आत्मा कहा जाता है, जिससे इसका विषय, गुण व भावना स्पष्ट होती है। स्वतंत्र भारत में राज्य की मूल

आवश्यकताओं का वर्णन करते हुए प्रस्तावना एक पवित्र प्रतिज्ञा को अभिव्यक्त करती है जो देश की आने वाली पीढ़ी के लिए मार्गदर्शक है। यद्यपि संविधान के निर्माताओं ने प्रस्तावना में सभी महत्वपूर्ण मूल्यों को कुशलता से शामिल किया, इन्दिरा गाँधी की सरकार ने संविधान की प्रस्तावना में, 18 दिसम्बर 1976 को मूल सार्वभौमिक, प्रजातांत्रिक, गणतंत्र में 'समाजवादी' तथा 'पंथ निरपेक्ष' साथ ही मूल राष्ट्र की एकता के साथ 'अखण्डता' को जोड़कर संशोधित किया।

1976 में संशोधित प्रस्तावना, बिना शंका के भारतीय राजनीतिक जीवन के व्यापक रूपरेखा का उदाहरण है तथा यह कई उपयोगी उद्देश्यों को पूरा करती है क्योंकि इसमें अभिव्यक्त भाव राज्य के कुछ मूलभूत पक्षों को दर्शाते हैं जिनसे राष्ट्र के राजनीतिक जीवन के विभिन्न संचालक बच नहीं सकते। प्रथम, 'हम, भारत के लोग' वाक्यांश पारम्परिक महसूस होता है, लेकिन इसके परिणाम भारत जैसे नए तथा कमजोर राष्ट्र, जो समाज के विभिन्न क्षेत्रों की प्रतिद्वन्द्वी आशाओं व अपेक्षाओं के साथ प्रजातंत्र के अनिर्मित पंथ पर चला रहा है, के लिए दूरगामी हैं।

इस प्रकार, लोगों की सार्वभौमिकता को स्थापित करके, प्रस्तावना देश में सरकार की अन्य सभी इकाइयों को, अन्य इकाइयों की तथा सरकार के अंगों की शक्तियों के अपहरण की सम्भावना को छीनकर, द्वितीय स्थान तक सीमित कर देती है। साथ ही इसमें यह भी शामिल है कि भारत की सरकार को जो शक्तियां प्रदान की गई हैं उनका स्रोत राज्य नहीं है, न समाज का कोई वर्ग है, न भारतीय राज्य के पूर्व शासक हैं अपितु जनता है जिसके परिणामस्वरूप समाज का कोई वर्ग इसकी सत्ता को चुनौती नहीं दे सकता तथा यह भी नहीं कह सकता कि अपनी स्वीकृति न देने के कारण वह राज्य सत्ता में बंधा हुआ नहीं है। इससे भी अधिक महत्वपूर्ण यह है कि चूंकि संघ की इकाइयाँ संघ बनाने में शामिल नहीं थीं तथा वह भारत की जनता द्वारा सृजित हुआ, अतः वे संघ से पृथक होने का दावा नहीं कर सकतीं। अतः प्रस्तावना न केवल देश के लिए स्थायित्वपूर्ण प्रजातांत्रिक राज्य व्यवस्था प्रदान करती है अपितु राष्ट्र की एकता व अखण्डता को भी दृढ़ करती है।

द्वितीय, प्रस्तावना देश में राज्य की प्रकृति को लिखित में प्रस्तुत करती है जो सार्वभौम, समाजवादी, प्रजातांत्रिक गणतंत्र के आदर्शों, जिन्हें कठिन प्रयास से अर्जित किया गया, के अनुरूप होना चाहिए। यह कहना आवश्यक नहीं, कि मूल प्रस्तावना में यदि 'समाजवादी' तथा 'पंथ निरपेक्ष' शब्द नही जोड़े गए होते तो भारतीय राज्य की प्रकृति, जो आज है, उससे भिन्न होती। जबकि सार्वभौमिकता, राष्ट्रों के समूह में भारत को सगर्व सम्मानजनक स्थान प्रदान कराती है, तो प्रजातांत्रिक गणतंत्र के आदर्श में राज्य की प्रकृति की मूल रूपरेखा निहित है जिसके तहत लोगों को देश की प्रजातांत्रिक शासन व्यवस्था को आगे बढ़ाने हेतु अपने प्रतिनिधियों को चुनने का मूल अधिकार प्राप्त है। आवश्यक रूप से भारत

को गणतंत्र होने को इंगित करना, भारत की पूर्ववर्ती ब्रिटिश अधिराज्य की स्थिति जिसका प्रमुख ब्रिटिश सम्राट होता, को देखते हुए आवश्यक बाध्यता थी। अतः संविधान निर्माताओं ने भारत को गणतंत्र बनाकर, ब्रिटिश आधिपत्य से, यदि पूरा नहीं तो महत्वपूर्ण रूप से अलगाव स्थापित किया भले ही व्यावहारिक दृष्टि से वह नाम मात्र का हो।

तीसरे, प्रस्तावना लोगों की आकांक्षाओं की रूपरेखा प्रस्तुत करते हुए इच्छाओं की सूची है जिसे वे सरकार से अपने लिए पूरी कराना चाहते हैं। न्याय, समानता तथा भ्रातृत्व के रूप में वर्णित ये आदर्श भारत को कल्याणकारी राज्य के रूप में आकार देने के लिए सरकार की भावी नीतियों व कार्यक्रमों को दिशा निर्देश देने के सूचक हैं। न्याय के पक्ष पर किसी अनिश्चितता के लिए स्थान न छोड़ते हुए प्रस्तावना न्याय को सामाजिक, आर्थिक तथा राजनीतिक क्षेत्र में इस प्रकार व्यापक अर्थ में व्याख्यायित करती है ताकि भारत में राज्य की प्रकृति असंतुलित न हो जाए। संविधान निर्माताओं ने भारत में समतामूलक समाज की सम्पूर्ण संरचना प्रदान करने के लिए न्याय के आदर्श को स्थिति व अवसर की समानता के आदर्श से जोड़कर उसे परिपूर्णता प्रदान की, साथ ही प्रस्तावना समाज में व्यक्ति की गरिमा सुनिश्चित करके नागरिकों के मध्य भ्रातृत्व की भावना को बढ़ावा देती है। समाज के कुछ वर्गों द्वारा हास्यास्पद सामाजिक हित के नाम पर व्यक्ति की गरिमा के अवमूल्यन की प्रवृत्ति को समझते हुए निर्माताओं ने यह स्पष्ट करने में देर नहीं की कि सामाजिक हित को तभी प्राप्त किया जा सकता है, जब समाज में व्यक्ति का हित सुनिश्चित हो। इस प्रकार निर्माता भारत में सामाजिक प्रजातंत्र स्थापित करना चाहते थे, जिसका अम्बेडकर (अग्रवाल द्वारा उद्धृत, 1998: 15) के अनुसार,

> ... तात्पर्य जीवन की पद्धति से है जो स्वतंत्रता, समानता तथा भ्रातृत्व को मान्यता देती है जिन्हें त्रिसूत्र में पृथक वस्तु नहीं समझी जानी चाहिए। वे इस अर्थ में त्रिसूत्र का एक समूह बनाते हैं जिसमें एक का दूसरे से विलगाव प्रजातंत्र के उद्देश्य को परास्त करता है। स्वतंत्रता को समानता से अलग नहीं किया जा सकता; समानता को स्वतंत्रता से दूर नहीं किया जा सकता। न स्वतंत्रता तथा समानता को भ्रातृत्व से दूर किया जा सकता है।

चौथे, प्रस्तावना यह बिल्कुल स्पष्ट करती है कि देश की एकता व अखण्डता, स्वतंत्र भारत में अन्य वांछित आदर्शों को यथार्थ रूप में परिणत करने की योजना की पूर्व शर्त है। राष्ट्र की एकता व अखण्डता से छेड़छाड़ के लिए कोई स्थान न छोड़ने के लिए, प्रस्तावना का विषय व भावना, निष्कर्षतः राष्ट्र के सभी कर्णधारों, चाहे व्यक्ति हो, या व्यक्ति का समूह या राज्य या कोई अन्य अस्तित्व हो, को देश की एकता व अखण्डता पर आघात करने से रोकती है और

ऐसी स्थिति में भारत के लोग और/अथवा भारत की सरकार देश की एकता व अखण्डता की सुरक्षा मिलकर करते हैं।

अंततः, प्रस्तावना की उपयोगिता, संविधान की व्याख्या के महती दायित्व को पूरा करने के लिए उत्तरदायी देश को उच्च न्यायालयों के लिए प्रकाश स्तम्भ के रूप में है। विवादास्पद कानून या संवैधानिक प्रावधानों की व्याख्या करते समय जब किसी बिन्दु पर कानून का अर्थ स्पष्ट न हो, या संवैधानिक वकीलों तथा न्यायाधीशों के मस्तिष्क में द्विविधा या अनिश्चितता हो तब न्यायालय के समक्ष संदर्भ के लिए प्रस्तावना की भाषा ही बचती है जिसके माध्यम से संविधान निर्माताओं की वास्तविक इच्छा को समझा जा सकता है। यह कहा जाता है कि प्रस्तावना संविधान की भावना का कोष है अतः इसमें निहित आदर्श ही इसके प्रावधानों के व्याख्याकारों के लिए संदर्भ बिन्दु हैं।

भारत के संविधान की प्रस्तावना की जीवंतता को देखते हुए प्रस्तावना की स्थिति तथा स्थायित्व का विश्लेषण उचित होगा। इस प्रश्न पर कि प्रस्तावना संविधान का अंग है या नहीं, केशवानन्द भारती मामले के बाद सुप्रीम कोर्ट की विवादरहित स्थिति यह रही है कि प्रस्तावना संविधान का आवश्यक रूप से हिस्सा है।[11] इसके अतिरिक्त भारत के पूर्व न्यायाधीश, एम. हिदायतुल्ला (1982: 51) इंगित करते हैं—

> प्रस्तावना संयुक्त राज्य अमेरिका के स्वतंत्रता के घोषणापत्र के समान है, लेकिन यह एक घोषणा से अधिक है। यह हमारे संविधान की आत्मा है जो हमारे राजनीतिक समाज, जिसे यह सार्वभौमिक, प्रजातांत्रिक गणतंत्र कहती है, की रूपरेखा प्रस्तुत करती है। यह पवित्र प्रतिज्ञा है जिसे सिर्फ क्रांति ही परिवर्तित कर सकती है।

मूलभूत अधिकार

संविधान में मूलभूत अधिकारों की विस्तृत योजना का समावेश, स्वतंत्र व सुखी जीवन की मूलभूत सुविधाओं को प्राप्त करने की भारतीयों की लम्बे समय से चली आ रही सतत इच्छा के परिणाम का द्योतक है। वास्तव में, अन्य बातों के अतिरिक्त, भारतीय राष्ट्रीय कांग्रेस के गठन का उद्देश्य अंग्रेजों से अपने देश में प्राप्त अधिकार व सुविधाओं को भारतीयों के लिए भी सुनिश्चित करना था, (आस्टिन, 1999 [1966]: 52-53)। यद्यपि मूल अधिकारों की पहली व्यवस्थित मांग द कन्सटीट्यूशन ऑफ इण्डिया बिल 1895 (विस्तार के लिए देखें, राव, 1965) के रूप में आई। बिल ने अपने सभी नागरिकों को भाषण व अभिव्यक्ति की स्वतंत्रता, व्यक्तिगत स्वतंत्रता का अधिकार, अपने घर की पवित्रता, सम्पत्ति का अधिकार, कानून के समक्ष समानता, सार्वजनिक दफ्तरों में प्रवेश की समानता

तथा कष्ट निवारण के लिए प्रार्थना पत्र देने के अधिकार को उपलब्ध कराना चाहा। हालांकि, भारतीयों को भारत का नागरिक कहे जाने का विचार अभी प्रारम्भ नहीं हुआ था, यहां तक कि कांग्रेस के नेताओं सहित महत्वपूर्ण भारतीय नेताओं के मन में भी, जिन्होंने माण्टेग्यू–चेम्सफोर्ड प्रतिवेदन के प्रकाशित होने पर ब्रिटिश सरकार पर 'ब्रिटिश नागरिक के रूप में' भारत के लोगों के लिए अधिकारों की घोषणा के लिए जोर डाला। 1925 में श्रीमती एनी बीसेन्ट की प्रेरणा से नेशनल कन्वेन्शन द्वारा कॉमनवेल्थ ऑफ इण्डिया बिल के प्रारूप में भी कुछ मूल अधिकारों के लिए भारतीयों की मांग की गूंज सुनाई पड़ी।

उसके पश्चात्, भारत के लोगों की कामना को परिलक्षित करते हुए मूल अधिकारों की प्रकृति व क्षेत्र के सम्बन्ध में भारतीय दृष्टिकोण को प्रस्तुत करने के लिए अनेक प्रस्ताव पारित किए गए तथा समितियां नियुक्त की गईं।[12] महत्वपूर्ण रूप से, कैबिनेट आयोग योजना ने, संविधान सभा की मांग तथा स्वतंत्र भारत के संविधान में मूल अधिकारों की लिखित आश्वस्ति की आवश्यकता को स्वीकार करते हुए, नागरिकों के अधिकार, अल्पसंख्यकों, जनजातीय तथा बहिष्कृत क्षेत्रों के लिए परामर्शदात्री समिति की नियुक्ति की सलाह दी, जो मूल अधिकारों की सूची तैयार करने के लिए उत्तरदायी हो साथ ही उसे संघीय सूची या राज्य सूची में शामिल करने की सलाह दे। तत्पश्चात, मूल अधिकारों के प्रावधानों के लिए बड़ा प्रोत्साहन जवाहर लाल नेहरू के उद्देश्य प्रस्ताव की प्रस्तुति में आया। 22 जनवरी, 1947 को प्रस्ताव को स्वीकार करते हुए संविधान सभा ने भारत के शासन के लिए संविधान का प्रारूप बनाने के लिए स्वयं को प्रतिबद्ध किया जिसमें भारत के सभी लोगों के लिए न्याय, सामाजिक, आर्थिक व राजनीतिक; स्थिति व अवसरों तथा कानून के समक्ष समानता; अभिव्यक्ति, विश्वास, आस्था, अर्चना, व्यवसाय, संगठन व कार्य की स्वतंत्रता तथा, कानून व सार्वजनिक नैतिकता के अनुसार कार्य, का वायदा किया। उद्देश्य प्रस्ताव के दृष्टिकोण के अनुरूप संविधान सभा ने अल्पसंख्यकों, मूलभूत अधिकार तथा जनजातीय तथा बहिष्कृत क्षेत्रों पर प्रतिवेदन देने के लिए सभापति सरदार पटेल की 53 सदस्यों की सलाहकार समिति बनाई। अपने कार्य को सुव्यवस्थित करते हुए सलाहकार समिति ने पांच उप समितियां बनाईं, जिसमें से एक को स्वतंत्र भारत के लिए मूल अधिकारों की रूपरेखा सुझाने का उत्तरदायित्व सौंपा गया। उपसमिति के प्रारूप प्रतिवेदन, जिसमें मूल अधिकारों की रूपरेखा के विभिन्न वाक्यांशों पर व्याख्यात्मक टिप्पणी संलग्न थी, को इसके सदस्यों में वितरित कर दिया गया जिन्होंने इन वाक्यांशों पर अपनी गहन प्रतिक्रिया व्यक्त की तथा सदस्यों द्वारा सुझाए विचारों को समन्वित करके उपसमिति का अंतिम प्रतिवेदन सलाहकार समिति के सभापति को 16 अप्रैल, 1947 को सौंप दिया गया।

सलाहकार समिति द्वारा मूल अधिकारों के प्रावधानों को अंतिम रूप दिया गया। उपसमिति की अनुशंसा पर निर्मित होने के कारण, सलाहकार समिति ने अधिकारों को न्याय योग्य तथा गैर–न्याय योग्य में विभाजित करने की इच्छा पर सहमति प्रकट की, जिससे अब तक के मूल अधिकारों को दो विशिष्ट श्रेणी – मूल अधिकार तथा राज्य के नीति निदेशक तत्वों– में विभक्त करने का मार्ग तैयार कर दिया। साथ ही, मूल अधिकारों के क्षेत्र में भी यह निर्णय किया गया कि कुछ अधिकार सभी व्यक्तियों तथा कुछ अधिकार नागरिकों को ही दिए जायें, यद्यपि देश के सभी राज्यों को अधिकारों को लागू करने का दायित्व दिया गया। सलाहकार समिति के प्रतिवेदन को संविधान द्वारा स्वीकार तथा ग्रहण कर लिया गया जिसके द्वारा दो अध्याय–III तथा IV–के द्वारा क्रमशः मूल अधिकारों तथा राज्य के नीति निदेशक तत्वों के लिए प्रावधान किए गये।

प्रारम्भ में संविधान में सात मूल अधिकार थे, लेकिन जनता शासन के दौरान 1978 में 44वें संविधान संशोधन के द्वारा सम्पत्ति के अधिकार को रद्द कर दिया गया जिससे इन अधिकारों की संख्या छह रह गई जो इस प्रकार है – समानता का अधिकार (अनुच्छेद 14-18), स्वतंत्रता का अधिकार (अनुच्छेद, 19-22), शोषण के विरुद्ध अधिकार (अनुच्छेद 23-24), धार्मिक स्वतंत्रता का अधिकार (अनुच्छेद 25-28), शिक्षा व संस्कृति का अधिकार (अनुच्छेद 29-30), तथा संवैधानिक उपचारों का अधिकार (अनुच्छेद 32)। संविधान द्वारा प्रदत्त कुछ विशिष्ट परिस्थितियों को छोड़कर राज्य द्वारा अनावश्यक हस्तक्षेप से इन अधिकारों को सुरक्षा प्रदान की गई है, यद्यपि केशवानन्द भारती के मामले में संविधान के अनुच्छेद 368 के तहत सुप्रीम कोर्ट ने इसमें संशोधन को उचित माना है।

आस्टिन द्वारा राज्य के नीति निदेशक तत्वों के साथ संविधान की चेतना के रूप में वर्णित मूल अधिकार संविधान की आत्मा हैं। लेकिन, भौतिक अर्थों में जैसा कि नानी पालखीवाला ने कहा, ये संविधान के वे लंगर हैं जो इसे स्थायित्व प्रदान करते हैं। संविधान मूल अधिकारों को ऐसा आम मंच मानता है जहां विपरीत राजनीतिक विचारधाराएं तथा व्यवहार आपस में मिलते हैं। वे ऐसी लौह संरचना प्रस्तुत करते हैं जिसके अंतर्गत सामाजिक व आर्थिक परिवर्तन के लिए प्रयोग किए जा सकें (महाजन में उद्धृत, 1984: 70)।

अतः इन अधिकारों को देश के संवैधानिक कानून में अत्यंत सम्मानजनक स्थान दिया गया है, क्योंकि, 26 जनवरी 1950 के ठीक पहले भारत के सीमा क्षेत्र में लागू सभी कानून तथा उसके बाद बनाई गई सभी विधियों का संविधान के भाग III के प्रावधानों के अनुकूल होना आवश्यक है। इसके अतिरिक्त मूल अधिकारों का क्षेत्र अत्यन्त व्यापक है जिसमें देश के नागरिकों के व्यक्तित्व के विकास तथा

प्रगति के लिए मानवीय कल्पना में आवश्यक सभी अधिकारों को शामिल कर लिया गया है। महत्वपूर्ण रूप से, निर्माताओं के ध्यान का केन्द्र, यदि पूरी तरह नहीं तो, मुख्यतः नागरिक ही थे, क्योंकि इनमें से बहुत से अधिकार विदेशियों को नहीं दिए गए हैं। उदाहरण के लिए अनुच्छेद 15 में निहित अधिकार (धर्म, नस्ल, जाति, लिंग जन्मस्थान या इनमें से किसी के आधार पर भेदभाव), अनुच्छेद 16 (सार्वजनिक रोजगार में अवसर की समानता), अनुच्छेद 19 (स्वतंत्रता का अधिकार), तथा अनुच्छेद 29 (शिक्षा व संस्कृति का अधिकार) नागरिकों को ही उपलब्ध हैं। फिर भी, मूल अधिकारों के प्रावधानों की सबसे अच्छी बात इन अधिकारों को व्यावहारिक बनाने के लिए सुव्यवस्थित तंत्र हैं, जैसा कि अनुच्छेद 32 के अंतर्गत सुप्रीम कोर्ट को, उस व्यक्ति की याचिका स्वीकार करने का प्रारम्भिक क्षेत्राधिकार प्राप्त है जिसके अधिकारों का हनन हुआ हो तथा इन अधिकारों के प्रयोग को सुनिश्चित करने के लिए उसे विभिन्न लेख जारी करने का अधिकार प्राप्त है।

देश के प्रजातांत्रिक जीवन के आधार माने जाने के बावजूद मूल अधिकारों को निरपेक्ष नहीं बनाया गया है क्योंकि इनके प्रयोग पर कई विवेकसम्मत सीमाएं लागू की गई हैं। एक ओर सार्वजनिक हित सुनिश्चित करने हेतु, तो दूसरी ओर देश की एकता व अखण्डता बनाए रखने के लिए, विशेषकर भारत की सार्वभौमिकता व एकता, राज्य की सुरक्षा, विदेशी राज्यों के साथ मित्रवत् सम्बन्ध, सार्वजनिक व्यवस्था, मर्यादा, नैतिकता, स्वास्थ्य आदि तथा अनुसूचित जनजातियों की सुरक्षा के लिए विवेकसम्मत नियंत्रण लगाए जा सकते हैं। यद्यपि ये नियंत्रण, निस्संदेह व्यक्तिगत स्वतंत्रता तथा सामाजिक हित में संतुलन बनाने के लिए निर्माताओं का प्रयास लगते हैं, लेकिन संविधान के कार्य सम्पादन के दौरान विवेकसम्मत नियंत्रण के तहत राज्य इन अधिकारों के प्रयोग पर अनावश्यक बाधा डाल सकता है, ऐसी आशंका उचित थी। परिणामस्वरूप, जब और जहां लोगों के अधिकारों को कम करने के लिए नियंत्रित किया गया, तो देश के न्यायालयों का प्रयास नियंत्रण की विवेकसम्मतता पर कड़ी दृष्टि रखने का रहा है। राज्य में आपातकाल की घोषणा एक और परिस्थिति है जब अनुच्छेद 19 के अंतर्गत मूल स्वतंत्रताओं के उपयोग को रद्द किया जा सकता है। इसी प्रकार, अनुच्छेद 33 संसद को, सेना में नियुक्त लोगों को कुछ अधिकार प्रदान न करने का अधिकार देता है।

विवेकसम्मत नियंत्रण के अतिरिक्त मूल अधिकार विधायी, कार्यपालिका तथा कुछ सीमा तक राज्य के न्यायिक अधिकार पर बड़े नियंत्रण प्रतीत होते हैं। कानून निर्माण में, कानून निर्माताओं के लिए यह देखना आवश्यक है कि लोगों को प्राप्त मूल अधिकारों में कानून बाधक तो नहीं है, क्योंकि यदि ऐसे कानून, सम्पूर्ण रूप में या उनका कोई भाग, मूल अधिकारों के अनुरूप न हो तो उन्हें सक्षम

न्यायालय द्वारा रद्द घोषित कर दिया जाएगा। कार्यपालिका अधिकारियों की स्थिति और कठिन है क्योंकि यदि वे गैर–संवैधानिक तरीके से काम करते पाए जाएं तो उन्हें न्यायालय का सामना करना पड़ता है। 2008 में गुजरात में सोहराबुद्दीन का नकली मुठभेड़ का मामला राज्य के भारतीय पुलिस सेवा के कई उच्च अधिकारियों के लिए नुकसानदेह साबित हुआ। इसी प्रकार के उचित व्यवहार के मापदण्ड न्यायपालिका पर भी लागू होते हैं क्योंकि मूल अधिकारों के प्रावधानों का विरोध करते हुए कोई निर्णय देश के किसी भी न्यायालय द्वारा नहीं दिया जा सकता, कि अगर ऐसा निर्णय दिया जाता है तो उच्चतम न्यायालय द्वारा उसे रद्द किया जाना निश्चित है। इससे भी अधिक महत्वपूर्ण बात यह है कि मूल अधिकारों के नियंत्रण केवल राज्य संस्थाओं पर ही नहीं अपितु व्यक्ति व निजी संस्थाओं पर भी लागू होते हैं। उदाहरण के लिए अनुच्छेद 17 अस्पृश्यता निवारण के लिए है, अनुच्छेद 15(2) धर्म, नस्ल, लिंग या जन्म स्थान के आधार पर किसी नागरिक के दुकान, रेस्त्रां, कुओं, सड़कों तथा अन्य सार्वजनिक स्थलों के प्रयोग की अयोग्यता का निषेध करता है, तथा अनुच्छेद 32 किसी भी रूप में बेगार या जबर्दस्ती श्रम का निषेध करता है। इस प्रकार, राज्य को नागरिकों की कुछ स्वतंत्रताओं में हस्तक्षेप न करने की संविधान प्रदत्त निषेधाज्ञा की पालना के साथ सामाजिक अतिक्रमण से नागरिकों के अधिकारों की सुरक्षा के लिए सकारात्मक उत्तरदायित्व को पूरा करना चाहिए (आस्टिन, 1999 [1966]: 51)।

राज्य के नीति निदेशक तत्व

संविधान में राज्य के नीति निदेशक तत्वों के प्रावधान राष्ट्रीय आन्दोलन के अधिकतर नेताओं, जो भारत के लिए राजनीतिक प्रजातंत्र ही नहीं अपितु सामाजिक, आर्थिक प्रजातंत्र भी चाहते थे, द्वारा पोषित मानवीय तथा समाजवादी विचारों को परिपूर्णता प्रदान करते हैं। भारतीय राष्ट्रीय कांग्रेस के 1931 के कराची प्रस्ताव के स्वप्न को साकार करते हुए, नेताओं ने औपनिवेशिक प्रकृति के नियंत्रक राज्य के स्थान पर कल्याणकारी राज्य की दृष्टि के अनुकूल सामाजिक व आर्थिक नीति की संवैधानिक घोषणा की। आदर्श–रूप में, कराची प्रस्ताव से न्याय योग्य मूल अधिकारों में सामाजिक व आर्थिक नीति की घोषणा को शामिल किया जाना चाहिए था, लेकिन संविधान की रचना के समय आर्थिक संसाधनों की अपर्याप्तता का कटु यथार्थ तथा समाज में व्यापक रूप से फैले रूढ़िवाद के कारण सामाजिक व आर्थिक आदर्शों को वाद योग्य मूल अधिकारों में शामिल करने के लिए नेताओं को प्रेरित नहीं किया होगा। अतः सामाजिक तथा आर्थिक आदर्शों को नीति निदेशक तत्वों में स्थान देने का मार्ग बचता था जो यद्यपि वाद योग्य नहीं थे, फिर भी राज्य की नीति को मार्ग निर्देश प्रदान करने में प्रमुख होंगे। आयरलैण्ड के राज्य के नीति निदेशक तत्वों से लिए व उन पर आधारित, ये

निदेशक सिद्धान्त निर्माताओं को आयरलैण्ड के राष्ट्रवादी आन्दोलन के साथ लम्बी नजदीकी के कारण भी आकर्षक लगे। बाद में विभिन्न निदेशक सिद्धान्तों को व्यवस्थित करते समय भारतीय समाज के पंथ निरपेक्ष सामाजिक दृष्टिकोण के साथ अन्य वांछित आदर्शों जैसे हिन्दू पौराणिक विश्वास, सामाजिक तथा आर्थिक पुनर्रचना के गाँधीवादी विचार भी निदेशक सिद्धान्तों की अंतिम सूची में पर्याप्त रूप से परिलक्षित हुए।

संविधान के भाग IV (अनुच्छेद 35-51), में निहित निदेशक सिद्धान्त राज्य के नागरिकों के प्रति सकारात्मक उत्तरदायित्वों को दर्शाते हैं, क्योंकि अनुच्छेद 37 के अनुसार यद्यपि इन्हें न्यायालय द्वारा लागू करने के लिए बाध्य नहीं किया जा सकता तथापि ये देश के शासन के लिए आवश्यक हैं तथा कानून बनाते समय इन सिद्धान्तों का अनुसरण करना राज्य का कर्तव्य होगा। अतः निदेशक सिद्धान्तों की प्रकृति के सम्बन्ध में दो मुख्य मुद्दे, संविधान में उनकी कानूनी स्थिति तथा मूल अधिकारों के समक्ष उनकी स्थिति हैं। इन सिद्धान्तों की कानूनी स्थिति के सम्बन्ध में निर्माता बिल्कुल स्पष्ट थे कि ये सिद्धान्त उस तरह वाद–योग्य नहीं होंगे जैसे कि मूल अधिकार होंगे, यद्यपि वे घोषणा मात्र या पवित्र इच्छाओं की सूची मात्र भी नहीं होंगे जैसा कि के.सी. मार्कन्दन (1987: 147-48) ने कहा,

> घोषणा या सिद्धान्तों के लागू करने मात्र के स्थान पर, निदेशक सिद्धान्त संविधान निर्माताओं की भारत के लोगों के प्रति प्रतिज्ञा हैं तथा इन्हें लागू करने में असफलता लोगों के प्रति न केवल विश्वासघात होगा अपितु संविधान के जीवन्त तत्वों को अप्रभावशाली करना भी होगा।

निदेशक सिद्धान्तों की संवैधानिक स्थिति पर लम्बे विवाद से परे विभिन्न सिद्धान्तों के निरीक्षण से निदेशक सिद्धान्तों के क्षेत्र व विविधता का रोचक पक्ष स्पष्ट होता है। जैसा कि पहले कहा जा चुका है, प्रमुख संविधान के निदेशक तत्वों के प्रावधानों में विभिन्न दृष्टिकोणों के आदर्शों को स्थान दिया गया है। प्रथम, कई निदेशक सिद्धान्तों का लक्ष्य देश में सूक्ष्म सामाजिक–आर्थिक परिवर्तन के द्वारा कल्याणकारी राज्य की स्थापना करना है। उदाहरण के लिए, अनुच्छेद 38, जो कि निदेशक सिद्धान्तों के मूल विषय को परिभाषित करता है, के अनुसार राज्य, एक ऐसी सामाजिक व्यवस्था सुनिश्चित करके जिसमें सामाजिक, आर्थिक, राजनीतिक न्याय राष्ट्र के सभी राष्ट्रीय संस्थानों में व्याप्त होगा, लोगों के कल्याण को बढ़ावा देने का प्रयास करेगा। इसी प्रकार का अन्य निदेशक सिद्धान्त समाज में भौतिक संसाधनों के समान वितरण, महिलाओं और बच्चों के कल्याण, समान कार्य के लिए समान वेतन, काम की दशा सुधारने, 14 साल तक के बच्चों के लिए मुफ्त व अनिवार्य शिक्षा इत्यादि के प्रावधानों से सम्बन्धित हैं।

द्वितीय, बड़ी संख्या में निदेशक सिद्धान्त सामाजिक जीवन के गाँधीवादी सिद्धान्तों को क्रियान्वित करने का लक्ष्य रखते हैं, जैसे ग्राम पंचायतों की स्थापना,

कुटीर उद्योग, अनुसूचित जाति व जनजाति की स्थितियों को सुधारना, जानवरों की नस्लों को सुधारना, गाय व बछड़ों की हत्या को रोकना आदि।

अंततः, कुछ निदेशक सिद्धान्त देश में शासन को व्यवस्थित करने तथा अंतर्राष्ट्रीय शांति को बढ़ावा देने से सम्बन्धित हैं। इस प्रकार, जबकि न्यायपालिका को कार्यपालिका से पृथक्करण से सम्बन्धित निदेशक तत्व देश में शासन को सुव्यवस्थित करने का उद्देश्य रखते हैं, तो अंतर्राष्ट्रीय शांति व सुरक्षा, देशों के मध्य स्वस्थ व सम्मानजनक सम्बन्ध, अंतर्राष्ट्रीय कानून तथा संधियों के प्रति सम्मान, वार्ता तथा अन्य शांतिपूर्ण साधनों के द्वारा अंतर्राष्ट्रीय विवादों का हल, से जुड़े निदेशक सिद्धान्तों का उद्देश्य वैश्विक अमन व चैन है।

संघवाद

स्वतंत्र भारत के स्वरूप पर विचार करते समय, संविधान निर्माता आपस में मतभेद होने के कारण नहीं अपितु अपने पुराने अनुभव, वर्तमान व्यवस्था तथा देश की भावी सम्भावनाओं के सम्बन्ध में अधिक जानकारी न होने के कारण कुछ द्विविधाग्रस्त दिखे। ऐतिहासिक दृष्टि से, देश के विस्तृत स्वरूप में व्याप्त विविधता में, जिसमें समाज व अर्थव्यवस्था की संरचना का स्वरूप स्थानीय रहा, लोगों तथा स्थानीय सरकारों ने देश में ब्रिटिश शासन की स्थापना के पूर्व काफी लम्बे समय तक पर्याप्त मात्रा में स्वायत्तता का उपयोग किया। अपने देश में एकात्मक शासन के संचालन के आदी होने के कारण, ब्रिटिश शासकों ने, पूरे देश पर अपनी पकड़ को मजबूत करने के लिए, प्रचलित व्यवस्था को छिन्न–भिन्न किया और उसके स्थान पर अति केन्द्रीकृत साम्राज्यवादी प्रशासन की स्थापना की। विपरीत अतीत तथा वर्तमान के मध्य फंसे निर्माणकर्ताओं के समक्ष देश के लिए ऐसी व्यवस्था बनाने का दायित्व था, जिससे भावी राज्य व्यवस्था का संचालन संतोषजनक तथा स्थायी आधार पर हो सके।

अतीत के अनुभवों के अतिरिक्त स्वतंत्र भारत के आकार को व्यवस्थित करते समय स्वतंत्रता के समय की विशेषकर राष्ट्र की एकता व अखण्डता के सम्बन्ध में, परिस्थितियां निर्माताओं के मस्तिष्क पर दबाव बना रही थीं। यद्यपि इसमें संदेह नहीं कि देश को विकेन्द्रीकृत शासन व्यवस्था प्रदान की जानी थी लेकिन विकेन्द्रीकरण की सीमा के सम्बन्ध में कुछ मतभेद थे। उदाहरण के लिए, केन्द्र द्वारा कर को एकत्र करने तथा फिर राज्यों को बांटने के सम्बन्ध में सहमति थी, पर सदस्यों द्वारा राज्य को आय का अधिक हिस्सा देने की मांग अत्यन्त दृढ़ता से की गई। इस प्रकार, जैसा कि आस्टिन कहते हैं, संघीय प्रावधानों की रूपरेखा बनाते समय का एकमात्र पक्ष, तुलनात्मक रूप से 'केन्द्रवादियों' तथा 'प्रान्तवादियों' के सम्बन्ध में विवाद की अनुपस्थिति का था क्योंकि निर्माताओं ने

भारतीय संघात्मक व्यवस्था के लिए 'सहकारी संघवाद' के सिद्धान्त को मार्ग निदेशक भावना के रूप में अपनाया हुआ था (आस्टिन, 1999 [1966]: 186-87)।

अंततः संघवाद पर प्रावधान का अंतिम स्वरूप विशिष्ट भारतीय रूप में उभरा जिसके समकक्ष विश्व का कोई संविधान नहीं था। संरचनात्मक रूप से, संविधान ने निश्चित रूप से देश में संघात्मक राज्य व्यवस्था की रचना की थी, लेकिन इस प्रकार के सशक्त केन्द्रीय शासन की स्थापना के प्रावधान किए गए थे कि ऐसी व्यवस्था को संघ मानना अनुचित प्रतीत होता। अतः संविधान ने भारत को संघ के स्थान पर 'राज्यों का संघ' कहा, जिसकी तकनीक के सम्बन्ध में अम्बेडकर ने यह कहा,

> प्रारूप समिति यह स्पष्ट कर देना चाहती थी कि यद्यपि भारत संघ होगा लेकिन संघ राज्यों द्वारा संघ में शामिल होने के अनुबंध के कारण नहीं होगा तथा संघ अनुबंध के परिणामस्वरूप न होने के कारण, किसी राज्य को इससे पृथक होने का अधिकार नहीं होगा। संघ एक संगठन है क्योंकि इसे भंग नहीं किया जा सकता (सी.ए.डी., 2003सी: 976)।

इसके अतिरिक्त, उन्होंने कहा कि कार्यात्मक दृष्टि से यह—

> एक संघात्मक संविधान होगा जहां तक यह, जिसे दोहरी शासन व्यवस्था कहते हैं, स्थापित करता है ... जिसमें केन्द्र में संघ तथा परिधि में राज्य शामिल हैं, प्रत्येक के पास सार्वभौमिक शक्ति है जिनका प्रयोग संविधान द्वारा प्रदत्त अपने—अपने क्षेत्र में किया जाएगा (पूर्वोक्त)।

फिर भी संविधान, अमेरिकी संविधान के अनुरूप 'संघवाद के कड़े ढाँचे' की उपेक्षा करता है ताकि यह 'समय व परिस्थितियों की आवश्यकतानुसार एकात्मक साथ ही संघात्मक' हो सके। (बी.आर. अम्बेडकर, सी.ए.डी. में 1999बी: 33-34)।

अतः भारत की संघीय राज्य व्यवस्था की प्रकृति के सम्बन्ध में संविधान निर्माता यद्यपि अपने दृष्टिकोण में स्पष्ट थे, जैसा कि राजेन्द्र प्रसाद (1950) द्वारा किए प्रसिद्ध वर्णन में अभिव्यक्त किया गया, "चाहे आप इसे संघात्मक संविधान कहें, चाहे एकात्मक संविधान, या किसी और नाम से पुकारें ... इससे कोई फर्क नहीं पड़ता जब तक संविधान हमारे उद्देश्य को पूरा करता है", लेकिन कानून विशेषज्ञ संविधान में निहित दृढ़ एकात्मक लक्षण को ढूंढने का लोभ संवरण नहीं कर पाए और भारतीय संघ के सम्बन्ध में अपनी समझ के अनुसार उसका विशिष्ट नामकरण किया। 'अर्ध संघात्मक' (के.सी. व्हेयर), 'सहायक एकात्मक लक्षणों के साथ संघीय राज्य' (आइवर जेनिंग्स) तथा 'सर्वोच्च संघ' (के. सन्थानम) जैसे वर्णन, उन्हें सही परिप्रेक्ष्य में रखने के स्थान पर, भारतीय संविधान के संघीय लक्षणों को नकारने के लिए किए गए। अतः, सार रूप में भारत के संविधान के

संरक्षकों ने संघवाद के एक नए विचार को जन्म दिया जिसे, जैसा कि लिविंगस्टोन (1956: 6-7) ने यद्यपि किसी और संदर्भ में इंगित किया, संस्थात्मक दृष्टि के स्थान पर कार्यात्मक तरीकों के आधार पर समझना चाहिए।

संसदीय व्यवस्था

संसदीय प्रजातंत्र की व्यवस्था, जिससे देश में शासन की सभी संस्थाएं संचालित हैं, संविधान सभा में बिना बहस तथा विचार–विमर्श के अचानक ही संविधान का महत्वपूर्ण हिस्सा नहीं बन गयी। वास्तव में, देश में शासन की संसदीय व्यवस्था की मांग की जड़ों को बीसवीं सदी के प्रारम्भ में खोजा जा सकता है, जब भारतीय ब्रिटिश शासन व्यवस्था के अनुरूप संसदीय संस्थाओं की स्थापना की लगातार मांग कर रहे थे ताकि उन्हें देश की शासकीय गतिविधियों से जुड़ने का अवसर प्राप्त हो सके। यद्यपि औपनिवेशिक शासक स्थानीय निवासियों की इच्छाओं को सुनने से लगातार इन्कार करते रहे, एक ओर तो भारतीयों की ऐसी संस्थाओं के संचालन की अयोग्यता के आधार पर तो दूसरी ओर भारत के लिए किसी प्रकार की संसदीय व्यवस्था स्थापित न करने की इच्छा के कारण, तथापि देश में किसी प्रकार की संसदीय व्यवस्था की स्थापना की भारतीय प्रबुद्ध वर्ग की चाह ब्रिटिश भारत सरकार की प्रत्येक इन्कार के साथ लगातार दृढ़ होती चली गई। उसके बाद, स्वतंत्र भारत के लिए राजनीतिक व्यवस्था के प्रारूप के अधिकतर, यदि सभी नहीं, प्रपत्रों में, जैसे नेहरू समिति प्रतिवेदन, सप्रू प्रतिवेदन, स्वतंत्र भारत के लिए प्रारूप संविधान जिन्हें समाजवादी दल तथा हिन्दू महासभा तथा एम.एन. राय जैसे व्यक्तियों द्वारा प्रकाशित किया गया था, में स्वतंत्रता के पश्चात् भारत में शासन के आदर्श स्वरूप में संसदीय व्यवस्था को प्रमुख माना गया।

फिर भी, देश में शासन की राजनीतिक संस्थाओं के प्रकार पर जब संविधान सभा ने निर्णय करना प्रारम्भ किया तो निर्माताओं के मन में संसदीय व्यवस्था के प्रति तीव्र अभिलाषा से अधिक, यदि लगाव नहीं तो, सामाजिक—आर्थिक क्रांति को तीव्र गति से आगे ले जाने की पद्धति को खोजने की इच्छा थी। हिंसात्मक क्रांति के स्थान पर तीव्र विकास के पक्ष में निर्णय लेने के बाद, जैसा कि के. सन्थानम कहते हैं, निर्माताओं के समक्ष स्पष्ट प्रश्न थाः जैसा कि आस्टिन स्पष्ट करते हैं, अतः किस प्रकार की राजनीतिक संस्थाएं सामाजिक क्रांति को तीव्र गति से आगे बढ़ाएंगी या कम से कम संचालित होने देंगी? जैसा कि आस्टिन आगे कहते हैं निर्माताओं के समक्ष दो प्रतियोगी राजनीतिक संस्थाओं के विकल्प अपनाने के लिए उपलब्ध थेः प्रथम, राष्ट्र की समृद्ध विरासत को देखते हुए तथा देशी संस्थाओं को देश की आवश्यकताओं को पूरा करने में सक्षम मानते हुए निर्माता गांव तथा उनकी पंचायतों पर संविधान को आधारित करते तथा उनके ऊपर

गाँधीवादी तरीके की अप्रत्यक्ष तथा विकेन्द्रीकृत सरकार की ऊपरी संरचना को खड़ा करते; दूसरे यूरोपीय–अमेरिकी संवैधानिक परम्परा को अपनाते, जो संसदीय व्यवस्था में परिलक्षित थी, यद्यपि इसका अर्थ देश की औपनिवेशिक काल की शासन व्यवस्था की दिशा को बनाए रखना था (आस्टिन, 1999 [1966]: 27-28)। संसदीय व्यवस्था के प्रति पुराने लगाव को याद करते हुए, संविधान सभा द्वारा दूसरे विकल्प के प्रति निर्णय भारी बहुमत से लिया गया, सिर्फ एक सदस्य ने गांव *पंचायत* के पक्ष में आवाज उठाई, यद्यपि उनकी योजना के व्यापक सूत्र भी प्रतिनिध्यात्मक प्रजातांत्रिक शासन के अनुकूल थे।

संसदीय व्यवस्था को चुनने के पीछे तर्क को व्याख्यायित करते हुए, जवाहरलाल नेहरू ने 28 मार्च 1957 को लोक सभा में बोलते हुए कहा,

> हमने संसदीय प्रजातंत्र की इस व्यवस्था को जानबूझकर चुना है; हमने इसे इसलिए नहीं चुना कि कुछ सीमा तक, पहले हम इसी तरह से सोचा करते थे, अपितु इसलिए क्योंकि इसे हमने अपनी प्राचीन परम्पराओं के अनुरूप पाया, न कि पुरानी परम्परा जैसी कि वे थीं, अपितु नई परिस्थितियों तथा नये वातावरण के अनुकूल ढलने के कारण। हमने इसे चुना है–हमें सम्मान देना चाहिए जहां सम्मान आवश्यक है–क्यों हमने इसके कार्यकरण को अन्य देशों, विशेषकर यूनाइटेड किंगडम में, पसन्द किया है।[13]

इसके बाद, संविधान सभा द्वारा संसदीय व्यवस्था को अपनाए जाने के सम्बन्ध में अधिक गहन विवरण देते हुए, आस्टिन (पूर्वोक्त : 39-49) ने चार आवश्यक कारणों को इंगित किया। प्रथम, *पंचायत* राज्य का विकल्प निर्माताओं को रुचिकर नहीं लगा क्योंकि एक ओर तो 'कांग्रेस कभी भी गाँधीवादी नहीं थी' तथा दूसरी ओर भारतीय समाज के प्रत्येक वर्ग के द्वारा देश के भविष्य के लिए संसदीय व्यवस्था को लगभग सार्वभौमिक स्वीकृति थी।

द्वितीय, संविधान सभा के अनेक सदस्यों की समाजवाद के लिए प्रतिबद्धता ने भी संसदीय व्यवस्था को अपनाने के लिए प्रोत्साहित किया क्योंकि समाजवाद तथा प्रजातांत्रिक शासन को एक–दूसरे का पूरक माना जाता था। यह मानते हुए कि सामाजिक तथा आर्थिक समानता को प्राप्त करने के प्रयास के बिना प्रजातांत्रिक संविधान अस्तित्व में नहीं रह सकता, अधिकांश भारतीयों, कम्युनिस्टों के सम्भावित अपवाद को छोड़कर, का मानना था कि 'प्रजातंत्र के बिना समाजवाद नहीं हो सकता' जिसे शासन की संसदीय व्यवस्था से प्राप्त किया जा सकता है।

तीसरे, एक ओर तो लोगों के कल्याण की तथा दूसरी ओर देश की एकता व अखण्डता की तात्कालिक चुनौतियां थीं, जो संसदीय व्यवस्था के पक्ष की ओर इंगित करती थी। सितम्बर 1946 में अंतरिम सरकार के प्रारम्भ होने के समय देश

के कई भागों में अकाल जैसी परिस्थितियों, खाद्यान्नों की बढ़ती कीमतों, अनाज की आपत्तिजनक जमाखोरी तथा आधिक्य तथा कमी वाले प्रांतों के मध्य संघर्ष के कारण लोगों की आजीविका को आघात पहुंचा। इसी प्रकार नवजात राष्ट्र की एकता को, जिन्ना द्वारा आह्वान किए गए सीधी कार्यवाही दिवस पर बढ़ती साम्प्रदायिक भावनाओं, कुछ देशी रियासतों की भारतीय संघ में शामिल होने में हिचकिचाहट तथा तेलंगाना क्षेत्र में साम्यवादी विद्रोह के रूप में खतरा उत्पन्न हुआ। इन सभी बीमारियों का इलाज संसदीय व्यवस्था में समझा गया क्योंकि देश में प्रजातंत्र की संरचना व क्रियाकलापों से समझौता किए बिना इसी से केन्द्रीय सरकार के हाथ में पर्याप्त शक्ति का केन्द्रीकरण हो सकता था।

अंत में, सभा के सदस्यों का सार्वभौमिक वयस्क मताधिकार को देश में सामाजिक क्रांति लाने के मूल तत्व मानने की आवश्यकता में अविचल विश्वास ने भी संसदीय व्यवस्था के पक्ष में निर्णायक भूमिका निभाई, क्योंकि इस प्रकार की चुनी गई संसद लोगों का प्रतिनिधित्व करने वाली समझी जाती जिससे समाज के सभी वर्गों का प्रतिनिधित्व सुनिश्चित होता तथा सामाजिक–आर्थिक क्रांति द्वारा देश में यथार्थ प्रजातांत्रिक शासन का शुभारम्भ होता।

संशोधन प्रक्रिया

संविधान के संशोधन की प्रक्रिया संविधान सभा में कम से कम बहस तथा विवाद का मुद्दा, सम्भवतः एक ओर तो सदस्यों द्वारा इसे कम महत्व दिए जाने, तो दूसरी ओर सभा के औसत सदस्यों में पर्याप्त जानकारी की तथा 'तात्कालिक अनुभव' की कमी के कारण, रहा। नेहरू तथा सप्रू प्रतिवेदनों तथा के.एम. मुंशी तथा के.टी. शाह, के.एम. पणिक्कर के प्रारूप संविधान, आदि में कुछ प्रथागत संदर्भों को छोड़कर 1947 के मध्य तक संशोधन प्रक्रिया की सुविचारित योजना निर्माताओं को उपलब्ध नहीं थी, जब वी.एन. राव ने संशोधन प्रक्रिया का स्वरूप प्रस्तुत किया जो संविधान संशोधन की द्विसूत्री प्रक्रिया थी। प्रथम, संशोधन को संसद के दोनों सदनों के दो–तिहाई बहुमत से पारित होना चाहिए, तत्पश्चात इसी प्रकार के बहुमत से प्रांतीय विधायिकाओं द्वारा अनुमोदित किया जाना चाहिए। द्वितीय, सहज परिवर्तन योग्य प्रावधानों को संसद के सामान्य बहुमत से संशोधित किया जा सकता है। लेकिन निर्माताओं के समक्ष मुख्य द्विविधा सम्भवतः, उपयोगी आकर्षणों में से चयन करने की थी जिससे एक ओर संविधान को साधारण बहुमत से संशोधित करने की पद्धति थी ताकि संविधान गतिशील, जीवंत तथा परिवर्तित समय तथा परिस्थितियों के अनुकूल समाज की आवश्यकताओं को पूरा कर सके, तो दूसरी ओर विकल्प संशोधन प्रक्रिया को जटिल बनाने की थी ताकि देश की संघीय व्यवस्था की मूल संरचना को परिवर्तित करने के क्षुद्र प्रयास न किए जा

सकें। अमेरिका, ऑस्ट्रेलिया तथा आयरिश संविधानों की पद्धतियों पर पर्याप्त विचार–विमर्श के पश्चात् संविधान सभा ने अनुच्छेद 368 के तहत संविधान के संशोधन की त्रिसूत्री पद्धति को स्वीकृति दी, जिसकी के.सी. व्हेयर जैसे विशेषज्ञों ने प्रशंसा की, जिन्होंने निर्माताओं को राज्य के अधिकारों की सुरक्षा करने तथा शेष संविधान को आसानी से संशोधित करने के मध्य संतुलन स्थापित करने के लिए बधाई दी (व्हेयर, 1988: 143)।

'संविधान के सक्षमता से विचारित किए गए पक्षों में एक' (आस्टिन द्वारा उद्धृत, 2007: 264) के रूप में समझ जाने वाले अनुच्छेद 368 के अंतर्गत प्रावधान, निर्माताओं की संविधान को जीवंत लेख बनाने साथ ही मूल गुणों से वंचित करने को अत्यन्त कठिन बनाने की इच्छा को पूरा करते हैं। संविधान को संशोधित करने की तीन पद्धतियों में से दो को अनुच्छेद 368 में विशेषकर के स्थान दिया गया है जबकि तीसरे को लगभग 22 अन्य अनुच्छेदों में स्थान दिया गया है। इस प्रकार, प्रथम, संविधान को संसद के दोनों सदनों में से किसी एक में विधेयक प्रस्तुत करके संशोधित किया जा सकता है जिसे प्रत्येक सदन में उपस्थित व मतदान करने वाले सदस्यों के दो–तिहाई बहुमत से पारित किया जाना आवश्यक है, जिसके पश्चात् इसे राष्ट्रपति के हस्ताक्षर के लिए भेजा जाता है, जिसके प्राप्त होने के बाद यह एक संशोधन बन जाता है।

द्वितीय पद्धति अनुच्छेद 368 के अंतर्गत वर्णित अनुच्छेदों के प्रावधानों से सम्बन्धित है, विषय (अ) से (ई) तक, जो भारत के राष्ट्रपति के चुनाव, संघ व राज्यों के मध्य विधायी शक्तियों के बंटवारे, संघ व राज्यों की कार्यकारिणी शक्तियों की सीमा, संसद में राज्यों के प्रतिनिधित्व, सर्वोच्च न्यायालय तथा उच्च न्यायालयों से सम्बन्धित प्रावधानों तथा संविधान के स्वयं के संशोधन विषयों से सम्बन्धित हैं। इनमें से किसी भी अनुच्छेद में संशोधन के लिए, संशोधन विधेयक को न केवल प्रत्येक सदन के समस्त सदस्यों के बहुमत तथा उपस्थित व मतदान करने वाले सदस्यों के दो–तिहाई बहुमत से पारित होना आवश्यक है अपितु राज्य विधायिकाओं में से आधी विधायिकाओं का अनुमोदन भी आवश्यक है।

तीसरा, संविधान को संसद के दोनों सदनों में साधारण बहुमत से पारित करके राष्ट्रपति के हस्ताक्षर के पश्चात् संशोधित किया जा सकता है। इस प्रावधान के विषय नए राज्य के निर्माण, राज्यों की सीमाओं में परिवर्तन, राज्यों के नाम में परिवर्तन, निर्वाचन क्षेत्रों के परिसीमीकरण, नागरिकता के लिए योग्यताएं, संसद में गणपूर्ति, इत्यादि से सम्बन्धित हैं जो तब तक मान्य हैं जब तक संसद उनमें परिवर्तन नहीं करती। यद्यपि इन सबमें औपचारिक परिवर्तन प्रभावी नहीं होता तथापि उनमें संवैधानिक कानूनों में परिवर्तन करने की क्षमता है।

संविधान को संशोधित करने की पद्धति पर अनुच्छेद 368 के प्रावधानों की दृष्टि से, संविधान को संशोधित करने की संसद की शक्तियों को लेकर विद्वानों

में गहन बहस उत्पन्न हुई। कानूनी सकारात्मकता में विश्वास रखने वाले एक विचार वर्ग का मानना है कि संविधान में विस्तृत प्रावधान होने के कारण संशोधन शक्तियों में निहितार्थों के लिए प्रयास करने के स्थान पर संसद को अपने लिए दिए गए अधिकारों तक सीमित रहना चाहिए। अनुच्छेद 13(2) के प्रावधान, जो मूल अधिकारों को सीमित या वंचित करने वाले कानून निर्माण का निषेध करते हैं, के प्रत्युत्तर में दूसरे विचार वर्ग का मानना है कि संविधान में संशोधन को इस दिशा में किए गए कानूनी प्रावधानों के स्थान पर देश की सामाजिक–आर्थिक आवश्यकताओं के संदर्भ में देखा जाना चाहिए। संविधान संशोधन से सम्बन्धित ये दो परस्पर विरोधी, यदि विवादपूर्ण नहीं तो, विचार, संसद व सर्वोच्च न्यायालय के स्वयं को ऊपर रखने के खेल में आज तक परिलक्षित होते हैं।

कार्यपालिका व्यवस्था

अन्य व्यवस्थाओं की भांति, भारत के संविधान में कार्यपालिका की एक विशिष्ट व्यवस्था प्रदान करके एक प्रकार का नवोन्मेष किया गया है क्योंकि ब्रिटिश संसदीय व्यवस्था के स्वरूप के अनुरूप निर्मित इसमें भारतीय आवश्यकताओं के अनुरूप बनाने के लिए कई प्रकार के विशिष्ट सुधार किए गए हैं। सामाजिक–आर्थिक तथा राजनीतिक–सामारिक महत्व की विशेषताओं वाले 'भारत' कहे जाने वाले देश के अनुकूल कार्यपालिका व्यवस्था को संविधान द्वारा ब्रिटिश संविधान से भिन्न विशिष्टताएं प्रदान की गई हैं, क्योंकि भारत की कार्यपालिका के लिए प्रमुख, यदि सभी नहीं तो, परिस्थितियाँ ब्रिटेन से भिन्न हैं। उदाहरण के लिए ब्रिटिश समाज व राज्य व्यवस्था का समरूप तथा एकात्मक लक्षण भारतीय समाज व राज व्यवस्था के वैविध्यपूर्ण तथा संघात्मक गुणों से बिल्कुल भिन्न है, जिसके कारण दोनों देशों की कार्यपालिका को दो भिन्न क्रियात्मक मापदण्डों की आवश्यकता है। अतः यद्यपि ब्रिटिश संसदीय प्रजातंत्र के व्यापक स्वरूप पर भारतीय कार्यपालिका व्यवस्था, आधारित है, तथापि वंशानुगत राजा के स्थान पर चुने हुए राष्ट्रपति, राष्ट्राध्यक्ष, संसद की सर्वोच्चता के स्थान पर संविधान की सर्वोच्चता, सभी संवैधानिक विवादों में संसद की अंतिम सत्ता के स्थान पर कार्यपालिका आदेश तथा संसदीय कानूनों की संवैधानिकता को जांचने के सर्वोच्च न्यायालय की दबावकारी सत्ता के सन्दर्भ में यह ब्रिटिश पद्धति से भिन्न है। बाद के वर्षों में, भारतीय कार्यपालिका व्यवस्था अधिकतर, यदि सभी नहीं तो, विकासशील देशों, जो स्वतंत्रता प्राप्त करने के पश्चात् पश्चिमी नकल से भिन्न अपने देश के अनुकूल शासन व्यवस्था की खोज कर रहे थे, के लिए उदाहरण बन गया।

संविधान के अंतर्गत, राष्ट्रपति के पद को संसदीय कार्यपालिका की भावना के अनुकूल, ब्रिटिश राजा से मिलता–जुलता बनाया गया है, क्योंकि यह उसी से प्रभावित है, यद्यपि स्वरूप में न कि मंत्रिमंडल शासन के तत्व में कुछ सुधार किए गए हैं। औपचारिक राज्य प्रमुख के रूप में निर्मित यद्यपि राष्ट्रपति के पद को अनेक सम्मान, सत्ता, शोभा, गरिमा, आदर तथा प्रशंसा के साथ उच्च स्थान प्राप्त है, पर इसकी अधिकतम उपयोगिता संवैधानिक प्रमुख तक सीमित है, जिसमें वास्तविक राजनीति के लिए कोई स्थान नहीं है। संघ की सभी कार्यपालिका शक्तियों को इस पद (अनुच्छेद 53) में निहित करना इस अनुभावना पर आधारित है कि राष्ट्रपति मंत्रिमण्डल द्वारा निर्णयों को स्वीकृति प्रदान करने वाला, सिर्फ परिस्थितियों से उपजे कुछ मामलों को छोड़कर, रबर स्टाम्प रहेगा। वस्तुतः संविधान सभा में एक समय राष्ट्रपति को कुछ विवेकाधिकार देने की बात हुई थी, लेकिन सदस्यों की मुख्य चिन्ता शक्तियों की सीमा के सम्बन्ध में नहीं अपितु सरकार के अन्य पदाधिकारियों की शक्तियों व कार्यों में अनाधिकार हस्तक्षेप से रोकने के लिए आवश्यक नियंत्रण के प्रावधान की थी (आस्टिन, 2007: 118-32)। अतः, विभिन्न राष्ट्रपतियों द्वारा सक्रिय भूमिका निभाने के प्रयास को न केवल मंत्री–परिषद अपितु देश के संविधान विशेषज्ञों द्वारा दृढ़ता से अस्वीकार किया गया।

राष्ट्रपति की स्थिति के सिद्धान्त व व्यवहार को ध्यान में रखते हुए संविधान द्वारा उसके पद के लिए अनेक शर्तें प्रस्तुत की गईं। यद्यपि 35 वर्ष का कोई भारतीय, जो लोक सभा में चुने जाने के योग्य हो, राष्ट्रपति पद के लिए चुनाव लड़ सकता है, तथापि यथार्थ में असाधारण योग्यता व प्रतिष्ठा वाले अथवा संसद में बहुमत दल के नेता का आशीर्वाद प्राप्त व्यक्ति ही इस प्रतापी पद तक पहुंच सकता है। इसी प्रकार राष्ट्रपति पद के लिए चुनाव की पद्धति अप्रत्यक्ष है, यह चुनाव संसद के दोनों सदनों के चुने हुए सदस्यों तथा राज्य विधायिकाओं के चुने हुए सदस्यों के निर्वाचक मण्डल द्वारा किया जाता है जहां मत की गणना एन.जी. अयंगर (पूर्वोक्त : 122) द्वारा निर्मित फार्मूला के तहत, प्रांतीय जनता को उचित महत्व देने के लिए की जाती है। पांच वर्ष के लिए निर्वाचित तथा दुबारा चुने जाने के योग्य होने पर भी डॉ. राजेन्द्र प्रसाद के अतिरिक्त कोई और राष्ट्रपति दोबारा पद पर चुना नहीं गया, जिससे एक प्रकार की परम्परा बनी कि राष्ट्रपति को दोबारा पद पर नहीं चुना जाना चाहिए।

राष्ट्रपति को अपने पद से संविधान के उल्लंघन के आरोप में अंततः महाभियोग द्वारा हटाया जा सकता है। इस प्रकार, राष्ट्रपति के पद के विभिन्न पक्षों को इस प्रकार का स्वरूप प्रदान किया गया है कि वह अपनी प्रमुख तथा औपचारिक भूमिका का निर्वहन करे, उसको पद से हटाने की जटिल प्रक्रिया प्रदान करके संविधान ने उसे स्थायित्वपूर्ण कार्यकाल प्रदान किया है ताकि वह

निर्भय व पक्षपातरहित होकर कार्य कर सके। कुछ अपवादों को छोड़कर जब उसे सत्तासीन दल को अप्रिय स्थिति में लाने की आवश्यकता पड़े।

संघ की प्रमुख कार्यपालिका (अनुच्छेद 52) कहकर संविधान केन्द्र सरकार की कार्यपालिका शक्तियों को राष्ट्रपति में निहित करता है, जिनका प्रयोग वह संविधान (अनुच्छेद 53) के अनुसार प्रत्यक्ष स्वयं या अपने अधीनस्थ अधिकारियों के माध्यम से करता है। इस हैसियत से, देश के शासन में राष्ट्रपति को ऐसी केन्द्रीय स्थिति प्रदान की गई है कि संविधान में वर्णित् प्रत्येक महत्वपूर्ण संस्था तथा अधिकारी प्रत्यक्ष या अप्रत्यक्ष रूप से उससे जुड़े हुए हैं। यद्यपि सरकार के विभिन्न अंगों को संविधान द्वारा विशिष्ट स्थिति तथा कार्यक्षेत्र प्रदान किया गया है, तथापि राष्ट्रपति के पद के माध्यम से उनमें अवयवी सम्बन्ध स्थापित किया गया है। अतः, राष्ट्रपति के अधिकार और कर्तव्य में भारत में राज्य की प्रत्येक महत्वपूर्ण गतिविधि शामिल है।

राष्ट्रपति के कार्यपालिका अधिकारों का मूलतः अर्थ विधायिका द्वारा पारित कानूनों को लागू करना तथा सरकार के कार्यों को संचालित करना साथ ही राज्य के मामलों का प्रशासन करना है (बसु, 1989: 163)। राष्ट्रपति के कार्यपालिका अधिकारों में प्रमुख, प्रदत्त प्रक्रिया के अनुकूल, उच्च अधिकारियों की नियुक्ति करना है, जिसमें प्रधानमंत्री, संघ के अन्य मंत्री, अटार्नी जनरल, कंट्रोलर तथा ऑडिटर जनरल, उच्चतर तथा उच्च न्यायालय के न्यायाधीश, राज्यपाल तथा संघ के अन्य नागरिक, सेना तथा कूटनीतिक अधिकारी शामिल हैं। उसे सेना का प्रमुख भी बनाया गया है तथा राष्ट्र के कूटनीतिक क्रियाकलाप उसके नाम पर किए जाते हैं।

उसके समन्वयकारी कार्यों में विधायी तथा न्यायिक कार्य, दोनों शामिल हैं। संसद का अविभाज्य अंग होने के नाते उसे संसद के प्रत्येक सदन के सत्र को आहूत करने, सत्रावसान करने तथा लोक सभा को भंग करने की शक्ति प्राप्त है। इससे भी महत्वपूर्ण यह है कि वह राज्य सभा में 12 तथा लोक सभा में 2 सदस्यों को मनोनीत करने के अतिरिक्त कुछ अवसरों पर दोनों सदनों को सम्बोधित कर सकता है तथा संसद के किसी भी सदन को संदेश भेज सकता है।

राष्ट्रपति की विधायी शक्तियों का महत्व संसद द्वारा पारित विधेयक का कानून बनने के पूर्व उसके हस्ताक्षर तथा वित्त विधेयक को प्रस्तुत करने की उसकी पूर्व अनुमति में निहित है। इसी प्रकार, संसद के सत्र में न होने पर अध्यादेश जारी करने का अधिकार राष्ट्रपति को कुछ मामलों में विधायिका पर सम्पूर्ण–अधिकार प्रदान करता है। न्यायिक दृष्टि से, राष्ट्रपति को क्षमादान करने, सजा को कम करने, विलम्बित करने तथा समाप्त करने का अधिकार है। महत्वपूर्ण रूप से उसे संवैधानिक कानून के किसी मामले को सर्वोच्च न्यायालय में सलाह के लिए भेजने का अधिकार है, जिसे मानने के लिए वह बाध्य नहीं है।

अपवाद रूप में, राष्ट्रपति को अनेक आपातकालीन अधिकार प्राप्त हैं, जिनका प्रयोग (अ) युद्ध, बाह्य आक्रमण या सशस्त्र विद्रोह (अनुच्छेद 352), (ब) राज्य में संवैधानिक तंत्र के विफल हो जाने (अनुच्छेद 356) तथा (स) वित्तीय आपात (अनुच्छेद 360) की स्थिति में करता है। यद्यपि देश की सुरक्षा व एकता की रक्षा के लिए विचारित किए गए अनुच्छेद 352 के अंतर्गत प्रावधान का 1975 में श्रीमती इंदिरा गाँधी द्वारा निजी स्वार्थी हितों के लिए अशिष्ट दुरूपयोग किया गया। इसी प्रकार राज्य की विशिष्ट स्थिति से निबटने के लिए अनुच्छेद 356 के तहत प्रावधान किए गए थे लेकिन दुर्भाग्य से केन्द्र में आने वाली प्रत्येक सरकार द्वारा इसका पश्चाताप रहित दुष्प्रयोग किया गया, जिसके परिणामस्वरूप इस अनुच्छेद को समाप्त करने की मांग की जाती है। वित्तीय आपात सौभाग्य से, आज की तारीख तक लागू नहीं किया गया, जो देश की स्वस्थ वित्तीय संरचना व प्रक्रिया को दर्शाता है।

राष्ट्रपति की शक्तियों व कार्यों की झलक, बिना संवैधानिक दृष्टि के सम्पूर्णता रहित दृष्टिकोण से एक नए व्यक्ति को राष्ट्रपति के सम्बन्ध में गलत धारणाएं बनाने के लिए प्रेरित कर सकती है। अतः यह आवश्यक हो जाता है कि राष्ट्रपति की संवैधानिक शक्तियों व कार्यों का चित्रण करने के तुरंत बाद उसकी वास्तविक स्थिति को स्पष्ट किया जाए। अतः, जैसा कि अम्बेडकर ने संविधान सभा में संक्षेप में कहा,

> ... संविधान के अंतर्गत, राष्ट्रपति की वही स्थिति है जो अंग्रेजी संविधान में राजा की है। वह राज्य का अध्यक्ष है, कार्यपालिका का नहीं। वह राष्ट्र का प्रतिनिधित्व करता है पर राष्ट्र पर शासन नहीं करता। वह राष्ट्र का प्रतीक है। प्रशासन में उसका स्थान मोहर की औपचारिक वस्तु की है जिसके द्वारा राष्ट्र के निर्णयों को जाहिर किया जाता है (सी.ए.डी., 1999बी: 974)।

इसके अनुरूप, अनुच्छेद 74(1) स्पष्ट करता है कि एक मंत्री–परिषद होगी जिसका प्रमुख प्रधानमंत्री, राष्ट्रपति को सहायता व सलाह देने के लिए होगा तथा राष्ट्रपति अपने दायित्वों का निर्वाह करते समय ऐसी सलाह के अनुसार कार्य करेगा जो राष्ट्रपति की स्थिति को पूरी तरह तथा अंतिम रूप से यह निर्धारित करता है कि वह मंत्री–परिषद की सहायता व सलाह के बिना कार्य करने की सोच भी नहीं सकता।

फिर भी, राजेन्द्र प्रसाद से लेकर कुछ राष्ट्रपतियों, जिन्होंने 'पूरी तरह से व्यक्तिगत' कारणों से नहीं अपितु, "राष्ट्रपति पद को सत्ता तथा सततता प्राप्त करने योग्य बनाने के लिए, राष्ट्र को या विशिष्ट रूप से संघीय सरकार को कभी राजनीतिक उलट–पलट से गुजरने की स्थिति" (आस्टिन, 1999 [1966]: 141-43) की दृष्टि से राष्ट्रपति पद के लिए संविधान द्वारा निर्धारित अधिकारों से अधिक व्यापक अधिकार तथा उसे थोड़ा स्वतंत्र रूप से कार्य करने देना चाहा।

उम्मीद के विपरीत प्रसाद के नेहरू के साथ मतभेद ने "कार्यपालिका में मंत्रिमंडल सबसे अधिक शक्तिशाली है, का दृढ़ उदाहरण स्थापित करके संविधान को मजबूत किया," (पूर्वोक्त : 143) जैसा कि ए.के. अय्यर तथा अटार्नी जनरल एम.सी. सीतलवाड़ ने प्रसाद के तर्क के विरुद्ध कारण प्रस्तुत किए। लगभग 40 वर्ष के पश्चात्, संविधान लागू होने के बाद पहली बार, 1987 में ज्ञानी जैल सिंह ने अज्ञात पॉकेट वीटो का प्रयोग सम्भवतः संवैधानिक से अधिक व्यक्तिगत कारणों से, संसद द्वारा पारित भारतीय पोस्ट ऑफिस विधेयक पर हस्ताक्षर न करने के लिए किया। बाद में उन्होंने, देश में संवैधानिक संकट से बचने के लिए ऐसे और अप्रिय कदम उठाने से स्वयं को रोका। इन दो अवांछित स्थितियों के अतिरिक्त, भारतीय संवैधानिक ढांचे में ब्रिटिश संविधान को ढाल कर देश में संवैधानिक स्थिति निर्णायक रूप से अपनी जड़ें जमा चुकी है।

प्रधानमंत्री

राष्ट्रपति की औपचारिक स्थिति के विपरीत, देश के संसदीय शासन में प्रधानमंत्री वास्तविक कार्यपालिका है। वास्तव में, उन संवैधानिक पदों, जिन्होंने भारतीय राजनीतिक व्यवस्था में अत्यधिक शक्तियां तथा सत्ता प्राप्त की है, में प्रधानमंत्री का पद अत्यंत महत्वपूर्ण है। संसदीय व्यवस्था की वास्तविक भावना के अनुरूप देश की कार्यपालिका संरचना में प्रधानमंत्री के नेतृत्व में मंत्री–परिषद को संविधान सर्वोत्तम स्थान प्रदान करता है, ताकि कार्यपालिका व्यवस्था के अनुकूल प्रधानमंत्री के एकमात्र महत्वपूर्ण होने की सम्भावना को समाप्त किया जा सके तथा यह सरकार के सामूहिक उत्तरदायित्व की प्रकृति पर जोर देता है। फिर भी, कार्यात्मक दृष्टि से, व्यवस्था ने प्रधानमंत्री की प्रमुख स्थिति तथा मंत्रिमंडल के सामूहिक उत्तरदायित्व को सुनिश्चित किया है (पायली, 1963 [1965]: 345)। वर्तमान में समानों में प्रथम होने के कारण, प्रधानमंत्री सम्पूर्ण शासन व्यवस्था, जो प्रधानमंत्री के पतन के साथ समाप्त हो जाती है, की धुरी या उसे अनुशासित करने वाला बन गया है। यद्यपि बहुत कुछ प्रधानमंत्री की अपने दल पर पकड़ पर, तथा दूसरों की तुलना में परिस्थितियों को समझने व उनके लिए प्रतिक्रिया व्यक्त करने में उसकी राजनीतिक तथा प्रशासनिक बुद्धिकौशल पर निर्भर करता है।[14]

न्यायपालिका

संविधान के अंतर्गत अन्य संस्थाओं की भांति स्वतंत्र भारत की न्यायिक व्यवस्था संसदीय तथा अध्यक्षात्मक शासन व्यवस्था के अंतर्गत दो विशिष्ट सोच की न्याय व्यवस्थाओं के मध्य समन्वय है। चूंकि, स्पष्ट कारणों से भारत एक एकात्मक राज्य व्यवस्था नहीं बन सकता था तो औपनिवेशिक शासन ने देश में न्यायिक व्यवस्था के शिखर पर संघीय न्यायालय सहित संघीय व्यवस्था के अनुरूप कुछ व्यवस्थाएँ

प्रारम्भ कीं। फिर भी, ब्रिटेन की कार्यप्रणाली के अनुरूप संसदीय शासन व्यवस्था अपनाने से देश में संघीय संस्थाओं की शक्ति तथा कार्यात्मक स्वायत्तता की सीमा निर्धारित हो गई। दूसरे शब्दों में, अमेरिका की भांति संघीय व्यवस्था के शास्त्रीय सिद्धान्त के तहत सर्वोच्च न्यायालय को, संविधान तथा लोगों के अधिकारों का संरक्षक होने के नाते, शासन के तीन अंगों में किसी प्रकार की सर्वोच्चता प्रदान की जानी चाहिए थी। दूसरी ओर, ब्रिटेन की भांति संसदीय व्यवस्था की आवश्यकता के अनुरूप सर्वोच्च न्यायालय को संसद से अधीनस्थ स्थान पर होना चाहिए क्योंकि संसद को देश की राजनीतिक व्यवस्था में सर्वोच्च सत्ता माना गया है। अब चूंकि भारतीय राजनीतिक व्यवस्था को अध्यक्षीय तथा संसदीय व्यवस्था के मध्य स्थिति के अनुरूप बनाया गया है, अतः भारत की न्यायिक व्यवस्था का दोनों देशों में प्रचलित कुछ लक्षणों का सम्मिश्रण होना आवश्यक है। फिर भी दोनों व्यवस्थाओं के लक्षणों को न्यायपालिका में किस सीमा तक शामिल किया जाए ताकि वह भारतीय राज्य व्यवस्था की आवश्यकताओं के अनुरूप हो, यह लाख टके का प्रश्न संविधान सभा में सदस्यों के मस्तिष्क को उद्वेलित कर रहा था।

इस प्रकार, अटपटी परिस्थिति में होने से संविधान सभा के सदस्यों ने मूल अधिकारों को सशक्त करने वाला तथा संविधान का संरक्षक होने के दो व्यावहारिक कारणों के अनुरूप न्यायालयों को बनाने के आदर्श की कामना की (आस्टिन, 1999 [1966]: 146)। इस आदर्शवाद ने निर्माताओं को स्वतंत्र न्यायपालिका बनाने के लिए प्रेरित किया जिसके तहत 'सुप्रीम कोर्ट के अधिकार तथा न्यायिक पुनरावलोकन' (पूर्वोक्त) मुख्य मुद्दों के रूप में उभरे जो उनके मस्तिष्क पर छाए हुए थे। देश की न्यायिक व्यवस्था का स्वर व स्वरूप संघीय राजनीतिक व्यवस्था में प्रचलन के अनुरूप निर्धारित किया गया जिसमें सर्वोच्च न्यायालय को संवैधानिक प्रावधानों को सुरक्षित रखकर न केवल राज्य व्यवस्था की संघीय प्रकृति की पवित्रता को, बनाए रखने अपितु आधुनिक राजनीतिक जीवन के प्रतीक मूल अधिकारों को सुरक्षित रखने का दायित्व प्रदान किया गया। देश की संसदीय व्यवस्था के आचार–व्यवहार को एकमात्र रियायत, सम्भवतः सम्पत्ति तथा व्यक्तिगत स्वतंत्रता का न्यायालय के न्यायिक पुनरावलोकन के अधिकार से सम्बन्धित, अधिकार पर प्रतिबंध लगाकर दी गई। एक ओर तो सामाजिक क्रांति को गति प्रदान करने की निहित इच्छा, तो दूसरी ओर संविधान सभा में एकता के सम्बन्ध में बार–बार उठते विषय पर जोर देने के कारण सर्वोच्च न्यायालय की शक्तियों के सम्बन्ध में थोड़ी सी सावधानी संविधान के न्यायिक प्रावधानों को देश की संसदीय व्यवस्था के व्यापक सूत्रों के अनुरूप बनाने का प्रयास लगता है, ताकि ऐसा न हो कि न्यायपालिका की सम्पूर्ण सर्वोच्चता, अध्यक्षीय शासन व्यवस्था में पाई जाने वाली नियंत्रण की संगठित व्यवस्था के अभाव में, खतरनाक अनुपात ग्रहण कर ले।

न्यायालय की स्वतंत्रता का मुद्दा निर्माताओं के मस्तिष्क पर इतना हावी था कि, जैसा कि आस्टिन शिकायत करते हैं, उन्होंने न्यायिक व्यवस्था के प्रशासनिक पक्ष पर, कार्यकाल, भत्ते तथा न्यायाधीशों की अवकाश प्राप्ति की उम्र के सम्बन्ध में अत्यधिक चिन्ता व्यक्त की, साथ ही यह भी कि संविधान के न्यायिक प्रावधान कितने विस्तृत हों तथा विशेष रूप से न्यायाधीशों के चयन की पद्धति के सम्बन्ध में वे सतर्क थे, यद्यपि न्यायालयों को सरकार के भीतर व बाहर से दबावकारी शक्ति से बचाने की शुद्ध इच्छा के कारण (आस्टिन, 1999 [1996]: 176) उन्होंने ऐसा किया। सप्रू समिति द्वारा विचारित रूपरेखा तथा अपनी स्वयं की तदर्थ समिति की अनुशंसा के अनुसार संविधान सभा ने न्यायपालिका की स्वतंत्रता पाने के लिए ब्रिटेन तथा अमेरिका में उनके प्रचलित होने से परे, भारत की विशिष्ट परिस्थितियों के अनुरूप प्रावधान करने पर, मोटे तौर पर सहमति व्यक्त की। उदाहरण के लिए लॉर्ड चान्सलर की नियुक्ति के सम्बन्ध में ब्रिटिश पद्धति तथा सीनेट द्वारा न्यायिक नियुक्तियों की स्वीकृति की अमेरिकी पद्धति को खुली राजनीति कहकर अस्वीकृत करते हुए सभा ने न्यायाधीशों की नियुक्ति, नियत न्यायिक अधिकारियों से पर्याप्त बहस के पश्चात्, राष्ट्रपति द्वारा किए जाने की व्यवस्था की। कार्यकाल, वेतन तथा भविष्य में नियुक्ति के प्रश्नों को इसी आधार पर निश्चित किया गया है।

वर्षों बाद न्यायपालिका की स्वतंत्रता की सुरक्षा करने वाले संवैधानिक प्रावधानों के स्थायित्व के संदर्भ में संसद द्वारा उनके संशोधन करने से सम्बन्धित महत्वपूर्ण बिन्दु राजनीतिक चालों के कारण उभरा। सभा ने इस मुद्दे को, न्यायपालिका से सम्बन्धित प्रावधानों को सुरक्षित करने के लिए उन्हें संविधान के उन प्रावधानों के साथ रखा जिनका संशोधन अत्यन्त कठिन था तथा जिन अनुच्छेदों के संशोधन के लिए प्रत्येक मामले में संसद के दोनों सदनों में दो–तिहाई बहुमत से पारित होने के बाद आधे राज्य की विधायिकाओं का अनुमोदन आवश्यक था। बाद में न्यायिक निर्णयों में, न्यायपालिका की स्वतंत्रता को संविधान की मूल संरचना में शामिल किया गया जिससे यह संविधान का लगभग असंशोधनीय भाग बन गया।

शासन के तीन अंगों के सद्भावपूर्ण तथा अन्तःनिर्भर कार्यकरण को सुनिश्चित करने में, न्यायपालिका की स्वतंत्रता को अत्यन्त दृढ़ बनाने के अवगुणों की पूर्व कल्पना करते हुए, संविधान सभा की सामान्य मनः स्थिति चीजों को ठीक अनुपात में, यदि कम करके नहीं तो, रखने की थी। सभा के सदस्यों की प्रिय भावना को अभिव्यक्त करते हुए अल्लादि कृष्णास्वामी ने इंगित किया कि,

> व्यक्तिगत स्वतंत्रता की रक्षा तथा संविधान के उचित क्रियान्वयन दोनों के लिए ... न्यायिक स्वतंत्रता को बनाए रखने की आवश्यकता के सम्बन्ध में जबकि दो राय

नहीं हो सकती, तथापि फिर भी एक महत्वपूर्ण सिद्धान्त को ध्यान में रखना भी आवश्यक है। स्वतंत्रता के सिद्धान्त को इस कट्टरता तक नहीं ले जाना चाहिए, जिससे न्यायपालिका उच्च विधायिका या उच्च कार्यपालिका के रूप में कार्य करने में सक्षम हो जाए (सी.ए.डी., 2003बीः 837)।

अतः सामाजिक क्रांति के उद्देश्य की प्रमुखता के कारण सर्वोच्च न्यायालय की शक्तियों, विशेषकर सम्पत्ति तथा व्यक्तिगत स्वतंत्रता के अधिकार की समीक्षा को, न केवल प्रतिबन्धित किया गया अपितु आपातकाल में, जबकि न्यायालय को रिट जारी करने के अधिकार को बड़ी सीमा तक कम कर दिया जाता है तथा कार्यपालिका का कार्यकारी क्षेत्र इतना विस्तृत हो जाता है कि वह लोगों द्वारा प्रयोग किए जा रहे मूल अधिकारों को निलम्बित कर दे, उसे समाप्त भी कर दिया गया है। एकीकृत न्यायिक व्यवस्था के अंतर्गत संविधान द्वारा केन्द्र, राज्य तथा जिला स्तर पर न्यायालयों की स्थापना का प्रावधान किया गया है जिसमें सर्वोच्च न्यायालय व्यवस्था में सर्वोपरि है।

समापन अवलोकन

संविधान सभा ने, भारत के विभाजन के द्वारा भारत तथा पाकिस्तान के रूप में दो सार्वभौम राज्यों में परिवर्तन होने के संदर्भ में, अत्यन्त अनिश्चितता की स्थिति में संविधान का प्रारूप तैयार किया। महत्वपूर्ण बात यह है कि परिवर्तित सामाजिक–आर्थिक परिस्थितियों के अनुरूप स्वयं को ढालकर संविधान छह दशक से अधिक समय से अस्तित्व में है। आपातकाल के 1975-77 के दो वर्षों को छोड़कर संविधान देश के शासन की धुरी रहा। यह सत्य है कि यद्यपि संविधान पर साम्राज्यवादी 1935 के भारत शासन अधिनियम की छाप है, तथापि यह उस भावना, जो कि इसे काम के लिए प्रेरित करती है, के संदर्भ में पर्याप्त भिन्न है। यद्यपि मूल संरचना अपरिवर्तित रहती है, संविधान का, आकार नई मांगों के अनुरूप संशोधन के कारण बढ़ा है। संस्थापकों की आकांक्षाओं को संविधान हो सकता है सम्पूर्ण रूप से पूरी न कर पाया हो, लेकिन यह अद्भुत है कि भारत की जनसंख्या के बड़े हिस्से में प्रतिबद्धता की भावना भरने में सफल रहा है।

इसके अतिरिक्त, भूमण्डलीकरण के परिवर्तित वातावरण में, समकालीन भारतीय राजनीति के स्वरूप को निर्धारित करने में संविधान पहले की ही भांति अभी भी महत्वपूर्ण है। यह संविधान की परिवर्तनशील शक्ति को प्रकट करता है। महत्वपूर्ण बात, जो ध्यान आकर्षित करती है, वह शासन को आकार देने में कुछ प्रमुख संवैधानिक संस्थाओं का बढ़ता महत्व है। उदाहरण के लिए, संस्थापकों द्वारा राष्ट्रपति को आलंकारिक स्वरूप दिया गया तथा संसद को अत्यन्त शक्तिशाली बनाया गया। समकालीन भारत में स्थिति बिल्कुल विपरीत है,

गठबंधन राजनीति की बाध्यता के कारण संसद का अवमूल्यन हुआ और राष्ट्रपति, कई अवसरों पर, शासन में संकट को दूर करने की महत्वपूर्ण संस्था बनकर उभरा। इसी प्रकार, चुनावों को साफ और न्यायसंगत बनाने की परिपाटी के कारण चुनाव आयोग ने नई स्थिति प्राप्त की है। यह सत्य है कि परिवर्तित सामाजिक, आर्थिक तथा राजनीतिक वातावरण में इन संस्थाओं की भूमिका का पुनर्शोधन हुआ है, लेकिन साथ ही यह अत्यन्त रोचक है कि ये संस्थाएं अपनी शक्तियाँ संविधान के प्रावधानों से प्राप्त करती हैं। इसी से यह दावा सत्य सिद्ध होता है कि भारत का संविधान एक जीवंत दस्तावेज है, जो व्याप्त सामाजिक, आर्थिक परिस्थितियों से अवयवी रूप से जुड़ा होने के कारण अपनी प्रकृति तथा स्वरूप को, इसलिए पुनर्परिभाषित करता है ताकि प्रारम्भ होने के इतने दशकों बाद भी सार्थक तथा प्रासंगिक बना रहे।

टिप्पणियां

1. प्रधानमंत्री, एटली का कॉमन सभा में वक्तव्य, मेनन द्वारा पुनर्प्रस्तुत (1993 [1963]: 507 [परिशिष्ट IX])।
2. 3 जून 1947 को महामहिम की सरकार द्वारा दिया वक्तव्य, मेनन द्वारा पुनर्प्रस्तुत (1993 [1963]: 510 [परिशिष्ट X])।
3. पूर्वोक्त।
4. *द स्टेट्समैन*, कलकत्ता, 8 जून, 1947।
5. जवाहरलाल नेहरू द्वारा एक टिप्पणी, 3 जुलाई, 1947, मेनन द्वारा पुनर्प्रस्तुत (1993 [1963]: 4[परिशिष्ट XII])।
6. पूर्वोक्त।
7. जवाहरलाल नेहरू का 'ट्राइस्ट विथ डेस्टिनी' भाषण, 15 अगस्त 1947 को स्वतंत्रता की भोर पर दिया भाषण, राव से उद्धृत (2004: 558-59)।
8. यूनियन पावर्स कमेटी का प्रतिवेदन, 20 अगस्त 1947 (सी.ए.डी., 1999ए:58)।
9. अनुच्छेद 38 तथा 39 भावनाओं को अभिव्यक्त करते हैं। अनुच्छेद 46 कमजोर वर्ग, जिसमें अनुसूचित ज़ाति तथा जनजाति शामिल हैं, के लिए चिंता को रेखांकित करता है।
10. *हिन्दुस्तान टाइम्स*, 29 नवम्बर, 1949।
11. *केशवानंद भारती बनाम केरल राज्य*, (1973) 4 एस.सी.सी., 225, पैरा 94-98, पृ. 324।
12. भारत में मूल अधिकारों की मांग के विकास के ऐतिहासिक परिप्रेक्ष्य के लिए, देखें, आस्टिन (1999 [1966]: 52-75)।
13. *हिन्दुस्तान टाइम्स*, 29 मार्च, 1957।

14. श्रीमती इंदिरा गाँधी तथा मनमोहन सिंह के प्रधानमंत्रित्व की तुलना से इस बिन्दु का समर्थन हो सकता है। समान संवैधानिक स्वीकृति के बावजूद, दल पर दोनों की राजनीतिक पकड़ में भिन्नता के कारण, सत्ता के संदर्भ में दोनों की सम्पूर्ण शासन व्यवस्था में स्थिति में बहुत बड़ा अंतर है। सरकार के कार्यकरण में प्रधानमंत्री की व्यक्तिगत तथा राजनीतिक सक्रियता की सामान्य समीक्षा के लिए, वेंकटेश्वर का कार्य उपयोगी यद्यपि प्राचीन (1967) है।

सन्दर्भ

अग्रवाल, आर.सी., 1998, *कॉन्स्टीट्यूशनल डवलपमेन्ट एण्ड नेशनल मूवमेन्ट ऑफ इण्डिया*, नई दिल्ली, एस. चंद एण्ड कम्पनी।

अम्बेडकर, बी.आर., 1939, *फैडरेशन वर्सेज फ्रीडम*, पूना, गोखले इंस्टीट्यूट ऑफ पॉलिटिक्स एण्ड इकोनॉमिक्स।

ऑस्टिन, ग्रेनविल, 1999[1966], *द इण्डियन कॉन्स्टीट्यूशनः कॉर्नरस्टोन ऑफ ए नेशन*, नई दिल्ली, ऑक्सफोर्ड यूनिवर्सिटी प्रेस।

ऑस्टिन, ग्रेनविल, 2007, *वर्किंग ए डेमोक्रेटिक कॉन्स्टीट्यूशनः द इण्डियन एक्सपीरियन्स*, रीप्रिन्ट, नई दिल्ली, ऑक्सफोर्ड यूनिवर्सिटी प्रेस।

बसु, डी.सी., 1989, *एन इन्ट्रोडक्शन टू द कॉन्स्टीट्यूशन ऑफ इण्डिया*, नई दिल्ली, प्रैन्टेस हॉल ऑफ इण्डिया।

भट्टाचार्य, मोहित, 1992, दी माइंड ऑफ द फाउंडिंग फादर्स, निर्मल मुखर्जी एवं बलवीर अरोरा (सम्पादक) *फेडरेशन इन इण्डियाः ओरिजन्स एण्ड डवलपमेन्ट*, नई दिल्ली, विकास पब्लिशिंग हाउस।

ब्रास, पॉल, 2000, ''द स्ट्रोंग स्टेट एण्ड द फीयर ऑफ डिसआर्डर'' फ्रांसिन आर. फ्रेंकेल, जोया हसन, राजीव भार्गव एवं बलवीर अरोरा (सम्पादक), *ट्रांसफोरमिंग इण्डियाः सोशल एण्ड पॉलिटिकल डायनेमिक्स ऑफ डेमोक्रोसी*, नई दिल्ली, ऑक्सफोर्ड यूनिवर्सिटी प्रेस।

चौबे, शिबानी किंकर, 2000, *कॉन्स्टीट्यूएन्ट एसेम्बली ऑफ इण्डिया, स्प्रिंग बोर्ड ऑफ रिवोल्यूशन*, नई दिल्ली, मनोहर।

कॉन्स्टीट्यूएन्ट एसेम्बली डिबेट्स (सी.ए.डी.) 1999 ए, वॉल्यूम I, नई दिल्ली, लोकसभा सेकेट्रिएट।

कॉन्स्टीट्यूएन्ट एसेम्बली डिबेट्स (सी.ए.डी.) 2003 बी, वॉल्यूम II, नई दिल्ली, लोकसभा सेकेट्रिएट।

कॉन्स्टीट्यूएन्ट एसेम्बली डिबेट्स (सी.ए.डी.) 2003 सी, वॉल्यूम XI, नई दिल्ली, लोकसभा सेकेट्रिएट।

फ्रेंकेल, फ्रांसिन आर., 2005, *इण्डियाज पॉलिटिकल इकोनॉमी, 1947-2004*, नई दिल्ली, ऑक्सफोर्ड यूनिवर्सिटी प्रेस।

हिदायतुल्ला, एम., 1982, *डेमोक्रेसी इन इण्डिया एण्ड द ज्यूडिशियल प्रोसेस*, नई दिल्ली, मैट्रोपोलिटन।

हॉडसन, एच.वी., 1969, *द ग्रेट डिवाइडः ब्रिटेन–इण्डिया–पाकिस्तान*, लंदन, हचिनसन

करंजिया, आर.के., 2005, 'द माइन्ड ऑफ मिस्टर नेहरूः एन इंटरव्यू' फ्रांसिन आर. फ्रेंकेल, *इण्डियाज़ पॉलिटिकल इकोनॉमी, 1947-2004*, नई दिल्ली, ऑक्सफोर्ड यूनिवर्सिटी प्रेस।

कोठारी, रजनी, 2005, *पॉलिटिक्स इन इण्डिया*, रीप्रिन्ट, नई दिल्ली, ओरियन्ट लौंगमैन।

लिविंगस्टोन, 1956, *फेडरेशन एण्ड कॉन्स्टीट्यूशनल चेंज*, लंदन, फ्रेजर।

महाजन, वी.डी., 1984, *सलेक्ट मॉडर्न कॉन्स्टीट्यूशन्स*, नई दिल्ली, एस. चंद एण्ड कम्पनी।

मार्कन्दन, के.सी., 1987, *डायरेक्टिव प्रिंसिपल्स इन द इण्डियन कॉन्स्टीट्यूशन*, जालंधर, ए.बी.एस. पब्लिकेशन्स।

मेनन, वी.पी., 1993 [1963], *द ट्रांसफर ऑफ पॉवर इन इण्डिया*, मद्रास, ओरिएण्ट लौंगमैन।

पायली, एम.वी., 1963 [1965], *कॉन्स्टीट्यूशनल, गवर्नमेन्ट इन इण्डिया*, रीप्रिन्ट, लंदन, एशिया पब्लिशिंग हाउस।

प्रसाद, राजेन्द्र, 1949, प्रेस स्टेटमेण्ट, *हिन्दुस्तान टाइम्स*, 29 दिसम्बर।

प्रसाद, राजेन्द्र, 1950, 26 जनवरी, 1950, को संविधान प्रारम्भ होने के पश्चात दिया गया वक्तव्य, *द टाइम्स ऑफ इण्डिया*, 29 जनवरी।

राय, बी. शिवा (सम्पादक) 1965, *द फ्रेमिंग ऑफ इण्डियाज कॉन्स्टीट्यूशनः सलेक्ट डॉक्यूमेन्ट्स*, वॉल्यूम 1, नई दिल्ली, इण्डियन इन्स्टीट्यूट ऑफ पब्लिक एडमिनिस्ट्रेशन।

राय, बी. शिवा (सम्पादक) 2004, *द फ्रेमिंग ऑफ इण्डियाज कॉन्स्टीटयूशनः सलेक्ट डॉक्यूमेन्ट्स*, वॉल्यूम 1, रीप्रिन्ट, नई दिल्ली, यूनिवर्सल लॉ पब्लिशिंग कम्पनी।

वेंकटेश्वरन, आर.जे., 1967, *कैबिनेट गवर्नमेण्ट इन इण्डिया*, लंदन, जॉर्ज एलेन एण्ड अनविन।

व्हेयर, के.सी., 1988, *मॉडर्न कॉन्स्टीट्यूशन्स*, नई दिल्ली,: एस. चन्द एण्ड कम्पनी।

निष्कर्ष

I

यह पुस्तक भारतीय राजनीतिक चिन्तन पर आधारित है। हमने उन प्रतिनिधि विचारकों को चुना है जिन्होंने, निश्चित रूप से व्यापक राष्ट्रवादी संरचना के अन्तर्गत, अपने विचार अभिव्यक्त किये। इन विचारकों के विशिष्ट योगदान पर ध्यान केन्द्रित करते हुए यह पुस्तक भारत में अभिव्यक्त विविध विचारों के प्रमाण स्वरूप राष्ट्रवादी संवाद की समृद्धि की ओर इंगित करती है। राष्ट्रवादी कार्यवाही का प्रमुख उद्देश्य निश्चित रूप से विदेशी शासन से मुक्ति का था तथा राष्ट्रवाद प्रेरक शक्ति रहा। साथ ही आधुनिक भारतीय राजनीतिक चिंतन में निहित सामाजिक–आर्थिक पक्ष की व्याख्या की उपेक्षा नहीं की जा सकती। राष्ट्रवादियों ने उपनिवेशवाद के विरुद्ध संघर्ष करते समय क्षय होती सामाजिक व्यवस्था के विरुद्व भी युद्ध शुरू किया जिसके द्वारा वास्तविक भावना के संरक्षण के नाम पर निहित सामाजिक–आर्थिक हितों की रक्षा के लिए, आदिम मूल्यों की रक्षा की जा रही थी। यह भारतीय राजनीतिक चिंतन की अपनी विशिष्टता है जो उपलब्ध शैक्षणिक साहित्य में कठिनाई से मिलती है। स्पष्ट राजनीतिक उद्देश्य होने के बावजूद, उपनिवेशवाद के अंर्तगत उद्देश्य व्याप्त सामाजिक–आर्थिक परिस्थितियों पर टिप्पणी करते हुए राष्ट्रवादियों ने एक नया संवाद प्रारम्भ करने का ऐतिहासिक मिशन पूरा किया। उनकी चिन्ता का केन्द्र भारतीय समाज को समझना था जो सम्भवतः उपनिवेशवाद के कारण विकृत रूप से विकसित हुआ। भारतीय राजनीतिक चिन्तन की सन्दर्भजनित व्याख्या प्रस्तुत करके, पुस्तक ब्रिटिश उपनिवेशवाद को चुनौती देते समय प्रमुख स्वतंत्रता सेनानियों के विचारों और दृष्टिकोणों को व्यक्त करने के लिए प्रेरित करने वाली राष्ट्रवादी चिन्ताओं को समझने का प्रयास करती है।

II

उपनिवेश के परिवर्तित होते हुए वातावरण को ध्यान में रखते हुए यह पुस्तक आधुनिक भारतीय सामाजिक तथा राजनीतिक चिंतन के मुख्य विषयों पर केन्द्रित है। चूंकि राष्ट्रवादी चिंतन में सामाजिक व राजनीतिक चिंतन के मध्य विभाजक रेखा अत्यन्त सूक्ष्म है, अतः विभाजन पर अधिक ध्यान नहीं देना चाहिए। दूसरे शब्दों में, राष्ट्रवादी विचारों की अभिव्यक्ति में सामाजिक तथा राजनीतिक तत्व दोनों निहित हैं। अतः विचारकों के विचारों को विशुद्ध सामाजिक या राजनीतिक श्रेणी में रखना गलत होगा क्योंकि ठोस आधार ग्रहण करने हेतु वे जटिल रूप से मिश्रित हैं। अतः राष्ट्रवादी आन्दोलन के सन्दर्भ में जिन्हें समाज सुधारक के रूप में जाना गया, उनका लक्ष्य स्पष्टतः राजनीतिक था क्योंकि औपनिवेशिक शक्तियों के विरुद्ध राजनीतिक सक्रियता की जड़ में सामाजिक पुनरुत्थान निहित था। उदाहरण के लिए धार्मिक रूढ़िवादिता को चुनौती देकर राममोहन राय ने हिन्दू समाज की विभाजक प्रवृत्तियों को उजागर किया। सामाजिक रूप से समन्वित तथा भावात्मक रूप से जीवन्त समाज बनाने के लिए राय ने अपनी राजनीतिक स्वतंत्रता के प्रति चिन्ताओं को कम अभिव्यक्त किया। अंग्रेजों के प्रति उनकी प्रशंसा का भाव जागरण के दर्शन, जो औपनिवेशिक शासन के साथ भारत आया था, के प्रति उनके अनन्य आदर भाव के कारण था। अतः कम्पनी शासन के प्रति राय की प्रतिक्रिया उस समय की उपज थी जो ईस्ट इण्डिया कम्पनी के रूप में विदेशी शासन की प्रकृति के बारे में अनिश्चित था। राय के सामाजिक–राजनीतिक चिंतन में जो निहित था वह बंकिम, दयानंद सरस्वती तथा अन्य के उपनिवेशवाद के बढ़ते महत्व के विरोध में प्रगट हुआ। यह विवाद योग्य है कि वे मुख्यतः समाज सुधारक थे, जैसा कि कुछ विश्लेषक उन्हें मानते हैं, सम्भवतः इसलिए कि वे उपनिवेशवाद की विध्वंसात्मक प्रकृति से जुड़े समकालीन राजनीतिक मुद्दों से पूरी तरह विलग नहीं थे। इसके अतिरिक्त उन्होंने अंग्रेजों की तुलना में 'राष्ट्र' की कमजोरियों, जो धार्मिक रूप से उचित मानी जाती थीं तथा जिन्हें सामाजिक मान्यताओं का अन्धविश्वास प्राप्त था, के प्रति अपनी चिन्ता प्रगट की जो उनके विचारों और चिन्तन के स्पष्ट राजनीतिक रूप को परिलक्षित करते हैं। उनकी प्राथमिकता एक 'दृढ़ राष्ट्र' को विकसित करने थी, जो विदेशी शासन जिसने अपनी सामाजिक–राजनीतिक शक्ति के कारण भारत को उपनिवेश बनाया, से संघर्ष कर सके। उनका प्रेरक तत्व उस यथार्थ के मूल्यांकन पर आधारित था जो अभी स्पष्ट नहीं था।

कुछ मुसलमान विचारकों के सम्बन्ध में कहानी कमोबेश ऐसी ही है, जो ब्रिटिश साम्राज्य के 'आधुनिकीकृत' विचारों के समान रूप से प्रशंसक थे। उदाहरण के लिए सैयद अहमद खाँ ने रूढ़िवादी मुसलमान समाज पर

औपनिवेशिक शासन का महत्वपूर्ण प्रभाव माना। यह स्पष्ट है कि अपने सुधारवादी रुख के कारण, उन्होंने 1857 के विद्रोह का विरोध किया, क्योंकि इसका उद्देश्य पिछले शासकों की सामन्ती सत्ता को वापस लाने का प्रयास था। ब्रिटिश शासन के प्रति उनके आदर या प्रशंसा का आधार, आधुनिक वैज्ञानिक ज्ञान पर आधारित समाज की आधारशिला रखने में विदेशी शासन के महत्व के दृढ़ विश्वास में था। राममोहन राय की भांति उन्होंने भारतीय समाज को 'आधुनिक' बनाने में पश्चिम के साथ सम्बन्ध को महत्वपूर्ण माना। इस अर्थ में, मोहम्मडन एंग्लो–ओरियण्टल कॉलेज जो बाद में अलीगढ़ मुस्लिम यूनिवर्सिटी बन गया, के गठन ने उपयोगी भूमिका निभाई। जैसा कि पुस्तक के विवेचन से स्पष्ट है, आधुनिक भारत के सामाजिक–राजनीतिक विचारों के निर्माण में उपनिवेशवाद की सामाजिक–राजनीतिक प्रक्रिया का निर्णायक प्रभाव था। चाहे हिन्दू हों या मुसलमान, भारतीय सामाजिक–राजनीतिक संरचना के परिवर्तन पर उपनिवेशवाद व उसके बढ़ते प्रभाव पर टिप्पणी करते समय, दोनों की प्रवृत्ति इस अर्थ में एक सी रही कि उनके प्रत्युत्तर संभल कर प्रस्तुत किए गए।

बीसवीं सदी में ब्रिटिश भारत में क्रांतिकारी परिवर्तन हुए। संक्षेप में, इस काल की तीन मुख्य विशेषताएं हैं जिन्होंने, सामाजिक और राजनीतिक विचारों के निर्माण और प्रयोग को निर्धारित नहीं तो प्रभावित अवश्य किया है। पहला, केन्द्रीय रूप से कांग्रेस के नेतृत्व में राष्ट्रवादी आन्दोलन तथा अन्य छिटपुट संघर्षों के साथ सम्बन्ध के कारण राष्ट्रवाद में क्रांतिकारी परिवर्तन हुआ, जैसा कि असहयोग–खिलाफत आन्दोलन से स्पष्ट है। दूसरे, आन्दोलन के आयोजन में हर प्रकार के राजनीतिक सम्बन्धों के कार्यकर्त्ताओं को गम्भीर चुनौतियों का कभी विचारधाराजन्य मतभेदों के कारण तो कभी साम्प्रदायिक विभाजन के आधार पर; सामना करना पड़ा, वस्तुतः साम्प्रदायिक विभाजन राष्ट्रवादी राजनीतिक मंच में स्थायी दरार बनाने में निर्णायक हो गया। हिन्दू और मुसलमान, दोनों ही नेतृत्व ने उन स्थितियों में राजनीतिक लाभ के लिए धर्म का सहारा लिया, जब विचार निर्माण में अन्य सम्भावित प्रभावों की अपेक्षा, धार्मिक जुड़ावों के संदर्भ में व्यक्तिगत पहचान निर्विवाद रूप से अवधारित तथा दृढ़ता से समर्थित हुई। तीसरे, राष्ट्रवादी विचारधारा के विकास में, अनेक प्रतियोगी विचारधाराओं, जो ठीक से सृजित नहीं हुईं, ने हाशिये पर रह रहे लोगों के विचारों का प्रतिनिधित्व करने में महत्वपूर्ण भूमिका निभाई। उदाहरण के लिए, असहयोग आन्दोलन के पश्चात् कांग्रेस ने साम्राज्य विरोधी आन्दोलन में किसानों और मजदूरों के महत्व को औपचारिक रूप से स्वीकार किया। यद्यपि सम्पूर्ण राष्ट्रवादी विचारधारा में उपेक्षितों के आन्दोलनों की कार्यसूची को शामिल कर लिया गया था, लेकिन राष्ट्रवादी प्रतिक्रिया, जिसका सम्पूर्ण नहीं तो काफी हद तक उद्देश्य ब्रिटिश विरोधी भावनाओं के चारों ओर निर्मित था, को प्रकट करने में यह कभी भी

निर्णायक नहीं रही। दूसरे शब्दों में, राष्ट्रवादी विचारधारा सभी विकल्पों के ऊपर हावी रही, जिन्हें यदि प्रस्फुटित होने का अवसर मिलता तो स्वतंत्रता के लिए संघर्ष का स्वरूप भिन्न होता। विभिन्न सम्भावनाओं के होते हुए भी, भारत का स्वतंत्रता आन्दोलन मुख्य रूप से 'राष्ट्रवादी' रहा जिसमें औपनिवेशिक शक्ति के विरोध के अतिरिक्त अन्य लक्ष्यों को ईमानदारी से शायद इसलिए नहीं उठाया गया, क्योंकि इससे स्वतंत्रता अभियान कमजोर हो जाता। भारत के स्वतंत्रता आन्दोलन में राष्ट्रवाद ने, एक विचारधारा के रूप में, राष्ट्र–राज्य की रचना कभी भी नहीं करनी चाही, अपितु यह मुख्यतः गुलाम देश को स्वतंत्रता के लिए संघर्ष करने के लिए प्रेरित करने की विचारधारा थी। इस प्रकार राष्ट्रवादी आन्दोलन 'ब्रिटिश शासन से मुक्ति' के इर्द–गिर्द सृजित हुआ। किसी परम्परागत राष्ट्रवादी कारण से विदेशी शासन अस्वीकार करने योग्य नहीं था, लेकिन इसने भारत की एक सभ्यता के रूप में प्रगति को अवरुद्ध और विकृत किया था।

जैसा कि स्पष्ट है, गाँधी राजनीतिक पटल पर नाटकीय रूप से परिवर्तित सामाजिक–आर्थिक व राजनीतिक वातावरण में उभरे। अतः सीधे तरीके से गाँधी को प्रस्तुत करना असम्भव नहीं तो कठिन अवश्य है। वास्तव में, गाँधी एक गूढ़ पहेली हैं। यद्यपि उन्होंने भारत के सामाजिक–आर्थिक व राजनीतिक जीवन से जुड़े विभिन्न विषयों पर व्यापक रूप से लिखा है, पर गाँधी में सुतार्किक थीसिस का ढूंढना कठिन है, सम्भवतः ऐसा इसलिए है कि उनके विचारों के ऐसे क्षेत्र रहे हैं जिन्होंने गाँधी को बिल्कुल भिन्न रूप में प्रस्तुत किया।

गाँधी के चिन्तन को उस दृष्टिकोण से व्याख्यायित करने, जिससे वे बीसवीं सदी के वृहद् राष्ट्रीय संघर्ष में शामिल हुए, का सम्भवतः आधार गाँधी को दो भिन्न तरीकों से मूल्यांकित करना है – प्रथम गाँधी के राजनीतिक चिंतन को वास्तविक ब्रिटिश विरोधी आक्रमण, जो 1920-22 के असहयोग आन्दोलन से प्रारम्भ हुआ और 1942 के भारत छोड़ो अभियान में समाप्त हुआ, से जोड़कर देखना है जिसमें गाँधी सर्वोच्च रहे। दूसरे, कुछ घटनाएं थीं जो साम्राज्य विरोधी संघर्ष की दृष्टि से सम्भवतः अधिक महत्वपूर्ण थीं, जो यद्यपि गाँधी के उपदेशों पर आधारित थीं पर वे 'अहिंसा' के सुस्थापित मानकों से भटक गईं; ऐसे भटकाव का परिणाम गाँधी के लिए भयंकर हुआ, लेकिन जिन्होंने ऐसे अहिंसा के विपरीत आन्दोलन में भाग लिया, उन्होंने राजनीतिक कार्य के साधनों को गाँधी से ग्रहण किया लगता था। यह सम्भवतः साम्राज्यवादी शक्ति के विरुद्ध संघर्ष में, अहिंसा जैसी व्यापक राजनीतिक विचारधारा के अत्यधिक प्रभाव के संदर्भ में भी, 'राजनीतिक आन्दोलन की स्वायत्ता' की ओर इंगित करता है। दूसरे शब्दों में, जो तर्क यहां प्रस्तुत किया जा रहा है वह यह है कि विचारधारा, जो गाँधी के नेतृत्व में स्वतंत्रता संघर्ष के दौरान अन्य प्रतियोगी विचारधाराओं से कमोबेश ऊपर के स्थान पर रही उसके परिवर्तन की व्याख्या करने में सन्दर्भ के विश्लेषण की

आवश्यकता है। इस पर भी ध्यान देने की आवश्यकता है कि कभी–कभी मार्गदर्शक शक्ति के रूप में अहिंसा के हाशिए पर चले जाने के बावजूद साम्राज्य विरोधी आक्रमण, चाहे वे किसी भी विचारधारा के तहत हों, स्वतःस्फूर्त नहीं थे अपितु वे कांग्रेस के द्वारा राष्ट्रीय या स्थानीय स्तर पर समाज सेवा या राजनीतिक अभियान द्वारा जनता को सतत गतिशील करने के पश्चात् सक्रिय हुए। ब्रिटिश भारत में सामाजिक–राजनीतिक पर्यावरण की जटिलता, जिसमें गाँधी ने विरोध के स्वर मुखरित किए, के कारण संदर्भों की उपेक्षा करना कठिन है जिनका उनके विचारों पर निश्चित रूप से प्रभाव पड़ा। गाँधी के सामाजिक व राजनीतिक विचार ऐसी जटिल प्रक्रिया की उपज थे, जिन्हें उस यथार्थ से पृथक नहीं किया जा सकता जिसमें उन्होंने बीसवीं सदी के सम्भवतः सबसे बड़े साम्राज्य विरोधी संघर्ष को प्रारम्भ किया। जैसा कि पुस्तक में विवेचित किया गया है, विचार, जिनका महात्मा ने प्रचार किया, पूर्ण रूप से स्वदेशी नहीं थे अपितु रचनात्मक अभिव्यक्ति थे जिनमें प्रचलित सामाजिक–आर्थिक व राजनीतिक प्रक्रियाओं ने महत्वपूर्ण भूमिका निभाई।

भारत के सामाजिक–राजनीतिक चिंतन में विविध प्रतियोगी पक्ष थे, यद्यपि स्वतंत्रता के लिए गाँधी की पद्धति सबसे महत्वपूर्ण रही। उदाहरण के लिए, जबकि ई.वी. रामास्वामी नाइकर (पेरियार) ने उपेक्षित सामाजिक–राजनीतिक समूह के स्वर को प्रकट किया, बी.आर. अम्बेडकर ने गाँधी के विरोधी सामाजिक–आर्थिक हितों में सामंजस्य के सिद्धान्त को एक विचारधाराजन्य संरचना के तहत चुनौती देते हुए तर्क को आगे बढ़ाया। प्रत्यक्षवादी जवाहर लाल महात्मा की हर बात से सहमत नहीं थे, फिर भी उन्होंने सर्वाधिक विश्वासपात्र अनुयायी की भांति स्वतंत्रता संघर्ष में कार्य किया। गाँधी और उनके चिंतन के प्रति नेहरू के अवधारणीकरण में जो विशिष्ट था, वह अत्यंत रचनात्मक इस अर्थ में था कि उन्होंने अपनी विचारधाराजन्य प्रतिबद्धताओं को, भारत के साम्राज्यवाद के विरुद्ध संघर्ष में महात्मा के महत्व को ध्यान में रखते हुए, लगातार परिशुद्ध किया। एम.एन. राय तथा ई.एम.एस. नम्बूद्रीपाद ने सामाजिक क्रांति के पक्ष में विचार प्रस्तुत किए। मोहभंग होने के कारण राय उग्र मानवतावादी बन गए, उन्होंने सुझाव दिया कि क्रांति वर्ग संघर्ष से नहीं अपितु शिक्षा से सम्भव है। किसान आन्दोलन को भारत के लिए सर्वाधिक उपयुक्त मानते हुए नम्बूद्रीपाद ने मार्क्सवाद की माओवादी व्याख्या पर जोर दिया। एक विशिष्ट कार्य योजना के पक्ष में तर्क प्रस्तुत करने वाले इन चिंतकों से भिन्न रवीन्द्रनाथ टैगोर ने भारतीय समाज में बढ़ते विभाजन, जिन्होंने मूलभूत मानवीय मूल्यों का ह्रास किया, पर विचार व्यक्त किए। टैगोर के अनुसार पश्चिम के साथ अंतःक्रिया ने तथाकथित पूर्वी मूल्यों के आलोचनात्मक मूल्यांकन का मार्ग प्रशस्त किया, यद्यपि उन्होंने यूरोप के राष्ट्रवाद को, भारत जैसे विविधता पूर्ण समाज के लिए अनुपयुक्त मानते

हुए, अस्वीकार कर दिया। समाजवादी चिंतन के साथ गाँधीवाद विचारों को जोड़ते हुए लोहिया ने अपनी *सप्त क्रांति* (सात क्रांतियां) के अवधारणीकरण के द्वारा सामाजिक–राजनीतिक चिंतन का स्वदेशी विचार, जिसकी जड़ें भारत के विविधतापूर्ण सामाजिक–राजनीतिक वातावरण में निहित थीं, को प्रस्तुत किया। महत्वपूर्ण रूप से जयप्रकाश नारायण की सम्पूर्ण क्रांति लोहिया के राजनीतिक चिंतन पर आधारित है। सम्पूर्ण क्रांति को स्थायी क्रांति के रूप में सिद्धांतीकृत करते हुए जे.पी. ने निर्णय निर्माण प्रक्रिया में लोगों की सार्थक भागीदारी का सुझाव दिया।

निष्कर्षतः, भारतीय सामाजिक व राजनीतिक चिंतन उन मुद्दों के सम्भवतः सर्वाधिक रचनात्मक तथा जटिल प्रत्युत्तर हैं जिनकी जड़ें उपनिवेशवाद में निहित थीं, क्योंकि ये ब्रिटिश शासन के दौरान सामने आए। यह काम उन लोगों के लिए बहुत महत्वपूर्ण था जो विदेशी शासन तथा उनकी आधारभूत नीतियों से संघर्ष कर रहे थे क्योंकि वह स्वदेशी मूल्यों को सदैव विकृत करना चाह रहा था। ऐसी गहन जटिल प्रक्रियाओं के उपयुक्त अवधारणीकरण के लिए प्रभुतापूर्ण औपनिवेशिक प्रभाव के संदर्भ में प्रचलित तथा आरोपित सामाजिक–राजनीतिक चिंतन की द्वन्द्वात्मक अंतःक्रिया को पर्याप्त महत्व दिया जाना चाहिए, लेकिन इन प्रक्रियाओं का प्रकटीकरण पूरे देश में एक जैसा नहीं था। जैसा कि स्पष्ट किया जा चुका है, बंगाल, महाराष्ट्र तथा पंजाब में अतिवादी विचारों ने जड़ों पर आघात किया, जबकि देश के दूसरे हिस्सों में इसका प्रभाव बिल्कुल नहीं था। एक विशिष्ट राजनीतिक विचारधारा का समर्थन करने में विशिष्ट सामाजिक–राजनीतिक यथार्थ के महत्व को स्पष्ट करता यह उदाहरण संक्रमणकालीन समाज में विचारों के विकास के द्वन्द्व की ओर हमारा ध्यान आकर्षित करता है। इसी प्रकार, भारतीय समाज के अध्ययन के आधार पर, 'समाज सुधारकों' के रूप में पहचाने जाने वाले लोगों ने अन्य किसी बात के स्थान पर सुधार कार्य को गम्भीरता से लिया। गाँधी अपने आप में विशिष्ट थे। उन्होंने न केवल समाज सुधारों के बारे में बात की, अपितु उनका स्पष्ट राजनीतिक कार्यक्रम उस समय था, जब भारतीय राष्ट्रीय संघर्ष विदेशी शक्ति से अपनी शर्तों पर बातचीत करने की स्थिति में था। अतः साम्राज्यवाद के विरुद्ध जटिल प्रकटीकरण के कारण भारतीय सामाजिक व राजनीतिक चिंतन का सीधा साधा वर्णन प्रस्तुत करना कठिन है। इस कठिनाई के अतिरिक्त यह कार्य, भारतीय सामाजिक–राजनीतिक चिंतन के परस्परपूरक तथा विरोधी सूत्रों के उभरने व निर्मित होने के कारण, और भी जटिल हो जाता है। उपमहाद्वीप की विविधतापूर्ण सामाजिक–सांस्कृतिक परिस्थितियों के कारण तात्कालिक स्थानीयता से सामाजिक–राजनीतिक चिंतन को जोड़कर उपयुक्त व्याख्या प्रस्तुत की जा सकती है। अतः इसमें आश्चर्य नहीं कि कांग्रेस दल ऐसा प्रमुख

संगठन बन गया जिसके अंतर्गत, यदि विरोधी नहीं तो विवादास्पद विचारों के व्यक्तियों को समाहित करने की क्षमता थी।

III

राष्ट्रवाद समरूप विचारधारा नहीं थी, जैसा कि भारत के स्वतंत्रता संघर्ष के दौरान इसके विकास से स्पष्ट है। 1885 में भारतीय राष्ट्रीय कांग्रेस के गठन के पूर्व, स्वतंत्रता संघर्ष का अत्यन्त संकुचित सामाजिक आधार तथा भौगोलिक विस्तार था। कांग्रेस भी महानगरों तक सीमित थी तथा इन शहरों के अतिरिक्त उसका अन्य लोगों को शामिल करने का कोई प्रयास नहीं था। राष्ट्रवादी गतिविधियां अत्यन्त सतही धरातल पर थीं। कांग्रेस के वार्षिक अधिवेशन में सिर्फ विवेचन किए जाते थे तथा ब्रिटिश सरकार से सुविधाएं प्राप्त करने के लिए प्रस्ताव पारित किए जाते थे। कांग्रेस के अंतर्गत उदारवादी राष्ट्रवादियों ने प्रार्थनापत्र, अनुनय तथा प्रतिवाद के माध्यम से अपना विरोध प्रकट किया, जिससे साथियों में असंतोष उत्पन्न हुआ, परिणामस्वरूप 1907 में सूरत के कांग्रेस अधिवेशन में उदारवादियों व उग्रवादियों के रूप में कांग्रेस का विभाजन हो गया। उदारवादी तथा उग्रवादी दोनों ही राष्ट्रवादी राजनीति का विस्तार करने में असफल रहे, सम्भवतः अपनी विशिष्ट सामाजिक–आर्थिक पृष्ठभूमि के कारण जिसने समाज के निम्न वर्ग के लोगों के प्रति निर्णायक भूमिका निभाई। ये दोनों ही वर्ग इस दृष्टि से इच्छुक भी नहीं थे। वास्तव में, मुसलमान उग्रवादियों से इसलिए दूर हो गए क्योंकि उनके प्रति उग्रवादियों के कठोर विचार थे जिसे उन्होंने 1905-08 के बंगाल विभाजन विरोधी आन्दोलन में आगे बढ़ाया। इस नीति से निराश होकर रवीन्द्रनाथ टैगोर, उदाहरण के लिए, जिसने प्रारम्भ में आन्दोलन का समर्थन किया, ने अपना समर्थन वापस ले लिया क्योंकि यह दोनों समुदायों में विभाजन का कारण बन रहा था। अतः ब्रिटिश विरोधी संघर्ष में शामिल विभिन्न वर्गों द्वारा राष्ट्रवाद को भिन्न तरीके से प्रकट किया गया।

निस्संदेह कांग्रेस की रणनीति की असफलता के कारण हिन्दू–मुसलमानों के बीच का विभाजन, उनकी सामाजिक–आर्थिक पृष्ठभूमि के असंतुलन के कारण, आगे और मजबूत हुआ। इन व्यापक विभाजनों के अतिरिक्त, विरोधी विचारधाराओं के कारण समुदाय और भी विभाजित हुए। सांगठनिक जुड़ाव की दृष्टि से जबकि दोनों समुदायों के राष्ट्रवादियों का अखिल भारतीय राष्ट्रीय कांग्रेस में अपना स्थान था, मुसलमान पृथकतावादी धारा मुस्लिम लीग से तथा उनके हिन्दू साथियों की हिन्दू महासभा से प्रवाहित हुई। 1916 तक, कांग्रेस तथा मुस्लिम लीग के मध्य लखनऊ समझौते पर हस्ताक्षर के बाद यह बिल्कुल स्पष्ट हो गया था कि मुस्लिम लीग की स्वीकृति के बिना हिन्दू–मुसलमान एकता की

कोई योजना सफल नहीं हो सकती। दृढ़ धार्मिक भावनाओं पर आधारित (मुसलमानों के लिए राजनीतिक संघर्ष से अधिक यह जिहाद था) होने पर भी असहयोग–खिलाफत आन्दोलन राष्ट्रीय योजना में दो मुख्य समुदायों के मध्य आपसी समझ का अंतिम उदाहरण था। लीग से भिन्न, हिन्दू महासभा कभी भी दृढ़ आधार निर्मित नहीं कर पाईः, जब कांग्रेस हाई कमान ने मुसलमानों के लिए पृथक निर्वाचक मण्डल को आश्वस्त करते हुए 1932 में साम्प्रदायिक अवार्ड को स्वीकार कर लिया था, तब इसके पास हिन्दू मतों को संगठित करने का अवसर था। संगठित राजनीति के स्तर पर साम्प्रदायिक आधार पर राजनीतिक शक्तियों के ध्रुवीकरण तथा दोनों समुदायों के गहरे तक जमी विभिन्नताओं के कारण यह समझना कठिन नहीं है कि क्यों हिन्दू–मुसलमानों की शत्रुता ने मुसलमानों की राष्ट्रवादी आकांक्षाओं को पूरा करने के लिए 1947 में देश के विभाजन का मार्ग बनाया।

नमूने के प्रश्न

अध्याय 1: आरम्भिक राष्ट्रवादी चिन्तनः राममोहन राय, बंकिम चन्द्र चट्टोपाध्याय, दयानन्द सरस्वती तथा ज्योतिबा फुले

1-1 प्रारम्भिक राष्ट्रवादी चिन्तन की व्यापक रूपरेखा की व्याख्या कीजिए।

1-2 राजा राममोहन राय के सामाजिक, राजनीतिक विचारों की विशेषताओं का आलोचनात्मक परीक्षण कीजिए।

1-3 एक राष्ट्रवादी विचारक के रूप में बंकिमचन्द्र चट्टोपाध्याय के योगदान का मूल्यांकन कीजिए।

1-4 दयानन्द सरस्वती के सामाजिक, राजनीतिक विचारों की मुख्यधाराओं का वर्णन कीजिए।

1-5 व्याख्या कीजिए कि किस प्रकार भारत के प्रारम्भिक विचारकों में ज्योतिबा फुले के सामाजिक, राजनीतिक विचार विशिष्ट थे।

1-6 "भारत में प्रारम्भिक राष्ट्रवादी विचार अपने दृष्टिकोण में राजनीतिक से ज्यादा सामाजिक प्रतीत होते हैं" क्या आप सहमत हैं? अपने उत्तर के कारण बताइये।

1-7 "यह कहना गलत नहीं होगा कि सामाजिक, धार्मिक सुधारों ने वह आधार प्रदान किया जिस पर भारत में परवर्ती राष्ट्रवादी विचारों का निर्माण हुआ" टिप्पणी करिये।

1-8 "भारत में सामाजिक–राजनीतिक सन्दर्भों को देखे बिना प्रारम्भिक राष्ट्रवादी विचारों को ठीक से समझना सम्भव नहीं है" उपरोक्त कथन के सन्दर्भ में व्याख्या कीजिए कि किस प्रकार सन्दर्भों को समझे बिना प्रारम्भिक राष्ट्रवादी विचारकों को समझा नहीं जा सकता?

1-9 राजा राममोहन राय को आधुनिक भारत का पिता क्यों कहा जाता है? सामाजिक सुधारों के अग्रदूत के रूप में उनकी भूमिका का मूल्यांकन कीजिए।

1-10 क्या आप इस विचार से सहमत हैं कि ज्योतिबा फुले को भारत में दलित जागरण का अग्रदूत माना जा सकता है? अपने उत्तर के लिए कारण बताइये।

अध्याय 2: उदारवादी व उग्रवादी: दादाभाई नौरोजी, एम.जी. रानाडे तथा बी.जी. तिलक

2-1 उदारवादियों व उग्रवादियों को परिभाषित कीजिए? उनकी विचारधारा के मूल सिद्धान्त क्या थे?

2-2 भारतीय राष्ट्रीय आन्दोलन में उदारवादियों और उग्रवादियों के भेद को स्पष्ट कीजिए।

2-3 उग्रवादियों के उदारवादियों के प्रति मोह भंग के कारणों का परीक्षण कीजिए।

2-4 उदारवादियों और उग्रवादियों की रणनीति, नीतियों तथा कार्यक्रमों का तुलनात्मक अध्ययन कीजिए।

2-5 भारतीय राष्ट्रीय कांग्रेस में उदारवादी तत्वों की प्रतिमूर्ति के रूप में दादाभाई नौरोजी की भूमिका का मूल्यांकन कीजिए।

2-6 उग्रवादी तत्वों के बढ़ते प्रभाव ने भारत में ब्रिटिश शासन के प्रति कांग्रेस के दृष्टिकोण को किस हद तक उग्र बनाया?

2-7 बाल गंगाधर तिलक के विचारों के विशिष्ट सन्दर्भ में उग्रवादी विचारधारा के मूल तत्वों का मूल्यांकन कीजिए।

2-8 उदारवादियों व उग्रवादियों के मध्य 1907 के सूरत विभाजन के लिए उत्तरदायी परिस्थितियों का परीक्षण कीजिए।

2-9 क्या आप इस बात से सहमत हैं कि देश के स्वतंत्रता संग्राम में उदारवादी व उग्रवादी एक–दूसरे के पूरक थे न कि प्रतिद्वन्द्वी? अपने उत्तर के लिए कारण बताइये।

2-10 भारतीय राष्ट्रीय आन्दोलन में उदारवादियों और उग्रवादियों के तुलनात्मक योगदान का मूल्यांकन कीजिए।

अध्याय 3: महात्मा गाँधी

3-1 देश के स्वतंत्रता संग्राम में सैद्धान्तिक व व्यावहारिक रूप से गाँधी ने किस प्रकार आमूल परिवर्तन किया?

3-2 गाँधी के राजनीतिक विचारों के मूल सिद्धान्तों पर आलोचनात्मक निबन्ध लिखिए।

3-3 गाँधीवादी विचार और कार्य में मुख्य तत्व के रूप में 'अहिंसा' और 'सत्याग्रह' के महत्त्व का परीक्षण कीजिए।

3-4 गाँधी ने स्वराज की अवधारणा किस प्रकार की? विस्तार से व्याख्या कीजिए।

3-5 गाँधीवादी विचारों की वर्तमान समय में प्रासंगिकता का परीक्षण कीजिए।

अध्याय 4: रवीन्द्रनाथ टैगोर

4-1 क्या आप इस विचार से सहमत हैं कि टैगोर का जीवन "रचनात्मक एकता" का जीवन था? अपने उत्तर के लिए कारण लिखिए।

4-2 टैगोर के राजनीतिक विचारों के मुख्य सूत्रों का वर्णन कीजिए।

4-3 टैगोर की अवधारणा में 'वास्तविक स्वतंत्रता' के प्रमुख लक्षण क्या हैं? वर्तमान भारत में यह 'वास्तविक स्वतंत्रता' कहाँ तक देखी जा सकती है?

4-4 टैगोर और गाँधी के मध्य विवाद के मुख्य मुद्दों का परीक्षण कीजिए। किसके विचार आपको अधिक प्रशंसनीय लगते हैं?

4-5 टैगोर के राष्ट्रवाद पर विचारों की व्याख्या कीजिए।

अध्याय 5: बी.आर. अम्बेडकर

5-1 भारतीय समाज में अछूतों के मसीहा के रूप में अम्बेडकर के योगदान का मूल्यांकन कीजिए।

5-2 जाति और अशपृय्यता के मुद्दों पर अम्बेडकर के विचारों का आलोचनात्मक परीक्षण कीजिए।

5-3 अम्बेडकर के 'जाति उन्मूलन पर' विचारों पर एक आलोचनात्मक निबन्ध लिखिए।

5-4 गाँधी और अम्बेडकर के मध्य बहस के मुख्य बिन्दु क्या थे? आप किस के विचारों से सहमत हैं? अपने उत्तर के लिए कारण बताइये।

5-5 अम्बेडकर के राजनीतिक विचारों के मुख्य सूत्रों की विवेचना कीजिए।

अध्याय 6: जयप्रकाश नारायण

6-1 जयप्रकाश नारायण के जीवन और विचारों में विचारधाराजन्य, उद्विग्नता के लिए कौन से कारण उत्तरदायी हैं?

6-2 जयप्रकाश नारायण की भारतीय राजनीतिक व्यवस्था के पुनर्निर्माण की योजना पर आलोचनात्मक निबन्ध लिखिए।

6-3 सर्वोदय को परिभाषित कीजिए। जयप्रकाश नारायण के अनुसार भारतीय समाज के पुनः निर्माण के लिए सर्वोदय श्रेष्ठ दर्शन क्यों है?

6-4 'सम्पूर्ण क्रान्ति' के विचार का आलोचनात्मक परीक्षण कीजिए? आपके अनुसार सम्पूर्ण क्रान्ति के विचार में भारत में आमूल सुधार लाने की कितनी क्षमता है?

6-5 भारतीय राजनीतिक विचारकों में असाधारण विद्रोही के रूप में जयप्रकाश नारायण की भूमिका व योगदान का मूल्यांकन कीजिए।

अध्याय 7: जवाहरलाल नेहरू

7-1 भारत में प्रगतिशील विचारक के रूप में जवाहर लाल नेहरू के योगदान का मूल्यांकन कीजिए।

7-2 भारत में शासन व्यवस्था के निर्माण में नेहरू के योगदान पर आलोचनात्मक निबन्ध लिखिए।

7-3 नेहरू को भारत में योजनाओं का पिता कहाँ तक कहा जा सकता है? विस्तार से उत्तर दीजिए।

7-4 एक लोकतान्त्रिक के रूप में नेहरू की द्विविधाएँ क्या थीं? इन द्विविधाओं को वे कहाँ तक दूर कर पाये?

7-5 एक सच्चे अन्तर्राष्ट्रीयतावादी के रूप में नेहरू के विचारों का मूल्यांकन कीजिए।

अध्याय 8: मोहम्मद इकबाल

8-1 इकबाल के जीवन को सम्पूर्ण परिवर्तन का जीवन कहना कहाँ तक उचित है? अपने उत्तर के लिए कारण बताइये।

8-2 इकबाल के राजनीतिक विचारों की मुख्य विशेषताओं का वर्णन कीजिए।

8-3 राष्ट्रवाद पर इकबाल के विचारों के विशिष्ट लक्षण क्या हैं?

8-4 सर्व–इस्लामवाद भारत में मुसलमानों की समस्या के समाधान के लिए इकबाल ने कैसे अवधारित किया?

8-5 पाकिस्तान के सम्बन्ध में इकबाल के विचारों का आलोचनात्मक परीक्षण कीजिए।

अध्याय 9: एम.एन. रॉय

9-1 एम.एन. रॉय के मार्क्सवाद से उग्रमानवतावाद की ओर परिवर्तित होने के लिए कौन से तत्व उत्तरदायी थे?

9-2 एम.एन. रॉय को भारत का सर्वाधिक बहु–प्रतिभा सम्पन्न राजनीतिक विचारक कहना कहाँ तक उचित है?

9-3 गाँधीवादी विचारों व कार्यों की रॉय की आलोचना के मुख्य मुद्दे क्या हैं?

9-4 एम.एन. रॉय द्वारा प्रतिपादित उग्र मानवतावाद के प्रमुख लक्षणों पर प्रकाश डालिए।

9-5 "एम.एन. रॉय भारतीय विचारकों के उस समूह के वाक्–पटु प्रतिनिधि रहे जिनका मार्क्सवाद की ओर प्रारम्भिक झुकाव अधिक समय तक नहीं टिक पाया", टिप्पणी कीजिए।

अध्याय 10: राम मनोहर लोहिया

10-1 राम मनोहर लोहिया के सामाजिक व राजनीतिक विचारों के देशी पक्षों को रेखांकित कीजिए।

10-2 लोहिया के राजनीतिक विचारों की प्रमुख–विशेषताओं का आलोचनात्मक परीक्षण कीजिए।

10-3 लोहिया द्वारा की गई पश्चिमी विचारधारा की आलोचना का आधार क्या है? उनके 'नव समाजवाद' के विचार को स्पष्ट कीजिए।

10-4 स्वतंत्र भारत के लिए लोहिया द्वारा सुझाये राजनीतिक प्रतिमान की प्रमुख विशेषताएँ क्या हैं?

10-5 आपके अनुसार लोहिया कहाँ तक सच्चे अन्तर्राष्ट्रीयतावादी थे? अपने उत्तर के लिए कारण दीजिए।

अध्याय 11: सुभाष चन्द्र बोस

11-1 सुभाष चन्द्र बोस के आरम्भिक जीवन ने उनके बाद के राजनीतिक चिंतन को कैसे आकार दिया?

11-2 बोस की राजनीतिक विचारधारा की प्रमुख विशेषताएँ बताइये।

11-3 आप सुभाष चन्द्र बोस का मूल्यांकन किस प्रकार करते हैं: एक सिद्धान्तवादी या व्यवहारवादी के रूप में? अपने उत्तर के कारण बताइये।

11-4 भारत में हिन्दू रूढ़िवादिता के सम्बन्ध में सुभाष चन्द्र बोस के क्या विचार हैं?

11-5 भारत में राष्ट्रवादी आन्दोलन में बोस की भूमिका का मूल्यांकन कीजिए।

अध्याय 12: वी.डी. सावरकर

12-1 यह कहना कहाँ तक उचित है कि सावरकर का जीवन हिन्दू हितों के लिए समर्पित जीवन था?

12-2 सावरकर किस प्रकार भारतीय–इतिहास की राष्ट्रवादी व्याख्या प्रस्तुत करते हैं? उनकी व्याख्या से आप कहाँ तक सहमत हैं?

12-3 सावरकर के सामाजिक विचारों के मूल लक्षणों को स्पष्ट कीजिए।
12-4 हिन्दुत्व पर सावरकर के विचारों का आलोचनात्मक परीक्षण कीजिए।
12-5 "सावरकर के भारतीय राष्ट्रवाद की जड़ें हिन्दुत्व में निहित हैं", टिप्पणी कीजिए।

अध्याय 13: पंडिता रमाबाई

13-1 ''पंडिता रमाबाई का जीवन यथार्थतः महिला हितों के लिए तीर्थयात्रा का जीवन था'', टिप्पणी कीजिए।
13-2 पंडिता रमाबाई द्वारा प्रतिपादित नारीवादी विचारों के प्रमुख पक्षों की विवेचना कीजिए।
13-3 भारत में महिला मुक्ति के लिए पंडिता रमाबाई ने कौन से सांस्थानिक प्रयास किये?
13-4 यह कहना कहाँ तक उचित है कि पंडिता रमाबाई ने भारत में महिला आन्दोलन का मार्गदर्शन किया? अपने उत्तर के लिए कारण बताइये।
13-5 भारत में महिलाओं की स्थिति सुधारने में पंडिता रमाबाई के योगदान का आलोचनात्मक मूल्यांकन कीजिए।

अध्याय 14: भारतीय स्वतंत्रता संघर्ष की प्रकृति और प्रक्रिया

14-1 गाँधी युग में भारतीय स्वतंत्रता संघर्ष की प्रकृति व प्रक्रियाओं का आलोचनात्मक परीक्षण कीजिए।
14-2 असहयोग आन्दोलन के दौरान भारत के विभिन्न वर्गों के लोगों की सहभागिता की प्रकृति का वर्णन कीजिए।
14-3 यह कहना कहाँ तक उचित होगा कि असहयोग आन्दोलन ने भारतीय राष्ट्रीय आन्दोलन को जन आन्दोलन का स्वरूप दिया?
14-4 सविनय अवज्ञा आन्दोलन प्रारम्भ करने के लिए कौन से तत्व उत्तरदायी थे? घोषित उद्देश्यों को पाने में आन्दोलन कहाँ तक सफल हुआ?
14-5 सविनय अवज्ञा आन्दोलन में जन सहभागिता की प्रकृति व सीमा का वर्णन कीजिए। आन्दोलन के दौरान किस प्रकार नमक ने लोगों को सहयोगी समूह बना दिया?
14-6 भारत छोड़ो आन्दोलन की मूल विशेषताएँ क्या थीं? देश के स्वतंत्रता आन्दोलन के प्रति ब्रिटिश दृष्टिकोण पर इसका क्या प्रभाव पड़ा?
14-7 क्या आप इससे सहमत हैं कि भारतीय स्वतंत्रता संघर्ष में भारत छोड़ो आन्दोलन ने गाँधीवादी सीमाओं को उजागर कर दिया। अपने उत्तर के लिए कारण बताइये।

14-8 देश के स्वतंत्रता संघर्ष में भारतीय राष्ट्रीय सेना (आई.एन.ए.) की भूमिका का परीक्षण कीजिए।

14-9 भारतीय राष्ट्रीय आन्दोलन में भारतीय नौसेना विद्रोह को एक सीमा चिह्न किस प्रकार माना जा सकता है?

14-10 देश के राष्ट्रीय आन्दोलन में महात्मा गाँधी की भूमिका का आलोचनात्मक परीक्षण कीजिए।

अध्याय 15: ब्रिटिश शासन के दौरान भारत में संवैधानिक विकास के सीमा चिह्नः एक ऐतिहासिक परिप्रेक्ष्य

15-1 ब्रिटिश शासन के अन्तर्गत भारत में संवैधानिक विकास के प्रमुख सीमा चिह्नों का वर्णन कीजिए।

15-2 मोर्ले–मिण्टो सुधारों की प्रमुख विशेषताओं का वर्णन कीजिए। यह कहना कहाँ तक उचित है कि इसने भारत में साम्प्रदायिक राजनीति की आधारशिला रखी?

15-3 द्वैध–शासन क्या है? भारत में माण्टेग्यू–चैम्सफोर्ड सुधारों द्वारा प्रारम्भ किये गये द्वैध शासन की प्रमुख विशेषताएँ क्या थीं?

15-4 भारत में प्रान्तीय सरकारों की स्वायत्तता पर ध्यान केन्द्रित करने के विशेष सन्दर्भ में भारत शासन अधिनियम 1919 के प्रमुख प्रावधानों का आलोचनात्मक परीक्षण कीजिए।

15-5 साइमन आयोग के सुझाव क्या थे? भारत की भावी शासन व्यवस्था की प्रकृति को साइमन कमीशन के सुझावों ने कैसे प्रभावित किया।

15-6 भारत शासन अधिनियम 1935 के प्रमुख प्रावधानों पर एक आलोचनात्मक निबन्ध लिखिए।

15-7 "भारत शासन अधिनियम 1935 के प्रावधानों ने स्वतंत्र भारत के संविधान के निर्माण को सुदृढ़ आधार प्रदान किया," क्या आप सहमत हैं? अपने उत्तर के लिए कारण बताइये।

15-8 "भारत शासन अधिनियम 1935 का महत्वपूर्ण योगदान भारतीय शासन व्यवस्था की संघीय प्रकृति के निर्माण का है," कथन का विस्तार कीजिए।

15-9 "भारत में अंग्रेजों द्वारा प्रारम्भ किए सुधार उपायों की शृंखला अंग्रेजों के सूक्ष्म उद्देश्यों को प्रतिबिम्बित करती है।" भारत की भावी शासन व्यवस्था पर अंग्रेजों द्वारा उठाये कदमों के दुष्प्रभाव के विशेष सन्दर्भ में कथन का परीक्षण कीजिए।

15-10 क्रिप्स प्रस्तावों के महत्व का परीक्षण कीजिए। क्रिप्स प्रस्ताव भारत में संवैधानिक गतिरोध को किस सीमा तक दूर कर पाये?

अध्याय 16: राष्ट्रवादी आन्दोलन के सामाजिक-आर्थिक आयाम

16-1 भारत के राष्ट्रवादी आन्दोलन के सामाजिक–आर्थिक आयाम पर एक आलोचनात्मक निबन्ध लिखिए।

16-2 भारत में साम्प्रदायिकता के प्रश्न की प्रकृति का आलोचनात्मक परीक्षण कीजिए। यह किस प्रकार देश के विभाजन का कारण बना?

16-3 देश में पिछड़ी जातियों के आन्दोलन की प्रकृति, पद्धति व प्रसार का परीक्षण कीजिए।

16-4 स्वतंत्रतापूर्व काल में दलित आन्दोलन की मुख्य विशेषताएँ क्या थीं?

16-5 "भारत में राष्ट्रवादी आन्दोलन को जनजातीय आन्दोलन ने नई चेतना तथा गति दी", कथन का विस्तार कीजिए।

16-6 भारत में स्वतंत्रता पूर्व महिला आन्दोलन किस सीमा तक एक क्रान्तिकारी विचार था? उदाहरण सहित उत्तर दीजिए।

16-7 "नागरिक अधिकार आन्दोलन ने जीवन के उदार मूल्यों का भारतीय समाज में गहराई तक पहुँचने को प्रतिबिम्बित किया", टिप्पणी कीजिए।

16-8 "मज़दूर आन्दोलन ने भारत के राष्ट्रदादी आन्दोलन की प्रकृति को क्रान्तिकारी बनाने में अत्यधिक महत्त्वपूर्ण भूमिका निभाई", उदाहरण सहित व्याख्या कीजिए।

16-9 भारत में कृषक आन्दोलन की मुख्य विशेषताओं का परीक्षण कीजिए। आन्दोलन की कमियाँ क्या थीं?

16-10 यह कहना कहाँ तक उचित होगा कि भारत में राष्ट्रवादी आन्दोलन को समझना तब तक अधूरा रहेगा जब तक कि उसके सामाजिक–आर्थिक आयाम को न समझा जाये? अपने उत्तर के लिए कारण बताइये?

अध्याय 17: ब्रिटिश शासन का समापन तथा भारत के संविधान का निर्माण

17-1 3 जून योजना क्या थी? भारत में ब्रिटिश शासन के समापन में इसका क्या महत्त्व है?

17-2 भारत स्वतंत्रता अधिनियम 1947 के मुख्य प्रावधानों का आलोचनात्मक परीक्षण कीजिए।

17-3 भारत में संविधान सभा के गठन व प्रतिनिधित्व की प्रकृति पर एक आलोचनात्मक निबन्ध लिखिए।

17-4 भारत के संविधान निर्माण की प्रमुख विशेषताओं पर प्रकाश डालिए।

17-5 भारतीय संविधान की प्रमुख विशेषताओं का विवेचन कीजिए।

शब्दकोष

अद्वैत	भारतीय दर्शन का एक वर्ग जो ईश्वर का दूसरा अस्तित्व नहीं मानता
अहिंसा	अहिंसा
अमात्य	मंत्री
आनन्दमठ	बंकिम चन्द्र चट्टोपाध्याय द्वारा लिखित ऐतिहासिक उपन्यास
अनुशीलन	बंकिम चन्द्र चट्टोपाध्याय द्वारा अपने लेखन में प्रयुक्त विचार की व्यावहारिक विधि
अरि	दुश्मन
अर्थशास्त्र	कौटिल्य द्वारा रचित प्राचीन ग्रन्थ
आत्मशक्ति	आत्मविश्वास
अवर्ण	हिन्दू समाज में वर्ण व्यवस्था के ढाँचे से बाहर के लोगों का वर्ग
अवतार	अवतार
आज़ाद हिन्द फौज़	नेताजी सुभाष चन्द्र बोस द्वारा गठित भारतीय राष्ट्रीय सेना
बघनखा	एक विशिष्ट स्थानीय हथियार जिसका प्रयोग शिवाजी ने मुगलों के विरुद्ध युद्ध में किया।
बहिष्कृत भारत	वास्तविक अर्थ है भारत में बहिष्कृत लोग। अम्बेडकर ने इस शब्दावली का प्रयोग भारतीय समाज में अछूतों की पहचान के लिए किया।
बहिष्कृत हितकारिणी सभा	अम्बेडकर द्वारा गठित एक समाज सुधार संगठन
वन्दे मातरम्	बंकिम चन्द्र चट्टोपाध्याय द्वारा रचित भारत का राष्ट्र गीत
भक्ति	भक्ति
भारत भूमि	भारत की भूमि
भारत वर्ष	भारत
भूदान	जमीन का दान

ब्राह्मण	जाति व्यवस्था में सर्वोच्च जाति
चपरासी	चपरासी
चरखा खद्दर	चरखा व हाथ से काता हुआ सूत
चतुर्वर्ण	हिन्दू समाज की चार वर्गों में विभाजित वर्ण की व्यवस्था
चौखम्भा	शब्दार्थ – चार खम्भे, राममनोहर लोहिया द्वारा भारतीय राजनीतिक व्यवस्था के सम्बन्ध में विकसित एक अवधारणा
चौकीदारी टैक्स	जनता पर सरकार द्वारा लगाया गया एक प्रकार का सुरक्षा कर
दण्ड	सजा
दण्डनीति	दण्डनीति
दाण्डी यात्रा	1930 में नमक सत्याग्रह प्रारम्भ करने के लिए गाँधी द्वारा की गई यात्रा
धर्म	लोगों के नैतिक कर्तव्यों के नियम
दुर्गा	शक्ति की प्रतीक देवी
द्वैराज्य	एक ही परिवार के दो पुरुषों द्वारा सम्पूर्ण राज्य पर किया गया शासन
द्विज	उच्चवर्ग के वे लोग जो बचपन में की गई प्रक्रिया के अनुसार दोबारा जन्मे माने जाते हैं।
फ़तवा–ए–जहाँदारी	बरनी द्वारा राजनीति पर लिखी पुस्तक
गीतांजलि	रवीन्द्र नाथ टैगोर द्वारा लिखित कविताओं का संकलन
ग्रामदान	ग्राम दान
ग्राम पंचायत	ग्राम सभा की कार्यकारिणी
गुरुदेव	गाँधी द्वारा रवीन्द्र नाथ टैगोर के लिए प्रयुक्त अलंकरण
हरिजन	अनुसूचित जातियों के लिए गाँधी द्वारा प्रयुक्त शब्द जिस नाम से गाँधी ने एक पत्र भी प्रकाशित किया
हड़ताल	हड़ताल
हठयोगी	कठोर आसन करने वाला योगी
हिन्द स्वराज	गाँधी द्वारा 1909 में प्रकाशित एक पुस्तिका
हिन्दू–राष्ट्र	हिन्दू–राष्ट्र
हिन्दुस्तानी साम्यवादी संघ	वास्तविक अर्थ है भारतीय साम्यवादी संघ, यह एक ऐसा संगठन था जो औपनिवेशिक शासन के विरुद्ध संघर्ष में हिंसक साधनों के प्रयोग को स्वीकार करता था।
जन–गण–मन	रवीन्द्र नाथ टैगोर द्वारा लिखित भारत का राष्ट्र गान
जनपद	लोगों और क्षेत्र का एक विशिष्ट समुदाय
जाति	जाति
जातपात तोड़क मण्डल	जाति प्रथा की जंजीरों को तोड़ने वाला एक उदारवादी समाज–सुधारक संगठन

जात्रा	बंगाल में विशेष समय की जाने वाली एक विशेष लोक–कला
भारती	रवीन्द्रनाथ टैगोर के परिवार द्वारा प्रारम्भ किया गया पत्रिक
जीवनदान	जीवन का दान
करेंगे या मरेंगे	करेंगे या मरेंगे
कर्म	नैतिक कर्त्तव्य
कायस्थ	लिपिक कार्यों में दक्ष भारतीय सामाजिक व्यवस्था : तुलनात्मक रूप से मध्य–जाति
केसरी	तिलक द्वारा प्रकाशित पत्र
ख़िलाफत	1921 में भारत में प्रारम्भ आन्दोलन
कुरान	इस्लाम का प्रमुख ग्रन्थ
कोष	कोष
क्षत्रिय	भारत की जाति पद सोपान का योद्धा वर्ग
लोकनीति	लोक नीति
मध्यम	मध्य क्रम में स्थित राजा
महार	एक अस्पृश्य–जाति, जिस जाति के अम्बेडकर थे
मराठा	तिलक द्वारा प्रकाशित पत्रिका
मण्डल	कौटिल्य द्वारा वर्णित अन्तर्राज्यीय सम्बन्धों का चक्रीय सिद्धान्त
माण्डूक्य उपनिषद्	हिन्दुओं की एक धार्मिक रचना
मराठी	महाराष्ट्र राज्य के लोगों द्वारा बोली जाने वाली मातृ भाषा
मत्स्य न्याय	अराजक स्थिति जिसमें शक्तिशाली कमज़ोर पर प्रभुत्व जमाना चाहे
माया	छल या भ्रम
मेला	मेला
मिलात	जाति
मित्र	मित्र
मूक नायक	शाब्दिक अर्थ – चुप नेता, एक पत्रिका जो अम्बेडकर द्वारा प्रारम्भ की गई।
मुग़ल	भारत में मध्यकाल के शासक
नसीहत	सलाह
नौजवान भारत सभा	पंजाब में युवाओं का संगठन, वास्तविक अर्थ–भारतीय युवा कांग्रेस
निर्गुण ब्रह्म	आकारहीन तत्त्व
पंच	ग्राम पंचायत के सदस्य
पंचायती राज	भारत में ग्रामीण स्थानीय स्वशासन की देशी व्यवस्था
पंचायत समिति	खण्डस्तरीय पंचायत

पंचशील	भारतीय विदेश नीति की प्रकृति–दर्शाने वाले पाँच सिद्धान्त
पेशवा	मराठों के प्रधानमंत्रियों के परिवार जो बाद में स्वयं शासक बन गये।
पितृभू	पितृ भूमि
प्रजाद्रोह	वैधता खो चुकी सत्ता के जनता द्वारा प्रतिरोध के अधिकार की तिलक द्वारा की गई अवधारणा
पुण्यभू	पवित्र भूमि
पूर्ण स्वराज	पूर्ण स्वतंत्रता
पुरुष सूक्त	प्राचीन भारतीय नीति पुस्तकों का एक विशिष्ट पद्यांश
राज	भारत में ब्रिटिश शासन के लिए प्रयुक्त शब्द
राज्य शक्ति	राज्य की शक्ति
रणनीति	युद्ध संचालन के नियम
राष्ट्र	राष्ट्र
राष्ट्रीय स्वयं सेवक संघ	हिन्दू राष्ट्र के लिए समर्पित राष्ट्रवादी संगठन का दक्षिणपंथी समूह
सभा	सभा, संगठन
साकार	सशरीर अवतार
समाज समता संघ	अम्बेडकर द्वारा गठित एक समाज सुधार संगठन
समता सैनिक संघ	अम्बेडकर द्वारा गठित एक समाज सुधार संगठन
सम्पत्ति दान	सम्पत्ति का दान
सम्पूर्ण क्रान्ति	सम्पूर्ण क्रान्ति
संस्कृति	संस्कृति
साम्यवाद	साम्यवाद
सनातन	प्राचीन काल से परम्परा के रूप में अस्तित्व में रहने वाला
संगठन	संगठन
संस्कृतीकरण	निम्न जातियों द्वारा उच्च जातियों की सांस्कृतिक विशिष्टताओं को अपनाने की प्रक्रिया
संन्यासी	संन्यासी
सप्त क्रान्ति	शाब्दिक अर्थ 'सात क्रान्तियाँ', राम मनोहर लोहिया द्वारा मरणासन्न भारतीय समाज को पुनर्जीवित करने का एक विचार
सप्तसिंधु	सात नदियों की सिन्धु नदी व्यवस्था
सर्वोदय	समाज के सभी वर्गों का विकास
सती	मृत पति के साथ विधवा स्त्री को जलाने की क्रूर प्रथा
सत्याग्रह	सत्य के प्रति आग्रह
सत्याग्रही	सत्याग्रह का प्रयोग करने वाला
सत्यार्थ प्रकाश	स्वामी दयानन्द सरस्वती द्वारा लिखी रचना

सत्य शोधक समाज	ज्योतिबा फुले द्वारा गठित एक समाज सुधार संगठन
षड्गुण	युद्ध की छह कलाएँ
शहीद	शहीद
शरीयत	मुसलमानों का धार्मिक कानून
शास्त्र	हिन्दू धर्म के धार्मिक ग्रन्थ
श्रुति	हिन्दू धर्म के विशिष्ट ग्रन्थ
शूद्र	भारतीय समाज की अस्पृश्य जातियाँ
शूद्रातिशूद्र	अस्पृश्यों में अस्पृश्य
स्मृति	हिन्दू धर्म के विशिष्ट ग्रन्थ
स्व	अपना
स्वदेशी	देशी उत्पादन अथवा, निर्माण
स्वधर्म	स्वयं द्वारा निर्धारित कर्त्तव्य
स्वामी	राजा
स्वराज	स्वयं का शासन
स्वतंत्रवीर	सावरकर के लिए प्रयुक्त उपनाम, शाब्दिक अर्थ – स्वतंत्रता के लिए योद्धा
तपस्या	तपस्या
तारीख़–ए–फ़िरोज़ शाही	बरनी द्वारा लिखित पुस्तक
तृतीय रत्न	शाब्दिक अर्थ – तीसरी आँख, 1855 में ज्योतिबा फुले द्वारा प्रकाशित नाटक
उदासीन	तटस्थ राजा
उपाय	कौटिल्य द्वारा वर्णित शान्ति की राजनीति के तरीके
वैराज्य	विदेशी शासक द्वारा शासन
वर्ण	लोगों के व्यावसायिक वर्ग
वर्ण व्यवस्था	सिद्धान्त रूप में भारतीय समाज का व्यवसाय के अनुसार चार विशिष्ट वर्गों में विभाजन, जो अन्ततः विकृत होकर जाति व्यवस्था में बदल गया।
वेद	हिन्दू धर्म के आदि ग्रन्थ
विजिगीषु	विजेता या महत्त्वाकांक्षी राजा
विराट पुरुष	प्राचीन हिन्दू नीति ग्रन्थ का विशिष्ट पद्यांश
विश्व भारती	रवीन्द्रनाथ टैगोर द्वारा स्थापित विश्वविद्यालय
ज़ावाबित	मानव रचित कानून
ज़िला पंचायत	जिला पंचायत